ADOLF HITLER

MON COMBAT
(MEIN KAMPF)

OMNIA VERITAS.

ADOLF HITLER
(1889-1945?)

MON COMBAT
(MEIN KAMPF)
1925

Mein Kampf — Mon Combat.
Nouvelles Éditions latines, Paris, 1934.

ISBN 9781913890483

PUBLIÉ PAR
OMNIA VERITAS LTD

OMNIA VERITAS.

www.omnia-veritas.com

PRÉFACE

L e 1er avril 1924, le Tribunal populaire de Munich ordonnait mon incarcération à Landsberg-am-Lech.

Pour la première fois, après des années de travail incessant. J'avais ainsi la possibilité de m'adonner à un ouvrage que beaucoup me pressaient d'écrire et que je sentais moi-même opportun pour notre cause. Je me suis donc décidé dans ces deux volumes,[1] à exposer non seulement les buts de notre mouvement, mais encore sa genèse. Un tel ouvrage sera plus fécond qu'un traité purement doctrinaire.

De plus, j'avais ainsi l'occasion de montrer ma propre formation, pour autant que cela est nécessaire à la compréhension du livre, et que cela peut servir à la destruction de la légende bâtie autour de ma personne par la presse juive.

Je ne m'adresse pas ici à des étrangers, mais à ces partisans du mouvement, qui lui sont acquis de cœur et dont l'esprit cherche maintenant une explication plus approfondie.

Je n'ignore point que c'est par la parole beaucoup plus que par des livres que l'on gagne les hommes : tous les grands mouvements que l'histoire a enregistrés ont dû beaucoup plus aux orateurs qu'aux écrivains.

Il n'en est pas moins vrai qu'une doctrine ne peut sauvegarder son unité et son uniformité que si elle a été fixée par écrit, une fois pour toutes. Ces deux volumes seront les pierres que j'apporte à l'édifice commun.

L'AUTEUR.
Landsberg-am-Lech. Maison d'arrêt.

---

[1] L'édition française est réunie en un volume.

DÉDICACE

Le 9 novembre 1923, à midi et demi, devant la Feldherrnhalle et dans la cour de l'ancien Ministère de la Guerre, les hommes dont les noms suivent tombèrent pour leur fidèle croyance en la résurrection de leur peuple :

ALFARTH Félix, commerçant, né le 5 juillet 1901. BAURIEDL Andreas, chapelier, né le 4 mai 1879. CASELLA Theodor, employé de banque, né le 8 août 1900.

EHRLICH Wilhelm, employé de banque, né le 10 août 1894. FAUST Martin, employé de banque, né le 27 janvier 1901. HECHENBERCER Ant., serrurier, né le 28 septembre 1902. KORNER Oskar, commerçant, né le 4 janvier 1875.

KUHN Karl, sommelier, né le 26 juillet 1897.

LAFORRE Karl, élève ingénieur, né le 28 octobre 1904. NEUBAUER Kurt, domestique, né le 27 mars 1899.

PAPE Claus (von), commerçant, né le 16 août 1904.

PFORDTEN Theodor (von der), conseiller au Tribunal régional supérieur, né le 14 mai 1873. RICKMERS John, capitaine de cavalerie, né le 7 mai 1881.

SCHEUBNER-RICHTER Max-Erwin (von), Dr, ingénieur, né le 9 janvier 1884. STRANSKY Lorenz-Ritter (von), ingénieur, né le 14 mars 1899.

WOLF Wilhelm, commerçant, né le 19 octobre 1898.

Les autorités nationales refusèrent, après leur mort, une sépulture commune à ces héros.

À leur mémoire commune je dédie le premier volume de cet ouvrage, afin que leur martyre rayonne constamment sur nos partisans.

Landsberg-a.-L., Maison d'arrêt, le 16 octobre 1924.

Adolf HITLER

TOME PREMIER

BILAN

CHAPITRE 1

LA MAISON FAMILIALE

Une heureuse prédestination m'a fait naître à Braunau-am-Inn, bourgade située précisément à la frontière de ces deux États allemands dont la nouvelle fusion nous apparaît comme la tâche essentielle de notre vie, à poursuivre par tous les moyens.

L'Autriche allemande doit revenir à la grande patrie allemande et ceci, non pas en vertu de quelconques raisons économiques. Non, non : même si cette fusion, économiquement parlant, est indifférente ou même nuisible, elle doit avoir lieu quand même. *Le même sang appartient à un même empire.* Le peuple allemand n'aura aucun droit à une activité politique coloniale tant qu'il n'aura pu réunir ses propres fils en un même État. Lorsque le territoire du Reich contiendra tous les Allemands, s'il s'avère inapte à les nourrir, de la nécessité de ce peuple naîtra son droit moral d'acquérir des terres étrangères. La charrue fera alors place à l'épée, et les larmes de la guerre prépareront les moissons du monde futur.

C'est ainsi que la situation de ma ville natale m'apparaît comme le symbole d'un grand devoir. Elle a d'autres titres à fixer le souvenir. Ce nid perdu fut, il y a plus d'un siècle, le théâtre d'une poignante tragédie qui demeurera immortelle dans les annales de la nation allemande. C'est là en effet que, lors du plus complet effondrement qu'ait connu notre patrie, un libraire de Nuremberg, Johannes Palm, nationaliste endurci et ennemi des Français, mourut pour cette Allemagne qu'il aimait si ardemment jusque dans son malheur. Il avait obstinément refusé de livrer ses complices, d'ailleurs les principaux responsables. Comme Leo Schlageter l'avait fait. Comme lui aussi, il fut dénoncé à la France par un représentant du Gouvernement. Un directeur de police d'Augsbourg s'acquit cette triste gloire, et donna ainsi l'exemple aux autorités néo-allemandes du Reich de Severing.

C'est cette petite ville de l'Inn, auréolée de ce martyre allemand, bavaroise de sang mais politiquement autrichienne que mes parents habitaient vers 1890. Mon père était un consciencieux fonctionnaire ; ma mère vaquait aux soins de son intérieur et entourait ses enfants de soins et d'amour. Cette époque a peu marqué dans mon souvenir, car, quelques années plus tard, mon père alla occuper un nouveau poste un peu plus bas sur le cours de l'Inn, à Passau, donc en Allemagne même.

Mais le sort d'un employé des douanes autrichien comportait alors bien des déplacements. Peu de temps après mon père revenait à Linz, et y prenait sa retraite. Pour le cher vieil homme, cela ne devait pas être le repos. Fils d'un pauvre petit journalier agricole, il lui avait déjà fallu naguère quitter la maison. À peine âgé de treize ans, il boucla sa sacoche et quitta le canton de forêt qui était son pays natal. Malgré le conseil de villageois *expérimentés*, il était parti à Vienne pour y apprendre un métier. Ceci se passait vers 1850. C'était une décision bien amère que celle de partir, de se mettre ainsi en route vers l'inconnu avec trois écus en poche. Quatre ans après, passé compagnon, il n'était cependant pas satisfait. Au contraire. La misère persistante de cette époque fortifia sa résolution de quitter son métier pour devenir quelque chose de « plus haut ». Alors que jadis, pauvre jeune homme, la situation du prêtre de son village lui paraissait le *summum* de la condition humaine, maintenant que la grande ville avait élargi ses idées, il mettait au-dessus de tout la dignité de fonctionnaire. Avec toute l'âpreté de ceux que la misère et l'affliction ont mûris avant l'âge, ce jeune homme de dix-sept ans poursuivit obstinément la réalisation de ses nouveaux projets — et il devint fonctionnaire. Il atteignit son but vers vingt-trois ans, je crois, réalisant ainsi sa promesse de jeune homme de ne retourner dans son cher village qu'après être devenu quelqu'un.

Maintenant, le but était atteint ; mais personne au village ne se souvenait plus du petit garçon de jadis et le village lui était devenu à lui-même étranger.

Quittant enfin à cinquante-six ans la vie active, il n'aurait cependant pu supporter un seul jour l'oisiveté. Il acquit aux environs de la petite bourgade de Lambach, en Haute Autriche, un bien qu'il mit en valeur. Le cycle de sa longue carrière laborieuse le ramenait ainsi à son origine familiale.

De cette époque datent mes premières idées personnelles. Les ébats en liberté, l'école buissonnière, la fréquentation de vigoureux garçons — qui souvent donnait à ma mère d'amers soucis me rendirent rien moins que casanier. Je m'interrogeais rarement sur ma vocation ; en tous cas, mes goûts ne m'entraînaient en rien vers une existence semblable à celle de mon père. Je crois que mon talent d'orateur commençait alors à se former dans les discours plus ou moins persuasifs que je tenais à mes camarades : j'étais devenu un petit meneur, difficile à mener lui-même, d'ailleurs bon écolier, ayant le travail facile.

À mes moments libres, je suivais des cours de chant au chapitre des chanoines de Lambach et j'y trouvais une fréquente occasion de m'enivrer de la pompe magnifique des fêtes religieuses. Quoi de plus naturel que la situation de mon révérend abbé m'apparût alors comme un idéal digne des plus grands efforts, avec tout le prestige qu'avait eu autrefois pour mon père l'humble prêtre de son village ? Ce fut du moins le cas. Mais les luttes de jeunesse de mon père ne lui ayant jamais fait priser les talents d'orateur assez pour en tirer des conclusions favorables sur l'avenir de son rejeton, il ne pouvait naturellement comprendre de telles pensées de jeunesse. Soucieux, il considérait cette divergence de la nature.

En fait, cette vocation se perdit bientôt et fit place à — des espérances répondant mieux à mon tempérament. Farfouillant la bibliothèque paternelle, je tombais sur divers livres militaires, dont une édition populaire de la guerre franco-allemande de 1870-1871. Il y avait là deux volumes d'un journal illustré de ces années. Ils devinrent ma lecture favorite. En peu de temps, la grande guerre héroïque passa au premier plan de mes préoccupations morales. Dès lors, je butinai de plus en plus tout ce qui avait rapport à la guerre et à l'état militaire.

C'était encore là pour moi une révélation importante. Car pour la première fois, de façon certes encore confuse, certaines questions tourmentèrent mon esprit : y-a-t-il donc une différence, et laquelle, entre les Allemands qui livrèrent ces combats et les autres ? Pourquoi mon père et les autres Autrichiens n'y ont-ils pas pris part ?

Ne sommes-nous pas tout pareils aux autres Allemands ? Ne suivons-nous pas la même route ?

Je tournais et retournais ces problèmes dans mon cerveau d'enfant et des réponses faites aux questions que je posais avec prudence, je dus conclure, une secrète jalousie au cœur, que tous les Allemands n'avaient pas le bonheur d'appartenir à l'État de Bismarck.

Je ne pouvais le comprendre.

*

Il me fallut étudier.

De toutes mes manières et plus encore de mon tempérament, mon père concluait que je n'avais aucune aptitude pour des études classiques au lycée. La Realschule lui parais sait mieux me convenir. Il fut confirmé dans cette façon de voir par mon évidente facilité pour le dessin, matière qui, dans les lycées autrichiens, était à son avis trop négligée. Peut-être aussi le souvenir de sa propre vie de travail l'éloignait-il des humanités, sans intérêt pratique à ses yeux. Au fond, il avait l'idée arrêtée que, naturellement, son fils aussi serait fonctionnaire comme lui. Sa jeunesse pénible lui faisait bien naturellement surestimer d'autant plus ses succès tardifs, qu'ils étaient le fruit exclusif de son application ardente et de sa puissance de travail. Fier d'être le fils de ses œuvres, il rêvait pour moi une situation semblable à la sienne et si possible supérieure ; il y tenait d'autant plus qu'il avait mis plus de soins à faciliter lui-même la carrière de son fils.

Il ne concevait pas que je puisse refuser ce qui avait été jadis toute sa vie. La décision de mon père était donc simple, assurée et naturelle à ses propres yeux. Un homme de ce caractère, que la dure lutte pour l'existence avait rendu dominateur, n'admettait pas de laisser des enfants inexpérimentés et irresponsables décider de leur carrière.

Il eût estimé que c'était là, au point de vue de l'avenir de son enfant, une répréhensible et néfaste défaillance de l'autorité et de la responsabilité paternelles, incompatible avec sa conception du devoir.

Il devait cependant en être autrement.

Pour la première fois de ma vie — j'avais onze ans — je me rangeais dans l'opposition. Aussi tenace que pût être mon père pour mener à bien les plans qu'il avait conçus, son fils n'était pas moins obstiné à refuser une idée dont il n'attendait rien de bon.

Je ne voulais pas être fonctionnaire.

Ni discours, ni sévères représentations ne purent venir à bout de cette résistance. Je ne serais pas fonctionnaire, non et encore non ! En vain mon père essayait-il d'éveiller en moi cette vocation par des peintures de sa propre vie : elles allaient contre leur objet. J'avais des nausées à penser que je pourrais un jour être prisonnier dans un bureau ; que je ne serais pas le maître de mon temps, mais obligé de passer toute ma vie à remplir des imprimés.

On juge aussi quelles pensées cette perspective pouvait éveiller chez un jeune homme qui était vraiment tout autre chose qu'un « brave » garçon au sens courant du mot ! L'enseignement peu absorbant de l'école me donnait tellement de loisirs que je vivais plus souvent au soleil qu'en fermé. Quand aujourd'hui mes adversaires politiques scrutent ma vie jusque dans mes jeunes années avec une affectueuse attention, pour pouvoir, avec quelque satisfaction, dénoncer combien cet *Hitler* en faisait déjà de belles dans sa jeunesse, je remercie le ciel de me fournir ainsi l'occasion de revivre ces temps bienheureux. Prés et bois étaient alors le terrain sur lequel on en finissait avec chaque différend.

La fréquentation de la Realschule ne modifia guère mon emploi du temps. Mais j'allais devoir soutenir un autre combat.

Tant que le projet paternel de faire de moi un fonctionnaire se heurtait simplement à ma répulsion de principe pour cette carrière, le conflit était supportable. Je pouvais dissimuler quelque peu mes vues personnelles, et éviter la contradiction incessante. Ma résolution bien arrêtée de ne jamais devenir fonctionnaire — et elle était inébranlable suffisait à me tranquilliser complètement. Mais la question fut plus délicate lorsque le projet de mon père en rencontra un chez moi. J'avais alors douze ans. Comment cela advint il ? Je ne m'en souviens plus ; mais un jour il me fut évident que je devais devenir peintre, artiste-peintre. Mon talent de dessinateur était indiscutable ; il avait même été une des causes pour lesquelles mon père m'avait envoyé à la Realschule, mais jamais celui-ci n'avait pensé à faire perfectionner mes dons jusqu'à me permettre d'embrasser cette profession ; au contraire. Lorsque pour la première fois, à la suite d'un nouveau refus de ma part d'adopter son idée favorite, mon père me demanda ce qu'enfin je voulais être, ma résolution déjà formée me dicta une réponse immédiate : il en demeura presque muet.

« Peintre ? Artiste-peintre ? »

Il douta de mon bon sens, crut avoir mal entendu ou mal compris. Mais lorsque mes explications complètes à ce sujet lui eurent montré le caractère sérieux de mon projet, il s'y opposa aussi résolument qu'il pouvait le faire. Sa décision fut excessivement simple et ne fit place à aucune considération touchant mes dispositions réelles.

« Artiste-peintre, non, jamais de la vie. » Mais comme son fils avait hérité en même temps que de ses autres qualités, d'une opiniâtreté semblable à la sienne, ma réponse en sens contraire fut aussi énergique.

Des deux côtés on en resta là. Le père n'abandonna pas son « jamais » et je confirmai mon « quand même ».

En vérité ce conflit n'avait pas de conséquences bien réjouissantes. Le digne homme était rempli d'amertume et moi aussi, tant je l'aimais. Mon père m'interdit tout espoir d'apprendre jamais la peinture.

Je fis un pas de plus et déclarai à mon tour que je ne voulais plus étudier. Bien naturellement, avec de semblables *déclarations*, j'eus le dessous et le digne homme se disposa à asseoir désormais son autorité sans autre considération : ce que voyant, je m'enfermai dans un silence prudent, mais je mis ma menace à exécution. Je pensais que lorsque mon père constaterait l'absence de tout progrès à la Realschule, de bon gré ou de force, il me laisserait aller au bonheur dont je rêvais. .

Je ne sais si ce calcul aurait réussi. Ce qui est certain, c'était mon manque de succès visible à l'école. J'étudiais ce qui me plaisait, surtout ce que je jugeais pouvoir me servir plus tard comme peintre. Je *sabotais* complètement ce qui me paraissait sans importance à cet égard ou ce qui ne m'intéressait pas. Mes bulletins de cette époque se tenaient toujours aux extrêmes selon le sujet et l'intérêt que je lui portais. À côté de *très bien et excellent,* je rapportais des *médiocre* ou même des *insuffisant.* C'est en géographie, et plus encore en histoire universelle, que je réussissais le mieux. C'était là mes deux matières favorites dans lesquelles je dominais la classe.

Quand, à l'heure actuelle, après tant d'années, je fais le bilan de cette époque, deux faits significatifs ni apparaissent.

1. *Je devins nationaliste.*
2. *J'appris à comprendre et à pénétrer le vrai sens de l'histoire.*

L'ancienne Autriche était un État à nationalités multiples.

Et il était alors très difficile à un ressortissant du Reich de bien saisir ce que pouvait être la vie quotidienne de chacun dans un semblable État. Après la guerre franco-allemande, magnifique marche triomphale d'héroïques armées, les Allemands s'étaient chaque jour désintéressés davantage de l'Allemagne d'au-delà leurs frontières et, pour beaucoup, n'avaient pas daigné en apprécier la valeur ou n'en avaient pas été capables.

En ce qui concerne les Autrichiens allemands en particulier, on confondait trop facilement une dynastie à son déclin et un peuple foncièrement sain.

Il a fallu pourtant que l'Allemand d'Autriche fût de la meilleure des races pour avoir marqué de son empreinte un État de cinquante-deux millions d'habitants et cela à un point tel qu'en Allemagne même on pouvait penser — à tort, d'ailleurs — que l'Autriche était un État allemand. Erreur lourde de suites, mais magnifique témoignage pour les dix millions d'Allemands de la Marche de l'Est. Peu d'Allemands du Reich se doutaient qu'il fallait constamment lutter en Autriche pour le triomphe de la langue allemande, des écoles allemandes et tout simplement pour y *être allemand.*

Aujourd'hui seulement que cette triste nécessité est celle de plusieurs millions de nos frères qui, hors du Reich, sous une domination étrangère, rêvent de la patrie commune, tournent vers elle leurs aspirations, essaient d'obtenir au moins le droit sacré à la langue maternelle, c'est dans un cercle plus étendu que l'on comprend ce que signifie : devoir combattre pour sa race.

Peut-être aussi d'aucuns daignent-ils mesurer la grandeur du *Deutschtum* de la Marche de l'Est du Reich qui, réduite à ses seuls moyens, le couvrit d'abord vers l'Est pendant des siècles, ensuite par une suite exténuante d'escarmouches de détail, s'opposa au recul des frontières de la langue allemande : et cela à une époque où le Reich s'intéressait en vérité à des colonies, mais non pas, devant ses portes, à sa chair et à son sang.

Comme partout et toujours, comme dans chaque combat, dans la rivalité des langues de l'ancienne Autriche, il y eut trois clans, *les combattants, les tièdes et les traîtres.*

Il en était ainsi dès l'école, car il est remarquable que la lutte des langues fait rage surtout en ce lieu où se forment les générations à venir. Il s'agit de conquérir l'enfant et c'est à lui que doit s'adresser le premier appel du combat

« Enfant allemand, n'oublie pas que tu es un Allemand. »

« Fillette, pense que tu dois être un jour une mère allemande. »

Quiconque connaît l'âme de la jeunesse, comprendra que c'est elle qui peut écouter avec le plus de joie un pareil appel. Sous mille formes, elle mènera ensuite la lutte à sa façon et avec ses armes. Elle refusera de chanter des chansons étrangères ; elle exaltera d'autant plus les gloires allemandes que l'on voudra l'en éloigner ; elle économisera sur ses friandises le trésor de guerre des grands ; elle sera rebelle et très avertie contre les professeurs étrangers ; elle portera les insignes interdits de son propre peuple, heureuse d'être punie ou même battue pour cette cause. Elle est donc en petit l'image fidèle des grands, souvent même avec une inspiration meilleure et mieux dirigée.

Ainsi j'avais eu moi aussi l'occasion de prendre part relativement jeune à la lutte entre les nationalités de la vieille Autriche. On quêta pour la Marche du Sud et pour la Ligue scolaire, et l'esprit enthousiasmé par les bluets et les couleurs noir, rouge et or, nous poussions des *Heil ;* au lieu de l'hymne impérial, nous entonnions, malgré avis et punitions, notre cher *Deutschland über alles.* Les jeunes étaient ainsi éduqués politiquement à une époque où les ressortissants d'un État soi-disant national ne connaissaient guère autre chose de leur race que leur langue. Il va sans dire que je ne fus jamais un tiède. Je devins bientôt un « National-Allemand » fanatique, ce qui était d'ailleurs assez différent du parti qui porte aujourd'hui ce nom.

Celui qui n'a jamais pris la peine d'étudier la situation intérieure de la monarchie des Habsbourg, a, peine à comprendre une semblable préférence. Elle ne pouvait naître dans cet État que de l'étude à l'école de l'histoire universelle, car y-a-t-il vraiment une histoire particulière de l'Autriche ? Le destin de cet État est lié à tel point à la vie et au développement de tout ce qui est allemand que l'on ne peut imaginer une séparation de l'histoire en histoire allemande et histoire autrichienne. Quand l'Allemagne commença à se diviser en deux puissances, c'est l'histoire de l'Allemagne qui se divisa.

Les emblèmes conservés à Vienne de la grandeur impériale passée paraissaient plutôt agir par un prestige merveilleux que comme le gage d'une communauté éternelle.

Aux jours de l'écroulement des Habsbourg, un appel instinctif s'élevait des Autrichiens allemands pour leur réunion à la terre maternelle. Cet appel unanime, qui traduisait le sentiment profond sommeillant au cœur de chacun, n'est explicable que par l'éducation historique, source jamais tarie, qui même aux jours d'oubli, par-delà le bien-être du moment, fait que la voix du passé parle tout bas d'un nouvel avenir.

Encore aujourd'hui, l'enseignement de l'histoire mondiale dans les écoles primaires supérieures est bien souvent mauvais. Peu de professeurs comprennent que le but de l'enseignement de l'histoire n'est pas d'apprendre des dates et des faits ; qu'il est sans intérêt que l'enfant sache exacte ment la date d'une bataille ou de la naissance d'un maréchal, ou du couronnement d'un monarque. Là n'est pas la question.

Étudier l'histoire, c'est rechercher les causes déterminantes des événements historiques.

L'art de lire et d'étudier consiste en ceci : *conserver l'essentiel, oublier l'accessoire.*

Ma vie entière a peut-être été déterminée par le fait que j'ai eu un professeur d'histoire qui comprenait, comme bien peu de gens, l'intérêt primordial à attribuer à ces considérations pour l'enseignement et les examens : le Dr Leopold Poetsch, de la Realschule de Linz, personnifiait tout cela de manière idéale. C'était un digne vieillard d'aspect résolu, mais plein de bonté. Sa verve éblouissante nous enchaînait et nous enlevait à la fois. Aujourd'hui encore, je n'évoque pas sans émotion cet homme grisonnant, qui si souvent, dans le feu de son exposé, nous faisait oublier le présent, nous transportait magiquement dans le passé et rendait une vivante réalité à quelque souvenir historique desséché qu'il dégageait des brumes des siècles. Nous demeurions assis, l'esprit illuminé, émus jusqu'aux larmes.

Plus heureusement encore, ce professeur savait non seulement éclairer le passé par le présent, mais aussi tirer du passé des enseignements pour le présent. Mieux que personne, il expliquait les problèmes d'actualité qui nous tenaient haletants. Il tirait de notre petit fanatisme national des moyens d'éducation : il faisait souvent appel g notre sentiment national de l'honneur pour ramener, plus vite que par tout autre moyen, l'ordre dans nos rangs.

Un tel professeur fit de l'histoire mon étude favorite.

Il est vrai qu'il fit aussi de moi, bien involontairement, un jeune révolutionnaire.

Mais, qui aurait pu étudier l'histoire de l'Allemagne avec un tel professeur sans devenir l'ennemi d'une dynastie dont l'influence sur les destinées de la nation s'avérait aussi désastreuse ?

Qui aurait pu rester fidèle sujet d'une dynastie que le passé et le présent nous montraient trahissant toujours et toujours les intérêts allemands pour d'ignobles profits personnels ?

Jeunes gens, ne savions-nous pas déjà que l'État autrichien n'avait, ne pouvait avoir pour nous, Allemands, aucun amour ?

Ce qui se passait tous les jours ne pouvait que confirmer les enseignements de l'histoire sur l'action des Habsbourg. Au nord et au sud, le poison étranger dévorait le corps de notre peuple et Vienne même devenait une ville toujours moins allemande. « L'auguste maison d'Autriche » faisait le jeu des Tchèques en toute occasion. Ce fut le poing de la déesse du droit éternel et de l'inexorable châtiment qui abattit l'ennemi le plus mortel de l'Allemagne autrichienne, le grand-duc Franz Ferdinand. Il fut percé de balles qu'il avait aidé à fondre. Ne patronnait-il pas cependant cette slavisation de l'Autriche qui se manifestait du haut vers le bas ?

Les charges du peuple allemand étaient énormes, les sacrifices d'argent et de sang qu'on lui demandait étaient inouïs, et les plus aveugles en voyaient l'inutilité. Le plus douloureux pour nous était encore de constater que la politique des Habsbourg à notre égard était moralement couverte par leur alliance avec l'Allemagne : ainsi celle-ci sanctionnait en quelque sorte la lente extermination du germanisme dans la vieille monarchie. En cherchant hypocritement à donner à l'extérieur l'impression que l'Autriche demeurait un État allemand, la maison impériale entre tenait contre elle des sentiments de révolte, de mépris et de haine.

Seuls les dirigeants du Reich ne voyaient rien de tout cela. Comme frappés de cécité, ils cheminaient aux côtés d'un cadavre et croyaient découvrir, dans les signes de décomposition, les marques d'une résurrection.

Cette malheureuse alliance du jeune Reich et de l'illusoire État autrichien portait le germe de la guerre mondiale et de la débâcle.

*

J'aurai encore à traiter à fond ce problème su cours du livre ; qu'il me suffise de préciser que, dès ma première jeunesse, j'avais dégagé quelques idées essentielles dans lesquelles, par la suite, je ne devais jamais cesser de m'affermir, à savoir :

Que le salut du germanisme avait pour condition l'anéantissement de l'Autriche.

Ensuite qu'il n'y a aucun rapport entre le sentiment national et la fidélité à une dynastie.

Et surtout que la Maison des Habsbourg ferait le malheur de la nation allemande.

Dès cette époque, j'étais arrivé en connaissance de cause aux sentiments suivants : ardent amour de ma patrie, l'Autriche allemande, haine profonde de l'État autrichien.

*

Par la suite, grâce à ces conceptions, que je devais à l'école, l'histoire universelle facilita toujours davantage ma compréhension de l'action historique dans le présent, c'est-à-dire de la politique : je n'aurai donc pas à l'apprendre, c'est elle qui devra m'instruire. Déjà précocement *révolutionnaire* en politique, je ne tardai pas à le devenir aussi en matière d'art.

Le chef-lieu de la Haute-Autriche possédait alors un théâtre qui, somme toute, n'était pas mauvais. On y jouait assez souvent. À douze ans, j'y entendis pour la première fois *Guillaume Tell* et, quelques mois plus tard, le premier opéra de ma vie, *Lohengrin*. Du premier coup, je fus conquis. Mon enthousiasme juvénile pour le maître de Bayreuth ne connut pas de limites. Toujours dès lors ses œuvres m'attirèrent à nouveau, et c'est une chance pour moi que ces modestes interprétations dans une petite ville de province m'aient laissé la possibilité d'en entendre plus tard de très supérieures.

Mais tout cela — surtout après le douloureux passage de l'âge ingrat — fortifia mon aversion profonde pour la carrière à laquelle mon père me destinait. De plus en plus, je me persuadai que je ne trouverais jamais le bonheur dans la peau d'un fonctionnaire. Et mon aptitude au dessin, confirmée à la Realschule, m'incitait à persévérer dans ma résolution. Prières et menaces n'y purent plus rien changer.

Je voulais devenir peintre et pour rien au monde fonctionnaire.

Avec l'âge, je m'intéressais d'ailleurs de plus en plus à l'architecture.

Je la tenais alors pour un complément naturel de l'art du peintre, et je me réjouissais intérieurement que le cadre de mon activité artistique fût ainsi élargi.

Je ne me doutais nullement qu'un jour il en adviendrait tout autrement.

*

La question de mon métier devait être tranchée plus vite que je ne m'y attendais.

J'avais treize ans quand je perdis subitement mon père. Une attaque d'apoplexie le terrassa en pleine vigueur et termina sans souffrance sa carrière terrestre, nous plongeant tous dans la plus profonde douleur. Son plus cher désir avait été d'aider son fils à faire sa carrière pour lui éviter les épreuves de ses propres débuts. Il dut voir qu'il ne l'avait pas réalisé. Mais, même très inconsciemment, il avait jeté en moi les germes d'un avenir que nous ne soupçonnions ni l'un ni l'autre. En apparence rien ne changea d'abord.

Ma mère s'estima obligée de poursuivre mon éducation selon le vœu du père, c'est-à-dire en vue de la carrière de fonctionnaire. J'étais moi-même plus que jamais décidé à ne le devenir sous aucun prétexte. Le programme et les méthodes de l'école primaire supérieure m'intéressaient de moins en moins, à mesure qu'ils s'éloignaient davantage de mon idéal. Une maladie de quelques semaines vint soudain résoudre la question de mon avenir et couper court à tous les conflits familiaux. J'avais les poumons gravement atteints. Le docteur conseilla à ma mère de ne m'enfermer plus tard dans un bureau sous aucun prétexte et en particulier d'interrompre pendant un an au moins mes études à la Realschule.

L'objet de mes désirs secrets, puis de mes luttes persévérantes, se trouvait ainsi presque atteint d'un seul coup.

Encore sous le coup de ma maladie, ma mère m'accorda de quitter la Realschule pour l'Académie.

Ce furent des jours heureux, qui me parurent presque un rêve, et qui devaient d'ailleurs n'être qu'un rêve.

Deux ans plus tard, la mort de ma mère brisait brutalement ces beaux projets.

Elle succomba à une longue et douloureuse maladie qui ne laissa dès le début qu'un bien faible espoir de guérison. Le coup me frappa cependant d'une façon terrible. J'avais révéré mon père, mais j'avais aimé ma mère.

Les dures réalités de l'existence m'obligèrent à prendre de rapides résolutions. Les maigres ressources de la famille avaient été à peu près épuisées par la grave maladie de ma mère ; la pension d'orphelin qui m'était allouée ne me suffisait pas pour vivre et il me fallait, de quelque manière que ce fût, gagner moi-même mon pain.

Je partis pour Vienne avec une valise d'habits et de linge.

J'avais au cœur une volonté inébranlable. Mon père avait réussi, cinquante ans auparavant, à forcer son destin. Je ferais comme lui. Je deviendrais "quelqu'un" — mais pas un fonctionnaire !

CHAPITRE 2

ANNÉES D'ÉTUDES
ET DE SOUFFRANCES À VIENNE

Quand ma mère mourut, j'avais déjà eu quelque lumière sur mon avenir. Au cours de sa dernière maladie, j'étais allé à Vienne subir l'examen d'admission à l'Académie des beaux-arts. Muni d'une épaisse liasse de dessins, je m'étais mis en route persuadé que je serais reçu en me jouant. J'avais été de beaucoup le meilleur dessinateur de la Realschule, et depuis lors mes capacités s'étaient extraordinairement développées, en sorte que, passablement satisfait de moi-même, j'avais excellent espoir.

Un souci cependant : il me semblait que j'étais encore mieux doué pour le dessin que pour la peinture, surtout pour le dessin d'architecture. Et pareillement mon goût pour l'architecture elle-même croissait toujours. Cette évolution se précisa au cours d'un séjour de quinze jours que je fis à Vienne à l'âge de seize ans à peine. J'étais allé étudier la Galerie de peinture du Hofmuseum, mais je n'eus d'yeux que pour le bâtiment lui-même. Tous les jours, du matin à la nuit tombée, je courais d'une curiosité à l'autre, mais c'étaient surtout les édifices qui me captivaient. Je demeurais des heures devant l'Opéra, des heures devant le Parlement ; toute la Ringstrasse me parut un miracle des mille et une nuits.

J'étais donc pour la deuxième fois dans cette belle ville et j'attendais, brûlant d'impatience, mais plein d'une orgueilleuse confiance dans le succès de mon examen d'admission. J'étais si persuadé du succès que l'annonce de mon échec me frappa comme un coup de foudre dans un ciel clair. Il fallut pourtant bien y croire. Lorsque je me fis présenter au recteur et que je sollicitai l'explication de ma non-admission à la section de peinture de l'Académie, il m'assura que les dessins que j'avais présentés révélaient indiscutablement mon manque de dispositions pour la peinture, mais laissaient apparaître par contre des possibilités dans le domaine de l'architecture. Il ne pouvait être question pour moi de la section de peinture de l'Académie, mais seulement de la section d'architecture. On ne pouvait de prime abord admettre que je n'aie jamais encore fréquenté une telle école, ni reçu d'enseignement correspondant.

Je quittai tout abattu le Palais Hansen sur la Schiller Platz, doutant de moi-même pour la première fois de ma vie. Car ce que je venais d'entendre dire de mes dispositions me révélait d'un seul coup, comme un éclair subit, une discordance dont je souffrais déjà depuis longtemps sans pouvoir me rendre compte exactement de sa nature et de ses causes.

Alors, en quelques jours, je me vis architecte.

En vérité, la route était pleine de difficultés, car ce que j'avais négligé jusqu'ici par défi à la Realschule allait se venger amèrement. Avant les cours de l'école d'architecture de l'Académie, il fallait suivre ceux du cours technique de construction et l'admission à ce dernier nécessitait des études complètes à une école primaire supérieure. Tout ceci me manquait complètement. Il semblait donc bien que l'accomplissement de mon rêve fût impossible.

Lorsque, après la mort de ma mère, je revins à Vienne pour la troisième fois — cette fois pour plusieurs années j'avais retrouvé du calme et de la décision. Ma fierté m'était revenue et je m'étais désigné définitivement le but à atteindre. Je voulais devenir architecte et les difficultés rencontrées étaient de celles que l'on brise et non pas de celles devant lesquelles on capitule. Et je voulais les briser, ayant toujours devant mes yeux l'image de mon père, modeste ouvrier cordonnier de village, devenu fonctionnaire. Ma base de départ était meilleure et le combat d'autant plus aisé ; dans ce qui me parut alors une dureté du destin, je vois aujourd'hui la sagesse de la Providence. La déesse de la nécessité me prit dans ses bras et menaça souvent de me briser : ma volonté grandit ainsi avec l'obstacle et finalement triompha.

Je remercie cette époque de m'avoir rendu dur et capable d'être dur. Plus encore, je lui suis reconnaissant de m'avoir détaché du néant de la vie facile, d'avoir extrait d'un nid délicat un enfant trop choyé, de lui avoir donné le souci pour nouvelle mère, de l'avoir jeté malgré lui dans le monde de la misère et de l'indigence et de lui avoir ainsi fait connaître ceux pour lesquels il devait plus tard combattre.

*

C'est à cette époque que mes yeux s'ouvrirent à deux dangers que je connaissais à peine de nom et dont je ne soupçonnais nullement l'effrayante portée pour l'existence du peuple allemand : le marxisme et le judaïsme.

Vienne, dont le nom évoque pour tant de gens gaieté et insouciance, lieu de fêtes d'heureux mortels, n'est hélas pour moi que le souvenir vivant de la plus triste période de mon existence.

Aujourd'hui encore, son nom n'éveille en moi que le souvenir pénible de cinq années de détresse. Cinq années pendant lesquelles je dus, comme manœuvre d'abord, ensuite comme petit peintre, gagner ma subsistance, maigre subsistance, qui ne pouvait même pas apaiser ma faim chronique. Car la faim était alors le gardien fidèle qui ne m'abandonna jamais, la compagne qui partagea tout avec moi. Chaque livre que j'achetai eut sa participation ; une représentation à l'Opéra me valait sa compagnie le jour suivant ; c'était une bataille continuelle avec mon amie impitoyable. J'ai appris cependant alors comme jamais avant. Hors mon architecture, hors les rares visites à l'Opéra, fruit de mes jeûnes, je n'avais d'autre joie que des livres toujours plus nombreux.

Je lisais alors énormément et à fond ; ce qui me restait de temps libre après mon travail était consacré exclusivement à l'étude. En quelques années, je me constituai ainsi des connaissances qui me servent aujourd'hui encore.

J'ajouterai que c'est à cette époque que prirent forme en moi les vues et les théories générales qui devinrent la base inébranlable de mon action d'alors. Depuis j'ai eu peu de choses à y ajouter, rien à y changer.

Au contraire.

Je suis aujourd'hui fermement convaincu que c'est en général dans la jeunesse qu'apparaît chez l'homme l'essentiel de ses pensées créatrices. Je distingue entre la sagesse du vieillard qui comporte une plus grande profondeur et une prévoyance résultant de l'expérience d'une longue vie, et le génie créateur de la jeunesse qui, avec une fécondité inépuisable, répand des pensées et des idées sans pouvoir immédiatement les mettre en valeur par suite de leur abondance même. Elle fournit les matériaux et les plans d'avenir où puisera l'âge mûr, dans la mesure où la prétendue sagesse des années n'aura pas étouffé le génie de la jeunesse.

*

La vie que j'avais menée jusqu'alors à la maison était sensiblement celle de tous les jeunes gens de mon âge : j'ignorais le souci du lendemain et il n'y avait pas pour moi de problème social.

L'entourage de ma jeunesse se composait de petits bourgeois, c'est-à-dire d'un monde ayant fort peu de relations avec celui des véritables travailleurs manuels. Car, si étonnant que cela puisse paraître à première vue, le fossé qui sépare cette classe économiquement peu favorisée de celle des travailleurs manuels est souvent plus profond qu'on ne le pense. Il y a presque inimitié — et la raison en est que des gens qui se sont élevés de fraîche date au-dessus du niveau des travailleurs manuels, redoutent de retomber dans un ancien milieu qu'ils méprisent un peu, ou tout au moins de paraître encore en faire partie. Ajoutez à cela tout ce qu'il y a de repoussant dans le souvenir de la grossièreté des relations avec ces basses classes, et de leur absence de toute culture : pour les gens de condition même modeste qui ont une fois dépassé ce niveau social, c'est une obligation insupportable que d'y retomber pour quelques instants.

On constate également que, souvent, les gens d'un niveau social élevé descendent vers les plus humbles de leurs concitoyens, avec moins de prévention que les parvenus.

J'appelle parvenu quiconque s'est élevé par ses propres moyens d'une situation donnée à une situation supérieure.

À celui-là, l'âpre combat qu'il a livré fait perdre bien souvent toute sensibilité et toute pitié pour les malheureux qui sont demeurés en arrière.

À ce point de vue mon destin me favorisa. Obligé de revenir dans le monde de misère et d'insécurité matérielle que mon père avait déjà connu, je perdis les œillères de ma trop étroite éducation de "petit bourgeois". J'appris alors à connaître les hommes et à distinguer entre une apparence creuse ou bien un dehors brutal, et leur véritable nature. Au début du siècle, Vienne était déjà une ville pleine d'iniquités sociales.

La richesse et l'indigence y voisinaient sans transition. Dans le centre et dans les quartiers avoisinants, on sentait battre le pouls d'un Empire de cinquante-deux millions d'habitants, paré de tout le charme de ses nationalités multiples. Une Cour magnifique attirait à elle comme un aimant la richesse et l'intelligence du reste de l'État. Ajoutez à cela les effets de la centralisation systématique de la monarchie des Habsbourg.

Cette centralisation s'imposait pour maintenir solidement liés des peuples si dissemblables ; mais elle avait pour conséquence une concentration extraordinaire des hautes et encore plus hautes autorités dans la capitale de l'Empire et résidence de l'empereur.

Vienne n'était pas seulement le centre politique et intellectuel de la vieille monarchie danubienne, mais aussi le centre économique du pays. À l'armée des militaires de haut rang, des fonctionnaires, des artistes et des intellectuels, s'opposait l'armée encore plus nombreuse des travailleurs. Face à la richesse de l'aristocratie et du commerce s'étalait la plus complète indigence. Devant les palais de la Ringstrasse traînaient des milliers de chômeurs, et au-dessous de cette *via triumphalis* de l'ancienne Autriche, dans l'obscurité et la boue de ses égouts, gîtaient les sans-logis.

Dans aucune ville allemande la question sociale ne pouvait mieux s'étudier qu'à Vienne ; mais qu'on ne s'illusionne pas. Cette étude ne peut pas avoir lieu d'en haut. Quiconque ne s'est pas trouvé réduit lui — même à une semblable misère ne la connaîtra jamais. Dans tout autre cas, il n'y aura chez lui que bavardage superficiel ou sentimentalité mensongère : les deux également nuisibles et n'allant pas au cœur du problème. Je ne sais le plus néfaste, de l'indifférence dont fait preuve chaque jour la majorité des favorisés du sort et même des parvenus vis-à-vis des misères sociales, ou bien de la, condescendance arrogante et souvent dénuée de tact, mais toujours si pleine de grâce, de certaines élégantes qui se piquent « d'aller au peuple n. Ces gens se trompent d'autant plus, qu'avec leur esprit dénué d'instinct, ils se bornent à essayer de comprendre en gros. Ils s'étonnent ensuite que les opinions qu'ils professent n'aient aucun succès ou qu'elles soient repoussées avec indignation ; on y voit volontiers une preuve de l'ingratitude du peuple.

Cela n'est pas vérité bien agréable pour ce genre de cervelles qu'une activité sociale n'ait rien à faire avec tout cela, surtout qu'elle ne puisse prétendre à aucune reconnaissance, étant donné qu'elle n'a pas à distribuer des faveurs, mais à rétablir des droits.

Je ne fus pas exposé à étudier de cette façon-là la question sociale. En m'enrôlant dans son armée maudite, la misère parut bien moins m'inviter à « l'étudier » de près qu'elle ne me prit moi-même pour sujet. Ce n'est pas à elle que revint le mérite que le cobaye ait survécu à l'opération.

*

Quand je cherche aujourd'hui à rassembler mes impressions de cette époque, je n'y puis parvenir tout à fait. Les plus essentielles, souvent celles qui me mettaient en cause de plus près, ont seules survécu dans mon esprit. Ce sont elles que l'on trouvera ici, avec les enseignements que j'en ai retirés alors.

*

Il ne me fut jamais très difficile de trouver du travail, puisque ce n'était pas comme ouvrier spécialisé, mais comme manœuvre ou travailleur auxiliaire, que je cherchais à gagner mon pain.

Je me trouvais ainsi dans la même situation que ceux qui secouaient de leurs pieds la poussière de l'Europe avec le dessein impitoyable de refaire leur existence dans un monde nouveau et de conquérir une nouvelle patrie.

Détachés de toutes les considérations paralysantes de devoir et de rang, d'entourage et de tradition, ils saisissent chaque gain qui s'offre et font toutes les besognes, pénétrés de l'idée qu'un travail honorable n'abaisse jamais, quel qu'il soit. J'avais de même décidé de sauter à pieds joints dans ce monde nouveau pour moi pour y faire mon chemin.

Je m'aperçus bientôt qu'il était moins difficile de trouver un travail quelconque que de le conserver.

L'insécurité du pain quotidien m'apparut comme un des côtés les plus sombres de cette vie nouvelle.

Je sais bien que le travailleur spécialisé n'est pas mis sur le pavé, aussi fréquemment que le manœuvre : il ne peut cependant compter sur aucune certitude. S'il risque moins la famine par manque de travail, il lui reste à redouter le lock out ou la grève.

L'insécurité des salaires quotidiens est une des plus graves plaies de l'économie sociale.

Le jeune cultivateur va à la ville, attiré par un travail qu'on lui dit plus facile — qui l'est peut-être réellement — et dont la durée est plus courte. Il est surtout tenté par la lumière éblouissante qui ne rayonne que dans les grandes villes. Habitué à une certaine sécurité de gain, il a coutume de ne quitter son ancienne place que lorsqu'il en a au moins une nouvelle en vue. Enfin, le manque de travailleurs agricoles est si grand qu'à la campagne un long chômage est invraisemblable. C'est une erreur de croire a priori que le jeune garçon qui se rend à la ville est taillé dans un plus mauvais bois que celui qui continue à travailler la terre. Au contraire : l'expérience montre que ce sont les natures les plus saines et les plus vigoureuses qui émigrent le plus volontiers. Par émigrant, je n'entends pas seulement celui qui part pour l'Amérique, mais aussi le jeune valet qui se décide à quitter le village natal pour aller à la grande ville inconnue. Lui aussi est prêt à courir les chances d'un destin incertain. Le plus souvent, il vient à la ville avec un peu d'argent et ne se décourage pas dès les premiers jours si le malheur veut qu'il ne trouve pas immédiatement du travail. Mais si la place trouvée se trouve perdue au bout de peu de temps, c'est plus grave ; en trouver une nouvelle est, surtout en hiver, très difficile sinon impossible. Cela va encore les premières semaines. Il reçoit l'indemnité de chômage des caisses de son syndicat et se débrouille tant bien que mal.

Cependant, une fois le dernier denier et le dernier pfennig dépensés, quand la caisse de chômage, à la longue, cesse de payer le secours, la grande misère arrive. Il traîne maintenant çà et là, affamé ; il vend ou met en gage ce qui lui reste ; il arrive ainsi, dans son costume et dans ses fréquentations, à une déchéance complète du corps et de l'esprit. Qu'il n'ait plus maintenant de logement et que cela arrive en hiver, comme c'est souvent le cas, sa détresse est complète. Il trouve enfin quelque travail. Mais l'histoire recommence. Une seconde fois, ce sera pareil. Une troisième fois, ce sera pire, jusqu'à ce qu'il apprenne peu à peu à supporter avec indifférence cette destinée éternellement incertaine. La répétition a créé l'habitude.

Ainsi, l'homme jadis laborieux se relâche en toutes choses jusqu'à devenir un simple instrument aux mains de gens qui ne poursuivent que d'ignobles profits. Son chômage lui était si peu imputable à tort que, d'un seul coup, il lui est tout à fait égal de combattre pour des revendications économiques ou d'anéantir les valeurs de l'État, de la société ou de la civilisation. Il devient gréviste sinon avec joie, du moins avec indifférence.

J'ai pu suivre ce processus sur des milliers d'exemples. Et plus j'en observais, plus vive était ma réprobation contre ces villes de plusieurs millions d'habitants, qui attirent si avide ment les hommes pour les broyer ensuite de façon si effroyable.

À leur arrivée, ils appartenaient encore à leur peuple ; s'ils restent, ils sont perdus pour lui.

J'ai roulé, moi aussi, sur les pavés de la grande ville ; j'ai éprouvé tous les coups de sort et j'ai pu en juger les effets. Autre chose : de fréquentes alternances de travail et de chômage, en même temps qu'elles rendent irrégulières les recettes et les dépenses nécessaires à l'existence, détruisent à la longue chez la plupart des ouvriers tout sentiment d'économie et tout sens d'organisation de leur vie quotidienne. Visiblement, le corps s'habitue peu à peu à l'abondance dans les bonnes périodes et à la faim dans les mauvaises. Oui, la faim supprime tout projet d'une organisation meilleure à réaliser aux époques où le gain sera plus facile. Elle fait danser devant celui qu'elle torture, en un persistant mirage, les images d'une « bonne vie » facile ; elle donne à ce rêve une telle attirance qu'il devient un désir maladif qu'il faudra satisfaire à tout prix, dès que la paie le permettra tant soit peu. L'homme qui vient à peine de trouver du travail, perd alors tout bon sens et toute mesure, et se lance dans une vie large au jour le jour. Au lieu de régler intelligemment son petit train de vie pour toute la semaine, il le bouleverse de fond en comble. Son gain dure, au début, cinq jours sur sept, plus tard trois seulement, plus tard encore un seul jour ; finalement, il s'envole en une nuit de fête.

Et à la maison, il y a souvent femme et enfants. Il arrive qu'eux aussi sont gagnés par ce genre de vie, surtout quand le mari est bon pour eux, c'est-à-dire les aime à sa façon. La paie de la semaine est gaspillée en commun à la maison ; elle dure deux ou trois jours : on boit, on mange tant qu'il y a de l'argent ; puis on souffre de la faim en commun. Alors la femme se glisse dans le voisinage, achète un peu à crédit, fait de petites dettes chez les boutiquiers et cherche ainsi à tenir les derniers mauvais jours de la semaine. À midi, tout le monde s'assied devant une maigre pitance — trop heureux qu'il y ait quelque chose — et on attend le jour de la paie. On en parle. On fait des plans et, le ventre vide, on rêve du bonheur qui va revenir.

Dès leur tendre jeunesse, les enfants se familiarisent avec cette misère.

Mais cela finit mal, lorsque l'homme tire de son côté dès le début de la semaine et que la femme entre en conflit avec lui pour les enfants même. Les querelles commencent, et, à mesure que l'homme se détache de sa femme, il se rapproche de l'alcool. Chaque samedi il s'enivre ; luttant pour elle et pour ses enfants, la femme lui arrache quelques sous, le plus souvent en le poursuivant sur le chemin de l'usine à la taverne. Quand la nuit le ramène enfin à la maison, le dimanche ou le lundi, ivre et brutal, mais les poches vides, des scènes pitoyables se déroulent...

J'ai assisté cent fois à des histoires semblables. Hostile et révolté au début, j'ai fini par comprendre le côté tragique de ces douloureux épisodes et leur cause profonde. J'ai plaint les malheureuses victimes d'un milieu mauvais.

La question de l'habitation était pire encore et la misère des logements des manœuvres de Vienne était effroyable. Je frémis encore aujourd'hui quand je pense à ces antres misérables, à ces abris et à ces logements surpeuplés, pleins d'ordure et d'une repoussante saleté.

Que serait-il arrivé, qu'arriverait-il si de ces enfers de misère, un flot d'esclaves déchaînés se déversait sur le reste de l'humanité qui, dans une totale inconscience, laisse aller les événements sans même soupçonner que tôt ou tard le destin, s'il n'est pas conjuré, amènera de fatales représailles.

Combien je suis aujourd'hui reconnaissant à la Providence qui me mit à cette école : cette fois, je ne pouvais me désintéresser de ce qui ne me plaisait pas et je fus rapidement et profondément instruit.

Pour ne pas désespérer complètement des hommes qui m'entouraient alors, il me fallait faire abstraction de leurs façons et de leur vie, et ne retenir que les raisons de leur déchéance. Alors je pouvais supporter ce spectacle sans découragement, alors ce n'étaient plus les hommes qui ressortaient de tous ces tableaux du malheur et du désespoir, de l'ordure et de la dépravation, mais les tristes résultats de tristes lois. Cependant, ayant moi-même bien du mal à vivre, j'étais gardé de capituler en quelque pitoyable sentimentalité à la vue des produits, résultat final de ce processus de dégradation. Non, ce n'est pas ainsi qu'il fallait le concevoir. Et il m'apparaissait que, seul, un double chemin pouvait conduire à l'amélioration de cet état :

Établir des bases meilleures de notre développement en s'inspirant d'un profond sentiment de responsabilité sociale. Anéantir avec une décision brutale les rejetons non améliorables.

La nature ne s'attache pas tant à la conservation de l'être qu'à la croissance de sa descendance, support de l'espèce. Il en est de même dans la vie. Il n'y a guère lieu d'améliorer artificiellement les mauvais côtés du présent — amélioration d'ailleurs pratiquement impossible — mais de préparer des voies plus saines au développement futur de l'homme en le prenant à ses débuts.

Dès mes années de lutte de Vienne, je m'étais persuadé que :

Le but de l'activité sociale ne devra jamais être d'entretenir une endormante prospérité, mais bien plutôt d'éviter ces carences essentielles de notre vie économique et culturelle, qui conduisent nécessairement à la dégénérescence de l'individu ou tout au moins peuvent l'entraîner.

La difficulté de corriger par tous les moyens, même les plus brutaux, une situation sociale criminelle, néfaste pour l'État, ne provient nullement de ce qu'on hésite sur ses causes.

L'hésitation de ceux qui n'entreprennent pas les mesures de salut qui seraient indispensables à sa source dans leur sentiment très fondé d'être eux-mêmes les responsables de la dépravation tragique de toute une classe. Ce sentiment paralyse en eux toute ferme résolution d'agir ; ils ne savent envisager que des réformes timides et insuffisantes, s'agirait-il des mesures de conservation les plus indispensables. Ce n'est que lorsqu'une époque ne sera plus envoûtée par la propre conscience de sa responsabilité qu'elle recouvrera, avec le calme intérieur, la force extérieure de trancher brutalement et sans regret les pousses parasitaires, et d'arracher l'ivraie.

Mais il sautait aux yeux que l'État autrichien, ignorant toute justice et toute législation sociale, était impuissant à combattre les croissances néfastes.

*

Je ne sais ce qui m'effrayait alors le plus : la misère économique de mes semblables, leur grossièreté morale, celle de leurs habitudes, ou bien le niveau si bas de leur culture intellectuelle.

Que de fois nos bourgeois ne sont-ils pas révoltés d'entendre quelque lamentable vagabond déclarer qu'il lui est profondément égal d'être Allemand ou non et que partout où il aura le nécessaire il se trouvera bien !

C'est à qui déplorera cette absence de fierté nationale et dénoncera avec force de tels sentiments.

Mais combien se sont demandés pourquoi ils en ont eux-mêmes de meilleurs ? Combien se rendent compte que leur fierté bien naturelle d'appartenir â un peuple privilégié se rattache, par un nombre infini de liens, à tout ce qui a fait leur patrie si grande, dans tous les domaines de l'art et de l'esprit ?

Combien voient à quel point leur orgueil d'être Allemands découle de leur connaissance de la grandeur de l'Allemagne ?

Nos milieux bourgeois songent-ils aussi que de cet orgueil-là, le peuple se moque à peu près complètement ?

Que l'on ne m'objecte pas maintenant que c'est la même chose dans tous les pays et que les travailleurs y tiennent · tout de même » pour leur patrie. Quand cela serait, cela n'excuserait pas notre attitude négligente. Mais il n'en est rien, Ce que nous appelons, par exemple, l'éducation chauvine du peuple français n'est que l'exaltation excessive de la grandeur de la France dans tous les domaines de la culture ou, comme disent les Français, de la "civilisation". Un jeune Français n'est pas dressé à se rendre compte objectivement de la réalité des choses : son éducation lui montre, avec la vue subjective que l'on peut imaginer, tout ce qui a quelque importance pour la grandeur de son pays, en matière de politique et de civilisation. Une telle éducation doit toujours se borner à des notions d'ordre général très importantes. Et il est nécessaire qu'elles soient gravées dans le cœur et dans la mémoire du peuple par une constante répétition.

Chez nous, au contraire, au péché d'omission d'un caractère négatif, s'ajoute la destruction positive du peu que chacun a eu la chance d'apprendre à l'école. Les rats qui empoisonnent notre politique dévorent ces bribes dans le cœur et la mémoire des humbles, si tant est que la misère ne s'en soit pas déjà chargée.

Que l'on se représente donc ceci :

Dans deux pièces d'une cave habite une famille de sept travailleurs. Sur les cinq enfants, un marmot de trois ans. C'est l'âge où un enfant prend conscience. Les gens bien doués gardent jusqu'à l'âge le plus avancé des souvenirs de cette époque. L'étroitesse et l'encombrement du logement sont une gêne de tous les instants : des querelles en résultent. Ces gens ne vivent pas ensemble, mais sont tassés les uns sur les autres. Les minimes désaccords qui se résolvent d'eux-mêmes dans une maison spacieuse, occasionnent ici d'incessantes disputes. Passe encore entre enfants : un instant après ils n'y pensent plus. Mais quand il s'agit des parents, les conflits quotidiens deviennent souvent grossiers et brutaux à un point inimaginable. Et les résultats de ces leçons de choses se font sentir chez les enfants. Il faut connaître ces milieux pour savoir jusqu'où peuvent aller l'ivresse, les mauvais traitements. Un malheureux gamin de six ans n'ignore pas des détails qui feraient frémir un adulte. Empoisonné moralement, et physiquement sous-alimenté, ce petit citoyen s'en va à l'école publique et y apprend tout juste à lire et à écrire. Il n'est pas question de travail à la maison, où on lui parle de sa classe et de ses professeurs avec la pire grossièreté. Aucune institution humaine n'y est d'ailleurs respectée, depuis l'école jusqu'aux plus hauts corps de l'État ; religion, morale, nation et société, tout est traîné dans la boue. Quand le garçonnet quitte l'école à quatorze ans, on ne sait ce qui domine en lui : ou une incroyable sottise, pour tout ce qui est d'une connaissance positive, ou insolence caustique et immoralité à faire dresser les cheveux.

Quelle attitude aura dans la vie où il va entrer, ce petit homme pour qui rien n'est sacré, et qui, par contre, pressent ou connaît toutes les bassesses de l'existence... L'enfant de treize ans devient, à quinze, un détracteur déclaré de toute autorité. Il n'a appris à connaître que la boue et l'ordure, à l'exclusion de tout ce qui aurait pu lui élever l'esprit.

Et voici ce que va être son éducation virile.

Il va suivre les exemples qu'il a eus dans sa jeunesse celui de son père. Il rentrera à la maison, Dieu sait quand, rossera lui-même, pour changer, la pauvre créature qui fut sa mère, blasphémera contre Dieu et contre l'univers jusqu'à ce qu'il soit accueilli par quelque maison de correction.

Là, il recevra le dernier poli.

Et nos bons bourgeois d'être tout étonnés du faible « enthousiasme national » de ce « jeune citoyen » !

Le monde bourgeois voit chaque jour au théâtre et su cinéma, dans de mauvais livres et dans des journaux immondes, comment on déverse le poison à pleins seaux sur le peuple, et il s'étonne ensuite de la faible « tenue morale » et de l'« indifférence nationale » de la masse ! Comme si l'écran, la presse douteuse et le reste s'attachaient â vulgariser la connaissance de notre grandeur nationale ! Sans parler de l'éducation antérieure…

J'appris et je compris bien à fond un principe que je n'avais encore pas soupçonné :

Transformer un peuple en nation présuppose la création d'un milieu social sain, plateforme nécessaire pour l'éducation de l'individu. Seul, celui qui aura appris, dans sa famille et à l'école, à apprécier la grandeur intellectuelle, économique et surtout politique de son pays, pourra ressentir — et ressentira — l'orgueil de lui appartenir. On ne combat que pour ce que l'on aime ; on n'aime que ce qu'on estime ; et pour estimer, il faut au moins connaître.

Mon intérêt pour la question sociale ayant été éveillé, je commençai à l'étudier très sérieusement. Un monde nouveau, inconnu jusqu'alors, s'offrait à moi.

En 1909 et 1910, ma situation s'était modifiée et je n'avais plus à gagner ma vie comme manœuvre. Je m'étais établi pour mon compte petit dessinateur et aquarelliste. Ce métier ne rapportait guère, j'y gagnais à peine de quoi vivre, mais il était intéressant en vue de la profession à laquelle je me destinais. Désormais aussi je n'étais plus mort de fatigue le soir et incapable, en rentrant du chantier, de lire sans m'assoupir bientôt. Mon travail actuel n'était donc pas sans rapport avec mon futur métier et, en outre, j'étais le maître de mon temps et pouvais le répartir mieux qu'auparavant.

Je peignais par nécessité et j'étudiais par plaisir.

Cela me permettait de compléter par les connaissances théoriques indispensables ce que les leçons de choses de la réalité m'avaient appris du problème social. J'étudiais à peu près tous les livres qui me tombaient sous la main sur ce sujet et, au surplus, je réfléchissais beaucoup.

Je crois bien que mon entourage me tenait à l'époque pour un original.

Comme cela était bien naturel, je m'adonnais en outre avec passion à l'architecture. Je l'estimais, à l'égal de la musique, la reine des arts. M'en occuper n'était pas un travail, mais un vrai bonheur. Je pouvais lire ou dessiner tard dans la nuit sans ressentir aucune fatigue. Et ma croyance se fortifiait que mon beau rêve d'avenir se réaliserait, quand je devrais attendre de longues années. J'étais fermement convaincu de me faire un nom comme architecte.

À côté de cela le grand intérêt que je portais à la politique ne me paraissait pas signifier grand'chose. Au contraire : je ne croyais que satisfaire à une obligation élémentaire de tout être pensant. Quiconque ne possédait pas de lumières à ce sujet en perdait tout droit à la critique, ou à l'exercice d'une charge quelconque.

Dans ce domaine encore, je lisais et j'étudiais beaucoup. Pour moi, lire n'avait pas le même sens que pour la moyenne de nos prétendus intellectuels.

Je connais des gens qui lisent interminablement livre sur livre, une lettre après l'autre, sans que je puisse cependant dire qu'ils ont « de la lecture ». Ils possèdent un amas énorme de connaissances, mais leur esprit ne sait ni les cataloguer ni les répartir. Il leur manque l'art de distinguer dans un livre les valeurs à se mettre pour toujours dans la tête et les passages sans intérêt — à ne pas lire si possible, ou tout au moins à ne pas traîner comme un lest mutile. Lire n'est pas un but, mais le moyen pour chacun de remplir le cadre que lui tracent ses dons et ses aptitudes. Chacun reçoit ainsi les outils et les matériaux nécessaires à son métier, qu'ils l'aident seulement à gagner sa vie ou qu'ils servent à satisfaire à des aspirations plus élevées. Le second but de la lecture doit être d'acquérir une vue d'ensemble sur le monde où nous vivons. Mais dans les deux cas il est nécessaire, non pas que ces lectures prennent place dans la série des chapitres ou des livres que conserve la mémoire, mais viennent s'insérer à leur place comme le petit caillou d'une mosaïque et contribuent ainsi à constituer, dans l'esprit du lecteur, une image générale du monde. Sinon il se forme un mélange de notions désordonné et sans grande valeur, malgré toute la fatuité qu'il peut inspirer à son malheureux propriétaire. Car celui-ci se figure très sérieusement être instruit, comprendre quelque chose à la vie et avoir des connaissances, alors que chaque accroissement d'une telle instruction l'éloigne encore des réalités ; il n'a plus, bien souvent, qu'à finir dans un sanatorium ou bien politicien.

Jamais un tel cerveau ne réussira à extraire du fatras de ses connaissances celle qui pourra servir à un moment donné ; car ce lest intellectuel n'a pas été classé en vue des besoins de la vie ; il s'est simplement tassé dans l'ordre des livres lus et tel que leur contenu a été assimilé. Et si les nécessités de la vie lui donnaient toujours l'idée d'une juste utilisation de ce qu'il a lu jadis, encore faudrait-il qu'elles mentionnent le livre et le numéro de la page, sinon le pauvre niais ne trouverait d'une éternité ce qui convient. Mais la page n'est pas mentionnée et à chaque instant critique, ces gens neuf fois avisés sont dans le plus terrible embarras ; ils cherchent convulsivement des cas analogues et comme de juste tombent sur une fausse recette.

Comment pourrait-on expliquer autrement que les plus grands pontifes du gouvernement réalisent tant de bévues malgré toute leur science ? Ou bien alors il faudrait voir en eux, non plus un fâcheux état pathologique, mais la plus vile coquinerie.

Au contraire, celui qui sait lire discerne instantanément dans un livre, un journal ou une brochure, ce qui mérite d'être conservé soit en vue de ses besoins personnels, soit comme matériaux d'intérêt général. Ce qu'il acquiert de la sorte s'incorpore à l'image qu'il se fait déjà de telle ou telle chose, tantôt la corrige, tantôt la complète, en augmente l'exactitude ou en précise le sens. Que soudain la vie pose un problème, la mémoire de celui qui a su lire lui fournit aussitôt une opinion basée sur l'apport de nombreuses années ; il la soumet à sa raison en regard du cas nouveau dont il s'agit, et arrive ainsi à éclairer ou à résoudre le problème.

La lecture n'a de sens et d'utilité qu'ainsi comprise.

Par exemple, un orateur qui ne fournit pas, sous une pareille forme, à sa raison les éléments qui lui sont nécessaires, est incapable de défendre son opinion en face d'un contradicteur, même si c'est lui qui est mille fois dans le vrai. Dans toute discussion, sa mémoire l'abandonne honteusement. Il ne trouve d'arguments ni pour appuyer ce qu'il affirme ni pour confondre son adversaire. Tant qu'il ne s'agit, comme chez l'orateur, que de la satisfaction personnelle, passe encore ; mais si la destinée a fait d'un pareil homme à la fois omniscient et impuissant le chef d'un État, cela devient beaucoup plus grave.

Dès ma jeunesse je me suis efforcé de bien lire et j'ai été heureusement servi par ma mémoire et mon intelligence. À ce point de vue, mon séjour à Vienne fut utile et fécond. Mes observations quotidiennes m'incitèrent à étudier incessamment les problèmes les plus divers. Étant en mesure de vérifier tour à tour la réalité par la théorie et la théorie par la réalité, je n'avais à craindre ni de me dessécher l'esprit à des considérations purement théoriques ni de m'en tenir à des réalités superficielles.

Mon expérience quotidienne fut alors déterminante pour deux sujets essentiels — outre les questions sociales — et m'incita à leur étude théorique approfondie.

Qui sait quand j'aurais approfondi les théories et l'essence même du marxisme, si je n'avais alors été lancé vraiment la tête la première, dans ce problème ?

*

Ce que je savais de la Social-Démocratie dans ma jeunesse était insignifiant et complètement faux.

L'activité de la Social-Démocratie ne m'était donc nullement antipathique. Qu'elle se proposât enfin, comme j'étais alors assez sot pour le croire, d'élever le sort du travailleur, m'incitait encore à l'appuyer plutôt qu'à la dénigrer. Ce qui m'en éloignait le plus, c'était son hostilité à toute lutte pour la conservation du germanisme en Autriche, et sa plate courtisanerie vis-à-vis des "camarades" slaves ; ceux-ci accueillaient volontiers ses manifestations d'amour pour autant qu'elles étaient liées à des concessions pratiques, mais ils conservaient par ailleurs une arrogance hautaine, donnant ainsi leur juste récompense à ces mendiants obsédants.

Ainsi, à dix-sept ans, je n'avais pas encore grande notion du marxisme, et j'attribuais la même signification à Social-Démocratie et à Socialisme. Là encore, la main rude du destin devait m'ouvrir les yeux sur cette duperie des peuples.

Je n'avais appris à connaître le parti social-démocrate que comme spectateur de quelques manifestations populaires, et je n'avais pas la moindre idée de la doctrine en elle-même, ni de la mentalité de ses partisans. Mis en contact d'un seul coup avec les brillants résultats de leurs conceptions et de leur formation, quelques mois suffirent au lieu des dizaines d'années qui auraient pu être nécessaires, dans d'autres conditions — pour me faire comprendre quelle peste se dissimulait sous un masque de vertu sociale et d'amour du prochain, et combien l'humanité devrait sans tarder en débarrasser la terre, sans quoi la terre pourrait bien être débarrassée de l'humanité.

C'est sur le chantier qu'eut lieu mon premier contact avec les social-démocrates.

Dès le début, ce ne fut pas très réjouissant. Mes habits étaient encore corrects, mon langage châtié et mon attitude réservée. J'avais tellement de préoccupations d'avenir que je ne pouvais guère me soucier de mon entourage. Je cherchais seulement du travail pour ne pas mourir de faim, et afin de pouvoir même tardivement poursuivre mon instruction. Peut-être ne me serais-je nullement soucié de mes voisins, si, le troisième ou quatrième jour, un événement ne m'avait forcé à prendre position : on m'ordonna d'adhérer au syndicat.

Je ne connaissais alors rien de l'organisation syndicale et je n'avais pu me faire une opinion sur son utilité ou son inutilité. Invité formellement à y entrer, je déclinai la proposition en déclarant que je n'étais pas au courant de la question, et surtout que je ne voulais pas être obligé à quoi que ce fût. C'est sans doute à la première de ces raisons que je dus de n'être pas jeté dehors sur-le-champ. On pensait peut-être qu'en quelques jours je serais converti et deviendrais docile. Mais on se trompait complètement. Quinze jours après, même si mon adhésion avait été précédemment possible, elle ne l'était plus. Dans l'intervalle j'avais en effet appris à mieux connaître mon entourage, et aucune puissance au monde n'aurait pu me faire entrer dans une organisation dont les représentants m'étaient apparus sous un jour aussi défavorable.

Les premiers jours, je me repliai sur moi-même.

À midi, une partie des ouvriers se répandait dans les auberges voisines, pendant que le reste demeurait sur le chantier et y absorbait un repas souvent bien misérable. Ceux-ci étaient les gens mariés, à qui les femmes apportaient la soupe dans de pauvres ustensiles. Vers la fin de la semaine, leur nombre était toujours plus élevé ; je n'en compris la raison que plus tard : on parlait politique.

Je buvais ma bouteille de lait et mangeais mon morceau de pain n'importe où à l'écart, étudiant prudemment mon entourage, ou bien-pensant à mon triste sort. J'en entendais cependant plus qu'il ne m'en fallait : il me semblait même que l'on me faisait parfois des avances exprès pour me fournir l'occasion de prendre position ; mais ce que j'apprenais ainsi était au plus haut point révoltant. J'entendais rejeter tout : la Nation, invention des classes "capitalistes" — que de fois n'allais-je pas entendre ce mot ! — la Patrie, instrument de la bourgeoisie pour l'exploitation de la classe ouvrière ; l'autorité des lois, moyen d'opprimer le prolétariat ; l'école, institution destinée à produire un matériel humain d'esclaves, et aussi de gardiens ; la religion, moyen d'affaiblir le peuple pour mieux l'exploiter ensuite ; la morale, principe de sotte patience à l'usage des moutons, etc. Il n'y avait rien de pur qui ne fût traîné dans la boue.

Au début j'arrivais à me taire, mais cela ne put pas durer. Je commençai à prendre parti et à répliquer. Mais je dus reconnaître que ce serait en vain tant que je n'aurais pas de connaissances précises sur les points discutés. Je commençai donc par recourir aux sources de la prétendue sagesse de mes interlocuteurs. J'absorbai livre sur livre, brochure sur brochure.

Maintenant, sur le chantier, cela chauffait souvent. Je bataillais, de jour en jour mieux informé que mes interlocuteurs sur leur propre science, jusqu'au jour où la raison eut affaire à ses adversaires les plus redoutables : la terreur et la force. Quelques-uns des discoureurs de l'opinion adverse me forcèrent à quitter le chantier, sous peine de dégringoler d'un échafaudage. Seul, ne pouvant envisager aucune résistance, j'optai pour la première alternative et je partis, plus riche d'une expérience.

Je m'en allai plein de dégoût, mais si empoigné qu'il m'aurait été désormais tout à fait impossible de tourner le dos à cette situation. Passée ma première indignation, mon opiniâtreté reprit le dessus. J'étais fermement décidé à revenir quand même sur un chantier. D'ailleurs, au bout de quelques semaines, mes maigres économies étant épuisées, la misère me saisit à nouveau. Je n'avais plus maintenant le choix. Et le jeu recommença, pour se terminer comme la première fois.

Alors je me demandai en moi-même : sont-ce donc là des hommes dignes d'appartenir à un grand peuple ? Angoissante question : car si c'est oui, un tel peuple justifie-t-il les peines et les sacrifices qu'exige des meilleurs la lutte qu'ils devront livrer ? Et si c'est non, notre peuple est vraiment bien pauvre en hommes.

En ces jours d'inquiétude, d'anxiété et de méditation profonde, je voyais grossir l'armée menaçante de ceux qui étaient perdus pour leur peuple.

C'est avec des sentiments tout différents que je regardais, à quelques jours de là, défiler interminablement, quatre par quatre, des ouvriers viennois prenant part à une manifestation populaire. Je restai là pendant près de deux heures et, retenant mon souffle, je regardais se dérouler lentement le long serpent humain. Le cœur serré, je quittai finalement la place et rentrai chez moi. Chemin faisant j'aperçus dans un bureau de tabac l'Arbeiterzeitung, le principal organe de l'ancienne social-démocratie autrichienne. Je le trouvais aussi dans un café populaire à bon marché, où j'allais assez souvent lire les journaux ; mais jusqu'alors je n'arrivais pas à lire plus de deux minutes cette misérable feuille, dont le ton agissait sur mon esprit comme du vitriol. Sous le coup de la manifestation à laquelle je venais d'assister, j'obéis à une voix intérieure qui me poussa à acheter cette fois le journal et à le lire complètement. J'y consacrai ma soirée, malgré la violente colère que souleva en moi, à maintes reprises, ce tissu de mensonges.

Mieux que dans les livres des théoriciens, je pouvais désormais étudier dans la presse quotidienne des sociaux-démocrates le développement de leur pensée intime.

Quelle différence ! D'une part, les livres où miroitent, sous le signe de la plus profonde sagesse, les paroles de liberté, d'honneur et de beauté — tout cela affirmé avec la voix d'airain des prophètes — ; d'autre part, agressive, ne reculant devant aucune bassesse, rompue à la pratique de toutes les calomnies : la presse quotidienne de cette doctrine de salut de l'humanité nouvelle.

Les livres sont pour les niais et les imbéciles des « classes intellectuelles » moyennes, et aussi naturellement des classes supérieures ; les journaux sont pour la masse.

Je retrouvai mon peuple en approfondissant, dans sa littérature et dans sa presse, la doctrine de la Social-Démocratie.

Et ce qui m'avait paru jadis un abîme infranchissable, me devint l'occasion d'un plus grand amour.

Seul, en effet, un sot pourrait, connaissant cet énorme travail d'empoisonnement, en condamner la victime. Plus s'accusa mon indépendance dans les années qui suivirent, plus je pénétrai les causes profondes des succès de la Social-Démocratie. Je compris alors le sens de l'ordre brutal de ne lire que des journaux rouges et des livres rouges, de ne fréquenter que des réunions rouges, etc. Dans une clarté impitoyable, je voyais se révéler les résultats indiscutables de cette doctrine de l'intolérance. L'âme de la masse n'est accessible qu'à tout ce qui est entier et fort.

De même que la femme est peu touchée par des raisonnements abstraits, qu'elle éprouve une indéfinissable aspiration sentimentale pour une attitude entière et qu'elle se soumet au fort tandis qu'elle domine le faible, la masse préfère le maître au suppliant, et se sent plus rassurée par une doctrine qui n'en admet aucune autre près d'elle, que par une libérale tolérance. La tolérance lui donne un senti ment d'abandon ; elle n'en a que faire. Qu'on exerce sur elle un impudent terrorisme intellectuel, qu'on dispose de sa liberté humaine : cela lui échappe complètement, et elle ne pressent rien de toute l'erreur de la doctrine. Elle ne voit que les manifestations extérieures voulues d'une force déterminée et d'une brutalité auxquelles elle se soumet toujours.

Si à la Social-Démocratie s'oppose une doctrine mieux fondée, celle-ci vaincra même si la lutte est chaude, à condition cependant qu'elle agisse avec autant de brutalité.

En moins de deux ans, j'avais pénétré à la fois la doctrine et l'outil de la Social-Démocratie.

Je compris l'infâme terrorisme intellectuel qu'exerce ce mouvement surtout sur la bourgeoisie qui, ni moralement ni physiquement, n'est de taille à soutenir de semblables assauts. La tactique de la Social — Démocratie consiste à faire pleuvoir, à un signal donné, une véritable averse de mensonges et de calomnies sur les adversaires qui lui semblent les plus redoutables, jusqu'à ce que leurs nerfs soient brisés, et qu'ils se soumettent à l'odieux dans le fol espoir de recouvrer la tranquillité.

Mais c'est bien là seulement un fol espoir.

Et le jeu recommence jusqu'à ce que les victimes se sentent paralysées par la peur du roquet furieux.

Comme, par expérience personnelle, la Social-Démocratie connaît admirablement la valeur de la force, elle s'acharne surtout contre ceux en qui elle flaire quelque étoffe. Inversement, elle décerne aux êtres faibles du parti adverse des louanges plus ou moins discrètes selon l'idée qu'elle se fait de leur valeur intellectuelle.

Elle craint moins un homme de génie dépourvu de volonté qu'une nature vigoureuse qui n'a qu'une intelligence moyenne. Quant à ceux qui n'ont ni intelligence ni volonté, elle ' les porte aux nues !

Elle s'entend à faire naître l'apparence qu'elle seule possède le moyen de faire régner la tranquillité ; cependant que, prudemment, mais sans perdre de vue ses fins, elle conquiert successivement ses objectifs : tantôt elle s'y installe furtivement ; tantôt elle saute dessus au grand jour, profitant alors de ce que l'attention générale est tournée vers d'autres sujets dont elle ne veut pas être distraite, ou de ce que le larcin est jugé trop minime pour provoquer un scandale et faire rendre gorge au détestable adversaire.

Cette tactique, qui est basée sur une juste évaluation des faiblesses humaines, doit conduire presque mathématiquement au succès, si le parti adverse n'apprend pas à combattre les gaz asphyxiants par les gaz asphyxiants.

Il faut dire aux natures faibles qu'il s'agit en cette occurrence d'être ou de ne pas être. Je compris l'importance de la terreur corporelle que l'individu a de la masse.

Ici encore, juste psychologie !

La terreur sur le chantier, à l'usine, aux lieux de réunion et à l'occasion des meetings, aura toujours un plein succès tant qu'une terreur égale ne lui barrera pas la route.

Bien certainement alors, le parti poussera les hauts cris, et, tournant bride, fera appel à l'autorité de l'État qu'il dénigrait tout à l'heure. Le plus souvent d'ailleurs, il arriva à ses fins au milieu du désarroi général. Car il se trouvera bien quelque vache de haut fonctionnaire qui, dans l'espoir pusillanime de se concilier peut-être ainsi pour l'avenir les bonnes grâces de l'ennemi redouté, l'aidera à briser celui qui s'opposait à cette peste mondiale.

Quelle impression un tel succès produira-t-il sur l'esprit de la masse, tant chez ses partisans que chez ses adversaires ? Seul, quiconque connaît l'âme du peuple non d'après les livres, mais d'après la vie, peut s'en rendre compte. Tandis que dans les rangs des partisans, la victoire obtenue vaudra comme le triomphe du bon droit de leur cause, le plus souvent l'adversaire vaincu désespérera du succès de toute résistance future. Plus j'appris à connaître les méthodes de la terreur corporelle, plus grandit mon indulgence à l'égard de la multitude qui la subissait. Je bénis mes souffrances d'alors de m'avoir rendu â mon peuple, et de m'avoir appris â distinguer entre meneurs et victimes.

Car il faut bien se dire que ces hommes dévoyés ne sont que des victimes. Si, maintenant, je m'efforçais de dépeindre en quelques traits l'âme de ces classes « inférieures », mon tableau serait infidèle si je n'affirmais pas que, dans ces profondeurs, je retrouvais encore la lumière ; j'y ai rencontré de rares sentiments de sacrifice, de camaraderie fidèle, d'extraordinaire modération et de réserve pleine de modestie, surtout chez des ouvriers d'un certain âge. Et bien que ces vertus se perdent de plus en plus dans les nouvelles générations, surtout sous l'influence de la grande ville, il y reste encore beaucoup de jeunes gens chez qui une nature foncièrement saine l'emporte sur les vilenies ordinaires de la vie. Et si ces braves gens pleins de cœur apportent l'appui de leur activité politique aux ennemis mortels de notre peuple, c'est qu'ils ne comprennent pas et ne peuvent pas comprendre toute l'infamie de leur doctrine ; c'est que personne n'a pris la peine de se soucier d'eux ; c'est qu'enfin les entraînements sociaux ont été plus forts que leur première volonté d'y résister. C'est la misère qui, s'emparant d'eux un jour ou l'autre, les a poussés dans le camp de la Social-Démocratie.

La bourgeoisie ayant fait front un nombre incalculable de fois, de la façon la plus maladroite comme la plus immorale, contre les exigences des travailleurs même les plus légitimement humaines, sans d'ailleurs tirer ni pouvoir espérer un profit quelconque d'une telle attitude, le travailleur honnête s'est trouvé lui-même poussé de l'organisation syndicale vers la politique.

Au début, des millions de travailleurs étaient certainement au fond d'eux-mêmes ennemis de la social-démocratie, mais leur résistance fut vaincue à maintes reprises, dans des conditions insensées, tandis que les partis bourgeois prenaient position contre toute revendication sociale. Ce refus borné de rien tenter pour améliorer la condition des ouvriers : refus d'aménager des dispositifs de sécurité sur les machines, refus de réglementer le travail des enfants, et de la femme — au moins pendant les mois de grossesse de celle-ci — ce refus, dis-je, contribua â pousser les masses dans les filets de la Social-Démocratie, qui s'emparait avec reconnaissance de chacun de ces cas révélateurs d'une si pitoyable pensée (politique). Jamais les partis bourgeois ne pourront réparer leurs erreurs d'alors. Car, en s'opposant à toutes les réformes sociales, ils ont semé la haine ; et ils ont donné raison en apparence aux propres affirmations de l'ennemi mortel du peuple, à savoir que le parti social-démocrate défendait seul les intérêts du monde des travailleurs.

C'est ainsi que furent jetées les bases morales qui permirent aux syndicats de se constituer réellement. Cette organisation devait dès lors former le principal pourvoyeur du parti politique social-démocrate.

Au cours de mes années de formation à Vienne, je dus, bon gré mal gré, prendre position sur la question des syndicats.

N'y voyant qu'une partie constitutive inséparable du parti social-démocrate, ma décision fut rapide — et fausse !

J'eus naturellement vite changé d'avis.

Dans ces questions essentielles, le sort même devait m'ouvrir les yeux. Et mon premier jugement en fut complètement retourné.

J'avais vingt ans, lorsque j'appris à distinguer entre les syndicats en tant que moyens pour le travailleur de défendre ses droits sociaux et de lutter pour de meilleures conditions d'existence, et les syndicats, en tant qu'instruments du parti de la lutte politique des classes.

La Social-Démocratie comprit l'énorme importance du mouvement syndical. L'annexant à sa propre cause, elle en assura le succès, tandis que la bourgeoisie, faute de s'en être rendu compte, y perdit sa position politique ; elle crut en effet que son veto impertinent suffirait â arrêter le développement logique de ce mouvement et à le pousser dans l'illogisme. Or il est absurde et inexact de prétendre que le mouvement syndical est, par sa nature même, destructeur de l'idée de patrie. Bien au contraire. Si l'activité syndicale se donne comme but d'élever le niveau social d'une classe qui est un des piliers de la nation, non seulement elle n'agit pas contre la patrie et l'État, mais encore son action est nationale su meilleur sens de ce mot. Contribuant à créer les conditions sociales hors desquelles on ne saurait songer â une éducation nationale commune, elle mérite bien de la patrie. De même, lorsque s'attaquant aux causes physiques et morales de la misère du peuple, elle le guérit de ses plaies sociales et le ramène à la santé.

Il est donc superflu de se demander si l'activité syndicale est indispensable.

Tant qu'il y aura des employeurs dénués de compréhension sociale ou n'ayant pas le sentiment du droit et de la justice, leurs employés, partie intégrante de notre peuple, auront le droit et le devoir de défendre les intérêts de la communauté contre l'avidité ou la déraison d'un seul ; car sauvegarder la fidélité et la confiance chez le peuple, c'est agir dans l'intérêt de la nation, tout comme sauvegarder sa santé.

Lorsque d'indignes entrepreneurs se sentent étrangers â la communauté nationale et menacent la santé physique et morale d'une classe, leur avidité ou leur insouciance ont une action néfaste sur l'avenir du pays.

Éliminer les causes d'une telle évolution, c'est certainement bien mériter de la nation.

Que l'on ne dise pas â ce propos que chacun est libre de tirer les conséquences des injustices réelles ou imaginaires dont il se croit victime. Non : il n'y a là qu'une ruse de guerre pour détourner l'attention. Est-il, oui ou non, d'intérêt national de détruire tout ce qui vient se mettre en travers de la vie sociale ? Si c'est oui, il faut combattre avec les armes qui assureront le succès. Or, un ouvrier isolé n'est jamais en mesure de faire obstacle à la puissance d'un gros employeur ; la question n'est pas, en effet, de faire triompher le bon droit, car si celui-ci était reconnu, il n'y aurait ni causes de conflit, ni conflit : le sentiment du droit y aurait déjà loyalement mis un terme, ou mieux encore, le conflit n'aurait jamais pris naissance. Alors il n'y a plus qu'à être le plus fort. Lorsque des hommes sont traités indignement, ou en méconnaissance des lois sociales, et que la résistance apparaît de ce fait nécessaire, tant que des lois et des juges n'auront pas été institués pour mettre un terme aux injustices, la force seule décidera des conflits. Mais il est évident qu'une multitude d'employés doit se grouper et se donner comme représentant un individu déterminé, pour conserver quelques chances de succès contre l'individu qui incarne à lui seul la puissance de l'entreprise.

Ainsi l'organisation syndicale peut introduire dans la vie courante un surcroît de sens social avec toutes ses conséquences pratiques. Elle peut, par suite, supprimer les points de friction qui provoquent des sujets de mécontentement et des plaintes, toujours les mêmes.

S'il n'en est pas ainsi, il faut en attribuer en grande partie la responsabilité à ceux qui savent barrer la route aux lois de réforme sociale, ou qui les rendent inopérantes grâce à leur influence politique.

Et, plus la bourgeoisie politique ignorait ou voulait ignorer l'importance de l'organisation syndicale, plus elle se raidissait dans sa résistance, plus la Social-Démocratie fit sien le mouvement combattu.

Avec prévoyance, elle s'en fit une plateforme solide qui la soutint bien souvent aux heures critiques.

Toutefois, le but profond du mouvement disparut peu à peu pour faire place à de nouveaux objectifs. Car la Social-Démocratie ne s'attacha jamais à conserver le programme initial du mouvement corporatif qu'elle avait absorbé.

On peut même affirmer que ce fut toujours le moindre de ses soucis.

En quelques dizaines d'années, toutes les forces créées en vue de la défense de droits sociaux furent appliquées, dès qu'elles tombèrent entre les mains expertes de la Social-Démocratie, à consommer la ruine de l'économie nationale. Les intérêts des ouvriers, on ne s'en embarrassait plus : car l'emploi de moyens de coercition d'ordre économique permet toutes les exactions, même d'ordre politique, pourvu seulement qu'il y ait autant d'ignorance d'un côté, que de stupide résignation grégaire de l'autre.

Et c'était justement le cas.

*

C'est vers la fin du siècle dernier que le mouvement syndical a commencé à se détourner de ses buts primitifs. D'année en année, il s'était de plus en plus engagé dans le cercle maudit de la politique sociale-démocratique, pour ne plus servir, finalement, que de moyen de pression dans la lutte des classes. Une fois qu'il aurait ruiné, par ses coups répétés, tout l'édifice économique péniblement constitué, il deviendrait facile de réserver le même sort à l'édifice de l'État, désormais privé de ses fondations économiques. Le parti s'intéressait de moins en moins aux besoins réels de la classe ouvrière, lorsqu'un jour il lui apparut que, pour sa politique, il n'était en somme nullement souhaitable que les misères de la masse du peuple fussent soulagées : car, une fois ses désirs satisfaits, il se pourrait fort bien que cette masse cessât d'être une troupe de combat éternellement et aveuglément dévouée.

Cette perspective, qu'ils pressentaient lourde d'orages, inspira aux dirigeants de la lutte des classes une telle frayeur qu'ils en arrivaient à repousser en sous-main des améliorations sociales vraiment fécondes et même à prendre délibérément position contre elles.

Ils ne se mettaient d'ailleurs pas en peine de justifier une attitude aussi incompréhensible.

Plus le flot des revendications montait, plus leur chance d'être satisfaites devenait insignifiante, mais on pouvait du moins expliquer à la classe ouvrière qu'en ne donnant satisfaction que d'une manière ridicule à ses droits les plus sacrés, on ne visait diaboliquement qu'à affaiblir sa puissance de combat et, si possible, à la paralyser. On ne s'étonnera pas du succès de ces allégations sur une masse incapable de toute sérieuse réflexion.

Le camp bourgeois s'indignait de la mauvaise foi manifeste de cette tactique sociale-démocratique, mais n'en déduisait pour lui-même aucune ligne de conduite. La peur même qu'avait la Social-Démocratie de soulager effectivement la classe ouvrière de sa misère profonde, aurait dû précisément décider la bourgeoisie aux efforts les plus énergiques dans ce sens, afin d'arracher aux partisans de la lutte des classes l'arme dont ils se servaient.

Mais elle n'en fit rien.

Au lieu d'attaquer les positions adverses, elle se laissa elle-même presser et enserrer ; elle appela ensuite à son aide des moyens si tardifs et si insignifiants qu'ils demeurèrent complètement inefficaces et purent être mis facilement hors de cause. Tout demeura comme avant ; seul le mécontentement avait augmenté.

Le « syndicat libre » pesa désormais ainsi qu'une menace d'orage sur l'horizon politique comme sur la vie de chacun. Il devint un des plus redoutables instruments de terreur contre la sécurité et l'indépendance de l'économie nationale, contre la solidité de l'État et contre la liberté individuelle. C'était surtout le « syndicat libre qui résumait la notion de démocratie en une phrase ridicule et odieuse, qui insultait à la liberté et stigmatisait la fraternité de cette inoubliable façon : si tu n'es pas un camarade, on te brisera le crâne. »

C'est ainsi que je fis alors la connaissance de cette amie de l'humanité. Dans les années qui suivirent, ma conception s'amplifia et s'approfondit, mais je n'eus rien à y changer.

*

Mieux j'arrivais à discerner les dehors de la Social-Démocratie, plus je souhaitais découvrir le fond de cette doctrine.

La littérature officielle du parti ne pouvait m'être à cet égard d'une grande utilité. Quand elle s'occupe de questions économiques, ses affirmations et les preuves qu'elle en donne sont fausses ; quand elle traite de buts politiques, elle manque de sincérité. En outre, son esprit de chicane, revêtu d'une forme moderne, et la façon dont les arguments étaient présentés m'inspiraient une profonde répugnance. Ses phrases d'un style bégayant, cousues de termes obscurs ou incompréhensibles, ont la prétention de renfermer des pensées profondes, mais n'en contiennent aucune. Il faut être un de ces bohèmes décadents de nos grandes villes pour se sentir à l'aise et comme chez soi dans ce labyrinthe où se perd la raison et pêcher dans ce fumier de dadaïsme littéraire des « impressions intimes » ; ces écrivains spéculent manifestement sur l'humilité proverbiale d'une partie de notre peuple, qui croit toujours découvrir dans ce qu'elle comprend le moins des vérités d'autant plus rares.

En confrontant la fausseté et l'absurdité de cette doctrine au point de vue théorique, et la réalité de ses manifestations, je me fis peu à peu une idée claire du but caché où elle tendait.

Alors des pressentiments inquiétants et une crainte pénible s'emparèrent de moi. Je me trouvais en présence d'une doctrine inspirée par l'égoïsme et la haine, calculée pour remporter mathématiquement la victoire, mais dont le triomphe devait porter à l'humanité un coup mortel.

J'avais entre temps découvert les rapports existant entre cette doctrine destructrice et le caractère spécifique d'un peuple qui m'était resté jusqu'alors pour ainsi dire inconnu. Seule, la connaissance de ce que sont les Juifs donne la clef des buts dissimulés, donc réellement poursuivis par la Social-Démocratie.

Connaître ce peuple, c'est ôter le bandeau d'idées fausses qui nous aveugle sur les buts et les intentions de ce parti ; à travers ses déclamations nébuleuses et embrouillées sur la question sociale, on voit poindre la figure grotesque et grimaçante du marxisme.

*

Il me serait difficile aujourd'hui, sinon impossible, de dire à quelle époque le nom de Juif éveilla pour la première fois en moi des idées particulières. Je ne me souviens pas d'avoir entendu prononcer ce mot dans la maison paternelle du vivant de mon père. Je crois que ce digne homme aurait considéré comme arriérés des gens qui auraient prononcé ce nom sur un certain ton. Il avait, au cours de sa vie, fini par incliner à un cosmopolitisme plus ou moins déclaré qui, non seulement avait pu s'imposer à son esprit malgré ses convictions nationales très fermes, mais avait déteint sur moi.

À l'école, rien ne me conduisit à modifier les idées prises à la maison.

À la Realschule je fis bien la connaissance d'un jeune Juif avec lequel nous nous tenions tous sur nos gardes, mais simplement parce que différents incidents nous avaient amenés à n'avoir dans sa discrétion qu'une confiance très limitée. D'ailleurs, ni mes camarades, ni moi, nous ne tirâmes de ce fait des conclusions particulières.

Ce fut seulement quand j'eus quatorze ou quinze ans que je tombai fréquemment sur le mot de Juif, surtout quand on causait politique. Ces propos m'inspiraient une légère aversion et je ne pouvais m'empêcher d'éprouver le sentiment désagréable qu'éveillaient chez moi, lorsque j'en étais témoin, les querelles au sujet des confessions religieuses.

À cette époque, je ne voyais pas la question sous un autre aspect.

Il n'y avait que très peu de Juifs à Linz. Au cours des siècles ils s'étaient européanisés extérieurement et ils ressemblaient aux autres hommes ; je les tenais même pour des Allemands. Je n'apercevais pas l'absurdité de cette illusion, parce que leur religion étrangère me semblait la seule différence qui existât entre eux et nous. Persuadé qu'ils avaient été persécutés pour leurs croyances, les propos défavorables tenus sur leur compte m'inspiraient une antipathie qui, parfois, allait presque jusqu'à l'horreur.

Je ne soupçonnais pas encore qu'il pût y avoir des adversaires systématiques des Juifs. J'arrivai ainsi à Vienne.

Tout saisi par l'abondance de mes sensations dans le domaine de l'architecture, pliant sous le fardeau de mon propre sort, je n'eus pas dans les premiers temps le moindre coup d'œil sur les différentes couches composant la population de cette énorme ville. Bien qu'alors Vienne comptât près de deux cent mille Juifs sur deux millions d'âmes, je ne les remarquais pas. Mes yeux et mon esprit ne furent pas pendant les premières semaines de taille à supporter l'assaut que leur livraient tant de valeurs et d'idées nouvelles. Ce n'est que lorsque peu à peu le calme se rétablit en moi et que ces images fiévreuses commencèrent à se clarifier que je songeai à regarder plus attentivement le monde nouveau qui m'entourait et qu'entre autres je me heurtai à la question juive.

Je ne veux pas prétendre que la façon dont je fis sa connaissance m'ait paru particulièrement agréable. Je ne voyais encore dans le Juif qu'un homme d'une confession différente et je continuais à réprouver, au nom de la tolérance et de l'humanité, toute hostilité issue de considérations religieuses. En particulier, le ton de la presse antisémite de Vienne me paraissait indigne des traditions d'un grand peuple civilisé. J'étais obsédé par le souvenir de certains événements remontant au moyen âge et que je n'aurais pas voulu voir se répéter. Les journaux dont je viens de parler n'étaient pas tenus pour des organes de premier ordre. Pourquoi ? Je ne le savais pas alors su juste moi-même. Aussi les considérais-je plutôt comme les fruits de la colère et de l'envie, que comme les résultats d'une position de principe arrêtée, fût-elle fausse.

Cette idée fut renforcée en moi par la forme infiniment plus convenable, à mon avis, sous laquelle la véritable grande presse répondait à ces attaques, ou bien, ce qui me paraissait encore plus méritoire, se contentait de les tuer par le silence, n'en faisant pas la moindre mention. Je lus assidûment ce qu'on appelait la presse mondiale (la Neue Freie Presse, le Wiener Tagblatt, etc.) ; je fus stupéfait de voir avec quelle abondance elle renseignait ses lecteurs et avec quelle impartialité elle traitait toutes les questions. J'appréciais son ton distingué ; seul, son style redondant ne me satisfaisait pas toujours ou même m'affectait désagréablement. Mais enfin ce travers pouvait être l'effet de la vie trépidante qui animait toute cette grande ville cosmopolite.

Comme je tenais alors Vienne pour une cité de ce genre, je pensais que l'explication que je me donnais à moi-même pouvait servir d'excuse.

Mais ce qui me choquait fréquemment, c'était la façon indécente dont cette presse faisait sa cour au gouvernement. Il ne se passait pas à la Hofburg le moindre événement qui ne fût rapporté aux lecteurs dans des termes manifestant soit un enthousiasme délirant, soit l'affliction et la consternation. C'était un chiqué qui, surtout lorsqu'il était question du « plus sage monarque u de tous les temps, rappelait presque la danse qu'exécute le coq de bruyère au temps du rut pour séduire sa femelle.

Il me parut que tout cela n'était que parade.

Cette constatation jeta quelques ombres sur l'idée que je me faisais de la démocratie libérale.

Rechercher la faveur de la cour, et sous une forme aussi indécente, c'était faire trop bon marché de la dignité de la nation.

Ce fut le premier nuage qui obscurcit mes relations morales avec la grande presse viennoise.

Comme je l'avais toujours fait auparavant, je suivais aussi à Vienne, et avec la plus grande passion, tout ce qui se passait en Allemagne, aussi bien en politique qu'en ce qui concernait la vie sociale. Avec fierté et admiration, je comparais l'ascension du Reich avec la maladie de langueur dont était atteint l'État autrichien. Mais, si les succès de la politique étrangère du Reich me causaient une joie la plupart du temps sans mélange, la vie politique à l'intérieur était moins réjouissante et me causait souvent de graves soucis. Je n'approuvais pas, à cette époque, la lutte menée contre Guillaume II. Je voyais en lui non seulement l'empereur d'Allemagne, mais surtout le créateur de la flotte allemande. L'interdiction que le Reichstag avait signifiée à l'empereur de prononcer des discours politiques, me révoltait au dernier degré comme émanant d'une assemblée qui, à mes yeux, n'était nullement qualifiée pour cela. En une seule session, ces oies mâles caquetaient dans leur Parlement plus d'absurdités que n'aurait pu le faire, pendant des siècles, toute une dynastie d'empereurs, y compris les numéros les plus faibles d'esprit de la série.

J'étais indigné de voir que, dans un État où tout demi-fou prétendait prendre la parole pour faire entendre ses commentaires et même avait la bride sur le cou au sein du Reichstag pour perdre la nation en qualité de "législateur", celui qui portait la couronne impériale pût recevoir une "réprimande" de la plus misérable assemblée de bavards de tous les temps.

Ce qui me mettait encore plus hors de moi, c'était de constater que cette même presse de Vienne, qui saluait avec la plus grande humilité le moindre cheval des équipages de la cour et tombait en extase si l'animal remuait la queue en réponse, se permettait d'exprimer avec une malignité qui se dissimulait mal sous des airs soucieux, ses inquiétudes touchant l'empereur d'Allemagne.

À l'entendre, elle était bien loin de vouloir se mêler des affaires de l'empire d'Allemagne — non, Dieu l'en garde ! mais, en mettant d'une façon aussi amicale le doigt sur la plaie, elle remplissait le devoir que lui imposait l'alliance établie entre les deux empires et satisfaisait en même temps à l'obligation qu'ont les journaux de dire la vérité, etc. Et d'enfoncer à cœur joie son doigt dans la plaie !

Le sang m'en montait au cerveau. J'en vins à me méfier de plus en plus de la grande presse.

Il me fallut reconnaître qu'un des journaux antisémites, le Deutsches Volksblatt, avait beaucoup plus de tenue dans de pareilles occasions.

Ce qui, de plus, me donnait sur les nerfs, c'était le culte répugnant que la grande presse avait alors pour la France. On avait honte d'être allemand quand on lisait les hymnes douçâtres qu'elle entonnait à la louange de la plus grande nation civilisée ». Cette misérable gallomanie me fit plus d'une fois lâcher quelqu'un de ces « journaux mondiaux ». Je me rejetais souvent sur le Volksblatt qui était d'un format beaucoup plus petit, mais qui traitait bien plus congrûment de pareils sujets. Je n'approuvais pas son antisémitisme agressif, mais j'y trouvais parfois des arguments qui me donnaient à réfléchir.

En tous cas, c'est en de pareilles occasions que je fis la connaissance de l'homme et du parti qui décidaient alors du sort de Vienne : le Dr Karl Lueger et le parti chrétien-social.

Je leur étais très hostile lorsque j'arrivai à Vienne. L'homme et le parti étaient à mes yeux réactionnaires.

Mais un sentiment de justice élémentaire devait modifier ce jugement, lorsque j'eus l'occasion de connaître l'homme et son œuvre et mon appréciation mieux fondée devint une admiration déclarée. Aujourd'hui plus encore qu'autrefois je tiens le Dr Lueger pour le plus éminent bourgmestre allemand de tous les temps.

Combien de mes préjugés furent balayés par un tel revirement d'opinion vis-à-vis du mouvement chrétien-social !

Mais si, de même, mon jugement sur l'antisémitisme se modifia avec le temps, ce fut bien là ma plus pénible conversion.

Elle m'a coûté les plus durs combats intérieurs et ce ne fut qu'après des mois de lutte où s'affrontaient la raison et le sentiment que la victoire commença à se déclarer en faveur de la première. Deux ans plus tard, le sentiment se rallia à la raison pour en devenir le fidèle gardien et conseiller.

Pendant cette lutte acharnée entre l'éducation qu'avait reçue mon esprit et la froide raison, les leçons de choses que donnait la rue â Vienne m'avaient rendu d'inappréciables services. Il vint un temps où je n'allais plus, comme pendant les premiers jours, en aveugle à travers les rues de l'énorme ville, mais où mes yeux s'ouvrirent pour voir, non plus seulement les édifices, mais aussi les hommes.

Un jour où je traversais la vieille ville, je rencontrai tout à coup un personnage en long kaftan avec des boucles de cheveux noirs.

Est-ce là aussi un Juif ? Telle fut ma première pensée. À Linz, ils n'avaient pas cet aspect-là. J'examinai l'homme à la dérobée et prudemment, mais plus j'observais ce visage étranger et scrutais chacun de ses traits, plus la première question que je tri étais posée prenait dans mon cerveau une autre forme :

Est-ce là aussi un Allemand ? Comme toujours en pareil cas, je cherchai dans les livres un moyen de lever mes doutes. J'achetai pour quelques hellers les premières brochures antisémites de ma vie. Elles partaient malheureusement toutes de l'hypothèse que leurs lecteurs connaissaient ou comprenaient déjà dans une certaine mesure la question juive, du moins en son principe. Enfin leur tan m'inspirait de nouveaux doutes, car les arguments qu'elles produisaient à l'appui de leurs affirmations étaient souvent superficiels et manquaient complètement de base scientifique.

Je retombai alors dans mes anciens préjugés. Cela dura des semaines et même des mois.

L'affaire me paraissait si monstrueuse, les accusations étaient si démesurées, que, torturé par la crainte de commettre une injustice, je recommençai à m'inquiéter et à hésiter.

Il est vrai que sur un point, celui de savoir qu'il ne pouvait pas être question d'Allemands appartenant à une confession particulière, mais bien d'un peuple à part, je ne pouvais plus avoir de doutes ; car, depuis que j'avais commencé à m'occuper de cette question, et que mon attention avait été appelée sur le Juif, je voyais Vienne sous un autre aspect. Partout où j'allais, je voyais des Juifs, et plus j'en voyais, plus mes yeux apprenaient à les distinguer nettement des autres hommes. Le centre de la ville et les quartiers situés au nord du canal du Danube fourmillaient notamment d'une population dont l'extérieur n'avait déjà plus aucun trait de ressemblance avec celui des Allemands.

Mais, si j'avais encore eu le moindre doute sur ce point, toute hésitation aurait été définitivement levée par l'attitude d'une partie des Juifs eux-mêmes.

Un grand mouvement qui s'était dessiné parmi eux et qui avait pris à Vienne une certaine ampleur, mettait en relief d'une façon particulièrement frappante le caractère ethnique de la juiverie : je veux dire le sionisme.

Il semblait bien, en vérité, qu'une minorité seulement de Juifs approuvait la position ainsi prise, tandis que la majorité la condamnait et en rejetait le principe. Mais, en y regardant de plus près, cette apparence s'évanouissait et n'était plus qu'un brouillard de mauvaises raisons inventées pour les besoins de la cause, pour ne pas dire des mensonges. Ceux qu'on appelait Juifs libéraux ne désavouaient pas, en effet, les Juifs sionistes comme n'étant pas leurs frères de race, mais seulement parce qu'ils confessaient publiquement leur judaïsme, avec un manque de sens pratique qui pouvait même être dangereux.

Cela ne changeait rien à la solidarité qui les unissait tous. Ce combat fictif entre Juifs sionistes et Juifs libéraux me dégoûta bientôt ; il ne répondait à rien de réel, était donc un pur mensonge et cette supercherie était indigne de la noblesse et de la propreté morales dont se targuait sans cesse ce peuple.

D'ailleurs la propreté, morale ou autre, de ce peuple était quelque chose de bien particulier. Qu'ils n'eussent pour l'eau que très peu de goût, c'est ce dont on pouvait se rendre compte en les regardant et même, malheureusement, très souvent en fermant les yeux. Il m'arriva plus tard d'avoir des haut-le-cœur en sentant l'odeur de ces porteurs de kaftans. En outre, leurs vêtements étaient malpropres et leur extérieur fort peu héroïque.

Tous ces détails n'étaient déjà guère attrayants ; mais c'était de la répugnance quand on découvrait subitement sous leur crasse la saleté morale du peuple élu.

Ce qui me donna bientôt le plus à réfléchir, ce fut le genre d'activité des Juifs dans certains domaines, dont j'arrivai peu à peu à pénétrer le mystère.

Car, était-il une saleté quelconque, une infamie sous quelque forme que ce fût, surtout dans la vie sociale, à laquelle un Juif au moins n'avait pas participé ?

Sitôt qu'on portait le scalpel dans un abcès de cette sorte, on découvrait, comme un ver dans un corps en putréfaction, un petit youtre tout ébloui par cette lumière subite.

Les faits à la charge de la juiverie s'accumulèrent à mes yeux quand j'observai son activité dans la presse, en art, en littérature et au théâtre. Les propos pleins d'onction et les serments ne servirent plus alors à grand-chose ; ils n'eurent même plus d'effet. Il suffisait déjà de regarder une colonne de spectacles, d'étudier les noms des auteurs de ces épouvantables fabrications pour le cinéma et le théâtre en faveur desquelles les affiches faisaient de la réclame, et l'on se sentait devenir pour longtemps l'adversaire impitoyable des Juifs. C'était une peste, une peste morale, pire que la peste noire de jadis, qui, en ces endroits, infectait le peuple. Et en quelles doses massives ce poison était-il fabriqué et répandu ! Naturellement, plus le niveau moral et intellectuel des fabricants de ces œuvres artistiques est bas, plus inépuisable est leur fécondité, jusqu'à ce qu'un de ces gaillards arrive à lancer, comme le ferait une machine de jet, ses ordures au visage de l'humanité.

Que l'on considère encore que leur nombre est sans limite ; que l'on considère que, pour un seul Goethe, la nature infeste facilement leurs contemporains de dix mille de ces barbouilleurs, qui dès lors agissent comme les pires des bacilles et empoisonnent les âmes.

Il était épouvantable de penser, mais on ne pouvait se faire d'illusion sur ce point, que le Juif semblait avoir été spécialement destiné par la nature à jouer ce rôle honteux.

Était-ce en cela qu'il était le peuple élu ?

J'entrepris alors d'examiner soigneusement les noms de tous les fabricants des productions malpropres que révélait la vie artistique. Le résultat de cette enquête fut de plus en plus défavorable à l'attitude que j'avais observée jusqu'alors à l'égard des Juifs. Le sentiment avait beau se cabrer, la raison n'en tirait pas moins ses conclusions.

Le fait est que les neuf dixièmes de toutes les ordures littéraires, du chiqué dans les arts, des stupidités théâtrales doivent être portés su débit d'un peuple qui représente à peine le centième de la population du pays. Il n'y a pas à le nier ; c'est ainsi.

Je me mis à examiner au même point de vue ma chère « presse mondiale ».

Plus je lançais la sonde profondément, plus diminuait le prestige qu'avait eu à mes yeux l'objet de mon ancienne admiration. Le style était toujours plus insupportable ; et il me fallait rejeter les idées, aussi superficielles que plates ; l'impartialité des exposés me paraissait maintenant plutôt mensonge que vérité : les collaborateurs étaient des Juifs.

Mille détails, que j'avais auparavant à peine remarqués, attirèrent mon attention et me parurent dignes d'être notés ; par contre, je commençai à saisir et à comprendre la portée de certains autres qui m'avaient déjà donné à penser autrefois.

Je voyais maintenant sous un autre aspect les opinions libérales de cette presse ; la distinction de son ton quand elle répondait aux attaques de ses adversaires ou son silence de mort à leur endroit se révélaient à moi comme des trucs aussi malins que méprisables ; ses critiques théâtrales élogieuses n'étaient jamais que pour les Juifs et jamais elle ne dénigrait d'autres que des Allemands. Les coups d'épingle sournois qu'elle portait à Guillaume II étaient si répétés qu'ils trahissaient un système ; de même les éloges prodigués à la culture et à la civilisation françaises ; le poncif des feuilletons dégénérait en pornographie et la langue de ces journaux avait, à mon oreille, un accent d'étranger ; mais l'inspiration générale des articles était si visiblement défavorable aux Allemands qu'il fallait que cela fût voulu.

Qui avait donc intérêt à cette façon de faire ?

Était-ce seulement l'effet du hasard ? Je devins peu à peu perplexe.

Mais mon évolution fut hâtée par l'observation de toute une série d'autres phénomènes. Je veux parler de la conception qu'une grande partie des Juifs se fait des mœurs et de la morale et qu'elle met ouvertement en pratique.

À ce point de vue, la rue me donna des leçons de choses qui me furent souvent pénibles.

Le rôle que jouent les Juifs dans la prostitution et surtout dans la traite des blanches pouvait être étudié à Vienne plus aisément que dans toute autre ville de l'Europe occidentale, exception faite peut-être pour les ports du sud de la France. Quand on parcourait le soir les rues et ruelles de la Leopoldstadt, on était à chaque pas, qu'on le voulût ou non, témoin de scènes qui restèrent ignorées de la majorité du peuple allemand jusqu'à ce que la guerre eût fourni aux soldats combattant sur le front oriental l'occasion d'en voir ou plus exactement d'être forcés d'en voir de pareilles.

La première fois que je constatais que c'était le Juif impassible et sans vergogne qui dirigeait de la sorte, avec une expérience consommée, cette exploitation révoltante du vice dans la lie de la grande ville, un léger frisson me courut dans le dos. Puis la fureur s'empara de moi.

Maintenant, je n'avais plus peur d'élucider la question juive. Oui, je me donnerais cette tâche ! Mais tandis que j'apprenais à traquer le Juif dans toutes les manifestations de la vie civilisée et dans la pratique des différents arts, je me heurtai tout d'un coup à lui en un lieu où je ne m'attendais pas à le rencontrer.

Lorsque je découvris que le Juif était le chef de la Social-Démocratie, les écailles commencèrent à me tomber des yeux. Ce fut la fin du long combat intérieur que j'avais eu à soutenir.

Dans mon commerce journalier avec mes camarades travailleurs, j'avais déjà remarqué avec quelle étonnante facilité ils changeaient d'opinion sur la même question, parfois en quelques jours, souvent même en quelques heures. Il m'était difficile de comprendre comment des hommes qui avaient toujours des idées raisonnables, quand on leur parlait en tête-à-tête, les perdaient d'un coup sitôt qu'ils retombaient sous la domination de la masse. Cela me mettait souvent au désespoir. Quand j'étais persuadé, après les avoir chapitrés pendant des heures, que cette fois j'avais brisé la glace ou les avais éclairés sur l'absurdité d'un préjugé, et que je me réjouissais de mon succès, je m'apercevais le lendemain avec douleur qu'il me fallait recommencer par le commencement ; tous mes efforts avaient été vains. Comme un pendule en son perpétuel balancement, leurs opinions absurdes étaient encore revenues su point de départ.

Je pouvais comprendre bien des choses. Quand ils n'étaient pas satisfaits de leur sort, quand ils maudissaient le destin qui les frappait souvent si durement, quand ils haïssaient les patrons qui leur semblaient les exécuteurs brutaux de leur cruelle destinée, ou bien quand ils couvraient d'injures les autorités qui, à leur avis, n'avaient aucune compassion pour leur situation ; quand ils manifestaient contre les prix des vivres et défilaient dans la rue pour défendre leurs revendications, tout cela je pouvais encore le comprendre sans mettre leur raison en cause. Mais ce qui restait pour moi incompréhensible, c'était la haine sans limites qu'ils manifestaient à l'égard de leur propre peuple, avec laquelle ils dénigraient tout ce qui faisait sa grandeur, salissaient son histoire et traînaient ses grands hommes dans la boue.

Cette hostilité contre leur propre espèce, leur propre nid, leur propre pays natal était aussi absurde qu'incompréhensible. Elle était contraire à la nature.

On pouvait guérir passagèrement ces gens dévoyés, mais seulement pour quelques jours, tout au plus pour quelques semaines. Et quand on rencontrait ensuite celui qu'on pensait avoir converti, il était redevenu tel qu'autrefois.

Il était retombé dans son état contre nature.

*

Je m'aperçus peu à peu que la presse sociale-démocrate était surtout dirigée par des Juifs ; mais je n'attribuai aucune signification particulière à ce fait, puisqu'il en était de même pour les autres journaux. Une seule chose pouvait peut-être attirer l'attention ; il n'y avait pas une seule feuille comptant des Juifs parmi ses rédacteurs qu'on pût considérer comme vraiment nationale au sens que mon éducation et mes convictions me faisaient donner à ce mot.

Je fis un effort sur moi-même et tentai de lire les productions de la presse marxiste, mais la répulsion qu'elles m'inspiraient finit par devenir si forte que je cherchai à mieux connaître ceux qui fabriquaient cette collection de canailleries.

C'étaient tous sans exception, à commencer par les éditeurs, des Juifs.

Je pris en main toutes les brochures sociales-démocrates que je pus me procurer et cherchai les signataires : des Juifs. Je notai le nom de presque tous les chefs : c'étaient également en énorme majorité des membres du « peuple élu », qu'il fût question de députés au Reichsrat ou de secrétaires des syndicats, de présidents des organismes du parti ou des agitateurs de la rue. C'était toujours le même tableau peu rassurant. Je n'oublierai jamais les noms des Austerlitz, David, Adler, Ellenbogen, etc.

Il devint alors clair pour moi que le parti, dont les simples comparses étaient mes adversaires depuis des mois du plus violent combat, se trouvait presque exclusivement, par ses chefs, dans les mains d'un peuple étranger ; car un Juif n'est pas un Allemand, je le savais définitivement pour le repos de mon esprit.

Je connaissais enfin le mauvais génie de notre peuple. Une seule année à Vienne m'avait convaincu qu'il n'y a pas d'ouvrier si enraciné dans ses préjugés, qui ne rende les armes devant des connaissances plus justes et des explications plus claires. Je m'étais peu à peu mis au fait de leur propre doctrine et elle était devenue mon arme dans le combat que je menais pour mes convictions.

Presque toujours la victoire me restait.

Il fallait sauver la grande masse, même au prix des plus lourds sacrifices de temps et de patience. Mais jamais je ne pus délivrer un Juif de sa façon de voir.

MEIN KAMPF — MON COMBAT

J'étais alors encore assez naïf pour vouloir les éclairer sur l'absurdité de leur doctrine ; dans mon petit cercle, je parlais à en avoir la langue écorchée et la gorge enrouée, et je m'imaginais que je parviendrais à les convaincre du danger des folies marxistes. J'obtenais le résultat opposé. Il semblait que les effets désastreux, fruit évident des théories sociales-démocrates et de leur application, ne servaient qu'à renforcer leur détermination.

Plus je discutais avec eux, mieux j'apprenais à connaître leur dialectique. Ils comptaient d'abord sur la sottise de leur adversaire et, quand ils ne trouvaient plus d'échappatoire, ils se donnaient à eux-mêmes l'air d'être des sots. Était-ce sans effet, ils ne comprenaient plus ou, mis au pied du mur, ils passaient d'un bond sur un autre terrain ; ils mettaient en ligne des truismes dont, sitôt admis, ils tiraient argument pour des questions entièrement différentes ; les acculait-on encore, ils vous glissaient des mains et on ne pouvait leur arracher de réponse précise. Quand on voulait saisir un de ces apôtres, la main ne prenait qu'une matière visqueuse et gluante qui vous filait entre les doigts pour se reformer le moment d'après. Si l'on portait à l'un d'entre eux un coup si décisif qu'il ne pouvait, en présence des assistants, que se ranger à votre avis et quand on croyait avoir au moins fait un pas en avant, on se trouvait bien étonné le jour suivant. Le Juif ne savait plus du tout ce qui s'était passé la veille ; il recommençait à divaguer comme auparavant, comme si de rien n'était, et lorsque, indigné, on le sommait de s'expliquer, il feignait l'étonnement, ne se souvenait absolument de rien, sinon qu'il avait déjà prouvé la veille le bien-fondé de ses dires.

J'en demeurai souvent pétrifié.

On ne savait pas ce qu'on devait le plus admirer : l'abondance de leur verbiage ou leur art du mensonge. Je finis par les haïr.

Tout cela avait son bon côté : à mesure que je connaissais mieux les chefs, ou du moins les propagandistes de la social-démocratie, mon peuple me devenait plus cher. Qui aurait pu, en présence de l'habileté diabolique de ces séducteurs, maudire les malheureux qui en étaient victimes ? Quelle peine n'avais-je pas moi-même à triompher de la dialectique perfide de cette race ! Et combien vaine était une pareille victoire avec des hommes dont la bouche déforme la vérité, niant carrément le mot qu'elle vient de prononcer, pour s'en prévaloir dans la minute suivante.

Non, plus j'apprenais à connaître les Juifs, et plus j'étais porté à excuser les ouvriers.

Les plus coupables à mes yeux ce n'étaient pas eux, mais bien tous ceux qui estimaient que ce n'était pas la peine de s'apitoyer sur le peuple, de lui assurer son dû par des lois rigoureusement équitables, de clouer enfin au mur le séducteur et corrupteur.

Les expériences que je faisais chaque jour me portèrent à rechercher les sources de la doctrine marxiste. Son action m'était maintenant clairement connue dans tous ses détails ; mon œil attentif découvrait chaque jour la trace de ses progrès ; il suffisait d'avoir un peu d'imagination pour se figurer les conséquences qu'elle devait avoir. La question était maintenant de savoir si ses fondateurs avaient prévu ce que devait produire leur œuvre parvenue à sa dernière forme, ou s'ils avaient été eux-mêmes les victimes d'une erreur.

À mon sens, l'un et l'autre étaient possibles.

Dans l'un des cas, c'était le devoir de tout homme capable de pensée de faire front à ce mouvement funeste, pour essayer d'empêcher le pire ; dans l'autre cas, il fallait admettre que les auteurs responsables de cette maladie qui avait infecté les peuples, avaient été de vrais démons : car seul le cerveau d'un monstre, non celui d'un homme, pouvait concevoir le plan d'une organisation dont l'action devait avoir pour résultat dernier l'effondrement de la civilisation et par suite la transformation du monde en un désert.

Dans ce cas, la seule ressource était la lutte, la lutte avec toutes les armes que peuvent fournir l'esprit humain, l'intelligence et la volonté, quel que dût être d'ailleurs celui des adversaires en faveur duquel le sort ferait pencher la balance.

Je commençai donc à étudier à fond les fondateurs de cette doctrine, afin de connaître les principes du mouvement. Je dus uniquement à ma connaissance de la question juive, bien qu'encore peu approfondie, de parvenir au but plus rapidement que je n'avais osé l'espérer. Elle seule me permit de comparer pratiquement la réalité avec les blagues contenues dans les théories des apôtres et fondateurs de la Social-Démocratie. J'avais appris, en effet, ce que parler veut dire chez le Juif : ce n'est jamais que pour dissimuler ou voiler sa pensée. Et il ne faut pas chercher à découvrir son véritable dessein dans le texte, mais entre les lignes où il est soigneusement caché.

Ce fut l'époque où se fit en moi la révolution la plus profonde que j'ai jamais eu à mener à son terme. Le cosmopolite sans énergie que j'avais été jusqu'alors devint un antisémite fanatique.

Une fois encore — mais c'était la dernière — une angoisse pénible me serra le cœur.

Tandis que j'étudiais l'influence exercée par le peuple juif à travers de longues périodes de l'histoire, je demandai soudain avec anxiété si le destin, dont les vues sont insondables, ne voulait pas, pour des raisons inconnues de nous autres pauvres hommes, et en vertu d'une décision immuable, la victoire finale de ce petit peuple ?

Est-ce qu'à ce peuple, qui n'a toujours vécu que pour la terre, cette terre aurait été promise comme récompense ?

Le droit que nous estimons avoir de lutter pour notre conservation est-il réellement fondé, ou n'existe-t-il que dans notre esprit ?

Le destin me donna lui-même la réponse pendant que je m'absorbais dans l'étude de la doctrine marxiste et que j'observais impartialement et à loisir l'action du peuple juif.

La doctrine juive du marxisme rejette le principe aristocratique observé par la nature, et met à la place du privilège éternel de la force et de l'énergie, la prédominance du nombre et son poids mort. Elle nie la valeur individuelle de l'homme, conteste l'importance de l'entité ethnique et de la race, et prive ainsi l'humanité de la condition préalable mise à son existence et à sa civilisation. Admise comme base de la vie universelle, elle entraînerait la fin de tout ordre humainement concevable. Et de même qu'une pareille loi ne pourrait qu'aboutir au chaos dans cet univers au-delà duquel s'arrêtent nos conceptions, de même elle signifierait ici-bas la disparition des habitants de notre planète.

Si le Juif, à l'aide de sa profession de foi marxiste, remporte la victoire sur les peuples de ce monde, son diadème sera la couronne mortuaire de l'humanité. Alors notre planète recommencera à parcourir l'éther comme elle l'a fait il y a des millions d'années : il n'y aura plus d'hommes à sa surface.

La nature éternelle se venge impitoyablement quand on transgresse ses commandements. C'est pourquoi je crois agir selon l'esprit du Tout-Puissant, notre créateur, car :

En me défendant contre le Juif, je combats pour défendre l'œuvre du Seigneur.

CHAPITRE 3

CONSIDÉRATIONS POLITIQUES GÉNÉRALES TOUCHANT MON SÉJOUR À VIENNE

Je suis convaincu aujourd'hui que l'homme, hors le cas de dons exceptionnels, ne doit pas se lancer dans la politique active avant sa trentième année. Jusqu'à cet âge, en effet, il ne peut guère s'agir que de la formation d'une plateforme, point de départ de l'examen des différents problèmes politiques, permettant de prendre position à leur endroit. C'est seulement après avoir acquis un tel fonds d'idées générales, et après s'être fait une solide opinion personnelle sur chacune des questions d'actualité que l'homme mûri, du moins comme caractère, doit ou peut participer à la vie politique publique.

S'il n'en est pas ainsi, il court le danger, ou bien de devoir modifier un jour la position qu'il avait prise sur des questions essentielles, ou bien de devoir s'en tenir, quoique parfaitement informé, à une doctrine que réprouvent déjà depuis longtemps son intelligence et ses convictions. Dans le premier cas, ses propres hésitations auraient la conséquence pénible pour lui — il doit s'y attendre — que la foi de ses partisans ne lui restera pas inébranlablement acquise. Pour ceux qu'il conduit, une telle volte-face du chef signifie perplexité, et souvent sentiment de honte vis-à-vis de leurs anciens adversaires.

Dans le second cas — si fréquent aujourd'hui — moins le chef croit lui-même en ce qu'il professe, plus sa justification en est creuse, terne, plus elle choisit des moyens vulgaires. Il ne songe plus à se porter lui — même sérieusement garant de ses manifestations politiques : on ne donne sa vie que pour ses convictions. Dans le même temps, ses exigences à l'endroit de ses partisans deviennent toujours plus grandes et plus éhontées jusqu'à ce qu'il sacrifie enfin ce qu'il avait encore d'un chef pour devenir un politicien : cette sorte de gens dont l'unique et véritable conviction est l'absence de conviction, associée à une insolence importune et à un art éhonté du mensonge.

Que pour le malheur des honnêtes gens un tel gaillard arrive au Parlement, on doit savoir, dès le début, que sa façon de faire de la politique ne consistera plus qu'en un combat héroïque pour conserver cette « vache à lait » à lui-même et 's sa famille. Quand femme et enfants seront plus tard à sa charge, il luttera plus âprement encore pour son mandat. Quiconque s'orientera vers la politique deviendra de ce fait son ennemi personnel ; dans chaque nouveau mouvement, il appréhendera le commencement possible de sa fin, et, dans chaque homme en vue, la vraisemblable menace de danger qu'il constitue.

Je me propose de revenir encore sérieusement sur cette sorte de punaises de Parlement.

Certes, il restera encore beaucoup à apprendre à l'homme de trente ans sa vie durant, mais ce ne devra être qu'un complément et un remplissage dans le cadre des notions générales qu'il a déjà acquises. Ses connaissances nouvelles ne viendront pas bouleverser les connaissances de principe déjà reçues : elles en constitueront au contraire un enrichissement ; et ses partisans n'auront pas à refouler le pénible sentiment d'avoir reçu de lui de faux enseignements : bien au contraire, la croissance organique visible du Chef leur sera une apaisante garantie, son acquis nouveau contribuant seulement à l'enrichissement de leur propre doctrine. Ce sera encore, à leurs yeux, une preuve de la justesse des théories politiques qu'ils défendaient.

Un Chef qui doit abandonner ses théories générales parce que reconnues fausses, n'agit avec dignité que s'il est prêt à en subir toutes les conséquences. En pareil cas, il doit s'interdire l'exercice public d'une action politique ultérieure. Puisqu'il est déjà tombé dans l'erreur sur des points essentiels, il peut y tomber une seconde fois. En aucun cas, il n'a le droit de continuer à prétendre à la confiance de ses concitoyens ou seulement de l'accepter.

On se conforme aujourd'hui bien peu à une telle ligne de conduite et cela prouve l'universelle bassesse de la canaille qui se croit actuellement appelée à faire de la politique. Mais dans toute cette canaille, trouverait-on un seul élu !

Je m'étais gardé jadis de m'afficher ouvertement en quoi que ce soit ; pourtant je crois m'être occupé de politique autant que quiconque. C'est seulement dans un très petit cercle que j'exposais ce qui m'agitait ou m'attirait intérieurement. Parler ainsi en petit comité avait beaucoup de bon : j'apprenais moins à parler qu'à pénétrer les idées et les opinions souvent extrêmement primitives des hommes. Ainsi, sans perdre de temps et en toute occasion, je continuais à compléter ma culture. Nulle part en Allemagne les circonstances ne s'y prêtaient alors, certes, autant qu'à Vienne.

*

Les préoccupations politiques dans la vieille monarchie danubienne étaient dans l'ensemble plus marquées et elles intéressaient un cercle plus étendu que dans l'Allemagne de l'époque, exception faite pour certaines parties de la Prusse, pour Hambourg et pour les côtes de la mer du Nord. J'entends ici par Autriche ce territoire du grand empire des Habsbourg, dont le peuplement allemand fut, de toute façon, non seulement l'occasion historique de la formation de cet État, mais aussi fut seul à pouvoir conférer à une formation politiquement aussi artificielle la vie morale qui l'anima plusieurs siècles. Et à mesure que le temps passait, l'existence et l'avenir de cet État dépendaient toujours davantage du maintien même de ce noyau central de l'empire.

Si les vieux États héréditaires représentaient le cœur de l'empire, cœur qui envoyait dans le circuit de la vie politique et artistique un sang toujours frais, Vienne était à la fois le cerveau et la volonté.

L'apparence de Vienne était vraiment celle d'une reine sur son trône, et suffisait à lui faire conférer l'autorité qui unissait tant de peuples différents. Elle faisait oublier par la magnificence de sa propre beauté les stigmates de l'âge de l'ensemble.

L'intérieur de l'empire autrichien avait beau tressaillir violemment des luttes sanglantes opposant les diverses nationalités : l'étranger, l'Allemagne en particulier, ne voyait que l'aimable image de Vienne. Illusion d'autant plus facile que celle-ci paraissait prendre, à cette époque, un ultime et plus éclatant essor. Sous la direction d'un bourgmestre véritablement génial, la vénérable résidence des empereurs du vieil empire s'éveilla une fois encore à une vie merveilleusement jeune. Le dernier grand Allemand sorti des rangs du peuple qui colonisa la Marche de l'Est, ne comptait pas officiellement parmi les « hommes d'État » ; pourtant ce Dr Lueger, bourgmestre de la « capitale d'empire et ville de résidence », obtint tour à tour des résultats inouïs dans tous les domaines — on peut le dire — qu'ils fussent économiques ou artistiques, de la politique communale. Il se montra, par ce détour, plus grand homme d'État que ne le furent alors à eux tous les « diplomates » déclarés.

Si l'apparence de nation que l'on nommait Autriche finit par s'effondrer, cela ne plaide en rien contre la capacité politique de l'élément allemand de la vieille Marche de l'Est. Il est impossible, avec dix millions d'hommes, de maintenir durablement un État de cinquante millions, à moins que des hypothèses parfaitement déterminées ne se trouvent justement réalisées en temps opportun.

L'Autrichien allemand avait des conceptions très larges. Il avait été habitué à vivre dans le cadre d'un grand empire et n'avait jamais perdu le sens des devoirs qui découlent de cette situation. Seul dans l'État au-delà des frontières de l'étroit domaine de la couronne, il voyait encore celles de l'empire. Oui ! et quand le sort le sépara finalement de la grande patrie allemande, il s'efforça toujours d'assumer la charge accablante de maintenir allemand ce que ses ancêtres avaient jadis arraché à l'Est en des combats sans fin. Encore faut-il bien considérer que toutes les forces des Autrichiens allemands ne furent pas consacrées à cette tâche, car le cœur et le souvenir des meilleurs d'entre eux ne cessèrent jamais d'aller à la mère-patrie commune, et il n'en demeura qu'un reste pour le pays natal.

L'horizon général de l'Autrichien allemand était déjà relativement plus étendu. Ses relations économiques embrassaient fréquemment l'ensemble de l'empire protéiforme. Presque toutes les entreprises véritablement importantes se trouvaient entre ses mains ; il fournissait la majeure partie du personnel dirigeant, techniciens et employés. Il était aussi à la base du commerce extérieur, pour autant que les Juifs n'avaient pas mis la main sur ce domaine à eux quasi-dévolu. Politiquement, l'Autrichien allemand tenait seul encore l'ensemble de l'État. Le temps de service dans l'armée le jetait bien loin des étroites frontières de sa province. Nouvelle recrue, il prenait bien peut-être du service dans un régiment allemand, mais celui-ci pouvait aussi bien tenir garnison en Herzégovine qu'à Vienne ou en Galicie. Le corps d'officiers était encore allemand tout comme l'Administration supérieure dans sa grande majorité. L'art et la science étaient aussi allemands. Exception faite pour la camelote, fruit des tendances artistiques modernes, qui aurait d'ailleurs pu être attribuée aussi bien à un peuple de nègres. C'étaient des Allemands qui détenaient seuls et propageaient la véritable inspiration artistique. En musique, en architecture, en sculpture et en peinture, Vienne était la source inépuisable qui subvenait à toute la double monarchie sans jamais menacer de tarir.

Enfin l'élément allemand était encore le pivot de toute la politique extérieure, si l'on exceptait un petit nombre de Hongrois.

Toute tentative de sauver cet empire était cependant vaine, parce que la condition essentielle requise faisait défaut. Pour triompher des forces centrifuges des différents peuples de l'État autrichien, il n'y avait qu'une possibilité : l'État serait gouverné, et aussi organisé intérieurement, d'une manière centralisée ; ou bien il ne serait pas.

À différentes époques de lucidité, cette opinion eut cours « en haut lieu », mais pour être bientôt oubliée ou bien écartée comme de réalisation difficile. Chaque projet de constitution plus fédérative de l'empire devait forcément avorter faute qu'un noyau agissant eût la prédominance dans l'État. À cela vinrent s'ajouter encore les données intérieures propres à l'État autrichien et essentiellement différentes de celles qu'offrait le Reich allemand quand il fut constitué par Bismarck. En Allemagne, il s'agissait seulement de vaincre les traditions politiques, car, au point de vue culture, il existait un fonds commun. Avant tout et à l'exception de petits fragments étrangers, le Reich ne comprenait que des représentants d'un même peuple.

En Autriche, la situation était exactement opposée.

Ici, dans chaque pays — sauf en Hongrie — le souvenir politique d'une grandeur propre disparut complètement, ou bien il s'effaça sous l'éponge du temps devenant tout au moins voilé et indistinct. Par contre, quand on mit en avant le principe des nationalités, des tendances ethniques prirent force dans les divers pays. Leur triomphe devait être d'autant plus facile qu'il commença à se former aux confins de la monarchie des États nationaux, dont les peuples, de même race que celle des poussières de peuples autrichiens ou de race voisine, purent exercer sur ces dernières une attraction personnelle plus grande que celle des Autrichiens allemands.

Vienne même ne put à la longue supporter ce combat. Quand le développement de Budapest en eut fait une ville, Vienne eut, pour la première fois, une rivale dont la mission n'était plus de maintenir la cohésion de la double monarchie, mais plutôt de renforcer l'une de ses individualités. En peu de temps, Prague devait suivre l'exemple, puis Lemberg, Laibach, etc. En même temps que ces anciennes villes provinciales s'élevaient au rang de capitales nationales de pays particuliers, elles devenaient les centres d'une vie intellectuelle de plus en plus particulariste. C'est ainsi seulement que les instincts politiques ethniques reçurent leur profondeur et leurs fondements spirituels. Il devait venir un jour où les poussées des divers peuples seraient plus puissantes que la force de cohésion des intérêts communs : alors c'en serait fini de l'Autriche.

Cette évolution se confirma très clairement à partir de la mort de Joseph II. Sa rapidité fut fonction d'une série de facteurs qui provenaient en partie de la monarchie elle-même, en partie de la situation extérieure de l'empire.

Si l'on voulait sérieusement accepter la lutte et combattre pour le maintien de cet État, seule une centralisation persévérante et ferme pouvait mener au but. Alors, on devait avant tout, en imposant le principe d'une langue d'État unique, stimuler la communauté nationale, jusque-là purement nominale, et mettre dans la main de l'Administration le moyen technique sans lequel il n'est pas possible à un État unifié de subsister. De même, ce n'était qu'à la longue, par l'école et par la propagande, que l'on pouvait créer un sentiment national commun. Ce but ne pouvait pas être atteint en dix ou vingt ans : il fallait compter avec des siècles, de même que, dans les questions de colonisation, la persévérance a plus d'importance que l'énergie dépensée à un moment donné.

Inutile d'insister sur la nécessité d'une unité absolue dans l'administration.

Il fut pour moi infiniment riche d'enseignements d'établir pourquoi rien de tout cela n'advint, ou plutôt ne fut fait. Le coupable de cette omission fut aussi le seul coupable de la ruine de l'empire.

L'existence de la vieille Autriche, plu : que celle de tout autre État, était liée à la puissance de son gouvernement. Il lui manquait cette assise d'un État national qui, vienne à lui manquer la direction proprement dite, possède toujours dans son origine ethnique une force qui assure sa conservation. L'État ethnique peut quelquefois, grâce à l'inertie naturelle de ses populations et à la force de résistance qu'elle implique, supporter de façon étonnante et sans en souffrir gravement de longues périodes de mauvaise administration ou de mauvaise direction ; c'est ce qui se passe souvent alors que toute apparence de vie a disparu d'un corps et que l'on se croit en présence d'un cadavre, jusqu'à ce que soudain le « passé pour mort » se relève et donne au reste de l'humanité des manifestations étonnantes de sa vitalité intacte.

Mais il en va tout autrement d'un empire composé de plusieurs peuples, qui n'est pas maintenu par la communauté du sang, mais par une poigne commune. Toute faiblesse de la direction ne produira pas dans un tel État un engourdissement analogue à celui des animaux hiverneurs, mais elle sera au contraire l'occasion d'un réveil de tous les instincts particularistes qui pré-existent en chaque race, et qui n'ont pu se manifester aux époques où une volonté dominait.

C'est seulement par l'éducation commune, des siècles durant, par des traditions communes, par des intérêts communs, etc., que ce danger peut être atténué. Aussi plus de tels États seront jeunes, plus ils dépendront de la grandeur du régime gouvernant ; et l'on a vu souvent l'œuvre de conquérants ou de génies dominateurs qui ne furent pas continués, retomber dans le néant dès la mort du grand fondateur. Même après des siècles, du reste, on ne peut pas considérer ces dangers comme surmontés ; ils ne font souvent que sommeiller pour se réveiller ensuite brusquement dès que le régime, devenu trop faible, la force de l'éducation et le prestige de la tradition ne peuvent plus triompher de la poussée vitale propre aux différents rameaux.

La faute, tragique de la Maison de Habsbourg fut sans doute de ne pas l'avoir compris.

À l'un seulement d'entre eux le destin éclaira encore une fois l'avenir de son pays. Puis ce flambeau s'éteignit pour toujours.

Joseph II, empereur romain de la nation allemande, perçut avec angoisse que sa maison, pressée sur les frontières extérieures de l'empire, disparaîtrait dans le tourbillon d'une Babylone de peuples s'il ne réparait pas, in extremis, la carence de ses aïeux. Avec une force surhumaine, l'« ami des hommes » se raidit contre l'incurie de ses prédécesseurs et chercha à réparer en dix ans le laisser-aller de plusieurs siècles. S'il avait eu seulement quarante ans de travail devant lui, si seulement les deux générations suivantes avaient poursuivi dans le même esprit l'œuvre commencée, le miracle aurait probablement eu lieu. Lorsqu'il mourut, après dix ans de règne à peine, épuisé de corps et d'esprit, son œuvre descendit avec lui au tombeau, et depuis lors dort son éternel sommeil dans la crypte des Capucins, sans avoir jamais été réveillée.

Ses successeurs n'étaient pas à la hauteur de cette tâche, ni par l'esprit, ni par la volonté.

Quand les premiers indices révolutionnaires d'un temps nouveau flambèrent à travers l'Europe, l'Autriche commença aussi à s'embraser peu à peu. Mais lorsque l'incendie finit par éclater, l'ardeur en fut accrue beaucoup moins pour des causes sociales, de classes ou de politique générale, que par des poussées d'origine ethnique.

La révolution de 1848 a pu être partout une lutte de classes, en Autriche, c'était déjà le début d'une nouvelle lutte de races. L'Allemand qui, oubliant cette origine du soulèvement révolutionnaire, ou ne la connaissant pas, se mettait cependant à son service, scellait ainsi son propre sort. Il aidait à éveiller l'esprit de la démocratie occidentale qui, en peu de temps, lui enleva les bases de sa propre existence.

La représentation parlementaire, sans l'institution et la consolidation préalables d'une langue d'État commune, portait le premier coup à la prépondérance allemande dans la monarchie. Mais, à partir de ce moment, l'État lui-même était également perdu. Tout ce qui s'ensuivit n'est que l'histoire du déclin d'un empire.

Suivre cette désagrégation était aussi émouvant qu'instructif. La sentence de l'histoire s'exécuta à travers mille et mille péripéties de détails. La plupart des Autrichiens continuaient leur route, aveugles, au milieu des signes d'écroulement : cela prouvait seulement la volonté des dieux d'anéantir l'Autriche.

Je ne veux pas me perdre dans des détails qui ne sont pas l'affaire de ce livre ; je veux seulement examiner plus à fond ceux de ces événements qui, causes éternelles de la ruine des peuples et des États, ont encore un intérêt d'actualité, et qui, enfin, ni aidèrent à asseoir mes conceptions politiques.

*

En tête des institutions qui pouvaient justifier le plus clairement le grignotage de la monarchie autrichienne, même à des yeux peu clairvoyants de petit bourgeois, se trouvait celle qui, plus que toute autre, aurait dû compter la puissance parmi ses attributs : le Parlement, ou, comme on l'appelait en Autriche, le Reichsrat.

Visiblement, le modèle de cette institution était en Angleterre, au pays de la classique « démocratie ».

On y prit toute la bienheureuse ordonnance et on la transporta à Vienne, en la changeant le moins possible. Le système anglais des deux Chambres fêta sa résurrection dans la Chambre des députés et dans la Chambre des seigneurs. Seuls, les « édifices » eux-mêmes étaient déjà quelque peu différents.

Lorsqu'autrefois Barry fit surgir des flots de la Tamise son Palais du Parlement, il mit à contribution l'histoire de l'Imperium britannique et y puisa la décoration des 1.200 niches, consoles et colonnes de son Palais : ses statues et ses tableaux firent de la Chambre des lords et de la Chambre des communes comme le temple de Gloire de la Nation.

Ici survint pour Vienne la première difficulté : lorsque le Danois Hansen eut terminé le dernier pignon du palais de marbre destiné à la nouvelle représentation du peuple, il ne put mieux faire que d'en emprunter la décoration à l'antiquité. Hommes d'État et philosophes grecs et romains décorèrent la résidence théâtrale de la « Démocratie de l'Ouest » et, par un symbole ironique, les quadriges érigés aux faîtes des deux bâtiments s'élançaient vers les quatre points cardinaux, donnant ainsi au dehors même la meilleure image de l'activité à l'intérieur.

Les nationalités auraient refusé, y voyant une offense et une provocation, que l'on rendît hommage dans cet édifice à l'histoire autrichienne. Tout comme dans le Reich lui-même, ce ne fut que sous le tonnerre des batailles de la guerre mondiale que l'on osa consacrer au peuple allemand, par une inscription, l'édifice de Wallot.

Lorsque, n'ayant pas encore vingt ans, j'entrai pour la première fois dans le Palais du Franzensring pour assister à une séance de la Chambre des députés, je fus empoigné par le plus vif sentiment de répulsion.

Je détestais déjà le Parlement, mais non pas tout à fait en tant qu'institution. Au contraire, mes tendances libérales ne me permettaient pas d'envisager un autre mode de gouvernement. La pensée d'une quelconque dictature m'aurait apparu, rapprochée de mon attitude vis-à-vis de la maison des Habsbourg, comme un crime contre la liberté et contre toute raison,

Ma réelle admiration pour le Parlement anglais y contribuait beaucoup : elle m'avait été inspirée, sans que je m'en rendisse compte, par les innombrables journaux que j'avais lus étant jeune et je ne pouvais m'en défaire ainsi sans façon. La dignité avec laquelle la Basse Chambre elle-même s'acquittait là-bas de ses obligations et que notre presse nous présentait sous de si belle couleurs, m'en imposait beaucoup. Pouvait-il donc y avoir une forme plus élevée du gouvernement d'un peuple par lui-même ? De là, précisément, mon inimitié pour le Parlement autrichien : je tenais l'ensemble de ses errements pour indignes de son glorieux modèle. Mais un nouvel argument vint alors s'ajouter aux miens.

L'élément allemand dans l'État autrichien dépendait du sort que lui ferait le Reichsrat. Jusqu'à l'introduction du suffrage universel secret, il existait encore une majorité allemande au Parlement, modeste, il était vrai. Cette situation donnait déjà à réfléchir, car l'attitude incertaine de la Social — Démocratie su point de vue national la faisait toujours aller à l'encontre des aspirations des Allemands chaque fois que les intérêts de ceux-ci étaient en jeu : ceci par crainte de détacher d'elle ses partisans dans des peuples étrangers. Déjà, la Social-Démocratie ne pouvait donc être considérée comme un parti allemand, mais l'institution du suffrage universel fit cesser la suprématie allemande même au point de vue numérique. La route était maintenant libre à la « dégermanisation ».

Dès lors, mon instinctive conservation nationaliste s'accommoda mal à une chambre de représentants du peuple, où tout ce qui était allemand se trouvait, non pas représenté, mais trahi. Mais ces défauts, comme tant d'autres, étaient beaucoup moins imputables au système de scrutin qu'à l'État autrichien lui — même. J'avais déjà pensé qu'il ne se présenterait plus d'occasion, tant que survivrait le vieil État, pour que la majorité allemande recouvrât une position primordiale au Parlement.

C'est dans ces dispositions que je pénétrais pour la première fois dans ces lieux aussi vénérables que décriés. D'ailleurs, je ne les vénérais qu'en raison de la noblesse magnifique de l'édifice : une merveille grecque en terre allemande.

Mais il me fallut bien peu de temps pour me révolter en présence du lamentable spectacle qui se déroulait sous mes yeux !

Quelques centaines de représentants du peuple étaient présents, qui avaient justement à trancher une question économique importante. Cette journée me suffit à faire provision de réflexions pour plusieurs semaines.

La valeur intellectuelle des discours restait à un niveau bien bas, pour autant d'ailleurs qu'on pouvait les suivre ; car quelques-uns de ces messieurs ne parlaient pas l'allemand, mais le slave, leur langue maternelle, ou même un dialecte. J'avais l'occasion d'entendre de mes propres oreilles ce que je ne savais jusqu'alors que par les journaux. Une masse grouillante de gens gesticulant, s'interpellant l'un l'autre sur tous les timbres, et, dominant le tout, un lamentable vieux bonhomme tout en nage, agitant violemment sa sonnette, et s'efforçant tantôt par des appels au calme, tantôt par des exhortations, de ramener dans le ton un peu de la dignité parlementaire.

Je ne pus m'empêcher de rire.

Je revins quelques semaines plus tard. Le spectacle était changé, à en être méconnaissable. La salle était complètement vide. On y dormait ; quelques députés étaient assis à leurs places, et se regardaient en bâillant ; l'un d'eux "discourait". Un vice-président était présent, et considérait la salle d'un air visiblement ennuyé.

Je commençai à réfléchir. Maintenant, toutes les fois que j'en eus le loisir, je revins au Reichsrat, et chaque fois, silencieux et attentif, je regardais le spectacle, j'écoutais les discours — quand ils étaient compréhensibles j'étudiais les visages plus ou moins intelligents de ces élus des nations de cet État lamentable, et je me fis ainsi peu à peu des idées personnelles sur la question. Une année de cette observation tranquille me suffit pour modifier ou rejeter complètement mes vues antérieures sur la nature de cette institution. Je n'éprouvai plus de révolte intime contre la forme médiocre qu'elle avait prise en Autriche ; je m'en prenais maintenant au Parlement lui-même. J'avais jusqu'alors pensé que tout le mal venait de ce que le Parlement autrichien n'avait pas de majorité allemande ; j'estimais aujourd'hui qu'il fallait le chercher dans la forme et la nature de l'institution elle-même.

Toute une série de questions se posèrent alors à mon esprit.

Je commençai à me familiariser avec le principe démocratique de « décision de la majorité », base de tout le système, non sans accorder une sérieuse attention à la valeur intellectuelle et morale des hommes, à qui leur qualité d'élus des nations imposait un mandat à remplir.

J'appris ainsi à connaître en même temps l'institution et ceux qui la composaient.

En quelques années se dessina clairement pour moi, dans tous ses détails, le type le plus noble des temps modernes : le parlementaire. Il commença à revêtir dans mon esprit une forme qui ne subit, depuis, aucun changement essentiel. Une fois de plus, les leçons de choses de la réalité me préservèrent de m'égarer dans une théorie sociale qui peut paraître à beaucoup de gens peu séduisante au premier abord, mais qui n'en est pas moins à compter parmi les signes de déclin de l'humanité.

Dans l'Europe occidentale actuelle, la démocratie est le précurseur du marxisme, que l'on ne pourrait concevoir sans elle. Elle est pour cette peste mondiale le terrain de culture, sur lequel peut se propager l'épidémie. Et elle trouve son expression dans le parlementarisme avorton chez qui toute étincelle divine a malheureusement cessé d'animer la boue dont il est pétri.

Je suis très reconnaissant à mon destin de m'avoir fait étudier cette question pendant que j'étais encore à Vienne, car il est probable qu'en Allemagne, à la même époque, je l'aurais tranchée trop aisément. Si j'avais senti tout le ridicule de cette institution que l'on nomme « Parlement » à Berlin d'abord, je serais sans doute tombé dans l'excès contraire, et je me serais rangé, pour des raisons excellentes en apparence, du côté de ceux qui ne voyaient le salut du peuple et du Reich que dans un renforcement de la puissance et de l'idée impériales, salut qu'ils compromettaient cependant à cause de leur ignorance de leur temps.

En Autriche, il n'y avait pas à craindre de tomber aussi facilement d'une erreur dans l'autre. Si le Parlement ne valait rien, les Habsbourg ne valaient sûrement pas mieux et peut-être encore moins. Tout n'était pas fini quand on avait rejeté le parlementarisme ; la question restait entière : alors, quoi ? Supprimer le Reichsrat, c'était ne laisser comme puissance gouvernante que la maison de Habsbourg : idée tout à fait inadmissible, surtout pour moi.

La difficulté de résoudre ce cas particulier me conduisit à m'adonner plus complètement à ce problème, ce que je n'aurais certainement pas fait sans cela, jeune comme je l'étais.

Ce qui, en premier lieu, me donna à réfléchir ; fut l'absence évidente de toute responsabilité à la charge de qui que ce soit.

Le Parlement prend une décision : quelque catastrophiques qu'en puissent être les conséquences, personne n'en porte la responsabilité, personne ne peut être appelé à rendre des comptes. Car est-ce prendre une responsabilité quelconque, lorsqu'après un désastre sans pareil ; le gouvernement coupable se retire ou que la majorité change, ou que le Parlement est dissous ?

Une majorité vacillante d'individus peut-elle jamais être rendue responsable ?

L'idée de responsabilité a-t-elle un sens, si elle n'est pas encourue par une personne déterminée ?

Peut-on pratiquement rendre un chef du gouvernement responsable d'actes dont l'origine et l'accomplissement incombent à la volonté et à l'inclination d'une multitude d'individus ?

Ne voit-on pas la tâche d'un dirigeant moins dans la conception d'un plan, que dans l'art d'en faire comprendre la valeur à un troupeau de moutons à têtes vides, pour mendier ensuite leur bienveillante approbation ?

Le criterium de l'homme d'État est-il de posséder su même degré l'art de convaincre et la finesse diplomatique nécessaire pour saisir les grands principes et prendre les grandes décisions ?

Cela prouve-t-il l'inaptitude d'un chef qu'il ne réussisse pas à gagner à une idée déterminée la majorité d'une assemblée, véritable tumeur ayant envahi l'organisme dans des conditions plus ou moins propres ? Est-il d'ailleurs arrivé une seule fois qu'une bande de gens ait compris une idée avant que le succès en ait révélé la grandeur ?

Toute action de génie n'est-elle pas ici-bas une offensive prise par le génie contre l'inertie de la masse ?

Alors que doit faire l'homme politique qui ne réussit pas par des flatteries à gagner à ses projets la faveur de cette foule ?

Doit-il la stipendier ?

Ou bien doit-il, en présence de la stupidité de ses concitoyens, renoncer à accomplir les tâches qu'il a reconnues de nécessité vitale ? Doit-il se retirer ? Doit-il rester ?

Comment un homme qui a du caractère peut-il arriver à résoudre le conflit entre une pareille situation et ce qu'il juge décent, ou plus exactement honnête ?

Où est ici la limite qui sépare le devoir envers la communauté, et les obligations de l'honneur ?

Le véritable chef ne doit-il pas s'interdire des méthodes de gouvernement qui le ravalent au rang d'un politicien à la petite semaine ?

Et inversement, ce politicien à la petite semaine ne va-t-il pas se sentir obligé de faire de la politique du fait que ce ne sera jamais lui, mais une insaisissable troupe de gens, qui portera finalement le poids des responsabilités ?

Notre principe parlementaire de la majorité ne doit-il pas amener surtout la destruction de l'idée de chef ?

Croit-on encore que le progrès humain vienne, si peu que ce soit, du cerveau des majorités et non de la tête d'un homme ?

Ou bien prétend-on pouvoir s'affranchir à l'avenir de cette condition préalable de la civilisation ? Ne paraît-elle pas, au contraire, plus nécessaire aujourd'hui que jamais ?

Quand le principe parlementaire de l'autorité des majorités l'emporte sur celui de l'autorité d'un seul et remplace le chef par le nombre et par la masse ; il va contre le principe aristocratique de la nature, sur lequel s'appuie d'ailleurs une conception de la noblesse qui ne laisserait place à aucun de nos premiers dix mille.

Quels désastres entraîne cette institution moderne de la souveraineté parlementaire, c'est ce qu'un lecteur de la presse juive peut difficilement s'imaginer, s'il n'a pas appris à réfléchir et à juger en toute indépendance. Elle est, en premier lieu, l'occasion de noyer l'ensemble de la vie politique sous un flot de petits incidents d'une mesquinerie incroyable. Ainsi, plus le véritable chef se retirera d'une activité politique, qui, dans la plupart des cas, consistera moins en créations et en travail féconds qu'en marchandages divers pour gagner la faveur de la majorité, plus la nature même de cette activité politique conviendra aux esprits mesquins et par suite les captivera.

De nos jours, plus un tel marchand de cuir sera petit d'esprit et de science, plus il aura conscience de la médiocrité navrante de ses actes publics et plus il appréciera un système de gouvernement qui n'exige de lui ni grande vigueur ni grand génie, mais qui s'accommode bien davantage d'une certaine finesse paysanne, n'ayant rien de commun avec la puissance d'esprit d'un Périclès. Un pareil sot n'a pas à redouter le poids de ses responsabilités, les conséquences de ses faits et gestes sont le moindre de ses soucis ; car il sait pertinemment que, quel que soit le résultat de ses élucubrations « politiques », sa chute est déjà écrite dans les astres : il aura un jour à faire place à un esprit tout aussi éminent. Car c'est encore là un signe de cette sorte de décadence, que le nombre des hommes d'État éminents augmente dans la mesure où dégringole la taille de chacun d'eux. Et cette taille diminue encore elle-même en proportion étroite avec la petitesse d'esprit des majorités parlementaires ; on comprend en effet fort bien, d'une part, que les esprits de valeur refusent de devenir les humbles clercs de honteux et impuissants bavards, et, d'autre part, que les représentants de la majorité, c'est-à-dire de la sottise, ne haïssent rien plus violemment qu'un homme supérieur. Une chambre de députés médiocres éprouve toujours une grande consolation à se savoir menée par un chef dont la valeur est au niveau de la sienne ; chacun a ainsi la satisfaction de pouvoir de temps en temps faire briller son esprit et, surtout, de se dire : puisque Pierre peut être le patron, pourquoi pas Paul, un jour ?

Mais au fin fond de cette belle invention de la démocratie, on peut observer un phénomène qui se manifeste scandaleusement de nos jours, avec une intensité croissante : c'est la lâcheté d'une grande partie de nos prétendus « dirigeants ». Quelle chance, pour eux, lorsqu'ils ont à prendre des décisions de quelque importance, de pouvoir s'abriter sous le parapluie d'une majorité ! Il suffit d'avoir vu une seule fois un de ces larrons de la politique, mendier avec inquiétude, avant chacune de ses décisions, l'approbation de la majorité, s'assurer ainsi les « complices » nécessaires et pouvoir, en tous cas, se laver les mains de toute responsabilité : un homme droit, un homme de cœur ne peuvent concevoir qu'hostilité et répulsion vis-à-vis de pareilles méthodes d'activité politique, tandis qu'elles attireront, su contraire, tous les caractères mesquins. Celui qui se refuse à prendre personnellement la responsabilité de ses actes, et qui cherche au contraire à toujours se couvrir, n'est qu'un misérable et un lâche. Et quand les dirigeants d'une nation sont de pareils avortons, on en subit bientôt les graves conséquences. On n'a plus le courage d'agir avec fermeté ; on aime mieux subir des injures ignominieuses que faire l'effort de prendre une résolution, et nul ne se mettra en avant pour payer de sa personne, si quelque décision exige une exécution sans faiblesse.

Car il est une chose que l'on ne doit pas, que l'on n'a pas le droit d'oublier : la majorité ne peut jamais remplacer un homme. Elle représente toujours non seulement les sots, mais encore les lâches. Et aussi vrai que cent cervelles creuses ne peuvent valoir un sage, de cent couards on ne tirera jamais une résolution héroïque.

Cependant, moins le chef du gouvernement assumera de lourdes responsabilités, plus il se trouvera de gens, même lamentablement médiocres, qui se sentiront, eux aussi, appelés à mettre à la disposition de la nation des énergies dignes de l'immortalité. Rien ne les retiendra de venir enfin se mettre sur les rangs ; ils font la queue, comptent avec angoisse ceux qui attendent avant eux, et ils calculent presque le nombre d'heures qu'il leur faudra, à vue de nez, pour arriver au but. Toute vacance dans les places qu'ils ont en vue est ardemment souhaitée ; tout scandale qui éclaircit leurs rangs est le bienvenu. Si cependant l'un d'eux se cramponne à une situation acquise, ils le ressentent presque comme la rupture d'un arrangement sacré de solidarité commune. Alors ils se fâchent tout de bon et n'ont de cesse que l'effronté, enfin « tombé », n'ait rendu à la communauté le libre usage de sa place toute chaude. Et, du coup, il n'est pas près de la reconquérir. Car sitôt qu'une de ces tristes personnalités est forcée de quitter sa place, elle ne peut plus que se glisser de nouveau dans les rangs de ceux qui attendent, pour autant que les cris et les Injures qui l'accueillent alors le lui permettent.

Le résultat de tout cela est le défilé effroyablement rapide des titulaires des postes et des emplois les plus importants de l'État : les conséquences en sont toujours néfastes, et souvent catastrophiques. Car il n'y a pas que des sots et des incapables qui soient victimes de ces mœurs parlementaires ; il en est de même et bien plus encore, du véritable chef, quand enfin le destin appelle un homme digne de ce nom à occuper cette place. Sitôt le chef révélé, il se constitue aussitôt contre lui un barrage rigoureux, surtout si la forte tête qui se permet de vouloir pénétrer dans une société aussi relevée, n'est pas sortie de ses rangs. Ces messieurs tiennent essentiellement à n'être là qu'entre eux, et poursuivent d'une haine commune toute cervelle qui pourrait faire figure d'unité parmi des zéros. Et leur Instinct, si aveugle pour tant de choses, devient cette fois très clairvoyant.

Il en résulte que les classes dirigeantes souffrent d'une indigence d'esprit toujours plus accentuée. Et chacun peut évaluer combien peuvent en souffrir la nation et l'État, pour autant qu'il n'appartient pas lui — même à cette sorte de « chefs ». Le régime parlementaire était pour l'ancienne Autriche un véritable bouillon de culture.

Certes, les ministres-présidents étaient nommés par l'empereur et roi, mais il ne faisait que ratifier chaque fois l'expression de la volonté du Parlement. Tous les marchandages pour les places de ministre étaient de la démocratie occidentale du meilleur aloi. Les résultats valaient ce que valaient les principes. En particulier, il était pourvu au remplacement de chaque personnalité dans des délais chaque fois plus courts ; cela devenait à la fin une véritable course. Chaque fois, la valeur de « l'homme politique » choisi était un peu plus faible, jusqu'à ce qu'on en arrivât à ce type de petits poux de Parlement, dont les capacités politiques ne se mesurent qu'à leur art de savoir chaque fois recoller une majorité, autrement dit à arranger ces petites « affaires » de politique, qui sont les seules besognes pratiques pour lesquelles ils ont de l'aptitude. En toutes ces matières, Vienne était le meilleur observatoire et la meilleure école que l'on pût fréquenter. J'aimais aussi mettre en balance les connaissances et capacités de ces représentants du peuple, et la difficulté des problèmes qu'ils auraient à résoudre. Pour cela, il fallait bien évaluer de plus près l'étendue de l'horizon intellectuel de nos députés ; l'ayant fait, on ne pouvait plus se désintéresser des circonstances dans lesquelles ces astres splendides avaient été découverts au firmament de notre vie publique.

La façon dont les capacités réelles de ces beaux sires s'employaient au service de la patrie — donc la technique même de leur activité politique — valait également la peine d'être étudiée et examinée à fond. Le spectacle de la vie parlementaire paraissait d'autant plus lamentable que l'on pénétrait davantage dans sa structure intime, en étudiant les hommes et les faits avec une objectivité pénétrante, et sans ménagements : objectivité certes tout indiquée à l'égard d'une institution dont les partisans ne font pas deux phrases sans faire allusion à cette même « objectivité », comme à la seule base juste d'où l'on puisse examiner une question ou y prendre position. Alors, examinons-les à leur tour, ces messieurs, eux et les règles de leur cruelle existence, et nous arriverons à des résultats étonnants.

Il n'est pas de principe qui, considéré objectivement, soit aussi faux que le principe parlementaire.

Passons ici sur la façon dont a lieu l'élection de MM. les représentants du peuple, et surtout dont ils conquièrent leur siège et leur nouvelle dignité. Il est bien évident que le succès de chacun d'eux ns donne satisfaction que pour une part véritablement infime aux désirs et aux besoins de tout un peuple : il suffit de se rendre compte que l'intelligence politique de la masse n'est pas assez développée pour parvenir d'elle-même à des conceptions politiques générales et précises, et pour trouver elle-même les hommes qui seraient capables de les faire aboutir.

Ce que nous désignons toujours par « opinion publique d ne repose que pour une part minime sur l'expérience personnelle et sur les connaissances des individus ; par contre, elle est en majeure partie suscitée, et cela avec une persévérance et une force de persuasion souvent remarquable, par ce qu'on appelle « l'information ».

De même que les convictions religieuses de chacun sont issues de l'éducation, et que ce sont seulement les aspirations religieuses qui sommeillent au cœur de l'homme, ainsi l'opinion politique de la masse est l'aboutissement d'une préparation de l'âme et de l'esprit souvent incroyablement opiniâtre et profonde.

La part de beaucoup la plus forte prise à la « formation m politique, que l'on désigne en ce cas d'une façon très heureuse par le mot de propagande, incombe à la presse. Elle assume en tout premier lieu le travail d'« information » et devient alors une sorte d'école pour les adultes. Seulement, cet enseignement n'est pas aux mains de l'État, mais entre les griffes de puissances, qui, pour la plus grande part, sont tout à fait néfastes. Encore jeune j'avais eu, précisément à Vienne, l'occasion d'approcher les propriétaires et les fabricants d'idées de cette machine à éduquer le peuple. Mon premier étonnement fut le peu de temps qui est nécessaire à cette puissance, la plus pernicieuse de l'État, pour créer une opinion déterminée, même si elle va complètement à l'encontre des idées et des aspirations les plus réelles et les plus certaines de la communauté : En quelques jours, la presse sait, d'un ridicule petit détail, faire une affaire d'État de grosse importance, et inversement, en aussi peu de temps, elle fait tomber dans l'oubli des problèmes vitaux jusqu'à les rayer complètement de la pensée et du souvenir du peuple.

C'est ainsi que l'on parvenait en quelques semaines à sortir de façon magique certains noms du néant, à y attacher par une large publicité, des espérances inouïes, à leur créer enfin une popularité telle qu'un homme de véritable valeur ne peut de sa vie en espérer autant ; des noms qu'un mois auparavant personne n'avait entendu prononcer, étaient lancés partout, alors qu'au même moment des faits anciens et bien connus, relatifs à la vie de l'État ou à la vie publique, étaient enterrés en pleine santé ; parfois même ces noms avaient été prononcés à l'occasion de telles turpitudes qu'il semblait qu'ils eussent dû plutôt rester associés au souvenir d'une bassesse ou d'une coquinerie bien déterminées. Il faut étudier spécialement chez les Juifs l'infamie qui consiste à déverser d'un seul coup et de cent poubelles à la fois, comme à l'appel d'une baguette magique, les plus basses et les plus honteuses calomnies sur le vêtement immaculé d'un homme d'honneur : alors on pourra révérer comme ils le méritent ces dangereux voyous des journaux.

Il n'est rien dont ne soient capables ces chevaliers d'industrie de la pensée, pour en venir à leurs fins odieuses. Ils vont jusqu'à s'introduire dans les affaires de famille les plus secrètes ; ils fouinent jusqu'à ce que leur instinct de chercheurs de truffes leur ait fait trouver quelque pitoyable événement, capable de porter le coup de grâce à leur malheureuse victime. S'ils ne trouvent absolument rien, malgré tout leur flair, ni dans la vie publique ni dans la vie privée, les gaillards ont simplement recours à la calomnie, fermement persuadés que non seulement quelque chose en restera malgré de multiples rétractations, mais encore que lorsque l'écho aux cent bouches aura fait son œuvre dans quelques journaux complices, toutes les révoltes de la victime resteront le plus souvent sans effet. Au reste cette bande de gredins n'attaque pas pour quelqu'une des raisons qui pourraient être celles de tout le monde, ou en être comprises. Dieu nous en garde ! Lorsqu'un de ces rôdeurs de barrière entreprend ses chers concitoyens d'aussi fourbe façon, il s'entoure, comme un poulpe de son nuage d'encre, de belles phrases pleines de loyauté et d'onction ; il se répand en protestations sur les « obligations du journaliste » ou en d'aussi piètres mensonges ; il va même plus loin dans les réunions et dans les congrès où ce fléau sévit avec la plus grande intensité : alors il radote sur une forme toute particulière de l'honneur, « l'honneur journalistique », et toute cette canaille assemblée opine du bonnet en hochant la tête avec gravité.

Voilà la bande qui fabrique « l'opinion publique », d'où naîtront ensuite les parlementaires, comme Vénus est née de l'écume des flots.

Pour décrire en détail le mécanisme de l'institution parlementaire et montrer tout ce qu'elle a d'illusoire, il faudrait écrire des volumes. Mais si, cessant d'en considérer l'ensemble, on n'examine que le résultat de son activité, on en aura assez vu pour conclure qu'elle doit être tenue pour un non-sens dans son objet même, fût-elle envisagée dans l'esprit le plus orthodoxe.

On comprendra plus vite et plus facilement que l'homme s'est dangereusement et follement égaré dans cette voie, en comparant le parlementarisme démocratique à la véritable démocratie allemande.

Le caractère le plus remarquable du parlementarisme est le suivant : on élit un certain nombre d'hommes (ou de femmes aussi, depuis quelque temps) ; mettons cinq cents ; et désormais il leur incombe de prendre en toutes choses la décision définitive. Ils sont donc, dans la pratique, le seul gouvernement ; ils nomment bien un cabinet, qui prend aux regards de l'extérieur la direction des affaires de l'État, mais il n'y a là qu'une apparence. En réalité, ce prétendu gouvernement ne peut faire un pas sans être allé au préalable quémander l'agrément de toute l'assemblée. Mais alors on ne pourra le rendre responsable de quoi que ce soit, puisque la décision finale est toujours celle du Parlement, et non la sienne. Il n'est jamais que l'exécuteur de chacune des volontés de la majorité. On ne saurait équitablement se prononcer sur sa capacité politique que d'après l'art avec lequel il s'entend, soit à s'ajuster à l'opinion de la majorité, soit à l'amener à la sienne. Mais de la sorte, il déchoit du rang de véritable gouvernement à celui de mendiant auprès de chaque majorité. Il n'aura plus désormais de tâche plus pressante que de s'assurer de temps en temps l'approbation de la majorité existante, ou bien d'essayer d'en former une nouvelle mieux orientée. Y réussit-il : il lui sera permis de « gouverner » encore quelque temps ; sinon, il n'a plus qu'à s'en aller. La justesse proprement dite de ses vues n'a aucun rôle à jouer là-dedans.

C'est ainsi que toute notion de responsabilité est pratiquement abolie. On voit très simplement les conséquences de cet état de choses :

Ces cinq cents représentants du peuple, de professions et d'aptitudes diverses, forment un assemblage hétéroclite et bien souvent lamentable. Car, ne croyez nullement que ces élus de la nation sont en même temps des élus de l'esprit ou de la raison. On ne prétendra pas, j'espère, que des hommes d'État naissent par centaines des bulletins de vote d'électeurs qui sont tout plutôt qu'intelligents. On ne saurait assez s'élever contre l'idée absurde que le génie pourrait être le fruit du suffrage universel ! D'abord une nation ne donne un véritable homme d'État qu'aux jours bénis et non pas cent et plus d'un seul coup ; ensuite, la masse est instinctivement hostile à tout génie éminent. On a plus de chances de voir un chameau passer par le trou d'une aiguille que de « découvrir » un grand homme su moyen d'une élection. Tout ce qui a été réalisé d'extraordinaire depuis que le monde est monde l'a été par des actions individuelles. Cependant cinq cents personnes de valeur plus que modeste prennent des décisions relatives aux questions les plus importantes de la nation, et instituent des gouvernements qui doivent ensuite, avant de résoudre chaque question particulière, se mettre d'accord avec l'auguste assemblée ; la politique est donc faite par les cinq cents.

Et le plus souvent il y paraît bien !

Ne mettons même pas en cause le génie des représentants du peuple. Considérons simplement la diversité des problèmes à résoudre, la multiplicité des liens de dépendance mutuelle qui enchevêtrent les solutions et les décisions, et nous comprendrons toute l'impuissance d'un système de gouvernement, qui remet le pouvoir de décision à une réunion plénière de gens dont une infime partie seulement possède les connaissances et l'expérience requises pour traiter la question envisagée. C'est ainsi que les affaires économiques les plus importantes seront traitées sur un forum où il ne se trouvera pas un membre sur dix ayant fait jadis de l'économie politique. Cela revient à remettre la décision finale sur un sujet donné, aux mains de gens qui n'en ont pas la moindre idée.

Et il en est de même pour toutes les questions. C'est toujours une majorité d'impuissants et d'ignorants qui fait pencher la balance, étant donné que la composition de l'assemblée ne varie pas, alors que les problèmes à traiter touchent à tous les domaines de la vie publique : cela devrait supposer un continuel roulement des députés appelés à en discuter et à en décider. Car il est impossible de laisser les mêmes gens traiter, par exemple, une question d'intérêts commerciaux et une question de politique générale. Il faudrait qu'ils fussent tous des génies universels comme il s'en révèle un en plusieurs siècles. Hélas I ce ne sont, le plus souvent, pas même des as, mais des dilettantes bornés, surfaits et remplis d'eux-mêmes, un demi-monde intellectuel de la pire espèce. D'où la légèreté souvent incroyable avec laquelle ces messieurs parlent et concluent sur des sujets que les plus grands esprits ne traiteraient, eux-mêmes, qu'en y réfléchissant longuement. On les voit prendre des mesures de la plus haute importance pour l'avenir de tout un État, voire d'une nation, comme s'il y avait sur la table une partie de tarots ou « d'idiot »,[2] et non pas le sort d'une race.

On serait mal fondé à croire que chaque député d'un tel Parlement prend toujours de lui-même ses responsabilités d'un cœur aussi léger.

Non, absolument pas. Au contraire, ces errements, en obligeant certains députés à prendre position sur des questions qui leur échappent, affaiblissent peu à peu leur caractère. Car pas un n'aura le courage de déclarer : « Messieurs, je crois que nous ne comprenons rien à cette affaire. Tout au moins en ce qui me concerne. » D'ailleurs, cela n'y changerait rien, d'abord parce que cette droiture demeurerait incomprise, ensuite parce qu'on saurait bien empêcher l'honnête bourrique de « gâcher ainsi le métier u. Qui connaît les hommes comprendra que, dans une aussi illustre société, chacun ne tient pas à être le plus bête, et que, dans ce milieu, loyauté égale bêtise.

Ainsi un député qui aura commencé par être à peu près honnête, s'engagera nécessairement dans la voie du mensonge et de la tromperie. La certitude même que l'abstention d'un seul ne changera rien à rien, tue tout sentiment d'honnêteté qui pourrait encore subsister chez l'un ou chez l'autre. Finalement, chacun se persuade que personnellement il n'est pas, il s'en faut, le plus incapable du lot, et que sa collaboration évite encore un mal plus grand.

On objectera sans doute que, s'il est vrai que chaque député en particulier ne possède pas une compétence s'étendant à toutes les questions, du moins il vote avec son parti, qui guide ses actes politiques ; or, le parti a ses comités, qui sont éclairés de manière plus que suffisante par des experts.

L'argument paraît valable au premier abord. Mais alors une autre question se pose : pourquoi élit-on cinq cents personnes, quand quelques-unes seulement ont assez de sagesse et de savoir pour prendre position sur les sujets les plus importants ?

Oui, c'est précisément là le fond de la question.

Notre parlementarisme démocratique actuel ne cherche nullement à recruter une assemblée de sages, mais bien plutôt à rassembler une troupe de zéros intellectuels, dont la conduite, dans une direction déterminée, sera d'autant plus facile que chaque élément en est plus borné. Ce n'est qu'ainsi que l'on peut faire une « politique de partis » dans le mauvais sens actuel de cette expression. Mais c'est aussi le seul moyen à employer pour que celui qui tire les ficelles puisse rester prudemment en arrière, sans être jamais amené à prendre de responsabilités. De la sorte, toute décision néfaste au pays ne sera pas mise sur le compte d'un coquin connu de chacun, mais sur les épaules de tout un parti.

Ainsi disparaît pratiquement toute responsabilité, car celle-ci peut bien être mise à la charge d'une personne déterminée, non d'un groupe parlementaire de bavards. En conséquence, le régime parlementaire ne peut plaire qu'à des esprits sournois, redoutant avant tout d'agir au grand jour. Il

---

[2] N. D. T. — schafkopf signifie imbécile, idiot ; le perdant d'un jeu de cartes allemand qui porte ce nom est gratifié lui — même de ce qualificatif.

sera toujours abhorré de tout homme propre et droit, ayant le goût des responsabilités.

Aussi cette forme de la démocratie est-elle devenue l'instrument cher à cette race qui, roulant constamment des projets cachés, a le plus de raisons de craindre la lumière, maintenant et toujours. Il n'y a que le Juif qui puisse apprécier une institution aussi sale et aussi fourbe que lui-même.

*

À cette conception s'oppose celle de la véritable démocratie allemande, dont le chef librement choisi doit prendre sur lui la responsabilité entière de tous ses faits et gestes. Une telle démocratie n'admet pas que les différents problèmes soient tranchés par le vote d'une majorité ; un seul décide, qui répond ensuite de sa décision, sur ses biens et sur sa vie.

Si on objecte à cela que, dans de pareilles conditions, il serait difficile de trouver un homme prêt à se consacrer à une tâche comportant de tels risques, il n'y a qu'une seule réponse à faire :

Dieu soit loué, c'est justement là le vrai sens d'une démocratie allemande, qui n'admet pas que le premier ignoble arriviste venu, qu'un embusqué moral puisse arriver, par des voies détournées, à gouverner ses concitoyens ; la crainte de la responsabilité qu'on doit assumer écartera les incapables et les faibles.

Si, pourtant, il advient qu'un pareil individu s'efforce de se faufiler au pouvoir, on peut le démasquer facilement et lui crier sans ménagements : arrière, lâche voyou ! Retire ton pied, tu souilles les marches ; car, seuls, entrent au Panthéon de l'histoire les héros et non les intrigants.

*

J'arrivai à cette conclusion après avoir fréquenté pendant deux ans le Parlement de Vienne. Je n'y remis plus les pieds ensuite.

Le régime parlementaire fut une des causes principales de l'affaiblissement du vieil État habsbourgeois, affaiblissement de plus en plus marqué pendant les dernières années. Plus son action compromettait la primauté de l'élément allemand, plus on s'égarait à jouer des antagonismes nationaux. Dans le Reichsrat, cela se faisait toujours au détriment des Allemands, et de ce fait, en fan de compte, au détriment de l'empire ; car le plus niais pouvait discerner, vers 1900, que la force de cohésion de la monarchie ne suffisait plus à contrebalancer les tendances séparatistes des provinces. Au contraire.

Les moyens que l'État employait pour se maintenir devenaient mesquins et lui valaient le mépris général. Non seulement en Hongrie, mais aussi dans les diverses provinces slaves, on s'identifiait si peu avec la monarchie commune qu'on ne ressentait plus quant à soi aucune honte de sa faiblesse. On se réjouissant plutôt de ces symptômes de décrépitude ; on espérait plus de sa mort que de sa guérison.

Au Parlement, l'effondrement complet était prévenu par des concessions humiliantes, en cédant au moindre chantage, et c'est l'Allemand qui payait ensuite les frais. On l'évitait dans le pays en jouant aussi ingénieusement que possible des différentes nationalités. Mais, dans l'ensemble, l'évolution était cependant dirigée contre les Allemands. Surtout après que sa situation d'héritier du trône eût permis à l'archiduc François-Ferdinand d'exercer une influence certaine, la politique pro-tchèque, poursuivie depuis le haut vers le bas, devint réfléchie et coordonnée. Le futur souverain de la double monarchie s'efforça par tous les moyens possibles de favoriser la dégermanisation, soit en y contribuant directement, soit, tout au moins, en la couvrant. Par le moyen détourné du choix des fonctionnaires d'État, des localités purement allemandes furent poussées, lentement, mais sûrement, dans la zone dangereuse des régions mixtes. Ce développement commençait à faire des progrès de plus en plus rapides même en Basse-Autriche, et Vienne était déjà considérée par beaucoup de Tchèques comme leur plus grande ville.

L'idée maîtresse de ce nouveau représentant des Habsbourg, dont la famille parlait surtout tchèque (la femme de l'archiduc, ancienne comtesse tchèque, avait contracté avec le prince un mariage morganatique ; elle était issue d'un milieu où la germanophobie était de tradition), était la création graduelle d'un État slave dans l'Europe centrale, basé sur des principes strictement catholiques et devant servir d'appui contre la Russie orthodoxe. La religion, comme cela s'est w bien des fois chez les Habsbourg, était de nouveau exploitée dans l'intérêt d'une idée purement politique, et par surcroît, d'une idée néfaste, du moins au point de vue allemand.

Les résultats furent plus que tristes sous bien des rapports.

Ni la maison des Habsbourg, ni l'Église catholique ne reçurent la récompense attendue.

Habsbourg perdit son trône, Rome perdit un grand État. Car la couronne, en mettant des considérations religieuses au service de ses buts politiques, éveilla un esprit qu'elle n'avait certes jamais tenu pour existant. La tentative d'extirper par tous les moyens le germanisme dans la vieille monarchie eut pour réplique la croissance du mouvement pangermaniste en Autriche.

Vers 1880-1890, le libéralisme manchestrien d'inspiration juive avait atteint aussi, sinon déjà dépassé son point culminant en Autriche. Mais la réaction contre cette tendance se développa comme toujours dans la vieille Autriche, en partant surtout d'un point de vue national et non social. L'instinct de conservation força les Allemands à se défendre sous la forme la plus active. Les considérations économiques ne commencèrent à exercer une influence décisive que bien lentement, en second lieu. De cette façon surgirent du chaos politique général deux organismes de parti, l'un plutôt national, l'autre plutôt social, mais tous les deux très intéressants et pleins d'enseignements pour l'avenir. Après l'issue déprimante de la guerre de 1866, la maison des Habsbourg avait eu l'idée d'une revanche sur le champ de bataille. La fin tragique de l'empereur Maximilien du Mexique, dont l'aventure malheureuse était attribuée en premier lieu à Napoléon III, et dont l'abandon par les Français provoqua l'indignation générale, prévint seule un rapprochement avec la

France. Néanmoins, les Habsbourg se tinrent aux aguets. Si la guerre de 1870 — 1871 n'avait pas été une campagne victorieuse sans pareille, la cour de Vienne aurait peut-être quand même risqué d'engager le jeu sanglant d'une revanche de Sadowa. Mais aussitôt que se répandirent les premières nouvelles héroïques des champs de batailles, miraculeuses, à peine croyables, et pourtant vraies, le plus « sage » des monarques comprit que l'heure n'était point propice et fit, autant que possible, contre mauvaise fortune bon cœur.

Mais la lutte héroïque de ces deux années avait accompli un miracle bien plus puissant ; chez les Habsbourg, le changement de leur orientation ne correspondit jamais à une impulsion du cœur ; il ne fut dicté que par la force des circonstances. Mais le peuple allemand, dans l'ancienne Marche de l'Est, se sentit emporté par l'ivresse victorieuse du Reich et contempla avec un saisissement profond la résurrection du rêve des ancêtres dans une réalité magnifique.

Car il ne faut pas s'y méprendre : l'Autrichien de tendance vraiment allemande avait reconnu, à partir de ces heures, que même Königgrätz n'avait été que la condition préalable tragique, mais nécessaire, du rétablissement d'un empire qui ne serait plus atteint du marasme pourri de l'ancienne Fédération et que le nouvel empire n'en était pas atteint. Il avait surtout appris à fond, par sa propre expérience, que la maison des Habsbourg avait achevé sa mission historique et que le nouvel empire ne pouvait élire empereur que celui qui, pénétré de principes héroïques, poserait la « Couronne du Rhin » sur une tête qui en était vraiment digne. Et il faut d'autant plus bénir le sort, car ce choix put tomber sur le rejeton d'une dynastie qui avait, dans une époque trouble, déjà donné pour toujours à la nation un symbole éclatant et édifiant dans la personne du grand Frédéric.

Mais quand la maison des Habsbourg, après cette grande guerre, s'engagea résolument dans la voie d'une extermination lente. mais implacable, des dangereux éléments germaniques de la double monarchie (dont les vrais sentiments ne présentaient pour elle aucun doute) — tel devait être le résultat final de ta politique de slavisation — alors, la résistance de ce peuple, voué à la destruction, éclata d'une façon que l'histoire allemande des derniers temps n'avait pas encore connue.

Pour la première fois, des hommes de tendances nationales et patriotiques devinrent des rebelles.

Rebelles, non pas contre la nation, ni même contre l'État lui-même, mais rebelles contre une méthode de gouvernement qui devait conduire, selon leur conviction, à la perte de leur propre nationalité.

Pour la première fois dans l'histoire allemande des temps modernes, le patriotisme local et dynastique se sépara de l'amour national pour la patrie et le peuple.

Ce qui fait le mérite du mouvement pangermaniste dans l'Autriche allemande en 1890-1900, c'est qu'il a établi, d'une façon claire et non équivoque, que l'autorité de l'État ne saurait revendiquer l'estime et la protection du peuple que s'il se conforme aux intérêts nationaux, ou du moins s'il ne leur nuit point.

L'autorité de l'État ne peut être un but en soi-même, car, dans ce cas, toute tyrannie serait inviolable et sacrée.

Quand un gouvernement conduit un peuple à sa ruine par tous les moyens, la rébellion de chaque membre de ce peuple devient non pas un droit, mais un devoir.

La question : Quand un tel cas se présente-t-il ? ne trouve pas de réponse par des dissertations de théorie ; elle se tranche par la force, et le succès en décide.

Comme tout gouvernement se considère naturellement comme obligé de maintenir pour son compte l'autorité du pouvoir d'État — même s'il est le plus mauvais et s'il a trahi mille fois les intérêts nationaux — l'instinct de conservation nationale, dans sa lutte contre un tel pouvoir, devra utiliser, pour conquérir sa liberté ou son indépendance, les mêmes armes dont son adversaire se sert pour se maintenir. Par conséquent, la lutte doit être menée par des moyens « légaux » aussi longtemps que le pouvoir déclinant s'en sert ; mais on ne doit pas hésiter à recourir à des moyens illégaux, si l'oppresseur, lui aussi, les emploie.

Mais, en général, on ne doit pas oublier que le but suprême de l'existence des hommes n'est pas la conservation d'un État : c'est la conservation de leur race.

Quand la race est en danger d'être opprimée ou même éliminée, la question de la légalité ne joue plus qu'un rôle secondaire. Dans ce cas, il importe peu que le pouvoir existant applique des moyens absolument légaux ; l'instinct de conservation des opprimés sera toujours la justification la plus élevée de leur lutte par tous les moyens.

Toutes les luttes pour la libération de l'esclavage intérieur et aussi extérieur sur cette terre, dont l'histoire nous montre de prodigieux exemples, ont été menées en vertu de ce principe.

Le droit des hommes prime le droit de l'État.

Et si un peuple succombe dans sa lutte pour les droits de l'homme, c'est qu'il a été pesé sur la balance du sort et a été trouvé trop léger pour avoir droit au bonheur de l'existence dans ce monde terrestre. Car celui qui n'est point prêt à lutter pour son existence, ou n'en est pas capable, est déjà prédestiné à sa perte par la Providence éternellement juste. Le monde n'est point fait pour les peuples lâches.

*

L'exemple de l'Autriche prouve d'une façon claire et impressionnante qu'il est bien facile pour une tyrannie de se draper du manteau de la prétendue « légalité ».

Le pouvoir légal s'appuyait alors sur le fond germanophobe du Parlement, avec ses majorités non — allemandes, et sur la dynastie, elle aussi, hostile aux Allemands. Tout le pouvoir de l'État était personnifié par ces deux facteurs. Il aurait été absurde de prétendre changer le sort du peuple allemand de l'Autriche en s'appuyant sur ces mêmes facteurs. Mais cela signifie, suivant l'opinion de nos adorateurs de la « voie légale », qu'il aurait fallu renoncer à toute résistance, parce qu'elle ne pouvait être conduite par des moyens légaux. Cela eût inévitablement entraîné la perte du peuple allemand dans la monarchie en un laps de temps bien court. En effet, les Allemands d'Autriche n'ont été préservés de ce sort que par l'effondrement de l'État.

Le théoricien en lunettes mourrait, certes, plus volontiers pour sa doctrine que pour son peuple. Les hommes se donnent-ils des lois, il croit que c'est ensuite pour elles qu'ils existent.

Le mérite du mouvement pangermaniste de jadis, en Autriche, fut d'avoir balayé radicalement tout ce non-sens, à la stupeur de tous les théoriciens doctrinaires et autres fétichistes de l'État.

Tandis que les Habsbourg s'efforçaient par tous le moyens de circonvenir les Allemands, ce parti attaqua et sans aucun ménagement — la « sérénissime » dynastie. Il fut le premier à mettre la sonde dans cet État corrompu, et il ouvrit les yeux à des centaines de milliers d'hommes. Ce fut son mérite d'avoir libéré la notion sublime de l'amour pour la patrie, de l'étreinte de cette triste dynastie.

Le nombre de ses partisans fut extraordinaire au début, il menaça de devenir une véritable avalanche. Mais ce succès n'eut point de durée. Quand j'arrivai à Vienne, ce mouvement avait déjà été dépassé depuis longtemps par le parti chrétien-social, parvenu au pouvoir ; il était descendu à un niveau presque absolument insignifiant.

Tout cet épisode de l'épanouissement et du déclin du mouvement pangermaniste et de l'ascension incroyable du parti chrétien-social resta pour moi un sujet classique d'études de la plus haute importance. Quand j'arrivai à Vienne, mes sympathies allaient pleinement et entièrement à la tendance pangermaniste.

J'étais profondément impressionné et je me réjouissais de ce qu'on avait le courage de crier : « Vivent les Hohenzollern ! » en plein Parlement ; je sentais en moi une assurance joyeuse en voyant qu'on se considérait comme une partie de l'Empire allemand temporairement détachée, qu'on s'efforçait de le manifester en toute occasion ; l'attitude droite et sans compromis dans toutes les questions où le germanisme était en cause, me paraissait la seule voie encore possible pour le salut de notre peuple ; mais je ne pouvais comprendre pourquoi ce mouvement s'était tellement étiolé après un début si brillant. Je comprenais encore moins pourquoi le parti chrétien-social était parvenu, pendant la même période, à une puissance aussi formidable. Il se trouvait justement au sommet de sa gloire.

Quand je me mis à comparer les deux mouvements, le sort, ma triste situation générale aidant, me donna le meilleur enseignement pour la solution de ce problème.

Je commence mon analyse par les deux hommes qui furent les chefs et les fondateurs des deux partis : Georg von Schoenerer et Dr Karl Lueger.

En tant que personnalités, ils s'élèvent, l'un et l'autre, bien au-dessus du cadre et de l'échelle du milieu parlementaire. Toute leur vie resta pure et intègre au milieu du bourbier de la corruption politique générale. Mes sympathies personnelles allèrent, au début, au pangermaniste Schoenerer, mais, peu à peu, elles se tournèrent aussi vers le chef chrétien-social. En comparant leurs facultés, je considérai déjà alors que Schoenerer était un penseur meilleur et plus profond dans les problèmes de principe. Il prévit mieux et plus clairement que tout autre la fin inévitable de l'État autrichien. Si, dans le Reich, l'on avait mieux écouté ses avertissements su sujet de la monarchie des Habsbourg, le malheur d'une guerre mondiale de l'Allemagne contre toute l'Europe ne se serait jamais produit.

Mais si Schoenerer pénétrait le sens profond des problèmes, il se trompait d'autant plus en ce qui concerne les hommes.

Là était la force du Dr Lueger.

C'était un rare connaisseur d'hommes, qui se gardait surtout de voir les hommes meilleurs qu'ils ne le sont en réalité. Aussi calculait-il mieux les possibilités réelles de la vie, tandis que Schoenerer n'en avait guère le sentiment. Tout ce que le pangermaniste pensait était juste en théorie ; mais la force et la pénétration lui manquaient pour communiquer ses idées au peuple ; il ne savait pas les mettre à la portée de la masse dont les facultés restent toujours limitées ; et sa clairvoyance prophétique n'aboutissait jamais à une idée pratiquement réalisable.

Son manque de connaissance réelle des hommes le conduisit par la suite à des erreurs de jugement sur la force grégaire des mouvements de masses, aussi bien que sur la valeur des institutions séculaires.

Sans doute, Schoenerer a reconnu finalement qu'il fallait s'élever à des conceptions générales, mais il ne comprit pas que ce ne sont guère que les grandes masses populaires qui peuvent défendre ces sortes de convictions quasi-religieuses.

Il comprit malheureusement dans une trop faible mesure que la combativité des classes soi-disant « bourgeoises » est extrêmement limitée de par leurs intérêts économiques, chacun de leurs membres craignant de trop perdre et restant sur la réserve.

Cependant, d'une façon générale, une conception n'a quelque chance de triompher que dans le cas où elle a pénétré la grande masse qui se déclare prête à engager la lutte nécessaire.

De ce manque de compréhension de l'importance des couches inférieures du peuple résulta une conception complètement insuffisante de la question sociale.

Le Dr Lueger se montra tout l'opposé de Schoenerer.

La connaissance profonde des hommes lui permit de porter un jugement exact sur les différentes forces ; elle le préserva aussi de sous-estimer des institutions existantes ; ce fut peut-être cette même qualité qui lui permit d'utiliser ces institutions comme moyens pour parvenir à ses fins.

Il ne comprit aussi que trop bien que la combativité politique de la haute bourgeoisie est bien insignifiante à notre époque, et qu'elle ne suffit pas à assurer le triomphe d'un grand mouvement nouveau. Il consacra donc la plus grande part de son activité politique à gagner les classes dont l'existence était menacée, ce qui éperonnait leur esprit de lutte, loin de le paralyser. Il était aussi enclin à se servir de tous les moyens existants à se concilier les faveurs des grandes institutions établies, afin de tirer de ces anciennes sources de puissance le plus grand profit pour son mouvement.

C'est ainsi qu'il adopta, en premier lieu, comme base de son nouveau parti, les classes moyennes menacées dans leur existence, et s'assura de cette façon une solide troupe de partisans prêts aux plus grands sacrifices et pleins d'ardeur pour la lutte. Sou attitude infiniment rusée à l'égard de l'Église catholique lui gagna en peu de temps le jeune clergé, au point que le vieux parti clérical se vit forcé de quitter le champ de bataille, ou bien, décision plus sage, de s'unir au nouveau parti pour regagner peu à peu ses anciennes positions.

Mais ce serait une grave injustice de voir en ce qui précède tout ce qui a caractérisé la personnalité de cet homme. À ses qualités de tacticien habile s'ajoutaient celles de réformateur de génie. Certes, elles étaient aussi limitées par la compréhension exacte des possibilités qui s'offraient, et par celle de ses capacités personnelles.

Le but que cet homme de très grande valeur s'était posé était éminemment pratique. Il voulait conquérir Vienne. Vienne était le cœur de la monarchie ; les derniers battements de vie dans le corps malade et vieilli de cet empire décrépit, émanaient de cette ville. Si le cœur devenait plus sain, le reste du corps devait revivre. L'idée était juste en principe, mais ne pouvait valoir qu'un temps strictement limité.

Ce fut la faiblesse de cet homme.

Son œuvre comme bourgmestre de Vienne est immortelle au meilleur sens de ce mot ; mais il n'a pu ainsi sauver la monarchie — il était trop tard.

Son adversaire Schoenerer l'avait mieux vu.

Le Dr Lueger réussit d'une manière merveilleuse dans le côté pratique de ses entreprises ; mais ce qu'il en attendait ne se réalisa point.

Schoenerer ne put atteindre ses buts ; et ce qu'il redoutait se produisit malheureusement de la façon la plus terrible. Les deux hommes n'ont donc pas atteint leur fin dernière.

Lueger n'a pu sauver l'Autriche et Schoenerer n'a pu préserver le peuple allemand d'une catastrophe.

Il est infiniment instructif pour notre époque d'étudier les causes de l'insuccès de ces deux partis. Ce sera surtout utile pour mes amis, car, sous bien des rapports, les circonstances sont actuellement pareilles, et l'on pourra éviter des erreurs qui, jadis déjà, ont conduit l'un des mouvements à sa perte et rendu l'autre stérile.

L'effondrement du mouvement pangermaniste en Autriche s'explique, à mon avis, par trois causes :

En premier lieu, par une idée fausse de l'importance que la question sociale devait avoir, surtout pour un parti nouveau et révolutionnaire de par sa nature même.

Schoenerer et son cercle s'adressaient surtout aux classes bourgeoises : il ne pouvait rien en résulter que de bien médiocre et « domestiqué ».

La bourgeoisie allemande, surtout dans ses couches supérieures — même si d'aucuns ne s'en doutent pas est pacifiste jusqu'à l'abdication complète de soi-même, quand il s'agit des affaires intérieures de la nation ou de l'État.

Durant les bonnes périodes, c'est-à-dire dans le cas présent, sous un bon gouvernement, une telle psychologie rend ces couches particulièrement précieuses pour l'État ; mais quand le gouvernement est mauvais, cette qualité devient un funeste défaut. Pour acquérir une chance de mener à bien une lutte sérieuse, le mouvement pangermaniste devait donc consacrer tous ses efforts à gagner les masses. Il ne l'a pas fait, et cela le priva dès l'abord de l'impulsion première dont une telle vague a besoin pour ne pas devoir refluer aussitôt.

Quand ce principe est perdu de vue et négligé au début d'un mouvement, le parti nouveau commet une erreur initiale impossible à reprendre. Car les nombreux éléments de la bourgeoisie modérée admis dans le parti déterminent de plus en plus son orientation intérieure, et lui ôtent toute chance d'obtenir un appui appréciable des masses populaires. Dans ces conditions, l'action d'un tel mouvement ne peut que se borner à des bouderies et à des critiques impuissantes. La foi quasi-religieuse et l'esprit de sacrifice lui font dès lors défaut ; à leur place, on tend vers une collaboration positive, c'est-à-dire, dans le cas qui nous occupe, vers une reconnaissance de la situation de fait et une accalmie de la lutte, qui se termine par une paix boiteuse.

Ce fut là le sort du mouvement pangermaniste qui n'avait pas attaché dès l'abord une importance prépondérante à la conquête d'adhérents dans les masses populaires. Il devint « bourgeois, distingué, radical-modéré ».

De cette faute résulta la seconde cause de son déclin rapide.

La situation des Allemands en Autriche était déjà désespérée à l'éclosion du mouvement pangermaniste. D'année en année, le Parlement était devenu l'instrument de la lente destruction du peuple allemand. Aucune tentative d'un sauvetage de la dernière heure ne pouvait avoir la moindre chance de succès, si l'on ne supprimait pas cette institution.

Cela posait au mouvement (pangermaniste) une question d'importance primordiale : Pour détruire ce Parlement, devait-on y entrer, afin de le « miner de l'intérieur », selon la formule courante, ou bien devait — on mener la lutte en attaquant du dehors cette institution ?

On y entra et on en sortit battu. Certes, on avait été obligé d'y entrer.

Pour mener à bien du dehors la lutte contre une telle puissance, il faut être pourvu d'un courage inébranlable, il faut être aussi prêts à des sacrifices infinis. On saisit le taureau par les cornes : on reçoit des coups sévères, on est maintes fois jeté à terre pour se relever peut-être les membres brisés ; et ce n'est qu'après la lutte la plus difficile que la victoire sourit enfin à l'intrépide assaillant. Seule, la grandeur des sacrifices gagne à la cause de nouveaux champions, jusqu'à ce que les efforts tenaces soient couronnés de succès.

Mais, pour cela, il faut prendre les enfants du peuple, dans la grande masse.

Eux seuls sont assez décidés et assez tenaces pour combattre jusqu'à l'issue sanglante de cette lutte.

Ces masses populaires manquèrent justement au mouvement pangermaniste ; il ne lui resta donc d'autre solution que d'entrer au Parlement.

Il serait erroné de croire que cette décision fut le résultat de longues hésitations intérieures ou même de longues délibérations ; non, on n'envisagea même pas une autre méthode. La participation à ce non-sens résulta de conceptions générales assez vagues sur la portée et l'effet du concours ainsi donné directement à une institution qu'on avait en principe condamnée. Dans l'ensemble, on en attendait des moyens plus faciles d'éclairer les masses populaires, grâce à la possibilité de prendre la parole « devant le forum de toute la nation ». On se persuadait aussi que l'attaque du mal à sa racine devait être plus efficace qu'une attaque venant du dehors. On pensait que l'immunité parlementaire raffermirait la position de chaque leader et que l'efficacité de son action s'en trouverait accrue.

En réalité, les choses se passèrent de tout autre façon. " Le forum p devant lequel parlaient les députés pangermanistes, ne s'était pas agrandi, mais avait plutôt diminué ; car chacun parle seulement devant le public qui peut l'entendre directement, ou bien qui peut lire dans les journaux les comptes rendus des discours.

Le plus grand forum d'auditeurs directs, ce n'est pas la salle des séances d'un parlement, c'est la grande réunion publique.

Là seulement se trouvent des milliers d'hommes qui ne sont venus que pour écouter ce que l'orateur a à leur dire ; dans la salle des séances d'une chambre de députés, il y a seulement quelques centaines d'hommes qui ne sont là, pour la plupart, que pour encaisser leurs jetons et nullement pour se laisser éclairer par la sagesse de l'un ou de l'autre de MM. les « représentants du peuple ».

Et surtout c'est toujours le même public, qui n'apprendra jamais rien de nouveau, parce que, sans parler de l'intelligence, il lui manque la volonté — si modeste soit-elle qui est nécessaire pour cela.

Jamais aucun de ces représentants du peuple ne se laissera convaincre par une vérité supérieure pour se mettre ensuite à son service. Non, pas un seul n'agira ainsi, sauf le cas où il aurait quelque raison, par une pareille conversion, d'espérer sauver son mandat pour une nouvelle législature. Ainsi, il faut qu'ils aient senti que l'ancien parti pourrait être mis à mal aux prochaines élections, pour que ces modèles de courage civique se mettent en quête d'un nouveau parti ou d'une nouvelle tendance, dont les chances électorales paraissent meilleures ; ces changements de position sont d'ailleurs précédés d'un véritable déluge de raisons hautement morales qui les justifient. C'est ainsi que toujours, quand un parti existant a encouru si manifestement la défaveur populaire qu'on prévoit pour lui une défaite écrasante, une grande migration commence : les rats parlementaires quittent le navire de leur parti.

Mais ces changements ne sont nullement en rapport avec une opinion mieux éclairée ou une volonté de mieux faire ; ils ne sont que la manifestation de ce don de clairvoyance qui avertît juste à temps une pareille punaise parlementaire et la fait retomber sur le lit chaud d'un autre parti.

Parler devant un pareil forum, c'est jeter des perles devant certains animaux. C'est vraiment peine perdue, car le résultat ne peut être que nul.

Et c'est ce qui arriva : les députés pangermanistes eurent beau s'enrouer à force de discours : leur action fut absolument vaine.

Quant à la presse, elle gardait sur leurs discours un silence de mort, ou bien elle les mutilait de façon à leur ôter toute cohésion, souvent même à dénaturer leur sens ou à ne leur en laisser aucun ; ainsi l'opinion publique ne recevait qu'une image très défavorable des intentions du nouveau mouvement. Ce que l'un ou l'autre des orateurs avait dit importait peu ; ce qui importait, c'est ce qu'on pouvait en lire. Et ce n'étaient que des extraits de leurs discours, qui ne pouvaient, dans leur état fragmentaire, que paraître dénués de sens : juste ce qu'on voulait. En réalité, le seul forum devant lequel ils parlaient, se composait juste de cinq cents parlementaires, et c'est tout dire.

Mais le pire fut encore ceci :

Le mouvement pangermaniste ne pouvait compter sur le succès que s'il comprenait, dès son premier jour, qu'il ne devait point se placer sur le plan d'un nouveau parti, mais d'une nouvelle conception philosophique. Elle seule pouvait donner la force intérieure de mener à bout cette lutte gigantesque. Et les meilleurs et les plus courageux pouvaient seuls en être les chefs.

Si la lutte pour une conception philosophique n'est pas menée par des héros prêts au sacrifice, bientôt on ne trouvera plus de militants qui osent affronter la mort. À celui qui combat pour sa propre existence, il ne reste que bien peu pour la communauté.

Pour s'assurer cette condition nécessaire, chacun doit savoir que le nouveau mouvement peut offrir honneur et gloire devant la postérité, mais qu'il ne donnera rien dans le présent. Plus un mouvement dispose de postes et de situations facilement accessibles, plus il est envahi par les arrivistes. Un jour, ces travailleurs politiques occasionnels arrivent à dominer par leur nombre dans le parti, et le militant honnête de naguère en vient à ne plus reconnaître son ancien mouvement, tandis que les nouveaux venus le rejettent lui-même comme un importun « indésirable ». La « mission » d'un pareil mouvement est alors finie, il est vrai.

Quand le mouvement pangermaniste limita son action au cadre du Parlement, il obtint des « parlementaires » au lieu de chefs et de militants. Il descendit au niveau d'un éphémère parti politique tout pareil aux autres, et n'eut plus la force d'opposer au destin hostile son défi de martyre. Au lieu de lutter, il apprit lui aussi à « discourir » et à « négocier ». Bientôt, le nouveau parlementaire se prit à penser que c'était un devoir plus beau - parce que moins risqué ! — de défendre les nouvelles conceptions par les armes « spirituelles » de l'éloquence parlementaire, que de se jeter, le cas échéant, au péril de sa propre vie, dans une mêlée dont l'issue était douteuse et qui, dans tous les cas, ne pouvait rien rapporter.

Quand on s'installa au Parlement, les partisans dans le pays se mirent à espérer et à attendre des miracles, qui ne vinrent naturellement pas, qui ne pouvaient venir. Bientôt on commença à s'impatienter ; car ce qu'on entendait dire des députés ne correspondait en aucune façon à ce qu'en attendaient les électeurs. C'est facile à comprendre, car la presse adverse se gardait bien de donner au peuple un tableau exact de l'action des députés pangermanistes. Cependant, plus les nouveaux représentants du peuple prenaient goût aux formes adoucies de la lutte « révolutionnaire » dans le Parlement et les diètes de province, moins ils se sentaient enclins à retourner à la tâche plus fertile en risques de la propagande dans les masses populaires.

Le grand meeting — seul moyen d'exercer une influence réelle, parce que personnelle et directe, sur des foules importantes, et de les conquérir — fut de plus en plus relégué à l'arrière-plan.

Aussitôt qu'on eut échangé définitivement la table de la brasserie qui sert de lieu de réunion, pour la tribune du Parlement, et qu'on eut commencé de déverser ses discours devant ce forum, dans les têtes des soi-disant élus du peuple, au lieu de les répandre dans le peuple lui-même, le mouvement pangermaniste cessa d'être un mouvement populaire et tomba en peu de temps au niveau d'un club plus ou moins sérieux de discussions académiques.

La mauvaise impression provoquée par la presse ne fut plus corrigée par l'action personnelle de chacun des députés au cours de réunions, et le mot « pangermaniste » finit par acquérir une très mauvaise réputation dans les milieux populaires.

Que les snobs et chevaliers de l'encrier de nos jours se disent bien que jamais les grandes révolutions de ce monde ne se sont jamais faites sous le signe de la plume d'oie !

Non, il fut seulement réservé à la plume d'en donner en chaque cas les causes théoriques.

La force qui a mis en branle les grandes avalanches historiques dans le domaine politique ou religieux, fut seulement, de temps immémorial, la puissance magique de la parole parlée.

La grande masse d'un peuple se soumet toujours à la puissance de la parole. Et tous les grands mouvements sont des mouvements populaires, des éruptions volcaniques de passions humaines et d'états, d'âme, soulevées ou bien par la cruelle déesse de la misère ou bien par les torches de la parole jetée au sein des masses, — jamais par les jets de limonade de littérateurs esthétisants et de héros de salon.

Seule, une tempête de passion brûlante peut changer le destin des peuples ; mais seul peut provoquer la passion celui-là qui la porte en lui-même.

Elle seule octroie à ses élus les paroles qui, comme des coups de marteaux, ouvrent les portes du cœur d'un peuple. Celui qui ne connaît pas la passion, celui dont la bouche est close, celui-là n'est pas élu par le ciel pour proclamer sa volonté.

Que chaque écrivailleur reste donc devant son encrier, à s'occuper de « théories », s'il suffit pour cela de savoir et de talent ; il n'est point né, il n'est point élu pour être un chef.

Un mouvement qui poursuit de grands buts doit donc veiller anxieusement à ne pas perdre le contact avec la masse. Il doit examiner chaque question en premier lieu sous ce point de vue, et orienter ses décisions dans ce sens. Il doit ensuite éviter tout ce qui pourrait diminuer ou affaiblir ses possibilités d'action sur les masses, non pas pour des raisons « démagogiques », mais reconnaissant simplement qu'aucune grande idée, si sacrée et si élevée qu'elle paraisse, ne peut se réaliser sans la force puissante des masses populaires.

Seule, la dure réalité doit déterminer la voie vers le but ; vouloir éviter des chemins désagréables, c'est bien souvent, en ce monde, renoncer au but ; qu'on le veuille ou non.

Quand le mouvement pangermaniste, optant pour la voie parlementaire, développa le gros de son effort non plus dans le peuple, mais au parlement, il sacrifia l'avenir en contrepartie de quelques succès faciles d'un instant.

Choisissant la lutte la moins dure, il devint par cela même indigne de la victoire finale.

Dès mon séjour à Vienne, j'ai réfléchi sérieusement sur toutes ces questions, et j'ai vu dans leur méconnaissance l'une des causes principales de l'effondrement d'un mouvement qui, à mon avis, était naguère destiné à prendre le sort du germanisme entre ses mains.

Les deux premières fautes, causes de l'échec du mouvement pangermaniste, étaient apparentées l'une à l'autre. Le manque de connaissance des mobiles profonds des grandes révolutions conduisit à mésestimer l'importance des grandes masses populaires ; il en résulta le faible intérêt pour la question sociale, l'insuffisance ou la carence des tentatives destinées à conquérir l'âme des couches inférieures de la nation ; enfin l'attitude envers le Parlement aggravait encore ces tendances.

Si l'on avait compris la force inouïe qui, de tout temps, appartient à la masse dans une résistance révolutionnaire, on aurait travaillé d'une autre façon su point de vue social comme su point de vue de la propagande. On aurait aussi porté l'effort principal du mouvement non pas dans le Parlement, mais dans l'usine et dans la rue.

Mais la troisième faute remonte, elle aussi, en dernière analyse, à cette incompréhension de l'importance des masses, que des esprits supérieurs doivent mettre en mouvement dans une direction déterminée, mais qui, mises une fois en branle comme le volant d'une machine, donnent ensuite à l'attaque la force régulière et la durée.

Le dur combat que le mouvement pangermaniste livra à l'Église catholique n'a pas d'autre cause que le manque de compréhension des états d'âme du peuple.

Les raisons de l'attaque violente du nouveau parti contre Rome furent les suivantes :

Dès que la maison des Habsbourg se fut résolue définitivement à faire de l'Autriche un État slave, elle recourut à tous les moyens qui lui paraissaient pouvoir servir à ce but. Les institutions religieuses furent engagées, sans le moindre scrupule, au service de la nouvelle « raison d'État » par cette dynastie sans conscience.

L'utilisation des paroisses tchèques et de leurs curés ne fut qu'un des nombreux moyens d'aboutir à la slavisation de l'Autriche.

Généralement, des prêtres tchèques étaient nommés dans des communes purement allemandes ; ils commençaient, lentement, mais sûrement, à mettre les intérêts du peuple tchèque au-dessus des intérêts des églises, et ils devenaient les cellules génératrices de la dégermanisation.

La réaction du petit clergé allemand devant de pareils procédés fut malheureusement presque nulle. Ce clergé était tout à fait inapte à mener une lutte analogue du côté allemand ; bien plus, il ne pouvait même pas organiser la défense nécessaire contre les attaques adverses. Le germanisme dut ainsi rétrograder lentement, mais sans arrêt, devant cet abus sournois de la religion et faute de toute défense suffisante.

Si les choses se passèrent ainsi pour le menu, il n'en fut guère autrement des grandes questions.

Les efforts anti-allemands des Habsbourg ne trouvèrent point, surtout parmi le clergé supérieur, l'opposition qui s'imposait, et la défense même des intérêts allemands fut complètement négligée.

L'impression générale ne pouvait pas varier : le clergé catholique tel quel causait un brutal préjudice aux droits des Allemands.

Il paraissait donc que l'Église non seulement n'était pas de cœur avec le peuple allemand, mais qu'elle se rangeait de la façon la plus injuste aux côtés de ses adversaires. La raison de tout le mal, d'après Schoenerer, résidait dans le fait que la tête de l'Église catholique ne se trouvait point en Allemagne ; et c'était là une cause suffisante de son attitude hostile aux intérêts de notre nation.

Les problèmes dits culturels, comme cela arrivait alors presque toujours en Autriche, furent relégués à l'arrière-plan. L'attitude du mouvement pangermaniste envers l'Église catholique fut déterminée, bien moins par l'attitude de celle-ci à l'égard de la science, etc., que par sa défense insuffisante des droits allemands et par l'appui continu qu'elle accordait aux exigences et aux prétentions des Slaves.

Georg von Schoenerer n'était pas homme à faire les choses à moitié. Il entreprit la lutte contre l'Église avec la conviction que c'était la seule voie de salut pour le peuple allemand. La campagne du « schisme avec Rome » parut le moyen d'attaque le plus puissant — quoique le plus difficile pour ruiner la citadelle ennemie. S'il avait réussi, on aurait eu raison de la malencontreuse scission religieuse en Allemagne ; et la force intérieure du Reich et de la nation allemande ne pouvait que gagner énormément à cette victoire.

Mais ni la prémisse ni la conclusion de cette lutte n'étaient justes.

Sans nul doute la force de résistance du clergé catholique allemand était bien inférieure, pour tout ce qui touchait le germanisme, à celle dont faisaient preuve leurs confrères non allemands — principalement les Tchèques.

De même un ignorant, seul, pouvait ne pas voir que l'idée d'une défense active des intérêts allemands ne venait presque jamais au clergé allemand.

Mais quiconque n'était pas complètement aveugle devait aussi convenir qu'une circonstance, dont nous avons tous beaucoup à souffrir, nous Allemands, expliquait cette attitude : il s'agit de notre objectivité vis — à-vis de notre nationalité, tout comme vis-à-vis d'un objet quelconque.

Tandis que le prêtre tchèque adoptait une attitude subjective envers son peuple, et objective seulement envers l'Église, le curé allemand montrait un dévouement subjectif à l'égard de l'Église et restait objectif vis-à-vis de sa nation. C'est un phénomène que nous pouvons observer, pour notre malheur, dans mille autres cas. Il ne s'agit là nullement d'un héritage particulier du catholicisme, mais d'un mal qui, chez nous, ronge en peu de temps toute institution nationale ou même aux buts idéals.

Comparons, par exemple, l'attitude observée par nos fonctionnaires devant les tentatives de régénération nationale, avec celle qu'observerait cette corporation chez un autre peuple. Ou bien croit-on que le corps des officiers, dans un autre pays quelconque, aurait négligé les aspirations de la nation en se retranchant derrière la formule « autorité de l'État », comme on le fait chez nous depuis cinq ans, tout naturellement, et en le jugeant presque particulièrement méritoire ? Les deux confessions n'adoptent-elles pas aujourd'hui dans la question juive un point de vue qui ne correspond ni aux intérêts nationaux, ni aux exigences véritables de la religion ? Que l'on compare donc l'attitude d'un rabbin juif dans toutes les questions intéressant tant soit peu les Juifs en tant que race, avec l'attitude de la plus grande partie de notre clergé, quelle que soit la confession envisagée.

Nous observons ce phénomène partout où il s'agit de la défense d'une idée abstraite.

« Autorité de l'État », « démocratie », « pacifisme », « solidarité internationale », etc., autant de notions qui deviennent chez nous presque toujours des idées rigides, des dogmes doctrinaires, et tous les jugements sur les nécessités vitales de la` nation sont portés exclusivement d'après ces conceptions.

Cette façon néfaste d'envisager tous les problèmes importants d'après une opinion préconçue, tue toute faculté de comprendre subjectivement un phénomène qui objectivement est en opposition avec la doctrine ; cela conduit finalement à un renversement des rôles entre les moyens et les buts. On s'opposera à toute tentative de soulèvement national, s'il nécessite le renversement d'un gouvernement mauvais et nuisible : ce serait un attentat contre « l'autorité de l'État » ; et « l'autorité de l'État », aux yeux d'un de ces fanatiques de l'objectivité, ce n'est pas un moyen, mais un but en soi, qui suffit à remplir toute sa pitoyable vie. On protesterait, par exemple, avec indignation contre une tentative de dictature, même si son auteur était un Frédéric le Grand, et si tous les politiciens du moment n'étaient que des nains incapables ou même des individus peu recommandables ; c'est que, pour un pareil fétichiste des principes, les lois de la démocratie paraissent plus sacrées que le salut de la nation. L'un défendra donc la tyrannie la plus abjecte qui ait jamais ruiné un peuple, parce qu'elle personnifie à ce moment « l'autorité de l'État » ; l'autre va répudier le gouvernement le plus salutaire, parce qu'il ne correspond pas à sa notion de la « démocratie ».

De même, notre pacifiste allemand fera silence sur les violences les plus sanglantes faites à la nation, même si elles viennent de la pire puissance militariste, et même si la résistance est le seul moyen de changer le cours des événements : un tel moyen serait en contradiction avec l'esprit de sa Société de la paix. Le socialiste international allemand peut être solidairement mis à sac par tout le reste du monde, il n'y répond que par une sympathie fraternelle et ne pense pas à la vengeance, ni même à la défense — il est Allemand !

Cela peut être triste ; mais pour changer une chose, il faut d'abord s'en rendre compte.

C'est la même raison qui explique le faible appui qu'une partie du clergé allemand donne aux intérêts nationaux. Ce n'est ni l'expression d'une mauvaise volonté consciente, ni la conséquence d'ordres « venus d'en haut » ; nous ne voyons, dans ce manque de résolution nationale, que les résultats d'une éducation défectueuse de la jeunesse dans le sens du germanisme, et les résultats de la domination complète d'une idée à laquelle on rend le culte d'une idole.

L'éducation dans le sens de la démocratie, du socialisme international, du pacifisme, etc., est tellement rigide et exclusive, c'est-à-dire, de leur point de vue, tellement subjective, que la vue d'ensemble que l'on a du monde se trouve influencée par cette attitude a priori, tandis que l'attitude envers le germanisme depuis la jeunesse est uniquement objective.

Pour autant qu'il est Allemand, le pacifiste qui se dévoue subjectivement corps et âme à son idée, recherchera à l'occasion de chaque menace contre son peuple — si injuste et si dangereuse soit-elle — de quel côté se trouve le droit objectif ; il ne se mettra jamais, par pur instinct de conservation, dans les rangs de son troupeau pour combattre avec lui.

C'est encore le cas pour les différentes confessions, comme nous allons le montrer :

Le protestantisme par lui-même défend mieux les intérêts du germanisme, pour autant que cela correspond à son origine et à ses traditions : mais il devient impuissant au moment où cette défense des intérêts nationaux intéresse un domaine étranger au monde de ses idées et de son développement traditionnel, ou qui en est banni pour une raison quelconque.

Le protestantisme agit donc toujours au mieux des intérêts allemands tout autant qu'il est question de moralité ou de développement intellectuel nationaux, ou de la défense de l'esprit allemand, de la langue allemande et aussi de la liberté allemande ; tout cela se confond, en effet, avec les principes mêmes sur lesquels il s'appuie ; mais il combat aussitôt de la façon la plus hostile toute tentative de sauver la nation de l'étreinte de son ennemi le plus mortel, parce que son point de vue sur les Juifs est plus ou moins fixé d'avance dans ses dogmes. Et c'est juste le problème que l'on doit d'abord résoudre, sinon toutes les tentatives ultérieures de régénération ou de relèvement allemands sont et demeurent complètement impossibles et insensées.

Pendant mon séjour à Vienne, j'eus le temps et l'occasion d'analyser aussi cette question sans idée préconçue, et je pus constater dans le train-train quotidien que ce point de vue était mille fois justifié.

Dans ce foyer des nationalités les plus diverses, il ressortait aussitôt de manière évidente que, seul, le pacifiste allemand s'efforçait de considérer les intérêts de sa nation d'un point de vue objectif, tandis que le Juif ne le faisait jamais en ce qui concernait les intérêts du peuple juif ; il ressortait aussi que seul le socialiste allemand est « international » dans un sens qui ne lui permet pas de revendiquer les droits de son propre peuple autrement que par des plaintes et des pleurnichages devant les camarades internationaux ; jamais, au contraire, le Tchèque ni le Polonais ne le font ; bref, je reconnus dès lors que le mal venait moins des doctrines elles-mêmes, que de notre éducation entièrement défectueuse au point de vue de notre propre nationalité, à laquelle nous vouions ainsi un attachement moins exclusif.

Le premier argument théorique de la lutte du mouvement pangermaniste contre le catholicisme en soi se trouve ainsi réfuté.

Qu'on élève le peuple allemand dès sa jeunesse à reconnaître exclusivement les droits de sa propre race ; qu'on n'empoisonne point les cœurs des enfants par notre maudite « objectivité » dans les questions qui ont trait à la défense de notre personnalité ; alors — même dans le cas d'un gouvernement radical — on verra, comme en Irlande, en Pologne ou en France, que le catholique en Allemagne sera aussi toujours un Allemand.

J'en vois la preuve la plus frappante dans cette époque où, pour la dernière fois, notre peuple dut comparaître devant le tribunal de l'histoire pour défendre son existence dans une lutte à mort.

Tant que la direction d'en haut ne vint pas à manquer, le peuple a rempli tout son devoir de la façon la plus entière. Le pasteur protestant comme le curé catholique contribuèrent grandement tous deux au maintien de notre force de résistance, non seulement au front, mais surtout à l'arrière. Dans ces années, et surtout dans le premier enthousiasme, il n'y eut véritablement dans les deux camps qu'un empire allemand unique et sacré ; pour l'existence et l'avenir duquel chacun adressait des prières à son ciel à lui.

Le mouvement pangermaniste aurait dû se poser la question : la conservation de l'élément allemand en Autriche. Est-elle compatible avec la religion catholique ou non ? Dans le cas d'une réponse affirmative, ce parti politique ne devait point se mêler aux problèmes religieux ou confessionnels ; si la réponse était négative, c'est une réforme religieuse et non un parti politique qui était nécessaire.

Celui qui pense arriver à une réforme religieuse par le détour d'une organisation politique révèle seulement par là qu'il n'a pas la moindre compréhension de l'évolution des conceptions religieuses, ou même des dogmes, et de ce qui la détermine pour les Églises.

C'est le cas de dire qu'on ne peut servir deux maîtres à la fois. Je considère d'ailleurs que la fondation ou la destruction d'une religion est un geste plus grand et d'une tout autre nature que la fondation ou la destruction d'un État ; je ne parle pas d'un parti.

Qu'on ne dise point que ces attaques ne furent que la riposte aux attaques adverses !

Certes, en tous temps, il se trouve des individus sans conscience qui ne craignent pas d'utiliser la religion comme instrument de leur louche trafic politique (car il ne saurait guère s'agir d'autre chose avec de pareils gaillards) ; mais il est certain aussi que l'on ne peut rendre la religion ou la confession responsables pour les quelques gredins qui en abusent, tout comme ils auraient sûrement abusé de n'importe quelle institution pour assouvir leurs instincts grossiers. .

Rien ne saurait mieux convenir à un pareil vaurien parlementaire que de lui donner l'occasion, tout au moins après compte, de justifier sa spéculation politique. Aussitôt qu'on rend la religion ou la confession responsables de sa vilenie individuelle, et qu'on les attaque à grands cris, ce menteur appelle tout le monde à témoin ; et d'attester combien son attitude était justifiée, et que ce n'est qu'à lui et à son éloquence que l'on doit rendre grâce pour le sauvetage de la religion et de l'Église. Le monde, qui est aussi bête qu'il a la mémoire courte, ne reconnaît pas alors le véritable auteur du conflit dans celui qui crie si fort, ou ne s'en souvient plus ; et le gredin, en somme, est arrivé à ses fins.

Un pareil renard rusé sait fort bien que tout cela n'a rien à voir avec la religion ; raison de plus de rire sous cape ; tandis que son adversaire honnête, mais malhabile, perd à ce jeu, quitte un jour à s'en retirer complètement, désespérant de la bonne foi de l'humanité.

Mais, à un autre point de vue encore, il serait injuste de rendre la religion, en tant que religion, ou même l'Église, responsable des fautes de chacun. En comparant la grandeur des organisations religieuses qu'on a devant les yeux avec l'imperfection ordinaire de l'homme en général, on doit reconnaître que la proportion entre les bons et les mauvais est à l'avantage des milieux religieux. On trouve naturellement aussi dans le clergé des gens qui se servent de leur mission sacrée dans l'intérêt de leurs ambitions politiques, des gens qui, dans la lutte politique, oublient d'une façon regrettable qu'ils devraient être les dépositaires d'une vérité supérieure et non les protagonistes du mensonge et de la calomnie ; mais pour un seul de ces indignes, on trouve mille et plus d'honnêtes ecclésiastiques, entièrement fidèles à leur mission, qui émergent comme des îlots au-dessus du marécage de notre époque mensongère et corrompue.

Aussi peu que je condamne et que j'aie le droit de condamner l'Église elle-même, quand un individu corrompu, revêtu de la robe de prêtre, commet un crime crapuleux contre les mœurs, aussi peu j'en ai le droit quand un autre, dans le nombre, souille et trahit sa nationalité, surtout dans une époque où on le voit tous les jours. Et de nos jours surtout, il ne faut pas non plus oublier que, pour un seul de ces Éphialtès, on trouvera des milliers de prêtres dont le cœur saigne des malheurs de leur nation, et qui souhaitent aussi ardemment que les meilleurs de leurs compatriotes l'arrivée du jour où le ciel nous sourira enfin de nouveau.

À celui qui répond qu'il ne s'agit pas ici des petits problèmes du jour, mais bien de questions de principe ou de dogme, il faut nécessairement répondre comme suit :

Si tu te crois élu pour proclamer la vérité, fais-le ; mais aie alors le courage de le faire non pas par le détour d'un parti politique — ce qui est un subterfuge — mais en remplaçant le présent mauvais par ton avenir meilleur.

Si le courage te manque, ou si ce meilleur n'est pas tout à fait clair à toi-même, alors retire ta main ; en aucun cas, n'essaie d'obtenir par la voie détournée d'une organisation politique ce que tu n'oses point revendiquer, la visière relevée.

Les partis politiques n'ont rien à voir avec les questions religieuses pour autant que les répercussions de ces dernières ne vont point contre la vie nationale, et ne minent pas la morale de la race ; de même, on ne doit pas mêler la religion à la lutte des partis politiques.

Quand des dignitaires de l'Église se servent d'institutions ou même de doctrines religieuses pour porter atteinte à leur race, on ne doit jamais les suivre dans cette voie, ni les combattre par les mêmes armes. Les idées et les institutions religieuses de son peuple doivent rester toujours inviolables pour le chef politique ; sinon, qu'il cesse d'être un homme politique et qu'il devienne un réformateur, s'il en a l'étoffe ! Une autre attitude, en Allemagne surtout, doit conduire à une catastrophe.

En étudiant le mouvement pangermaniste et sa lutte contre Rome, je suis arrivé alors, et surtout dans le cours des années suivantes, à la conclusion qui suit : le manque de compréhension que ce mouvement a eu pour la question sociale l'a privé des masses populaires, seules propres à la lutte ; l'entrée au Parlement brisa la puissance de son élan et lui inculqua toutes les faiblesses de cette institution : la lutte contre l'Église catholique le rendit indésirable dans de nombreux milieux, et lui enleva d'innombrables éléments parmi les meilleurs que la nation comptait dans ses rangs. Le résultat pratique du Kulturkampf autrichien fut presque égal à zéro.

On réussit, il est vrai, à arracher à l'Église environ cent mille membres, mais sans qu'elle en ait éprouvé grand dommage. Elle n'eut pas à verser de larmes en voyant partir ces « brebis » perdues : elle ne perdit que ce qui, intérieurement, ne lui appartenait plus entièrement depuis longtemps. Ce fut toute la différence entre cette nouvelle Réforme et celles de jadis : alors, nombre des meilleurs se détournèrent de l'Église par conviction religieuse intime ; maintenant, ce n'étaient que les tièdes qui s'éloignaient, et cela pour des « considérations » d'essence politique.

Mais c'est justement du point de vue politique que ce résultat fut risible et triste en même temps.

Une fois encore, un mouvement politique qui aurait pu sauver la nation allemande, mouvement plein de promesses de succès, avait péri parce qu'il n'avait pas été conduit avec le brutal réalisme nécessaire, parce qu'il s'était égaré dans des domaines où il ne pouvait que se désagréger.

On ne peut douter d'une chose :

Le mouvement pangermaniste n'aurait jamais commis cette erreur s'il n'avait pas aussi mal compris la psychologie des grandes masses. Si ses chefs avaient su que, pour réussir, on ne doit jamais, et ceci par considération purement psychologique, désigner à la masse plusieurs adversaires — ce qui entraîne immédiatement un éparpillement complet des forces combatives — la pointe d'attaque du mouvement pangermaniste aurait été dirigée contre un seul adversaire. Rien n'est aussi dangereux pour un parti politique que de se laisser diriger dans ses décisions par des hâbleurs neurasthéniques qui entreprennent tout et qui n'atteignent jamais leurs buts.

Même si telle ou telle confession donne vraiment prise à la critique, un parti politique ne doit jamais oublier le fait que l'Histoire n'enregistre aucun exemple où un parti purement politique, dans des circonstances analogues, ait pu aboutir à une réforme religieuse. On n'étudie pas l'histoire pour oublier ses leçons au moment même où il s'agit de les appliquer dans la pratique ; ou bien pour penser que leurs vérités séculaires peuvent ne plus être appliquées parce que la situation actuelle est tout autre ; on l'étudie pour en retirer des enseignements pour le présent. Celui qui n'est pas capable de faire cela, ne doit point s'imaginer qu'il est un chef politique ; il n'est en réalité qu'un pitre plat, quoique souvent présomptueux, et toute sa bonne volonté ne peut excuser son incapacité pratique. En général, l'art de tous les vrais chefs du peuple de tous les temps consiste surtout à concentrer l'attention du peuple sur un seul adversaire, à ne pas la laisser se disperser. Plus cette assertion de la volonté de combat d'un peuple est concentrée, plus grande est la force d'attraction magnétique d'un pareil mouvement, plus massive est sa puissance de choc. L'art de suggérer au peuple que les ennemis les plus différents appartiennent à la même catégorie est d'un grand chef. Au contraire, la conviction que les ennemis sont multiples et variés devient trop facilement, pour des esprits faibles et hésitants, une raison de douter de leur propre cause.

Aussitôt que la masse se voit en lutte contre beaucoup d'ennemis, elle se pose cette question : est-il possible que tous les autres aient vraiment tort et que, seul, notre mouvement soit dans son droit ?

C'est alors que ses forces se paralysent. C'est pour cela qu'il faut toujours mettre dans le même tas une pluralité d'adversaires les plus variés, pour qu'il semble à la masse de nos propres partisans que la lutte est menée contre un seul ennemi. Cela fortifie la foi dans son propre droit et augmente son exaspération contre ceux qui s'y attaquent.

Le mouvement pangermaniste de jadis n'a pas compris cela, ce qui compromit son succès.

Il avait vu juste le but, son vouloir était pur, mais le chemin qu'il choisit était faux. On peut le comparer à l'homme qui, voulant atteindre la cime d'une montagne, ne la perd pas de vue et se met en route plein de résolution et de force, mais qui n'accorde aucune attention su chemin, et qui, fixant de ses regards le but de son ascension, ne voit et n'examine point les possibilités de la montée, et échoue finalement à cause de cela.

On peut observer le contraire en tout chez son grand concurrent, le parti chrétien-social.

Le chemin qu'il prit fut choisi judicieusement, mais ce qui lui manqua, ce fut une claire conception du but. Presque dans tous les domaines où le mouvement pangermaniste commit des fautes, l'action du parti chrétien-social fut efficace et logique.

Il savait l'importance des masses et il le prouva dès le premier jour par le caractère prononcé de sa politique sociale. En s'orientant surtout vers la conquête des artisans, petits ou moyens, il recruta des partisans aussi fidèles que tenaces et prêts aux sacrifices. Il évita toute lutte contre les institutions religieuses, et s'assura par cela l'appui de cette puissante organisation que l'Église est actuellement. Il n'eut en conséquence qu'un seul véritable adversaire. Il reconnut la nécessité d'une propagande grandiose et atteignit à la virtuosité dans l'art d'en imposer aux masses.

S'il ne put cependant atteindre l'objet de ses rêves, le sauvetage de l'Autriche, cela s'explique par la mauvaise voie qu'il choisit, aussi bien que par le manque de clarté de ses buts.

L'antisémitisme du nouveau mouvement se basait sur des conceptions religieuses et non sur les principes racistes. La même raison qui fit commettre cette erreur provoqua aussi une seconde erreur.

Les fondateurs du parti chrétien-social pensaient que si ce parti voulait sauver l'Autriche, il ne pouvait pas s'appuyer sur le principe de la race, parce qu'une dissolution générale de l'État en serait résultée en peu de temps. Surtout la situation à Vienne, à l'avis des chefs du parti, exigeait qu'on laissât de côté tous les éléments de divergences et qu'on soulignât tous les motifs d'union.

Vienne, à cette époque, contenait déjà des fractions ethniques variées, des Tchèques surtout, et, seule, la plus grande tolérance dans toutes les questions de race pouvait encore les empêcher de former un parti franchement anti-allemand. On s'efforça donc de gagner surtout les petits artisans tchèques, très nombreux, par la lutte contre le libéralisme manchestrien ; et on crut trouver un mot d'ordre de combat, unissant par-dessus toutes les divergences nationales l'ancienne Autriche, dans la lutte contre les Juifs sur une base religieuse.

Il est clair qu'une lutte contre les Juifs sur une telle base ne pouvait leur causer que des soucis bien minimes. Dans le pire des cas, une ondée d'eau de baptême pouvait toujours sauver le Juif et son commerce.

Avec des motifs aussi superficiels, on n'arriva jamais à une analyse scientifique sérieuse de tout le problème, ce qui détourna du parti chrétien-social tous ceux qui ne pouvaient pas comprendre ce genre d'antisémitisme. La force d'attraction de cette idée se réduisit à un milieu d'intelligence bornée, parce qu'on ne voulait pas aller, au-delà du simple sentiment, vers une compréhension véritable. Les intellectuels restèrent hostiles par principe. De plus en plus, il apparut qu'il ne s'agissait, dans toute cette affaire, que d'une nouvelle tentative de convertir les Juifs ou bien, que ce n'était que l'expression de l'envie de concurrents. La lutte manqua, de ce chef, de l'empreinte d'une consécration philosophique ; elle sembla à bien des gens — et ce n'étaient pas les moindres — immorale et répréhensible. La conviction qu'il s'agissait ici d'une question vitale pour toute l'humanité, que le sort de tous les peuples non juifs dépendait de sa solution, n'était pas dégagée.

Cette façon de ne faire les choses qu'à moitié réduisit à néant la valeur de l'orientation antisémitique du parti chrétien-social.

Ce ne fut qu'un pseudo-antisémitisme, presque plus dangereux que son contraire ; on s'endormit en sécurité, croyant tenir l'adversaire par les oreilles, tandis qu'en réalité, c'était lui qui vous menait par le nez.

Et le Juif s'habitua bientôt si bien à ce genre d'anti-sémitisme que sa disparition l'aurait sûrement plus chagriné que son existence ne le gênait.

On avait dû imposer là de lourds sacrifices à l'idée de l'État basé sur la nationalité, mais on en fit de plus lourds encore dans la défense du germanisme.

On n'osait être « nationaliste » si l'on ne voulait pas sentir se dérober le terrain sous ses pieds, même à Vienne. On espérait sauver l'État des Habsbourg en évitant doucement cette question ; et on l'entraîna par là même à sa perte. Le mouvement perdit de cette façon la puissante source d'énergies qui, seule, pouvait fournir à la longue la force motrice nécessaire à un parti politique. Le mouvement chrétien-social devint à cause de cela un parti comme n'importe quel autre.

J'ai observé jadis les deux mouvements de la façon la plus attentive, l'un avec la pulsation même de mon cœur, 'autre par admiration pour cet homme rare qui me paraissait alors déjà l'âpre symbole de tout le peuple allemand d'Autriche.

Quand l'imposante procession funèbre, à la mort du bourgmestre, se mit en mouvement de l'hôtel de ville vers la Ringstrasse, je me trouvais parmi les centaines de milliers de personnes qui assistaient à cette triste cérémonie. À mon émotion intérieure se mêlait le sentiment que toute l'œuvre de cet homme avait été vaine, parce que le sort menait cet État inexorablement à sa perte. Si le Dr. Karl Lueger avait vécu en Allemagne, il eût pris rang parmi les premières têtes de notre peuple ; ce fut un malheur pour son œuvre et pour lui-même qu'il vécût dans cet État impossible.

Quand il mourut, de petites flammes jaillissaient déjà plus avidement de mois en mois, sur les Balkans ; le sort eut la clémence de lui épargner la vue de ce qu'il avait encore espéré pouvoir éviter.

Je m'efforçai de trouver les causes de l'impuissance du premier de ces mouvements et de l'insuccès de l'autre, et j'arrivai à la conviction profonde qu'indépendamment de l'impossibilité d'arriver dans la vieille Autriche à un renforcement de l'État, les erreurs des deux partis furent les suivantes :

Le mouvement pangermaniste avait raison dans sa conception de principe d'une régénération allemande, mais il fut malheureux dans le choix des moyens. Il fut nationaliste, mais, hélas ! il ne fut pas assez social pour gagner les masses. Son antisémitisme reposait sur une juste compréhension du problème des races et non sur des conceptions religieuses. Mais sa lutte contre une confession déterminée était une faute de principe et de tactique.

Le mouvement chrétien-social n'avait aucune conception nette sur le but de la régénération allemande, mais il fut intelligent et heureux dans le choix de son chemin comme parti. Il comprit l'importance de la question sociale, mais il se trompa dans sa lutte contre les Juifs et n'eut aucune idée de la puissance de l'idée nationaliste.

Si le parti chrétien-social avait uni, à sa compréhension des masses, une conception plus juste de l'importance du problème des races, comme l'avait le mouvement pangermaniste, s'il était enfin devenu nationaliste lui-même — ou bien, au contraire, si le mouvement pangermaniste, avec sa juste notion du problème juif et de l'importance de l'idée nationaliste, avait adopté la sagesse pratique du parti chrétien — social et surtout son attitude en face du socialisme — alors, nous aurions vu un mouvement qui eût pu, je crois, jouer avec succès son rôle dans les destinées allemandes. S'il n'en advint pas ainsi, la faute en est pour la plus grande part à l'essence de l'État autrichien. Comme je ne trouvais dans aucun des partis l'incarnation de mes idées, je ne pus me décider à entrer dans l'une des organisations existantes pour combattre dans ses rangs. J'estimais déjà que tous ces mouvements politiques étaient ratés, et qu'ils étaient incapables de mener à bout une régénération nationale du peuple allemand vraiment profonde, et non purement extérieure.

Mon aversion intime envers l'État habsbourgeois augmenta de plus en plus à cette époque.

Plus je commençai à ni occuper des questions de politique étrangère, plus la conviction prenait racine en moi que ce fantôme d'État ne pouvait faire que le malheur des Allemands. Je voyais chaque jour plus clairement que le sort de la nation allemande se déciderait non pas en Autriche, mais dans le Reich lui — même. Non seulement pour des raisons de politique générale, mais aussi de culture dans son ensemble.

L'État autrichien montrait sur le terrain de la culture et de l'art aussi tous les signes de la décrépitude ou du moins de l'insignifiance complète pour la nation allemande. Tel était surtout le cas dans le domaine de l'architecture. L'art nouveau ne pouvait remporter en Autriche de grands triomphes en cette matière, parce que, depuis l'achèvement de la Ringstrasse, on ne trouvait plus à Vienne que des tâches insignifiantes en comparaison des plans qui se développaient en Allemagne.

Je commençai donc à mener une double vie : la raison et la réalité me dictaient de continuer mon apprentissage amer mais fécond en Autriche ; mais le cœur n'y était plus.

Un mécontentement déprimant s'empara de moi après que j'eus reconnu le vide intérieur de cet État et l'impossibilité de le sauver ; mais, en même temps, je pressentais avec certitude que tout ce qu'il ferait, ce serait le malheur du peuple allemand.

J'étais persuadé que cet État devait réduire et entraver tout Allemand véritablement grand, tandis qu'au contraire il devait favoriser toute activité non-allemande.

Le conglomérat de races que montrait la capitale de la monarchie, tout ce mélange ethnique de Tchèques, de Polonais, de Hongrois, de Ruthènes, de Serbes et de Croates, etc., me paraissait répugnant, sans oublier le bacille dissolvant de l'humanité, des Juifs et encore des Juifs. Cette ville gigantesque me paraissait l'incarnation de l'inceste.

Le langage allemand de ma jeunesse, c'était le dialecte qu'on parle en Basse Bavière : je ne pouvais ni l'oublier ni m'assimiler le jargon viennois. Plus je vivais dans cette ville, plus ma haine devenait vive contre ce mélange de peuples étrangers qui commençait à entamer ce vieux centre de culture allemande.

L'idée qu'on dût prolonger encore les jours de cet État me paraissait franchement ridicule.

L'Autriche, à cette époque, était comme une vieille mosaïque dont le ciment qui tient les pièces ensemble est devenu vieux et fragile ; aussi longtemps qu'on ne touche pas à ce chef-d'œuvre, il vous leurre encore d'un semblant d'existence ; mais sitôt qu'on lui porte un coup, il se brise en mille morceaux. Il ne s'agissait plus que du moment où le coup serait porté.

Mon cœur a toujours battu pour l'empire allemand et non pour la monarchie autrichienne ; l'heure de la dissolution de cet État me paraissait toujours le début de la libération de la nation allemande.

Toutes ces causes provoquèrent en moi le désir toujours plus fervent d'aller là-bas où, depuis ma jeunesse, m'attiraient des rêves secrets et un secret amour.

J'espérais me faire plus tard un nom comme architecte, et pouvoir rendre à ma nation des services sincères dans le cadre — petit ou grand - que le sort me réserverait.

Enfin, je voulais être de ceux qui ont le bonheur de vivre et d'agir à la place d'où doit venir la réalisation du vœu le plus ardent de leur cœur : la réunion de ma patrie bien-aimée à la grande patrie commune, au Reich allemand.

Ceux qui ne comprendront pas la force de ce désir sont encore nombreux aujourd'hui ; mais je m'adresse à ceux à qui le sort a refusé jusqu'à présent ce bonheur, ainsi qu'à ceux qui en ont été cruellement privés ; je m'adresse à tous ceux qui, séparés de la mère-patrie, doivent lutter même pour le trésor sacré de la langue natale, qui sont poursuivis et malmenés pour leur attachement fidèle à la patrie, et qui attendent avec une ferveur douloureuse l'heure qui `leur permettra de retourner au cœur de leur mère bien-aimée ; je m'adresse d tous ceux-là, et je sais : ils me comprendront !

Seul celui qui sent dans toutes ses fibres ce que signifie d'être Allemand sans pouvoir appartenir à la chère patrie, pourra mesurer la nostalgie profonde qui brûle en tout temps dans les cœurs des enfants séparés d'elle. Cette nostalgie torture tous ceux qui en sont hantés, elle leur refuse toute joie et tout bonheur jusqu'à ce que s'ouvrent enfin les portes de la patrie, et que le sang commun trouve paix et repos dans l'empire commun.

Vienne fut et resta pour moi l'école la plus dure, mais aussi la plus fructueuse de ma vie. Je suis arrivé dans cette ville encore à demi enfant, et quand je la quittai j'étais un homme taciturne et sérieux. J'y reçus les fondements de ma conception générale de la vie et, en particulier, une méthode d'analyse politique ; je les ai plus tard complétés sous quelques rapports, mais je ne les ai jamais abandonnés. Il est vrai que ce n'est que maintenant que je puis apprécier à sa pleine valeur les leçons de ces années-là.

J'ai décrit cette période avec plus de détails, parce que j'y reçus mes premières leçons de choses dans les questions fondamentales pour le parti qui, après les plus modestes débuts, en cinq ans à peine, commence à devenir un grand mouvement des masses. Je ne sais pas quelle aurait été mon attitude envers les Juifs, envers la Social-Démocratie, même envers tout le marxisme, envers la question sociale, etc., si un capital d'opinions personnelles ne s'était amassé en moi depuis mes jeunes années, en partie sous la pression du destin, en partie grâce à mes études personnelles.

Car, si les malheurs de la patrie ont pu faire réfléchir des milliers et des milliers de gens sur les causes intérieures de son effondrement, cela ne conduit jamais à cette solidité et à cette pénétration profonde, accessibles seulement à ceux qui sont devenus maîtres de leur destin après des années de lutte.

CHAPITRE 4

MUNICH

Au printemps de 1912, je partis définitivement pour Munich. La ville proprement dite m'était aussi familière que si j'avais séjourné dans ses murs pendant des années. C'est que mes études m'avaient maintes fois conduit à cette métropole de l'art allemand. Non seulement on n'a pas vu l'Allemagne quand on ne connaît pas Munich, mais surtout on ne connaît rien de l'art allemand quand on n'a pas vu Munich. Quoi qu'il en soit, cette époque de l'avant-guerre fut la plus heureuse de ma vie. Mon salaire était encore tout à fait dérisoire, mais je ne vivais certes pas pour peindre : je peignais pour m'assurer ainsi des possibilités d'existence, ou plutôt pour me permettre de continuer d'apprendre. J'avais la conviction absolue qu'un jour cependant, je finirais par arriver au but que je m'étais fixé. Et ceci suffisait à me faire supporter aisément et sans souci les autres petits tracas de l'existence.

À cela s'ajoutait encore le profond amour qui me saisit pour cette ville, presque dès la première heure de mon séjour, sentiment que je n'éprouve au même degré pour aucun autre lieu. Voilà une ville allemande ! (Quelle différence avec Vienne ! Cela me faisait mal rien que de penser à cette Babylone de races..) Ajoutez à cela le dialecte, beaucoup plus proche du mien, et qui, surtout dans mon entourage de Bas — Bavarois, me rappelait souvent ma jeunesse. Mille choses m'étaient ou me devinrent profondément chères et précieuses. Mais ce qui m'attirait le plus c'était ce merveilleux mariage de force spontanée et de sentiment artistique délicat, cette perspective unique qui va de la Hofbräuhaus à l'Odéon, de l'Oktoberfest à la Pinacothèque, etc. Que je sois aujourd'hui attaché à cette ville plus qu'à aucun autre lieu au monde tient sans doute au fait qu'elle est et demeure indissolublement liée à mon développement. Mais le fait que j'ai eu la chance d'y trouver une véritable satisfaction intérieure, doit être attribué seulement au charme que la merveilleuse ville royale des Wittelsbach exerce sur tout homme doté non seulement d'une froide raison, mais aussi d'une âme sensible.

À Munich, indépendamment de l'exercice de ma profession, j'étais surtout attiré par l'étude suivie des événements politiques, et plus particulièrement des événements politiques extérieurs. J'arrivai à la politique extérieure par le détour de la politique allemande d'alliances, que je tenais déjà pour absolument fausse lorsque j'étais encore en Autriche. Mais à Vienne je ne voyais pas clairement à quel point le Reich s'illusionnait. J'étais alors porté à admettre — ou peut-être voulais-je voir là une excuse — que l'on savait peut-être déjà à Berlin combien l'allié serait en réalité faible, mais que, pour des raisons plus ou moins mystérieuses, on dissimulait cette conviction sous le souci de continuer la politique d'alliance instaurée jadis par Bismarck, et dont la rupture soudaine n'apparaissait pas comme souhaitable, soit pour ne donner en aucune façon l'éveil à l'étranger aux aguets, soit pour ne pas inquiéter le pays lui-même.

Mes contacts avec le peuple me montrèrent bientôt à ma grande frayeur que cette opinion était fausse. Étonné, je dus constater que partout, même dans les milieux cultivés, l'on n'avait pas la moindre lueur sur ce qu'était la monarchie des Habsbourg. Dans le peuple même, on avait l'illusion que l'allié pouvait être regardé comme une puissance sérieuse qui, à l'heure du péril, mettrait aussitôt sur pied une grande force militaire ; on tenait toujours la monarchie pour un État « allemand », et l'on croyait pouvoir tabler là — dessus. On pensait que la force, ici encore, pouvait se mesurer au nombre, à peu près comme en Allemagne, et l'on oubliait complètement, d'abord que l'Autriche avait cessé depuis longtemps d'être un État allemand, ensuite que d'heure en heure la situation intérieure de cet empire menaçait davantage ruine. Je connaissais mieux cette situation que la « diplomatie u dite officielle qui, comme presque toujours, marchait en aveugle à son destin. Les sentiments du peuple ne pouvaient refléter, en effet, ce que l'on donnait en pâture, en haut lieu, à l'« opinion publique ». Et en haut lieu, on avait pour l'« allié » le même culte que pour le Veau d'or. On pensait peut-être remplacer par de l'amabilité ce qui manquait de sincérité. Et l'on prenait toujours les mots pour de l'argent comptant.

Déjà la colère me prenait, à Vienne, quand je considérais la différence qui apparaissait parfois entre les discours officiels des hommes d'État et les articles des journaux viennois. Encore Vienne était-elle une ville allemande au moins en apparence. Mais quel changement lorsque, loin de Vienne ou mieux, loin de l'Autriche allemande, on arrivait dans les provinces slaves de l'Empire ! Il suffisait de jeter un coup d'œil sur les journaux de Prague pour savoir comment on jugeait là-bas toute cette comédie de la Triplice. Il n'y avait pour ce « chef-d'œuvre de diplomatie » que dérision et sanglante ironie. En pleine paix, alors même que les deux empereurs échangeaient le baiser d'amitié, on ne dissimulait nullement que l'alliance serait dénoncée le jour où l'on chercherait à la faire descendre du domaine imaginaire de l'idéal des Niebelungen dans la réalité pratique.

Comment donc a-t-on pu s'étonner, quelques années plus tard, lorsque, venue l'heure où les alliances devaient être réalisées, l'Italie se retira brutalement de la Triplice, plantant là ses deux alliés, et passa même à l'ennemi. Que l'on ait pu croire auparavant une seule minute à ce miracle que l'Italie combattrait aux côtés de l'Autriche, paraissait purement incompréhensible à quiconque n'était pas frappé d'aveuglement diplomatique. Telle était pourtant l'exacte situation en Autriche.

Les Habsbourg et les Allemands soutenaient seuls dans ce pays l'idée de l'alliance. Les Habsbourg par calcul et par nécessité, les Autrichiens allemands en toute bonne foi... et en toute stupidité politique. En toute bonne foi, parce qu'ils pensaient, par la Triplice, rendre un grand service à l'empire allemand, le fortifier et lui porter secours ; par stupidité politique aussi, non seulement parce que leur espoir était irréalisable, mais aussi parce qu'ils contribuaient ainsi à enchaîner le Reich à ce cadavre d'État, qui allait les entraîner avec lui à l'abîme. Surtout, du fait même de cette alliance, les Autrichiens allemands étaient plus fatalement encore voués à la dégermanisation. En effet, outre que les Habsbourg croyaient pouvoir être assurés par l'alliance avec le Reich contre une invasion de ce côté — et malheureusement ils pouvaient l'être à bon droit — il leur était de ce fait plus facile et moins dangereux de poursuivre leur politique intérieure de refoulement du germanisme. Ce n'est pas seulement parce qu'avec l' »objectivité» bien connue, on n'avait pas à craindre de protestation de la part du gouvernement du Reich, mais aussi parce qu'en faisant en toute occasion montre de l'alliance, on pouvait imposer silence aux voix indiscrètes qui s'élevaient parmi les Autrichiens allemands eux-mêmes contre un mode par trop infâme de slavisation.

Que restait-il donc à faire à l'Allemand en Autriche, alors que l'Allemagne du Reich elle-même reconnaissait le gouvernement des Habsbourg et lui exprimait sa confiance ? Devait-il résister pour être ensuite marqué d'infamie aux yeux de tous les Allemands comme traître à son propre peuple ? Lui qui précisément avait, depuis des dizaines d'années, consenti pour lui les sacrifices les plus fabuleux !

Mais que vaudrait cette alliance le jour où le germanisme aurait été extirpé de la monarchie des Habsbourg ? Est-ce que la valeur de la Triplice pour l'Allemagne ne dépendait pas directement du maintien de la prépondérance allemande en Autriche ? Ou bien, croyait-on réellement pouvoir vivre allié à un empire slave des Habsbourg ?

La position prise par la diplomatie officielle allemande, ainsi que par toute l'opinion publique, dans le problème des nationalités à l'intérieur de l'Autriche, n'était donc pas seulement stupide mais purement insensée : on bâtissait sur une alliance l'avenir et la sécurité d'un peuple de 70 millions d'âmes, et on assistait d'année en année à la destruction certaine, systématique et délibérée de la part du partenaire, de la seule base possible pour cette alliance. Il resterait donc un jour un « traité » avec la diplomatie viennoise, mais rien comme aide effective d'allié de l'empire.

Pour l'Italie, tel était d'ailleurs le cas depuis le début.

Si, en Allemagne, on avait seulement étudié un peu plus clairement l'histoire et la psychologie des peuples, on n'aurait pu croire à aucun moment que le Quirinal et le Palais impérial de Vienne pussent jamais aller côte à côte au combat. L'Italie entière eut été un volcan, avant qu'un gouvernement ait pu seulement essayer de pousser un seul soldat italien autrement qu'en adversaire sur le champ de bataille de l'État des Habsbourg si fanatiquement haï. Plus d'une fois j'ai vu éclater à Vienne le mépris passionné et la haine intense avec laquelle l'Italien était soi-disant « attaché » à l'État autrichien. Les fautes de la maison des Habsbourg contre la liberté et l'indépendance italiennes au cours des siècles étaient trop grandes pour pouvoir être oubliées, l'eût-on voulu. Et cette volonté faisait tout à fait défaut, aussi bien dans le peuple que dans le gouvernement italien. De ce fait, il n'y avait pour l'Italie que deux modi vivendi avec l'Autriche : l'alliance ou la guerre.

Tout en choisissant le premier, on pouvait tranquillement se préparer au second.

Depuis surtout que les rapports de l'Autriche et de la Russie tendaient de plus en plus vers une explication par les armes, la politique allemande d'alliances était aussi dépourvue de sens que dangereuse.

Cas classique d'absence de toute diplomatie juste et de quelque ampleur.

Pourquoi surtout concluait-on une alliance ? C'était seulement dans le but d'assurer ainsi l'avenir du Reich mieux qu'il ne l'aurait seul et livré à lui-même. Cet avenir du Reich se ramenait à maintenir les possibilités d'existence du peuple allemand.

La question ne pouvait donc s'énoncer qu'ainsi : quelle forme doit prendre, dans un avenir palpable, la vie de la nation allemande, et comment peut-on ensuite assurer à ce développement les fondements nécessaires et la sécurité requise, dans le cadre des relations générales des puissances européennes ?

En considérant clairement les prévisions d'activité extérieure de la politique allemande, on ne pouvait manquer de se convaincre de ceci :

La population de l'Allemagne augmente chaque année de près de 900.000 âmes. La difficulté de nourrir cette armée de nouveaux citoyens doit s'accroître d'année en année et finir un jour par une catastrophe, si on n'arrive pas â trouver les voies et moyens de prévenir en temps utile ce danger de famine.

Il y avait quatre moyens d'éviter une éventualité aussi effroyable.

1° On pouvait, suivant l'exemple français, restreindre artificiellement l'accroissement des naissances et prévenir ainsi le surpeuplement.

Certes la nature elle-même prend soin, aux époques de disette ou de mauvaises conditions climatiques, ou dans les régions à sol pauvre, de limiter l'accroissement de la population pour certains pays ou certaines races. D'ailleurs avec une méthode aussi sage que décisive, elle ne fait pas obstacle à la faculté procréatrice proprement dite, mais à la subsistance de l'individu procréé, soumettant celui-ci à des épreuves et des privations si dures que tout ce qui est moins fort, moins sain, est forcé de rentrer dans le néant. Ceux à qui elle permet toutefois de surmonter les rigueurs de l'existence sont à toute épreuve, rudes et bien aptes à engendrer à leur tour, afin que la même sélection fondamentale puisse recommencer. La nature en procédant ainsi brutalement à l'égard de l'individu, et en le rappelant à elle instantanément s'il n'est pas de taille à affronter la tourmente de la vie, maintient fortes la race et l'espèce et atteint aux plus hautes réalisations.

Ainsi la diminution du nombre rend plus fort l'individu, donc, en fin de compte, l'espèce.

Il en est autrement lorsque l'homme se met en devoir de limiter sa progéniture. Il n'est pas taillé du même bois que la nature, il est « humain » ; il s'y entend mieux qu'elle, cette impitoyable reine de toute sagesse ! Il ne met pas d'obstacles au développement de l'individu procréé, mais bien à la reproduction elle — même. À lui qui ne voit jamais que sa personne, et jamais la race, cela semble plus humain et plus juste que la méthode inverse. Malheureusement, les suites aussi sont inverses :

Tandis que la nature, tout en laissant les hommes libres de procréer, soumet leur descendance à une très dure épreuve — et parmi les individus en surnombre choisit les meilleurs comme dignes de vivre, les garde seuls et les charge de conserver l'espèce — l'homme limite la procréation, mais s'obstine, par contre, à conserver à tout prix tout être, une fois né. Ce correctif à la volonté divine lui semble aussi sage qu'humain, et il se réjouit, ayant sur ce nouveau point vaincu la nature, d'en avoir bien prouvé l'insuffisance. Que le nombre soit vraiment limité, mais qu'en même temps la valeur de l'individu soit amoindrie, le cher petit singe du Père éternel ne s'en apercevra qu'à contre-cœur.

Car aussitôt que la faculté procréatrice proprement dite se trouve limitée et que le chiffre des naissances se trouve diminué — à la place de la lutte naturelle pour la vie, qui ne laisse subsister que les plus forts et les plus sains — se trouve instaurée, cela va de soi, cette manie de « sauver » à tout prix les plus malingres, les plus maladifs ; noyau d'une descendance qui sera de plus en plus pitoyable, tant que la volonté de la nature sera ainsi bafouée.

L'aboutissement, c'est qu'un jour l'existence sur cette terre sera ravie à un tel peuple ; car l'homme ne peut braver qu'un certain temps la loi éternelle selon laquelle l'espèce se perpétue, et la revanche vient tôt ou tard. Une race plus forte chassera les races faibles, car la ruée finale vers la vie brisera les entraves ridicules d'une prétendue humanité individualiste pour faire place à l'humanité selon la nature, qui anéantit les faibles pour donner leur place aux forts.

Quiconque veut donc assurer l'existence du peuple allemand, en limitant volontairement l'accroissement de sa population, lui enlève par là même tout avenir.

2° Une deuxième voie serait celle que nous entendons aujourd'hui encore proposer et vanter maintes fois : la « colonisation intérieure ». C'est là un projet qui est le plus prôné par les gens qui le comprennent le moins, et qui est susceptible de causer les pires dégâts imaginables.

Sans doute peut-on augmenter le rapport d'un sol jusqu'à une limite déterminée. Mais jusqu'à une limite déterminée seulement, et pas indéfiniment. Pendant un certain temps, on pourra donc sans danger de famine compenser l'accroissement de population du peuple allemand par l'accroissement du rapport de notre sol. Il faut tenir compte cependant du fait que les besoins croissent en général plus vite que le nombre des habitants. Les besoins des hommes en nourriture et vêtements augmentent d'année en année, et ne sauraient déjà plus être comparés à ceux de nos devanciers d'il y a quelque cent ans. Il est donc fou de penser que chaque augmentation de la production autorise l'hypothèse d'un accroissement de la population : non, ce n'est vrai que dans la mesure où le surplus des produits du sol n'est pas employé à satisfaire les besoins supplémentaires des hommes. Mais même en supposant la restriction maximum d'une part et le zèle le plus laborieux de l'autre, là aussi on arrivera cependant à une limite, fonction du territoire lui-même. Malgré tout le travail possible, on ne pourra plus, à un moment donné, lui faire produire davantage, et ce sera alors, tôt ou tard, l'aboutissement fatal. La famine apparaîtra d'abord de temps en temps, après les mauvaises récoltes, etc. Avec une population en voie d'accroissement, elle sera de plus en plus fréquente, puis elle ne cessera plus qu'à l'occasion d'années exceptionnellement riches remplissant les greniers ; le temps viendra enfin où la misère ne pourra plus être soulagée, et où la faim sera la compagne éternelle de ce peuple. Il faudra alors que la nature intervienne et fasse son choix de ceux qui seront élus pour vivre ; ou bien l'homme s'aidera lui-même, limitant artificiellement sa reproduction, et encourant toutes les suites fâcheuses déjà indiquées pour la race et l'espèce.

On pourra objecter que cette éventualité atteindra un jour, d'une manière ou d'une autre, l'humanité entière et qu'aucun peuple ne saurait donc échapper à ce destin.

C'est exact à première vue. On peut cependant réfléchir à ceci :

Il est certain qu'un jour viendra où l'humanité, ne pouvant plus faire face aux besoins de sa population croissante par l'augmentation du rendement du sol, devra limiter l'accroissement du nombre des humains. Elle laissera la nature se prononcer, ou bien elle essaiera d'établir elle-même un équilibre : par des moyens plus appropriés que les moyens actuels, espérons-le ; mais alors tous les peuples seront touchés, tandis que maintenant seules sont atteintes les races qui n'ont plus assez de force pour s'assurer le sol qui leur est nécessaire en ce monde. Car les choses sont pourtant telles que, à notre époque, il y a encore d'immenses étendues de sol inutilisé, sol qui n'attend que d'être exploité. Et il est sûr aussi que ce sol n'a pas été conservé par la nature comme territoire réservé dans les temps à venir à une nation ou à une race déterminées. Il est certain, au contraire, qu'il est destiné au peuple qui aura la force de le prendre et l'activité nécessaire à son exploitation.

La nature ne connaît pas de frontières politiques. Elle place les êtres vivants les uns à côté des autres sur le globe terrestre, et contemple le libre jeu des forces. Le plus fort en courage et en activité, enfant de prédilection de la nature, obtiendra le noble droit de vivre.

Si un peuple se cantonne dans la « colonisation intérieure », tandis que d'autres races s'implantent sur des parties toujours plus étendues du globe, il sera forcé de recourir à la limitation volontaire, alors que les autres peuples continueront encore à s'accroître en nombre. Ce cas se présente d'autant plus tôt que l'espace à la disposition de ce peuple se trouve plus réduit. Comme, malheureusement, les meilleures nations — plus exactement les seules races civilisatrices, base de tout le progrès humain — renoncent trop souvent dans leur aveuglement pacifiste à de nouvelles acquisitions territoriales, et se contentent de « colonisation intérieure », alors que des nations de moindre valeur savent s'assurer la possession de territoires de peuplement, cela conduit au résultat final suivant :

Les races de plus haute civilisation, mais moins dépourvues de scrupules, doivent déjà réduire, par suite de leur territoire limité, leur accroissement à un moment où des peuples de moins haute civilisation, mais plus brutaux de nature, se trouvent, grâce à de vastes territoires de peuplement, en mesure de se développer en nombre sans souci de limitation. En d'autres termes, il adviendra qu'un jour le monde sera aux mains d'une humanité de moins haute culture, mais plus énergique.

Il ne s'offrira donc dans l'avenir que deux possibilités : ou bien le monde sera régi par les conceptions de notre démocratie moderne, et alors la balance penchera en faveur des races numériquement les plus fortes ; ou bien le monde sera régi suivant les lois naturelles : alors vaincront les peuples à volonté brutale, et non ceux qui auront pratiqué la limitation volontaire.

Personne ne peut mettre en doute que l'existence de l'humanité ne donne lieu un jour à des luttes terribles. En fin de compte, l'instinct de conservation triomphera seul, instinct sous lequel fond, comme neige au soleil de mars, cette prétendue humanité qui n'est que l'expression d'un mélange de stupidité, de lâcheté et de pédantisme suffisant. L'humanité a grandi dans la lutte perpétuelle, la paix éternelle la conduirait au tombeau.

Pour nous Allemands, les mots de « colonisation intérieure » sont néfastes, fortifiant en nous l'idée que nous avons trouvé un moyen de gagner notre vie par le travail dans un doux assoupissement. Une fois cette théorie ancrée chez nous, ce sera la fin de tout effort pour nous assurer dans le monde la place qui nous revient. Si l'Allemand moyen acquérait la conviction de pouvoir assurer par ce moyen son existence et son avenir, c'en serait fait de tout essai de défense active et par là-même seule féconde, c'en serait fait des nécessités vitales allemandes. Toute politique extérieure vraiment utile serait enterrée et, avec elle, surtout, l'avenir du peuple allemand.

Aussi n'est-ce pas un effet du hasard que ce soit toujours le Juif qui essaie surtout d'implanter cette mentalité funeste dans notre peuple ; et il s'y entend. Il s'y connaît trop bien en hommes pour ignorer qu'ils sont les victimes reconnaissantes de tous les songe-creux qui leur font croire que le moyen est trouvé de donner à la nature une chiquenaude qui rende superflue la dure et impitoyable lutte pour la vie et fasse d'eux, au contraire, soit par le travail, soit par la simple fainéantise, soit par tout autre moyen, les maîtres de la planète.

On ne saurait trop insister *sur le fait qu'une colonisation intérieure : allemande ne doit servir surtout qu'à éviter les anomalies* sociales — *et avant tout à soustraire le sol à la spéculation* — mais *que* jamais *elle ne suffira à assurer l'avenir de la nation sans* l'acquisition *de nouveaux territoires.*

Si nous agissions autrement, nous serions sous peu à bout de sol, et à bout de forces. Enfin, il faut encore bien établir ceci :

La limitation qui résulte de la colonisation intérieure sur un petit territoire déterminé, tout comme la restriction de la faculté procréatrice, conduisent à la situation militaire et politique la plus défavorable pour une nation.

L'importance territoriale d'un pays est, à elle seule, un facteur essentiel de sécurité extérieure. Plus est grand le territoire dont dispose un peuple, plus est grande aussi sa protection naturelle ; on obtient toujours des décisions militaires plus rapides, et aussi plus faciles, plus efficaces et plus complètes, contre les peuples occupant un territoire restreint ; ce serait le contraire contre des États au domaine territorial plus étendu. En outre, l'étendue de celui-ci constitue une protection certaine contre des attaques non poussées à fond, le succès ne pouvant être obtenu qu'après de longs et durs combats, et le risque d'un coup de main à l'improviste devant apparaître trop grand s'il n'y a pas des raisons tout à fait exceptionnelles de le tenter.

L'importance territoriale proprement dite d'un État est ainsi, à elle seule, un facteur du maintien de la liberté et de l'indépendance d'un peuple ; tandis que l'exiguïté territoriale provoque l'invasion.

Aussi ces deux premiers moyens d'établir un équilibre, dans le cadre « national » du Reich, entre le chiffre croissant de la population et le territoire qui ne pouvait s'étendre, furent-ils en fait écartés. Les raisons de cette attitude étaient tout autres que celles que nous avons mentionnées plus haut : en ce qui concerne la limitation des naissances, on s'abstint en premier lieu pour certaines raisons morales ; quant à la colonisation intérieure, elle fut repoussée énergiquement, parce qu'on pressentait en elle une attaque contre la grande propriété, ensuite et surtout parce qu'on y voyait le prélude à un assaut général contre la propriété privée. Étant donné surtout la forme sous laquelle on préconisait cette « doctrine de salut », une telle hypothèse pouvait se soutenir.

Dans l'ensemble, à l'endroit du grand public, cette résistance n'était pas très opportune, et en tous cas elle n'allait nullement au cœur du sujet.

Ainsi il ne restait plus que deux voies pour assurer le pain et le travail à la population toujours croissante.

3° On pouvait soit acquérir de nouveaux territoires, pour y pousser chaque année les millions d'habitants en surnombre, et obtenir ainsi que la nation continuât à s'assurer à elle-même sa propre subsistance.

4° Ou bien passer outre, pour amener à notre industrie et à notre commerce la clientèle de l'étranger, en assurant notre existence grâce à ces profits.

Autrement dit : soit une politique territoriale, soit une politique coloniale et commerciale.

Ces deux voies furent considérées de divers points de vue, examinées, préconisées, combattues, jusqu'à ce que l'on choisît définitivement la dernière.

La voie la plus saine des deux eût été certainement la première.

L'acquisition de territoires nouveaux à coloniser par l'excédent de notre population, possède des avantages infiniment nombreux, surtout quand on considère non le présent mais l'avenir.

Tout d'abord on ne saurait trop priser la possibilité de conserver une classe paysanne saine comme base de toute la nation. Beaucoup de nos maux actuels ne sont que la conséquence du rapport faussé entre les populations urbaine et rurale. Une solide souche de petits et moyens paysans fut de tout temps la meilleure sauvegarde contre les malaises sociaux qui sont aujourd'hui les nôtres. C'est aussi la seule solution qui assure à une nation son pain quotidien dans le cadre d'une économie fermée. Industrie et commerce rétrogradent alors de leur situation prééminente et malsaine et s'articuler. t dans le cadre général d'une économie nationale où les besoins s'équilibreraient. Ils ne sont plus la base même, mais les auxiliaires de la subsistance de la nation. Quand leur rôle se borne à garder un juste rapport entre nos propres besoins et notre propre production dans tous les domaines, ils rendent à un certain degré la subsistance du peuple indépendante de l'étranger ; ainsi ils contribuent à assurer la liberté de l'État et l'indépendance de la nation, surtout aux jours d'épreuve.

Cependant une telle politique territoriale ne peut plus aujourd'hui s'exercer quelque part au Cameroun, mais bien presque exclusivement en Europe. Il faut se ranger avec calme et sang-froid à ce point de vue qu'il ne saurait être conforme à la volonté divine de voir un peuple posséder cinquante fois plus de territoire qu'un autre. Il n'est pas permis, dans ce cas, de se laisser écarter, par des frontières politiques, des limites du droit éternel. Si cette terre a réellement assez de place pour la vie de tous, qu'on nous donne donc le sol qui nous est nécessaire pour vivre.

Assurément, on ne le fera pas volontiers. Mais alors intervient le droit de chacun à lutter pour son existence ; et ce qui est refusé à la douceur, il appartient au poing de le conquérir. Si nos ancêtres avaient fait dépendre jadis leurs décisions de l'absurde mentalité pacifiste actuelle, nous ne posséderions pas au total le tiers de notre sol national actuel, et le peuple allemand n'aurait plus à se soucier de son avenir en Europe. Non, c'est à leur attitude résolue dans la lutte pour l'existence que nous devons les deux marches de l'Est du Reich, et, en outre, cette force intérieure que constitue la grandeur territoriale de notre État et de notre peuple, grandeur qui d'ailleurs nous a seule permis de subsister jusqu'à ce jour.

Une autre raison encore fait que cette solution eût été la bonne :

Beaucoup d'États européens ressemblent aujourd'hui à des pyramides qui reposent sur leur pointe. Leur superficie européenne est ridiculement petite vis-à-vis de l'étendue exagérée de leurs colonies, de l'importance de leur commerce extérieur, etc. On peut dire : le sommet en Europe, la base dans le monde entier, à la différence des États-Unis qui ont leur base sur leur propre continent et ne touchent le reste du monde que par le sommet. C'est aussi là ce qui fait la force intérieure inouïe de cet État, et la faiblesse de la plupart des puissances coloniales européennes.

L'Angleterre même n'est pas une preuve contre ce que j'avance, car c'est trop facilement qu'on oublie en regard de l'empire britannique, l'existence du monde anglo-saxon. La position de l'Angleterre, du seul fait de sa communauté de culture et de langue avec les États-Unis, ne peut être nullement comparée à celle d'une puissance européenne quelconque.

Pour l'Allemagne, par suite, la seule possibilité de mener à bien une politique territoriale saine résidait dans l'acquisition de terres nouvelles en Europe même. Des colonies ne peuvent servir à ce but tant qu'elles n'apparaissent pas favorables au peuplement massif par des Européens. Mais on ne pouvait plus au dix-neuvième siècle obtenir de tels territoires coloniaux par voie pacifique. On ne pouvait même pas mener une telle politique coloniale sans une guerre sévère qu'il eût été plus opportun de livrer pour acquérir un territoire du continent européen, plutôt que des domaines extra-européens.

Une telle résolution une fois prise exige ensuite que l'on s'y consacre exclusivement. Ce n'est pas avec des demi-mesures et des hésitations que l'on réalise une tâche qui demande toute la volonté et toute l'énergie de chacun. Il fallait aussi subordonner alors toute la politique du Reich à ce but exclusif ; il ne fallait pas se permettre un geste procédant d'autres considérations que de la connaissance de cette tâche et des moyens de l'accomplir.

Il fallait bien se rendre à l'évidence : seul le combat permettrait d'atteindre ce but, et c'est d'un œil froid et calme qu'il fallait considérer la course aux armements.

Tout l'ensemble des alliances devait être examiné de ce seul point de vue, et il fallait en estimer la valeur réelle. Voulait-on des territoires en Europe, cela ne pouvait être en somme qu'aux dépens de la Russie. Alors il eût fallu que le nouveau Reich suivît de nouveau la voie des anciens chevaliers de l'ordre teutonique, afin que l'épée allemande assurât la glèbe à la charrue allemande, et donnât ainsi à la nation son pain quotidien.

Pour une semblable politique, le seul allié possible en Europe était l'Angleterre.

C'est seulement avec l'Angleterre que l'on pouvait, une fois nos derrières assurés, entreprendre la nouvelle croisade des Germains. Notre droit n'y eut pas été moindre que celui de nos ancêtres. Aucun de nos pacifistes ne se refuse à manger le pain de l'Est, et pourtant c'est le glaive qui a ouvert le chemin à la charrue !

Pour se concilier les bonnes grâces de l'Angleterre, aucun sacrifice ne devait être trop grand. Il fallait renoncer aux colonies et à la puissance maritime, et épargner toute concurrence à l'industrie britannique.

Une position nette et sans réticences pouvait seule conduire à ce résultat : renoncer au commerce mondial et aux colonies ; renoncer à une flotte de guerre allemande ; concentrer toute la puissance de l'État sur l'armée de terre.

Le résultat aurait été certes une limitation momentanée, mais un avenir de grandeur et de puissance.

Il fut une période où l'Angleterre aurait laissé s'engager des négociations dans ce sens. Car elle aurait très bien compris que c'était pour l'Allemagne une nécessité, du fait de l'accroissement de sa population, de chercher un débouché quelconque, et qu'elle le trouverait avec le concours de l'Angleterre, en Europe ou, sans elle, dans le monde.

Il fallait au premier chef favoriser cette tendance quand, au début du siècle, Londres même chercha à se rapprocher de l'Allemagne. Pour la première fois apparut alors l'état d'esprit dont nous pûmes observer au cours des dernières années les manifestations véritablement effrayantes. La pensée de devoir tirer les marrons du feu pour l'Angleterre nous impressionnait désagréablement ; comme si une alliance pouvait jamais reposer sur une autre base que sur une bonne affaire pour les deux parties. Et on en pouvait très facilement conclure une avec l'Angleterre. La diplomatie anglaise était bien trop rusée pour ignorer que tout avantage veut une contre-partie.

Que l'on se représente encore qu'une politique extérieure allemande avisée eut pris à son compte le rôle du Japon en 1904, et l'on peut à peine évaluer les conséquences qui en auraient découlé pour l'Allemagne.

La guerre mondiale n'aurait pas eu lieu.

Le sang versé en 1904 aurait épargné son décuple de 1914 à 1918. Et quelle situation aurait aujourd'hui prise l'Allemagne dans le monde ! En tous cas, l'alliance avec l'Autriche était dès lors une ineptie.

Cet état-momie s'attachait à l'Allemagne non pour faire une guerre, mais pour maintenir une paix éternelle, que l'on utiliserait ensuite de façon fort avisée pour un anéantissement lent mais sûr du germanisme dans la monarchie.

Chose impossible encore que cette alliance, parce qu'il n'était pas permis d'attendre une défense active des intérêts nationaux allemands, de la part d'un État qui n'avait même pas assez de force et d'esprit de décision pour enrayer la dégermanisation à l'intérieur de ses frontières. Si l'Allemagne ne possédait pas assez de sentiment national et de caractère pour arracher à l'impossible État des Habsbourg la disposition du destin de dix millions d'hommes de race allemande, on ne pouvait plus véritablement attendre que ce dernier prêtât la main à des plans largement conçus et téméraires. De l'attitude de l'ancien Reich dans la question autrichienne, on pouvait déduire celle qu'il aurait dans la lutte décisive pour toute la nation. En tous cas, on n'aurait pas dû permettre que d'année en année le germanisme fût plus opprimé, car la valeur d'allié de l'Autriche ne pouvait vraiment être assurée que par le maintien de l'élément allemand. Mais on s'écarta encore de cette voie. On ne craignait rien tant que la lutte, et on levait y être contraint su moment le plus défavorable.

On voulait échapper su destin et ce fut en vain. On rêvait du maintien de la paix du monde, et on se réveilla devant la guerre mondiale.

Et ce rêve de paix était la principale raison pour laquelle on ne prit pas en considération cette troisième voie pour donner forme à l'avenir allemand. On savait qu'il n'y avait de territoires à gagner qu'à l'Est, on voyait le combat qu'ils nécessitaient, et l'on voulait cependant à tout prix la paix ; car, dès cette époque et depuis longtemps, la devise de la politique extérieure allemande n'était plus le maintien de la nation allemande par tous les moyens, mais bien plutôt le maintien de la paix universelle par tous les moyens. On sait le résultat !

Je reviendrai tout particulièrement sur ce point.

Restait donc la quatrième éventualité : industrie et commerce mondial, puissance maritime et colonies.

Un tel développement devait certes être atteint plus facilement et plus rapidement. C'est que coloniser un territoire est une chose longue, qui souvent dure des siècles ; c'est là précisément qu'il faut en voir sa force profonde : il ne s'agit point d'une flambée subite, mais d'une poussée à la fois graduelle, profonde et durable, à la différence d'un essor industriel, que quelques années peuvent « souffler », plutôt bulle de savon que puissance sans faille. On a plus tôt fait de bâtir une flotte que de bâtir des fermes avec des luttes opiniâtres, et d'y mettre des fermiers. Mais la flotte est aussi plus facile à anéantir.

Quand l'Allemagne pourtant s'engagea dans cette voie, on eût dû au moins se rendre compte que cette politique, elle aussi, conduirait un jour à la guerre. Des enfants seuls pouvaient croire qu'il leur suffirait de leur amabilité, de leur bonne grâce et de l'affirmation de leurs convictions pacifistes pour pouvoir aller chercher des bananes en dénommant cette opération « conquête pacifique des peuples », comme le disaient les bavards, avec emphase et onction, sans devoir donc recourir aux armes.

Non : si nous nous étions engagés dans cette voie, il était inévitable que l'Angleterre devînt un jour ou l'autre notre ennemie, et il eût été plus que stupide de s'indigner — mais quelle n'était pas notre ingénuité — le jour où elle se serait permis de s'opposer à notre activité pacifique avec la brutalité d'un égoïsme violent.

Il est vrai que nous, hélas ! ne l'eussions jamais fait. Si nous ne pouvions poursuivre une politique de conquêtes territoriales en Europe autrement qu'en nous unissant à l'Angleterre contre la Russie, de même une politique coloniale et de commerce mondial n'était possible que contre l'Angleterre et avec la Russie. Mais, dans ce cas, il fallait adopter cette politique avec toutes ses conséquences, et surtout lâcher l'Autriche au plus vite. De quelque manière qu'on l'envisageât, cette alliance avec l'Autriche était déjà vers 1900 une véritable folie.

Mais on ne pensait pas le moins du monde à s'allier avec la Russie contre l'Angleterre, pas plus qu'on ne pensait à s'allier avec l'Angleterre contre la Russie, car la guerre en eût résulté dans les deux cas, et c'était pour l'empêcher qu'on s'engageait dans cette politique commerciale et industrielle. On pensait posséder dans la conquête « économique et pacifique » du monde une méthode d'action qui devait, une fois pour toutes, tordre le cou à toute politique de force. De cela, on n'était peut-être pas toujours très sûr, surtout quand, de temps en temps, venaient d'Angleterre des menaces tout à fait incompréhensibles. C'est pourquoi on se décida à construire une flotte, mais nullement dans l'intention d'attaquer ou de détruire l'Angleterre, au contraire pour défendre cette « paix mondiale » et poursuivre la conquête « pacifique » du monde. C'est pour cela qu'on créa cette flotte modeste sous tous les rapports, non seulement en ce qui concernait le nombre et le tonnage des vaisseaux, mais aussi l'armement, pour laisser percer de nouveau, en fin de compte, l'intention « pacifique ».

Les bavardages relatifs à une conquête « économique et pacifique » du monde ont été le non-sens le plus complet qui ait jamais été érigé en principe directeur de la politique d'un État. Ce non-sens apparaît plus flagrant si l'on considère qu'on n'hésitait pas à désigner l'Angleterre elle-même comme l'exemple le plus probant de la possibilité d'une telle conquête. Ce que notre doctrine et notre conception professorales de l'histoire ont gâché sous ce rapport, est à peine réparable st c'est une preuve éclatante de ce fait, que bien des hommes « apprennent » l'histoire sans y rien comprendre. On eût dû reconnaître que justement l'Angleterre est l'exemple frappant de la théorie opposée, car aucun peuple n'a mieux ni plus brutalement préparé ses conquêtes économiques par l'épée, et ne les a défendues ensuite plus résolument. N'est-ce pas justement la caractéristique de l'art politique anglais que le fait qu'il sait tirer de sa force politique des conquêtes économiques et inversement, transformer tout succès économique en puissance politique ? En outre, quelle erreur de croire que l'Angleterre elle-même était trop lâche pour verser son propre sang en faveur de son expansion économique I Le fait que l'Angleterre ne possédait pas d'armée « nationale » ne le prouvait nullement ; ce qui importe dans ce cas ce n'est pas la structure militaire momentanée de l'armée, mais la volonté et la décision d'engager l'armée qu'on possède.

L'Angleterre a toujours eu l'armement dont elle avait besoin. Elle a toujours eu, pour combattre, les armes qui étaient nécessaires pour vaincre. Elle a envoyé au combat des mercenaires aussi longtemps que des mercenaires suffirent ; mais elle sut toujours puiser jusqu'aux profondeurs du sang le plus précieux de sa nation, quand, seul, un tel sacrifice pouvait donner la victoire ; dans tous les cas, la volonté de combat, la ténacité et la conduite brutale des opérations restèrent les mêmes.

Mais en Allemagne on avait peu à peu créé par les écoles, la presse et les journaux satiriques, une idée de l'Anglais et plus encore si possible de son empire, telle qu'elle devait aboutir à une de nos pires déceptions ; peu à peu cette idée fausse se répandit partout comme une contagion, et la conséquence en fut une sous-estimation que nous expiâmes cruellement. Cette illusion fut si profonde qu'on était persuadé que l'Anglais n'était qu'un homme d'affaires aussi roué qu'incroyablement lâche personnellement. Nos distingués professeurs de didactique n'imaginaient aucunement qu'un empire mondial aussi vaste que celui de l'Angleterre ne pouvait avoir été acquis par des ruses et des subterfuges. Les gens, peu nombreux, qui mettaient en garde contre cette erreur, n'étaient pas écoutés ou on les réduisait su silence. Je me rappelle encore nettement quelles mines étonnées firent mes camarades quand les tommies se trouvèrent face à nous en Flandre. Dès les premières journées de combat, chacun commença à se douter que ces Ecossais ne ressemblaient nullement à ceux qu'on avait cru bon de nous dessiner dans les feuilles humoristiques et les communiqués.

J'ai fait à cette occasion mes premières observations sur l'utilité de certaines formes de propagande.

Cette illusion procurait certes quelques avantages à ceux qui la propageaient : on pouvait utiliser cet exemple — bien que faux — pour démontrer la possibilité d'une conquête économique du monde. Ce qui avait réussi à l'Anglais devait nous réussir aussi ; et même un avantage particulier nous était conféré par notre probité sensiblement plus élevée, par notre manque de cette perfidie spécifiquement anglaise. Et on espérait par là gagner d'autant plus facilement la sympathie des petites nations et la confiance des grandes.

Que notre probité fût pour les autres un objet de profonde aversion, nous ne le comprenions point, parce que nous y croyions sérieusement nous-mêmes, tandis que le reste du monde ne voyait dans notre conduite que l'expression d'un raffinement d'hypocrisie, jusqu'à ce que la révolution lui permît d'entrevoir, à son plus grand étonnement sans doute, toute la profondeur de notre psychologie, sincère jusqu'à une bêtise sans limites.

Seul, le non-sens de cette conquête « économique pacifique » du monde peut faire comprendre aussitôt, dans toute sa clarté, cet autre non-sens de la Triplice.

Avec quel État pouvait-on donc s'allier ? Avec l'Autriche, on ne pouvait entreprendre une guerre de conquêtes, même en Europe. C'est là que résidait la faiblesse innée de cette alliance. Un Bismarck pouvait se permettre de recourir à ce pis-aller, mais aucun de ses successeurs malhabiles ne le pouvait plus et encore moins à une époque où les bases essentielles de l'alliance conclue par Bismarck n'existaient plus : car Bismarck pouvait encore voir dans l'Autriche un État allemand. Mais l'introduction graduelle du suffrage universel avait abaissé ce pays régi suivant les règles parlementaires à un état chaotique n'ayant plus rien d'allemand.

Du point de vue d'une politique ethnique également, l'alliance avec l'Autriche était simplement funeste. On tolérait aux côtés du Reich la formation d'une nouvelle grande puissance slave, qui devait tôt ou tard se tourner contre l'Allemagne bien autrement que ce ne fut le cas, par exemple, pour la Russie. L'alliance devait se pourrir et s'affaiblir d'année en année, à mesure que faiblirait dans la monarchie danubienne l'influence des pangermanistes, que l'on écartait de toutes les situations primordiales.

L'alliance de l'Allemagne avec l'Autriche était déjà entrée vers 1900 dans la même phase que l'alliance de l'Autriche avec l'Italie.

Là aussi une seule alternative : ou bien on était l'allié de la monarchie des Habsbourg, ou bien on devait élever une protestation contre l'oppression du germanisme en Autriche. Mais quand on s'engage dans une pareille voie, la lutte ouverte en résulte dans la plupart des cas.

La valeur de la Triplice n'était que modeste déjà su point de vue psychologique, car la solidité d'une alliance tend à diminuer dans la mesure où elle se réduit de plus en plus au maintien d'un état de choses existant. Une alliance, au contraire, devient d'autant plus forte que les parties contractantes comptent atteindre par ce moyen des buts d'expansion déterminés et accessibles. Dans ce cas aussi, la force n'est pas dans la résistance, mais dans l'attaque.

C'est une chose qui fut reconnue alors de divers côtés, malheureusement pas dans les milieux dits « professionnels ».

Ce fut surtout Ludendorff, à cette époque colonel attaché au grand état-major, qui indiqua tous ces côtés faibles dans un mémoire, en 1912. Naturellement, les « hommes d'État » n'y attachèrent aucune importance ni aucune valeur ; en général, la raison ne semble apparaître efficacement que chez les simples mortels, et elle disparaît en principe aussitôt qu'il s'agit de « diplomates ».

Pour l'Allemagne, ce fut encore heureux que la guerre en 1914 éclatât par la voie détournée de l'Autriche et que les Habsbourg, en conséquence, ne pussent se dérober ; si la guerre était survenue d'une autre façon, l'Allemagne eût été seule. L'État des Habsbourg n'aurait jamais pu, ni même jamais voulu, prendre part à une lutte qui se serait engagée du fait de l'Allemagne. Ce qu'on blâma tant, plus tard, dans le cas de l'Italie, se serait produit avec l'Autriche ; elle serait restée « neutre » pour préserver su moins l'État d'une révolution tout au début de la guerre. Les Slaves d'Autriche eussent brisé la monarchie en 1914, plutôt que de lui permettre de porter secours à l'Allemagne. Mais bien peu nombreux furent à cette époque ceux qui purent comprendre tous les dangers et toutes les aggravations de difficultés qui résultaient de l'alliance avec la monarchie danubienne.

En premier lieu, l'Autriche avait trop d'ennemis qui espéraient recueillir l'héritage de cet État décrépit, pour que ceux-ci ne finissent pas par éprouver une certaine animosité contre l'Allemagne, considérée comme l'obstacle au démembrement de la monarchie, attendu et espéré de tous côtés. On arriva à la conclusion qu'on ne pouvait parvenir jusqu'à Vienne qu'en passant par Berlin.

En second lieu, l'Allemagne perdit de ce fait les meilleures et les plus prometteuses de ses possibilités d'alliance. Au contraire, en leur lieu et place on observa une tension croissante dans les rapports avec la Russie et même avec l'Italie. Car, à Rome, l'état d'esprit général était favorable à l'Allemagne, mais l'hostilité envers l'Autriche sommeillait — et même parfois flambait — dans le cœur du dernier des Italiens. Du moment qu'on s'était engagé dans une politique commerciale et industrielle, on ne pouvait trouver le moindre motif pour une guerre contre la Russie. Seuls, les ennemis des deux nations pouvaient y trouver un grand intérêt. Ce furent en fait d'abord les Juifs et les marxistes qui poussèrent par tous les moyens à la guerre entre les deux États.

En troisième lieu, enfin, cette alliance comportait nécessairement un danger permanent pour l'Allemagne, parce qu'il était toujours facile à un État effectivement hostile au Reich de Bismarck de mobiliser toute une série d'États contre l'Allemagne, en leur promettant à tous l'enrichissement aux frais de son allié autrichien.

On pouvait mettre en branle contre la monarchie danubienne toute l'Europe orientale, mais surtout la Russie et l'Italie. La coalition mondiale qui se formait sous l'influence directrice du roi Édouard ne serait jamais devenue un fait accompli si cet allié de l'Allemagne, l'Autriche, n'eût constitué un héritage aussi attrayant. De ce fait seulement, il devint possible d'entraîner dans le même front offensif des États animés de désirs et poursuivant des buts aussi hétérogènes. Chacun pouvait espérer, au cours d'une attaque générale contre l'Allemagne, s'enrichir aux frais de l'Autriche. Et le fait que la Turquie, elle aussi, faisait tacitement partie de cette alliance de malheur, augmentait encore ce danger dans des proportions extraordinaires. La finance juive internationale avait besoin de cet appât pour mener à bien son projet longtemps caressé d'une destruction de l'Allemagne, qui n'était pas encore soumise au contrôle financier et économique général de ce super-État. Ce n'est qu'ainsi qu'on put souder la coalition que, seul, rendait forte et courageuse le nombre de ses millions de soldats, prête enfin pour un corps à corps avec le Siegfried « cornu ».[3]

L'alliance avec la puissance des Habsbourg, qui me remplissait déjà en Autriche de mécontentement, me causa de longues épreuves intérieures, qui renforcèrent encore par la suite mon opinion déjà arrêtée.

---

[3] Siegfried est appelé « cornu », parce que, dans la légende bien connue. Il se couvrit d'une peau dure comme la corne quand il se baigna dans le sang du dragon. — S. O.

Je ne cachais pas, dans les cercles restreints que je fréquentais, ma conviction que ce malencontreux traité avec un État voué à la perte conduirait aussi l'Allemagne à un effondrement catastrophique si elle ne s'en dégageait à temps. Je ne fus pas ébranlé, même un instant, dans cette conviction profonde, quand enfin la tempête de la guerre mondiale parut éliminer toute considération raisonnable, et que le vertige de l'exaltation s'empara même des centres qui n'auraient dû être accessibles qu'au réalisme le plus froid. Même quand je me trouvai au front, chaque fois que j'eus l'occasion de discuter ces problèmes, j'émis l'opinion qu'il fallait, dans l'intérêt de la nation allemande, rompre l'alliance et que le plus tôt serait le mieux ; que l'abandon de la monarchie des Habsbourg ne serait pas un sacrifice, si l'Allemagne pouvait par là réduire le nombre de ses adversaires ; car ce n'était pas pour maintenir une dynastie dégénérée, mais bel et bien pour le salut de la nation allemande que des millions d'hommes portaient le casque.

Plusieurs fois il sembla avant-guerre que, dans un camp au moins, on commençât à émettre quelques doutes sur l'opportunité de la politique d'alliances adoptée : les milieux conservateurs allemands mirent plus d'une fois en garde contre une confiance excessive, mais comme pour tout avertissement raisonnable, autant en emporta le vent. On était persuadé qu'on se trouvait sur la voie de la « conquête » du monde, dont les résultats seraient énormes, et où les sacrifices seraient égaux à zéro. Et il ne restait encore une fois aux a profanes » qu'à observer en silence comment et pourquoi les « initiés » marchaient tout droit à leur perte, entraînant à leur suite le bon peuple, comme le chasseur de rats de Hameln.

*

La raison plus profonde qui permettait de présenter le non-sens d'une s conquête économique » comme système de politique pratique, et de donner pour but politique à tout un peuple le maintien de la « paix mondiale n, résidait dans un état général maladif de toute notre pensée politique.

Les triomphes de la technique et de l'industrie allemandes, les succès grandissants du commerce allemand, nous faisaient oublier de plus en plus que tout cela n'était possible qu'avec, comme condition préalable, un État puissant. Au contraire, dans bien des milieux, on allait même jusqu'à affirmer la conviction que l'État lui-même doit son existence à ces phénomènes, qu'il est surtout une institution économique et qu'il dépend de l'économie dans sa constitution actuelle, ce qui était considéré et glorifié comme l'état de choses le plus normal et le plus sain.

Mais l'État n'a rien à faire avec une conception économique ou un développement économique déterminé ! Il n'est pas la réunion de parties contractantes économiques dans un territoire précis et délimité, ayant pour but l'exécution de tâches économiques ; il est l'organisation d'une communauté d'êtres vivants, pareils les uns aux autres au point de vue physique et moral, constituée pour mieux assurer leur descendance, et atteindre le but assigné à leur race par la Providence. C'est là, et là seulement, le but et le sens d'un État.

L'économie n'est qu'un des nombreux moyens nécessaires à l'accomplissement de cette tâche. Elle n'est jamais ni la cause ni le but d'un État, sauf le cas où ce dernier repose a priori sur une base fausse, parce que contre nature. Ce n'est qu'ainsi qu'on peut expliquer le fait que l'État, en tant que tel, ne repose pas nécessairement sur une délimitation territoriale. Cette condition ne deviendra nécessaire que chez les peuples qui veulent assurer par leurs propres moyens la subsistance de leurs compagnons de race, c'est-à-dire chez ceux qui veulent mener à bien la lutte pour l'existence par leur propre travail. Les peuples qui ont la faculté de se glisser comme des parasites dans l'humanité, afin de faire travailler les autres pour eux sous différents prétextes, peuvent former des États sans que le moindre territoire délimité leur soit propre. C'est le cas surtout pour le peuple dont le parasitisme fait souffrir toute l'humanité : le peuple juif.

L'État juif ne fut jamais délimité dans l'espace ; répandu sans limites dans l'univers, il comprend cependant exclusivement les membres d'une même race. C'est pour cela que ce peuple a formé partout un État dans l'État. C'est l'un des tours de passe-passe les plus ingénieux au monde que d'avoir fait naviguer cet État sous l'étiquette de « religion », et de lui assurer ainsi la tolérance que l'Aryen est toujours prêt à accorder à la croyance religieuse. En réalité, la religion de Moïse n'est rien d'autre que la doctrine de la conservation de la race juive. C'est pour cela qu'elle embrasse aussi presque tout le domaine des sciences sociales, politiques et économiques qui peuvent s'y rapporter.

L'instinct de conservation de l'espèce est la première cause de la formation de communautés humaines. De ce fait, l'État est un organisme racial et non une organisation économique, différence qui est aussi grande qu'elle reste incompréhensible surtout pour les soi-disant « hommes d'État » contemporains. C'est pour cela que ceux-ci pensent pouvoir construire l'État par des moyens économiques, tandis qu'en réalité il n'est éternellement que le résultat de l'exercice des qualités qui entrent dans la ligne de l'instinct de conservation de l'espèce et de la race. Et ces qualités sont toujours des vertus héroïques et non l'égoïsme mercantile, car la conservation de l'existence d'une espèce suppose qu'on est prêt à sacrifier l'individu. Tel est aussi le sens des paroles du poète :

Und setzet ihr nicht *das Leben ein.*
Nie wird euch das Leben gewonnen sein.[4]

(Et si vous n'engagez pas votre vie elle-même, jamais vous ne la gagnerez, votre vie). Le sacrifice de l'existence individuelle est nécessaire pour assurer la conservation de la race. Ainsi, la condition essentielle pour la formation et le maintien d'un État, c'est qu'il existe un sentiment de solidarité sur la base d'une identité de caractère et de race, et qu'on soit résolu à le défendre par tous les moyens. Cela doit aboutir chez les peuples qui ont un territoire à eux à la formation de vertus héroïques, et chez les parasites à une

---

[4] SCHILLER, *Wallenstein* (« Camp de Wallenstein ». Chanson des cuirassiers).

hypocrisie mensongère et à une cruauté perfide, à moins qu'on admette que ces caractéristiques fussent innées, et que la différence des formes politiques n'en soit que la preuve évidente. Mais la fondation d'un État doit toujours résulter, du moins au début, d'une manifestation de ces qualités ; et les peuples qui succombent dans la lutte pour l'existence, c'est-à-dire qui sont vassalisés et condamnés de ce fait à disparaître tôt ou tard, sont ceux qui montrent le moins de vertus héroïques dans cette lutte ou qui sont victimes de la ruse perfide des parasites. Et, même dans ce dernier cas, il ne s'agit généralement pas tant d'un manque d'intelligence que du manque de résolution et de courage, qui cherche à se cacher sous le couvert de sentiments humains.

Le fait que la force intérieure d'un État ne coïncide que très rarement avec le prétendu épanouissement économique, montre, de façon éclatante, combien les qualités constructrices et conservatrices des États sont peu liées à l'économie. L'épanouissement économique — d'innombrables exemples nous le montrent — paraît plutôt annoncer que le déclin de l'État est proche. Et si la formation des communautés humaines s'expliquait en premier lieu par l'action des forces ou des mobiles économiques, ce serait le développement économique maximum qui devrait signifier le summum de puissance de l'État et non l'inverse.

La croyance à la force économique pour la fondation ou la conservation des États paraît surtout incompréhensible, quand on la rencontre dans un pays où l'histoire à chaque pas démontre le contraire d'une façon claire et répétée. La Prusse surtout démontre, avec une précision prodigieuse, que ce ne sont pas les qualités matérielles, mais les seules vertus morales qui donnent les moyens de fonder un État. Ce n'est que sous leur protection que l'économie commence à fleurir, jusqu'au moment où elle s'effondre avec l'effondrement des pures capacités créatrices de l'État, développement que nous pouvons observer maintenant même d'une manière si affligeante. Cela a toujours été à l'ombre des vertus héroïques qu'ont pu le mieux prospérer les intérêts matériels des hommes. Mais dès que ces derniers prétendent s'arroger la première place, ils détruisent eux-mêmes les conditions de leur propre existence.

Toutes les fois que la puissance politique de l'Allemagne a traversé une période ascendante, le niveau économique a aussi monté ; par contre, toutes les fois que l'économie seule a occupé la vie de notre peuple et a fait sombrer les vertus idéalistes, l'État s'est effondré et a entraîné en peu de temps l'économie dans sa perte.

Mais si on se demande quelles sont donc en réalité ces forces qui créent et qui conservent les États, on peut les réunir sous cette même désignation : l'esprit et la volonté de sacrifice de l'individu pour la communauté. Le fait que ces vertus n'ont rien de commun avec l'économie ressort de ce simple fait, que l'homme ne se sacrifie jamais pour celle-ci, c'est-à-dire qu'on ne meurt pas pour une affaire, mais pour un idéal. Rien ne prouve mieux la supériorité psychologique de l'Anglais en ce qui concerne la compréhension de l'âme du peuple que la raison qu'il a su donner de son entrée en guerre. Tandis que nous combattions pour notre pain, l'Angleterre luttait pour la « liberté » et même pas pour la sienne, mais pour celle des petites nations. Chez nous, on a ri de cette effronterie, ou bien on s'en est fâché, démontrant ainsi à quel point la diplomatie allemande était, déjà avant la guerre, dépourvue d'idées et stupide. On n'avait plus la moindre notion de ce qu'était cette force qui peut faire aller librement à la mort des hommes conscients et résolus.

Aussi longtemps que le peuple allemand crut, en 1914, combattre pour un idéal, il soutint la lutte ; quand on le fit se battre seulement pour le pain quotidien, il préféra abandonner le jeu.

Nos « hommes d'État », si pleins d'esprit, furent surpris de ce changement de mentalité. Ils ne comprirent jamais que l'homme, à partir du moment où il lutte pour un intérêt économique, évite la mort autant qu'il peut, car celle-ci le priverait pour toujours de jouir du fruit de la victoire. Le souci du salut de son enfant transforme la mère la plus faible en une héroïne, et ce ne fut, au cours des âges, que la lutte pour la conservation de la race et du foyer, ou de l'État qui la défend, qui jeta les hommes au-devant des lances ennemies. On peut proclamer la formule suivante comme une vérité éternelle :

Jamais un État ne fut fondé par l'économie pacifique, mais toujours il le fut par l'instinct de conservation de la race, que celui-ci s'exprimât dans le domaine de l'héroïsme ou dans celui de la ruse et de l'intrigue ; dans le premier cas, il en résulte des États aryens de travail et de culture, dans l'autre, des colonies parasitaires juives. Aussitôt que l'économie commence chez un peuple à étouffer cet instinct, elle devient elle-même la cause qui amène l'asservissement et l'oppression.

La foi qu'on avait avant-guerre dans la possibilité pour le peuple allemand d'accaparer les marchés mondiaux ou même de conquérir le monde par la voie pacifique d'une politique commerciale et coloniale, ét3it un symptôme classique de la perte de toutes les vraies vertus qui forment et conservent l'État, et de toutes celles qui en découlent : discernement, force de volonté et décision dans l'action ; c'était dans les lois naturelles que la guerre mondiale avec toutes ses conséquences en fut le résultat.

Pour celui qui n'approfondit pas les questions, cette attitude de la nation allemande — car elle fut presque générale — dut paraître une énigme insoluble ; car c'est précisément l'Allemagne elle-même qui fut l'exemple le plus prodigieux d'un empire qui avait surgi sur les bases d'une pure politique de puissance. La Prusse, cette cellule génératrice du Reich, surgit d'un héroïsme rayonnant et non d'opérations financières ou d'affaires commerciales, et le Reich lui-même ne fut que la récompense la plus magnifique d'une politique orientée vers la puissance, et du courage de ses soldats.

Comment le peuple allemand put-il donc se trouver ainsi atteint dans son instinct politique ? Car il ne s'agissait pas là d'un phénomène isolé, mais de symptômes de décadence apparaissant de divers côtés en nombre vraiment effarant, tantôt parcourant le corps de la nation comme des feux follets, tantôt formant dans tel ou tel endroit des abcès qui rongeaient la chair de la nation. Il semblait qu'un flot incessant de venin était poussé par une force mystérieuse jusqu'aux dernières veines de ce corps jadis héroïque, entraînant à sa suite une paralysie croissante de la saine raison et de l'instinct de conservation le plus élémentaire. Ayant passé en revue d'innombrables fois toutes ces questions qui avaient rapport à la politique allemande d'alliances et de la politique économique du Reich de 1912 à 1914, je ne trouvais comme seule explication possible que cette force que j'avais déjà appris à connaître à Vienne en me plaçant à un tout autre point de vue : la doctrine et la conception marxiste de la vie, ainsi que leur expression organisée.

Pour la seconde fois dans ma vie, je me plongeai dans l'étude de cette doctrine destructrice ; cette fois, il est vrai, ce ne furent pas les impressions et les influences de mon entourage quotidien qui m'y amenèrent, ce fut l'observation des phénomènes généraux de la vie politique. Tandis que je m'enfonçais de nouveau dans la littérature théorique de ce monde nouveau, et que je m'efforçais de voir clair dans ses conséquences possibles, je les comparai aux signes et manifestations réels que son action provoquait dans la vie politique, culturelle, et aussi économique.

Pour la première fois aussi je tournai mon attention vers les tentatives faites pour maîtriser cette peste mondiale. J'étudiai la législation exceptionnelle de Bismarck dans sa conception, sa période de lutte, et ses résultats. Peu à peu j'assis sur une base solide comme un roc mes propres convictions en cette matière, de sorte que, depuis lors, je ne me suis jamais senti obligé de procéder à une réorientation de mes conceptions intimes sur ce point. Je soumis aussi à une nouvelle analyse approfondie les rapports entre le marxisme et la juiverie.

Si auparavant, de Vienne surtout, l'Allemagne m'avait paru un colosse inébranlable, des doutes inquiets commencèrent alors à surgir en moi. Je me mis à critiquer dans mon esprit et aussi dans le cercle restreint de mes relations, la politique extérieure allemande aussi bien que la façon incroyablement légère, selon moi, avec laquelle on traitait le problème le plus important qu'il y eût à cette époque en Allemagne, celui du marxisme. Je n'arrivais pas à comprendre, comment on pouvait aller aussi aveuglément au-devant d'un danger dont les répercussions devaient être aussi terribles, comme le marxisme le promettait lui-même. J'élevais déjà à ce moment la voix dans mon entourage immédiat, ainsi fais-je maintenant en plus grand, contre le rabâchage endormant de tous les lâches pleurnichards : « Il ne peut rien nous arriver ! » Une pareille peste mentale a déjà détruit jadis un empire gigantesque. Est-ce que l'Allemagne seule ne serait point soumise aux mêmes lois que toutes les autres communautés humaines ?

Dans les années 1913 et 1914, j'exprimai pour la première fois, dans différents cercles, dont une partie est maintenant au nombre des adeptes fidèles du mouvement national-socialiste, la conviction que le problème de l'avenir de la nation allemande, c'est le problème de la destruction du marxisme.

Je ne vis dans notre malencontreuse politique des alliances que l'une des conséquences amenées par l'action dissolvante de cette doctrine ; car, ce qui était le plus atroce, c'était que ce poison détruisait presque imperceptiblement toutes les bases d'une conception saine de l'économie et de l'État, sans que ceux qui en subissaient l'influence, se doutassent jusqu'à quel point toute leur activité et toute leur volonté n'étaient plus que l'expression de cette conception de vie, qu'ils repoussaient, d'autre part, de la façon la plus décidée.

La décadence intérieure du peuple allemand avait commencé déjà depuis longtemps, sans que les hommes — ainsi que cela arrive souvent dans la vie — aient découvert le destructeur de leur existence. On essaya parfois quelque cure contre la maladie, mais on confondit toujours ses formes extérieures avec ses causes. Comme on ne connaissait pas ces dernières, ou qu'on ne voulait pas les connaître, cette lutte contre le marxisme eut autant d'effet que les cures d'un charlatan guérisseur.

CHAPITRE 5

LA GUERRE MONDIALE

Durant ma bouillante jeunesse, rien ne m'a autant affecté que d'être né justement dans une période qui visiblement n'érigeait ses temples de gloire qu'aux boutiquiers et aux fonctionnaires. Les fluctuations des événements historiques paraissaient s'être déjà calmées et l'avenir semblait devoir n'appartenir qu'à la compétition pacifique des peuples, c'est-à-dire à une exploitation frauduleuse réciproque admise en excluant toute méthode d'auto-défense par la force. Individuellement, les États commencèrent à ressembler de plus en plus à des entreprises qui creusent mutuellement le sol sous leurs pieds, tentent de se souffler mutuellement les clients et les commandes et de se léser mutuellement de diverses façons, mettant tout cela en scène avec accompagnement de clameurs aussi bruyantes qu'inoffensives. Cette évolution semblait non seulement persister, mais devoir transformer le monde entier en un grand bazar dans le hall duquel devaient s'amasser les bustes des plus roués mercantis et des plus inoffensifs fonctionnaires, voués à l'immortalité. Les marchands pouvaient être représentés alors par les Anglais, les fonctionnaires par les Allemands, tandis que les Juifs étaient obligés de se sacrifier et se contentaient de faire figure de bourgeois possédants, car, de leur propre aveu, ils ne font jamais aucun bénéfice, mais, au contraire, « payent » toujours ; et outre cela, ils sont bourgeoisement versés dans la plupart des langues étrangères…

Pourquoi n'a-t-on pu naître cent ans plus tôt ? Par exemple au temps des guerres de libération, alors que l'homme, même sans commerce, avait réellement quelque valeur ? Ainsi faisais-je d'amères réflexions sur la date trop tardive de mon apparition sur cette terre et je considérais comme un traitement injuste du sort à mon égard l'avenir qui se présentait à moi soi-disant dans « le calme et l'ordre ». Déjà sérieux et attentif dans ma jeunesse, je n'étais nullement « pacifiste » et toutes les tentatives de me former dans ce sens furent vaines.

Comme les éclairs d'un orage lointain m'apparut la guerre des Boërs.

Je guettais tous les jours les journaux et dévorais les dépêches et les communiqués,[5] et j'étais déjà heureux de pouvoir être témoin tout au moins à distance de ce combat de héros.

---

[5] Hitler avait dix ans quand éclata la guerre des Boërs.

La guerre russo-japonaise me trouva sensiblement plus âgé et aussi plus attentif. J'avais alors pris parti déjà pour des motifs nationaux pour les Japonais. Je voyais dans la défaite des Russes une défaite du slavisme autrichien.

Depuis, bien des années se sont écoulées et je compris que ce qui autrefois me semblait être une paresseuse langueur, n'était que le calme avant la tempête. Déjà, pendant mon séjour à Vienne, s'étendait sur les Balkans cette terne et accablante chaleur qui annonce habituellement l'ouragan et déjà parfois apparaissait une lueur plus vive, pour disparaître de nouveau dans d'inquiétantes ténèbres. C'est alors que se déchaîna la guerre des Balkans et le premier coup de vent balaya l'Europe fébrile. L'air qui survenait oppressait l'homme comme un lourd cauchemar, couvant comme une fiévreuse chaleur tropicale, de sorte que le sentiment de la catastrophe imminente se transforma par suite d'une perpétuelle inquiétude en une attente impatiente : on désirait que le ciel donnât enfin un libre cours à la fatalité que rien ne pouvait plus arrêter. Alors s'abattit enfin sur la terre le premier formidable coup de foudre : la tempête se déchaîna et au tonnerre du ciel s'entremêlèrent les feux roulants des canons de la guerre mondiale.

Quand parvint à Munich la nouvelle de l'assassinat de l'archiduc François-Ferdinand (je sortais peu à ce moment et n'avais entendu que des nouvelles imprécises de cet événement), je fus tout de suite envahi d'une inquiétude : les balles ne provenaient-elles pas de pistolets d'étudiants allemands qui, indignés par le travail constant de slavisation auquel se livrait l'héritier du trône, voulaient libérer le peuple allemand de cet ennemi intérieur ? Quelles en auraient été les conséquences, on pouvait se le représenter tout de suite : ce serait une nouvelle vague de persécutions qui maintenant auraient été « justifiées » et « motivées » aux yeux du monde entier. Mais quand j'entendis aussitôt après les noms des auteurs présumés, et lus la nouvelle qu'ils étaient identifiés comme Serbes, je fus envahi d'une sourde épouvante devant cette vengeance de l'insondable destin. Le plus grand ami des Slaves était tombé sous les balles de fanatiques slaves.

Celui qui avait eu l'occasion d'observer longtemps l'attitude de l'Autriche à l'égard de la Serbie ne pouvait guère douter un instant que la pierre ayant commencé à rouler sur une pente, elle ne pouvait plus s'arrêter.

On est injuste à l'égard du gouvernement autrichien quand, aujourd'hui, on l'accable de reproches sur la forme et la teneur de l'ultimatum qu'il a présenté. Aucune autre puissance, dans les mêmes circonstances, n'aurait pu agir autrement. L'Autriche possédait sur sa frontière sud-est un inexorable, un mortel ennemi, qui se livrait, de plus en plus fréquemment, à des provocations contre la monarchie et qui n'aurait jamais lâché prise jusqu'à ce qu'enfin soit arrivé le moment favorable pour la destruction de l'empire. On avait des raisons de craindre que cette éventualité ne fût inévitable et ne se produisît au plus tard qu'avec la mort du vieil empereur ; mais alors, l'empire aurait vraisemblablement été complètement hors d'état de présenter une résistance quelconque. Déjà dans les années précédentes, l'État tout entier était à ce point symbolisé par l'image de François-Joseph, que, dans l'esprit des grandes masses, la mort de cette très vieille incarnation de l'empire devait désormais signifier la mort de l'empire lui-même. Véritablement, il entrait dans les plus rusés artifices de la politique slave, d'éveiller cette opinion que l'État autrichien devait son existence à l'art tout à fait prodigieux et particulier de ce souverain ; c'était une flatterie qui réussissait d'autant mieux à la Cour qu'elle répondait moins aux mérites réels de cet empereur. On ne sut découvrir le dard prêt à frapper qui se dissimulait sous cette louange. On ne voyait point, ou peut-être ne voulait-on pas voir que, plus était grande la dépendance de la monarchie à l'égard de l'art exceptionnel de gouverner que possédait ce monarque, le plus sage de tous les temps, comme on le disait habituellement, plus désastreuse devait être la situation quand le destin viendrait un jour frapper à la porte pour chercher son tribut.

Pouvait-on même se représenter l'ancienne Autriche sans le vieil empereur ?

La tragédie dont autrefois fut victime Marie-Thérèse, ne se répéterait-elle pas immédiatement ?

Non, on est réellement injuste à l'égard des sphères gouvernementales de Vienne quand on leur reproche d'avoir poussé à la guerre, alors qu'autrement, dit-on, elle aurait peut-être pu être évitée. On ne pouvait plus l'éviter désormais, mais tout au plus pouvait-on la reculer d'une ou deux années. Mais si une malédiction s'appesantissait sur la diplomatie allemande aussi bien qu'autrichienne, c'est qu'elles avaient déjà constamment tenté d'ajourner l'inévitable règlement de compte, jusqu'à ce qu'elles fussent contraintes de frapper à l'heure la plus défavorable. On peut être convaincu qu'une tentative de plus de sauver la paix aurait seulement conduit à remettre la guerre à une époque encore plus défavorable.

Non, celui qui n'aurait pas voulu de cette guerre devait du moins avoir le courage de songer aux conséquences de son refus. C'était le sacrifice de l'Autriche. La guerre serait arrivée quand même, non plus comme un combat de tous les autres peuples contre nous, mais, par contre, sous la forme du démembrement de la monarchie des Habsbourg. Et il aurait fallu tout de même se décider alors, soit à lui venir en aide, soit à rester spectateurs, les bras ballants, en laissant s'accomplir le destin.

Mais ceux-là précisément qui aujourd'hui maudissent le plus les débuts de la guerre et donnent les plus sages avis, sont ceux dont l'action devait le plus fatalement pousser à cette guerre.

Depuis des dizaines d'années, la Social-Démocratie allemande s'était livrée aux excitations les plus fourbes à la guerre contre la Russie, tandis que le centre, pour des considérations d'ordre religieux, avait le plus contribue à faire de l'État autrichien la pierre angulaire et le centre de la politique allemande. Maintenant, il fallait subir les conséquences de ces erreurs. Ce qui arriva devait inévitablement arriver. La faute du gouvernement allemand consista en ce que, dans le souci de maintenir la paix, il avait toujours laissé passer les heures favorables pour l'attaque, qu'il s'était fait prendre dans les liens de la Ligue pour le maintien de la paix mondiale et devint ainsi la victime d'une coalition mondiale, qui opposait précisément aux efforts pour maintenir la paix mondiale la résolution d'allumer une guerre mondiale.

Si le gouvernement de Vienne avait alors donné à l'ultimatum une forme plus conciliante, cela n'aurait rien changé à la situation, sinon tout au plus qu'il aurait été balayé par l'indignation populaire. Car, aux yeux des grandes masses, le ton de l'ultimatum était beaucoup trop modéré et n'était en aucune façon outré ni brutal. Celui qui tenterait de nier ces vérités ne saurait être qu'une tête sans cervelle ni mémoire, ou un fieffé menteur.

La guerre de 1914 ne fut, Dieu en est témoin, nullement imposée aux masses, mais *au contraire désirée par tout le peuple.*

On voulait enfin mettre un terme à l'insécurité générale. C'est ainsi seulement que l'on peut comprendre comment plus de deux millions d'hommes et de jeunes gens allemands se présentèrent volontairement sous les drapeaux, prêts à défendre la patrie jusqu'à la dernière goutte de leur sang.

*

Pour moi aussi, ces heures furent comme une délivrance des pénibles impressions de ma jeunesse. Je n'ai pas non plus honte de dire aujourd'hui qu'emporté par un enthousiasme tumultueux, je tombai à genoux et remerciai de tout cœur le ciel de m'avoir donné le bonheur de pouvoir vivre à une telle époque.

Une lutte pour la liberté était engagée et telle que la terre n'en avait jamais vue de plus puissante ; car, dès que la roue de la fatalité tourna, la conviction se fit jour dans les grandes masses que, cette fois, il ne s'agissait pas du sort de la Serbie ou même de l'Autriche, mais de l'existence ou de la fin de la nation allemande.

Enfin, après de longues années d'aveuglement, le peuple voyait clair dans son propre avenir. C'est ainsi que, dès le début de la gigantesque lutte, se mêla à un enthousiasme exalté le sérieux nécessaire ; et ce sentiment fit que l'exaltation populaire ne fut pas un simple feu de paille. Le sérieux n'était que trop nécessaire ; on ne se faisait généralement aucune idée de la longueur et de la durée possible de la lutte qui commençait. On pensait se retrouver chez soi pour l'hiver, et continuer à travailler paisiblement sur des bases nouvelles.

Ce que l'homme désire, il l'espère et le croit. La grande majorité de la nation était depuis longtemps fatiguée de la perpétuelle insécurité ; il n'était donc que trop compréhensible que personne ne crût à une solution pacifique du conflit austro-serbe, et que chacun s'attendît à l'explication définitive. Je faisais également partie de ces millions d'hommes-là.

À peine la nouvelle de l'attentat fut-elle connue' à Munich que deux pensées me traversèrent l'esprit : d'abord, que la guerre était devenue inévitable, ensuite que maintenant l'empire des Habsbourg était obligé de maintenir l'alliance ; car ce que j'avais toujours craint le plus, c'était que l'Allemagne pût être engagée un jour dans un conflit, justement en raison de cette alliance, sans que l'Autriche en fût la cause directe, et qu'ainsi l'État autrichien, pour des raisons de politique intérieure, n'eût pas la force de décision nécessaire pour se placer aux côtés de son alliée. La majorité slave de l'empire aurait tout de suite commencé à saboter cette décision et aurait préféré mettre en pièces l'empire tout entier plutôt qu'apporter l'aide réclamée par l'alliée. Ce danger était désormais écarté. Le vieil empire devait combattre, qu'il le voulût ou non.

Ma propre position à l'égard du conflit était très simple et claire ; à mon avis, ce n'était pas l'Autriche qui luttait pour obtenir une satisfaction quelconque de la part de la Serbie, mais c'était la lutte de l'Allemagne pour son maintien, de la nation allemande pour être ou ne pas être, pour sa liberté et son avenir. L'Allemagne de Bismarck devait maintenant se battre ; ce que les aïeux avaient conquis en répandant héroïquement leur sang dans les batailles depuis Wissembourg jusqu'à Sedan et Paris, devait à nouveau être gagné par la jeunesse allemande. Mais si cette lutte était menée victorieusement jusqu'au bout, alors notre peuple reviendrait prendre sa place dans le cercle des grandes nations par sa puissance extérieure, et alors l'empire allemand deviendrait à nouveau le puissant asile de la paix, sans être obligé de frustrer ses enfants de leur pain quotidien par amour de la paix.

Je faisais autrefois, adolescent et jeune homme, le souhait de pouvoir prouver que, pour moi, l'enthousiasme national n'était pas une vaine chimère. Il me paraissait souvent que c'était un péché de crier : hourrah ! sans en avoir le droit intrinsèque ; car qui peut se permettre d'user de ce mot sans l'avoir prononcé là où aucun badinage n'est plus de mise ? Là où la main inexorable de la déesse Destinée commence à jauger les peuples et les hommes d'après la sincérité de leurs sentiments ? Ainsi mon cœur, comme celui de millions d'autres, s'enflait d'un orgueilleux bonheur de m'être enfin libéré de cette paralysante sensation. J'avais si souvent chanté *Deutschland über alles* et crié à pleine gorge *Heil !,* qu'il me semblait avoir obtenu, à titre de grâce superfétatoire, le droit de comparaître comme témoin devant le tribunal du Juge éternel pour pouvoir attester la véracité de ces sentiments. Car il était évident pour moi dès la première heure que dans le cas d'une guerre — laquelle me paraissait inévitable — j'abandonnerais d'une façon ou d'une autre mes livres. Je savais également bien que ma place devait être là où m'avait déjà appelé une fois ma voix intérieure.

C'est pour des motifs politiques que j'avais abandonné tout d'abord l'Autriche ; n'était-il point parfaitement compréhensible que je dusse, maintenant que la lutte commençait, tenir exactement compte de ces sentiments ? Je ne voulais pas combattre pour l'État des Habsbourg, mais j'étais prêt à mourir à tout moment pour mon peuple et l'empire qui le personnalisait.

Le 3 août, j'adressais une supplique directe à Sa Majesté le roi Louis III, en demandant la faveur d'entrer dans un régiment bavarois. Les bureaux du cabinet avaient sûrement pas mal d'ouvrage à ce moment ; ma joie fut d'autant plus vive lorsque, dès le lendemain, j'obtins satisfaction. Lorsque d'une main tremblante j'ouvris la lettre et lus l'acceptation de ma demande avec ordre de me présenter dans un régiment bavarois, ma joie et ma reconnaissance ne connurent point de bornes. Quelques jours après, je portais l'uniforme que je devais ne quitter que six ans plus tard.

Ainsi commença pour moi, ainsi que pour tout Allemand, le temps le plus inoubliable et le plus sublime de toute mon existence terrestre. Devant les événements de cette lutte gigantesque, tout le passé se réduisit à un néant insipide. Avec une fière mélancolie je pense justement ces jours-ci, où pour la dixième fois revient l'anniversaire de ce prodigieux événement, aux premières semaines de la lutte de héros, à laquelle la faveur du sort me permit de participer.

Comme si c'était hier seulement, défilent devant moi des images et des images, je me vois dans le cercle de mes chers camarades, d'abord sous l'uniforme, puis sortant pour la première fois, à l'exercice, jusqu'à ce que vint enfin le jour du départ pour le front.

Une seule inquiétude me tourmentait alors, ainsi que tant d'autres : celle d'arriver trop tard sur le front. Cela m'empêchait souvent de trouver du repos. Ainsi, à la nouvelle de chacune de nos victoires et de l'héroïsme des nôtres, ma joie était-elle mêlée d'une goutte d'amertume, car chaque nouvelle victoire semblait augmenter le danger que je n'arrive trop tard pour y participer.

Et voici qu'enfin arriva le jour où nous quittâmes Munich pour aller faire notre devoir. C'est ainsi que je vis pour la première fois le Rhin, lorsque le long de ses flots paisibles, nous nous acheminions vers l'Ouest, afin de protéger ce fleuve allemand entre tous les fleuves contre l'avidité de l'ennemi séculaire. Lorsqu'à travers les tendres voiles du brouillard matinal, les premiers rayons du soleil firent briller à nos yeux le monument de Niederwald[6] s'éleva de l'inter minable train militaire vers le ciel matinal la vieille *Wacht am Rhein,* et ma poitrine devenait trop étroite pour contenir mon enthousiasme.

Ensuite survint une nuit froide et humide en Flandre, à travers laquelle nous marchions en silence, et lorsque le jour commença à se dégager des nuages, brusquement siffla par-dessus nos têtes un salut d'acier et entre nos rangs frappèrent avec un bruit sec les petites balles fouettant le sol ; mais avant que le petit nuage ne se fût dissipé, retentit de deux cents gosiers le premier hourrah ! à la rencontre du premier messager de la mort. Alors commencèrent les crépitements des balles et les bourdonnements des canons, les chants et les hurlements des hommes, et chacun se sentit happé, les yeux fiévreux, vers l'avant, toujours plus vite, jusqu'à ce qu'enfin subitement le combat se déclenchât loin au-delà des champs de betteraves et des haies, le combat corps à corps. Mais de loin arrivaient jusqu'à nos oreilles les accents d'un chant qui nous gagnait peu à peu, qui se transmettait de compagnie à compagnie, et quand la mort commença ses ravages dans nos rangs, le chant s'empara de nous aussi, et nous le transmîmes plus loin à notre tour :

Deutschland, Deutschland über alles, über alles in der Welt ! Quatre jours après nous revînmes en arrière. L'allure même était devenue tout autre. Des garçons de dix-sept ans paraissaient maintenant des hommes faits.

---

[6] Statue *Germania* 35 mètres de haut, symbole de la domination de l'Allemagne sur la Rhénanie.

Les volontaires du régiment List n'avaient peut-être pas appris à combattre selon les règles, mais tous savaient mourir comme de vieux soldats. C'était le commencement.

Ainsi se suivirent les années ; mais le romantisme de combat fit place à l'épouvante. L'enthousiasme se refroidit peu à peu et les jubilations exaltées furent étouffées par la crainte de la mort. Il arriva un temps où chacun eut à lutter entre son instinct de conservation et son devoir. Et à moi-même cette lutte ne fut point épargnée. Toujours, quand la mort rôdait, quelque chose d'indéfini poussait à la révolte, tentait de se présenter comme la voix de la raison au corps défaillant, mais c'était simplement la lâcheté qui, sous de tels déguisements, essayait de s'emparer de chacun. Mais plus cette voix, qui engageait à la prudence, se dépensait en efforts, plus son appel était perceptible et persuasif, plus vigoureuse était la résistance, jusqu'à ce qu'enfin, après une lutte intérieure prolongée, le sentiment du devoir remportât la victoire. Déjà l'hiver 1915-1916, cette lutte avait trouvé chez moi son terme. La volonté avait fini par devenir le maître incontesté. Si dans les premiers jours je participais aux assauts avec des vivats et des rires, maintenant j'étais calme et résolu. Mais ces sentiments étaient durables. Désormais seulement la destinée pouvait passer aux dernières épreuves sans que les nerfs faiblissent ou que la raison défaille.

De jeune volontaire, j'étais devenu vieux soldat.

Mais ce changement s'était accompli dans l'armée entière. Dans les perpétuels combats, elle vieillit et s'endurcit, et ceux qui ne pouvaient soutenir l'assaut furent brisés par ce dernier.

Maintenant seulement on pouvait porter un jugement sur cette armée, après deux ou trois ans durant lesquels elle était jetée d'une bataille dans une autre, combattant constamment contre la supériorité du nombre et des armes, souffrant de la faim et subissant des privations : maintenant était arrivé le moment d'éprouver la valeur de cette armée unique.

Des années peuvent s'écouler, jamais personne n'osera parler d'héroïsme sans penser à l'armée allemande de la guerre mondiale. Alors émergera des voiles du passé la vision immortelle du solide front, des gris casques d'acier, qui ne fléchit ni ne recule. Aussi longtemps qu'il y aura des Allemands, ils auront présent à l'esprit que tels furent autrefois leurs aînés.

J'étais alors soldat et n'avais pas l'intention de faire de la politique. Ce n'était d'ailleurs vraiment pas le moment. Je nourris encore aujourd'hui la conviction que le dernier valet de charretier avait rendu à la patrie de meilleurs services que même le premier, dirons-nous, des « parlementaires ». Je n'ai jamais détesté ces bavards plus que justement dans le temps où tout gaillard digne de ce nom qui avait quelque chose à dire, le criait au visage de l'ennemi, ou tout au moins laissait, comme il convenait, son appareil à discours chez lui et remplissait quelque part en silence son devoir. Oui, je détestais alors tous ces « politiciens », et si cela avait dépendu de moi on aurait immédiatement formé un bataillon parlementaire de balayeurs, car ainsi ils auraient pu s'en donner à cœur joie et autant qu'il le leur fallait, de bavarder, sans irriter les hommes droits et honnêtes, et même sans leur nuire.

Aussi ne voulais-je à cette époque rien savoir de la politique, mais je ne pouvais faire autrement que de prendre position à l'égard de certains phénomènes qui, à la vérité, affectaient toute la nation, mais nous intéressaient particulièrement, nous, les soldats.

Il y avait deux choses qui m'irritaient foncièrement et que je considérais comme nuisibles.

Déjà, dès les premières victoires, une certaine presse commença à laisser tomber lentement et peut-être d'une façon non immédiatement perceptible pour beaucoup de gens, quelques gouttes d'amertume dans l'enthousiasme général. Ceci se faisait sous le masque d'une bienveillance et de bonnes pensées certaines, voire d'une sollicitude manifeste. On avait une certaine prévention contre une trop grande exaltation dans la célébration des victoires. On craignait que sous cette forme, cette exaltation ne fût pas digne d'une grande nation et par cela même déplacé. Le courage et l'héroïsme, disait-on, sont quelque chose de tout à fait naturel, de sorte que l'on ne devait pas ainsi se livrer à des explosions de joie inconsidérées, ne serait-ce que par égard pour les pays étrangers auxquels une attitude calme et digne dans la joie serait plus agréable que des acclamations déchaînées, etc. Enfin, nous autres Allemands, nous ne devions pas oublier que la guerre n'était pas dans nos intentions, et même que nous ne devions pas avoir honte d'avouer que nous apporterions à tout moment notre coopération à la réconciliation de l'humanité. Pour ces motifs, il n'était pas raisonnable de ternir par de trop grands cris la pureté des actions de l'armée, car le reste du monde comprendrait mal une pareille attitude. Rien ne serait plus admiré que la modestie avec laquelle un véritable héros oublierait, dans le calme et le silence, ses actions d'éclat ; car c'est à cela que tout se résumait.

Au lieu de prendre ces bavards par leurs longues oreilles et de les conduire au poteau pour les y suspendre à une corde, afin de mettre ces chevaliers de la plume hors d'état d'offenser la nation en fête en faisant de la haute psychologie, on commença à prendre réellement des mesures tendant à atténuer la joie « inconvenante » saluant chaque victoire.

On ne soupçonnait en aucune façon que l'enthousiasme, une fois brisé, ne pourrait plus être réveillé quant il serait nécessaire. C'est un enivrement, et il faut continuer à l'entretenir comme tel. Mais comment allait-on soutenir, sans cette puissance de l'enthousiasme, une lutte qui devait soumettre à d'incroyables épreuves le moral de la nation.

Je connaissais trop bien la psychologie des grandes masses pour ne pas savoir qu'en pareil cas, ce n'était pas avec un état d'âme « esthétiquement » très élevé que l'on pouvait attiser le feu qui maintiendrait chaud ce fer. À mes yeux, c'était une folie de ne point faire tout ce qui était possible pour augmenter le bouillonnement des passions ; mais il m'était tout simplement entièrement incompréhensible que l'on enrayât celui qui, par bonheur, était créé.

Ce qui m'irritait en second lieu, c'était la façon dont on estimait convenable de prendre position à l'égard du marxisme. À mon avis, on démontrait seulement ainsi que l'on n'avait également pas la moindre notion de ce qu'était cette pestilence. On semblait s'imaginer très sérieusement qu'en prétendant supposer l'union des partis, on pouvait amener le marxisme à la raison et à la réserve.

Or, il ne s'agit point du tout ici d'un parti, mais d'une doctrine aboutissant à la destruction de l'humanité. On s'en rendait d'autant moins compte que l'on n'entendait point cet aveu dans les universités enjuivées et que, par contre, trop nombreux étaient ceux qui, plus particulièrement parmi nos hauts fonctionnaires, trouvaient certainement inutile, dans leur myope suffisance, de prendre un livre et d'y apprendre quelque chose qui ne figurât pas dans les matières officiellement enseignées. Les plus violents bouleversements peuvent passer à côté de ces « cerveaux » sans y marquer aucune trace ; c'est pourquoi les entreprises de l'État ne suivent pour la plupart qu'en boitant les entreprises privées. C'est à eux que s'applique le mieux l'adage : ce que le paysan ne connaît pas, il ne le mange point. De rares exceptions confirment la règle.

C'était une absurdité sans pareille que d'identifier, aux jours du mois d'août 1914, l'ouvrier allemand avec le marxisme. À ce moment, l'ouvrier allemand avait su se libérer de l'étreinte de cette contagion empoisonnée, car sans cela il n'aurait jamais pu, en aucune façon, entrer dans le combat. On était cependant assez stupide pour s'imaginer que le marxisme était peut-être maintenant devenu national : trait qui prouve que, dans ces longues années, personne parmi les fonctionnaires dirigeants de l'État n'avait voulu se donner la peine d'étudier la substance de cette doctrine, sans quoi une pareille absurdité aurait eu grand'peine à s'insinuer.

Le marxisme, dont le but définitif est et reste la destruction de tous les États nationaux non juifs, devait s'apercevoir avec épouvante qu'au mois de juillet 1914, les ouvriers allemands qu'il avait pris dans ses filets, se réveillaient et commençaient à se présenter de plus en plus promptement au service de la patrie. En quelques jours, toutes les fumées et les duperies de cette infâme tromperie du peuple furent semées à tous les vents, et soudain le tas de dirigeants juifs se trouva isolé et abandonné, comme s'il n'était plus resté aucune trace de ce qu'ils avaient inoculé aux masses depuis soixante ans. Ce fut un vilain moment pour les mauvais bergers de la classe ouvrière du peuple allemand. Mais aussitôt que les chefs aperçurent le danger qui les menaçait, ils se couvrirent jusqu'aux oreilles du manteau du mensonge qui rend invisible et mimèrent sans vergogne l'exaltation nationale.

C'eût été le moment de prendre des mesures contre toute la fourbe association de ces Juifs empoisonneurs du peuple. C'est alors qu'on aurait dû sans hésiter faire leur procès, sans le moindre égard pour les cris et lamentations qui auraient pu s'élever. En août 1914, le verbiage juif de la solidarité internationale disparut tout d'un coup des têtes des ouvriers allemands, et déjà quelques semaines après[7] à la place de celui-ci, des shrapnells américains déversaient les bénédictions de la fraternité sur les casques des colonnes en marche. Il aurait été du devoir d'un gouvernement attentif, au moment où l'ouvrier allemand revenait à un sentiment national, de détruire impitoyablement les ennemis de la nation. Tandis que les meilleurs

---

[7] Rappelons que les Américains ne sont montés en ligne qu'en juillet 1918.

tombaient sur le front, on aurait pu tout au moins s'occuper, à l'arrière, de détruire la vermine.

Mais au lieu de cela, Sa Majesté l'empereur tendit la main aux anciens criminels et accorda son indulgence aux plus perfides assassins de la nation, qui purent ainsi reprendre leurs esprits.

Ainsi le serpent pouvait continuer son œuvre plus prudemment qu'autrefois, et d'autant plus dangereusement. Pendant que les gens honnêtes rêvaient de leur vieille robe de chambre, les criminels parjures organisaient la révolution.

J'ai toujours ressenti un profond mécontentement de cet indigne traitement de faveur, mais en même temps, je n'aurais pas cru possible que l'aboutissement en fût aussi désastreux.

Mais qu'aurait-on dû faire alors ? Emprisonner immédiatement les meneurs, les faire passer en jugement et en débarrasser la nation. On aurait dû employer sans ménagements tous les moyens de la force armée pour exterminer cette pestilence. On aurait dû dissoudre les partis, mettre le Parlement à la raison au besoin par les baïonnettes, ou ce qui aurait été mieux, l'ajourner aussitôt. De même que la République réussit aujourd'hui à dissoudre les partis, de même on aurait dû alors se servir à bon droit de ce moyen. Car l'existence de tout un peuple était en jeu.

Mais alors, à la vérité, se posait cette question : est-il possible, en somme, d'exterminer avec l'épée une conception de l'esprit ? Peut-on, par l'emploi de la force brutale, lutter contre des « idées philosophiques » ?

Je m'étais déjà posé à ce moment plus d'une fois cette question.

En réfléchissant à des cas analogues que l'on trouve dans l'histoire, particulièrement lorsqu'il s'agit de questions de religion, on aboutit à la notion fondamentale suivante :

Les conceptions et les idées philosophiques, de même que les mouvements motivés par des tendances spirituelles déterminées, qu'ils soient exacts ou faux, ne peuvent plus, à partir d'un certain moment, être brisés par la force matérielle qu'à une condition : c'est que cette force matérielle soit au service d'une idée ou conception philosophique nouvelle allumant un nouveau flambeau.

L'emploi de la force physique toute seule, sans une force morale basée sur une conception spirituelle, ne peut jamais conduire à la destruction d'une idée ou à l'arrêt de sa propagation, sauf si l'on a recours à une extermination impitoyable des derniers tenants de cette idée et à la destruction des dernières traditions. Or, cela aboutit, dans la plupart des cas, à rayer l'État considéré du nombre des puissances politiquement fortes pour un temps indéterminé, souvent pour toujours ; car une pareille saignée atteint, comme le montre l'expérience, la meilleure partie de la population. En effet, toute persécution qui n'a point de base spirituelle, apparaît comme moralement injuste et agit comme un coup de fouet sur les meilleurs éléments d'un peuple, le poussant à une protestation qui se traduit par son attachement à la tendance spirituelle persécutée. Chez beaucoup d'individus, ce fait se produit simplement à cause du sentiment d'opposition contre la tentative d'assommer une idée par la force brutale.

Ainsi le nombre des partisans convaincus augmente dans la mesure même où s'accroît la persécution. De la sorte, la destruction d'une conception philosophique ne pourra s'effectuer que par une extermination progressive et radicale de tous les individus ayant une réelle valeur. Mais ceux-ci se trouvent vengés, dans le cas d'une épuration « intérieure » aussi totale, par l'impuissance générale de la nation. Par contre, un pareil procédé est toujours condamné à l'avance à la stérilité quand la doctrine combattue a déjà franchi un certain petit cercle.

C'est pourquoi ici aussi, comme dans toutes les croissances, le premier temps de l'enfance est exposé à la possibilité d'une prompte destruction, cependant qu'avec les années la force de résistance augmente, pour céder, à l'approche de la faiblesse sénile, la place à une nouvelle jeunesse, bien que sous une autre forme et pour d'autres motifs.

Effectivement, presque toutes les tentatives semblables de détruire sans base spirituelle une doctrine et les effets d'organisation qu'elle a produits, ont abouti à un échec, et se sont plus d'une fois terminés d'une façon exactement contraire à ce que l'on désirait pour la raison suivante :

La première de toutes les conditions, pour un procédé de lutte utilisant l'arme de la force toute seule, est toujours la persévérance. C'est-à-dire que la réussite du dessein réside uniquement dans l'application prolongée et uniforme des méthodes pour étouffer une doctrine, etc. Mais aussitôt qu'ici la force en vient à alterner avec l'indulgence, non seulement la doctrine que l'on veut étouffer reprendra constamment des forces, mais elle sera en mesure de tirer des avantages nouveaux de chaque persécution, lorsque, après le passage d'une pareille vague d'oppression, l'indignation soulevée par les souffrances éprouvées apportera à la vieille doctrine de nouveaux adeptes et poussera les anciens à y adhérer avec un plus fort entêtement et une plus profonde haine, et même à ramener à leur précédente position les transfuges après l'éloignement du danger. C'est uniquement dans l'application perpétuellement uniforme de la violence que consiste la première des conditions du succès. Mais cette opiniâtreté ne saurait être que la conséquence d'une conviction spirituelle déterminée. Toute violence qui ne prend pas naissance dans une solide base spirituelle, sera hésitante et peu sûre. Il lui manque la stabilité qui ne peut reposer que sur des conceptions philosophiques empreintes de fanatisme. Elle est l'exutoire de la constante énergie et de la brutale résolution d'un seul individu, mais en même temps elle se trouve dans la dépendance du changement des personnalités, ainsi que de leur nature et de leur puissance.

Il y a encore quelque chose d'autre à ajouter à ce qui précède :

Toute conception philosophique, qu'elle soit de nature religieuse ou politique — souvent il est difficile de tracer ici une délimitation — combat moins pour la destruction, à caractère négatif, des idées contraires, que pour arriver à imposer, dans un sens positif, les siennes propres. Ainsi sa lutte est moins une défense qu'une attaque.

Elle est ainsi avantagée par le fait que son but est bien déterminé, car ce dernier représente la victoire de ses propres idées, tandis que, dans le cas contraire, il est difficile de déterminer, quand le but négatif de la destruction de la doctrine ennemie est obtenu et peut être considéré comme assuré. Déjà pour ce motif, l'attaque basée sur une conception philosophique sera plus rationnelle, et aussi plus puissante que son action défensive : car, en somme, ici aussi la décision revient à l'attaque et non à la défense. Le combat contre une puissance spirituelle par les moyens de la force a le caractère défensif aussi longtemps que le glaive lui-même ne se présente pas comme porteur, annonciateur et propagateur d'une nouvelle doctrine spirituelle. Ainsi l'on peut constater en résumé ce qui suit :

Toute tentative de combattre un système moral par la force matérielle finit par échouer, à moins que le combat ne prenne la forme d'une attaque au profit d'une nouvelle position spirituelle. Ce n'est que dans la lutte mutuelle entre deux conceptions philosophiques que l'arme de la force brutale, utilisée avec opiniâtreté et d'une façon impitoyable, peut amener la décision en faveur du parti qu'elle soutient.

C'est pourquoi la lutte contre le marxisme a toujours échoué jusqu'ici.

Ceci fut aussi la raison pour laquelle la législation de Bismarck contre les socialistes avait malgré tout fini par faire long feu — et il devait en être ainsi. Il manquait la plateforme d'une nouvelle conception philosophique pour le triomphe de laquelle il eût fallu mener le combat. Car pour s'imaginer que les radotages sur ce que l'on appelle une « autorité d'État » ou « le calme et l'ordre » eussent constitué une base convenable, pour donner aux esprits l'impulsion nécessaire à une lutte pour la vie et la mort, il fallait la proverbiale sagesse des hauts fonctionnaires des ministères.

Mais comme un soutien spirituel effectif manquait à ce combat, Bismarck fut obligé, pour réaliser sa législation contre les socialistes, de s'en rapporter au jugement et au bon vouloir de cette institution qui déjà par elle-même était une création de la pensée socialiste. Le chancelier de fer, en confiant le sort de la guerre contre le marxisme au bon vouloir de la démocratie bourgeoise, faisait garder le chou par la chèvre.

Mais tout ceci n'était que la conséquence obligée du manque d'une nouvelle conception philosophique animée d'une impétueuse volonté de conquête, et s'opposant au marxisme.

C'est ainsi que le résultat de la lutte bismarckienne se borna à une pénible désillusion.

Mais durant la guerre mondiale ou au début de cette dernière, les circonstances étaient-elles différentes ? Malheureusement non !

Plus je me plongeais dans les réflexions sur la nécessité de changer l'attitude du gouvernement de l'État à l'égard de la Social-Démocratie, laquelle était l'incarnation du marxisme de l'époque, plus je reconnaissais le manque d'un succédané utilisable pour cette école philosophique. Qu'allait-on donner en pâture aux masses en supposant que le marxisme pût être brisé ? Il n'existait aucun mouvement d'opinion dont on pût attendre qu'il réussît à enrôler parmi ses fidèles les nombreuses troupes d'ouvriers ayant plus ou moins perdu leurs dirigeants. Il est insensé et plus que stupide de s'imaginer qu'un fanatique internationaliste, ayant abandonné le parti de la lutte des classes, voudrait instantanément entrer dans un parti bourgeois, c'est-à-dire dans une nouvelle organisation de classe. Car, quelque désagréable que cela puisse être aux diverses organisations, on ne peut cependant nier que, pour un très grand nombre de politiciens bourgeois, la distance entre les classes apparaîtra comme toute naturelle durant tout le temps où elle ne commencera pas à agir dans un sens politiquement défavorable pour eux. La négation de cette vérité démontre seulement l'impudence et aussi la stupidité de l'imposteur.

Et surtout on doit se garder de croire la grande masse plus sotte qu'elle ne l'est. Dans les affaires politiques, il n'est pas rare que le sentiment donne une solution plus exacte que la raison. Mais l'avis que l'absurdité de la position internationale prise par les masses indique suffisamment l'illogisme de leurs sentiments, peut être immédiatement réfuté à fond, en faisant simplement ressortir que la démocratie pacifiste n'est pas moins déraisonnable, bien que ses leaders proviennent presque exclusivement du camp bourgeois. Aussi longtemps que des millions de bourgeois rendront chaque matin un dévot hommage à leur presse démocratique enjuivée, il siéra fort mal à ces messieurs de plaisanter la sottise du « compagnon » qui, en définitive, n'avale pas autre chose que la même ordure, encore qu'autrement accommodée.

Aussi doit-on bien se garder de contester des choses qui sont malgré tout des faits. On ne peut nier le fait que, dans la question des classes, il ne s'agit en aucune façon uniquement de problèmes immatériels, comme on serait volontiers disposé à le proclamer, particulièrement avant les élections. L'orgueil de classe éprouvé par une grande partie de notre peuple est, de même que le peu de considération pour l'ouvrier manuel, un phénomène qui n'existe pas que dans l'imagination des lunatiques.

D'autre part, la faiblesse de la capacité de raisonnement de ce que l'on appelle nos « intellectuels » est démontrée par le fait que, précisément dans ces milieux, on ne comprend pas qu'un État qui n'a pas été capable d'empêcher le développement d'une lèpre telle qu'est en réalité le marxisme, ne sera plus en mesure de regagner le terrain perdu.

Les partis « bourgeois », comme ils se dénomment eux-mêmes, ne seront plus jamais en état de ligoter les masses « prolétariennes », car ici se trouvent en présence deux mondes séparés l'un de l'autre, en partie naturellement, en partie artificiellement, et dont l'attitude mutuelle ne peut être que celle de la lutte. Mais le vainqueur sera ici le plus jeune, et ç'aurait été le marxisme.

Réellement, on pouvait bien penser en 1914 à une lutte contre le marxisme, mais il est permis de douter que cette attitude eût pu avoir quelque durée, à cause du manque de tout succédané pratique.

Il y avait là une importante lacune.

Telle était mon opinion déjà longtemps avant la guerre et c'est pourquoi je ne pouvais me décider à entrer dans un des partis existants. j'ai encore été confirmé dans cette opinion par l'évidente impossibilité d'entreprendre une lutte sans merci contre la Social-Démocratie, précisément à cause de cette absence de tout mouvement qui fût autre chose qu'un parti « parlementaire ».

Je me suis souvent ouvert là-dessus à mes plus intimes compagnons.

C'est alors que m'est venue pour la première fois l'idée de me livrer plus tard à une activité politique.

C'est justement pour ce motif que, dès lors, j'ai souvent affirmé, dans le petit cercle de mes amis, mon intention d'agir comme orateur, après la guerre, à côté de mon métier.

En vérité, c'était chez moi une idée bien arrêtée.

CHAPITRE 6

PROPAGANDE DE GUERRE

En suivant attentivement tous les événements politiques, je m'étais toujours extraordinairement intéressé à l'activité de la propagande. Je voyais en elle un instrument que précisément les organisations socialistes-marxistes possédaient à fond et savaient employer de main de maître. Par là j'appris de bonne heure que l'emploi judicieux de la propagande constitue véritablement un art qui, pour les partis bourgeois, restait presque inconnu. Seul le mouvement chrétien-social, particulièrement du temps de Lueger, parvint à une certaine virtuosité sur cet instrument et lui dut également beaucoup de ses succès. Mais c'est seulement, pour la première fois, au cours de la guerre, que je pus me rendre compte à quels prodigieux résultats peut conduire une propagande judicieusement menée. Ici encore, toutefois, il fallait malheureusement tout étudier chez la partie adverse, car l'activité de notre côté restait sous ce rapport plus que modeste. Mais précisément l'absence complète d'une propagande d'envergure du côté allemand devait crûment sauter aux yeux de chaque soldat. Tel fut le motif pour lequel je m'occupai encore plus à fond de cette question.

J'avais d'ailleurs le temps plus que suffisant pour la réflexion ; quant à la réalisation pratique, un exemple ne nous était que trop bien donné par l'ennemi.

Car ce qui était manqué chez nous était exploité par l'adversaire avec une habileté inouïe et un à-propos véritablement génial. Dans cette propagande de guerre ennemie, je me suis énormément instruit. Mais le temps passait sans laisser la moindre trace dans la tête de ceux qui auraient justement dû profiter au plus tôt de ces enseignements ; les uns se croyaient trop fins pour accepter des enseignements d'autrui, les autres manquaient de l'honnête bonne volonté nécessaire.

Somme toute, existait-il chez nous une propagande ?

Je ne puis malheureusement que répondre par la négative. Tout ce qui a été effectivement entrepris dans ce sens était à tel point insuffisant et erroné dès le principe, que c'était tout au moins parfaitement inutile sinon souvent carrément nuisible.

Insuffisante dans la forme, psychologiquement erronée dans le fond, telle devait apparaître la propagande allemande soumise à un examen attentif.

Il semble que, dès cette première question, on ne s'était pas rendu compte de quoi il s'agissait, à savoir : la propagande est-elle un moyen ou un but ?

Elle est un moyen et doit en conséquence être jugée du point de vue du but. De ce fait sa forme doit être judicieusement adaptée pour l'appui au but auquel elle sert. Il est également clair qu'au point de vue de l'intérêt général, il peut y avoir des buts d'importance variable et que, par suite, la valeur intrinsèque d'une propagande peut être diversement appréciée. Mais le but pour lequel on combattait au cours de la guerre était le plus noble et le plus grandiose que l'homme pût imaginer : c'était la liberté et l'indépendance de notre peuple, la sécurité, le pain pour l'avenir et l'honneur de la nation qui, malgré les avis opposés actuellement en cours, existe, ou mieux, devrait exister, car les peuples sans honneur perdent généralement tôt ou tard leur liberté et leur indépendance, ce qui, d'ailleurs, correspond à une justice supérieure, car les générations de vauriens sans honneur ne méritent aucune liberté. Celui qui veut être un lâche esclave ne peut avoir d'honneur, car un tel honneur deviendrait, dans le plus court délai, l'objet du dédain général.

Le peuple allemand combattait pour des conditions humaines d'existence, et le but de la propagande de guerre aurait dû être de soutenir l'esprit guerrier ; le but devait être d'aider à la victoire.

Quand les peuples luttent sur cette planète pour leur existence et que la question d'être ou ne pas être vient se poser, toutes les considérations d'humanité et d'esthétique se réduisent à néant, car toutes ces conceptions ne planent pas dans l'éther, mais proviennent de l'imagination de l'homme et y sont attachées. Son départ de ce monde réduit ces conceptions à néant, car la nature ne les connaît point. Néanmoins, elles ne sont propres qu'à un petit nombre de peuples ou plutôt de races, et cela dans la mesure où elles prennent naissance dans les sentiments de ces derniers. L'humanitarisme et l'esthétique disparaîtraient précisément du monde dans la mesure où disparaîtraient les races qui sont les créatrices et les soutiens de ces conceptions.

C'est pourquoi toutes ces conceptions n'ont qu'une importance secondaire dans une lutte que soutient un peuple pour son existence sur cette terre ; et cependant, elles décident souverainement de la forme du combat aussitôt qu'elles ont pu paralyser la force de conservation d'un peuple engagé dans la lutte. Tel est toujours le seul résultat visible.

En ce qui concerne la question humanitaire, Moltke, déjà, s'est expliqué là-dessus, étant d'avis que, dans la guerre, l'humanité consistait à la mener le plus rapidement possible, et qu'en conséquence, les procédés de lutte les plus brutaux étaient les plus humanitaires. Mais quand on tente d'aborder ce genre de raisonnement avec les radotages d'ordre esthétique et autres, il n'y a réellement qu'une seule repense à faire : une question aussi brûlante que celle de la lutte pour l'existence exclut toute considération esthétique. Ce qu'il peut y avoir de plus laid dans la vie humaine, c'est le joug de l'esclavage. Ou bien les décadents nuance Schwabing considéreraient-ils le sort actuel de la nation allemande comme « esthétique » ? Il n'y a pas même à discuter là-dessus avec les Juifs, inventeurs modernes de ce genre de parfum de culture. Toute leur existence n'est qu'incarnation de leur reniement de l'esthétique symbolisée par l'image du Seigneur.

Mais puisque ces points de vue de la beauté et de l'humanité sont d'ores et déjà éliminés quand il s'agit du combat, dès lors ils ne peuvent être utilisés pour juger la propagande.

La propagande était, pendant la guerre, un moyen à employer pour atteindre un but : le combat pour l'existence du peuple allemand ; aussi la propagande ne pouvait-elle être considérée qu'en partant de principes valables pour ce but. Les armes les plus cruelles devenaient les plus humaines, car elles étaient la condition d'une victoire plus rapide et aidaient à assurer à la nation la dignité de la liberté.

Telle était l'unique position possible à l'égard de la propagande de guerre dans un pareil combat pour la vie ou la mort.

Si l'on s'en était clairement rendu compte dans les milieux gouvernementaux, on ne serait jamais arrivé à l'incertitude sur la forme et l'emploi de cette arme ; car c'est aussi une arme, réellement terrifiante dans la main de celui qui sait s'en servir.

La seconde question, d'une importance tout à fait décisive, était : A qui doit s'adresser la propagande ~ Aux intellectuels ou à la masse moins instruite ?

Elle doit toujours s'adresser uniquement à la masse !

Pour les intellectuels, ou tout au moins pour ceux que trop souvent on appelle ainsi, est destinée non la propagande, mais l'explication scientifique. Quant à la propagande, son contenu est aussi peu de la science qu'une affiche n'est de l'art, dans la forme où elle est présentée. L'art de l'affiche consiste dans l'aptitude du dessinateur à attirer l'attention de la foule par la forme et les couleurs. L'affiche d'une exposition d'art n'a d'autre but que de faire ressortir l'art dans l'exposition ; mieux cela réussit, plus grand est l'art de l'affiche elle-même. De plus l'affiche est destinée à procurer aux masses une idée de la signification de l'exposition, mais nullement à remplacer dans cette exposition le grand art qui est tout autre chose. C'est pourquoi celui qui veut étudier lui-même l'art, doit étudier autre chose que l'affiche, et de plus il ne se satisfait point en parcourant simplement l'exposition. On peut attendre de sa part qu'il se plonge dans un examen approfondi de chacun des objets séparément et ensuite se forma lentement un jugement judicieux.

La situation est la même en ce qui concerne ce que nous désignons aujourd'hui par le mot propagande. La tâche de la propagande consiste non à instruire scientifiquement l'individu isolé, mais à attirer l'attention des masses sur des faits, événements nécessités, etc., déterminés, et dont on ne peut faire comprendre l'importance aux masses que par ce moyen.

Ici l'art consiste exclusivement à procéder d'une façon tellement supérieure, qu'il en résulte une conviction générale sur la réalité d'un fait, la nécessité d'un événement, le caractère juste d'une nécessité. Comme il ne constitue pas une nécessité pax lui-même, que son objet doit consister exactement comme dans le cas de l'affiche, à attirer l'attention de la multitude et nan pas à instruire ceux qui ont des connaissances scientifiques ou ceux qui cherchent à s'instruire et à acquérir des connaissances, son action doit toujours faire appel au sentiment et très peu à la raison.

Toute propagande doit être populaire et placer son niveau spirituel dans la limite des facultés d'assimilation du plus borné parmi ceux auxquels elle doit s'adresser. Dans ces conditions, son niveau spirituel doit être situé d'autant plus bas que la masse des hommes à atteindre est plus nombreuse. Mais quand il s'agit, comme dans le cas de la propagande pour tenir la guerre jusqu'au bout, d'attirer un peuple entier dans son champ d'action, on ne sera jamais trop prudent quand il s'agira d'éviter de compter sur de trop hautes qualités intellectuelles.

Plus sa teneur scientifique est modeste, plus elle s'adresse exclusivement aux sens de la foule, plus son succès sera décisif. Ce dernier est la meilleure preuve de la valeur d'une propagande, beaucoup plus que ne le serait l'approbation de quelques cerveaux instruits ou de quelques jeunes esthètes.

L'art de la propagande consiste précisément en ce que, se mettant à la portée des milieux dans lesquels s'exerce l'imagination, ceux de la grande masse dominée par l'instinct, elle trouve, en prenant une forme psychologiquement appropriée, le chemin de son cœur. Que ceci ne soit pas compris par ceux qui chez nous sont censés atteindre le comble de la sagesse, cela démontre seulement leur paresse d'esprit ou leur présomption.

Mais si l'on comprend la nécessité de diriger sur la grande masse les facultés de prosélytisme de la propagande, il en résulte l'enseignement suivant :

Il est absurde de donner à la propagande la diversité d'un enseignement scientifique.

La faculté d'assimilation de la grande masse n'est que très restreinte, son entendement petit, par contre, son manque de mémoire est grand. Donc toute propagande efficace doit se limiter à des points fort peu nombreux et les faire valoir à coups de formules stéréotypées aussi longtemps qu'il le faudra, pour que le dernier des auditeurs soit à même de saisir l'idée. Si l'on abandonne ce principe et si l'on veut être universel, on amoindrira ses effets, car la multitude ne pourra ni digérer ni retenir ce qu'on lui offrira. Ainsi le succès sera affaibli et finalement annihilé. Ainsi plus le contenu de l'exposé doit être ample, plus est nécessaire la justesse psychologique dans la détermination de la tactique.

Il était, par exemple, complètement absurde de ridiculiser l'adversaire, comme s'y occupait avant tout la propagande des journaux satiriques autrichiens et allemands. Complètement absurde, car la rencontre du lecteur avec l'adversaire au front devait immédiatement faire naître en lui une conviction tout autre ; ainsi le soldat allemand, sous l'impression immédiate de la résistance de l'adversaire, se sentait trompé par ceux qui, jusqu'ici, s'étaient chargés de le renseigner, et au lieu de renforcer son désir de combattre ou même seulement sa résistance, on arrivait au résultat contraire : l'homme s'abandonnait au découragement.

Au contraire, la propagande de guerre des Anglais et des Américains était psychologiquement rationnelle. En même temps qu'elle représentait à leur propre peuple les Allemands comme des barbares et des Huns, elle préparait le soldat isolé à résister aux horreurs de la guerre et l'aidait de la sorte à se préserver contre les désillusions. L'arme terrifiante qui alors était employée contre lui, lui apparaissait plutôt comme la confirmation de l'initiation qu'il avait reçue et renforçait en lui aussi bien la justesse des affirmations de son gouvernement qu'elle augmentait sa rage et sa haine contre l'infâme ennemi. Car la force terrifiante des armes ennemies qu'il apprenait maintenant à connaître par lui-même, lui apparaissait peu à peu comme la démonstration de la brutalité « de Hun » du barbare adversaire, déjà connu de lui, sans qu'il ait été amené à penser un seul moment que ses propres armes pouvaient avoir des effets encore plus terrifiants.

Ainsi le soldat anglais ne pouvait jamais se sentir faussement renseigné chez lui ; ce qui fut malheureusement le cas pour le soldat allemand, à tel point qu'à la fin, il récusait tout renseignement officiel comme « duperie » et bourrage de crâne. Cela venait du fait qu'on croyait pouvoir charger de la propagande le premier âne venu (soi-disant raisonnable) au heu de comprendre que, pour cette tâche, les plus géniaux connaisseurs de l'âme humaine étaient tout juste suffisants.

Ainsi la propagande allemande présentait-elle un fâcheux exemple d'erreur de la part d'une « élite cultivée », dont le travail produisait des effets exactement contraires à ceux qu'il eût fallu, à cause de l'absence complète de toute considération psychologique judicieuse. Au contraire, il y avait infiniment à apprendre auprès de l'adversaire, pour celui qui cherchait, les yeux non bandés et avec une sensibilité non sclérosée, à s'assimiler la propagande ennemie dont le flot a impétueusement déferlé durant quatre ans et demi.

Ce qui était le plus mal compris était la première de toutes les conditions nécessaires pour n'importe quelle propagande en général : notamment la position systématiquement unilatérale à l'égard de toute question traitée. Sur ce terrain il a été commis de telles erreurs, et cela dès le début de la guerre, que l'on est bien autorisé à douter si de tels non-sens peuvent réellement être attribués à la simple sottise.

Que dirait-on, par exemple, d'une affiche destinée à vanter un savon, et qui en même temps indiquerait que d'autres savons sont « bons » ?

On hocherait simplement la tête.

Il en fut cependant exactement ainsi de notre réclame politique.

Le but de la propagande n'est point, par exemple, de doser le bon droit des divers partis, mais de souligner exclusivement celui du parti que l'on représente. Elle n'a pas non plus à rechercher objectivement la vérité. si celle-ci est favorable aux autres, et à l'exposer aux masses sous couleur d'une équité doctrinaire, mais à poursuivre uniquement celle qui lui est favorable à elle.

C'était une erreur fondamentale de discuter la question de la culpabilité de la guerre, en disant que l'on ne pouvait attribuer à l'Allemagne seule la responsabilité de cette catastrophe, mais d'imputer inlassablement cette culpabilité à l'adversaire.

Et quelle a été la conséquence de cette demi-mesure ? La grande masse d'un peuple ne se compose pas de diplomates, ni de professeurs de droit public, ni même simplement de gens susceptibles de prononcer un jugement raisonnable, mais d'êtres humains aussi hésitants que disposés au doute et à l'indécision. Aussitôt que notre propre propagande concède à la partie adverse une faible lueur de bon droit, la base se trouve déjà posée pour douter de notre propre bon droit. Alors la masse n'est plus en mesure de discerner où finit le tort de l'adversaire et où commence le nôtre. Elle devient dans ce cas inquiète et méfiante, et cela particulièrement si l'adversaire ne commet précisément pas de pareilles extravagances, mais de son côté met à la charge de l'ennemi tous les torts sans exception. Y-a-t-il une plus claire démonstration que le fait que, finalement, notre propre peuple croit plus en la propagande ennemie, qui est conduite d'une façon plus serrée et plus continue, qu'en la nôtre ? Et ceci chez un peuple atteint de la manie de l'objectivité i Car chacun s'y efforçait de ne point commettre d'injustice envers l'ennemi, même sous la menace de la destruction du peuple et de l'État allemands.

Dans sa grande majorité, le peuple se trouve dans une disposition et un état d'esprit à tel point féminins que ses opinions et ses actes sont déterminés beaucoup plus par l'impression produite sur ses sens que par la pure réflexion.

Cette impression n'est point compliquée, mais très simple et bornée. Ici il n'y a point de nuances, mais seulement la notion positive ou négative d'amour ou de haine, de droit ou de déni de justice, de vérité ou de mensonge ; il n'y a jamais de demi-sentiments. La propagande anglaise particulièrement a compris tout ceci d'une façon véritablement géniale. Là il n'y avait véritablement pas de demi-mesures, qui auraient pu, le cas échéant, faire naître le doute.

Ce qui indiquait la brillante connaissance de l'ennemi de la psychologie des foules, c'est sa propagande d'atrocités, parfaitement adaptée à ces conditions, laquelle assurait d'une façon aussi décisive que géniale les conditions premières pour maintenir le moral sur le front, même si l'ennemi subissait les plus lourdes défaites. C'était aussi la façon dont il savait cloner au pilori le peuple allemand comme seul coupable de la guerre : mensonge qui par l'entêtement absolu, insolent, partial avec lequel il était proclamé, se trouvait à la portée des grandes foules, mues par les sens et toujours portées à l'extrême, et qui, pour cette raison, a été cru.

Le degré d'efficacité de cette propagande se trouve démontré de la façon la plus frappante par le fait qu'après quatre ans, elle a eu ce résultat que l'ennemi a tenu bon, mais, en outre, elle a réussi à mordre sur notre peuple.

On ne peut s'étonner qu'un tel succès ne soit point échu à notre propagande. Elle portait déjà le germe de l'inefficacité dans son ambiguïté intérieure. Enfin il était peu probable, en raison de la nature même de son contenu, qu'elle pût causer dans les masses l'impression nécessaire. Seuls, nos insipides « hommes d'État » ont pu arriver à espérer que l'on pouvait réussir à enivrer des hommes avec cette fade rinçure de pacifisme pour les envoyer à la mort.

Ainsi ce misérable produit s'est trouvé inutile et même nuisible.

Mais tout le génie déployé dans l'organisation d'une propagande n'aboutirait à aucun succès, si l'on ne tenait pas compte d'une façon toujours également rigoureuse d'un principe fondamental. Elle doit se limiter à un petit nombre d'objets, et les répéter constamment. La persévérance, ici comme dans tant d'autres choses au monde, est la première et la plus importante condition du succès.

Justement, sur le terrain de la propagande, on ne doit jamais se laisser conduire par les esthètes ou les gens blasés : pas par les premiers, sinon sa teneur, sa forme et son expression n'exerceront bientôt d'attraction que sur le public des salons littéraires, au lieu de s'exercer sur la masse ; quant aux deuxièmes, on doit s'en garder comme de la peste, car leur incapacité d'éprouver de saines sensations les incite à chercher toujours des stimulants nouveaux. Ces gens sont dégoûtés de tout en peu de temps ; ils désirent le changement et ne savent jamais descendre au niveau des besoins de leurs contemporains encore sains, et ne peuvent même les comprendre. Ils sont toujours les premiers à critiquer la propagande ou plutôt sa teneur, qui leur semble trop vieillie, trop triviale, ayant déjà fait son temps, etc. Il leur faut toujours du nouveau, ils cherchent la variété et deviennent aussi les plus mortels ennemis du succès politique auprès des masses. Car aussitôt que l'organisation et la teneur d'une propagande commencent à s'orienter suivant leurs desiderata, elles perdent toute cohésion et, au contraire, s'éparpillent.

La propagande n'est point faite pour procurer constamment d'intéressants passe-temps à de petits messieurs blasés, mais pour convaincre, et c'est la masse qu'il s'agit de convaincre. Mais celle-ci a toujours besoin, dans sa lourdeur, d'un certain temps pour se trouver prête à prendre connaissance d'une idée, et n'ouvrira sa mémoire qu'après la répétition mille fois renouvelée des notions les plus simples.

Aucune diversité ne doit, en aucun cas, modifier la teneur de ce qui fait l'objet de la propagande, mais doit toujours, en fin de compte, redire la même chose.

Le mot d'ordre peut bien être éclairé de différents côtés, mais le but de tout exposé doit se ramener toujours à la même formule. C'est ainsi seulement que la propagande peut et doit agir avec esprit de suite et cohésion.

Seule, cette grande ligne, dont on ne doit jamais se départir, permet au succès de mûrir grâce à un appui toujours égal et ferme. Alors on pourra constater avec étonnement à quels résultats immenses, à peine concevables, conduit une telle persévérance.

Toute réclame, qu'elle s'opère sur le terrain des affaires ou de la politique, porte le succès dans la durée et le constant esprit de suite de son application.

Ici, également, l'exemple de la propagande ennemie était à prendre comme modèle : limitée à un petit nombre d'objets, exclusivement combinée pour la masse et menée avec une infatigable persévérance. Les idées fondamentales et les formes d'exécution une fois reconnues adéquates, ont été utilisées durant toute la guerre, sans que jamais on ait entrepris d'y apporter la moindre modification. Au début, elle paraissait insensée dans l'audace de ses affirmations ; plus tard, elle fut considérée comme déplaisante ; enfin, on se mit à la croire. Après quatre ans et demi, éclata en Allemagne une révolution dont le mot d'ordre était emprunté à la propagande ennemie.

Mais, en Angleterre, on avait compris autre chose encore, notamment que la possibilité de succès de cette arme spirituelle réside uniquement dans son emploi massif, et que le succès compense abondamment toutes les dépenses faites.

La propagande y était considérée comme une arme de premier ordre, tandis que chez nous elle représentait le dernier morceau de pain de politiciens sans situation ou le bon petit filon dans des rédactions pour de modestes héros.

Son résultat fut, à tout prendre, égal à zéro.

CHAPITRE 7

LA RÉVOLUTION

L a propagande ennemie débuta chez nous avec l'année 1915. Depuis 1916, elle alla toujours en s'intensifiant et finit par s'enfler, au commencement de 1918, en un véritable flot. Alors on put déjà suivre pas à pas les effets de cette chasse aux esprits. L'armée apprenait peu à peu à penser comme le voulait l'ennemi. Toute réaction allemande fit entièrement défaut.

L'armée avait, à la vérité, en la personne de son chef intelligent et plein de volonté, l'intention, et la résolution d'accepter le combat également sur ce terrain, mais il lui manquait l'instrument qui aurait été nécessaire à cet effet. De plus, il y avait une erreur de psychologie à laisser entreprendre ce genre de culture intellectuelle par la troupe elle-même. Il fallait, pour qu'elle pût être efficace, qu'elle vînt de l'intérieur du pays. Alors on aurait pu escompter son succès auprès d'hommes de renoncement et d'héroïsme immortels depuis bientôt quatre ans.

Mais qu'advint-il du pays ?

Cette défaillance était-elle stupide ou criminelle ?

Au milieu de l'été 1918, après l'évacuation de la rive sud de la Marne, la presse allemande se comporta d'une façon si misérablement maladroite, ou criminellement stupide, que je me posais une question qui suscitait chaque jour en moi une rage croissante : n'y aurait-il personne pour mettre fin à ce débauchage spirituel des héros de notre armée ?

Que se produisit-il en France lorsqu'en 14 nous fîmes irruption dans ce pays dans un élan inouï et victorieux ? Que fit l'Italie dans les jours de l'effondrement de son front de l'Isonzo ? Que fit de nouveau la France au printemps 1918, lorsque l'attaque des divisions allemandes paraissait chasser de leurs gonds les positions françaises et que le bras puissant des batteries lourdes à longue portée commença à frapper aux portes de Paris ?

Comme on y a toujours fouetté le visage des régiments battant hâtivement en retraite vers l'arrière, comme on y a insufflé l'ardeur des passions nationales ! Comme la propagande et la science géniale d'influencer les masses travaillaient alors pour faire entrer de nouveau à coups de massue dans le cœur des soldats la croyance en la victoire définitive ! '

Plus d'une fois j'ai été tourmenté par la pensée que si la Providence m'avait mis à la place des impuissants ou des gens sans volonté de notre service de propagande, le sort de la lutte se serait annoncé autrement.

Ces mois-là je ressentis pour la première fois la perfidie de la fatalité, qui me maintenait ici et à une place à laquelle le geste fortuit de n'importe quel nègre pouvait m'abattre d'un coup de fusil, alors qu'à une autre place, j'aurais pu rendre d'autres services à la patrie.

Car j'étais déjà alors assez présomptueux pour croire qu'en cela j'aurais réussi. Mais j'étais un être obscur, un simple matricule parmi huit millions d'hommes !

Donc il valait mieux me taire et remplir aussi bien que possible mon devoir à mon poste.

*

En été 1915, les premières brochures ennemies nous tombèrent dans les mains. Leur contenu était toujours le même, encore que comportant quelque variété dans la forme de l'exposé, et notamment : que la disette était toujours croissante en Allemagne ; que la durée de la guerre n'aurait pas de fin, cependant que la perspective de la gagner allait constamment en s'évanouissant ; que, pour cette raison, le peuple désirait ardemment à l'intérieur la paix, mais que le « militarisme » ainsi que le « Kaiser » ne le permettaient pas ; que le monde entier — qui savait parfaitement tout cela faisait pour ce motif la guerre non pas contre le peuple allemand, mais au contraire exclusivement contre l'unique coupable, le Kaiser ; que le combat ne prendrait pas fin, pour cette raison, tant que cet ennemi de l'humanité pacifique ne serait pas éloigné ; que les nations libérales et démocratiques recevraient après la fin de la guerre le peuple allemand dans la ligue de la paix perpétuelle mondiale, paix qui serait assurée du jour où serait anéanti le « militarisme prussien ».

Pour mieux illustrer cet exposé, la brochure contenait souvent des copies de « lettres du pays » dont le contenu paraissait confirmer ces assertions.

En général, on se moquait alors de toutes ces tentatives. On lisait les brochures, puis on les envoyait vers l'arrière aux états-majors supérieurs, puis on les oubliait pour la plupart jusqu'à ce que le vent en apportât un nouveau chargement vers les tranchées ; c'étaient, en effet, dans la plupart des cas des avions qui servaient à apporter chez nous ces feuilles.

Une chose devait bientôt surprendre dans ce genre de propagande, à savoir que dans tout secteur du front dans lequel se trouvaient des Bavarois, on attaquait la Prusse avec un extraordinaire esprit de suite, en assurant que non seulement, d'une part, la Prusse était le véritable coupable et responsable de la guerre, mais aussi d'autre part que l'on n'avait contre la Bavière en particulier pas la moindre inimitié ; mais qu'à la vérité, on ne pouvait lui apporter aucune aide tant qu'elle resterait au service du militarisme prussien pour lui tirer les marrons du feu.

Le procédé consistant à influencer les hommes commença réellement, en 1915, à obtenir certains effets. L'excitation contre la Prusse grandit parmi la troupe d'une façon visible, sans que du haut en bas on ait pris une mesure quelconque pour s'y opposer. Ceci déjà était plus qu'une simple faute, qu'un simple laisser-aller, qui devait tôt ou tard être puni de la façon la plus funeste et atteindre non seulement le « Prussien », mais tout le peuple allemand, la Bavière appartenant bien à ce dernier.

Dans ce sens, la propagande ennemie commença dès l'année 1916 à récolter d'incontestables succès.

De même les lettres de lamentations directement reçues de l'intérieur exercèrent à la longue leur effet. Maintenant il n'était plus aucunement nécessaire que l'ennemi les fît parvenir au front spécialement au moyen de brochures, etc. Et contre ceci on ne fit rien, à l'exception de quelques « admonestations » archibêtes de la part du gouvernement. Le front fut, avant comme après, submergé de ce poison, que des femmes étourdies fabriquaient dans le pays naturellement, sans se douter que c'était le moyen de réconforter au plus haut point la confiance de l'ennemi en la victoire, et de prolonger ainsi que d'augmenter les souffrances des leurs sur le front. Les lettres insensées des femmes allemandes coûtèrent par la suite la vie à des centaines de milliers d'hommes.

Ainsi se manifestaient déjà, en 1916, divers phénomènes inquiétants. Le front grondait et « faisait la brute » ; il était déjà mécontent pour divers motifs et parfois s'indignait à bon escient. Pendant que les hommes jeûnaient et se résignaient, les leurs étaient en détresse à la maison, tandis qu'en d'autres endroits régnaient le superflu et la dissipation. Oui, même sur le front, tout n'était pas dans l'ordre à ce point de vue.

Aussi la crise se montrait-elle un peu déjà alors ; mais ce n'étaient toujours que les affaires « intérieures ». Le même homme qui d'abord avait grogné et murmuré, faisait, quelques minutes après, silencieusement son devoir, comme si c'était devenu tout naturel. La même compagnie qui d'abord était mécontente, se cramponnait au secteur qu'elle avait à défendre, comme si le sort de l'Allemagne dépendait de ces quelques centaines de mètres de trous dans la boue. C'était encore le front de la vieille, de la superbe armée de héros.

Je devais apprendre à connaître la différence entre le front et le pays à l'occasion d'un changement brutal de ma destinée.

À la fin de septembre 1916, ma division partit pour la bataille de la Somme. C'était pour nous la première des effrayantes batailles de matériel, et l'impression était difficile à décrire — plutôt un enfer qu'une bataille.

Pendant des semaines sous la bourrasque des feux roulants, le front allemand tint ferme, parfois quelque peu refoulé, puis avançant de nouveau, mais ne cédant jamais. Le 7 octobre, je fus blessé.

Je parvins heureusement à l'arrière et pris le train sanitaire vers l'Allemagne.

Deux ans s'étaient écoulés depuis que je n'avais revu la patrie, un laps de temps presque interminable dans de pareilles conditions. Je pouvais à peine me représenter quel était l'aspect des Allemands ne portant pas l'uniforme. Quand je fus couché à l'hôpital d'évacuation, je tressaillis presque d'épouvante quand j'entendis la voix d'une infirmière qui parlait à un camarade couché 'â côté de moi. Après deux ans, entendre pour la première fois la voix d'une Allemande !

Ensuite, plus le train qui devait nous ramener au pays approchait de la frontière, plus chacun de nous sentait une inquiétude intérieure. Toutes les localités défilèrent, dans lesquelles nous avions passé il y a deux ans, comme jeunes soldats : Bruxelles, Louvain, Liège, et enfin il nous sembla reconnaître la première maison allemande à son pignon élevé et à ses jolies persiennes.

La patrie !

En octobre 1914, nous brûlions d'un tumultueux enthousiasme, quand nous passâmes la frontière, maintenant régnaient le silence et l'émotion. Chacun était heureux que le sort lui permît de voir encore une fois ce qu'il devait protéger si difficilement au prix de sa vie ; et chacun de nous avait presque honte de se laisser regarder dans les yeux par les autres.

Presque à l'anniversaire de mon départ pour le front, je me trouvai à l'hôpital de Beelitz près de Berlin.

Quel changement ! Des marais de la bataille de la Somme, j'arrivais dans les lits blancs de ce magnifique bâtiment ! Au début on osait à peine s'y coucher comme il faut. Ce n'est que peu à peu que l'on put se réhabituer à ce monde nouveau.

Mais, malheureusement, ce monde était aussi nouveau sous un autre rapport.

L'esprit de l'armée sur le front ne paraissait plus ici avoir droit de cité. J'entendis ici pour la première fois ce qui était encore inconnu sur le front : l'éloge de sa propre lâcheté ! Car ce que l'on pouvait entendre : grogner ou « faire la brute », ce n'était jamais une incitation à manquer à son devoir ou même la glorification du poltron. Non. Le lâche était toujours considéré comme un lâche et absolument rien de plus ; et le mépris qui l'atteignait était toujours général, de même que l'admiration que l'on témoignait à un vrai héros. Mais ici, à l'hôpital, c'était déjà presque l'inverse : les provocateurs les plus insensés disaient de grands mots et s'efforçaient par tous les moyens de leur piteuse éloquence de présenter comme ridicules les principes des bons soldats, et comme modèle, la faiblesse de caractère des poltrons.

Quelques misérables individus donnaient le ton.

L'un d'eux se vantait d'avoir traîné sa main dans un réseau de fil de fer pour pouvoir entrer à l'hôpital ; il semblait cependant que, malgré l'insignifiance ridicule de cette blessure, il était là depuis un temps infini. Et il n'avait été envoyé en Allemagne par train sanitaire que par simple supercherie. Mais ce drôle, semant la contagion, faisait si bien qu'avec son insolente audace, il présentait son acte de lâcheté comme la manifestation d'un courage supérieur à celui du brave soldat trouvant une mort héroïque. Beaucoup écoutaient en silence, d'autres s'en allaient, mais quelques-uns aussi approuvaient.

La nausée me montait à la gorge, mais on tolérait tranquillement le provocateur dans l'établissement. Que fallait-il faire ? Ce qu'il était, l'administration devait bien le savoir ! Néanmoins, on ne fit rien.

Quand je pus de nouveau marcher sans difficulté, j'obtins l'autorisation d'aller à Berlin.

La disette était visiblement partout très rude. La ville immense souffrait de la faim. Le mécontentement était grand. Dans les divers foyers fréquentés par les soldats, le ton était le même qu'à l'hôpital. On avait entièrement l'impression que ces drôles fréquentaient à dessein de pareils lieux, pour propager largement leurs opinions.

Encore pire, bien pire, était la situation à Munich même !

Lorsqu'après guérison je quittai l'hôpital et fus affecté su bataillon de dépôt, je crus bien ne plus reconnaître la ville. L'irritation, le découragement, les invectives, jusqu'où en était-on venu i Dans le bataillon de dépôt même, le moral était au-dessous de tout. À cela contribuait encore la façon infiniment maladroite dont les soldats venant du front étaient traités par les médiocres officiers instructeurs, qui n'avaient encore point passé seulement une heure sur le front et déjà, pour ce motif, ne pouvaient guère organiser un ordre de choses convenant aux vieux soldats. Ces derniers possédaient, en effet, certaines singularités qui s'expliquaient par le fait qu'ils avaient servi sur le front, mais restaient entièrement incompréhensibles pour le commandement de ces formations de troupes de remplacement, tandis qu'un officier venant également du front aurait su, pour le moins, se les expliquer. Ce dernier lui-même était naturellement autrement considéré par les hommes de troupe que le commandant d'étapes. Mais, à part tout cela, l'état d'esprit générai était lamentable ; tirer la carotte était considéré comme la manifestation d'une intelligence supérieure, tandis que la fidèle persévérance était interprétée comme le signe d'une faiblesse intérieure et d'un esprit borné. Les bureaux étaient bondés de Juifs. Presque tous les secrétaires étaient Juifs, et tout Juif, secrétaire. Je m'étonnais de cette abondance d'embusqués du peuple élu et ne pouvais faire autrement que de comparer leur nombre à celui de leurs rares représentants sur le front.

La situation était encore plus mauvaise au point de vue économique. Le peuple juif était réellement devenu « indispensable ». L'araignée commençait à sucer doucement le sang du peuple allemand.

Par le biais des sociétés de guerre, on avait trouvé l'instrument voulu pour donner le coup de grâce à l'économie nationale et libre.

On affirmait la nécessité d'une centralisation sans limites. De la sorte, dès l'hiver 1916-1917, presque la totalité de la production se trouvait en réalité sous le contrôle de la finance juive.

Et contre qui se portait la haine du peuple ?

À ce moment, je vis avec épouvante l'imminence d'une fatalité qui, si elle n'était pas détournée à l'heure propice, devait conduire à la débâcle.

Pendant que le Juif pelait la totalité de la nation et la pressurait sous sa domination, on excitait les gens contre a les Prussiens ». Bien connue sur le front, cette propagande ne trouva aucune réaction à l'arrière. On ne paraissait nullement se rendre compte que l'effondrement de la Prusse serait bien loin d'entraîner un essor quelconque de la Bavière, et que, bien au contraire, l'une par sa chute devait irrémédiablement entraîner l'autre dans l'abîme.

Ces agissements m'affligeaient infiniment. En eux, je ne pouvais voir que la géniale astuce du Juif, qui détournait de lui l'attention générale pour la porter sur d'autres buts. Pendant que la Bavière et la Prusse se disputaient, il leur subtilisait devant le nez leurs moyens d'existence ; pendant que l'on invectivait en Bavière contre la Prusse, le Juif organisait la révolution et démolissait la Prusse et la Bavière en même temps.

Je ne pouvais supporter cette maudite discorde parmi les races allemandes et fus heureux de retourner su front, où j'avais demandé à aller dès mon arrivée à Munich. Au commencement de mars 1917, j'étais de nouveau à mon régiment.

*

Vers la fin de l'année 1917, le point le plus bas du découragement de l'armée semblait surmonté. Toute l'armée avait puisé dans l'effondrement de la Russie une nouvelle espérance et un nouveau courage. La conviction que maintenant, malgré tout, le combat devait finir par une victoire de l'Allemagne, commença à s'emparer de la troupe. On pouvait de nouveau entendre des chants, et les corbeaux de malheur se firent plus rares. On croyait de nouveau en l'avenir de la patrie.

En particulier, la débâcle italienne de l'automne 1917 avait produit la plus merveilleuse impression ; on voyait, en effet, dans cette victoire, la preuve de la possibilité de percer également le front en dehors du théâtre des opérations russes. Le torrent d'une foi splendide se déversait maintenant dans le cœur de millions d'hommes et leur fit attendre avec une assurance réconfortée l'arrivée du printemps 1918. Par contre, l'ennemi était visiblement déprimé. Cet hiver-là, on fut plus tranquille que les autres fois. C'était le calme avant la tempête.

Le front entreprenait les derniers préparatifs pour mettre un terme définitif à l'éternel combat ; d'interminables transports de troupes et de matériel roulaient vers le front occidental et la troupe recevait des instructions en vue de la grande attaque. C'est alors que surgit en Allemagne le plus grand tour de coquin de toute la guerre.

Il ne fallait pas que l'Allemagne pût vaincre ; à la dernière heure, lorsque la victoire semblait déjà devoir s'attacher aux drapeaux allemands, on eut recours à un moyen qui semblait propre à étouffer d'un seul coup dans son œuf l'attaque allemande du printemps, afin de rendre impossible la victoire :

On organisa la grève des munitions.

Si elle réussissait, le front allemand devait s'écrouler et le vœu du Vorwärts que, cette fois, la victoire ne suivît plus les drapeaux allemands, s'accomplissait. Du fait du manque de munitions, le front devait être percé en quelques semaines ; l'offensive était de la sorte enrayée, l'Entente sauvée, mais le capital international se rendait maître de l'Allemagne, et le but intrinsèque de la tromperie marxiste des peuples était atteint.

La destruction de l'économie nationale, afin d'établir la domination du capital international — but atteint grâce à la sottise et la crédulité des uns, l'insondable lâcheté des autres.

Quoi qu'il en soit, la grève des munitions n'eût point le dernier succès espéré ; priver d'armes le front : elle dura trop peu pour qu'un manque de munitions eût condamné l'armée à sa perte. Mais combien plus terrible était le préjudice moral !

Premièrement : pour quoi l'armée combattait-elle encore, si le pays lui-même ne voulait plus de la victoire ? Pour qui les immenses sacrifices et privations ? Il fallait donc que le soldat combattît pour la victoire, tandis que le pays faisait la grève !

Deuxièmement : quelle était l'impression produite sur l'ennemi ?

En cet hiver 1917-1918, des nuages opaques montèrent au firmament des Alliés. Durant presque quatre ans, on avait exécuté des assauts contre le géant allemand et l'on n'avait pu l'abattre ; mais alors celui-ci n'avait de libre que son bras, celui tenant le bouclier, pour se défendre, tandis qu'il devait tirer le glaive pour frapper tantôt à l'Est, tantôt à l'Ouest, tantôt au Sud. Maintenant enfin, le géant était libre sur ses derrières. Des flots de sang avaient coulé jusqu'à ce qu'il réussît à abattre définitivement l'un des adversaires. Désormais à l'Ouest, le glaive devait se joindre au bouclier et puisque jusqu'ici l'ennemi n'avait point réussi à briser la défense, c'est lui-même qui devait être atteint par l'attaque. On la craignait et on tremblait pour la victoire.

À Londres et à Paris, les conférences se suivaient sans interruption. Même la propagande ennemie se fit plus difficile ; il n'était plus si facile de démontrer le peu de probabilité de la victoire allemande.

Il en était également ainsi sur les fronts, où un silence prudent régnait, pour les troupes alliées aussi. L'insolence de ces messieurs avait subitement disparu. Une lueur inquiétante commençait également à leur apparaître. Leur contenance intérieure à l'égard du soldat allemand avait maintenant changé. Jusqu'à présent, ils pouvaient le considérer comme un fou condamné à la défaite ; maintenant, ils avaient devant eux celui qui avait anéanti leur alliée russe. La nécessité qui nous avait été imposée de n'attaquer qu'à l'Est apparaissait maintenant comme une tactique géniale. Pendant trois ans, les Allemands avaient livré l'assaut à la Russie, au début sans le moindre succès apparent. On se moquait presque de ces inutiles entreprises, car enfin le colosse russe devait rester victorieux en raison de la supériorité du nombre de ses soldats. L'Allemagne, au contraire, devait périr par épuisement de sang. Les faits paraissaient confirmer ces espérances.

Depuis les jours de septembre 1914, lorsque pour la première fois les interminables troupes de prisonniers russes, provenant de la bataille de Tannenberg, commencèrent à rouler sur les routes de l'Allemagne, ce flot n'en finissait plus, mais de toute armée battue et anéantie une nouvelle armée prenait la place. Inépuisablement, le colossal empire des tzars livrait à la guerre ses nouvelles victimes. Combien de temps l'Allemagne pouvait-elle soutenir cette course ? Un jour ne devait-il pas arriver où, après une dernière victoire allemande, des armées russes qui ne seraient toujours pas les dernières entreraient dans la dernière de toutes les batailles ? Et quand cela ? D'après toutes les supputations, la victoire de la Russie pouvait, à la vérité, être encore différée, mais elle devait survenir immanquablement un jour.

Maintenant toutes ces espérances étaient perdues pour l'Entente. L'alliée, qui avait fait les plus grands sacrifices de son sang sur l'autel des intérêts communs, était à bout de forces et gisait sur le sol devant son implacable agresseur. On craignait le printemps prochain. Et puisque, jusqu'à présent, on n'avait pas réussi à briser l'Allemand, alors qu'elle n'avait pu s'installer sur le front Ouest, comment pouvait-on compter maintenant sur la victoire quand l'ensemble des forces de ce terrible pays de héros paraissait se masser pour l'attaque contre le front Ouest ?

Les ombres des montagnes du Tyrol méridional s'étendaient d'une façon oppressante sur l'imagination ; jusque dans les brouillards de Flandre, les armées battues de Cadorna engendraient la tristesse sur les visages, et la croyance à la victoire faisait place à la terreur devant la défaite fatale.

Alors, au moment où, dans les froides nuits, on croyait déjà percevoir le grondement de l'avance des troupes d'assaut de l'armée allemande, et où l'on attendait dans une craintive inquiétude la décision qui s'annonçait, soudain jaillit de l'Allemagne une éclatante lumière rouge qui projeta sa lueur jusque dans le dernier trou d'obus du front.

Au moment où l'on donnait les dernières instructions aux divisions allemandes pour la grande attaque, la grève générale éclata en Allemagne.

D'abord le monde resta silencieux. Mais bientôt la propagande ennemie se jeta avec un soupir de soulagement sur cet appui de la douzième heure. D'un seul coup, on avait trouvé le moyen de relever la confiance déclinante des soldats alliés. On présentait de nouveau comme certaine la probabilité de la victoire et l'on transformait en une assurance résolue l'inquiétude devant les événements imminents. Maintenant, on pouvait donner aux régiments qui attendaient l'attaque allemande, en vue de la plus grande bataille de tous les temps, la conviction que la décision sur la fin de cette guerre appartiendrait non à l'audace de l'assaut allemand, mais à une persévérante résistance contre ce dernier. Que les Allemands remportassent autant de victoires qu'il leur plaira, dans leur pays ce serait la révolution que l'on trouverait en y entrant, et non une armée exaltée par de nombreuses victoires.

Les journaux anglais, français et américains commencèrent à implanter cette croyance dans le cœur de leurs lecteurs, tandis qu'une propagande infiniment habile remontait vigoureusement le moral des troupes sur le front.

« L'Allemagne devant la révolution ! La victoire des alliés inévitable ! » Tel était le meilleur remède pour raffermir sur leurs jambes le poilu et le tommy chancelants. Maintenant, on pouvait rouvrir le feu des fusils et des mitrailleuses, et à une fuite éperdue dans une terreur panique succéda une résistance pleine d'espoir.

Tel était l'effet de la grève allemande des munitions. Elle renforça la croyance des peuples alliés en la victoire et fit disparaître du front allié la déprimante désespérance ; par la suite, des milliers de soldats allemands durent payer cette grève de leur sang. Les instigateurs de cette méprisable grève, de misérables individus étaient cependant candidats aux plus hautes fonctions du gouvernement de l'Allemagne révolutionnaire. Encore que, du côté allemand, il ait été possible de surmonter en apparence la répercussion tangible de ces événements, du côté de l'adversaire, les conséquences favorables furent durables. La résistance avait perdu le caractère de vanité qu'elle présentait pour une armée qui croyait tout perdu et elle fit place à l'acharnement de la lutte pour la victoire.

En effet, maintenant la victoire devait, selon toutes prévisions humaines, être aux alliés, si le front Ouest pouvait résister seulement pendant quelques mois à l'attaque allemande. Dans les parlements de l'Entente, on reconnut la possibilité d'un avenir meilleur et on accorda des sommes inouïes pour la propagande en vue de la désagrégation de l'Allemagne.

*

J'avais eu le bonheur de pouvoir prendre part aux deux premières et à la dernière offensive.

Elles furent la plus prodigieuse impression de toute mon existence ; prodigieuse parce que, maintenant pour la dernière fois, ainsi qu'en l'année 1914, le combat avait perdu le caractère de la défensive et pris celui de l'offensive. On respira enfin dans les tranchées et les galeries de mines de l'armée allemande, lorsqu'enfin, après plus de trois ans passés dans l'enfer, vint le jour du règlement de comptes. Encore une fois, les bataillons victorieux furent transportés de joie et les dernières couronnes de l'immortel laurier se suspendirent aux drapeaux tout auréolés par la victoire. Encore une fois, les chants patriotiques retentirent le long des interminables colonnes en marche et montèrent vers le ciel, et, pour la dernière fois, la grâce du Seigneur sourit à ses enfants ingrats.

*

Au fort de l'été 1918,[8] un morne accablement s'étendait sur le front. La discorde régnait dans le pays. Pourquoi ? On racontait beaucoup de choses dans les divers corps de troupe. On disait que maintenant la guerre n'avait plus de but et que, seuls, des insensés pouvaient encore croire à la victoire. On prétendait que le peuple n'avait plus~ aucun intérêt à résister plus longtemps, mais seulement les capitalistes et la monarchie — ces bruits venaient de l'arrière et étaient discutés aussi sur le front.

Cela n'occasionna d'abord que fort peu de réaction sur le front ? Que nous importait le suffrage universel ? Est-ce bien pour cela que nous avions combattu près de quatre ans et demi ? C'était un méprisable acte de banditisme de ravir ainsi frauduleusement aux héros couchés dans la tombe le but de la guerre. Ce n'est pas avec le cri de « Vive le droit de vote universel et secret ! » que les jeunes régiments étaient allés un jour à la mort dans les Flandres, mais avec le cri de « l'Allemagne au-dessus de tout dans le monde ». C'était une petite différence qui n'était pas tout à fait insignifiante. Mais ceux qui réclamaient le droit de vote n'avaient point combattu là où ils voulaient le conquérir. Le front ne connaissait point toute la canaille des partis. On ne

---

[8] Erreur volontaire : les premiers troubles intérieurs datent de fin octobre 1918.

voyait qu'une petite partie de ces messieurs les parlementaires, là où se trouvaient les honnêtes Allemands qui n'étaient ni tortus ni bossus.

Ainsi les vieilles troupes du front étaient fort peu disposées en faveur de ce nouveau but de guerre de MM. Ebert, Scheidemann, Barth, Liebknecht et consorts. On ne comprenait absolument pas pourquoi, tout d'un coup, les embusqués pouvaient avoir le droit de s'attribuer le pouvoir dans le pays sans tenir compte de l'armée.

Dès le début, mon opinion personnelle était arrêtée.

Je haïssais au suprême degré tout ce tas de misérables vauriens de politiciens qui trompaient le peuple. Depuis longtemps, je voyais clairement que, dans toute cette coterie, il ne s'agissait point en réalité du bien de la nation, mais du remplissage de leurs poches vides. Et en les voyant maintenant prêts à sacrifier tout le peuple pour cela et, si besoin en était, à laisser périr l'Allemagne, je les considérais comme mûrs pour la corde. Tenir compte de leurs désirs, signifiait le sacrifice des intérêts des travailleurs du peuple au profit de quelques voleurs à la tire. Or, on ne pouvait faire cela qu'en sacrifiant l'Allemagne.

Telles étaient toujours les pensées de la plus grande partie des combattants de l'armée. Mais les renforts venant du pays étaient de plus en plus mauvais, de sorte que leur arrivée ne donnait aucun surcroît de force à la puissance des combattants de l'armée, et au contraire l'affaiblissait. Particulièrement, la jeune classe n'avait, dans son ensemble, aucune valeur. Souvent il était difficile de croire que c'étaient les fils du même pays que celui qui avait envoyé sa jeunesse au combat autour d'Ypres.

En août et en septembre, les manifestations de décomposition allèrent en augmentant de plus en plus rapidement, bien que l'impression produite par les attaques ennemies ne fût point comparable à celle de nos combats de résistance d'autrefois. La bataille de la Somme et de la Flandre étaient, en comparaison, des souvenirs de pire horreur.

À la fin de septembre, ma division occupa, pour la troisième fois, les positions que nous avions autrefois enlevées en combattant dans les régiments de jeunes volontaires de la guerre.

Quel souvenir !

En octobre et novembre 1914, nous y avions reçu le baptême du feu. Notre régiment était allé au combat comme pour une danse, avec l'amour de la patrie au cœur et la chanson aux lèvres. Le sang le plus précieux s'offrait avec joie, avec la foi de garantir ainsi l'indépendance et la liberté de la patrie.

En juillet 1917, nous foulâmes pour la deuxième fois ce sol devenu sacré pour nous. Car là sommeillaient nos meilleurs camarades, presque des enfants qui, autrefois, avaient couru à la mort pour leur chère patrie, le regard irradié d'enthousiasme !

Nous, les vieux qui marchions alors avec le régiment, nous nous arrêtâmes avec une pieuse émotion sur ce lieu où l'on avait juré la « fidélité et l'obéissance jusqu'à la mort ».

Ce terrain, que le régiment avait emporté d'assaut il y a trois ans, devait être maintenant défendu dans un dur combat défensif.

Par un feu roulant de trois jours, l'Anglais préparait la grande offensive des Flandres. Alors les esprits des morts semblèrent revenir à la vie ; le régiment s'accrocha à la boue vaseuse, se cramponna aux trous et aux entonnoirs isolés, et ne céda point, ne fléchit point. Mais, comme autrefois déjà, il diminua, s'éclaircit sur place, jusqu'à ce qu'enfin l'offensive des Anglais se déchaînât le 31 juillet 1917.

Dans les premiers jours d'août, nous fûmes relevés. Du régiment il ne restait plus que quelques compagnies qui revinrent en chancelant vers l'arrière, couvertes d'une croûte de boue, ressemblant plutôt à des fantômes qu'à des hommes. Mais l'Anglais n'avait trouvé, en plus de quelques centaines de trous d'obus, que la mort.

Maintenant, en automne 1918, nous étions pour la troisième fois sur le terrain d'assaut de 1914. Le village de Comines qui nous avait autrefois servi de lieu de repos, était devenu maintenant un champ de bataille. À la vérité, bien que le terrain de combat fût resté le même, les hommes avaient changé : désormais, on faisait de la politique dans la troupe. Le poison venu du pays commençait à agir ici comme partout, mais l'allant de jadis, qui venait de la maison, faisait complètement défaut.

Dans la nuit du 13 au 14 octobre, le tir des obus à gaz des Anglais se déchaîna sur le front sud d'Ypres ; ils y employaient le gaz à croix jaune dont nous ne connaissions pas les effets, tant qu'ils ne se manifestaient pas sur notre propre corps. Je devais les connaître dans cette nuit même. Sur une colline au sud de Wervick, nous nous trouvâmes pris, dès le soir du 13 octobre, durant de longues heures, sous un feu roulant d'obus à gaz. Cela continua toute la nuit avec une plus ou moins grande intensité. Vers minuit, une partie d'entre nous furent évacués, parmi eux quelques-uns disparus pour toujours, Vers le matin, la douleur s'empara de moi, augmentant de quart d'heure en quart d'heure, et, à 7 heures du matin, je revins en trébuchant et chancelant vers l'arrière, les yeux en feu, emportant avec moi ma dernière affectation de la guerre.

Quelques heures plus tard, mes yeux se changèrent en charbons ardents et les ténèbres se firent autour de moi. C'est ainsi que je vins à l'hôpital de Pasewalk, et là j'eus la douleur d'assister à la révolution.

*

Il régnait déjà depuis longtemps dans l'air quelque chose d'indéfinissable et de répugnant. On se racontait les uns aux autres que, dans quelques semaines, cela allait commencer, mais je ne pouvais pas me représenter ce qu'il fallait entendre là-dessous. Je pensais tout d'abord à une grève comme celle du printemps. Des bruits défavorables venaient continuellement de la marine, où, à ce que l'on disait, l'effervescence régnait. Mais ceci me paraissait devoir être plutôt le produit de l'imagination de jeunes gens isolés qu'un sujet intéressant les grandes masses. À l'hôpital même, chacun parlait bien de la fin de la guerre que l'on espérait voir arriver bientôt, mais personne ne comptait sur une solution immédiate. Je ne pouvais lire les journaux.

Au mois de novembre, la tension générale s'augmenta.

Et, un jour, la catastrophe fit soudain sa brusque irruption. Des matelots arrivèrent en camions automobiles et excitèrent à la révolution ; quelques jeunes Juifs étaient les « chefs » de ce mouvement pour « la liberté, la beauté et la dignité » de l'existence de notre peuple. Aucun d'eux n'avait jamais été sur le front. Par le biais d'un hôpital de vénériens, les trois orientaux avaient été refoulés de la zone désarmée vers l'arrière. Maintenant, ils y hissaient le chiffon rouge.

Dans les derniers temps, je me sentis un peu mieux. Ma douleur perçante dans les orbites cessa ; lentement je pus commencer à distinguer sous des contours grossiers ce qui m'entourait. Je pus me bercer de l'espoir de recouvrer la vue, tout au moins suffisamment pour pouvoir exercer plus tard un métier. À la vérité, je ne pouvais plus espérer être jamais en état de dessiner. Toujours est-il que je me trouvais ainsi en voie d'amélioration, lorsque l'affreuse chose arriva.

Mon premier espoir était toujours qu'il ne s'agissait dans cette trahison envers la patrie que d'une affaire plus ou moins locale. Je tentais d'affermir dans ces idées quelques camarades. En particulier mes camarades bavarois de l'hôpital y étaient plus qu'accessibles. L'état d'esprit n'était rien moins que révolutionnaire. Je ne pouvais pas me figurer qu'à Munich également, la démence allait se déchaîner. La fidélité envers la noble maison des Wittelsbach me paraissait devoir être plus solide que la volonté de quelques Juifs. Ainsi je pouvais croire uniquement qu'il s'agissait d'un putsch de la marine, lequel serait écrasé dans quelques jours.

Les jours suivants arrivèrent, et avec eux la plus affreuse certitude de ma vie. Les bruits qui couraient devenaient toujours plus accablants. Ce que j'avais pris pour une affaire locale était, disait-on, une révolution générale. Là-dessus arrivèrent les ignominieuses nouvelles du front. On voulait capituler. Mais une chose pareille était-elle possible ?

Le 10 novembre, un pasteur vint à l'hôpital militaire pour nous faire une petite allocution ; alors nous apprîmes tout.

J'étais ému au plus haut point en l'écoutant. Le vieil et digne homme paraissait trembler fort, quand il nous fit connaître que, maintenant, la maison des Hohenzollern n'avait plus le droit de porter la couronne, que notre patrie était devenue « république », que l'on devait prier le Tout-Puissant pour qu'il ne refuse pas sa bénédiction à ce changement de régime et qu'il veuille bien ne pas abandonner notre peuple dans les temps à venir. En même temps, il ne pouvait faire autrement que de dire quelques mots sur la maison royale, voulant rendre hommage aux services qu'elle avait rendus en Poméranie, en Prusse et à toute la patrie allemande, et, comme il commençait à pleurer doucement et tout bas, le plus profond abattement envahit tous les cœurs dans la petite salle et je crois qu'aucun de nous ne put retenir ses larmes. Mais lorsque le vieil homme tenta de reprendre son discours et commença à exposer que nous étions obligés maintenant de mettre fin à la guerre, qu'à l'avenir notre patrie serait exposée à une dure oppression, parce que maintenant la guerre était perdue et que nous devions nous en remettre à la grâce du vainqueur, qu'il fallait accepter l'armistice avec la confiance dans la magnanimité du vainqueur, alors je ne pus y tenir. Il me fut impossible d'en entendre davantage. Brusquement, la nuit envahit mes yeux, et en tâtonnant et trébuchant je revins au dortoir où je me jetai sur mon lit et enfouis ma tête brûlante sous la couverture et l'oreiller.

Depuis le jour où je m'étais trouvé sur la tombe de ma mère, je n'avais plus jamais pleuré. Lorsque, dans ma jeunesse, le destin s'abattit impitoyablement sur moi, ma fierté se développa. Lorsque, durant les longues années de la guerre, la mort ravit dans nos rangs tant de nos chers camarades et amis, il m'aurait presque semblé commettre un péché de les pleurer, car ils moururent pour l'Allemagne ! Et lorsqu'enfin — dans les derniers jours du terrible combat — le gaz m'assaillit furtivement et commença à me dévorer les yeux, devant la crainte de devenir aveugle je pensai un instant désespérer ; alors je fus frappé comme par la foudre, par la voix de ma conscience : « Misérable pleurnicheur, tu vas gémir alors que des milliers sont cent fois plus malheureux que toi ! » et insensible et muet, je supportai mon sort. Maintenant seulement je vis comme disparaît toute souffrance personnelle devant le malheur de la patrie.

Ainsi, vains étaient tous les sacrifices et toutes les privations ; c'est en vain que l'on avait souffert de la faim et de la soif durant d'interminables mois, vaines les heures pendant lesquelles, serrés par l'angoisse de la mort, nous accomplissions néanmoins notre devoir ; inutile, le trépas de deux millions d'hommes qui trouvèrent la mort.

Les tombes n'allaient-elles pas s'ouvrir, de ces centaines de milliers d'hommes qui sortirent un jour des tranchées pour ne plus jamais revenir ? Ne devaient-elles pas s'ouvrir et envoyer, comme des fantômes vengeurs, les héros muets, couverts de boue et de sang, vers la patrie qui, dans une telle dérision, les frustrait du suprême sacrifice que l'homme peut faire à son peuple dans ce monde ? Était-ce pour cela qu'étaient morts les soldats d'août et septembre 1914 et qu'en automne de la même année, les régiments de volontaires avaient suivi leurs vieux camarades ? Était-ce pour cela que ces enfants de dix-sept ans étaient tombés dans la terre des Flandres ? Était-ce le but du sacrifice que la mère allemande offrait à la patrie, lorsque, d'un cœur douloureux, elle laissait partir pour ne jamais les revoir ses enfants infiniment chers ? Tout ceci ne s'était-il passé que pour qu'une poignée de criminels pût mettre la main sur le pays ?

C'était donc pour cela que le soldat allemand, épuisé par les nuits sans sommeil et les marches interminables, avait tenu bon sous l'ardeur du soleil et les tempêtes de neige ? Était-ce pour cela qu'il avait subi l'enfer du feu roulant et la fièvre du combat de gaz, sans fléchir, se souvenant toujours de son unique devoir : préserver la patrie contre le danger de l'ennemi ?

Véritablement, ces héros méritaient aussi que leur fût érigée une pierre :

« Passant, toi qui vas en Allemagne, apprends au pays que nous gisons ici, fidèles à la patrie et obéissants au devoir. »

Et le pays ?

Mais est-ce bien le seul sacrifice que nous ayons à considérer ? L'Allemagne du passé devait-elle être moins estimée ? N'y avait-il pas aussi des devoirs envers notre propre histoire ? Étions-nous encore dignes de nous parer de la gloire du passé ? Et comment devait être présentée aux générations futures la justification de cet événement ?

Misérables ! Dépravés ! Criminels !

Plus je tâchais d'y voir clair dans ces affreux événements, plus le rouge de la honte me montait au front en face de cette ignominie. Qu'était la douleur dont avaient souffert mes yeux en comparaison de cette détresse ?

D'affreuses journées et des nuits pires encore suivirent ; je savais que tout était perdu. Seuls, de complets insensés ou des menteurs et des criminels pouvaient en arriver à espérer en la clémence de l'ennemi. Dans ces nuits naquit en moi la haine, la haine contre les auteurs de cet événement.

Dans les jours suivants, je devais aussi être fixé sur mon sort. Je devais maintenant rire en pensant à mon propre avenir qui, encore peu de temps auparavant, m'avait causé de si amères inquiétudes. N'était — ce pas ridicule de vouloir bâtir des maisons sur un tel terrain ? Enfin je vis clairement que maintenant était arrivé ce que j'avais déjà si souvent appréhendé, mais n'avais jamais pu croire de sang-froid.

L'empereur Guillaume II était le premier empereur d'Allemagne qui avait tendu la main pour la réconciliation aux chefs du marxisme, sans se douter que les fourbes n'avaient point d'honneur. Tandis qu'ils tenaient encore la main de l'empereur dans la leur, l'autre cherchait le poignard.

Avec le Juif, il n'y a point à pactiser, mais seulement à décider : tout ou rien ! Quant à moi, je décidai de faire de la politique.

CHAPITRE 8

LE COMMENCEMENT DE
MON ACTIVITÉ POLITIQUE

A u commencement de novembre 1918, je revins de nouveau à Munich. Je rejoignis le dépôt de mon régiment qui se trouvait aux mains de « conseils de soldats » Toute cette organisation me répugnait à tel point que je décidai aussitôt de repartir dès que possible. J'allai avec un fidèle camarade du front, Schmiedt Ernst, à Traunstein, où je restai jusqu'à la dissolution du camp. En mars 1919, nous étions de retour à Munich.

La situation était intenable et poussait à la continuation de la révolution. La mort d'Eisner ne fit qu'accélérer l'évolution et conduisit finalement à la dictature des soviets, pour mieux dire, à une souveraineté passagère des juifs, ce qui avait été originairement le but des promoteurs de la révolution et l'idéal dont ils se berçaient.

Pendant ce temps, des plans sans nombre se pourchassaient dans ma tête. Des jours entiers, je réfléchissais à ce que je pouvais faire, mais toutes ces réflexions aboutissaient à la simple constatation que, n'ayant pas de nom, je ne remplissais pas le moins du monde les conditions pour pouvoir exercer une action utile quelconque. Je vais dire maintenant pourquoi je ne pouvais, d'autre part, me décider à adhérer à l'un des partis existants.

Au cours de cette nouvelle révolution de soviets, je me démasquai pour la première fois de telle façon que je m'attirai le mauvais œil du soviet central.

Le 27 avril 1919, je devais être arrêté, mais les trois gaillards n'eurent point le courage nécessaire en présence du fusil braqué sur eux et s'en retournèrent comme ils étaient venus.

Quelques jours après la délivrance de Munich, je fus désigné pour faire partie de la Commission chargée de l'enquête sur les événements révolutionnaires dans le 2er régiment d'infanterie.

Ce fut ma première fonction active à caractère politique. Quelques semaines après, je reçus l'ordre de prendre part à un « cours » qui était professé pour tous les ressortissants de la force armée. On devait y donner au soldat des éléments définis de formation morale civique. Pour moi, toute la valeur de cette organisation consistait en ce qu'elle me donnait la possibilité d'apprendre à connaître quelques camarades partageant mes propres idées et avec lesquels j'ai été à même de discuter à fond la situation présente. Nous étions tous plus ou moins fermement convaincus que l'Allemagne ne pouvait plus être sauvée de l'écroulement imminent par les partis responsables du crime de novembre et que, d'autre part, les formations « bourgeoises nationales », même avec la meilleure volonté, ne seraient plus jamais en état de réparer le mal qui était fait. Pour cela faisait défaut toute une série de conditions sans lesquelles une pareille tâche de reconstruction ne pouvait réussir. La suite des événements a confirmé notre opinion d'alors.

Ainsi fut débattue dans notre petit cercle la formation d'un parti nouveau. Les principes que nous avions à ce moment en vue étaient les mêmes que ceux qui, plus tard, ont été mis en application dans le parti « ouvrier allemand ». Il fallait que le nom du mouvement à fonder donnât la possibilité d'accéder à la grande masse, car sans cette condition tout effort eût été inutile et superflu. Ainsi nous nous arrêtâmes au nom de « parti social-révolutionnaire », ceci parce que les idées sociales du mouvement nouveau avaient en effet le caractère d'une révolution.

Mais le motif profond en était le suivant :

Quelque approfondie qu'ait été jusque-là mon attention sur le problème économique, elle s'était plus ou moins maintenue dans les limites de l'examen des questions sociales. Plus tard seulement, mon horizon s'élargit en raison de mon étude de la politique allemande à l'égard de ses alliés. Elle était en très grande partie le résultat d'une fausse appréciation de la vie économique et du manque de clarté dans la conception des principes de l'alimentation du peuple allemand dans l'avenir. Toutes ces idées reposaient dans l'idée que, dans tous les cas, le capital était uniquement le produit du travail et, par conséquent, était, comme ce dernier, modifiable par les facteurs susceptibles de favoriser ou d'entraver l'activité humaine. Donc l'importance nationale du capital résultait de ce que ce dernier dépendait de la grandeur, de la liberté et de la puissance de l'État, c'est-à-dire de la nation ; et cela si exclusivement que cette dépendance devait uniquement conduire le capital à favoriser l'État et la nation par simple instinct de conservation ou par désir de se développer. Cette orientation favorable du capital à l'égard de la liberté et de l'indépendance de l'État devait le conduire à intervenir de son côté en faveur de la liberté, de la puissance et de la force, etc., de la nation.

Dans ces conditions, le devoir de l'État à l'égard du capital devait être relativement simple et clair : il devait simplement veiller à ce que ce dernier restât au service de l'État et ne se figurât point être le maître de la nation. Cette position pouvait donc se maintenir entre les deux limites suivantes : d'une part, soutenir une économie nationale viable et indépendante ; d'autre part, assurer les droits sociaux du travailleur.

Précédemment, je n'étais pas. à même de reconnaître, avec la clarté désirable, la distinction entre ce capital proprement dit, dernier aboutissement du travail producteur, et le capital dont l'existence et la nature reposent uniquement sur la spéculation.

J'en étais capable dorénavant grâce à un des professeurs du cours dont j'ai parlé, Gottfried Feder.

Pour la première fois de ma vie, je conçus la distinction fondamentale entre le capital international de bourse et celui de prêt.

Après avoir écouté le premier cours de Feder, l'idée me vint aussitôt que j'avais trouvé le chemin d'une condition essentielle pour la fondation d'un nouveau parti.

*

À mes yeux, le mérite de Feder consistait en ceci, qu'avec une tranchante brutalité il précisait le double caractère du capital : spéculatif, et lié à l'économie populaire ; et qu'il mettait à nu sa condition éternelle : l'intérêt. Ses déductions, dans toutes les questions fondamentales, étaient tellement justes que ceux qui, a priori, voulaient le critiquer, en contestaient moins l'exactitude théorique qu'ils ne mettaient en doute la possibilité pratique de leur mise à exécution. Ainsi, ce qui, aux yeux des autres, était un point faible dans l'enseignement de Feder, représentait à mes yeux sa force.

*

La tâche de celui qui établit un programme d'action n'est point d'établir les diverses possibilités de réaliser une chose mais d'exposer clairement la chose comme réalisable ; c'est-à-dire se préoccuper moins des moyens que de la fin. Ce qui décide, dans ces conditions, c'est la justesse d'une idée dans son principe, et non la difficulté de sa réalisation. Si celui qui établit un programme tient compte de ce que l'on appelle « l'opportunité » et l'efficacité au lieu de se baser sur la vérité absolue, son action cessera d'être l'étoile polaire de l'humanité tâtonnante pour devenir simplement une recette comme tant d'autres. Celui qui établit le programme d'un mouvement doit en établir le but, tandis que l'homme politique doit en poursuivre la réalisation. Donc le premier sera orienté dans sa pensée par l'éternelle vérité, tandis que l'action de l'autre dépendra plutôt des réalités pratiques du moment. La grandeur de l'un réside dans la justesse absolue au point de vue abstrait de son idée, celle de l'autre dans la juste appréciation des réalités données et leur emploi utile, dans lequel le but établi par le premier doit lui servir d'étoile directrice. Tandis que l'on peut considérer comme pierre de touche de la valeur d'un homme politique le succès de ses plans et de son action, c'est-à-dire leur application dans la réalité, au contraire la réalisation des ultimes projets du créateur de programme peut ne jamais se faire, car la pensée humaine peut concevoir des vérités et établir des buts clairs comme le cristal, mais dont l'accomplissement intégral doit échouer à cause de l'imperfection et de l'insuffisance humaines.

Plus une idée est juste au point de vue abstrait et par ce fait grandiose, plus sa réalisation intégrale reste impossible dans la mesure où elle dépend des hommes. C'est pourquoi la valeur du créateur de programme ne peut se mesurer à la réalisation de ses buts, mais à la justesse de ceux-ci et à l'influence qu'ils ont exercée sur le développement de l'humanité. S'il en était autrement, les fondateurs de religion ne pourraient pas être comptés au nombre des plus grands hommes sur cette terre, car la réalisation de leurs vues éthiques ne sera jamais complète, même approximativement. Même la religion de l'amour n'est, dans son action, qu'un faible reflet des intentions de son sublime fondateur ; mais son importance réside dans l'orientation qu'elle tendait à imprimer à un développement général de la culture de la pureté des mœurs et de la morale humaine.

La très grande différence entre la mission du créateur de programme et celle du politicien est aussi le motif pour lequel la réunion des deux dans une même personne ne peut presque jamais se trouver. Ceci s'applique particulièrement aux politiciens médiocres ayant soi-disant réussi dans leur carrière, « et dont l'action n'est qu'un art des possibilités », ainsi que Bismarck définissait la politique quelque peu modestement d'ailleurs. Plus un tel homme « politique » se dégage des grandes idées, plus ses succès seront faciles et fréquents, tangibles et rapides. À la vérité, ils sont par cela même voués à l'éphémère et maintes fois ne survivent pas à la mort de leur auteur. L'œuvre de pareils hommes politiques est dans son ensemble sans valeur pour la postérité, car leurs succès dans le présent reposent sur l'étouffement de tous les problèmes et de toutes les idées réellement grandes et marquantes, qui auraient eu de la valeur pour les générations suivantes.

La poursuite de pareils buts, valables et importants pour l'avenir, est, pour celui qui combat en sa faveur, fort peu profitable et ne rencontre que rarement la compréhension des grandes masses ; les bons de bière et de lait leur paraissent beaucoup plus persuasifs que des plans d'avenir à larges vues, dont la réalisation ne peut intervenir que plus tard et dont l'utilité ne profite en somme qu'à la postérité.

Ainsi, à cause d'une certaine vanité qui est toujours apparentée à la sottise, la plus grande partie des hommes politiques s'écartent de tous les projets d'avenir présentant de réelles difficultés, afin de ne pas perdre la faveur momentanée de la grande foule. Leur succès et leur importance dépendent entièrement du présent et ils n'existent pas pour la postérité. Cela ne gêne habituellement pas les petits cerveaux ; ils s'en contentent. Les conditions sont différentes pour le créateur de programme. Son importance réside presque toujours dans l'avenir, car il n'est pas rare qu'il soit celui que l'on désigne sous le nom de « rêveur ». Car si l'art de l'homme politique est réellement considéré comme l'art des possibilités, le créateur de programme appartient à ceux dont an dit qu'ils plaisent aux dieux, seulement quand ils savent réclamer et vouloir l'impossible. Il devra toujours renoncer à la reconnaissance de ses contemporains, mais, par contre, il fait moisson de gloire pour la postérité lorsque ses idées sont immortelles.

Dans le cours de l'existence humaine, il peut arriver une fois que l'homme politiques unisse au créateur de programme. Plus ce mélange est intime, plus sont fortes les résistances qui alors s'opposent à son action. Il ne travaille plus pour des exigences évidentes, pour le premier boutiquier venu, mais pour des buts qui ne sont compris que d'une très petite élite. C'est pourquoi son existence est alors déchirée entre l'amour et la haine. La protestation de ses contemporains compense la reconnaissance future de la postérité, pour laquelle il travaille.

Car plus l'œuvre d'un homme est grande pour la postérité, moins les contemporains peuvent la comprendre ; d'autant plus dure est la lutte et d'autant plus difficile le succès. Toutefois si, su cours des siècles, le succès favorise un tel homme, il recevra peut-être au cours de sa vie même quelques pâles rayons de sa gloire future. Il est vrai que ces grands hommes ne sont que les coureurs de Marathon de l'histoire : la couronne de lauriers des contemporains n'effleure plus que les tempes du héros mourant.

On doit compter parmi eux les plus grands lutteurs de ce monde, lesquels, non compris de leurs contemporains, sont néanmoins prêts à mener le combat pour leurs Idées et leur idéal. Ils sont ceux qui, un jour, se trouveraient le plus près du cœur du peuple ; il semble presque qu'alors chacun sentira l'obligation de compenser les torts que les contemporains des grands hommes ont eus à leur égard. Leur vie et leurs actes seront étudiés dans une touchante et reconnaissante admiration et pourront relever, particulièrement dans des jours sombres, des cœurs brisés et des âmes en détresse.

À cette catégorie appartiennent non seulement les hommes d'État réellement grands, mais aussi tous les grands réformateurs. À côté de Frédéric le Grand, se trouvent ici Martin Luther ainsi que Richard Wagner.

Lorsque j'entendis le premier cours de Gottfried Feder sur « la répudiation de la servitude de l'intérêt du capital », je compris immédiatement qu'il devait s'agir ici d'une vérité théorique d'une importance immense pour l'avenir du peuple allemand. La séparation tranchée du capital boursier d'avec l'économie nationale présentait la possibilité d'entrer en lutte contre l'internationalisation de l'économie allemande, sans toutefois menacer en même temps par le combat contre le capital les fondements d'une économie nationale indépendante. Je voyais beaucoup trop clairement dans le développement de l'Allemagne pour ne pont savoir que la lutte la plus difficile devrait être menée non contre les peuples ennemis, mais contre le capital international. Dans le cours de Feder, je pressentais un puissant mot d'ordre pour cette lutte à venir.

Et ici également, l'évolution ultérieure démontra combien juste était l'impression ressentie alors. Aujourd'hui, les malins de notre politique bourgeoise ne se moquent plus de nous ; aujourd'hui, ils voient eux-mêmes, à moins d'être des menteurs conscients, que le capital international a non seulement le plus excité à la guerre, mais que précisément maintenant après la fin du combat, il ne manque pas de changer la paix en un enfer.

La lutte contre la finance internationale et le capital de prêt est devenue le point le plus important de la lutte de la nation allemande pour son indépendance et sa liberté économique.

Mais en ce qui concerne les objections de ce que l'on appelle les praticiens, on peut leur répondre ce qui suit : toutes les appréhensions au sujet des épouvantables conséquences économiques de la mise à exécution de la « répudiation de la servitude de l'intérêt du capital » sont superflues ; car, premièrement, les recettes économiques jusqu'ici pratiquées ont fort mal tourné pour le peuple allemand, les positions prises à l'égard des questions de conservation nationale nous rappellent très fortement les avis semblables d'experts dans des temps déjà anciens, par exemple ceux de l'assemblée des médecins bavarois au sujet de la fondation des chemins de fer. Toutes les appréhensions d'alors de cette illustre corporation ne se sont point ensuite réalisées, on le sait : les voyageurs du nouveau « cheval à vapeur » n'ont pas été atteints de vertige, les spectateurs ne sont pas non plus tombés malades, et l'on a renoncé aux clôtures en planches, destinées à masquer aux regards la nouvelle installation, mais des œillères sont restées devant les yeux des prétendus « experts », et cela pour toujours.

Secondement, on doit noter ce qui suit : toute idée, même la meilleure, devient un danger si elle se figure être un but par elle-même, tandis qu'en réalité, elle ne représente qu'un moyen pour atteindre un but, mais pour moi et pour tous les vrais nationaux-socialistes, il n'existe qu'une seule doctrine : peuple et patrie.

Ce qui est l'objet de notre lutte, c'est d'assurer l'existence et le développement de notre race et de notre peuple, c'est de nourrir ses enfants et de conserver la pureté du sang, la liberté et l'indépendance de la patrie, afin que notre peuple puisse mûrir pour l'accomplissement de la mission qui lui est destinée par le Créateur de l'univers.

Toute pensée et toute idée, tout enseignement et toute science, doivent servir ce but. C'est de ce point de vue que tout doit être examiné, et opportunément appliqué ou écarté. De la sorte, aucune théorie ne peut se pétrifier en une doctrine de mort, puisque tout doit servir à la vie.

Ainsi les jugements de Gottfried Feder me déterminèrent à m'occuper à fond de ce sujet avec lequel j'étais en somme encore peu familiarisé.

Je recommençai à étudier ; j'arrivai à comprendre le contenu et l'intention du travail de toute la me du juif Karl Marx. Son « capital » me devint maintenant parfaitement compréhensible, somme la lutte de la social-démocratie contre l'économie nationale, lutte qui devait préparer le terrain pour la domination du capital véritablement international et juif de la finance et de la bourse.

Mais encore à un autre point de vue, ces cours eurent sur moi une influence de la plus grande importance.

Un jour, je demandai à prendre part à la discussion. Un des participants crut devoir rompre une lance en faveur des Juifs et commença à les défendre en de longues considérations. Ceci m'incita à la contradiction. La très grande majorité des participants du cours adoptèrent mon point de vue. Le résultat fut que, quelques jours après j'entrai dans un des régiments alors en garnison à Munich à titre d'officier éducateur.

La discipline de la troupe était à ce moment assez faible. Elle se ressentait des effets de la période des conseils de soldats. Ce n'est que très lentement et très prudemment que l'on pouvait entreprendre de remettre en vigueur la discipline et l'obéissance militaires, à la place de l'obéissance « librement consentie », comme on avait coutume de la désigner dans l'étable à cochons de Kurt Eisner. De même il fallait que la troupe elle-même apprît à sentir et à penser d'une façon nationale et patriotique. Dans ces deux directions s'exerçait ma nouvelle activité.

Je commençai avec la plus grande joie et la plus grande ardeur. Maintenant, en effet, se présentait à moi l'occasion de parler devant un plus nombreux auditoire et ce dont j'avais toujours eu la prescience se trouvait aujourd'hui confirmé : je savais parler. Et ma voix s'était déjà suffisamment améliorée pour que je puisse être convenablement entendu partout dans une petite chambrée.

Aucune tâche ne pouvait me rendre plus heureux que celle-ci, car, avant ma libération, je pouvais rendre d'utiles services dans l'institution qui m'a toujours tenu infiniment au cœur : l'armée.

Je pourrais aussi parler de succès : j'ai ramené au cours de mon enseignement, à leur peuple et à leur patrie, plusieurs centaines de camarades. Je « nationalisais » la troupe et je pus ainsi contribuer à raffermir la discipline générale.

Je pus, par la même occasion, connaître un grand nombre de camarades partageant mes opinions, lesquels plus tard commencèrent à former avec moi le noyau principal du nouveau mouvement.

CHAPITRE 9

LE PARTI OUVRIER ALLEMAND

Un jour, je reçus de mes supérieurs l'ordre de voir ce que c'était qu'une association d'apparence politique qui, sous le nom de « parti ouvrier allemand », devait prochainement tenir une réunion et dans laquelle Gottfried Feder devait parler. On me prescrivait d'y aller, de me rendre compte de ce qu'était l'association et ensuite de faire un rapport. La curiosité dont à ce moment faisait preuve l'armée à l'égard des partis politiques, était plus que compréhensible. La révolution avait donné au soldat le droit d'exercer l'activité politique, droit dont il avait fait le plus large usage, surtout quand il était inexpérimenté. C'est seulement su moment où le Centre et la Social-démocratie durent reconnaître, à leur grand regret, que les sympathies du soldat s'écartaient des partis révolutionnaires pour se tourner vers le mouvement national et le relèvement national, que l'on trouva l'occasion d'enlever à la troupe le droit de vote et de lui interdire toute activité politique.

Que ce soient le Centre et le marxisme qui aient eu recours à cette manœuvre, c'était évident, car si l'on n'avait pas procédé à cette amputation de ces « droits du citoyen », comme on appelait après la révolution l'égalité des droits du soldat au point de vue politique, le gouvernement de novembre n'aurait plus existé quelques années plus tard et n'aurait pu perpétuer le déshonneur et la honte nationale. La troupe était alors sur la meilleure voie pour débarrasser la nation de ceux qui suçaient son sang et étaient les valets de l'Entente à l'intérieur du pays. Mais le fait que les partis appelés « nationaux » votaient aussi avec enthousiasme avec les criminels de novembre, et ainsi aidèrent à rendre inoffensif un instrument de relèvement national, montrait où peuvent conduire les conceptions toujours uniquement doctrinaires de ces innocents entre les innocents. Cette bourgeoisie, réellement atteinte de sénilité intellectuelle, était très sérieusement convaincue que l'armée redeviendrait ce qu'elle avait été, c'est-à-dire un rempart de la bravoure allemande, tandis que le centre et le marxisme avaient seulement pour objet de leur arracher la dangereuse dent venimeuse du nationalisme, sans laquelle une armée peut bien rester une force de police, mais n'est plus une troupe susceptible de combattre devant l'ennemi ; chose qui s'est bien suffisamment démontrée dans la suite.

Ou bien nos « hommes politiques nationaux » croyaient-ils que le développement de notre armée pouvait être autre que national ? Ce n'est pas impossible ; cela provient de ce que, au lieu d'avoir été soldats pendant la guerre, c'étaient des bavards, des parlementaires, qui n'avaient aucune idée de ce qui peut se passer dans le cœur d'hommes auquel le passé le plus grandiose rappelle qu'ils ont été les premiers soldats du monde.

Aussi décidai-je d'aller à la réunion de ce parti encore complètement inconnu.

Lorsque, le soir, j'arrivai dans la Leiberzimmer de l'ancienne brasserie Sternecker, à Munich, j'y trouvai environ vingt à vingt-cinq assistants, appartenant pour la plus grande partie aux milieux inférieurs de la population.

La conférence de Feder m'était déjà connue depuis l'époque des cours, de sorte que je pouvais mieux me consacrer à l'observation de l'association.

L'impression qu'elle me fit ne fut ni bonne ni mauvaise ; une société nouvelle, comme il y en avait tant. C'était alors justement l'époque où chacun se sentait appelé à édifier un nouveau parti, n'étant pas satisfait de l'évolution jusqu'alors réalisée et n'ayant plus aucune confiance dans les partis existants. Ainsi jaillissaient partout du sol ces associations, pour disparaître quelque temps après sans tambours ni trompettes. La plupart des fondateurs n'avaient pas la moindre idée de ce qu'il fallait faire pour créer, avec une association, un parti ou même un mouvement. Ainsi périrent presque toujours de leur belle mort ces associations, dans un esprit ridicule de petite boutique.

Je ne prévoyais pas autre chose après avoir assisté, pendant deux heures, à la réunion du « parti ouvrier allemand ». Quand Feder eut enfin terminé, je fus content. J'en avais assez vu et voulais déjà partir, quand je fus engagé à rester encore par l'annonce de la libre contradiction. Mais ici encore tout paraissait suivre son cours sans aucun intérêt, quand tout d'un coup la parole fut donnée à un « professeur », qui commença par mettre en doute la justesse des principes de Feder, puis ensuite — après une très bonne riposte de Feder — se mit soudainement sur le « terrain des faits », non sans toutefois recommander au jeune parti, avec la plus grande insistance, comme un point particulièrement important du programme, la lutte pour la « séparation » de la Bavière d'avec la « Prusse ». L'homme soutenait, avec une insistance impudente, que dans ce cas principalement l'Autriche allemande se joindrait tout de suite à la Bavière et qu'alors la paix serait bien meilleure, et bien d'autres extravagances semblables. Alors je ne pus m'empêcher de demander également la parole et de dire au savant monsieur mon opinion à ce sujet. Finalement, l'orateur abandonna le local comme un caniche aspergé d'eau, avant que j'aie fini de parler. Pendant que je parlais, on m'avait écouté avec étonnement et lorsque je me préparai à souhaiter le bonsoir à l'assemblée et à m'éloigner, un homme s'empressa à mes côtés, se présenta (je n'ai pas compris exactement son nom) et me glissa dans la main un petit cahier, apparemment une brochure politique, avec prière instante de le lire.

Cela me fut très agréable, car je pouvais espérer connaître d'une façon plus simple l'ennuyeuse association, sans être obligé d'assister à de si fades réunions. Du reste, cet homme à l'apparence d'ouvrier me fit une bonne impression. Là-dessus je partis.

Je demeurais à ce moment dans la caserne du 2e régiment d'infanterie, dans une petite chambre qui portait encore des traces très apparentes de la révolution. Durant la journée, j'étais dehors, le plus souvent au 41e régiment de chasseurs, ou encore dans des réunions, à des conférences dans d'autres corps de troupe, etc. Je ne passais que la nuit dans ma demeure. Comme j'avais coutume de me réveiller tous les matins avant cinq heures, je pris l'habitude de m'amuser à mettre par terre de petits morceaux de pain dur ou de viande pour les souris qui prenaient leurs ébats dans la petite chambre et de regarder comment ces amusants petits animaux se poursuivaient à la ronde en se disputant ces friandises. J'avais dans mon existence déjà souffert de tant de privations que je ne pouvais que trop bien me représenter la faim et aussi la satisfaction des petits animaux.

Le lendemain de cette réunion, j'étais également vers cinq heures couché dans ma mansarde et je regardais la course et les arrêts brusques des souris. Comme je ne pouvais plus me rendormir, je me souvins tout à coup de la soirée de la veille, et du cahier que l'ouvrier m'avait donné. Je commençai à le lire. C'était une petite brochure dans laquelle l'auteur, un ouvrier, exposait comment il était revenu à des opinions nationales après être sorti du gâchis de la phraséologie marxiste et syndicaliste ; de là le titre « Mon réveil politique ». Ayant commencé, je lus avec intérêt ce petit écrit jusqu'au bout ; car, en lui, se reflétait le changement que j'avais éprouvé moi-même d'une façon analogue douze ans plus tôt. Involontairement, je vis revivre devant moi ma propre évolution. Je réfléchis encore plusieurs fois dans la journée à ces faits et pensai ensuite laisser définitivement de côté cette rencontre, quand quelques semaines plus tard, je reçus, à mon grand étonnement, une carte postale dans laquelle il était dit que j'étais admis dans le parti ouvrier allemand : on m'invitait à m'expliquer là-dessus et à cet effet à venir assister à une séance de la commission du parti.

J'étais plus qu'étonné de cette façon de « gagner ~ des adhérents et ne savais pas s'il fallait me fâcher ou en rire. Je n'avais nullement l'intention de me joindre à un parti existant, mais je voulais en fonder un dont je fusse le chef. Une pareille invitation ne devait donc pas être prise en considération.

J'allais déjà envoyer ma réponse par écrit à ces messieurs, lorsque la curiosité reprit le dessus, et je me décidai à comparaître au jour fixé, pour exposer oralement mes principes.

Le mercredi arriva. L'hôtel où devait avoir lieu la séance en question, était le « Vieux Rosenbad » dans la Hornstrasse ; un très modeste local, où il ne semblait point que l'on s'aventurât en dehors des occasions les plus solennelles. Ce n'était pas étonnant en 1919, car la carte des mets était très modeste, même dans les grands hôtels, et pouvait difficilement attirer un client. Je ne connaissais pas même cette maison de nom.

Je passai à travers le salon mal éclairé, dans lequel il n'y avait personne, je cherchai la porte donnant dans la chambre voisine et me trouvai en présence des membres du bureau. À la lueur douteuse d'une lampe à gaz à moitié démolie, étaient assis quatre jeunes gens, parmi lesquels l'auteur de la petite brochure, qui aussitôt me salua avec la plus grande joie et me souhaita la bienvenue comme à un nouveau membre du parti ouvrier allemand.

J'étais quelque peu décontenancé. Alors on me pria de bien vouloir rengainer mon exposé, car le « président du Reich » allait encore venir. Enfin il parut. C'était celui qui avait présidé dans la brasserie Sternecker la conférence de Feder.

J'avais, en attendant, été repris par la curiosité et attendais avec impatience ce qui allait se passer. Pour le moment j'apprenais les noms de chacun de ces messieurs. Le président de « l'organisation de Reich » était un M. Harrer, celui de l'organisation de Munich était Anton Drexler.

On lut le procès-verbal de la dernière séance. Puis vint le tour du rapport du trésorier — l'association possédait une somme totale de sept marks cinquante pfennigs à la suite de quoi le trésorier reçut un témoignage général de confiance. Ceci fut inscrit au procès-verbal. Alors le président lut les réponses à une lettre de Kiel, une de Dusseldorf et une de Berlin ; tout le monde fut d'accord là-dessus. Puis on donna communication du courrier : une lettre de Berlin, une de Dusseldorf et une de Kiel, dont l'arrivée parut être reçue avec une grande satisfaction. On déclara que ce croissant échange de lettres était le meilleur et le plus visible signe de l'importance de l'extension du « parti ouvrier allemand », et alors... alors eut lieu une longue consultation sur les nouvelles réponses à faire.

Effrayant, effrayant. C'était une cuisine de club de la pire sorte. Fallait-il donc que j'entre là-dedans ?

Enfin l'ordre du jour en arriva aux nouvelles admissions, c'est-à-dire que l'on commença à délibérer sur mon cas.

Je commençai à interroger ; mais, en dehors de quelques vagues directives, il n'y avait rien, aucun programme, aucune brochure, absolument rien d'imprimé, pas de cartes d'adhérents, pas même un malheureux cachet, mais uniquement une visible bonne foi et de la bonne volonté.

De nouveau, je n'eus plus envie de rire, car tout ceci était-il autre chose que le signe caractéristique de la plus complète perplexité et de l'entière désespérance en ce qui concerne les partis jusqu'alors existants, leurs programmes, leurs intentions et leur activité ? Ce qui poussait ces jeunes gens à une action à première vue si ridicule, c'était seulement l'appel de leur voix intérieure, qui, plutôt instinctivement que consciemment, leur faisait comprendre que la totalité des partis existants n'était pas apte à relever la nation allemande ni à réparer ses dommages intérieurs. Je lus rapidement les directives du parti, qui étaient dactylographiées, et j'y trouvai l'expression de la bonne volonté et de l'impuissance. Il y avait beaucoup de confusion et d'obscurités, bien des choses manquaient, et surtout l'esprit de lutte.

Ce que ces hommes ressentaient, je le savais bien : c'était le désir d'un mouvement nouveau qui fut plus qu'un parti au sens que l'on a donné jusqu'ici à ce mot.

Lorsque, le soir, je revins à la caserne, j'avais mon opinion au sujet de cette association.

Je me trouvais devant le problème le plus difficile de mon existence : fallait-il entrer ou refuser ?

La raison ne pouvait conseiller que le refus, mais le sentiment ne me laissait point de repos, et plus j'essayais de me représenter la déraison de tout ce club, plus mon sentiment prenait parti pour lui.

Durant les jours suivants, mon esprit ne connut plus le repos.

Je pesais le pour et le contre. J'étais déjà depuis longtemps décidé à avoir une activité politique ; que ce ne fût possible pour moi que dans un mouvement nouveau, je le voyais tout aussi clairement, seulement l'impulsion m'avait jusqu'ici toujours manqué à cet effet. Je n'appartiens pas à la catégorie des gens qui aujourd'hui commencent quelque chose, pour l'abandonner demain et, si possible, passer encore à autre chose. C'est pourquoi j'avais tant de peine à me décider à une nouvelle fondation de ce genre, laquelle devait ou bien prendre la plus grande importance ou bien, dans le cas contraire, disparaître ainsi qu'il était logique. Je savais que ce serait pour moi une décision définitive, dans laquelle il n'y aurait plus jamais un pas « en arrière ». Pour moi, ce n'était point alors un jeu passager, mais une affaire très sérieuse. Déjà, à ce moment, j'avais toujours éprouvé une antipathie instinctive pour les gens qui commencent tout sans rien mener à bonne fin. Ces évaporés que l'on voit partout m'étaient odieux. Je considérais l'action de ces gens comme pire que l'inaction complète.

La destinée elle-même semblait maintenant me faire signe du doigt. Je ne serais jamais allé à un des grands partis existants ; j'exposerai encore plus en détail mes raisons pour cela. Cette ridicule petite création avec ses quelques membres me parut présenter l'unique avantage de ne pas s'être encore pétrifiée à l'état d'une « organisation », mais de laisser à un individu isolé la possibilité d'une activité personnelle effective. Ici l'on pouvait encore travailler, et plus le mouvement était petit, plus on pouvait lui donner la forme convenable. Ici on pouvait encore déterminer le sujet, le but et la voie ; ce qui, dans les grands partis existants, aurait été impraticable.

Plus longtemps je réfléchissais là-dessus, plus croissait en moi la conviction que c'était précisément dans un pareil petit mouvement que l'on pourrait un jour préparer le relèvement de la nation, mais jamais plus dans un de ceux qui sont beaucoup trop attachés aux idées anciennes ou encore à l'intérêt du nouveau régime des partis politiques parlementaires complices. Car ce qui devait ici être proclamé, c'était une nouvelle conception du monde, non un mot d'ordre électoral.

Mais, dans tous les cas, c'était une détermination infiniment difficile à prendre, que de vouloir transporter cette intention dans la réalité.

Et quelles étaient les qualités que je pouvais apporter pour entreprendre cette tâche ?

Que je fusse sans fortune et pauvre, me paraissait le plus facile à supporter, mais ce qui était plus embarrassant, c'est que j'appartenais bien aux gens obscurs, que j'étais un isolé parmi des millions de citoyens, un être que le hasard peut laisser vivre ou faire disparaître sans que personne ne daigne s'en apercevoir. Venait encore s'ajouter la difficulté résultant de l'insuffisance de mon instruction scolaire.

Ceux qu'on est convenu d'appeler les « intellectuels g regardent d'ailleurs toujours avec une condescendance véritablement infinie et de haut en bas ceux qui n'ont pas fait d'études régulières et qui ne se sont pas fait inoculer la science nécessaire. On ne pose jamais la question : que peut l'homme, mais « qu'a-t-il appris » ? Ces gens « instruits » apprécient plus le plus grand imbécile, quand il est entouré d'un nombre suffisant de certificats, que le plus brillant jeune homme, auquel manquent ces précieux parchemins. Je pouvais donc facilement imaginer quel accueil me ferait ce monde « instruit », et en cela je me suis trompé seulement dans la mesure où je croyais encore à ce moment les hommes meilleurs qu'ils ne le sont pour la plupart dans la prosaïque réalité. Quels qu'ils soient, les exceptions n'en ressortent toujours que d'une façon plus éclatante. Quant à moi j'appris par là à distinguer entre les perpétuels écoliers et les gens véritablement capables.

Après deux jours de pénibles rêveries et réflexions, je finis par arriver à la conviction qu'il fallait franchir le pas. Ce fut la résolution décisive de ma vie.

Il ne pouvait ni ne devait plus y avoir de pas en arrière. Aussi me fis-je inscrire membre du parti ouvrier allemand et reçus le titre provisoire de membre, avec le numéro 7.

CHAPITRE 10

LES CAUSES DE LA DÉBÂCLE

La profondeur de la chute d'un corps quelconque est toujours mesurée par la distance entre sa position actuelle et celle qu'il occupait primitivement.

Il en est de même de la chute des peuples et des États. Aussi la situation — ou mieux, la hauteur initiale — revêt-elle de ce fait une importance décisive. Il n'est possible de voir clairement la chute profonde, ou un écroulement, qu'autant que ce qui tombe s'élevait au-dessus de la moyenne. C'est pourquoi l'écroulement de l'empire paraît si dur et si terrible pour quiconque est capable de réflexion ou de sentiment : sa chute s'est, en effet, produite d'une hauteur telle que devant, son pitoyable affaissement actuel, il n'est presque plus possible de se la représenter.

Déjà la fondation de l'empire semblait dorée par la magie de cet événement même qui rehaussait toute la nation. Après une course sans égale de victoire en victoire, se développa enfin, comme récompense de l'héroïsme immortel des enfants et des petits-enfants, un empire. Consciemment ou non, peu importe, les Allemands avaient tous le sentiment que cet empire, qui ne devait pas son existence aux tripotages de groupes parlementaires, dominait les autres États, du simple fait de la beauté de sa fondation.

Ce n'est pas, en effet, dans le caquetage d'une lutte oratoire au Parlement, mais dans le tonnerre et le grondement du front d'investissement de Paris que s'est accompli l'acte solennel d'une manifestation de volonté par laquelle les Allemands, princes et peuple, ont exprimé leur décision de fonder, pour l'avenir, un empire et d'élever, de nouveau, la couronne impériale à la hauteur d'un symbole.

Et cela ne fut pas le résultat de meurtres, et ce ne furent ni des déserteurs ni des « carottiers » qui fondèrent l'État bismarckien, ce furent les régiments du front.

Une telle origine et un tel baptême de feu enveloppaient déjà l'empire de l'éclat d'une gloire historique comme il n'a été donné que rarement et seulement aux États très anciens, d'en être revêtus.

Et quelle ascension commença !

La liberté au dehors assurait le pain quotidien au dedans. La nation s'enrichit par le nombre et par les biens terrestres.

L'honneur de l'État et, avec lui, l'honneur du peuple entier étaient gardés et sauvegardés par une armée qui pouvait faire clairement ressortir la différence avec le peuple allemand de ce temps-là.

Mais la chute de l'empire et du peuple allemand est si profonde, que tout le monde paraît saisi de vertige et privé de sentiment et de raison : c'est à peine s'il est encore possible de se souvenir de la grandeur passée ; tant la puissance et la beauté d'autrefois apparaissent comme dans un rêve en face de la misère d'à présent.

On peut ainsi comprendre comment le sublime nous éblouit au point de nous faire oublier la recherche des symptômes de l'effroyable débâcle, symptômes qui devaient pourtant déjà exister sous une forme ou sous une autre.

Sans doute, cette manière de voir ne concerne que ceux qui ne considèrent pas seulement l'Allemagne comme un séjour où l'on gagne et dépense de l'argent : il n'est, en effet, que ceux-là pour apprécier l'État actuel comme un désastre ; les autres, au contraire, le regardent comme l'accomplissement longtemps attendu de leurs vœux jusqu'alors inassouvis.

Pourtant les symptômes de l'effondrement étaient alors manifestes, bien qu'il n'y eût que bien peu de gens pour en tirer un enseignement.

Mais, aujourd'hui, cela est plus nécessaire que jamais. De même que l'on ne peut guérir une maladie que si l'on en connaît la cause, de même faut-il agir pour les maux politiques. Certes, on soigne les manifestations extérieures d'une maladie, celles qui frappent la vue et qui sont plus faciles à discerner et à découvrir que la cause profonde. Et c'est aussi là la raison pour laquelle tant d'hommes ne parviennent jamais à distinguer les effets extérieurs et les confondent même avec la cause ; ils préfèrent même nier la présence d'une telle cause. C'est ainsi qu'à présent la plupart d'entre nous considèrent la débâcle allemande, en premier lieu, dans le cadre seul de la détresse économique et de ses conséquences.

Presque tous doivent d'ailleurs en supporter leur part et c'est une raison déterminante pour chacun de comprendre le sens et la portée de la catastrophe. Par contre, la grande masse regarde beaucoup moins cette ruine au point de vue politique, culturel et au point de vue des coutumes et de la morale. Là, le sentiment et la raison manquent totalement à beaucoup de gens.

Qu'il en soit ainsi, pour les causes de l'effondrement, de la part de la grande masse, admettons-le, mais que les milieux éclairés eux-mêmes considèrent la débâcle allemande comme étant, au premier chef, une « catastrophe économique » et par suite, attendent le salut dans une solution économique, cela me paraît être une des causes pour lesquelles il n'a pas été jusqu'à présent possible d'obtenir la guérison.

Si l'on vient à comprendre que le point de vue économique ne se trouve qu'au deuxième ou au troisième plan, et que le premier rôle est tenu par les facteurs politiques et moraux et le facteur « sang », alors seulement il sera possible de saisir la cause des malheurs actuels et, par suite, de trouver le moyen et le chemin de la guérison.

Aussi la recherche des causes de l'écroulement allemand est-elle d'une importance décisive ; elle est à la base d'un mouvement politique dont le but doit être précisément de vaincre la défaite elle-même.

Mais, même au cours de ses recherches dans le passé, il faut bien se garder de confondre les effets qui sautent davantage aux yeux, avec les causes moins visibles.

L'explication de nos malheurs actuels qui vient le plus facilement à l'esprit et qui est, par suite, la plus répandue, est la suivante : nous avons à supporter les suites de la guerre que nous avons perdue, donc la cause de notre situation malheureuse, c'est la guerre perdue.

Peut-être y a-t-il beaucoup de gens pour croire sérieusement cette sottise ; mais il y en a davantage encore dans la bouche desquels elle ne représente que mensonge et hypocrisie réfléchie : il en est ainsi chez tous ceux qui approchent l'assiette au beurre gouvernementale.

Les protagonistes de la révolution n'ont-ils pas toujours reproché amèrement au peuple son indifférence totale sur l'issue de cette guerre ? N'ont-ils pas, au contraire, très sérieusement affirmé que c'est tout au plus si le grand capitaliste pouvait avoir un intérêt à la fin victorieuse de l'immense lutte des peuples, mais non point le peuple allemand, le travailleur allemand ! Oui ! ces apôtres de la réconciliation mondiale n'ont-ils pas déclaré qu'il n'y avait de détruit que le militarisme, mais que le peuple allemand pourrait fêter la plus belle des résurrections ? N'a-t-on pas alors apprécié dans ces milieux les bienfaits de l'Entente et n'a-t-on pas rejeté sur l'Allemagne la faute de toute la lutte sanglante ? Mais aurait-on pu le faire sans déclarer que même la défaite militaire ne pouvait pas avoir pour la nation de suites particulières ? Toute la révolution n'a-t-elle pas été faite au nom de cette formule ? Elle déroba la victoire à nos drapeaux, mais, nonobstant, c'est par elle seule que le peuple allemand peut marcher vers ses libertés extérieures et intérieures !

N'en était-il pas un peu ainsi, camarades malheureux et trompés ?

Il y a là vraiment une véritable impudence, de la part des Juifs, d'attribuer désormais à la défaite militaire la cause de la catastrophe, tandis que le Vorwärts de Berlin, organe central de tous les traîtres, écrivait que, cette fois, le peuple allemand n'aurait pas le droit de ramener vainqueur son drapeau !

Et maintenant cela passerait pour être la raison de notre débâcle ?

Il serait, bien entendu, sans le moindre intérêt de chercher à combattre ces menteurs — et je ne perdrais pas mes paroles à le faire — si, malheureusement, ces insanités n'étaient pas colportées par une foule de gens complètement déraisonnables, mais dénués de toute intention mauvaise, et de toute fausseté.

Ces discussions offriront, en outre, des arguments à ceux qui luttent pour notre cause : ils sont utiles à un moment où les paroles sont dénaturées, à peine ont-elles été prononcées.

Voici donc ce que l'on peut dire, de cette affirmation, que l'écroulement de l'Allemagne est imputable à notre défaite, dans la dernière guerre.

Dans tous les cas, la perte de la guerre fut d'une importance tragique pour l'avenir de notre patrie, mais cette perte n'était pas une cause ; elle n'était elle-même que la conséquence d'autres causes. Qu'une fin malheureuse de ce combat à la vie et à la mort dût entraîner des suites catastrophiques, c'était parfaitement clair pour tout esprit pénétrant et exempt de malveillance.

Malheureusement, il y eu ; aussi des gens auxquels cette pénétration sembla manquer, au bon moment, ou qui, bien que sachant le contraire, ont pourtant d'abord combattu, puis nié, cette vérité. Et c'étaient le plus souvent ces hommes qui, après l'accomplissement de leurs vœux secrets, voyaient soudain mais trop tard, l'étendue de la catastrophe à laquelle ils avaient contribué.

Ce sont eux les responsables de notre effondrement, et non pas la défaite comme il leur plaît de le concevoir et de le dire : en effet, la défaite n'a été que la conséquence de leurs agissements, et non le fait d'un « mauvais » commandement, ainsi qu'ils veulent maintenant le prétendre. L'ennemi, lui non plus, ne se composait pas de poltrons, lui aussi savait mourir ; depuis le premier jour, supérieur en nombre à l'armée allemande, il disposa, pour son équipement technique, des arsenaux du monde entier. Il est donc indéniable que les victoires allemandes, remportées pendant quatre années contre un univers entier, malgré tout cet héroïsme et cette organisation, ne sont dues qu'à la supériorité de notre commandement. L'organisation et la direction de l'armée allemande ont été ce que la terre a vu jusqu'à présent de plus grand.

S'il y a eu des déficiences, c'est qu'il était humainement impossible de les éviter.

L'effondrement de cette armée ne fut pas la cause de notre détresse actuelle, mais il ne fut lui-même que la conséquence d'autres crimes, conséquence qui, il faut le dire, constitua le commencement d'un autre effondrement, celui-là plus visible.

Cela résulte de ce qui suit :

Une défaite militaire doit-elle conduire à un effondrement aussi complet d'une nation ou d'un État ? Depuis quand une guerre malheureuse conduit-elle à un tel résultat ?

Les peuples meurent-ils, d'ailleurs, d'une guerre perdue ? La réponse sur ce point peut être brève.

Il en est toujours ainsi quand, dans leur défaite militaire, les peuples reçoivent le prix de leur état de corruption, de leur lâcheté, de leur manque de caractère, bref de leur indignité.

S'il n'en est pas ainsi, la défaite militaire agit plutôt comme stimulant pour une nouvelle ascension vers un niveau plus élevé : elle n'est pas la pierre tombale de l'existence nationale.

L'histoire confirme par d'innombrables exemples la véracité de cette affirmation.

Malheureusement, la défaite militaire du peuple allemand n'a pas été une catastrophe imméritée, mais le châtiment équitable de la justice éternelle. Nous avons plus que mérité cette défaite. Elle n'est que le phénomène extérieur de décomposition le plus grand, parmi une série de phénomènes internes, qui, bien que visibles, étaient restés cachés aux yeux de la plupart des gens et que, selon la méthode de l'autruche, nul ne voulait voir.

Observez donc les phénomènes annexes qui caractérisent la manière dont le peuple allemand a accepté cette défaite.

N'a-t-on pas exprimé nettement et de la façon la plus éhontée, dans certains milieux, de la joie sur le malheur de la patrie ? Qui donc peut agir ainsi s'il ne mérite pas vraiment lui-même un tel châtiment ? N'est-on pas, à la vérité, allé plus loin et ne s'est-on pas vanté d'avoir amené le fléchissement du front, et cela ce n'est aucunement l'ennemi qui l'a réalisé : non, non, une telle honte, ce sont des Allemands qui en portent la responsabilité. Peut-on dire que le malheur les ait en quoi que ce soit injustement frappés ? Depuis quand se met-on à s'attribuer encore à soi-même la responsabilité de la guerre ? Et ceci contre toute raison, contre toute connaissance des faits !

Non et encore une fois non, dans la manière avec laquelle le peuple allemand a accepté sa défaite, on reconnaît bien clairement que la vraie cause de notre ruine doit être cherchée ailleurs que dans la perte, purement militaire, de quelques positions, ou dans l'échec d'une offensive ; car si le front avait vraiment cédé en tant que front et si sa ruine eût entraîné celle de la patrie, le peuple allemand aurait supporté tout différemment sa défaite.

On aurait alors subi les malheurs consécutifs à cette défaite en serrant les dents ; dominés par la douleur, nous aurions fait entendre des plaintes. La violence ou la colère auraient rempli nos cœurs à l'égard de l'ennemi devenu vainqueur grâce à la perfidie du hasard ou aux volontés du destin s alors, la nation, semblable au Sénat romain, serait venue au-devant des divisions battues en les remerciant, au nom de la patrie, des sacrifices déjà consentis, et en les invitant à ne pas désespérer du Reich. Même la capitulation n'aurait été signée qu'avec la raison, tandis que le cœur aurait déjà battu pour le relèvement futur.

C'est ainsi qu'eût été acceptée la défaite si nous ne la devions qu'au destin. Alors on n'aurait ni ri ni dansé, on ne se serait pas vanté de lâcheté, an n'aurait pas glorifié cette défaite, on n'aurait pas insulté les troupes au retour du combat ni traîné dans la boue leur drapeau et leur cocarde ; mais surtout on n'aurait jamais pu constater ce phénomène hideux qui a amené un officier anglais, le colonel Repington, à dire avec mépris « Sur trois Allemands, il y a un traître ! » Non, cette peste n'aurait jamais pu monter comme un flot asphyxiant, et qui, depuis cinq années, a noyé le dernier reste de considération que les autres pays du monde avaient pour nous.

C'est là qu'apparaît le mieux le mensonge de cette affirmation que la perte de la guerre est la cause de l'effondrement allemand.

Non, cette ruine, au point de vue militaire, n'était elle-même que la suite d'une série de phénomènes morbides et des excitations qui les avaient produits et qui, déjà en temps de paix, avaient atteint la nation allemande. Ce fut là la première conséquence catastrophique, visible pour tous, d'un empoisonnement des traditions et de la morale, d'une diminution de l'instinct de conservation et des sentiments qui s'y rattachent, maux qui, depuis de nombreuses années déjà, commençaient à miner les fondements du peuple et de l'empire.

Mais il incombait aux Juifs, avec leur habitude de mentir jusqu'à l'extrême, et à leur organisation de combat marxiste, d'imputer précisément la responsabilité de cet effondrement à l'homme qui, seul, doué d'une force surhumaine de volonté et d'action, essayait d'épargner à la nation l'heure de l'affaissement complet et de la honte. Tandis que l'on stigmatisait Ludendorff en l'accusant de la perte de la guerre mondiale, les armes du droit moral furent retirées des mains du seul accusateur dangereux qui pût se dresser contre les traîtres à la patrie. On partit à cet égard de ce principe très juste que, du plus grand des mensonges, l'on croit toujours une certaine partie : la grande masse du peuple laisse en effet plus facilement corrompre les fibres les plus profondes de son cœur qu'elle ne se lancera, volontairement et consciemment, dans le mal : aussi, dans la simplicité primitive de ses sentiments, sera-t-elle plus facilement victime d'un grand mensonge que d'un petit. Elle ne commet elle-même, en général, que de petits mensonges, tandis qu'elle aurait trop de honte à en commettre de grands.

Elle ne pourra pas concevoir une telle fausseté et elle ne pourra pas croire, même chez d'autres, à la possibilité de ces fausses interprétations, d'une impudence inouïe : même si on l'éclaire, elle doutera, hésitera longtemps et, tout au moins, elle admettra encore pour vraie une explication quelconque qui lui aura été proposée.

Qu'il reste toujours quelque chose des plus impudents mensonges, c'est un fait que les plus grands artistes en tromperie et que les associations de trompeurs ne connaissent que trop bien et qu'ils emploient dès lors bassement.

Ceux qui connaissent le mieux cette vérité sur les possibilités d'emploi du mensonge et de la dénonciation ont été de tous temps les Juifs. Leur existence n'est-elle pas déjà fondée sur un seul et grand mensonge, celui d'après lequel ils représentent une collectivité religieuse, tandis qu'il s'agit d'une race — et de quelle race !

Un des plus grands esprits de l'humanité les a pour toujours stigmatisés dans une phrase d'une véracité profonde et qui restera éternellement juste : il les nomme « les grands maîtres du mensonge ».[9] Qui ne veut pas reconnaître ce fait, ou qui ne veut pas y croire, ne pourra plus jamais contribuer en ce moment à la victoire de la vérité.

On peut presque considérer comme un grand bonheur pour le peuple allemand que sa maladie, depuis longtemps en incubation, ait soudain pris l'allure brusquée d'une terrible catastrophe : s'il n'en avait pas été ainsi, la nation aurait succombé, plus lentement peut-être, mais d'autant plus sûrement.

La maladie aurait pris une forme chronique ; dans la forme aiguë d'un écroulement, elle s'est, au moins, clairement et distinctement manifestée aux regards d'un assez grand nombre de gens. Ce n'est pas par hasard que l'homme est devenu plus facilement maître de la peste que de la tuberculose.

L'une vient en vagues de mort, terrifiantes, et qui ébranlent l'humanité ; l'autre rampe lentement. L'une provoque une crainte horrible, l'autre ne conduit qu'à une indifférence progressive. Mais le résultat, c'est que l'homme qui a marché contre la peste, avec toute son énergie et sans reculer devant

---

[9] Mot de Schopenhauer.

aucun effort, n'a, par contre, essayé que faiblement d'endiguer la phtisie. C'est ainsi qu'il a dominé la peste, tandis que la tuberculose le domine.

C'est exactement ce qui se passe pour les maladies de cet organisme qu'est un peuple. Quand la maladie n'a pas, dès l'abord, l'allure d'une catastrophe, l'homme commence lentement à s'y habituer... et il finit, fût-ce au bout d'un temps assez long, à en mourir, inéluctablement.

C'est encore un bonheur — amer à vrai dire — si le sort se décide à intervenir dans ce processus de décomposition, en faisant apparaître la maladie à celui qui en est victime : une telle catastrophe se produit, en effet, plus d'une fois. Il se peut, dans ces conditions, qu'elle provoque une guérison dès lors entreprise avec le maximum de décision.

Mais, même en pareil cas, la conviction première est encore la reconnaissance des causes profondes qui ont provoqué la maladie en question.

Mais ici encore, le point capital est la distinction entre les causes excitatrices et les troubles créés. Cette distinction sera d'autant plus difficile à établir que les éléments morbides auront plus longtemps séjourné dans l'organisme national et qu'ils seront parvenus à faire corps avec lui, comme cela peut se produire normalement. Il peut, en effet, très aisément advenir qu'après un certain temps, des toxines manifestement nocives soient considérées comme un élément constitutif du peuple, ou tout au plus qu'il les supporte comme un mal nécessaire, ne considérant plus du tout comme indispensable de rechercher l'excitateur étranger.

C'est ainsi que, durant les longues années de paix qui précédèrent la guerre, apparurent certes des maux reconnus comme tels : et pourtant nul ne se souciait d'en rechercher les causes efficientes, à quelques exceptions près.

Ces exceptions, ce furent ici encore, au premier chef, les phénomènes de la vie économique, dont chacun prend plus fortement conscience que des accidents qui se produisent dans toute une série d'autres domaines.

Il y eut bien des symptômes de décomposition qui auraient dû provoquer les plus sérieuses réflexions. Voici ce qu'il conviendrait de dire au point de vue économique.

L'extraordinaire accroissement de la population allemande avant la guerre mit la question de la production du pain quotidien au premier plan de toute préoccupation et de toute action politique et économique, et ceci sous une forme de plus en plus aiguë. Malheureusement, il ne fut pas possible de se décider à la seule solution qui fût bonne : on crut pouvoir atteindre le but par des moyens moins onéreux. Renoncer à gagner de nouveaux territoires et rêver, en compensation, d'une conquête économique mondiale, ceci devait conduire, en dernière analyse, à une industrialisation tout aussi démesurée que nuisible.

La première conséquence — et de la plus haute importance — de cette conception, fut l'affaiblissement de la condition des paysans. Dans la mesure même de ce recul, croissait de jour en jour le prolétariat des grandes villes jusqu'à ce que l'équilibre se trouvât enfin complètement rompu.

Dès lors apparut aussi la séparation brutale entre riches et pauvres. Le superflu et la misère vécurent si près l'un de l'autre que les suites de cet état ne pouvaient et ne devaient en être que fort tristes. Détresse et chômage commencèrent à se jouer des hommes, ne laissant que des souvenirs de mécontentement et d'amertume : le résultat fut, semble-t-il, la coupure politique entre les classes.

Malgré l'épanouissement économique, le découragement se fit plus grand et plus profond, et il atteignit un tel degré que chacun se persuada « que cela ne pouvait plus durer longtemps ainsi » sans que les hommes se soient représenté de façon précise ce qui aurait pu se produire, ce qu'ils feraient ou ce qu'ils pourraient faire.

C'étaient les signes typiques d'un profond mécontentement qui cherchaient ainsi à s'exprimer.

Pires étaient pourtant d'autres phénomènes, issus des premiers et auxquels donnait naissance la prépondérance du point de vue économique dans la nation.

Dans la même mesure où l'économique monta au rang de maîtresse et de régulatrice de l'État, l'argent devint le dieu que tout devait servir et devant qui tout devait s'incliner. De plus en plus, les dieux célestes furent mis de côté, comme si, vieillis, ils avaient fait leur temps et, à leur place, l'idole Mammon huma les fumées de l'encens.

Un abâtardissement vraiment désastreux se produisit alors ; il était surtout désastreux de ce fait qu'il se manifestait à un moment où la nation pouvait avoir plus besoin que jamais d'une mentalité sublime jusqu'à l'héroïsme, à une heure qui paraissait menaçante et critique. L'Allemagne devait se tenir prête, un jour ou l'autre, à répondre avec l'épée de son essai de s'assurer de son pain quotidien par la voie « d'un travail pacifique et d'ordre économique ».

Le règne de l'argent fut malheureusement ratifié par l'autorité qui aurait dû le plus se dresser contre lui : Sa Majesté l'Empereur eut un geste malheureux quand il attira la noblesse, en particulier, sous la bannière de la finance. Certes, il faut lui tenir compte de ce que même Bismarck n'avait pas reconnu le danger menaçant sur ce point. Mais ainsi les vertus élevées le cédaient en fait à la valeur de l'argent, car il était clair qu'une fois engagée dans cette voie, la noblesse du sang devrait céder la place à la noblesse financière. Les opérations financières réussissent plus facilement que les batailles.

Il n'était, dans ces conditions, plus engageant pour le véritable héros ou pour l'homme d'État de se trouver mis en rapport avec le premier venu des Juifs de banque : l'homme vraiment méritant ne pouvait attribuer aucun intérêt à se voir décerner des décorations à bon marché, et ne pouvait que décliner en remerciant. Mais, au point de vue du sang, cette évolution était profondément triste : la noblesse perdit de plus en plus la raison d'être « raciste » de son existence, et aurait mérité plutôt, pour la majorité de ses membres, la dénomination de « non-noblesse ».

Un phénomène important de dissolution économique fut le lent dégagement des droits de propriété personnelle et l'évasion progressive de l'économie générale vers la propriété des sociétés par action.

L'aliénation de la propriété, vis-à-vis du salarié, atteignit des proportions démesurées. La bourse commença à triompher et se mit, lentement, mais sûrement, à prendre la vie de la nation sous sa protection et sous son contrôle.

L'internationalisation de la fortune allemande avait été déjà mise en train par le détour de l'usage des actions. À vrai dire, une partie de l'industrie allemande essayait encore, avec un esprit de décision, de se protéger contre cette destinée, mais elle finit par succomber, victime de l'attaque combinée de ce système de capitalisme envahisseur qui menait ce combat avec l'aide toute spéciale de son associé le plus fidèle, le mouvement marxiste.

La guerre persistante contre « l'industrie lourde » fut le début manifeste de l'internationalisation tentée par le marxisme de l'économie allemande, qui ne put être complètement détruite que par la victoire obtenue par ce marxisme pendant la révolution.

Pendant que j'écris ceci, l'attaque générale contre le réseau ferré d'État allemand vient à la fin de réussir : ce réseau est désormais passé aux mains de la finance internationale. De ce fait, la Social-démocratie « internationale » a atteint l'un de ses buts les plus importants.

À quel point fut réalisé cet émiettement économique du peuple allemand, ressort avec une clarté particulière de ceci : à la fin de la guerre l'un des dirigeants de l'industrie, et surtout du commerce allemand, put émettre l'opinion que les forces économiques, en elles-mêmes, étaient seules en mesure de produire une remise sur pied de l'Allemagne.

C'est au moment même où la France, pour obvier à cette erreur, prenait le plus grand soin à faire de nouveau reposer, sur la base des humanités, les programmes de ses établissements d'enseignement, que fut débitée cette insanité selon laquelle la nation et l'État devraient leur persistance aux causes économiques et non pas aux biens immortels d'un idéal.

Cette idée que Stinnes lança jadis de par le monde, produisit le plus incroyable désarroi ; elle fut pourtant aussitôt ramassée pour devenir, avec une étonnante rapidité, le leitmotiv de tous les charlatans et de tous les bavards que, depuis la révolution, la destinée a déchaînés sur l'Allemagne sous le qualificatif d'« hommes d'État ».

*

Mais l'un des pires phénomènes de désagrégation dans l'Allemagne d'avant-guerre fut le manque d'énergie qui s'étendit de toute part sur tout et tous. C'est encore là une conséquence de l'insécurité où se sentait chacun à tous égards, et de la lâcheté qui en résultait elle-même pour cette raison et d'autres encore. Cette maladie fut encore aggravée par l'éducation.

L'éducation allemande d'avant-guerre était entachée d'un nombre incroyable de faiblesses. Elle était très étroitement et exclusivement limitée à la formation d'un « savoir » pur et beaucoup moins appliquée à la notion du « pouvoir ».

Il était attribué encore beaucoup moins de valeur à la formation du caractère de l'individu — dans la mesure où il est possible de la poursuivre —

très peu au développement de l'amour des responsabilités, et nullement à l'éducation de la volonté et de la force de décision. Les produits de cette méthode, ce furent les érudits que nous passions pour être, nous autres Allemands, avant la guerre et qui étions aussi estimés pour tels. On aimait l'Allemand, parce qu'il était très utilisable, mais on l'estimait peu, justement en raison de sa faiblesse de caractère. Ce n'est pas étonnant si, plus que dans la plupart des autres peuples, l'Allemand perdait sa nationalité et sa patrie.

Ne dit-il pas tout, ce beau proverbe : « Le chapeau à la main, on peut traverser tout le pays. »

Cette souplesse accommodante devint pourtant néfaste lorsqu'elle s'appliqua aux formes seules admises pour se présenter devant le souverain : ne jamais contredire, mais toujours approuver tout ce que daignait exprimer Sa Majesté. Or, c'est justement là qu'eût été le plus utile, la libre manifestation de la dignité humaine ; la monarchie mourut d'ailleurs de ces flagorneries, car ce n'était rien d'autre que de la flagornerie.

Seuls, de misérables flatteurs et des êtres visqueux en un mot, une bande de décadents qui se sentaient plus à l'aise auprès des trônes les plus nobles de tous les temps que les cœurs loyaux dignes et honorables, ces décadents regardaient comme la seule admissible cette attitude vis-à-vis des têtes couronnées !

Ces créatures, sujets plus qu'assujettis, ont en tous cas montré, d'un côté, une pleine soumission à l'égard de leur seigneur et nourricier, d'autre part, et de tout temps, la plus grande impudence vis-à-vis du reste de l'humanité, impudence qu'ils ont surtout témoignée lorsque, effrontément, ils se sont plu à se donner vis-à-vis des autres pauvres gens, comme les seuls monarchistes.

Véritable effronterie comme n'en peut montrer qu'un ver, noble ou non ! Car à la vérité, ce sont ces hommes qui ont encore été les fossoyeurs de la monarchie et surtout de l'idée monarchique. Et il n'en peut être autrement : un homme qui est prêt à agir pour une cause ne sera jamais un sournois ni un flagorneur sans caractère.

Celui qui tient à sauvegarder et à faire prospérer une institution, celui-ci s'y attachera par les dernières fibres de son cœur et ne s'en détachera pas même s'il y découvre quelque défauts. En tous cas, ce n'est pas celui-là qui recriera à la ronde, et publiquement comme l'ont fait, le mensonge à la bouche, les démocratiques « amis » de la monarchie ; il avertira au contraire très sérieusement Sa Majesté, elle qui porte la couronne, et il cherchera. à la persuader. Il n'admettra pas, et ne se reconnaîtra pas le droit d'admettre que Sa Majesté reste libre d'agir encore selon sa volonté, même si cela doit conduire et conduit manifestement à quelque malheur v en pareil cas, il devra, au contraire, protéger la monarchie contre le monarque, quelque danger qui puisse en résulter.

Si la valeur de cette organisation reposait dans la personne du monarque du moment, cette institution serait la pire que l'on puisse imaginer.

Car les monarques ne constituent que bien rarement une élite de sagesse et de raison, ou même seulement de caractère comme on voudrait se les représenter. Seuls, pourraient admettre ce point de vue, les professionnels de la flatterie et de la fausseté, mars tous les hommes droits — et ce sont là les hommes les plus précieux dans un État — se sentiront rebutés à l'idée même d'avoir à repousser du pied une telle sottise. Pour eux, l'histoire est l'histoire, la vérité est la vérité, même quand il s'agit de monarques. Non, le bonheur d'avoir dans un grand monarque, un grand homme, n'échoit que si rarement aux peuples qu'ils doivent être déjà satisfaits, si la malice du sort leur épargne pour le moins les plus funestes de ses attaques.

La valeur et l'importance de l'idée monarchique ne reposent donc pas sur la personne du monarque lui — même ; seul le ciel décide de poser la couronne sur les tempes d'un héros génial comme Frédéric le Grand ou d'un sage comme Guillaume Ier. Ceci se produit une fois dans un siècle, rarement plus souvent. Mais ici encore l'idée domine la personne, et le sens de cette organisation ne doit résider que dans l'institution prise en elle-même.

De ce fait, le monarque tombe au niveau d'un serviteur. Lui aussi n'est plus qu'une roue dans la machine et a des devoirs vis-à-vis de celle-ci. Lui aussi doit, dès lors, se plier devant des exigences supérieures et « monarchiste » n'est plus celui qui laisse silencieusement le souverain couronné commettre un crime à l'égard de sa couronne. Le monarchiste, c'est celui qui l'en empêcherait.

Si le sens profond de l'institution n'était pas dans l'idée, mais, à tout prix, dans la personne consacrée, on n'aurait même pas le droit de déposer un prince qui donnerait les signes de l'aliénation mentale.

Il est nécessaire de mettre à jour ceci dès aujourd'hui, nous voyons en effet émerger de nouveau, de nos jours, de plus en plus, les phénomènes disparus, mais dont l'existence lamentable fut l'une des causes essentielles de l'effondrement de la monarchie. Avec une certaine naïveté effrontée, ces gens parlent de nouveau désormais de leur roi, qu'ils avaient pourtant si honteusement abandonné il y a peu d'années, à une heure critique, et ils commencent à représenter comme de mauvais Allemands tous ceux qui ne veulent pas se mettre à unir leurs voix à leurs tirades mensongères. En vérité, ce sont exactement les mêmes poules mouillées qui, en 1918, se dispersaient et filaient dans tous les sens à la vue de chaque brassard rouge, qui laissaient leur roi être roi, échangeaient en toute hâte leur hallebarde contre une canne de promeneur, ceignaient des cravates neutres et, comme de pacifiques « bourgeois », disparaissaient sans laisser de traces. D'un coup, ils étaient partis, ces champions royaux et ce n'est qu'après que le vent de la tempête révolutionnaire se fut, grâce à l'activité d'autres hommes, suffisamment calmé pour leur permettre de roucouler de nouveau à tous les échos leur « Vive le roi ! » que ces « serviteurs et conseillers » de la couronne recommencèrent prudemment à se montrer.

Maintenant ils sont tous là et ils ouvrent de nouveau des yeux pleins d'envie, et commencent à regretter les oignons d'Égypte ; ils peuvent à peine contenir leur zèle pour le roi et leur soif d'agir... jusqu'au jour où surgit de nouveau le premier brassard rouge et où se déchire de nouveau le mirage de l'ancienne monarchie... comme les souris fuient devant le chat.

Si les monarques n'étaient pas eux-mêmes responsables de cet état de choses, on pourrait au moins les plaindre très cordialement malgré leurs défenseurs d'aujourd'hui : mais ils peuvent être convaincus qu'avec de tels chevaliers, on perd des trônes, mais on ne conquiert aucune couronne.

Cette « dévotion » a été l'une des erreurs de toute notre éducation, erreur qui a entraîné à cet égard une vengeance particulièrement cruelle. Par suite de cette « dévotion n, ces mêmes phénomènes lamentables ont pu se produire dans toutes les cours et saper progressivement les bases de la monarchie.

Quand le bâtiment vint à chanceler... les ouvriers de cette œuvre s'étaient volatilisés : bien entendu, des êtres vils, des flatteurs ne se font pas tuer pour leur maître.

Ces monarques n'ont jamais su cela, ils ne l'ont jamais appris à fond ; cela, de tout temps, a causé leur perte.

Un phénomène résultant de cette éducation absurde, fut la peur de la responsabilité et la faiblesse qui s'en suivit pour traiter des problèmes même vitaux.

Le point de départ de cette épidémie fut certes, en grande partie, pour nous, l'institution parlementaire dans laquelle l'absence de responsabilité est précisément développée en bouillon de culture. Malheureusement, la maladie gagna lentement toutes les activités, mais sévit surtout sur celle de l'État. Partout on commença à se soustraire aux responsabilités et à ne prendre, dès lors, que des mesures insuffisantes ou des demi-mesures. Dès que quelqu'un devait supporter une responsabilité, la mesure de celle dont on consentait à se charger était toujours réduite au minimum.

Considérez seulement l'attitude de tous les gouvernements vis-à-vis d'une série de phénomènes vraiment préjudiciables dans l'ordre de notre vie publique, et vous reconnaîtrez facilement la redoutable importance de cette médiocrité et de cette lâcheté générales.

Je ne veux extraire que quelques cas dans toute la masse des exemples qui se présentent.

On a volontiers coutume, dans les milieux journalistiques, de désigner la presse comme une grande puissance dans l'État. En fait, son importance est véritablement immense et elle ne peut pas être sous- estimée : c'est le journalisme qui, en effet, continue l'éducation des adultes.

Il est possible à cet égard de diviser, en gros, ses lecteurs en trois tranches.

1° Ceux qui croient tout ce qu'ils lisent.

2° Ceux qui ne croient plus rien du tout.

3° Les cerveaux qui examinent avec un sens critique ce qu'ils ont lu et qui jugent ensuite.

Le premier groupe est numériquement de beaucoup le plus grand. Il comprend la grande masse du peuple et représente, par suite, la partie intellectuellement la plus simple de la nation.

Ce groupe ne comprend pas telle ou telle profession particulière, tout au plus peut-on le diviser à grands traits selon les degrés d'intelligence. Mais il comporte tous ceux auxquels il n'a pas été donné, soit par la naissance, soit par l'éducation, de penser par eux-mêmes, et qui, par incapacité ou par impuissance, croient tout ce qu'on leur présente imprimé noir sur blanc. Ce groupe s'étend sur cette catégorie de fainéants qui pourraient bien penser par eux-mêmes, mais qui, par paresse d'esprit, s'emparent avec reconnaissance de tout ce qu'un autre a déjà pensé, supposant par modestie que ce dernier, ayant fait effort, aura pensé juste.

Chez tous ces gens, qui représentent la grande masse, l'influence de la presse sera tout à fait considérable.

Ils ne sont ni en état ni en humeur d'examiner par eux-mêmes ce qu'on leur présente, de telle sorte que leur abstention totale à traiter les problèmes du jour est presque exclusivement imputable aux influences extérieures qu'ils subissent. Ceci peut constituer un avantage quand ils sont éclairés par des auteurs sérieux et épris de vérité ; mais c'est un désavantage, si ce sont des canailles ou des menteurs qui prennent soin de les renseigner.

Le deuxième groupe est bien plus faible numériquement. Il est en partie composé d'éléments qui avaient appartenu d'abord au premier groupe, puis sont passés après de longues et amères désillusions aux opinions contraires, et qui ne croient plus rien... dès que l'on s'adresse à eux sous la forme d'un texte imprimé. Ils haïssent tous les journaux ; ils n'en lisent aucun ou bien ils vitupèrent systématiquement sur leur contenu qui, selon eux, n'est qu'un tissu d'inexactitudes et de mensonges. Ces hommes sont d'un maniement très difficile, car, même devant la vérité, ils restent toujours méfiants. Ils sont par suite perdus pour tout travail positif.

Enfin, le troisième groupe est de beaucoup le plus petit. Il se compose des cerveaux véritablement intelligents et affinés auxquels des dispositions naturelles, ainsi que leur éducation, ont appris à penser, qui cherchent à se faire un jugement par eux-mêmes sur tout sujet et qui soumettent tout ce qu'ils ont lu à un examen et à des méditations très profondes et répétées.

Ils ne regarderont pas un journal sans collaborer longuement, mentalement, avec l'auteur dont la tâche est alors difficile. Les journalistes n'aiment donc ces lecteurs qu'avec une certaine réserve.

Pour les membres de ce troisième groupe, les sottises dont un journal peut enduire ses textes sont peu dangereuses ou, tout au moins, peu importantes. Ils se sont habitués au cours de leur existence à ne voir, au fond, dans tout journaliste, qu'un plaisantin qui ne dit la vérité que de temps en temps. Malheureusement, l'importance de ces hommes éminents réside dans leur intelligence et non pas dans leur nombre, ce qui est malheureux en un temps où la sagesse n'est rien et où la majorité est tout.

Aujourd'hui, où le bulletin de vote de la masse décide, c'est le groupe le plus nombreux qui a le plus de poids : et c'est le tas des simples et des crédules.

C'est un devoir d'État et un devoir social de premier ordre d'empêcher que ces hommes ne tombent dans les mains d'éducateurs pervers, ignorants ou même mal intentionnés. Aussi l'État a-t-il le devoir de surveiller leur formation et d'empêcher tout article scandaleux. Aussi doit-il surveiller la presse de très près, car son influence sur ces hommes est de beaucoup la plus forte et la plus pénétrante, car elle n'agit pas de façon passagère mais constante. C'est dans l'égalité et la répétition constante de son enseignement que réside toute son immense importance. Comme ailleurs l'État ne doit pas oublier ici que tous les moyens doivent concourir au même but. Il ne doit pas se laisser induire en erreur ni enjôler par les hâbleries de ce qu'on nomme la « liberté de presse », qui le conduirait à manquer à son devoir et à priver la nation de cette nourriture dont elle a besoin et qui lui fait du bien ; il doit, avec un esprit de décision que rien n'arrête, s'assurer de ce moyen d'éducation et le mettre au service de l'État et de la nation.

Quel aliment la presse allemande d'avant-guerre a-t-elle fourni ? N'était-ce pas le plus odieux poison que l'on puisse s'imaginer ?

N'a-t-on pas inoculé dans le cœur de notre peuple le pire pacifisme, à une époque où le reste du monde se mettait déjà en devoir de juguler l'Allemagne, lentement mais sûrement ? La presse n'avait-elle pas, déjà en temps de paix, insinué dans l'esprit du peuple le doute à l'égard du droit de l'État lui-même, afin de brider d'avance l'État dans le choix des moyens propres à le défendre ? N'était-ce pas la presse allemande qui a su faire savourer à notre peuple la folie de la « démocratie de l'Ouest », jusqu'à ce que, pris par toutes ses tirades enthousiastes, il crut pouvoir confier son avenir à une Société des nations ?

N'a-t-elle pas contribué à éduquer notre peuple dans le sens d'une lamentable amoralité ? N'a-t-elle pas ridiculisé la morale et les coutumes, en les faisant passer pour rétrogrades et béotiennes jusqu'à ce que notre peuple devint enfin « moderne » ?

N'a-t-elle pas, par la constance de ses attaques, miné les fondations de l'autorité de l'État jusqu'à ce qu'il suffise d'un seul coup pour faire écrouler cet édifice ? N'a-t-elle pas combattu, par tous les moyens, contre toutes les manifestations de la volonté de rendre à l'État ce qui est à lui ? N'a-t-elle pas, par ses incessantes critiques, abaissé l'armée, saboté le service militaire général, exigé le refus des crédits militaires, etc., jusqu'à ce que son succès fût devenu inévitable ?

L'activité de la presse dite libérale ne fut pour le peuple et l'empire allemands qu'un travail de fossoyeurs. Il n'y a rien à dire à ce sujet des feuilles de mensonges marxistes : pour elles, le mensonge est une nécessité vitale, comme l'est pour le chat la chasse aux souris. Sa tâche n'est-elle pas de briser l'épine dorsale du peuple, au point de vue social et national, pour rendre ce peuple, mûr pour le joug servile du capital international et de ses maîtres les Juifs ?

Mais qu'a donc entrepris l'État contre cet empoisonnement massif de la nation ? Rien, mais rien du tout : quelques décrets ridicules, quelques punitions contre les infamies par trop violentes, et c'est tout. On espérait, à ce prix, s'attirer la faveur de cette peste, tant par des flatteries, par la reconnaissance de la « valeur » de la presse, de son « importance » de sa mission éducatrice et autres insanités ; mais les Juifs ripostèrent par le sourire et la ruse et payèrent d'un remerciement sournois.

Pourtant la cause de cette carence mesquine de l'État ne résidait pas tant dans la méconnaissance de ce danger, que — et surtout — dans une lâcheté à faire crier et dans la faiblesse qui en est résultée, de toutes les décisions et de toutes les mesures prises. Personne n'avait le courage de recourir aux moyens décisifs et radicaux : on ne fit que bousiller de-ci, de-là, n'importe où, en n'employant que des demi — remèdes et, au lieu de frapper au cœur, on excita violemment la vipère : le résultat fut le suivant : non seulement l'état de choses ancien ne fut pas modifié, mais, au contraire, la puissance des institutions qu'il fallait combattre augmenta d'année en année.

Le combat défensif des gouvernements allemands d'alors contre la presse qui contaminait lentement la nation, presse surtout d'origine juive, était sans directives, sans décision, et surtout sans but visible. Là, prudence et raison firent complètement défaut, aussi bien dans l'estimation de l'importance de ce combat que dans le choix des moyens et l'établissement d'un plan solide. On émettait, de côté et d'autre, des avis dogmatiques ; on enfermait parfois — quand on se sentait trop fortement mordu — tel ou tel journaliste venimeux, cela pour quelques semaines ou quelques mois, mais on laissait le nid de vipères subsister en son état.

À coup sûr, c'était le résultat, d'une part, de la tactique infiniment rusée de la juiverie, d'autre part, d'une bêtise ou d'une candeur véritablement profondes. Le Juif était beaucoup trop fin pour laisser attaquer également toute sa presse ; non, il y en avait une partie pour défendre l'autre. Tandis que les journaux marxistes entraient en campagne sous la forme la plus grossière contre tout ce que les hommes peuvent tenir pour sacré, tandis qu'ils attaquaient de la façon la plus infâme l'État et le gouvernement et qu'ils excitaient les unes contre les autres les diverses fractions du peuple, les journaux juifs, bourgeois — démocrates, savaient se parer extérieurement de la fameuse objectivité et faisaient effort pour éviter tous les mots énergiques. Ils savaient bien, en effet, que les têtes creuses ne jugent que sur les apparences et qu'elles ne sont jamais capables de pénétrer au fond des choses, ne mesurent la valeur d'un objet que par son extérieur et non pas son contenu ; faiblesse tout humaine à laquelle ils doivent la considération dont ils jouissent.

Certes, pour ces gens-là, la Gazette de Francfort représentait le comble du journal bienséant. Jamais elle n'emploie des expressions crues, elle repousse toute brutalité corporelle et en appelle toujours au combat par les armes de l'esprit, combat préféré — ce qui est singulier — par ceux-là même qui sont le plus dépourvus d'esprit.

Ceci résulte de notre demi-éducation qui libère les hommes de leur instinct naturel, les imprègne d'une certaine science sans pouvoir les élever à la connaissance profonde des choses : pour atteindre ce niveau, l'ardeur et la bonne volonté seules ne servent à rien : il faut aussi la raison et une raison innée. L'ultime science est toujours la connaissance des causes profondes et naturelles ; je m'explique :

L'homme ne doit jamais tomber dans l'erreur de croire qu'il est véritablement parvenu à la dignité de seigneur et maître de la nature (erreur que peut permettre très facilement la présomption à laquelle conduit une demi-instruction). Il doit, au contraire, comprendre la nécessité fondamentale du règne de la nature et saisir combien son existence reste soumise aux lois de l'éternel combat et de l'éternel effort, nécessaires pour s'élever.

Il sentira dès lors que dans un monde où les planètes et les soleils suivent des trajectoires circulaires, où des lunes tournent autour des planètes, où la force règne, partout et seule, en maîtresse de la faiblesse qu'elle contraint à la servir docilement, ou qu'elle brise, l'homme ne peut pas relever de lois spéciales.

Lui aussi, l'homme subit la domination des principes éternels de cette ultime sagesse : il peut essayer de les saisir, mais s'en affranchir, il ne le pourra jamais.

C'est précisément pour notre demi-monde intellectuel que le Juif écrit les journaux de ce qu'il appelle sa presse intellectuelle. C'est à lui que sont destinés la Frankfurterzeitung et le Berliner Tageblatt. C'est à son diapason qu'est accordé leur ton et c'est sur lui que cette presse exerce son action. Tout en évitant toutes les formes qui apparaîtraient extérieurement comme trop crues, ils versent pourtant dans le cœur de leurs lecteurs des poisons puisés à d'autres vases. Sous le geyser des sons harmonieux et des formes oratoires, ils endorment leurs lecteurs dans cette croyance que, seules, la science pure ou même la morale sont les forces motrices de leurs actes, tandis qu'il ne s'agit en vérité que de l'art, aussi génial que rusé, de voler à son adversaire, par ce moyen, l arme dont il aurait besoin contre la presse.

En effet, tandis que les uns suent la bienséance, tous les imbéciles les croient d'autant plus volontiers qu'il s'agit uniquement, de la part des autres, de légers excès qui ne constituent jamais une atteinte à la liberté de la presse, euphémisme pour désigner ce procédé scandaleux et d'ailleurs impuni, employé pour mentir au peuple et l'empoisonner. Aussi l'on redoute de marcher contre ce banditisme, de crainte d'avoir contre soi aussitôt dans ce cas la « bonne » presse : et cette crainte n'est que trop justifiée. Car, dès que l'on essaye d'attaquer l'un de ces journaux infâmes, aussitôt tous les autres prennent parti pour lui : mais ils se gardent bien d'approuver leur mode de combat, Dieu les en préserve !... Il s'agit seulement de prôner le principe de la liberté de la presse et de la liberté d'exprimer publiquement son opinion.

Mais, devant ces cris, les hommes les plus forts faiblissent, puisqu'ils ne sont poussés que par de « bons » journaux. Dans ces conditions, ce poison put, sans que rien ne s'y opposât, pénétrer dans la circulation du sang de notre peuple, sans que l'État ait eu la force de supporter la maladie.

La désorganisation de l'empire, qui menaçait déjà, apparaissait dans la médiocrité ridicule des moyens employés pour l'en préserver. Une institution qui n'est plus décidée à se défendre elle-même par toutes les armes, s'abandonne.

Toute faiblesse est le signe visible de la décomposition intérieure : l'écroulement extérieur doit suivre tôt ou tard et suivra.

Je crois que la génération d'aujourd'hui, bien conduite, maîtrisera plus facilement ce danger. Elle a vécu des faits qui ont pu fortifier les nerfs de ceux qui n'en ont pas perdu, l'usage. Sans doute, le Juif poussera-t-il encore bientôt dans ces journaux un cri puissant, dès que la main viendra se poser sur son nid de prédilection, dès qu'elle mettra une fin au scandale de la presse, qu'elle mettra ce moyen supplémentaire d'éducation au service de l'État et qu'elle ne l'abandonnera plus su pouvoir de gens étrangers au peuple et ennemis du peuple.

Mais je crois que cela nous gênera moins, nous, les jeunes, que jadis, nos pères : un obus de 30 centimètres a toujours sifflé plus fort que mille vipères de journalistes juifs... Alors, laissons-les donc siffler !

L'exemple suivant montre encore l'insuffisance et la faiblesse du gouvernement de l'Allemagne d'avant-guerre, sur les questions vitales les plus importantes pour la nation.

Parallèlement à la contamination du peuple, su point de vue de la politique, des coutumes et de la morale, un empoisonnement tout aussi redoutable s'exerçait depuis déjà bien des années sur le peuple. La syphilis commença à sévir toujours de plus en plus dans les grandes villes, tandis que la tuberculose faisait également sa moisson funèbre dans la presque totalité du pays.

Bien que, dans les deux cas, les suites aient été terribles pour la nation, on ne sut pas se résoudre à des mesures décisives contre ces maux.

En particulier vis-à-vis de la syphilis, le peuple, comme l'État, conservèrent une attitude que l'on peut qualifier de capitulation complète. Dans un combat sérieusement conçu, l'on devait déjà pousser les efforts un peu plus loin qu'on ne le fit en réalité. L'invention d'un remède, douteux, et son application pratique ne peuvent plus guère agir contre cette contagion. Ici encore il ne pouvait être question que de combattre les causes, et non de faire disparaître les phénomènes apparents. Or la cause repose au premier chef dans notre prostitution de l'amour : même si cette prostitution n'avait pas pour effet la terrible contagion, elle serait déjà profondément nuisible pour le peuple, car il suffit déjà des dévastations d'ordre moral qu'entraîne cette dépravation pour détruire un peuple lentement et complètement.

Cette judaïsation de notre vie spirituelle et cette transformation de la pratique de l'accouplement en une affaire d'argent, porteront tôt ou tard dommage à toute notre descendance : au lieu de vigoureux enfants nés d'un sentiment naturel, nous ne verrons plus que les produits lamentables d'une opération financière d'ordre pratique. Celle-ci demeurera, en effet, de plus en plus la base et la condition préalable de nos mariages. Si l'amour fait rage, c'est ailleurs.

Bien entendu, il est possible, à cet égard aussi, de railler pendant quelque temps la nature, mais la vengeance est inévitable, elle ne se manifeste que plus tard ou mieux l'homme ne la perçoit souvent que trop tard.

À quel point sont dévastatrices les suites d'une méconnaissance constante des conditions premières normales du mariage, il est aisé de le reconnaître en regardant notre noblesse. On constate là les résultats d'une reproduction qui repose, partie sur une contrainte mondaine, partie sur les raisons financières. L'une conduit à l'affaiblissement, l'autre à l'empoisonnement du sang, car toutes les juives de magasin ont la réputation d'être aptes à assurer la descendance de Son Altesse — qui, alors, a tout de l'Altesse ! — Dans les deux cas, il s'ensuit une dégénérescence totale.

Notre bourgeoisie s'efforce aujourd'hui de suivre la même voie, et atteindra le même but.

On essaie, avec une hâte indifférente, de passer devant les vérités désagréables comme si, par cette conduite, il était possible d'empêcher ce qui est d'exister. Non, on ne peut nier le fait que notre population des grandes villes est de plus en plus prostituée dans sa vie amoureuse, et que par là, elle est la proie, dans une mesure croissante, de la contagion syphilitique ; le fait est là.

Les résultats les plus plausibles de cette contamination massive, on peut les reconnaître, d'un côté, dans les maisons d'aliénés, d'un autre, hélas ! dans nos… enfants. Ceux-ci surtout constituent la preuve triste et misérable de « l'empestement » en progrès continuel de notre vie sexuelle : dans les maladies des enfants, se manifestent les vices des parents.

Il y a plusieurs moyens de trouver une solution : certaines gens ne voient rien ou, mieux, ne veulent rien voir ; c'est, bien entendu, la « prise de position » de beaucoup la plus simple et la plus économique. Les autres se drapent dans le manteau sacré d'une pruderie aussi ridicule que menteuse, parlent de toute la question comme s'il s'agissait d'un grand péché et expriment avant tout leur plus profonde indignation à l'égard de tout pécheur qui s'est fait pincer ; ils ferment ensuite les yeux, dans une pieuse horreur „ devant cette maladie athée et prient le bon Dieu de laisser pleuvoir — le plus possible après leur mort — et le soufre et la poix sur Sodome et Gomorrhe, pour faire un nouvel exemple édifiant à cette humanité éhontée.

Les troisièmes enfin voient très clairement les suites affreuses que cette contagion doit un jour entraîner et entraînera, mais ils haussent les épaules, persuadés d'ailleurs de ne rien pouvoir faire contre le danger, de sorte qu'il faudrait laisser courir les événements, comme cela a lieu.

À vrai dire, tout cela est commode et simple, mais il ne faut pas oublier que la nation sera victime d'un laisser-aller aussi confortable. Le faux-fuyant, selon lequel cela ne va pas mieux chez les autres peuples, ne peut naturellement guère changer quoi que ce soit à notre propre décadence ; tout ce que l'on peut dire, c'est que le fait de sentir que d'autres souffrent du même mal, suffit déjà, chez beaucoup de gens, pour atténuer leur propre douleur.

Mais la question se pose alors de savoir précisément quel est le peuple qui, de lui-même, le premier et le seul, se rendra maître de cette peste, et quelles sont les nations qui en périront.

Cela aussi est une pierre de touche de la valeur de la race… la race qui ne résiste pas à l'épreuve, mourra et laissera la place à d'autres races plus saines ou plus opiniâtres, ou plus aptes à la résistance.

Car, puisque cette question concerne en premier lieu la jeunesse, elle est du ressort de ceux dont il est dit avec une effroyable exactitude que les péchés de leurs pères se vengent sur eux jusqu'à la dixième génération, vérité qui ne porte que sur ces attentats contre le sang et contre la race.

Le péché contre le sang et la race est le péché originel de ce monde et marque la fin d'une humanité qui s'y adonne.

Combien l'attitude de l'Allemagne d'avant-guerre fut lamentable vis-à-vis de cette question ! Qu'arriva-t-il pour mettre un frein à la propagation de cette peste dans les grandes villes ? Que fit-on pour venir à bout de cette contamination et de cette mammonisation de notre vie amoureuse ? Que fit-on pour combattre la syphilisation de la masse populaire, qu'en résulta-t-il ? La réponse se trouve bien facilement en précisant ce qui aurait dû se produire.

On ne devrait pas tout d'abord prendre cette question à la légère, mais on devrait, au contraire, comprendre que de la solution qui lui sera donnée, dépendra le bonheur ou le malheur de générations entières, on devrait comprendre qu'elle pouvait ou devait être décisive pour l'avenir de notre peuple. Mais une telle notion obligeait à prendre des mesures et des interventions radicales. Au premier plan de toutes les considérations, il y avait lieu de se convaincre de ce que, en tout premier lieu, il fallait concentrer l'attention de toute la nation sur cet effroyable danger, afin que chacun pût se convaincre intimement de l'importance de ce combat.

On ne peut certes conférer, le plus souvent, une pleine efficacité à des obligations véritablement tranchantes et dures à supporter que si, après avoir appliqué à chacun la contrainte, on le conduit, par surcroît, à reconnaître la nécessité des mesures prises : mais ceci demande à être puissamment éclairé, toutes autres questions du jour, susceptibles de détourner l'attention, ayant été éliminées.

Dans tous les cas où il s'agit de satisfaire à des exigences ou à des tâches d'apparence irréalisables, il faut que toute l'attention d'un peuple se groupe et s'unisse sur une même question, comme si, de la solution de cette dernière, dépendait en fait la vie ou la mort. Ce n'est qu'à ce prix que l'on peut rendre un peuple volontairement capable de grandes actions et de grands efforts.

Ce principe porte aussi sur l'homme isolé, lorsqu'il doit atteindre des buts élevés. Lui aussi ne devra entreprendre cette tâche que par tranches étagées ; lui aussi devra toujours grouper tous ses efforts pour obtenir l'accomplissement d'une tâche partielle nettement délimitée, et cela, jusqu'à ce qu'elle paraisse remplie et que le jalonnement de la tranche suivante puisse être entrepris.

Quiconque n'entreprend pas cette répartition du chemin à parcourir et à conquérir, en étapes distinctes, et ne fait pas un effort méthodique pour accomplir victorieusement chacune d'entre elles, en ramassant intensément toutes ses forces, celui-là ne parviendra jamais jusqu'au but final, mais restera quelque part en route, et peut-être même hors du chemin.

Ce travail pour se hisser vers le but est un art, il exige la mise en œuvre constante des énergies suprêmes pour surmonter, pas à pas, les difficultés de la route.

La toute première condition nécessaire pour passer à l'attaque d'un secteur si difficile de la carrière humaine est celle-ci : il importe que le commandement réussisse à représenter à la masse du peuple l'objectif partiel à atteindre, ou mieux, à conquérir, comme l'unique, le seul digne de retenir l'attention des hommes, et dont la prise entraîne le succès de tout le reste.

Sinon la majeure partie du peuple ne peut jamais prendre sous son regard toute la route, sans se lasser ni sans douter de sa tâche. Dans une certaine mesure, elle conservera le but dans ses yeux, mais elle ne pourra regarder le chemin devant elle que par petits segments, tel le voyageur qui sait le terme de son voyage, et le connaît, mais qui pour mieux venir à bout de sa route interminable, la divise en secteurs et franchit chacun d'un pas résolu, comme s'il marquait lui-même le but attendu de son voyage. Ce n'est, il faut le dire, qu'à cette condition qu'il avance sans renoncer.

C'est ainsi qu'à l'aide de tous les moyens de la propagande, la question de la lutte contre la syphilis aurait dû être présentée comme le devoir de la nation et non pas comme un devoir. Il aurait fallu, dans ce but, enfoncer dans le crâne des hommes par tous les moyens possibles, et avec tout le développement nécessaire, que les dégâts de la syphilis constituent le plus affreux malheur, et ceci jusqu'à ce que la nation tout entière soit parvenue à cette conviction... à savoir que, de la solution de ce problème, dépend tout, l'avenir ou la ruine.

Ce n'est qu'après une telle préparation, longue, s'il le faut, de plusieurs années, que l'attention, et avec elle la décision d'un peuple entier, peut être suffisamment éveillée pour que l'on puisse désormais recourir à des mesures très lourdes, comportant de grands sacrifices, sans devoir s'exposer à l'incompréhension ou à l'abandon soudain de la bonne volonté de la masse du peuple.

Il faut, en effet, pour venir à bout de cette peste, consentir à des sacrifices inouïs et à des travaux considérables.

Le combat contre la syphilis exige la lutte contre la prostitution, contre des préjugés, de vieilles habitudes, des théories jusqu'alors en cours, des opinions répandues, et, en lui attribuant toute son importance, contre la pruderie de certains milieux.

La première condition pour combattre ces faits sur la base d'un droit — ne fût-ce qu'un droit moral — est l'effort pour rendre possible le mariage jeune des générations à venir. Les mariages tardifs sont la seule cause de l'obligation dans laquelle on se trouve de maintenir une organisation qui — que l'on se retourne comme l'on veut — reste une honte pour l'humanité, qui convient on ne peut plus mal à un être qui, avec sa modestie coutumière, se plaît à se considérer comme l'image de Dieu.

La prostitution est un affront à l'humanité : mais on ne peut la supprimer par des conférences morales, une pieuse bonne volonté, etc. ; mais sa limitation et sa destruction définitive imposent au préalable l'élimination d'un certain nombre de conditions préalables.

Mais la première d'entre elles reste la création de la possibilité d'un mariage précoce qui réponde au besoin de la nature humaine, et en particulier de l'homme, car la femme ne joue à cet égard qu'un rôle passif.

À quel point les gens peuvent-ils divaguer, combien bon nombre d'entre eux sont-ils déjà dépourvus de raison, il est aisé de le découvrir si l'on entend souvent des mères de la « meilleure » société, comme l'on dit, affirmer qu'elles vous seraient reconnaissantes de trouver pour leur enfant un homme qui aurait « déjà jeté sa gourme ».

Comme il ne manque pas en général de sujets de ce genre — moins que de la catégorie opposée — la pauvre fille se réjouira de trouver ainsi un

Siegfried-écorné[10] et les enfants constitueront le résultat visible de ce mariage de raison.

Lorsqu'on pense qu'en plus de cela, se produit une limitation aussi serrée que possible de la procréation, ayant pour effet d'interdire tout choix de la part de la nature, puisqu'il faut bien entendu, par surcroît, conserver tous les êtres, même les plus misérables, la question se pose vraiment de savoir pourquoi subsiste une telle organisation et quel but elle peut atteindre. N'est-ce pas exactement la même chose que la prostitution elle-même ? Les générations à venir ne jouent-elles plus leur rôle à cet égard ? Ou bien ignore-t-on quelle malédiction de nos enfants et des enfants de nos enfants retomberont sur nos épaules, pour avoir ainsi criminellement et inconsidérément violé l'ultime droit naturel, et l'ultime devoir naturel !

Ainsi dégénèrent les peuples civilisés... c'est ainsi que peu à peu ils disparaissent.

Même le mariage ne peut pas être considéré comme un but en soi : il doit conduire vers un but plus élevé, la multiplication et la conservation de l'espèce et de la race : telle est son unique signification, telle est son unique mission.

Ceci posé, l'opportunité du mariage précoce ne peut être mesurée qu'à la façon dont il accomplit sa mission. Le mariage précoce est déjà favorable du fait qu'il donne au jeune ménage cette force qui seule permet la naissance d'une descendance saine et résistante. À vrai dire, le mariage précoce ne peut être réalisé sans l'accomplissement préalable d'une série de mesures sociales sans lesquelles il ne faut pas y songer.

Or, cette petite question ne peut pas être résolue, si l'on ne fait appel à des mesures décisives au point de vue social.

L'importance de ces questions doit très clairement apparaître au moment où la République dite « sociale », incapable de résoudre le problème du logement, empêche tout simplement, de ce fait, de nombreux mariages et, par suite, pousse à la prostitution.

La stupidité de notre distribution des salaires qui prend trop peu en considération la question de la famille et de son alimentation, est une autre raison qui s'oppose si souvent au mariage précoce.

On ne peut donc en venir à la lutte proprement dite contre la prostitution qu'une fois que le mariage aura été rendu possible à un âge moins élevé qu'à présent, et ceci grâce à un changement profond des conditions sociales.

Telle est la question primordiale à trancher, pour résoudre cette question.

En deuxième lieu, l'éducation et l'instruction doivent bannir une série de fautes dont on ne se soucie presque pas à présent. Tout d'abord il faut, dans l'éducation telle qu'elle est donnée jusqu'à présent, faire un compromis entre l'enseignement intellectuel et le développement physique. Ce qui s'appelle aujourd'hui Lycée est un défi à son modèle antique. Dans notre éducation, nous avons complètement oublié qu'à la longue un esprit sain ne peut demeurer que dans un corps sain.

---

[10] Il y a dans le texte un joli jeu de mots : jeter sa gourme se dit : sich die Hörner abstoszen. Aussi Hitler dit-il « la jeune fille trouvera un Siegfried écorné » : double Witz, si l'on pense à la trompe d'argent de Siegfried (Horn).

À part quelques exceptions, c'est surtout lorsqu'on regarde la grande masse du peuple que cette formule prend sa pleine valeur.

Il fut un temps où, dans l'Allemagne d'avant-guerre, on ne se souciait plus du tout de cette vérité. On se bornait à accuser le corps de tous les péchés et l'on pensait détenir une garantie sûre pour la grandeur de la nation en instruisant unilatéralement l'esprit. Erreur qu'il fallut expier plus tôt qu'on ne le croyait. Ce n'est pas un hasard que la vague bolcheviste n'ait trouvé nulle part un champ d'action plus favorable que dans une population dégénérée par la faim ou une longue période de sous-alimentation : au centre de l'Allemagne, en Saxe et dans le bassin de la Ruhr. Dans tous ces territoires ne se rencontre presque plus aucune résistance sérieuse de la part de ce que l'on nomme l'intelligence, contre cette maladie de Juifs, et ceci pour la seule raison que l'intelligence elle-même est matériellement complètement dépravée, moins encore en raison de la détresse que pour des raisons d'éducation. L'annihilation de la formation intellectuelle de nos classes supérieures rend celles-ci incapables — en un temps où ce n'est pas l'esprit, mais le poing qui décide — de se maintenir et, moins encore, de progresser. C'est souvent dans les infirmités corporelles que réside la première raison de la lâcheté personnelle.

Mais l'accentuation exagérée d'un enseignement purement intellectuel et l'abandon de l'éducation physique provoquent, chez des sujets trop jeunes, des manifestations sexuelles.

Le jeune homme que le sport et la gymnastique ont rendu dur comme fer subit moins que l'individu casanier, exclusivement repu de nourriture intellectuelle, le besoin de satisfactions sensuelles. Une éducation raisonnable doit tenir compte de ce fait : elle ne doit pas perdre de vue que les satisfactions qu'un jeune homme sain attendra de la femme seront différentes de celles qu'attendra un débile prématurément corrompu. Ainsi toute l'éducation doit tendre à employer tous les moments libres du jeune homme, à fortifier utilement son corps.

Il n'a pas le droit de fainéanter pendant ces années de jeunesse, d'infester de sa présence les rues et les cinémas ; il doit, après sa journée de travail, cimenter son jeune corps et l'endurcir pour que la vie, un jour ou l'autre, ne le trouve pas trop amolli. La mission des éducateurs de la jeunesse consiste à préparer cet ouvrage, à l'exécuter, à le conduire et à le diriger : leur rôle ne consiste pas uniquement à insuffler de la sagesse. Les éducateurs doivent faire table rase de cette idée qu'il appartient à chacun pour soi de s'occuper de son propre corps : or nul n'est libre de pécher su détriment de sa descendance, et par suite de la race.

Parallèlement avec l'éducation du corps doit être mené le combat contre l'empoisonnement de l'âme : toute notre vie extérieure semble se passer dans une serre où fleurissent les manifestations et les excitations sexuelles. Regardez donc le « menu » de nos cinémas, de nos divers établissements et théâtres : il est indéniable que l'on ne trouve pas là l'alimentation qu'il faut, pour la jeunesse surtout. Dans les étalages et sur les colonnes de publicité, on travaille par les plus vils moyens à attirer l'attention du public : il est facile de comprendre, pour quiconque a conservé la faculté de méditer, que de telles pratiques doivent porter les plus lourds préjudices. Cette atmosphère molle et sensuelle conduit à des manifestations et à des excitations, à un moment où le jeune garçon ne devrait pas encore comprendre. On peut chercher d'une façon peu réjouissante, sur la jeunesse d'aujourd'hui, le résultat de ce mode d'éducation.

Mûrie trop tôt, elle est vieille avant l'âge.

Des tribunaux, parviennent à l'oreille du public, maints faits qui permettent d'avoir des vues affreuses sur la vie spirituelle de nos enfants de quatorze et quinze ans. Qui s'en étonnerait, si, déjà à ces âges, la syphilis commence à chercher ses victimes ? Et n'est-ce pas une misère de voir combien de jeunes gens, faibles de corps et pourris d'esprit, sont initiés au mariage par une prostituée de grande ville ?

Non, qui veut supprimer la prostitution doit tout d'abord éliminer les causes morales dont elle résulte.

Il devra éliminer les ordures de l'empestement moral de la civilisation des grandes villes, et ceci sans égard pour quoi que ce soit, et sans hésitation devant les cris et les hurlements déchaînés que l'on ne manquera pas de pousser. Si nous ne relevons pas la jeunesse, en la tirant du marais où elle stagne aujourd'hui, elle s'y engloutira. Celui qui ne veut pas voir cet état de choses, se rend complice de la prostitution lente de notre avenir qui assurément repose sur la génération qui vient. Cette purification de notre civilisation doit s'étendre sur presque tous les domaines. Théâtre, art, littérature, cinéma, presse, affiches, étalages doivent être nettoyés des exhibitions d'un monde en voie de putréfaction, pour être mis au service d'une idée morale, principe d'état et de civilisation.

La vie extérieure doit être libérée du parfum étouffant de notre exotisme moderne, aussi bien que de toute hypocrisie prude et peu virile. Sur tous ces points, le But et la Voie doivent être tracés par le souci de maintenir la santé physique et morale de notre peuple. Le droit à la liberté individuelle le cède devant le devoir de sauvegarder la race.

Ce n'est qu'après l'exécution de ces mesures que peut être mené avec quelque chance de succès le combat contre l'épidémie elle-même. Mais là aussi, il ne peut pas n'être question que de demi-mesures : ici encore il faudra en venir aux décisions les plus lourdes et les plus tranchantes. C'est une faiblesse de conserver, chez des malades incurables, la possibilité chronique de contaminer leurs semblables, encore sains. Ceci correspond à un sentiment d'humanité selon lequel on laisserait mourir cent hommes pour ne pas faire de mal à un individu.

Imposer l'impossibilité pour des avariés de reproduire des descendants avariés, c'est faire œuvre de la plus claire raison ; c'est l'acte le plus humanitaire, lorsqu'il est appliqué méthodiquement, que l'on puisse accomplir vis-à-vis de l'humanité.

Ce geste épargne des souffrances imméritées à des millions de malheureux, et il conduira ensuite à une guérison progressive. La décision de marcher dans cette direction opposera une digue à l'extension progressive des maladies vénériennes.

Car ici, on arrivera s'il le faut à l'impitoyable isolement des incurables, mesure barbare pour celui qui aura le malheur d'en être frappé, mais bénédiction pour les contemporains et la postérité. La souffrance passagère d'un siècle peut et doit délivrer du mal les siècles suivants.

La lutte contre la syphilis et son intermédiaire la prostitution est une des tâches les plus considérables de l'humanité, considérable parce qu'il ne s'agit pas là de la solution d'une question isolée, mais de l'élimination de toute une série de maux qui donnent lieu, comme phénomène subséquent, à cette maladie contagieuse. Car cette lésion du corps n'est encore que la conséquence d'une maladie des instincts moraux, sociaux et racistes.

Si ce combat n'est pas mené, soit par nonchalance, soit par lâcheté, on pourra regarder dans cinq cents ans ce que seront les peuples. On n'en trouvera que peu qui seront à l'image de Dieu, sans vouloir se moquer du Très-Haut.

Comment l'ancienne Allemagne avait-elle donc essayé de lutter contre cette contamination ? En examinant à tête reposée, on en vient à une réponse vraiment troublante.

À coup sûr, on reconnut très bien dans les milieux gouvernementaux les dégâts effrayants de cette maladie, si l'on ne pouvait pas parfois en mesurer les suites. Mais dans le combat contre ce fléau, on demeurait complètement défaillant et l'on n'avait recours qu'à des mesures misérables plutôt qu'à des réformes profondes.

On émettait çà et là, au sujet de la maladie, des idées dogmatiques et on laissait les causes, être des causes. Chaque prostituée était soumise à un examen médical, examinée aussi bien que possible, et fourrée, en cas de maladie constatée, dans quelque hôpital d'où elle était relâchée et lancée contre le reste de l'humanité après guérison superficielle.

Il faut reconnaître que l'on avait inséré un « paragraphe de protection », d'après lequel celui qui n'était pas tout à fait sain ou guéri devait, sous peine de punition, éviter tout rapport sexuel. Sans doute, cette mesure est-elle bonne en soi, mais dans la pratique elle ne donnait presque aucun résultat.

D'abord la femme — si c'est elle qui est frappée de ce malheur — refusera, dans la plupart des cas, de se laisser entraîner, surtout devant un tribunal, pour témoigner contre celui qui, dans des circonstances souvent pénibles, lui a volé sa santé. À celle-là surtout cela ne servira qu'à peine, car le plus souvent c'est elle qui aura le plus à souffrir de cette procédure, et elle éprouvera de la part de son entourage inamical un mépris plus grand encore que ce ne serait le cas pour l'homme. Représentez-vous enfin la situation, si c'est le mari lui-même qui a transmis la maladie ? Faut-il alors qu'elle porte plainte ? Ou que doit-elle faire alors ?

Mais en ce qui concerne l'homme, il s'ajoute le fait qu'il va malheureusement au-devant de cette peste, souvent précisément après une abondante absorption d'alcool : il est, en effet, dans ces conditions particulièrement hors d'état de juger des qualités de sa belle. Ceci n'est d'ailleurs que trop bien connu des prostituées malades qui sont, de ce fait, portées à pêcher précisément des hommes qui se trouvent dans cet état idéal.

Le résultat, c'est que l'homme surpris, mais un peu tard, même en réfléchissant de toutes ses forces, ne peut plus se rappeler sa bienfaitrice pitoyable, ce qui n'a rien d'étonnant dans une ville comme Berlin ou même Munich. Ajoutez à cela qu'il s'agit souvent de visiteurs de province qui restent complètement inexpérimentés en face des charmes de la grande ville.

Enfin, qui peut donc savoir s'il est malade ou non ? N'y a-t-il pas de nombreux cas dans lesquels un homme qui paraît guéri, rechute et se prépare le pire malheur, sans seulement s'en douter d'abord lui — même.

Ainsi l'effet pratique de cette protection, par la sanction légale contre une contamination coupable, est en réalité presque nul. Et il en est complètement de même en ce qui concerne la visite des prostituées, et enfin la guérison elle-même est incertaine et douteuse. La seule donnée sûre est celle-ci : la contamination s'est répandue de plus en plus malgré toutes les mesures ; ceci fait ressortir de la façon la plus frappante l'inefficacité de ces procédés.

Car tout ce que l'on a pu faire d'autre à cet égard était aussi insuffisant que ridicule : la prostitution morale du peuple n'était pas combattue ; on ne faisait en réalité rien contre elle.

Que celui-là donc qui est porté à prendre tout cela à la légère, étudie de bonne foi les données statistiques sur l'extension de cette peste, qu'il compare son accroissement dans les cent dernières années, qu'il réfléchisse à ce développement ; il faudrait qu'il ait l'intelligence d'un âne pour ne pas sentir un frisson désagréable lui passer dans le dos I La faiblesse et l'insuffisance avec lesquelles déjà, dans l'ancienne Allemagne, on prit position en face d'un si terrible phénomène, peuvent être appréciées comme un signe de décomposition du peuple.

Car, si la force fait défaut pour un combat dont le prix est notre propre santé, nous avons, dans ce monde où tout est combat, perdu le droit de vivre.

Le monde n'appartient qu'aux forts qui pratiquent des solutions totales, il n'appartient pas aux faibles, avec leurs demi-mesures.

L'un des phénomènes de décomposition les plus apparents du vieil empire était la chute lente du niveau culturel, et quand je dis Kultur je ne parle pas de celle que l'on désigne aujourd'hui par le mot de civilisation. Celle-ci paraît être, au contraire, plutôt une ennemie de la véritable hauteur d'esprit et de vie.

Déjà à la fin du siècle dernier, commençait à s'introduire dans notre art un élément que l'on pouvait jusqu'alors considérer comme tout à fait étranger et inconnu. Sans doute y avait-il eu, dans des temps antérieurs, maintes fautes de goût, mais il s'agissait plutôt, dans de tels cas, de déraillements artistiques auxquels la postérité a pu reconnaître une certaine valeur historique, non de produits d'une déformation n'ayant plus aucun caractère artistique et provenant plutôt d'une dépravation intellectuelle poussée jusqu'au manque total d'esprit. Par ces manifestations commença à apparaître déjà, au point de vue culturel, l'effondrement politique qui devint plus tard plus visible.

Le bolchevisme dans l'art est d'ailleurs la seule forme culturelle vivante possible du bolchevisme et sa seule manifestation d'ordre intellectuel.

Que celui qui trouve étrange cette manière de voir examine seulement l'art des États qui ont eu le bonheur d'être bolchevisés et il pourra contempler avec effroi comme art officiellement reconnu, comme art d'État, les extravagances de fous ou de décadents que nous avons appris à connaître depuis la fin du siècle sous les concepts du cubisme et du dadaïsme.

Même pendant la courte période de la république soviétique bavaroise, ce phénomène avait apparu. Déjà là on pouvait voir combien toutes les affiches officielles, les dessins de propagande dans les journaux, etc., portaient en eux-mêmes non seulement le sceau de la décomposition politique, mais aussi celui de la culture.

Un effondrement culturel, comme il commençait à s'en manifester depuis 1911 dans les élucubrations futuristes et cubistes, aurait été, il y a encore soixante ans, aussi peu prévisible que l'effondrement politique dont nous constatons la gravité.

Il y a soixante ans, une exposition des témoignages que l'on a appelés « dadaïstes » aurait paru tout simplement impossible et ses organisateurs auraient été internés dans une maison de fous, tandis qu'aujourd'hui ils président des sociétés artistiques. Cette épidémie n'aurait pas pu voir le jour, car l'opinion publique ne l'aurait pas tolérée et l'État ne l'aurait pas regardée, sans intervenir. Car c'était une question de gouvernement, d'empêcher qu'un peuple soit poussé dans les bras de la folie intellectuelle. Mais un tel développement devait finir un jour ; en effet, le jour où cette forme d'art correspondrait vraiment à la conception générale, l'un des bouleversements les plus lourds de conséquences se serait produit dans l'humanité. Le développement à l'envers du cerveau humain aurait ainsi commencé... mais on tremble à la pensée de la manière dont cela pourrait finir.

Dès que, de ce point de vue, on fait défiler devant soi l'évolution de notre culture depuis les vingt dernières années, on verra avec effroi combien nous sommes déjà engagés dans le mouvement rétrograde. Partout, nous nous heurtons à des germes qui donnent naissance à des protubérances dont notre culture périra tôt ou tard. Là aussi nous pouvons distinguer les phénomènes de dissolution dans un monde à l'état de lente décomposition : malheur aux peuples qui ne peuvent plus se rendre maîtres de cette maladie !

Ces phénomènes morbides pouvaient d'ailleurs être constatés en Allemagne, dans presque tous les domaines : tout paraissait ici avoir dépassé le point culminant et se hâter vers le précipice. Le théâtre tombait visiblement plus bas et aurait déjà à ce moment disparu sans merci comme facteur de culture, si, tout au moins les théâtres de la cour, ne s'étaient pas dressés contre la prostitution de l'art. Si l'on fait abstraction de ces théâtres et de quelques autres exceptions célèbres, les représentations de la scène étaient telles qu'il eût été préférable pour la nation d'éviter tout à fait de les fréquenter.

C'était un signe affligeant de décomposition intérieure, que de ne plus pouvoir envoyer la jeunesse dans la plupart de ces « centres d'art », comme on les appelait, ce que l'on avouait publiquement sans vergogne, avec cet avis général digne de figurer dans un musée : « Entrée interdite aux jeunes ! »

Pensez un peu que l'on était obligé de prendre de telles mesures de prudence, en des endroits qui devaient exister su premier chef pour participer à la formation de la jeunesse, et qui ne devaient pas servir à l'amusement de générations âgées et blasées. Qu'auraient pensé les grands dramaturges de tous les temps d'une telle mesure, et qu'auraient-ils dit surtout des circonstances qui l'avaient provoquée ? Comment se seraient détournés Schiller avec fougue, Goethe avec violence ?

Mais que sont vraiment Schiller, Goethe et Shakespeare devant la nouvelle poésie allemande ? Des phénomènes vieux, usés, d'un autre âge et dépassés ! Car la caractéristique de cette époque, la voici :

Elle a non seulement produit plus de malpropreté mais, par-dessus le marché, elle souillait tout ce qu'il y a de vraiment grand dans le passé. C'est d'ailleurs un phénomène que l'on peut toujours observer à de pareilles époques. Plus les productions d'une époque et de ses hommes sont viles et misérables, plus on hait les témoins d'une grandeur et d'une dignité passées, si elles ont été supérieures. Ce que l'on préfère dans de telles époques, c'est d'effacer les souvenirs du passé de l'humanité pour présenter mensongèrement sa propre camelote comme de l'art, en supprimant toute possibilité de comparaison. Aussi chaque nouvelle institution essayera, plus elle sera lamentable et misérable, d'effacer d'autant les derniers vestiges du passé ; tandis qu'une rénovation véritable et grande de l'humanité peut se relier sans crainte aux belles œuvres des générations passées, et même elle cherche souvent à les mettre en valeur. Elle n'a pas à craindre de pâlir devant le passé, mais elle donne par elle-même une si précieuse contribution au trésor commun de la culture humaine que, souvent, elle voudrait maintenir elle-même le souvenir des œuvres anciennes pour leur conférer l'estime qui leur revient, ceci afin d'assurer dès lors, à sa production nouvelle, la pleine compréhension du présent.

Celui qui ne peut donner au monde, par lui-même, rien de précieux, mais qui essaie de faire comme s'il voulait lui donner Dieu sait quoi, celui-là haïra tout ce qui a été réellement donné et il se plaira surtout à le nier ou même à le détruire.

Et ceci ne porte pas seulement sur les phénomènes nouveaux en matière de culture générale, mais concerne aussi les phénomènes politiques. Moins un mouvement révolutionnaire a de valeur par lui — même, plus il haïra les anciennes formes.

Ici encore, on peut voir combien le souci de laisser apparaître son propre ouvrage comme estimable, peut conduire à une haine aveugle contre ce que le passé a transmis de bien et de vraiment supérieur.

Tant que, par exemple, ne sera pas mort le souvenir historique de Frédéric le Grand, Frédéric Ebert ne peut provoquer l'admiration que sous réserves. Le héros de Sans-Souci se trouve, vis-à-vis de l'ancien ripailleur de Brème, comme le soleil vis-à-vis de la lune : ce n'est qu'une fois les rayons du soleil éteints que la lune peut briller. Voilà aussi la raison compréhensible de la haine des lunes nouvelles contre les étoiles fixes : quand, dans le cadre de la vie politique, le sort jette, pour un temps, le pouvoir entre les bras de telles nullités, celles-ci s'attachent, non seulement à souiller et salir le passé, mais encore à se soustraire elles-mêmes à la critique par des moyens superficiels. Un exemple qui porte, à cet égard, est celui de la législation de protection de la République du nouveau Reich allemand.

Aussi quand une idée nouvelle, un nouvel enseignement, une nouvelle conception du monde, comme aussi un mouvement politique ou économique essaie de nier tout le passé, de le présenter comme mauvais ou sans valeur, cette seule raison doit rendre déjà extrêmement prudent et méfiant. La plupart du temps, une telle haine a pour cause, soit la moindre valeur de celui qui la professe, soit une intention mauvaise en soi. Une rénovation vraiment bienfaisante de l'humanité aura toujours et éternellement à construire là où s'arrête la dernière fondation solide. Elle n'aura pas à rougir d'utiliser des vérités déjà établies : car toute la culture humaine, ainsi que l'homme lui-même, ne sont bien que le résultat d'une évolution longue et une, dans laquelle chaque génération a apporté et introduit sa pierre pour construire l'édifice.

Le sens et le but des révolutions ne sont donc pas de démolir tout cet édifice, mais de supprimer ce qui est mal ou mal adapté, et de bâtir en plus et auprès de ce qui existe à l'endroit sain qui a été de nouveau libéré.

Ce n'est qu'à ce prix que l'on pourra et aura le droit de parler d'un progrès de l'humanité. Sinon le monde ne serait jamais délivré du chaos, car chaque génération s'attribuerait alors le droit de renier le passé, et par là chacune s'arrogerait le droit, avant de se mettre elle-même à l'œuvre, de détruire le travail du passé.

Le plus triste dans l'état général de notre culture d'avant-guerre fut non seulement la carence intégrale de la puissance créatrice artistique et, dans l'ensemble, culturelle, mais aussi la haine avec laquelle on souillait et effaçait le souvenir d'un passé plus grand que le présent. Presque dans tous les domaines de l'art, en particulier dans le théâtre et la littérature, on commença, au début du siècle, à produire moins d'œuvres nouvelles importantes — au contraire la mode était bien plutôt d'abaisser les meilleures œuvres si elles étaient vieilles, et de les dépeindre comme médiocres ou surpassées : comme si l'insuffisance infamante de cette époque pouvait manifester quelque supériorité. Or de cet effort même de soustraire le passé au regard du présent, ressort clairement et distinctement l'intention de ces apôtres des temps futurs. On aurait pu reconnaître à cela qu'il ne s'agissait pas de conceptions culturelles neuves, voire fausses, mais d'un procédé de destruction des bases de la civilisation elle-même, d'un effort pour plonger de ce fait, le plus profondément possible dans la folie, le sentiment artistique sain jusqu'alors, et pour préparer, au point de vue spirituel, le bolchevisme politique. Si le siècle de Périclès paraît matérialisé par le Parthénon, l'ère bolchevique actuelle l'est par quelque grimace cubiste.

Dans cet ordre d'idées, il faut aussi attirer l'attention sur la visible lâcheté d'une partie de notre peuple à laquelle son instruction et sa situation auraient conféré le devoir de faire front contre cet outrage à la culture. Par pure crainte des cris des apôtres de l'art bolcheviste, qui, après avoir attaqué avec la dernière violence tous ceux qui ne voulaient pas reconnaître en eux l'élite de la création, les ont cloués au pilori comme de misérables retardateurs, on renonça à toute résistance sérieuse pour se jeter dans ce que l'on estimait alors comme l'inévitable.

On redoutait véritablement les accusations de ces demi-fous et de ces escrocs de l'insanité ! Comme s'il aurait été honteux de ne pas comprendre des productions de ces gens intellectuellement dégénérés, ou de ces trompeurs.

Ces disciples de la Kultur avaient, à vrai dire, un moyen très simple de présenter leur folie comme une œuvre, puissante Dieu sait comment. Ils présentaient au monde étonné chaque œuvre incompréhensible et manifestement déraisonnable comme, ce qu'ils appelaient « un fait vécu » en eux-mêmes, retirant ainsi d'avance, de la bouche de la plupart des gens, toute parole de contradiction.

Il n'y avait certes pas à douter que ce fut aussi une expérience intime, mais ce qui est douteux, c'est l'opportunité d'exposer au monde sain les hallucinations d'hommes atteints de troubles mentaux ou de criminels.

Les œuvres d'un Maurice von Schwind ou d'un Böcklin étaient aussi des œuvres vécues intérieurement, mais par des auteurs doués de grâces divines et non par des arlequins.

Mais, en cette matière, on pouvait apprécier la lâcheté lamentable de ce que nous appelons nos milieux intellectuels, qui restaient cloués devant toute résistance sérieuse contre l'empoisonnement du sain instinct de notre peuple, et laissaient au peuple lui-même le soin de s'en tirer avec ces impudentes folies.

Pour ne pas sembler ne pas comprendre l'art, on achetait tous ces défis à l'art, au point que l'on perdit à la fin toute sûreté dans la discrimination entre le bon et le mauvais.

Exposons encore la remarque suivante qui est digne de réflexion.

Au dix-neuvième siècle, nos villes commencèrent à perdre de plus en plus le caractère de centre de civilisation, pour descendre au niveau de simples centres d'immigration. Le peu d'attachement que le prolétariat moderne de nos grandes villes éprouve pour la localité où il habite, résulte de ce qu'il ne s'agit plus ici vraiment que du point de stationnement occasionnel de chacun, et rien de plus. Ceci tient en partie aux changements de résidence fréquents, nécessités par les conditions sociales, qui ne laissent pas à l'homme le temps de s'attacher étroitement à sa ville, mais cela résulte aussi du manque de caractère au point de vue culturel général et de la sécheresse de nos villes d'aujourd'hui.

Encore à l'époque des guerres de libération, les villes allemandes étaient non seulement peu nombreuses, mais aussi de dimensions modestes. Le peu de villes véritablement grandes étaient, en général, des capitales et elles avaient presque toujours comme telles une valeur culturelle bien définie, comme aussi un cachet artistique propre. Par rapport aux villes de même importance d'aujourd'hui, les quelques villes de plus de cinquante mille habitants étaient riches en trésors scientifiques et artistiques. Quand Munich n'avait que 60.000 âmes, elle était déjà en train de devenir l'un des premiers centres artistiques allemands. Maintenant, presque toutes les localités industrielles ont atteint ce chiffre de population, ou l'ont même déjà souvent dépassé, sans pouvoir pourtant s'attribuer rien qui présentât une réelle valeur.

Ce ne sont que des amoncellements de casernes, où l'on gîte, où l'on loue et c'est tout. C'est une énigme que l'on puisse s'attacher à telles localités manquant, à ce point, de caractère. Personne ne peut s'attacher à une ville qui n'a rien de plus à offrir qu'une autre, qui n'a aucune touche personnelle et dans laquelle on semble avoir peiné pour éviter tout ce qui pourrait avoir la moindre apparence artistique.

Mais ce n'est pas tout : les grandes villes, elles aussi, deviennent d'autant plus pauvres en véritables œuvres d'art que le nombre de leur population s'élève.

Elles ont l'air toujours plus brutes et présentent toutes le même aspect, quoique à une plus grande échelle que les pauvres petites localités industrielles. Ce que l'époque moderne a apporté comme tribut culturel à nos grandes villes est absolument insuffisant.

Toutes nos villes vivent de la gloire et des trésors du passé. Mais que l'on retire donc au Munich d'aujourd'hui tout ce qui y fut créé sous Louis Ier et l'on verra avec horreur combien est pauvre, depuis cette époque, l'accroissement du nombre de créations artistiques importantes. On pourrait en dire autant de Berlin et de la plupart des autres grandes villes.

Mais l'essentiel est pourtant ce qui suit : nos grandes villes d'aujourd'hui ne possèdent aucun monument tranchant dans l'aspect général de la cité et qui pourrait être désigné comme le symbole de toute une époque. C'était pourtant le cas dans les villes du moyen âge, dont presque chacune possédait un monument de sa gloire. Ce n'était pas parmi les habitations privées que se trouvait le monument caractéristique de la cité antique, mais dans les monuments de la collectivité qui paraissaient voués, non à une destinée passagère, mais à l'éternité, parce qu'il ne s'agissait pas de les utiliser à refléter la richesse d'un propriétaire particulier, mais la grandeur et l'importance de la collectivité. Ainsi surgirent des monuments qui étaient tout à fait propres à attacher chaque habitant à sa ville d'une manière qui nous paraît encore souvent aujourd'hui presque incompréhensible. Ce que cet habitant avait devant les yeux était, en effet, les maisons de médiocre apparence des citoyens, alors que les constructions imposantes appartenaient à la communauté tout entière. Devant elles, la maison d'habitation tombait au rang d'un accessoire.

Dès que l'on compare les proportions des constructions d'État antiques avec les habitations de la même époque, on comprend le poids et la puissance de l'affirmation de ce principe selon lequel les œuvres publiques doivent être placées au premier plan.

Ce que nous admirons aujourd'hui, dans les quelques colonnes qui émergent encore des monceaux de décombres et des espaces couverts de ruines du monde antique, ce ne sont pas les palais d'affaires de ce temps-là, ce sont des temples et des bâtiments de l'État ; ce sont donc des œuvres dont les propriétaires étaient la collectivité elle-même. Même dans la pompe de la Rome décadente, ce ne furent pas les villas ou les palais de quelques citoyens qui tinrent la première place : ce furent les temples et les thermes, les stades, les cirques, les aqueducs, les basiliques, etc., de l'État, donc du peuple entier.

Même le moyen âge germanique maintint le même principe directeur, bien que des conceptions artistiques fussent complètement différentes. Ce qui trouvait, dans l'antiquité, son expression dans l'Acropole ou le Panthéon, se drapait maintenant dans les formes du dôme gothique. Comme des géants, ces constructions monumentales surplombaient le fourmillement écrasé de la ville du moyen âge avec ses constructions de cloisonnage de 'bois et de tuiles : et elles sont encore aujourd'hui caractéristiques, bien qu'autour d'elles grimpent toujours de plus en plus haut les casernes à appartements ; elles donnent à chaque localité son caractère et font partie de son visage : cathédrales, hôtels de ville, halles aux grains et tours de garde sont le signe apparent d'une conception qui, à la base, ne faisait que répondre à celle de l'antiquité.

Combien vraiment lamentable est devenue la proportion entre les bâtiments de l'État et les constructions privées. Si le destin de Rome venait à frapper Berlin, la postérité pourrait admirer un jour, comme œuvre la plus puissante de notre temps, les magasins de quelques Juifs et les hôtels de quelques sociétés qui exprimeraient la caractéristique de la civilisation de nos jours. Comparez la fastueuse disproportion qui sévit entre les bâtiments du Reich et ceux de la finance et du commerce.

Déjà le crédit alloué aux bâtiments de l'État est la plupart du temps vraiment ridicule et insuffisant, c'est ainsi que l'on ne construit pas des édifices pour l'éternité, mais le plus souvent pour un besoin du moment. Aucune idée plus élevée ne prévaut en cette occurrence. Le château de Berlin était, au moment de sa construction, d'une autre importance que ne l'a été de nos jours la nouvelle bibliothèque, tandis qu'un seul navire de bataille représentait environ une somme de 60 millions, on n'accorda qu'à peine la moitié pour le premier et le plus beau monument du Reich, et qui devait durer pour l'éternité ! Oui, quand il fallut décider de l'installation intérieure, la Chambre haute fut opposée à l'emploi de la pierre et prescrivit de recouvrir les murs de stuc : cette fois-ci pourtant les parlementaires avaient vraiment bien agi ; des têtes de plâtre ne sont pas à leur place entre des murs de pierre.

Il manque donc à nos villes d'à présent la caractéristique dominante de la communauté populaire, et il ne faut pas s'en étonner si la communauté ne voit, dans ses propres villes, rien qui la symbolise.

On doit en arriver à une véritable désolation qui se réalise dans la totale indifférence de l'habitant de la grande ville vis-à-vis de sa ville. Cela aussi est un indice de la décadence de notre civilisation et de notre écroulement général. Notre époque étouffe par la mesquinerie de ses buts, ou mieux dans le servage de l'argent ; aussi ne doit-on pas non plus s'étonner, si, sous la domination d'une telle divinité, disparaisse le sens de l'héroïsme. Le présent ne fait que récolter ce que le passé récent vient de semer.

Tous les phénomènes de décomposition ne sont, en dernière analyse, que les conséquences du manque d'une conception d'ensemble précise, également admise par tous, et de l'incertitude générale qui en est résultée, incertitude dans le jugement porté et la position prise dans chacune des grandes questions de l'époque. Aussi tout est-il médiocre et chancelant, à commencer par l'instruction ; chacun craint la responsabilité et finit par tolérer lâchement même des fautes reconnues. La rêverie humanitaire est à la mode, et, en cédant mollement aux aberrations et en épargnant les individus, on sacrifie l'avenir de plusieurs millions d'êtres.

L'examen de la situation religieuse avant la guerre montre combien s'est étendu ce déchirement général.

Là aussi la nation avait depuis longtemps, et en grande partie, perdu sa conviction, une, efficiente, sur ses conceptions au sujet de l'univers. Là, les adeptes officiels des diverses Églises jouaient un rôle moindre que les indifférents.

Tandis que les deux concessions en Asie et en Afrique maintiennent des missions pour attirer de nouveaux adeptes à leur enseignement — activité qui, devant les progrès de la foi mahométane, ne peut enregistrer que de très modestes succès — on perd en Europe même des millions et des millions d'adeptes, à l'intérieur du pays même, qui restent étrangers à la vie religieuse ou qui vont leur chemin de leur côté.

Il faut remarquer avec quelle violence continue le combat contre les bases dogmatiques de toutes les religions, dans lesquelles pourtant, en ce monde humain, on ne peut concevoir la survivance effective d'une fin religieuse. La grande masse du peuple n'est pas composée de philosophes ; or, pour la masse, la foi est souvent la seule base d'une conception morale du monde. Les divers moyens de remplacement ne se sont pas montrés si satisfaisants dans leurs résultats, pour que l'on puisse envisager, en eux, les remplaçants des confessions religieuses jusqu'alors en cours. Mais si l'enseignement et la foi religieuse portent efficacement sur les couches les plus étendues, alors l'autorité incontestable du contenu de cette foi doit être le fondement de toute action efficace.

Les dogmes sont pour les religions ce que sont les lois constitutionnelles pour l'État : sans eux, à côté de quelques centaines de mille hommes haut placés qui pourraient vivre sagement et intelligemment, des millions d'autres ne le pourraient pas.

Ce n'est que par les dogmes que l'idée purement spirituelle chancelante et indéfiniment extensible est nettement précisée et transmise dans une forme sans laquelle elle ne pourrait pas se transformer en une foi. Sinon l'idée ne pourrait jamais se développer en une conception métaphysique ; en un mot, en une conception philosophique.

Le combat contre les dogmes en soi ressemble beaucoup, dans ces conditions, au combat contre les bases légales générales de l'État ; et de même que cette lutte s'achèverait par une complète anarchie, de même la lutte religieuse s'achèverait en un nihilisme religieux dépourvu de valeur.

Pour le politicien, l'appréciation de la valeur d'une religion doit être déterminée moins par les quelques déficiences qu'elle peut présenter, que par les bienfaits des compensations nettement plus bienfaisantes. Mais tant que l'on ne trouve pas une telle compensation, il serait fou ou criminel de détruire ce qui existe.

Certes, il ne faut pas attribuer la moindre responsabilité de la situation religieuse peu réjouissante à ceux qui ont par trop alourdi l'idée religieuse d'accessoires purement temporels, créant ainsi un conflit complètement inutile avec la science dite exacte. Ici, après un court combat, il faut l'avouer, la victoire sera presque toujours remportée par la science, tandis que la religion subira de lourds préjudices aux yeux de tous ceux qui ne parviennent pas à s'élever au-dessus d'un savoir purement superficiel.

Mais le pire ce sont les dégâts causés par le mauvais emploi de la conviction religieuse à des fins politiques. On ne peut pas s'élever assez sévèrement contre les misérables meneurs qui veulent voir, dans la religion, un moyen susceptible de servir leurs intérêts politiques et leurs affaires. Et ces menteurs impudents gueulent leur profession de foi par le monde avec une voix de stentor, afin que tous les autres pauvres gens puissent les entendre, non pas pour en mourir, mais pour mieux pouvoir en vivre. Pour un simple coup d'épaule politique de valeur correspondante, ils vendraient toute leur foi. Pour dix mandats parlementaires, ils s'allieraient avec les marxistes, ennemis à mort de toute religion ; et pour un fauteuil ministériel, ils en iraient jusqu'au mariage avec le diable, à condition que celui-ci n'ait gardé aucune trace de décence.

Si, dans l'Allemagne d'avant-guerre, la vie religieuse avait un arrière-goût désagréable, cela tient au mauvais usage qui fut fait du christianisme par le parti qui s'intitulait chrétien, et de l'impudence avec laquelle on s'efforçait d'identifier la foi catholique avec un parti politique.

Cette substitution fut fatale ; elle procura bien à une série de non-valeurs des mandats parlementaires, mais elle fit tort à l'Église.

Les conséquences de cette situation pesèrent sur les épaules de toute la nation, car le relâchement dans la vie religieuse qu'elles entraînèrent, se produisit précisément à une époque où, par ailleurs, tout commençait à s'amollir et à chanceler, et où, dans ces conditions les bases des traditions et de la morale, menaçaient de s'écrouler.

Mais toutes ces lésions et ces secousses de l'organisme social auraient pu rester inoffensives tant qu'aucun événement grave ne fût intervenu ; mais elles devinrent néfastes dès que d'importants faits nouveaux conférèrent une importance décisive à la question de solidité intérieure de la nation.

De même, dans le domaine de la politique, des yeux attentifs pouvaient découvrir certains maux qui pouvaient et devaient être considérés comme les symptômes d'une ruine prochaine de l'empire, si l'on n'entreprenait pas, à bref délai, d'améliorer ou de modifier la situation. L'absence de but dans la politique extérieure et intérieure allemande était visible pour quiconque ne voulait pas rester aveugle. La politique économique de compromis semblait très bien répondre à la conception de Bismarck que la politique est « un art du possible ». Mais il y avait entre Bismarck et les chanceliers qui lui ont succédé une petite différence qui permettait, au premier, d'appliquer cette formule à l'essence même de sa politique, tandis que, dans la bouche des autres, elle devait prendre une tout autre signification.

Par cette phrase, en effet, Bismarck voulait seulement affirmer que, pour atteindre un but politique défini, il faut employer toutes les possibilités et tout au moins y faire appel. Les successeurs, au contraire, n'ont vu dans cette phrase que la proclamation solennelle du droit de se délier de la nécessité d'avoir des idées politiques, et même des buts politiques.

Alors il n'y avait vraiment plus de buts politiques : c'est qu'il manquait à cet effet la base indispensable d'une conception mondiale précise et d'une vue claire sur les lois de l'évolution intérieure de sa politique.

Beaucoup de gens, voyant en noir en cette matière, condamnent le manque de plan d'idée directrice de la politique de l'empire ; ils reconnaissaient donc très bien combien elle était faible et creuse : mais ils ne jouaient dans la politique qu'un rôle secondaire. Les personnalités officielles du gouvernement ne se souciaient pas des jugements d'un Houston-Stewart Chamberlain, auxquels ils demeuraient aussi indifférents qu'aujourd'hui encore. Ces gens sont trop stupides pour penser par eux-mêmes, trop instruits pour apprendre des autres ce dont ils auraient besoin. Cette vérité est éternelle ; c'est en s'appuyant sur elle qu'Oxenstiern[11] s'écriait : « Le monde n'est gouverné que par une fraction de la sagesse » ; de cette fraction, disons-le, chaque cabinet ministériel n'en incorpore qu'un atome. Depuis que l'Allemagne est une république, ceci n'est plus vrai, et c'est pourquoi il a été défendu par des lois de protection de la république de penser ou d'exprimer un tel avis. Mais ce fut un bonheur pour Oxenstiern d'avoir vécu dans ce temps-là et non pas dans notre république judicieuse d'aujourd'hui.

Déjà, avant la guerre, bien des gens reconnaissaient, comme le point de la moindre résistance, l'institution dans laquelle devait s'incarner la force de l'empire : le Parlement, le Reichstag. Lâcheté et crainte des responsabilités s'associaient ici de façon parfaite. C'est une de ces idées creuses que l'on doit entendre assez souvent aujourd'hui que, en Allemagne, le parlementarisme a fait défaut depuis la révolution. On ne donne ainsi que trop facilement l'impression qu'il en était, dans une certaine mesure, différemment avant la révolution. En réalité, cet organisme ne peut pas agir autrement que par la destruction et il se comportait déjà ainsi à cette époque où la plupart des gens qui portaient des œillères ne voyait rien ou ne voulaient rien voir. Certes l'abattement de l'Allemagne n'est pas dû, pour la moindre part, à cet organisme ; mais que la catastrophe ne se soit pas produite plus tôt, cela ne peut pas être considéré comme un mérite du Reichstag, doit être attribué à la résistance qui s'opposa, pendant la paix, à l'activité de ce fossoyeur de la nation allemande et de l'empire allemand.

De la somme immense des maux destructeurs qui sont dus directement ou indirectement à cette institution, je ne veux en faire ressortir qu'un seul, qui correspond le mieux à l'essence de cette institution la plus irresponsable de toutes : l'effroyable insuffisance et la faiblesse de la direction politique de l'empire à l'intérieur et à l'extérieur qui, imputable au premier chef à l'action du Reichstag, devint l'une des causes principales de l'écroulement de l'empire.

Insuffisant était tout ce qui subissait, de quelque manière que ce fût, et dans quelque sens que l'on veuille regarder, l'influence du Parlement.

---

[11] Chancelier suédois, qui reprit les rênes du gouvernement à la mort de Gustave-Adolphe (1583-1664).

Insuffisante et faible la politique d'alliances extérieures de l'empire ; tout en voulant maintenir la paix, on se trouvait inéluctablement obligé de placer le gouvernement dans le sens de la guerre.

Insuffisante, la politique à l'égard de la Pologne. On excitait, sans jamais s'attaquer sérieusement à la question. Le résultat ne fut ni une victoire du germanisme ni une réconciliation avec la Pologne : mais ce fut un état d'hostilité vis-à-vis de la Russie.

Insuffisante la solution de la question d'Alsace-Lorraine. Au lieu d'écraser une fois pour toutes, d'une poigne brutale, l'hydre française, et d'accorder à l'Alsace des droits égaux à ceux des autres États du Reich, on ne fit ni l'une ni l'autre. Et cela était d'ailleurs complètement impossible, car il y avait dans les rangs des plus grands partis les plus grands traîtres à la patrie, au centre, par exemple, M. Wetterlé ! Mais tout cela eût encore été supportable, si cette carence générale n'avait pas eu pour victime la puissance dont l'existence conditionnait, en dernière analyse, la conservation de l'empire : l'armée.

La faute commise, à ce point de vue, par ce que l'on nomme le Reichstag allemand, suffit, à elle seule, pour lui faire porter à jamais le poids des machinations de la nation allemande.

Pour les raisons les plus lamentables, ces loques de partis parlementaires ont volé, ont arraché des mains de la nation l'arme de sa propre conservation, l'unique protection de la liberté et de l'indépendance de notre peuple. Si les tombeaux de la plaine des Flandres s'ouvraient aujourd'hui, en sortiraient, dressés, les sanglants accusateurs : les centaines de mille de jeunes Allemands, qui, par le manque de conscience de ces criminels membres du Parlement, ont été poussés, mal instruits ou demi-instruits, dans les bras de la mort.

Eux et des milliers de mutilés et de morts, la patrie les a perdus simplement pour permettre à quelques centaines de trompeurs du peuple de poursuivre leurs manœuvres politiques ou leurs exactions ou d'insinuer traîtreusement leurs théories doctrinaires.

Tandis que, par sa presse marxiste et démocrate, le judaïsme hurlait de par le monde entier le mensonge du « militarisme » allemand et essayait ainsi, par tous les moyens, d'accabler l'Allemagne, les partis marxistes et démocratiques refusaient toute instruction complète à la force populaire allemande.

De plus, le crime inouï ainsi commis devait apparaître aussitôt clairement à tous ceux qui pensaient simplement que, dans l'éventualité d'une guerre, toute la nation aurait, certes, à prendre les armes et que, par suite, la canaillerie de ces beaux membres de la « représentation populaire » (comme on l'appelle) elle-même, pousserait devant l'ennemi des millions d'Allemands mal ou à demi instruits.

Mais faisons même complète abstraction des suites entraînées par le manque de conscience brutal et grossier de ces souteneurs parlementaires : ce manque en soldats instruits, au début de la guerre, n'a pu que trop facilement contribuer à la défaite dans les premières opérations ; ce qui fut aussi confirmé ultérieurement dans une si terrible mesure au cours de la guerre mondiale. La défaite, dans le combat pour la liberté et l'indépendance de la nation allemande, est le résultat des demi-mesures et de la faiblesse du temps de paix dans le rassemblement de toutes les forces du peuple pour la défense de la patrie.

Si à terre, trop peu de recrues avaient été instruites, de même une égale insuffisance d'efforts à l'égard des questions maritimes eut pour effet de diminuer plus ou moins la valeur de cette arme de conservation nationale.

Mais, malheureusement, le haut commandement de la marine subit lui-même la contagion de cet esprit de médiocrité. La tendance de mettre en chantier des navires toujours plus petits que les bâtiments anglais qui étaient mis en chantier au même moment, était peu prévoyante et encore moins géniale.

Une flotte qui ne peut pas, dès le début, être portée, en ce qui concerne uniquement le nombre des unités, à un niveau égal à celui de son adversaire éventuel, doit essayer de compenser son infériorité numérique par la supériorité de la puissance de combat de chacun des bateaux.

Il s'agit d'une supériorité de la puissance de combat et non d'une supériorité mythique en « qualité ».

En fait, la technique moderne a fait de tels progrès et l'on est parvenu, dans tous les États civilisés, à une telle similitude à cet égard, qu'il faut considérer comme impossible de conférer aux navires d'une puissance une valeur combative sensiblement plus grande que celle des navires de même tonnage d'un autre État. Encore bien moins faut-il songer à une supériorité de bâtiment de déplacement inférieur, par rapport à des bâtiments de déplacement supérieur.

En réalité, le plus petit tonnage des vaisseaux allemands ne peut être obtenu qu'au détriment de la vitesse et de l'armement. Les formules avec lesquelles on cherchait à justifier ce fait montraient d'ailleurs déjà en temps de paix un très grave défaut de logique chez les autorités compétentes en cette matière.

On expliquait notamment que le matériel d'artillerie allemand était si nettement supérieur au matériel britannique, que le canon allemand de 28 centimètres n'était nullement inférieur, au point de vue puissance de feu, au canon anglais de 30 cm 5. C'est justement pour cela que le devoir aurait été de passer alors, nous aussi, au canon de 30 cm 5, car le but ne devait pas être d'atteindre une puissance de combat égale, mais supérieure.

Sinon la dotation pour l'armée du mortier de 42 centimètres aurait été superflue, puisque le mortier allemand de 21 centimètres était déjà en soi de beaucoup supérieur à tous les canons à tir courbe dont disposait alors la France et que les forteresses seraient tout aussi bien tombées sous les coups du mortier de 30 cm 5.

Seulement, le commandement de l'armée de terre voyait juste, celui de la marine, non.

Si l'on renonçait à une efficacité d'artillerie prépondérante, ainsi qu'à une vitesse supérieure, cela était basé sur le principe complètement faux de la théorie du « risque ».

Le commandement de la marine renonçait déjà à l'offensive par la forme qu'il adoptait pour la construction des navires et il s'abandonnait a priori nécessairement à la défensive. De ce fait, on renonçait aussi au succès décisif qui ne repose et ne peut reposer que sur l'attaque.

Un navire, de vitesse moindre, et moins fortement armé, sera bombardé et coulé par un adversaire plus rapide et plus fort, et cela, le plus souvent aux distances de tir favorables à ce dernier. Un très grand nombre de nos croiseurs ont dû, combien amèrement, éprouver cette loi. La guerre a montré la fausseté profonde du point de vue de notre commandement maritime en temps de paix, en obligeant toutes les fois que c'était possible à changer l'armement des vieux bâtiments, et à mieux armer les nouveaux.

Si, dans la bataille navale du Skager-Rack, les bateaux allemands avaient eu le même tonnage, le même armement et la même vitesse que les bâtiments anglais, la flotte britannique aurait coulé dans la tombe humide sous la tempête des obus de 38 centimètres allemands, plus précis et plus efficaces.

Le Japon jadis a poursuivi une autre politique navale. Là on s'attachait, par principe, à fournir à chaque nouveau bateau une puissance de combat supérieure à celle de l'adversaire éventuel. Mais, à cette mesure, correspondait alors la possibilité qui en résultait, de mettre en œuvre la flotte offensivement. Tandis que le commandement de l'armée de terre ne suivait pas un ordre d'idée aussi foncièrement faux, la marine, qui était, hélas ! mieux représentée « parlementairement », souffrait déjà de la tournure d'esprit du Parlement.

Elle était organisée selon des points de vue étriqués et fut ensuite mise en œuvre selon les mêmes principes.

Ce que l'armée sut ensuite acquérir en gloire immortelle, elle doit le porter au crédit du bon travail à l'allemande de ses généraux, à la capacité et à l'héroïsme incomparable de tous ses officiers et de ses hommes. Si le commandement en chef de la marine d'avant la guerre avait eu un génie équivalent, les victimes ne seraient pas tombées en vain.

C'est ainsi que l'habileté parlementaire consommée du gouvernement fut, en temps de paix, nuisible à la marine en ce que, malheureusement, le point de vue parlementaire commençait à jouer le rôle prépondérant dans les questions de construction, au lieu de le céder au point de vue purement militaire. La médiocrité, la faiblesse, l'insuffisance de logique dans la pensée — caractéristiques de l'institution parlementaire — déteignirent sur le commandement de la flotte.

L'armée de terre, comme nous l'avons déjà dit, ne se laissa pas encore entraîner par un courant d'idées aussi foncièrement faux. En particulier, Ludendorff, alors colonel au grand état-major général, menait un combat désespéré contre les demi-mesures et la faiblesse avec laquelle le Reichstag traitait les questions vitales de la nation et les niait la plupart du temps. Si le combat, que mena alors cet officier, demeura sans succès, la faute en revient, pour moitié au Parlement, pour moitié à l'attitude encore plus misérable et à la faiblesse du chancelier Bethmann-Holweg.

Ceci n'empêche pourtant pas le moins du monde aujourd'hui les responsables de vouloir imputer précisément cette faute à celui qui s'est dressé contre cette incurie à l'égard des intérêts nationaux.

Ces meneurs-nés n'en sont pas à un mensonge de plus ou de moins.

Quiconque pense à tous les sacrifices imposés par la coupable légèreté de ces ultra-irresponsables de la nation, quiconque se représente les morts et les mutilés inutilement sacrifiés, ainsi que l'outrage et la honte immense que nous subissons, la misère infinie où nous sommes plongés, et qui sait que tout cela n'a eu lieu que pour ouvrir la voie vers les portefeuilles ministériels à quelques arrivistes et chasseurs de bonnes places, celui-ci, certes, comprendra que l'on puisse désigner ces créatures par les seuls mots de gredins, de canailles, de gueux et de criminels, sinon le sens et le but des mots du langage usuel seraient vraiment incompréhensibles.

Toutes ces fautes de l'ancienne Allemagne ne se sont montrées, avec une singulière clarté, qu'au moment où, de leur propre fait, la politique intérieure de la nation dut être compromise.

Oui, en pareilles circonstances, les vérités désagréables furent précisément criées de toutes forces à travers les grandes masses populaires, tandis que, par ailleurs, on taisait bien des faits plutôt honteux et que, en partie, on les niait tout simplement.

C'était le cas lorsque l'étude franche et ouverte d'une question aurait peut-être pu amener une amélioration. Mais les personnalités dirigeantes du gouvernement ne comprenaient pour ainsi dire rien de la valeur et de l'essence même de la propagande.

Qui sera capable, par une utilisation habile et constante de la propagande, de représenter au peuple le ciel comme un enfer, et inversement, l'enfer comme un ciel ? Seul le Juif saura le faire et agir en conséquence ; l'Allemand, ou mieux, son gouvernement, n'en avait pas la moindre idée.

Mais il fallut le payer très cher pendant la guerre.

Mais vis-à-vis de tous les maux innombrables que nous venons de signaler et qui entachaient, avant la guerre, la vie allemande, il y avait par contre des avantages nombreux.

En se livrant à un examen impartial, on doit même reconnaître que les autres pays et les autres peuples partageaient avec nous la plupart de nos infirmités, et même nous dépassaient encore largement dans ce sens, alors qu'ils manquaient de beaucoup de nos avantages réels.

On peut désigner comme la principale de ces supériorités le fait que le peuple allemand, parmi presque tous les autres peuples européens, essayait toujours de conserver au maximum le caractère national de son système économique, et, malgré de mauvais et fâcheux symptômes, se soumettait encore moins que les autres au contrôle de la finance internationale.

C'était, en tous cas, un privilège dangereux qui, plus tard, devait être l'une des principales causes déterminantes de la guerre mondiale.

Certes, la monarchie était étrangère à beaucoup, et avant tout, à la grande masse. Ceci résultait de ce que les monarques n'étaient pas toujours entourés des cerveaux les plus... disons les plus clairs, et surtout des cœurs les plus droits. Ils aimaient malheureusement trop les flatteurs, plus même que les natures droites, et c'était des flatteurs qu'ils recevaient les enseignements.

Et ceci était un grand dommage à une époque où le monde avait subi un grand changement, à beaucoup de points de vue, changement déjà vieux qui, bien entendu, ne s'arrêtait pas non plus devant le jugement des nombreuses et vieilles traditions des cours.

C'est ainsi qu'au tournant du siècle dernier, l'homme moyen ne pouvait plus éprouver d'admiration pour la princesse qui passait à cheval, en uniforme, devant le front. On ne pouvait pas se faire une idée juste de l'effet, aux yeux du peuple, d'une revue ainsi passée, sinon, jamais on eût recouru à des pratiques si malencontreuses. De même l'humanitarisme, pas toujours très sincère, de cette haute société agissait souvent plutôt négativement que positivement. Quand, par exemple, la princesse X... daignait entreprendre de goûter... avec le résultat connu, les plats d'une cuisine populaire, cela pouvait peut-être paraître autrefois très bien... mais, au début de ce siècle, l'effet obtenu était absolument contraire.

Car, on peut admettre à coup sûr que Son Altesse ne se doutait véritablement pas que, le jour où elle se livrait à cette expérience, la nourriture était un peu différente de ce qu'elle était d'ordinaire ; seulement cela suffisait parfaitement, car chacun le savait.

Ainsi, les meilleures intentions devenaient ridicules, quand elles n'étaient pas carrément irritantes.

Des descriptions sur la frugalité toujours légendaire du monarque, son habitude de se lever beaucoup trop tôt, son travail effectif jusqu'à une heure avancée de la nuit, puis le danger constant pour lui d'une sous-alimentation, provoquaient pourtant des propos très scabreux. On n'avait pas besoin de savoir ce que et combien avait absorbé le monarque ; on lui attribuait un repas « suffisant » et l'on ne lui refusait pas le sommeil nécessaire ; on était satisfait si, comme homme et comme caractère, il faisait honneur au nom de sa race et de son pays, et s'il remplissait ses devoirs de souverain.

Mais tout cela n'était encore que de la bagatelle. Ce qui était pire, c'est que la conviction se répandait toujours davantage dans des fractions malheureusement plus étendues de la nation, qu'étant gouverné par en haut, chacun n'avait plus à s'occuper de rien. Tant que le gouvernement était bon ou tout au moins animé des meilleures intentions, cela allait encore. Mais malheur si le bon vieux gouvernement bien intentionné laissait la place à un autre moins « comme il faut ». Docilité, absence de volonté, crédulité enfantine, étaient alors le pire des maux que l'on pouvait imaginer.

Mais vis-à-vis de ces faiblesses, et d'autres encore, se dressaient des forces incontestables.

Parmi ces forces, citons d'abord la stabilité de toute la direction de l'État, stabilité issue de la forme monarchique, puis l'éloignement de tous les postes d'État, hors du gâchis de la spéculation, de politiciens cupides.

De plus, l'honorabilité de l'institution en soi, ainsi que l'autorité qu'elle en tirait déjà de ce fait ; de même la supériorité du corps des fonctionnaires, et en particulier de l'armée, au-dessus du niveau des obligations politiques de parti.

Ajoutons à cela cet avantage de l'incarnation personnelle du gouvernement suprême de l'État dans le monarque ; et de ce fait que le monarque était le symbole d'une responsabilité, que le monarque devait plus vigoureusement que la masse, formée par le hasard d'une majorité parlementaire. La pureté légendaire de l'administration allemande était due, au premier plan, à cette situation. Enfin, pour le peuple allemand, la valeur culturelle de la monarchie était très élevée et pouvait bien compenser d'autres désavantages.

Les résidences des souverains allemands étaient toujours encore le sanctuaire de l'esprit artistique, qui, dans notre temps devenu par trop matérialiste, menace sans cela de disparaître. Ce que les princes allemands ont fait pour l'art et la science, précisément au dix-huitième siècle, était symbolique. L'époque contemporaine ne peut, en tous cas, rien offrir de comparable.

Comme facteur de force, à cette époque où commence la décomposition lente et progressive de notre organisme social, nous devons pourtant inscrire : l'armée.

C'était l'école la plus puissante de la nation allemande et ce n'est pas sans raison que s'est dirigée la haine de tous les ennemis précisément contre cette protectrice de la conservation de la nation et de sa liberté. Aucun monument plus éclatant ne peut être voué à cette institution, et à elle seule, que l'affirmation de cette vérité qu'elle fut calomniée, haïe, combattue, mais aussi redoutée par tous les gens inférieurs. Le fait que, à Versailles, la rage des détrousseurs internationaux des peuples se dirigea, en premier lieu, contre la vieille armée allemande, désigne à coup sûr celle-ci comme le refuge de la liberté de notre peuple, opposée à la puissance de l'argent.

Sans cette force qui veille sur nous, le traité de Versailles, dans tout son esprit, se serait depuis longtemps accompli à l'égard de notre peuple. Ce que le peuple allemand doit à l'armée peut se résumer en un seul mot : tout.

L'armée inculquait le sens de la responsabilité sans réserve, à une époque où cette vertu était déjà devenue très rare, et où sa compression était de jour en jour encore plus à l'ordre du jour, et surtout de la part du Parlement, modèle de l'absence totale de responsabilité ; l'armée créait le courage personnel, à une époque où la lâcheté menaçait de devenir une maladie contagieuse, et où l'esprit de sacrifice au bien commun commençait déjà à être regardé comme une sottise, où seul paraissait intelligent celui qui savait le mieux épargner et faire prospérer son propre « moi ». C'était l'école qui enseignait encore à chaque Allemand de ne pas chercher le salut de la nation dans des phrases trompeuses, incitant à une fraternisation internationale entre nègres, Allemands, Chinois, Français, Anglais, etc., mais dans la force et dans l'esprit de décision du peuple lui-même.

L'armée formait à la force de décision, tandis que, dans la vie courante, le manque de décision et le doute commençaient déjà à déterminer les actions des hommes. À une époque où les malins donnaient le ton, c'était un coup de maître que de faire valoir le principe qu'un ordre est toujours meilleur qu'aucun ordre.

Il y avait, dans ce seul principe, un témoignage de santé encore intacte et robuste comme on n'en aurait plus trouvé trace depuis longtemps dans notre vie courante, si l'armée, et l'éducation qu'elle donnait, n'avait pas toujours et constamment pris soin de renouveler cette force de base.

Il suffit de voir l'épouvantable manque de décision de notre gouvernement actuel du Reich, qui ne peut ramasser ses forces pour aucun acte, sauf s'il s'agit de signer sous la contrainte un nouveau Diktat de spoliation ; dans ce cas, il décline toute responsabilité et signe avec la prestesse d'un sténographe de la Chambre, tout ce que l'on croit bon de lui présenter. Dans ce cas, en effet, il lui est facile de prendre une décision : elle lui est dictée.

L'armée avait formé à l'idéalisme et au dévouement à la patrie et à sa grandeur, tandis que, dans la vie courante, se propageaient la cupidité et le matérialisme. Elle formait un peuple uni contre la séparation en classes et ne présentait peut-être à cet égard qu'un point faible : celui de l'institution des engagés d'un an. Faute, parce que, de ce fait, le principe de l'égalité absolue était violé et que l'homme plus instruit se trouvait de nouveau placé hors du cadre du reste de son entourage, alors que le contraire eût été préférable.

Devant l'ignorance générale si profonde de nos classes élevées et leur dissociation toujours plus accentuée avec le peuple de chez nous, l'armée aurait pu agir de façon très bienfaisante si, dans ses rangs au moins, elle avait évité toute séparation de ceux qu'on qualifie « intelligents »... Ne pas agir ainsi était une faute, mais quelle institution, en ce monde, sera infaillible ? En tous cas, dans l'armée, le bien a tellement prévalu sur le mal que le peu d'infirmités dont elle eût été atteinte, sont très inférieures à ce que sont en moyenne les imperfections humaines.

Mais le plus haut mérite que l'on doive attribuer à l'armée de l'ancien empire c'est, à une époque où tous étaient soumis à la majorité, à l'encontre du principe juif de l'adoration aveugle du nombre, d'avoir maintenu le principe de la foi en la personnalité. Elle formait, en effet, ce dont l'époque contemporaine avait le plus besoin : des hommes. Dans le marais d'un amollissement et d'un efféminement qui se propageait, surgissaient chaque année, sortant des rangs de l'armée, 350.000 jeunes hommes, regorgeant de force, qui avaient perdu par leurs deux années d'instruction la mollesse de leur jeunesse et s'étaient fait des corps durs comme l'acier. Le jeune homme qui avait, pendant ce temps, pratiqué l'obéissance pouvait alors, mais alors seulement, apprendre à commander. À son pas, on reconnaissait déjà le soldat instruit.

C'était la grande école de la nation allemande et ce n'est pas en vain que se concentrait contre elle la haine furibonde de ceux qui, par jalousie et cupidité, utilisaient et désiraient l'impuissance de l'empire et le manque de défense des citoyens.

Ce que beaucoup d'Allemands ne voulaient pas reconnaître dans leur aveuglement ou leur mauvaise volonté, le monde étranger le reconnaissait ;

l'armée allemande était l'arme la plus puissante au service de la liberté de la nation allemande et de la nourriture de ses enfants.[12]

À la forme même de l'État et à l'armée s'associait un troisième élément : le corps incomparable des fonctionnaires de l'ancien empire.

L'Allemagne était le pays le mieux organisé et le mieux administré du monde. On pouvait facilement médire de la routine bureaucratique du fonctionnaire allemand ; dans les autres États, il n'en allait pas mieux, au contraire, peut-être.

Mais ce que ne possédaient pas les autres États, c'était l'admirable solidité de cet organisme et l'honorable et incorruptible mentalité de ceux qui le composaient. Mieux vaut encore un peu de routine — doublée de loyauté et de fidélité — qu'une absence de principe et qu'un modernisme dépourvu de caractère, et, comme cela se rencontre souvent aujourd'hui, ignorant et impuissant. Car si l'on se plaît maintenant à prétendre que l'administration allemande d'avant-guerre, un peu bureaucratique peut-être, avait été incapable, commercialement, il suffit de répondre ceci :

Quel pays du monde avait une exploitation mieux dirigée et plus commercialement organisée que l'Allemagne avec ses chemins de fer ? Ce n'est qu'à la révolution qu'il fut réservé de détruire cet organisme modèle, jusqu'à ce qu'il parût mûr pour être retiré des mains de la nation et être socialisé selon l'esprit des fondateurs de cette république, c'est-à-dire de servir le capital international de spéculation comme le déléguant de la révolution allemande.

Mais ce qui distinguait particulièrement le corps des fonctionnaires et l'appareil administratif, c'était son indépendance vis-à-vis des différents gouvernements, dont la mentalité politique ne pouvait exercer aucune influence sur la situation du fonctionnaire allemand. Mais, depuis la révolution, cela était complètement changé. À la place des facultés et de la capacité, intervenait la position dans tel parti politique et un caractère original et indépendant entravait plutôt qu'il ne favorisait le fonctionnaire.

Sur la forme de l'État, l'armée et le corps des fonctionnaires reposaient la force et la puissance magnifique du vieil empire. Celles-ci étaient, au premier chef, les causes d'une qualité qui manque totalement à l'État d'aujourd'hui : l'autorité de l'État. Car celle-ci ne repose pas sur des bavardages dans les Parlements ou les Landtag, ni sur des lois protectrices de l'État, ni sur des jugements de tribunaux destinés à terroriser ceux-là qui nient effrontément cette autorité ; elle repose sur la confiance générale qui doit et peut être accordée à ceux qui dirigent et administrent une collectivité. Mais cette confiance n'est, encore une fois, que le résultat d'une conviction intime et inébranlable de ce que le gouvernement et l'administration du pays sont désintéressés et honnêtes ; elle provient enfin de l'accord complet sur le sens de la loi et le sentiment de l'accord sur les principes moraux respectés de tous.

---

[12] Or, nous avons vu plus haut que pour assurer la nation il fallait étendre les territoires. D'où armée de conquête.

Car, à la longue, les systèmes de gouvernement ne s'appuient pas sur la contrainte et la violence, mais sur la foi en leur mérite, sur la sincérité dans la représentation des intérêts d'un peuple et l'aide donnée à leur développement.

À quel point certains des maux de li période d'avant-guerre aient pu menacer d'entamer et de saper la force intérieure de la nation, on n'a pas le droit d'oublier que d'autres États ont, encore plus que l'Allemagne, souffert de la plupart de ces maux, et que pourtant, à l'heure critique du danger, ils n'ont pas renoncé à l'effort et ne se sont pas écroulés. Mais lorsque l'on pense que, en face de ses faiblesses d'avant-guerre, l'Allemagne avait aussi, par contre, des forces susceptibles de compenser ces faiblesses, il faut admettre qu'il y avait encore une cause dernière de l'écroulement, et ceci dans un autre domaine.

C'est en effet le cas.

La cause dernière, la plus profonde de la chute du vieil empire, c'est la méconnaissance du problème de race et de son importance dans le développement historique des peuples.

Car, dans la vie des peuples, tous les événements ne sont pas des manifestations du hasard, mais des suites naturelles de l'effort de conservation et de multiplication de l'espèce et de la race, même lorsque les hommes ne peuvent se rendre compte de la raison profonde de leur activité.

CHAPITRE 11

LE PEUPLE ET LA RACE

Certaines vérités courent tellement les rues que, précisément pour cela, le vulgaire ne les voit pas, ou du moins ne les reconnaît pas. Il passe le plus souvent devant elles sans les voir, ainsi qu'il reste aveugle devant des vérités aveuglantes, et qu'il est extrêmement surpris quand quelqu'un vient soudain à découvrir ce que tous devraient pourtant savoir. Il y a tout autour de nous, par centaines de milliers, des problèmes aussi simples à résoudre que l'œuf de Christophe Colomb, mais ce sont précisément les hommes du genre de Colomb qu'on rencontre assez rarement.

C'est ainsi que tous les hommes, sans exception, se promènent dans le jardin de la nature, se figurent tout connaître et savoir, et se comportent comme des aveugles à peu d'exceptions près vis-à-vis de l'un des principes les plus saillants de son action : celui de l'existence de caractères organiques distinguant les espèces entre lesquelles se répartissent tous les êtres vivant sur cette terre.

L'observation la plus superficielle suffit à montrer comment les formes innombrables que prend la volonté de vivre de la nature sont soumises à une loi fondamentale et quasi inviolable que leur impose le processus étroitement limité de la reproduction et de la multiplication. Tout animal ne s'accouple qu'avec un congénère de la même espèce : la mésange avec la mésange, le pinson avec le pinson, la cigogne avec la cigogne, le campagnol avec le campagnol, la souris avec la souris, le loup avec la louve, etc.

Seules, des circonstances extraordinaires peuvent amener des dérogations à ce principe ; en première ligne, la contrainte imposée par la captivité ou bien quelque obstacle s'opposant à l'accouplement d'individus appartenant à la même espèce. Mais alors la nature met tous les moyens en œuvre pour lutter contre ces dérogations, et sa protestation se manifeste de la façon la plus claire, soit par le fait qu'elle refuse aux espèces abâtardies la faculté de se reproduire à leur tour, ou bien elle limite étroitement la fécondité des descendants ; dans la plupart des cas, elle les prive de la faculté de résister aux maladies ou aux attaques des ennemis. Cela n'est que trop naturel :

Tout croisement de deux êtres d'inégale valeur donne comme produit un moyen-terme entre la valeur des deux parents. C'est-à-dire que le rejeton est situé plus haut dans l'échelle des êtres que celui des parents appartenant à une race inférieure, mais reste en dessous de celui qui fait partie d'une race supérieure. Par suite, il succombera, plus tard, dans le combat qu'il aura à soutenir contre cette race supérieure. Un tel accouplement est en contradiction avec la volonté de la nature qui tend à élever le niveau des êtres. Ce but ne peut être atteint par l'union d'individus de valeur différente, mais seulement par la victoire complète et définitive de ceux qui représentent la plus haute valeur. Le rôle du plus fort est de dominer et non point de se fondre avec le plus faible, en sacrifiant ainsi sa propre grandeur. Seul, le faible de naissance peut trouver cette loi cruelle ; mais c'est qu'il n'est qu'un homme faible et borné ; car, si cette loi ne devait pas l'emporter, l'évolution de tous les êtres organisés serait inconcevable.

La conséquence de cette tendance générale de la nature à rechercher et à maintenir la pureté de la race est non seulement la distinction nettement établie entre les races particulières dans leurs signes extérieurs, mais encore la similitude des caractères spécifiques de chacune d'elles. Le renard est toujours un renard, l'oie une oie, le tigre un tigre, etc., et les différences qu'on peut noter entre les individus appartenant à une même race, proviennent uniquement de la somme d'énergie, de vigueur, d'intelligence, d'adresse, de capacité de résistance dont ils sont inégalement doués. Mais on ne trouvera jamais un renard qu'une disposition naturelle porterait à se comporter philanthropiquement à l'égard des oies, de même qu'il n'existe pas de chat qui se sente une inclination cordiale pour les souris. Par suite, la lutte qui met aux prises les races les unes avec les autres a moins pour causes une antipathie foncière que bien plutôt la faim et l'amour. Dans les deux cas, la nature est un témoin impassible et même satisfait. La lutte pour le pain quotidien amène la défaite de tout être faible ou maladif, ou doué de moins de courage, tandis que le combat que livre le mâle pour conquérir la femelle n'accorde le droit d'engendrer qu'à l'individu le plus sain, ou du moins lui fournit la possibilité de le faire. Mais le combat est toujours le moyen de développer la santé et la force de résistance de l'espèce et, par suite, la condition préalable de ses progrès.

Si le processus était autre, le progrès ultérieur s'arrêterait et il y aurait plutôt régression. En effet, comme les moins bons l'emporteraient toujours en nombre sur les meilleurs, si tous les individus avaient la même possibilité de survivre et de se reproduire, les moins bons se reproduiraient si rapidement que les meilleurs seraient finalement refoulés à l'arrière-plan. Il faut donc qu'une mesure corrective intervienne en faveur des meilleurs. La nature y pourvoit en soumettant les faibles à des conditions d'existence rigoureuses qui limitent leur nombre ; elle ne permet qu'à des survivants choisis de se reproduire ; elle opère alors une nouvelle et rigoureuse sélection en prenant pour critérium la force et la santé.

Si elle ne souhaite pas que les individus faibles s'accouplent avec les forts, elle veut encore moins qu'une race supérieure se mélange avec une inférieure, car, dans ce cas, la tâche qu'elle a entreprise depuis des milliers de siècles pour faire progresser l'humanité serait rendue vaine d'un seul coup.

La connaissance que nous avons de l'histoire fournit d'innombrables preuves de cette loi. L'histoire établit avec une effroyable évidence que, lorsque l'Aryen a mélangé son sang avec celui de peuples inférieurs, le résultat de ce métissage a été la ruine du peuple civilisateur. L'Amérique du Nord, dont la population est composée, en énorme majorité, d'éléments germaniques, qui ne se sont que très peu mêlés avec des peuples inférieurs appartenant à des races de couleur, présente une autre humanité et une tout autre civilisation que l'Amérique du Centre et du Sud, dans laquelle les immigrés, en majorité d'origine latine, se sont parfois fortement mélangés avec es autochtones. Ce seul exemple permet déjà de reconnaître clairement l'effet produit par le mélange des races. Le Germain, resté de race pure et sans mélange, est devenu le maître du continent américain ; il le restera tant qu'il ne sacrifiera pas, lui aussi, à une contamination incestueuse.

En résumé, le résultat de tout croisement de races est toujours le suivant :

a) Abaissement du niveau de la race supérieure.

b) Régression physique et intellectuelle et, par suite, apparition d'une sorte de consomption dont les progrès sont lents mais inévitables.

Amener un tel processus n'est pas autre chose que pécher contre la volonté de l'Éternel, notre Créateur. Mais cet acte reçoit la sanction méritée par le péché.

En tentant de se révolter contre la logique inflexible de la nature, l'homme entre en conflit avec les principes auxquels il doit d'exister en tant qu'homme. C'est ainsi qu'en agissant contre le vœu de la nature il prépare sa propre ruine.

Ici intervient, il est vrai, l'objection spécifiquement judaïque aussi comique que niaise, du pacifiste moderne : « L'homme doit précisément vaincre la nature ! »

Des millions d'hommes ressassent sans réfléchir cette absurdité d'origine juive et finissent par s'imaginer qu'ils incarnent une sorte de victoire sur la nature ; mais ils n'apportent comme argument qu'une idée vaine et, en outre, si absurde qu'on n'en peut pas tirer, à vrai dire, une conception du monde.

En, réalité l'homme n'a encore vaincu la nature sur aucun point ; il a tout au plus saisi et cherché à soulever quelque petit coin de l'énorme, du gigantesque voile dont elle recouvre ses mystères et secrets éternels ; il n'a jamais rien inventé, mais seulement découvert tout ce qu'il sait ; il ne domine pas la nature, il est seulement parvenu, grâce à la connaissance de quelques lois et mystères naturels isolés, à devenir le maître des êtres vivants auxquels manque cette connaissance : abstraction faite de tout cela, une idée ne peut l'emporter sur les conditions mises à l'existence et à l'avenir de l'humanité, car l'idée elle-même ne dépend que de l'homme. Sans hommes, pas d'idées humaines dans ce monde ; donc l'idée, comme telle, a toujours pour condition la présence des hommes et, par suite, l'existence des lois qui sont la condition primordiale de cette présence.

Bien plus ! Certaines idées sont liées à l'existence de certains hommes. Cela est surtout vrai pour les concepts qui ont leurs racines non pas dans une vérité scientifique et concrète, mais dans le monde du sentiment, ou qui, pour employer une définition très claire et très belle en usage actuellement, reflètent une « expérience intime ». Toutes ces idées, qui n'ont rien à faire avec la froide logique prise en soi, mais représentent de pures manifestations du sentiment, des conceptions morales, sont liées à l'existence des hommes, dont l'imagination et la faculté créatrice les a fait naître. Mais alors la conservation des races et des hommes qui les ont conçues est la condition nécessaire pour la permanence de ces idées. Par exemple, celui qui souhaite sincèrement le triomphe de l'idée pacifiste ici-bas devrait tout mettre en œuvre pour que le monde soit conquis par les Allemands ; car, dans le cas contraire, il se pourrait que le dernier pacifiste meure avec le dernier Allemand, puisque le reste du monde s'est moins laissé prendre au piège de cette absurdité contraire à la nature et à la raison que ne l'a malheureusement fait notre propre peuple. On devrait donc bon gré mal gré se décider résolument à faire la guerre pour arriver au règne du pacifisme. C'était là le vrai plan de Wilson, le Sauveur venu d'Amérique, ou, du moins, c'est ce que croyaient nos rêveurs allemands, et ainsi le but fut atteint.

En fait, l'idée pacifiste et humanitaire peut être excellente à partir du moment où l'homme supérieur aura conquis et soumis le monde sur une assez grande étendue pour être le seul maître de cette terre. Cette idée ne pourra pas avoir d'effet nuisible que dans la mesure où son application pratique deviendra difficile, et finalement, impossible. Donc, tout d'abord combat puis, peut-être, pacifisme. Sinon l'humanité a dépassé l'apogée de son évolution et le terme n'est pas la domination d'une idée morale quelconque, mais la barbarie et ensuite le chaos. Ce que je viens de dire peut faire rire certains lecteurs, mais notre planète a déjà parcouru l'éther pendant des millions d'années sans qu'il y eût des hommes et il se peut qu'elle poursuive un jour sa course dans les mêmes conditions, si les hommes oublient qu'ils arriveront à un niveau supérieur d'existence non pas en écoutant ce que professent quelques idéologues atteints de démence, mais en apprenant à connaître et en observant rigoureusement les lois d'airain de la nature.

Tout ce que nous admirons aujourd'hui sur cette terre — science et art, technique et inventions — est le produit de l'activité créatrice de peuples peu nombreux et peut-être, primitivement, d'une seule race. C'est d'eux que dépend la permanence de toute la civilisation. S'ils succombent, ce qui fait la beauté de cette terre descendra avec eux dans la tombe.

Quelque influence que le sol puisse, par exemple, avoir sur les hommes, les résultats de cette influence seront toujours différents suivant les races qui la subissent. Le peu de fertilité du terrain où vit une race peut être pour l'une d'elles un puissant aiguillon qui la pousse à accomplir de grandes choses ; pour une autre, la stérilité du sol sera une cause de misère et finalement de sous-alimentation avec toutes ses conséquences. Ce sont les prédispositions intimes des peuples qui détermineront toujours la façon dont les influences extérieures agiront sur eux. Ce qui réduit les uns à mourir de faim trempe les autres à un dur travail.

Toutes les grandes civilisations du passé tombèrent en décadence simplement parce que la race primitivement créatrice mourut d'un empoisonnement du sang.

La cause profonde de pareilles décadences fut toujours l'oubli du principe que toute civilisation dépend des hommes et non ceux-ci de celle-là ; que, par suite, pour conserver une civilisation déterminée, il faut conserver l'homme qui l'a créée. Mais cette conservation est liée à la loi d'airain de la nécessité et du droit à la victoire du meilleur et du plus fort.

Que celui qui veut vivre combatte donc ! Celui qui se refuse à lutter dans ce monde où la loi est une lutte incessante ne mérite pas de vivre.

Cela peut paraître dur, mais c'est ainsi ! Pourtant beaucoup plus dur encore est le sort de l'homme qui croit pouvoir vaincre la nature et, en réalité, l'insulte. Détresse, malheur et maladies, voilà alors la réponse de la nature.

L'homme qui oublie et méprise les lois de la race se prive réellement du bonheur qu'il se croît sûr d'atteindre. Il met obstacle à la marche victorieuse de la race supérieure et, par là, à la condition préalable de tout progrès humain. Accablé par le fardeau de la sensibilité humaine, il tombe au niveau de l'animal incapable de s'élever sur l'échelle des êtres.

Ce serait une vaine entreprise que de discuter sur le point de savoir quelle race ou quelles races ont primitivement été dépositaires de la civilisation humaine et ont, par suite, réellement fondé ce que nous entendons par humanité. Il est plus simple de se poser la question en ce qui concerne le présent et, sur ce point, la réponse est facile et claire. Tout ce que nous avons aujourd'hui devant nous de civilisation humaine, de produits de l'art, de la science et de la technique est presque exclusivement le fruit de l'activité créatrice des Aryens. Ce fait permet de conclure par réciproque, et non sans raison, qu'ils ont été seuls les fondateurs d'une humanité supérieure et, par suite, qu'ils représentent le type primitif de ce que nous entendons sous le nom d'« homme ». L'Aryen est le Prométhée de l'humanité ; l'étincelle divine du génie a de tout temps jailli de son front lumineux ; il a toujours allumé à nouveau ce feu qui, sous la forme de la connaissance, éclairait la nuit recouvrant les mystères obstinément muets et montrait ainsi à l'homme le chemin qu'il devait gravir pour devenir le maître des autres êtres vivant sur cette terre. Si on le faisait disparaître, une profonde obscurité descendrait sur la terre ; en quelques siècles, la civilisation humaine s'évanouirait et le monde deviendrait un désert.

Si l'on répartissait l'humanité en trois espèces : celle qui a créé la civilisation, celle qui en a conservé le dépôt et celle qui l'a détruit, il n'y aurait que l'Aryen qu'on pût citer comme représentant de la première. Il a établi les fondations et le gros œuvre de toutes les créations humaines et, seuls, leur aspect et leur coloration ont dépendu des caractères particuliers des différents peuples. Il fournit les puissantes pierres de taille et le plan de tous les édifices du progrès humain et, seule, l'exécution répond à l'esprit propre à chaque race. Par exemple, dans quelques dizaines d'années, tout l'Est de l'Asie pourra nommer sienne une civilisation dont la base fondamentale sera aussi bien l'esprit grec et la technique allemande qu'elle l'est chez nous. Seul son aspect extérieur portera, en partie du moins, les traits de l'inspiration asiatique. Le Japon n'ajoute pas seulement, comme certains le croient, à sa civilisation la technique européenne ; au contraire, la science et la technique européennes sont intimement unies à ce qui constitue les traits particuliers de la civilisation japonaise. La base fondamentale de la vie n'est plus la civilisation japonaise originale, quoique celle-ci donne à cette vie sa coloration particulière — cet aspect extérieur frappant particulièrement les yeux des Européens par suite de différences fondamentales — mais bien le puissant travail scientifique et technique de l'Europe et de l'Amérique, c'est-à-dire de peuples aryens. C'est en s'appuyant sur les résultats obtenus par ce travail que l'Orient peut, lui aussi, suivre la marche du progrès général de l'humanité. La lutte pour le pain quotidien a fourni la base de ce travail, a créé les armes et les instruments nécessaires ; ce seront seulement les formes extérieures qui peu à peu s'adapteront au Caractère japonais.

Si, à partir d'aujourd'hui, l'influence aryenne cessait de s'exercer sur le Japon, en supposant que l'Europe et l'Amérique s'effondrent, les progrès que fait le Japon dans les sciences et la technique pourraient continuer pendant quelque temps ; mais, au bout de peu d'années, la source tarirait, les caractères spécifiques japonais regagneraient du terrain et sa civilisation actuelle se pétrifierait, retomberait dans le sommeil d'où l'a tirée, il y a soixante-dix ans, la vague de civilisation aryenne. On peut en conclure que, de même que le développement actuel du Japon est dû à l'influence aryenne, de même, dans les temps très anciens, une influence étrangère et un esprit étranger ont éveillé la civilisation japonaise de cette époque reculée. La meilleure preuve à l'appui de cette opinion est le fait qu'elle s'est ankylosée par la suite et s'est complètement pétrifiée. Ce phénomène ne peut se produire chez un peuple que lorsque la cellule créatrice originelle a disparu ou bien quand a fini par faire défaut l'influence extérieure qui avait donné l'élan et fourni les matériaux nécessaires au premier développement de la civilisation. S'il est prouvé qu'un peuple a reçu de races étrangères les éléments essentiels de sa civilisation, se les est assimilés et les a mis en œuvre, mais s'est ensuite engourdi quand l'influence étrangère a cessé de s'exercer sur lui, on peut dire que cette race a été dépositaire de la civilisation, mais non qu'elle a créé la civilisation.

Si l'on examine les différents peuples à ce point de vue, on constate qu'en fait, presque partout, on a affaire non pas à des peuples qui ont primitivement fondé la civilisation, mais presque toujours à des peuples qui en ont reçu le dépôt.

L'image qu'on peut se faire de leur évolution est la suivante :

Des peuples aryens — dont l'effectif est d'une faiblesse vraiment ridicule — soumettent des peuples étrangers et, sollicités par les conditions de vie que leur présente la nouvelle contrée (fertilité, nature du climat, etc.) ou profitant aussi de l'abondance de la main-d'œuvre que leur fournissent des hommes de race inférieure, ils développent alors les facultés intellectuelles et organisatrices qui sommeillaient en eux. En quelques millénaires, ou même quelques siècles, ils mettent sur pied des civilisations qui, primitivement, portent des traits répondant complètement à leur façon d'être et adaptés aux propriétés particulières du sol indiquées plus haut et à l'esprit des hommes qu'ils ont soumis. Mais enfin les conquérants deviennent infidèles au principe, d'abord observé, en vertu duquel ils conservaient la pureté de leur sang ; ils commencent à s'unir aux indigènes leurs sujets et mettent fin ainsi à leur propre existence ; car le péché originel commis dans le Paradis a toujours pour conséquence l'expulsion des coupables.

Au bout de mille ans et plus, la dernière trace visible de l'ancien peuple de maîtres se trouve souvent dans le teint plus clair que son sang a laissé à la race soumise, et dans une civilisation pétrifiée qu'il avait jadis fondée. Car de même que le sang du conquérant effectif et spirituel s'est perdu dans le sang des peuples dominés, de même s'est perdue la matière combustible dont était faite la torche qui éclairait la marche en avant de la civilisation humaine ! De même que le sang des anciens maîtres a laissé dans le teint des descendants une nuance légère qui prolonge son souvenir, de même la nuit qui étouffe la vie culturelle est rendue moins obscure par les douces lueurs que répandent les créations encore viables de ceux qui apportèrent jadis la lumière. Leur rayonnement brille à travers la barbarie revenue et fait croire trop souvent à l'observateur superficiel qu'il a devant lui l'image du peuple actuel, tandis qu'il ne l'aperçoit que dans le miroir du passé.

Il peut arriver qu'un tel peuple entre en contact, au cours de son histoire, pour la seconde fois, ou même plus souvent, avec la race de ceux qui lui ont jadis apporté la civilisation, sans qu'un souvenir des rencontres précédentes soit encore présent à sa mémoire. Cx qui reste dans ce peuple du sang des anciens maîtres se tournera inconsciemment vers cette nouvelle floraison culturelle et ce qui n'avait d'abord été possible que par la contrainte peut maintenant s'effectuer de plein gré. Une nouvelle ère de civilisation apparaît et subsiste jusqu'à ce que ses pionniers soient abâtardis par le sang de peuples étrangers.

Ce sera la tâche de la future histoire universelle de la civilisation de diriger ses recherches dans ce sens et de ne pas se noyer dans l'énumération de faits extérieurs, comme c'est malheureusement trop souvent le cas de notre science historique actuelle.

Cette esquisse de l'évolution subie par les peuples dépositaires de la civilisation trace déjà le tableau du développement, de l'action et de la disparition de ceux qui ont véritablement établi la civilisation sur la terre, c'est-à-dire des Aryens.

De même que dans la vie journalière, ce qu'on appelle le génie a besoin d'une occasion particulièrement favorable, et même souvent d'une véritable impulsion, pour être mis en lumière, il en est de même pour la race douée de génie. Dans la monotonie de la vie de tous les jours, des hommes, même de première valeur, peuvent paraître insignifiants et émergent à peine de leur entourage ; mais aussitôt qu'ils se trouvent dans une situation qui déconcerte ou déroute les autres, des dons géniaux se révèlent chez cet homme qui paraissait quelconque, souvent au grand étonnement de ceux qui l'avaient vu jusqu'alors dans le cadre mesquin de la vie civile, c'est pourquoi rarement un prophète a de l'autorité dans son propre pays. On n'a jamais de meilleure occasion d'observer ce phénomène que pendant une guerre. Chez des jeunes gens en apparence sans malice se manifestent subitement aux heures graves, au moment même où les autres perdent courage, des héros dont l'énergie farouche brave la mort et qui savent calculer avec un sang-froid de glace. Si cette heure d'épreuve n'avait pas sonné, personne n'aurait pu soupçonner que ce garçon imberbe cachait un jeune héros. Il faut toujours un choc pour que le génie se manifeste. Le coup de massue du destin, qui terrasse les uns, donne subitement à d'autres la trempe de l'acier et, en brisant l'écale de la vie journalière, met à nu aux yeux du monde stupéfait le fruit qu'elle enfermait. La foule se cabre alors et ne veut pas croire que ce qui lui paraissait semblable à elle — même soit devenu brusquement un autre être : processus qui se répète lors de l'apparition de tout homme de valeur.

Bien qu'un inventeur, par exemple, ne fonde sa réputation que le jour où est connue son invention, il serait faux de croire que c'est seulement à ce moment-là que le génie a brillé dans l'homme ; l'étincelle du génie se trouve dès l'heure de sa naissance sous le front de l'homme vraiment doué de la faculté créatrice. Le vrai génie est inné ; il n'est jamais le fruit de l'éducation ou de l'étude.

Si cela est vrai, comme nous l'avons déjà fait remarquer, quand il s'agit de l'individu, ce l'est aussi quand il est question de la race. Les peuples qui manifestent une activité créatrice ont, dès leur origine, le don de créer, même quand ce don échappe aux yeux des observateurs superficiels. Ici, également, la réputation d'un peuple de génie est la conséquence des actes accomplis par lui, car le reste du monde est incapable de reconnaître le génie en soi, il n'en perçoit que les manifestations tangibles sous forme d'inventions, découvertes, édifices, images, etc. ; mais ici aussi, il faut encore beaucoup de temps pour que le monde parvienne à reconnaître le génie. De même que chez un individu de grande valeur les dons du génie, ou du moins des dons extraordinaires, sous l'aiguillon de circonstances particulières, s'efforcent de se réaliser dans la pratique, il se peut que, dans la vie des peuples, la mise en œuvre effective de forces et facultés créatrices en puissance ne se produise que lorsque des conditions déterminées les y invitent.

L'exemple le plus probant de ce fait nous est donné par la race dépositaire du développement de la civilisation humaine, c'est-à-dire par les Aryens. Sitôt que le destin les met en présence de circonstances particulières, ils commencent à développer sur un rythme de plus en plus rapide les facultés qui étaient en eux et à les couler dans des moules leur donnant des formes tangibles. Les civilisations qu'ils fondent dans de pareils cas sont presque toujours nettement conditionnées par le sol, le climat et les hommes qu'ils ont soumis. Ce dernier élément est d'ailleurs le plus décisif. Plus les conditions techniques dont dépend la manifestation d'une civilisation sont primitives, plus est nécessaire la présence d'une main — d'œuvre humaine, qui, organisée et utilisée, doit remplacer la force des machines. Sans la possibilité qui fut offerte à l'Aryen d'employer des hommes de race inférieure, il n'aurait jamais pu faire les premiers pas sur la route qui devait le conduire à la civilisation ; de même que sans le concours de quelques animaux adéquats, qu'il sut domestiquer, il ne serait pas devenu maître d'une technique qui lui permet actuellement de se passer peu à peu de ces animaux. Le dicton : « Le Maure a fait ce qu'il devait, le Maure peut s'en aller », n'a malheureusement qu'une signification trop profonde. Pendant des milliers d'années le cheval a dû servir l'homme et l'aider dans ses travaux, établissant ainsi les bases d'un progrès qui, en produisant l'automobile, rend le cheval lui-même inutile. Dans peu d'années, il aura cessé toute activité, mais, sans sa collaboration passée, l'homme aurait peut-être eu beaucoup de peine à parvenir su point où il se trouve aujourd'hui.

C'est ainsi que la présence d'hommes de race inférieure fut une condition primordiale pour la formation de civilisations supérieures ; ils compensaient la pénurie de ressources matérielles sans lesquelles on ne peut concevoir la possibilité d'un progrès. Il est certain que la première civilisation humaine s'appuya moins sur l'animal domestiqué que sur l'emploi d'hommes de race inférieure.

Ce fut seulement après la réduction en esclavage de races vaincues qu'un sort semblable atteignit les animaux, et non pas inversement, comme certains peuvent le croire. Car ce fut d'abord le vaincu qui fut mis devant la charrue ; le cheval ne vint qu'après. Il faut être un fou de pacifiste pour se représenter ce fait comme un signe de dégradation humaine ; il ne s'aperçoit pas que cette évolution devait avoir lieu pour arriver au degré de civilisation dont ces apôtres profitent pour débiter leurs boniments de charlatans.

Les progrès de l'humanité sont une ascension sur une échelle sans fin ; on ne s'élève pas sans avoir gravi les échelons inférieurs. L'Aryen a donc dû parcourir le chemin que lui indiquait la réalité et non pas celui dont rêve l'imagination d'un égalitariste moderne. Le chemin réel est dur et pénible, mais il conduit finalement au but vers lequel le pacifiste voudrait voir parvenir l'humanité ; mais, en réalité, ses rêveries l'en écartent plus qu'elles ne l'en rapprochent.

Ce ne fut pas par hasard que les premières civilisations naquirent là où l'Aryen rencontra des peuples inférieurs, les subjugua et les soumit à sa volonté. Ils furent le premier instrument technique au service d'une civilisation naissante.

Par suite, la voie que devait suivre l'Aryen était nettement tracée. Conquérant, il soumit les hommes de race inférieure et ordonna leur activité pratique sous son commandement, suivant sa volonté et conformément à ses buts. Mais, en leur imposant une activité utile, bien que pénible, il n'épargna pas seulement la vie de ses sujets ; il leur fit peut-être même un sort meilleur que celui qui leur était dévolu, lorsqu'ils jouissaient de ce qu'on appelle leur ancienne « liberté n. Tant qu'il maintint rigoureusement sa situation morale de maître, il resta non seulement le maître, mais aussi le conservateur de la civilisation qu'il continua à développer. Car celle-ci reposait exclusivement sur les capacités de l'Aryen et sur le fait qu'il restait lui-même. À mesure que les sujets commencèrent à s'élever et, comme il est vraisemblable, se rapprochèrent du conquérant au point de vue linguistique, la cloison qui séparait maître et valet disparut. L'Aryen renonça à la pureté de son sang et perdit ainsi le droit de vivre dans le paradis qu'il avait créé. Il s'avilit par le mélange des races, perdit de plus en plus ses facultés civilisatrices ; finalement il devint, non seulement intellectuellement, mais aussi physiquement, semblable à ses sujets et aux autochtones, perdant ainsi la supériorité qu'avaient eue sur eux ses ancêtres. Pendant quelque temps, il put encore vivre des réserves qu'avait accumulées la civilisation, puis la pétrification fit son œuvre et cette civilisation tomba dans l'oubli.

C'est ainsi que s'écroulent civilisations et empires, pour céder la place à de nouvelles formations.

Le mélange des sangs et l'abaissement du niveau des races, qui en est la conséquence inéluctable, sont les seules causes de la mort des anciennes civilisations ; car ce ne sont pas les guerres perdues qui amènent la ruine des peuples, mais la disparition de cette force de résistance qui est la propriété exclusive d'un sang pur.

Tout ce qui n'est pas, dans ce monde, de race pure n'est que brins de paille balayés par le vent.

Mais tout événement historique est la manifestation d'un instinct de conservation de la race, dans le bon comme dans le mauvais sens.

Si l'on se demande quelles sont les causes profondes de l'importance prédominante de l'aryanisme, on peut répondre que cette importance provient moins de la vigueur dont était doué chez les Aryens cet instinct, que de la façon particulière dont il se manifestait. La volonté de vivre est, considérée au point de vue subjectif, également forte chez tous les hommes ; elle n'est différente que par la façon dont elle se réalise dans la pratique. Dans le genre de vie le plus primitif, l'instinct de conservation ne va pas au-delà du souci que l'individu a de son moi. L'égoïsme, pour employer le terme par lequel nous désignons cette disposition morbide, est si absolu qu'il englobe même la durée, de sorte que le moment présent prétend tout avoir et n'accorde rien aux heures qui vont venir. C'est l'état de l'animal qui ne vit que pour lui, cherche sa nourriture chaque fois qu'il a faim et ne combat que pour défendre sa propre vie. Tant que l'instinct de conservation ne se manifeste que de cette façon, il n'y a pas de base pour la formation d'une communauté, serait-ce même la forme la plus primitive de la famille. Déjà la vie en commun de mâles et de femelles, dépassant le simple accouplement, exige un élargissement de l'instinct de conservation, puisque le souci que l'individu avait de son moi et les combats qu'il livrait pour le défendre tiennent maintenant compte du second élément du couple ; le mâle cherche aussi parfois de la nourriture aussi pour sa femelle ; la plupart du temps tous deux la cherchent pour leurs petits. L'un s'emploie presque toujours à protéger l'autre, de sorte qu'on trouve ici les manifestations premières, bien qu'extrêmement rudimentaires, de l'esprit de sacrifice. Dans la mesure où cet esprit s'étend au-delà des limites étroites de la famille, naît la condition primordiale qui permettra la formation d'associations plus vastes et enfin de véritables États. Cette faculté est très peu développée chez les races d'hommes de la plus basse espèce, de sorte qu'elles en restent souvent au stade familial. Plus les hommes sont portés à rejeter au second plan leurs intérêts personnels, plus grande est leur capacité de fonder des communautés étendues.

Cette disposition au sacrifice qui amène l'homme à mettre en jeu son travail personnel et, s'il le faut, sa propre vie su profit de ses semblables est particulièrement développée chez les Aryens. Ce qui fait la grandeur de l'Aryen, ce n'est pas la richesse de ses facultés intellectuelles, mais sa propension à mettre toutes ses capacités su service de la communauté. L'instinct de conservation a pris chez lui la forme la plus noble : il subordonne volontairement son propre moi à la vie de la communauté et il en fait le sacrifice quand les circonstances l'exigent.

Les facultés civilisatrices et constructives de l'Aryen n'ont pas leur source dans ses dons intellectuels. S'il n'avait que ceux-là, il ne pourrait agir que comme destructeur, mais jamais comme organisateur. Car la condition essentielle de toute organisation, c'est que l'individu renonce à faire prévaloir son opinion personnelle aussi bien que ses intérêts particuliers, et les sacrifie su profit de la communauté. C'est par ce détour qu'en se sacrifiant au bien général, il reçoit sa part. Par exemple, il ne travaille pas directement pour lui-même, mais il agit dans le cadre de l'ensemble, non pas pour son utilité personnelle, mais pour le bien de tous. Son expression favorite : « le travail », éclaire admirablement cette disposition d'esprit ; il n'entend pas par là une activité servant uniquement à conserver sa propre vie, mais qui est en connexion avec les intérêts de la communauté des hommes. Dans le cas contraire, il donne à l'activité humaine égoïste, étayant seulement l'instinct de conservation sans souci du reste du monde, le nom de vol, usure, brigandage, spoliation.

Cette disposition d'esprit, qui rejette au second plan l'intérêt de l'individu au profit du maintien de la communauté, est la première condition préalable de toute civilisation humaine véritable. Par elle seule peuvent naître les grandes œuvres humaines dont les fondateurs sont rarement récompensés, mais qui sont pour les descendants la source de biens abondants. Elle seule peut expliquer comment tant d'hommes peuvent supporter, sans cesser d'être honnêtes, une vie misérable, qui les condamne eux — mêmes à la pauvreté et à la médiocrité, mais assure à la communauté les bases de son existence. Tout travailleur, paysan, inventeur, fonctionnaire, etc., qui produit sans pouvoir parvenir lui-même au bonheur et à l'aisance, est un représentant de cette noble idée même s'il n'a jamais conscience du sens profond de sa façon d'agir.

Mais tout ce qui est vrai quand on parle du travail considéré comme la base fondamentale de l'entretien de la vie humaine et du progrès humain, l'est encore plus quand il s'agit de la protection de l'homme et de sa civilisation. Donner sa vie pour préserver celle de la communauté est le couronnement de l'esprit de sacrifice. C'est par cela seul qu'on peut empêcher que ce qui fut édifié par la main des hommes soit démoli par des mains humaines ou anéanti par la nature.

Notre langue allemande possède un mot qui désigne d'une façon magnifique les actes inspirés par cet esprit : remplir son devoir, c'est-à-dire ne pas se suffire à soi-même, mais servir la collectivité.

La disposition d'esprit fondamentale qui est la source d'un tel mode d'activité, nous la nommons, pour la distinguer de l'égoïsme, idéalisme. Nous entendons par là uniquement la capacité que possède l'individu de se sacrifier pour la communauté, pour ses semblables.

Il est de première nécessité de se convaincre que l'idéalisme n'est pas une manifestation négligeable du sentiment, mais qu'au contraire il est en réalité, et sera toujours, la condition préalable de ce que nous appelons civilisation humaine, et même qu'il a seul créé le concept de « l'homme ». C'est à cette disposition d'esprit intime que l'Aryen doit sa situation dans le monde et que le monde doit d'avoir des hommes ; car elle seule a tiré de l'idée pure la force créatrice qui, en associant par une union unique en son genre la force brutale du poing à l'intelligence du génie, a créé les monuments de la civilisation humaine.

Sans l'idéalisme, toutes les facultés de l'esprit, même les plus éblouissantes, ne seraient que l'esprit en soi, c'est-à-dire une apparence extérieure sans valeur profonde, mais jamais une force créatrice.

Mais, comme l'idéalisme n'est pas autre chose que la subordination des intérêts et de la vie de l'individu à ceux de la communauté et que cela est, à son tour, la condition préalable pour que puissent naître les formations organisées de tous genres, l'idéalisme répond en dernière analyse aux fins voulues par la nature. Seul, il amène l'homme à reconnaître volontairement les privilèges de la force et de l'énergie et fait de lui un des éléments infinitésimaux de l'ordre qui donne à l'univers entier sa forme et son aspect.

L'idéalisme le plus pur coïncide, sans en avoir conscience, avec la connaissance intégrale.

Combien cet axiome est vrai et combien il faut se garder de confondre le vrai idéalisme avec les jeux d'une imagination dévoyée, on s'en rendra compte immédiatement si l'on permet à un jeune homme dont l'esprit n'est pas corrompu, à un garçon sain, de porter son jugement en toute liberté. Le même jeune homme qui se refuse à comprendre et à admettre les tirades d'un pacifiste « idéaliste » est prêt à sacrifier sa jeune vie pour l'idéal de son peuple.

Inconsciemment, l'instinct obéit ici à la notion de la profonde nécessité qui s'impose à nous de conserver l'espèce fût-ce aux dépens de l'individu s'il le faut, et il proteste contre les rêveries des bavards pacifistes qui sont en réalité, quelque déguisement qu'ils prennent, de lâches égoïstes en révolte contre les lois de l'évolution ; car celle-ci est conditionnée par l'esprit de sacrifice volontaire de l'individu en faveur de la généralité et non pas par les conceptions morbides de lâches qui prétendent mieux connaître la nature.

C'est justement aux époques dans lesquelles l'idéalisme menace de disparaître que nous pouvons par suite et immédiatement constater un affaiblissement de cette force qui forme la communauté et est la condition préalable de la civilisation. Sitôt que l'égoïsme établit sa domination sur un peuple, les liens de l'ordre se relâchent et, en poursuivant leur propre bonheur, les hommes sont précipités du ciel dans l'enfer.

La postérité oublie les hommes qui n'ont recherché que leurs propres intérêts et vante les héros qui ont renoncé à leur bonheur particulier.

Le Juif forme le contraste le plus marquant avec l'Aryen. Il n'y a peut-être pas de peuple au monde chez lequel l'instinct de conservation ait été plus développé que chez celui qu'on appelle le peuple élu. La meilleure preuve en est le simple fait que cette race a survécu jusqu'à nous. Où est le peuple qui, dans les derniers deux mille ans, a éprouvé moins de changements dans ses dispositions intimes, son caractère, etc., que le peuple juif ? Enfin quel peuple a été mêlé à de plus grandes révolutions que les Juifs ? Ils sont pourtant restés les mêmes au sortir des gigantesques catastrophes qui ont éprouvé l'humanité.

De quelle volonté de vivre d'une infinie ténacité, de quelle constance à maintenir l'espèce témoignent de pareils faits !

Les facultés intellectuelles des Juifs se sont développées pendant ces milliers d'années. Le Juif passe aujourd'hui pour « malin u, mais il le fut dans un certain sens en tous temps. Mais son intelligence n'est pas le résultat d'une évolution intérieure, elle a profité des leçons de choses que lui a données l'étranger. L'esprit humain lui-même ne peut pas parvenir à son complet épanouissement sans franchir des degrés successifs. À chaque pas qu'il fait pour s'élever, il lui faut s'appuyer sur la hase que lui fournit le passé, ceci entendu dans toute la portée de l'expression, c'est-à-dire sur la base que présente la civilisation générale. Toute pensée ne provient que pour une toute petite partie de l'expérience personnelle ; elle résulte pour la plus grande part des expériences accumulées dans les temps passés. Le niveau général de la civilisation pourvoit l'individu, sans qu'il y fasse le plus souvent attention, d'une telle abondance de connaissances préliminaires que, ainsi équipé, il peut plus facilement faire lui-même d'autres pas en avant. Par exemple, le jeune homme d'aujourd'hui grandit au milieu d'une telle masse de conquêtes techniques faites par les derniers siècles que ce qui restait un mystère, il y a cent ans, pour les plus grands esprits, lui paraît tout naturel et n'attire plus son attention, quoique étant de la plus grande importance pour lui, en lui permettant de suivre et de comprendre les progrès que nous avons faits dans cette direction. Si un homme de génie, ayant vécu dans les vingt premières années du siècle précédent, venait subitement à quitter son tombeau de nos jours, il aurait plus de peine à mettre son esprit au diapason du temps présent que n'en a, de nos jours, un enfant de quinze ans médiocrement doué. Il lui manquerait l'incommensurable formation préparatoire que reçoit pour ainsi dire inconsciemment un de nos contemporains pendant qu'il grandit, par l'intermédiaire des manifestations de la civilisation générale.

Comme le Juif — pour des raisons qui ressortiront de ce qui suit — n'a jamais été en possession d'une civilisation qui lui fût propre, les bases de son travail intellectuel lui ont toujours été fournies par d'autres. Son intellect s'est toujours développé à l'école du monde civilisé qui l'entourait.

Jamais le cas contraire ne s'est présenté.

Car, bien que l'instinct de conservation soit chez le juif non pas plus faible, mais plus puissant que chez les autres peuples, bien que ses facultés intellectuelles puissent donner facilement l'impression qu'elles ne le cèdent en rien aux dons spirituels des autres races, il ne satisfait pas à la condition préalable la plus essentielle pour être un peuple civilisateur : il n'a pas d'idéalisme.

La volonté de sacrifice ne va pas, chez le peuple juif, au-delà du simple instinct de conservation de l'individu. Le sentiment de la solidarité nationale, qui semble si profond chez lui, n'est qu'un instinct grégaire très primitif qu'on retrouve chez bien d'autres êtres en ce monde. Il faut remarquer, à ce propos, que l'instinct grégaire ne pousse les membres du troupeau à se prêter mutuellement secours que lorsqu'un danger commun fait paraître cette aide réciproque utile ou absolument nécessaire. La même bande de loups qui vient de diriger contre sa proie une attaque commune, se disperse à nouveau quand la faim des individus qui la composaient est apaisée. Il en est de même pour les chevaux qui s'unissent pour se défendre contre un agresseur, mais qui s'égaillent sitôt le danger passé.

Le Juif n'agit pas différemment. Son esprit de sacrifice n'est qu'apparent. Il ne se manifeste qu'autant que l'existence de chaque individu le rend absolument nécessaire. Mais sitôt que l'ennemi commun est vaincu, le danger, qui les menaçait tous passé, la proie mise en sûreté, la concorde apparente disparaît pour faire place aux dispositions naturelles. Les Juifs ne sont unis que quand ils y sont contraints par un danger commun ou attirés par une proie commune. Si ces deux motifs disparaissent, l'égoïsme le plus brutal reprend ses droits et ce peuple, auparavant si uni, n'est plus en un tournemain qu'une troupe de rats se livrant des combats sanglants.

Si les Juifs étaient seuls en ce monde, ils étoufferaient dans la crasse et l'ordure ou bien chercheraient dans des luttes sans merci à s'exploiter et à s'exterminer, à moins que leur lâcheté, où se manifeste leur manque absolu d'esprit de sacrifice, ne fasse du combat une simple parade.

Il est donc complètement faux de conclure du fait que les Juifs s'unissent pour combattre, ou plus exactement pour piller leurs semblables, qu'il existe chez eux un certain esprit idéaliste de sacrifice.

Ici également le Juif n'obéit à rien d'autre qu'au pur égoïsme.

C'est pourquoi l'État juif — qui doit être l'organisme vivant destiné à conserver et multiplier une race — est, au point de vue territorial, sans aucune frontière. Car la délimitation du territoire d'un État suppose toujours une disposition d'esprit idéaliste chez la race qui le constitue et notamment une conception exacte de ce que signifie le travail. Dans la mesure où cette conception fait défaut, toute tentative pour former ou pour faire vivre un État délimité dans l'espace doit plus ou moins échouer. Par suite, il manque à cet État la base sur laquelle peut s'élever une civilisation.

Le peuple juif ne possède donc pas, malgré toutes les facultés intellectuelles dont il est doué en apparence, une vraie civilisation, notamment une civilisation qui lui soit propre. Ce que le Juif possède aujourd'hui de civilisation apparente n'est que le bien des autres peuples qui s'est pour la plus grande partie gâté entre ses mains.

Pour apprécier quelle est la position du peuple juif à l'égard de la civilisation humaine, il ne faut pas perdre de vue un fait essentiel : il n'y a jamais eu d'art juif et, conséquemment, il n'y en a pas aujourd'hui ; notamment les deux reines de l'art : l'architecture et la musique, ne doivent rien d'original aux Juifs. Ce que le Juif produit dans le domaine de l'art n'est que bousillage ou vol intellectuel. Mais le Juif ne possède pas les facultés qui distinguent les races créatrices et douées par suite du privilège de fonder des civilisations.

Ce qui prouve à quel point le Juif ne s'assimile les civilisations étrangères que comme un copiste, qui d'ailleurs déforme son modèle, c'est qu'il cultive surtout l'art qui exige le moins d'invention propre, c'est à dire l'art dramatique. Même ici il n'est qu'un bateleur ou, pour mieux dire, un singe imitateur ; même ici il lui manque l'élan qui porte vers la véritable grandeur ; même ici il n'est pas le créateur de génie, mais un imitateur superficiel sans que les artifices et trucs qu'il emploie arrivent à dissimuler le néant de ses dons de créateur. Ici la presse juive vient à son secours avec la plus grande complaisance en entonnant les louanges du bousilleur le plus médiocre, à condition qu'il soit juif, de sorte que le reste du monde finit par se croire en présence d'un artiste, tandis qu'il ne s'agit en réalité que d'un misérable histrion.

Non, le Juif ne possède pas la moindre capacité à créer une civilisation, puisque l'idéalisme, sans lequel toute évolution élevant l'homme apparaît impossible, lui est et lui fut toujours inconnu. Son intelligence ne lui servira jamais à édifier, mais bien à détruire ; dans des cas extrêmement rares, elle pourra être tout su plus un aiguillon, mais elle sera alors le type de « la force qui veut toujours le mal et crée toujours le bien ». Tout progrès de l'humanité s'accomplit, non par lui, mais malgré lui.

Comme le Juif n'a jamais possédé de royaume doté de frontières déterminées, et, par suite, n'a jamais eu de civilisation qui lui fût propre, on a cru avoir affaire à un peuple qui devait être classé parmi les nomades. C'est une erreur aussi profonde que dangereuse. Le nomade possède parfaitement un territoire nettement délimité où il vit ; seulement il ne le cultive pas comme un agriculteur sédentaire, mais se nourrit du produit de ses troupeaux avec lesquels il parcourt son domaine. La raison de ce mode d'existence est le peu de fertilité du sol qui ne permet pas d'établissement fixe. Mais la cause réelle est la disproportion existant entre la civilisation technique d'une époque ou d'un peuple et la pauvreté naturelle d'une région. Il est des pays où l'Aryen est parvenu, grâce à sa technique, qu'il a perfectionnée au cours de plus de mille années, à fonder des établissements fixes et à se rendre maître d'un vaste territoire d'où il a tiré tout ce qui est nécessaire à la vie. À défaut de cette technique, il aurait dû, ou quitter ces contrées, ou y mener la vie misérable du nomade changeant continuellement de résidence, à supposer que la formation qu'il avait reçue depuis des milliers d'années et l'habitude qu'il avait de la vie sédentaire ne lui eussent pas rendu insupportable une telle existence. On doit se rappeler qu'au moment où le continent de l'Amérique s'ouvrit aux colons, de nombreux Aryens gagnèrent péniblement leur vie comme trappeurs, chasseurs, etc., errant souvent en grandes troupes avec femmes et enfants, de sorte que leur vie ressemblait complètement à celle des nomades. Mais, aussitôt qu'ils devinrent plus nombreux et que des ressources plus abondantes leur permirent de défricher le sol et de tenir tête aux indigènes, leurs établissements fixes se multiplièrent dans ce pays.

L'Aryen fut vraisemblablement d'abord un nomade et ne devint sédentaire qu'au cours des âges, mais parce qu'il n'était pas un Juif ! Non, le Juif n'est pas un nomade, car le nomade a déjà du « travail » une conception d'où peut résulter une évolution ultérieure si les conditions intellectuelles préalables viennent à être remplies. Il y a chez lui un fond d'idéalisme, bien qu'assez mince ; aussi sa nature peut paraître étrangère aux peuples aryens, sans pourtant leur être antipathique. Une telle conception est inconnue aux Juifs ; aussi n'ont-ils jamais été des nomades, mais toujours des parasites vivant sur le corps des autres peuples. S'ils ont parfois quitté les régions où ils avaient vécu jusqu'alors, ce ne fut pas volontairement, mais parce qu'ils furent chassés à diverses reprises par les peuples lassés de l'abus qu'ils faisaient de l'hospitalité qu'on leur avait accordée. La coutume qu'a le peuple juif de s'étendre toujours plus au loin est un trait caractéristique des parasites ; il cherche toujours pour sa race un nouveau sol nourricier.

Mais cela n'a rien à voir avec le nomadisme, car le Juif ne songe pas du tout à quitter la contrée où il se trouve ; il reste à l'endroit où il s'est établi et s'y cramponne à tel point qu'on ne peut l'en chasser que très difficilement, même en employant la violence. Son extension dans de nouvelles contrées ne se produit qu'au moment où sont remplies les conditions nécessaires à son existence sans que pour cela, comme le fait le nomade, il change d'habitat. Il est et demeure la parasite-type, l'écornifleur, qui, tel an bacille nuisible, s'étend toujours plus loin, sitôt qu'un sol nourricier favorable l'y invite. L'effet produit par sa présence est celui des plantes parasites : là où il se fixe, le peuple qui l'accueille s'éteint au bout de plus ou moins longtemps.

C'est ainsi que le Juif a, de tous temps, vécu dans les États d'autres peuples ; il formait son propre État qui se dissimulait sous le masque de « communauté religieuse » tant que les circonstances ne lui permettaient pas de manifester complètement sa vraie nature. Mais, s'il lui arrivait de se croire assez fort pour pouvoir se passer de ce déguisement, il laissait tomber le voile et était subitement ce que beaucoup n'avaient voulu auparavant ni croire ni voir : le Juif.

La vie que le Juif mène comme parasite dans le corps d'autres nations et États comporte un caractère spécifique, qui a inspiré à Schopenhauer le jugement déjà cité, que le Juif est « le grand maître en fait de mensonges ». Son genre de vie porte le Juif à mentir et à toujours mentir comme le climat force l'habitant du Nord à porter des vêtements chauds.

Sa vie au sein d'autres peuples ne peut durer que lorsqu'il parvient à faire croire qu'il ne doit pas être considéré comme un peuple, mais comme une « communauté religieuse », il est vrai d'un genre particulier.

Mais cela est le premier de ses grands mensonges.

Il est obligé, pour pouvoir vivre comme parasite des peuples, de renier ce qu'il y a de particulier et de fondamental dans son espèce. Plus grande est l'intelligence d'un Juif et plus cette supercherie aura de succès. Cela peut aller si loin qu'une grande partie du peuple qui leur donne l'hospitalité finira par croire sérieusement qu'ils sont des Français ou des Anglais, des Allemands ou des Italiens, bien qu'appartenant à une confession différente. Les classes dirigeantes, qui passent pourtant pour être inspirées par des bribes de la philosophie de l'histoire, sont particulièrement victimes de cette infâme tromperie. Penser par soi-même passe dans ces milieux pour un péché commis contre le saint progrès, de sorte qu'on ne peut s'étonner de voir, par exemple, qu'un ministère d'État en Bavière n'a pas le moindre soupçon encore aujourd'hui du fait que les Juifs sont les ressortissants d'un peuple et non d'une confession ; et pourtant il suffirait de jeter un coup d'œil dans le monde de la presse qui est la propriété de la juiverie pour que ce fait s'impose à l'esprit le plus médiocre. Il est vrai que L'Écho Juif n'est pas encore une feuille officielle ; aussi n'a-t-il aucune importance aux yeux d'un puissant de l'État.

Les Juifs ont toujours formé un peuple doué de caractères propres à sa race ; ils n'ont jamais été simplement les fidèles d'une religion particulière ; mais, pour pouvoir progresser, il leur a fallu trouver un moyen de détourner d'eux une attention qui pouvait être gênante. Le moyen le plus pratique et en même temps le plus propre à endormir les soupçons n'était-il pas de mettre en avant le concept, emprunté, de communauté religieuse ? Car ici aussi tout est copié, ou, pour mieux dire, volé ; par nature, le Juif ne peut posséder une organisation religieuse, puisqu'il ne connaît aucune forme d'idéalisme et que, par suite, la foi en l'au-delà lui est complètement étrangère. Mais, d'après les conceptions aryennes, on ne peut se représenter une religion à laquelle manquerait, sous une forme quelconque, la conviction que l'existence d'un homme continue après sa mort. En fait, le Talmud n'est pas un livre préparant à la vie dans l'au-delà ; il enseigne seulement à mener ici-bas une vie pratique et supportable.

La doctrine religieuse des Juifs est, en première ligne, une instruction tendant à maintenir la pureté du sang juif et un code réglant les rapports des Juifs entre eux, et surtout ceux qu'ils doivent avoir avec le reste du monde, c'est-à-dire avec les non-Juifs. Mais dans ce dernier cas, il ne s'agit pas du tout de problèmes de morale, mais de ceux qui concernent les questions économiques d'une extraordinaire bassesse. Sur la valeur morale de l'enseignement religieux juif, il existe encore aujourd'hui, et il y eut dans tous les temps, des études assez approfondies (non pas du côté juif ; tout ce que les Juifs ont écrit sur cette question était naturellement conforme à leur but) ; ce qu'elles disent de ce genre de religion le rend fort suspect à ceux qui en jugent d'après les idées aryennes. Mais la meilleure définition en est fournie par le produit de cette éducation religieuse : par le Juif lui-même. Sa vie n'est que de ce monde et son esprit est aussi profondément étranger au vrai christianisme que son caractère l'était, il y a deux mille ans, au grand fondateur de la nouvelle doctrine. Il faut reconnaître que celui-ci n'a jamais fait mystère de l'opinion qu'il avait du peuple juif, qu'il a usé, lorsqu'il le fallut, même du fouet pour chasser du temple du Seigneur cet adversaire de toute humanité, qui, alors comme il le fit toujours, ne voyait dans la religion qu'un moyen de faire des affaires. Mais aussi le Christ fut pour cela mis en croix, tandis qu'on voit aujourd'hui le parti politique chrétien se déshonorer en mendiant pour les élections les voix des Juifs et en cherchant ensuite à nouer des intrigues avec les partis juifs athées, même contre ses propres nationaux.

Sur ce premier et suprême mensonge que les Juifs ne sont pas une race, mais les tenants d'une religion, s'édifièrent ensuite logiquement d'autres mensonges. Par exemple, le mensonge en ce qui concerne la langue des Juifs. Elle est pour lui un moyen, non pas d'exprimer ses pensées, mais de les dissimuler. En parlant français, il pense en juif et, en tournant des vers allemands, il exprime seulement le caractère de sa race.

Tant que le Juif n'est pas devenu le maître des autres peuples, il faut que, bon gré mal gré, il parle leur langue ; mais sitôt que ceux-ci seraient ses esclaves, ils devraient tous apprendre une langue universelle (l'esperanto, par exemple), pour que, par ce moyen, la juiverie puisse les dominer plus facilement.

Les « Protocoles des sages de Sion », que les Juifs renient officiellement avec une telle violence, ont montré d'une façon incomparable combien toute l'existence de ce peuple repose sur un mensonge permanent. « Ce sont des faux », répète en gémissant la Gazette de Francfort et elle cherche à en persuader l'univers ; c'est là la meilleure preuve qu'ils sont authentiques. Ils exposent clairement et en connaissance de cause ce que beaucoup de Juifs peuvent exécuter inconsciemment. C'est là l'important. Il est indifférent de savoir quel cerveau juif a conçu ces révélations ; ce qui est décisif, c'est qu'elles mettent au jour, avec une précision qui fait frissonner, le caractère et l'activité du peuple juif et, avec toutes leurs ramifications, les buts derniers auxquels il tend. Le meilleur moyen de juger ces révélations est de les confronter avec les faits. Si l'on passe en revue les faits historiques des cent dernières années à la lumière de ce livre, on comprend immédiatement pourquoi la presse juive pousse de tels cris. Car, le jour où il sera devenu le livre de chevet d'un peuple, le péril juif pourra être considéré comme conjuré.

*

Pour bien connaître le Juif, le meilleur procédé est d'étudier la route qu'il a, parmi les autres peuples, suivie au cours des siècles. Un exemple suffira pour y voir clair. Comme son développement a été le même à toutes les époques, et comme les peuples aux dépens desquels il a vécu ont toujours été les mêmes, il est nécessaire de répartir cette étude en chapitres distincts que, pour plus de simplicité, je désignerai par des lettres.

Les premiers Juifs sont arrivés en Germanie au moment de son envahissement par les Romains et, comme toujours, en qualité de marchands. Pendant les bouleversements amenés par les grandes migrations, ils ont disparu en apparence et c'est ainsi que l'époque où s'organisèrent les premiers États germaniques peut être considérée comme le début de la nouvelle et définitive judaïsation de l'Europe du Centre et du Nord. C'est alors que commença une évolution qui fut toujours la même ou semblable, chaque fois que les Juifs se rencontrèrent avec des peuples aryens.

*

A. — Sitôt que naissent les premiers établissements fixes, le Juif se trouve subitement là. Il arrive comme marchand et, au début, se soucie peu de dissimuler sa nationalité. Il est encore un Juif, en partie peut — être parce que les signes extérieurs qui accusent la différence de sa race et de celle du peuple dont il est l'hôte sont encore trop apparents, parce qu'il connaît encore trop peu la langue du pays, parce que les caractères nationaux de l'autre peuple sont trop saillants pour que le Juif puisse oser se donner pour autre chose qu'un marchand étranger. Comme il est plein de souplesse et que le peuple qui le reçoit manque d'expérience, conserver son caractère de Juif ne lui cause aucun préjudice et offre même des avantages ; on se montre accueillant pour l'étranger.

B. — Peu à peu il s'insinue dans la vie économique, non pas comme producteur, mais comme intermédiaire. Son habileté commerciale, développée par l'exercice au cours de milliers d'années, lui donne une grande supériorité sur l'Aryen encore peu dégourdi et d'une honnêteté sans bornes, de sorte qu'en peu de temps le commerce menace de devenir son monopole. Il commence par prêter de l'argent et, comme toujours, à des intérêts usuraires. C'est lui qui, en fait, introduit dans le pays le prêt à intérêt. On ne s'aperçoit pas d'abord du danger que présente cette innovation ; on l'accueille même avec plaisir, en raison de l'avantage momentané qu'elle présente.

C. — Le Juif est devenu complètement sédentaire, c'est-à-dire qu'il occupe un quartier particulier dans les villes et les bourgs et forme de plus en plus un État dans l'État. Il considère le commerce et les affaires d'argent comme un privilège lui appartenant et qu'il exploite impitoyablement.

D. — Les affaires d'argent et le commerce sont devenus son monopole exclusif. Les intérêts usuraires qu'il exige finissent par provoquer des résistances ; son insolence naturelle, en s'aggravant, excite l'indignation ; ses richesses éveillent la jalousie. La mesure est comble quand il range la terre et le sol parmi les objets de son commerce et les avilit en en faisant une marchandise vénale et négociable. Comme il ne cultive jamais le sol lui-même, mais ne le considère que comme une propriété de rapport, sur laquelle le paysan peut bien rester, mais à condition de subir les exactions les plus éhontées de la part de son nouveau maître, l'antipathie qu'il excite augmente jusqu'à devenir une haine ouverte. Sa tyrannie et sa rapacité deviennent si insupportables que ses victimes, sucées jusqu'au sang, vont jusqu'aux voies de fait contre lui. On commence à regarder cet étranger de plus près et l'on remarque chez lui des traits et des façons d'être toujours plus répugnants, jusqu'à ce qu'enfin un abîme infranchissable s'ouvre entre lui et ses hôtes.

Aux époques de grande misère, la fureur des exploités finit par éclater contre lui. Les masses pillées et ruinées se font justice elles-mêmes pour se défendre contre ce fléau de Dieu : elles ont appris au cours de quelques siècles à le connaître et considèrent sa simple existence comme un danger aussi redoutable que la peste.

E. — Mais alors le Juif commence à révéler son véritable caractère. Il assiège les gouvernements de flatteries écœurantes, fait travailler son argent et, de cette façon, se fait accorder des lettres de franchise qui lui permettent de piller encore ses victimes. Si parfois la fureur populaire s'enflamme contre cette éternelle sangsue, elle ne l'empêche pas le moins du monde de reparaître au bout de quelques années dans l'endroit qu'il avait dû quitter et de reprendre son ancien genre de vie. Il n'y a pas de persécution qui puisse lui faire perdre l'habitude d'exploiter les autres hommes, aucune qui arrive à le chasser définitivement ; après chacune d'elles, il revient au bout de peu de temps et est resté le même.

Pour au moins empêcher le pire, on commence à mettre le sol à l'abri de ses mains d'usurier, en lui en interdisant l'acquisition par la loi.

F. — Plus la puissance du souverain grandit, plus le Juif l'assiège. Il mendie des « lettres de franchise » et des « privilèges » que les seigneurs, toujours gênés dans leurs finances, lui accordent volontiers contre paiement. Si cher que ces documents lui aient coûté, il récupère en peu d'années l'argent dépensé avec les intérêts et les intérêts des intérêts. C'est une véritable sangsue qui se fixe au corps du malheureux peuple et qu'on ne peut en détacher, jusqu'à ce que les souverains eux-mêmes aient besoin d'argent et lui fassent de leurs augustes mains dégorger le sang qu'il avait sucé.

Cette scène se renouvelle constamment et le rôle qu'y jouent ceux qu'on appelle les « princes allemands » est aussi pitoyable que celui des Juifs eux-mêmes. Ils étaient vraiment un châtiment envoyé par Dieu à leurs chers peuples, ces grands seigneurs, et on ne peut trouver leur équivalent que dans les différents ministres de notre temps.

C'est la faute des princes allemands si la nation allemande n'est pas parvenue définitivement à s'affranchir du danger juif. Malheureusement, les choses sont restées dans le même état par la suite, de sorte qu'ils ont reçu des Juifs le salaire qu'ils avaient mille fois mérité par les péchés dont ils s'étaient rendus coupables à l'égard de leurs peuples. Ils s'étaient alliés avec le diable et ont fini leur carrière en enfer.

G. — En se laissant prendre dans les filets du Juif, les princes ont préparé leur propre ruine. La situation qu'ils occupaient au milieu de leurs peuples est lentement, mais fatalement, minée à mesure qu'ils cessent de défendre les intérêts de leurs sujets et deviennent leurs exploiteurs. Le Juif sait très exactement que leur règne touche à sa fin et cherche à la hâter autant que possible. C'est lui-même qui les plonge dans leurs éternels besoins d'argent, en les détournant de leur vraie tâche, en les étourdissant par les plus basses et les pires flatteries, en les poussant à la débauche et en se rendant par là de plus en plus indispensable. Son habileté, ou pour mieux dire son absence de scrupules dans les affaires d'argent, sait toujours trouver de nouvelles ressources en pressurant les sujets, en les écorchant même ; si bien que la moyenne de leur existence devient toujours plus courte. Toute cour a son « Juif de la Cour », c'est le nom qu'on donne aux monstres qui torturent le bon peuple et le poussent au désespoir, tandis qu'ils offrent aux princes des plaisirs toujours renaissants. Comment s'étonner de voir ces ornements de la race humaine ornés de signes extérieurs de distinction, de les voir élevés à la noblesse héréditaire et contribuer ainsi, non pas seulement à rendre ridicule cette institution, mais encore à la contaminer.

C'est alors que le Juif peut vraiment profiter de sa situation pour monter encore plus haut.

Il n'a plus qu'à se faire baptiser pour entrer lui-même en possession de tous les droits et capacités dont jouissent les enfants du pays. Il conclut l'affaire, très souvent à la grande joie de l'Église, fière d'avoir gagné un nouveau fils, et d'Israël, heureux de voir une filouterie aussi réussie.

H. — À ce moment, se produit une transformation dans le judaïsme. C'étaient jusqu'alors des Juifs seulement, qui ne cherchaient pas à paraître autre chose, ce qui était d'ailleurs difficile en raison des caractères distinctifs qui séparaient les deux races en présence. À l'époque de Frédéric le Grand, il ne venait encore à l'idée de personne de voir dans les Juifs autre chose qu'un peuple « étranger » et Goethe se révolte encore à l'idée qu'à l'avenir, le mariage entre chrétiens et juifs pourrait ne plus être interdit par la loi. Goethe était pourtant vraiment un être divin ; ce n'était ni un réactionnaire ni un ilote ; ce qui s'exprimait par sa bouche n'était pas autre chose que la voix du sang et de la raison. Ainsi le peuple, malgré les trafics honteux des cours, voyait instinctivement dans le Juif l'élément étranger introduit dans son propre corps et se conduisait en conséquence à son égard.

Mais cela allait changer. Au cours de plus de mille ans, le Juif a appris à se rendre si bien maître de la langue du peuple qui lui a accordé l'hospitalité, qu'il croit pouvoir se risquer maintenant à mettre moins d'accent sur son origine juive et à faire passer su premier plan sa « qualité d'Allemand ». Si ridicule et absurde que cette prétention puisse paraître au premier abord, il se permet de se transformer en « Germain » et donc, dans le cas présent, en « Allemand ». Alors prend naissance une des plus infâmes tromperies qui se puisse imaginer. Comme il ne possède de ce qui fait l'Allemand que l'art d'écorcher sa langue — et d'une épouvantable façon — mais que, pour le reste, il ne s'est jamais fondu dans la population allemande, tout ce qu'il a d'allemand est la langue qu'il parle. Or, ce qui fait la race, ce n'est pas la langue, mais le sang, et le Juif le sait mieux que personne, puisqu'il attache peu d'importance à la conservation de sa langue et, par contre, en attache une très grande à ce que son sang reste pur. Un homme peut très facilement changer de langue, c'est-à-dire se servir d'une autre ; seulement, il exprimera alors dans sa nouvelle langue ses anciennes idées ; sa nature intime ne sera pas modifiée. C'est ce que prouve le Juif, qui peut parler mille langues différentes et n'est pourtant toujours qu'un Juif. Son caractère ethnique restera toujours le même, qu'il ait, il y a deux mille ans, parlé latin à Ostie en faisant le commerce des grains ou que, spéculateur sur les farines de nos jours, il parle l'allemand des youpins. C'est toujours le même Juif. Que ce fait évident ne soit pas compris par un conseiller ministériel de l'espèce courante actuellement ou par un fonctionnaire supérieur de la police, cela, il est vrai, va de soi, car il est difficile de rencontrer des personnages plus dénués d'instinct et d'esprit que ces serviteurs des autorités si éminentes qui dirigent actuellement l'État.

La raison pour laquelle le Juif se décide tout d'un coup à devenir un « Allemand » est évidente. Il sent que la puissance des princes commence à chanceler et il cherche bientôt une plateforme sur laquelle poser ses pieds. De plus, la domination financière qu'il exerce sur toute l'économie politique a fait tant de progrès qu'il ne peut plus soutenir cet énorme édifice, qu'en tous cas son influence ne pourra plus s'accroître, s'il ne possède pas tous les droits « civiques n. Mais il désire ces deux choses, car plus haut il grimpe et plus le sollicite ce but dont la conquête lui fut jadis promise et qui se dégage maintenant des ténèbres du passé ; avec une ardeur fébrile, les meilleurs cerveaux juifs voient se rapprocher, jusqu'à être à la portée de leurs mains, le rêve de la domination universelle. Aussi tous ses efforts tendent à la conquête pleine et entière des droits « civiques ».

Telle est la raison de l'émancipation hors du ghetto.

I. — C'est ainsi que du Juif de cour sort peu à peu le juif du peuple.

Bien entendu, le Juif se tient, comme auparavant, dans l'entourage des puissants de ce monde, il cherche même avec encore plus d'ardeur à se glisser dans leur société ; mais, en même temps, d'autres représentants de sa race font les bons apôtres auprès du bon peuple. Si l'on se rappelle de combien de péchés le Juif s'est, au cours des siècles, rendu coupable à l'égard de la masse, comment il l'a toujours impitoyablement exploitée et pressurée, si l'on considère en outre combien le peuple a pour ces raisons appris peu à peu à le haïr et a fini à voir dans sa présence un châtiment que le ciel inflige aux autres peuples, on comprendra combien les Juifs ont eu de peine à exécuter ce changement de front. Oui, ce fut un pénible travail pour eux de se présenter comme « amis des hommes » aux victimes qu'ils avaient écorchées.

Le Juif commence tout d'abord par pallier aux yeux du peuple les torts graves qu'il a eus envers lui. Il se transforme, en premier lieu, en « bienfaiteur » de l'humanité. Comme sa bonté toute nouvelle a des motifs très intéressés, il ne peut pas observer le vieux précepte de la Bible qui professe que la main gauche doit ignorer ce que donne la main droite ; il lui faut, bon gré mal gré, se résigner à faire savoir combien il est sensible aux souffrances de la masse et à publier tous les sacrifices qu'il s'impose personnellement pour les soulager. Avec la modestie qui lui est innée, il trompette ses mérites dans le monde entier avec tant de persévérance que celui-ci commence vraiment à y croire. Qui reste incrédule passe pour très injuste à son égard. Bientôt il donne aux choses une telle tournure qu'il semble que ce soit à lui qu'on ait fait toujours tort, quand c'est le contraire qui est la vérité. Les gens particulièrement sots lui font confiance et ne peuvent s'empêcher de plaindre le pauvre « malheureux ».

D'ailleurs, il faut noter que, bien que se sacrifiant avec joie, le Juif n'en devient pas plus pauvre pour cela. Il s'entend à faire les parts ; ses bienfaits sont même parfois comme un fumier qu'on répand sur un champ non par amour pour celui-ci, mais en se proposant d'en tirer un profit personnel. Mais, en tous cas, tout le monde sait, en un temps relativement court, que le Juif est un « bienfaiteur et philanthrope ». Quelle étrange transformation !

Ce qui est chez les autres plus ou moins naturel, provoque un extrême étonnement, et même chez certains une admiration visible, parce qu'une telle conduite n'est pas naturelle chez le Juif. Il arrive ainsi qu'on lui fait de chacun de ses actes de bienfaisance un beaucoup plus grand mérite qu'on ne le ferait pour les autres hommes.

Bien plus encore : le Juif devient tout d'un coup libéral et commence à manifester son enthousiasme pour les progrès que doit faire le genre humain.

Peu à peu il devient, en paroles, le champion des temps nouveaux.

Il est vrai qu'il continue à détruire toujours plus radicalement les bases d'une économie politique vraiment utile pour le peuple. Par le détour des sociétés par actions, il s'introduit dans le circuit de la production nationale, il en fait l'objet d'un commerce de brocanteur pour lequel tout est vénal, ou, pour mieux dire, négociable ; il dépouille ainsi les industries des bases sur lesquelles pourrait s'édifier une propriété personnelle. C'est alors que naît entre employeurs et employés cet état d'esprit qui les rend étrangers les uns aux autres et qui conduit plus tard à la division de la société en classes.

Enfin l'influence que le Juif exerce sur la Bourse au point de vue économique grandit d'une façon effrayante. Il possède ou du moins contrôle toutes les forces de travail de la nation.

Pour affirmer sa situation dans l'État, il cherche à abattre toutes les barrières par lesquelles la race et l'état civil avaient d'abord gêné sa marche. Pour cela il combat avec toute la ténacité qui lui est propre en faveur de la tolérance religieuse et il a dans la franc-maçonnerie, qui est complètement tombée entre ses mains, un excellent instrument pour mener une lutte qui lui permette de parvenir astucieusement à ses fins. Les classes dirigeantes et les hautes sphères politiques et économiques de la bourgeoisie, prises dans le réseau maçonnique, deviennent sa proie, sans qu'elles puissent s'en douter.

Mais le peuple véritable ou, pour mieux dire, la classe qui commence à s'éveiller, qui est en train de conquérir par ses propres forces ses droits et la liberté, échappe à cette emprise dans ses couches vastes et profondes. Pourtant, la dominer est plus important que tout le reste. Car le Juif sent qu'il ne pourra jouer son rôle de dominateur que si un « entraîneur » marche devant lui. Il croit trouver cet entraîneur dans les couches les plus étendues de la bourgeoisie. Mais les fabricants de gants et les tisserands ne peuvent être pris dans le fin réseau de la franc-maçonnerie ; il faut employer ici des procédés plus grossiers, mais qui ne seront pas moins efficaces. Alors à la franc-maçonnerie s'ajoute la presse comme seconde arme au service de la juiverie. Le Juif met toute sa ténacité et toute son habileté à s'emparer d'elle. Par son intermédiaire, il prend dans ses serres et ses filets toute la vie publique ; il la dirige et la pousse devant lui, car il se trouve à même de produire et de conduire cette force que, sous le nom « d'opinion publique », on connaît mieux aujourd'hui qu'on ne le faisait il y a quelques dizaines d'années.

En même temps, il se donne l'air d'être personnellement altéré de savoir, fait l'éloge de tous les progrès, particulièrement de ceux qui causent la ruine des autres ; car il ne juge de tout progrès et de toute évolution qu'au point de vue des avantages qu'ils peuvent avoir pour son peuple, sinon il est l'ennemi acharné de toute lumière, il hait toute vraie civilisation. Toute la science qu'il acquiert dans les écoles des autres, il ne l'emploie qu'au service de sa race.

Mais il veille à la conservation de sa nationalité plus qu'il ne l'avait jamais fait auparavant. Tout en paraissant déborder de « lumières », de « progrès », de « liberté », « d'humanité », il a soin de maintenir l'étroit particularisme de sa race. Il lui arrive bien d'accrocher ses femmes à des chrétiens influents, mais il a pour principe de maintenir toujours pure sa descendance mâle. Il empoisonne le sang des autres, mais préserve le sien de toute altération. Le Juif n'épouse presque jamais une chrétienne, tandis que le chrétien épouse une juive. Mais chez les produits de ce métissage, c'est l'élément juif qui l'emporte. Particulièrement, une partie de la haute noblesse est complètement dégénérée. Le Juif le sait fort bien et pratique systématiquement ce « désarmement » de la classe des guides spirituels de ses adversaires de race. Pour dissimuler ses menées et endormir ses victimes, il ne cesse de parler de l'égalité de tous les hommes, sans considération de race ou de couleur. Les imbéciles commencent à se laisser persuader par lui.

Mais comme tout son être ne peut se débarrasser d'un relent qui signale trop clairement l'étranger pour que la grande masse du peuple puisse facilement tomber dans ses rets, il fait donner de lui-même par sa presse une image qui répond aussi peu à la réalité qu'elle est, par contre, utile aux fins qu'il poursuit. C'est surtout dans les journaux humoristiques qu'on s'efforce de représenter les Juifs comme un bon petit peuple inoffensif, qui a bien ses traits particuliers — comme d'ailleurs tous les autres mais qui, même dans ses mœurs d'un aspect peut-être un peu étranger, témoigne avoir une âme qui peut éveiller le sourire, mais qui est d'une honnêteté foncière et pleine de bonté. En général, on tente de le représenter toujours comme plus insignifiant que dangereux.

Son but dernier, dans ce stade de son évolution, est la victoire de la démocratie, ou bien ce qu'il entend par là : l'hégémonie du parlementarisme. C'est elle qui répond le mieux à ses besoins ; elle supprime les personnalités pour mettre à leur place la majorité des imbéciles, des incapables et surtout des lâches.

Le résultat final sera la chute de la monarchie, qui arrive fatalement plus ou moins rapidement.

J. — L'énorme évolution économique amène une modification des couches sociales constituant le peuple. Comme les petits métiers s'éteignent peu à peu et que, par suite, le travailleur a de moins en moins l'occasion de parvenir à une existence indépendante, il devient rapidement un prolétaire. Alors paraît « l'ouvrier de fabrique » dont le caractère principal est d'arriver très rarement à se créer à la fin de sa vie une existence indépendante. Il est, dans toute la force du terme, un non-propriétaire ; la vieillesse est pour lui un enfer et c'est à peine si l'on peut dire qu'il vit encore.

L'évolution sociale avait déjà auparavant créé une situation semblable qui exigeait impérieusement une solution et la trouva. À la classe des cultivateurs et des artisans était venu s'ajouter celle des fonctionnaires et employés, particulièrement ceux de l'État. Eux aussi étaient, dans le vrai sens du mat, des non-propriétaires. L'État remédia à cet inconvénient en se chargeant de l'entretien de ses employés qui ne pouvaient rien mettre de côté pour leurs vieux jours ; il créa la pension, le traitement de retraite. Peu à peu des exploitations privées, chaque jour plus nombreuses, suivirent cet exemple, de sorte qu'aujourd'hui presque tous les employés réguliers et remplissant des fonctions administratives touchent une retraite, à condition que l'entreprise ait atteint ou dépassé une certaine importance. Et c'est seulement la sécurité ainsi donnée au fonctionnaire de l'État pour ses vieux jours qui développa cette conscience professionnelle et ce dévouement qui, avant la guerre, étaient la qualité principale du corps des fonctionnaires allemands.

C'est ainsi que toute une classe, qui resta sans propriété personnelle, fut intelligemment soustraite à la misère sociale et devint un des membres de la communauté nationale.

Cette question s'est posée à nouveau, et dans des proportions beaucoup plus grandes, à l'État et à la nation. De nouvelles masses d'hommes, s'élevant à des millions d'individus, émigrèrent de la campagne dans les grandes villes pour gagner leur vie en qualité d'ouvriers de fabrique dans les industries nouvellement fondées. Les conditions de travail et de vie de cette nouvelle classe étaient plus que misérables. Les anciennes méthodes de travail de l'artisan et aussi du cultivateur ne pouvaient pas s'adapter plus ou moins automatiquement à la nouvelle forme de l'industrie. L'activité de l'un comme de l'autre ne pouvait se comparer aux efforts imposés à l'ouvrier d'usine. Dans les anciens métiers le temps pouvait ne jouer qu'un rôle secondaire ; il a le premier dans les méthodes actuelles de travail. Le transport de l'ancienne durée du travail dans la grande industrie eut un effet désastreux. Car le rendement effectif du travail était autrefois peu considérable, parce qu'on n'employait pas les méthodes actuelles de travail intensif. Si l'on pouvait supporter autrefois une journée de travail de quatorze ou quinze heures, on ne pouvait plus y résister à une époque où chaque minute est utilisée à l'extrême. Cet absurde transfert de l'ancienne durée du travail dans la nouvelle industrie fut fatal à deux points de vue : il ruina la santé des ouvriers et détruisit leur foi en un droit supérieur. À ces inconvénients vint s'ajouter, d'une part,. la lamentable insuffisance des salaires et, de l'autre, la situation bien meilleure des employeurs qui n'en était que plus frappante.

À la campagne, il ne pouvait pas y avoir de question sociale, parce que maître et valet se livraient au même travail et surtout mangeaient au même plat. Mais, là aussi, il y eut du changement.

La séparation entre l'employeur et l'employé paraît accomplie aujourd'hui dans tous les domaines. Combien, à ce point de vue, l'enjuivement de notre peuple a fait de progrès, on s'en aperçoit au peu d'estime, sinon au mépris que l'on a pour le travail manuel. Cela n'est pas allemand. C'est seulement la francisation de notre vie sociale, qui a été en réalité un enjuivement, qui a transformé l'estime où nous tenions autrefois les métiers manuels en un certain mépris pour tout travail corporel.

Ainsi est née une nouvelle classe très peu considérée et la question se posera certainement un jour de savoir si la nation aura l'énergie nécessaire pour refaire de cette classe un membre de la communauté sociale ou bien si la différence d'état s'aggravera jusqu'à creuser un abîme entre cette classe et les autres.

Une chose est sûre : c'est que la nouvelle classe ne possédait pas dans ses rangs les plus mauvais éléments, mais au contraire et dans tous les cas les plus énergiques. L'affinement excessif, résultat de ce qu'on appelle la civilisation, n'avait encore exercé ici son influence qui désagrège et détruit. La nouvelle classe n'était pas encore, dans ses masses profondes, contaminée par le poison de la lâcheté pacifiste ; elle était restée robuste et, quand il le fallait, brutale.

Tandis que la bourgeoisie ne se soucie pas de cette question si importante et laisse avec indifférence les événements suivre leur cours, le Juif se rend compte des perspectives infinies qui s'ouvrent ici dans l'avenir ; tout en organisant d'un côté, jusqu'à leurs dernières conséquences, les méthodes capitalistes d'exploitation de la race humaine, il se rapproche des victimes de ses conceptions et de ses actes et il devient bientôt leur chef dans le combat qu'elles mènent contre lui-même. Dire « contre lui-même », c'est, il est vrai, parler par métaphore ; car le grand maître des mensonges sait toujours se faire passer pour l'être pur et vertueux et mettre à la charge des autres ses propres fautes. Comme il a l'impudence de se mettre à la tête des masses, il ne vient pas à l'esprit de celles-ci qu'elles sont la dupe de la plus infâme tromperie de tous les temps.

Et pourtant il en fut ainsi.

À peine la nouvelle classe est-elle sortie de la transformation économique générale que le Juif voit déjà nettement de quel nouvel entraîneur il dispose pour avancer lui-même. Il a d'abord employé la bourgeoisie comme bélier contre le monde féodal ; maintenant, il se sert de l'ouvrier contre le monde bourgeois. De même qu'autrefois il a su obtenir par ses intrigues les droits civils en s'abritant derrière la bourgeoisie, il espère maintenant que le combat mené par les travailleurs pour défendre leur existence lui ouvrira la voie qui le conduira à la domination du monde.

À partir de ce moment, la tâche de l'ouvrier est de combattre pour l'avenir du peuple juif. Sans qu'il le sache, il est su service de la puissance qu'il croit combattre. On le lance en apparence à l'assaut du capital et c'est ainsi qu'on le fait le plus commodément lutter pour celui-ci. En même temps, on crie toujours contre le capital international, mais, en réalité, c'est à l'économie nationale qu'on pense. Celle-ci doit être démolie, afin que sur son cadavre la Bourse internationale puisse triompher.

Voici comment le Juif s'y prend :

Il se rapproche de l'ouvrier, feint hypocritement d'avoir de la compassion pour son sort ou même d'être indigné de la misère et de la pauvreté qui sont son lot ; le Juif gagne ainsi la confiance de l'ouvrier. Il s'efforce d'étudier toutes les épreuves, réelles ou imaginaires, que comporte la vie de l'ouvrier et d'éveiller chez celui-ci le désir violent de modifier ses conditions d'existence. Le besoin de justice sociale qui sommeille toujours dans le cœur d'un Aryen, le Juif l'excite habilement jusqu'à ce qu'il se change en haine contre ceux qui jouissent d'un sort plus heureux et il donne un aspect philosophique précis au combat livré contre les maux sociaux. Il jette les bases de la doctrine marxiste.

En la présentant comme intimement liée à de justes revendications sociales, il favorise sa propagation et, inversement, soulève l'opposition des gens de bien qui refusent d'admettre des revendications qui, sous la forme où elles sont présentées et avec les conséquences qu'elles entraînent, leur paraissent foncièrement injustes et inexécutables.

Car, sous le masque d'idées purement sociales, se cachent des intentions vraiment diaboliques ; on les expose même publiquement avec la clarté la plus impudente. Cette doctrine est un mélange inextricable de raison et de niaiserie humaine, mais ainsi dosé que seul ce qu'elle a de fou peut être réalisé, et jamais ce qu'elle a de raisonnable. En refusant à la personnalité et, par suite, à la nation et à la race qu'elle représente, tout droit à l'existence, elle détruit ta base élémentaire de ce qui constitue t ensemble de la civilisation humaine, laquelle dépend précisément de ces facteurs. Voilà l'essence même de la philosophie marxiste, autant qu'on peut donner le nom de « philosophie » à ce produit monstrueux d'un cerveau criminel. La ruine de la personnalité et de la race supprime le plus grand obstacle qui s'oppose à la domination d'une race inférieure, c'est-à-dire de la race juive.

Ce sont précisément ses théories extravagantes en économie et en politique qui donnent sa signification à cette doctrine. Car l'esprit qui l'anime détourne tous les hommes vraiment intelligents de se mettre à son service, tandis que ceux qui ont moins l'habitude d'exercer leurs facultés intellectuelles et qui sont mal informés des sciences économiques s'y rallient bannières au vent. L'intelligence nécessaire à la conduite du mouvement — car même ce mouvement a besoin, pour subsister, d'être dirigé par l'intelligence — c'est le Juif qui, en « se sacrifiant », la tire du cerveau d'un de ses congénères.

Voilà comment naît un mouvement de travailleurs exclusivement manuels conduits par les Juifs. Il a, en apparence, pour but d'améliorer la condition des travailleurs ; en réalité, sa raison d'être est de réduire en esclavage et, par là, d'anéantir tous les peuples non-juifs.

La campagne entamée par la franc-maçonnerie, dans les milieux qualifiés d'intellectuels, pour paralyser l'instinct de conservation national au moyen des doctrines pacifistes, la grande presse, qui est toujours aux mains des Juifs la poursuit auprès des masses et surtout de la bourgeoisie. À ces deux armes dissolvantes vient se joindre une troisième, et de beaucoup la plus redoutable, l'organisation de la violence. Le marxisme doit, comme troupe d'attaque et d'assaut, achever de renverser ce que les deux premières armes ont déjà sapé pour lui préparer la besogne.

C'est une manœuvre admirablement combinée, de sorte qu'il ne faut pas s'étonner si l'on voit, devant elle, renoncer à la lutte précisément ces institutions qui se sont toujours plu à se représenter comme les organes de la plus ou moins légendaire autorité de l'État. Auprès de nos hauts fonctionnaires, et même de ceux les plus élevés dans la hiérarchie, le Juif a trouvé en tous temps (à de rares exceptions près) les auxiliaires les plus complaisants pour son travail de destruction. Servilité rampante devant les supérieurs, arrogance hautaine envers les inférieurs, voilà ce qui caractérise ce corps, ainsi qu'une stupidité révoltante qui n'est surpassée que par une infatuation souvent effarante.

Mais ce sont là des qualités qui sont utiles au Juif dans ses rapports avec nos autorités et qui lui sont, en conséquence, très sympathiques.

Le combat, qui maintenant s'engage, se déroule, pour le peindre à grands traits, de la façon suivante :

Conformément aux buts derniers que poursuit la lutte juive, qui ne se contente pas de vouloir conquérir économiquement le monde, mais prétend aussi le mettre politiquement sous son joug, le Juif distribue sa doctrine universelle en deux parties, qui, en apparence, sont réciproquement indépendantes, mais forment un tout indivisible : le mouvement politique et le mouvement syndical.

Le mouvement syndical est celui qui doit pourvoir au recrutement. Il offre aide et protection aux ouvriers dans le dur combat pour l'existence que la rapacité ou la vue bornée de nombreux patrons les force à mener ; il leur permet de conquérir de meilleures conditions de vie. Si le travailleur ne veut pas livrer à l'arbitraire aveugle d'hommes, parfois peu conscients de leur responsabilité et souvent sans entrailles, la défense des droits qu'il a, comme homme, à la vie, à une époque où l'État ne s'inquiète pour ainsi dire pas de lui, il doit prendre lui-même cette défense en mains. Dans la mesure même où ce qu'on appelle la bourgeoisie nationale, aveuglée par ses intérêts pécuniaires, oppose à ce combat pour la vie les plus grands obstacles, ne se contente pas de résister à toutes les tentatives faites pour abréger une durée de travail d'une longueur inhumaine, pour mettre un terme au travail des enfants, pour protéger la femme, pour améliorer les conditions hygiéniques dans les ateliers et les demeures, mais souvent les sabote effectivement, le Juif, plus malin, prend en mains la cause des opprimés. Il devient peu à peu le chef du mouvement ouvrier et cela d'autant plus allègrement qu'il n'a pas sérieusement l'intention de remédier réellement aux injustices sociales, mais qu'il vise uniquement à créer progressivement un corps de combattants dans la lutte économique, qui lui seront aveuglément dévoués et qui détruiront l'indépendance de l'économie nationale. Car, si la conduite d'une politique sociale saine doit prendre pour points de direction, d'une part le maintien de la santé du peuple, de l'autre la défense d'une économie nationale indépendante, non seulement ces deux considérations laissent le Juif tout à fait indifférent, mais le but de sa vie est d'en débarrasser sa route. Il ne désire pas maintenir l'indépendance de l'économie nationale, mais la supprimer. Aussi ne se fait-il pas scrupule d'élever, comme chef du mouvement ouvrier, des exigences qui non seulement dépassent le but, mais auxquelles il serait impossible de satisfaire ou bien qui amèneraient la ruine de l'économie nationale. Il veut avoir devant lui une génération d'hommes non pas sains et solides, mais un troupeau dégénéré et prêt à subir le joug. C'est dans cette intention qu'il met en avant les revendications les plus absurdes qu'il sait très bien ne pouvoir être satisfaites et qui ne changeront donc rien à l'état des choses, mais auront tout au plus pour effet d'éveiller dans les masses une vague et violente irritation. Car c'est là ce qu'il recherche et non pas à améliorer réellement et honnêtement leur situation sociale.

Le Juif restera donc le chef incontesté du mouvement ouvrier tant que n'aura pas été entrepris un gigantesque travail pour éclairer les grandes masses, pour les renseigner plus exactement sur les causes de leur éternelle misère, tant que l'État ne se sera pas débarrassé du Juif et de son travail souterrain. Car aussi longtemps que les masses seront aussi peu orientées qu'elles le sont actuellement et que l'État se montrera aussi indifférent, elles suivront toujours le premier qui leur fera, au point de vue économique, les promesses les plus éhontées. Sur ce point, le Juif est passé maître, car toute son activité n'est tenue en bride par aucune sorte de scrupules de morale.

C'est pourquoi il l'emporte facilement sur ce terrain, et en peu de temps, sur tous ses concurrents. Conformément à la brutalité et à l'instinct de brigandage qui sont en lui, il donne au mouvement ouvrier un caractère de violence la plus brutale. La résistance de ceux dont le bon sens ne mord pas à l'hameçon est brisée par la terreur. Les conséquences d'une pareille activité sont effrayantes.

En fait, le Juif détruit les fondements de l'économie nationale par l'intermédiaire de la classe ouvrière, qui pourrait faire la prospérité de la nation.

Parallèlement, se développe l'organisation politique. Elle concorde avec le mouvement ouvrier en ce que le mouvement ouvrier prépare les masses à faire partie de l'organisation politique, les y fait même entrer de force et comme à coups de fouet. Il est la source permanente des subsides au moyen desquels l'organisation politique entretient son énorme appareil. Il est l'organe de contrôle pour l'activité politique des individus et joue le rôle de rabatteur pour toutes les grandes démonstrations politiques. Il finit par ne plus lutter pour les conquêtes économiques, mais met son principal moyen de combat, la grève, sous forme de grève de masse et de grève générale, à la disposition de l'idée politique.

En créant une presse dont le contenu est adapté à l'horizon intellectuel des lecteurs les moins cultivés, l'organisation syndicale et politique tend à répandre un esprit de révolte qui rend les plus basses classes de la nation mûres pour les actes les plus téméraires. Sa tâche n'est pas de tirer les hommes du marais de leurs bas instincts et de les faire parvenir à un niveau supérieur, mais, au contraire, de flatter leurs plus vils appétits. C'est là une spéculation qui rapporte beaucoup quand on s'adresse à la masse dont la paresse intellectuelle n'a d'égale que la présomption.

C'est cette presse avant tout qui dénigre, dans un esprit de calomnie fanatique, tout ce qu'on peut considérer comme l'appui de l'indépendance nationale, d'une culture élevée et de l'autonomie économique de la nation.

Elle sonne avant tout la charge contre tous les hommes de caractère qui ne veulent pas s'incliner devant la prétention que les juifs ont de dominer l'État ou dont les capacités et le génie paraissent dangereux au Juif. Car, pour être haï de lui, il n'est pas nécessaire qu'on le combatte ; il suffit qu'il vous soupçonne soit de pouvoir penser un jour à le combattre, soit d'user de la supériorité de vos dons intellectuels pour développer la force et la grandeur d'une nation hostile au Juif.

Son instinct, qui est infaillible à cet égard, flaire en tout homme ses dispositions naturelles et celui qui n'est pas l'esprit de son esprit est sûr de l'avoir pour ennemi. Comme le Juif n'est pas celui qui est attaqué, mais bien l'agresseur, il considère comme son ennemi non pas seulement celui qui l'attaque, mais aussi celui qui lui résiste. Le moyen qu'il emploie pour tenter de briser les âmes aussi audacieuses, mais droites, n'est pas un combat loyal, mais le mensonge et la calomnie.

Dans ce cas, il ne recule devant rien et sa vilenie est tellement gigantesque qu'il ne faut pas s'étonner si, dans l'imagination de notre peuple, la personnification du diable, comme symbole de tout ce qui est mal, prend la forme du Juif.

L'ignorance où est la masse du caractère intime du Juif, le manque d'instinct et l'intelligence bornée de nos hautes classes font que le peuple est facilement victime de cette campagne de mensonge menée par les Juifs.

Tandis que les hautes classes, avec la lâcheté innée chez elles, se détournent d'un homme que le Juif attaque ainsi par le mensonge et la calomnie, les masses, par sottise ou simplicité, croient d'ordinaire tout le mal qu'on dit de lui. Les autorités soit s'enferment dans le silence, soit, ce qui le plus souvent fait cesser la campagne de la presse juive, poursuivent celui qui a été injustement attaqué, mesure qui, aux yeux de ces ânes de fonctionnaires, est propre à maintenir l'autorité de l'État et à assurer le calme et le bon ordre.

Peu à peu la crainte de l'arme marxiste, maniée par la juiverie, s'impose comme une vision de cauchemar au cerveau et à l'âme des gens convenables.

On commence à trembler devant ce redoutable ennemi et on devient ainsi, en fin de compte, sa victime.

K. — La domination du Juif parait maintenant si assurée dans l'État qu'il ose non seulement recommencer à se donner ouvertement pour Juif, mais confesser sans réserves ses conceptions ethniques et politiques jusque dans leurs dernières conséquences. Une partie de sa race se reconnaît ouvertement pour un peuple étranger, non sans d'ailleurs commettre un nouveau mensonge. Car lorsque le sionisme cherche à faire croire au reste du monde que la conscience nationale des Juifs trouverait satisfaction dans la création d'un État palestinien, les Juifs dupent encore une fois les sots goïmes de la façon la plus patente. Ils n'ont pas du tout l'intention d'édifier en Palestine un État juif pour aller s'y fixer ; ils ont simplement en vue d'y établir l'organisation centrale de leur entreprise charlatanesque d'internationalisme universel ; elle serait ainsi douée de droits de souveraineté et soustraite à l'intervention des autres États ; elle serait un lieu d'asile pour tous les gredins démasqués et une école supérieure pour les futurs bateleurs.

Mais c'est un signe de leur croissante assurance, et aussi du sentiment qu'ils ont de leur sécurité, qu'au moment où une partie d'entre les Juifs singe hypocritement l'Allemand, le Français ou l'Anglais, l'autre, avec une franchise impudente, se proclame officiellement race juive.

Le sans-gêne effrayant avec lequel ils se comportent à l'égard des ressortissants des autres peuples, montre combien le jour de la victoire leur paraît proche.

Le jeune Juif aux cheveux noirs épie, pendant des heures, le visage illuminé d'une joie satanique, la jeune fille inconsciente du danger qu'il souille de son sang et ravit ainsi au peuple dont elle sort. Par tous les moyens il cherche à ruiner les bases sur lesquelles repose la race du peuple qu'il veut subjuguer. De même qu'il corrompt systématiquement les femmes et les jeunes filles, il ne craint pas d'abattre dans de grandes proportions les barrières que le sang met entre les autres peuples. Ce furent et ce sont encore des Juifs qui ont amené le nègre sur le Rhin, toujours avec la même pensée secrète et le but évident : détruire, par l'abâtardissement résultant du métissage, cette race blanche qu'ils haïssent, la faire choir du haut niveau de civilisation et d'organisation politique auquel elle s'est élevée et devenir ses maîtres.

Car un peuple de race pure et qui a conscience de ce que vaut son sang ne pourra jamais être subjugué par le Juif ; celui-ci ne pourra être éternellement en ce monde que le maître des métis.

Aussi cherche-t-il à abaisser systématiquement le niveau des races en empoisonnant constamment les individus.

Mais, au point de vue politique, il commence à remplacer l'idée de la démocratie par celle de la dictature du prolétariat. Dans la masse organisée des marxistes il a trouvé l'arme qui lui permet de se passer de la démocratie et qui le met également à même de subjuguer et de gouverner les peuples dictatorialement d'un poing brutal.

Il travaille systématiquement à amener une double révolution : économiquement et politiquement.

Il entoure, grâce aux influences internationales qu'il met en jeu, d'un réseau d'ennemis les peuples qui opposent une énergique résistance à cette attaque venue du dedans ; il les pousse à la guerre et finit, quand il le juge nécessaire, par planter le drapeau de la révolution sur le champ de bataille.

Il ébranle économiquement les États jusqu'à ce que les entreprises sociales, devenues improductives, soient enlevées à l'État et soumises à son contrôle financier.

Au point de vue politique, il refuse à l'État les moyens de subsister, mine les bases de toute résistance et défense nationale, ruine la confiance que le peuple avait dans le gouvernement, répand l'opprobre sur l'histoire et sur le passé et jette au ruisseau tout ce qui est grand.

En ce qui concerne la civilisation, il contamine l'art, la littérature, dupe les sentiments naturels, renverse tous les concepts de beauté et de noblesse, de dignité et de bien et entraîne en échange les hommes dans le domaine de la vile nature qui est la sienne.

La religion est ridiculisée ; la morale et les mœurs sont données pour des choses mortes et désuètes jusqu'à ce que les derniers appuis qui permettent à un peuple de lutter pour son existence en ce monde, soient tombés.

L. — Maintenant commence la grande et dernière révolution. Au moment où le Juif conquiert la puissance politique, il rejette les derniers voiles qui le cachaient encore. Le Juif démocrate et ami du peuple donne naissance au Juif sanguinaire et tyran des peuples. Il cherche, au bout de peu d'années, à exterminer les représentants de l'intelligence et, en ravissant aux peuples ceux qui étaient par nature leurs guides spirituels, il les rend mûrs pour le rôle d'esclave mis pour toujours sous le joug.

Un exemple effroyable de cet esclavage est fourni par la Russie où le Juif a, avec un fanatisme vraiment sauvage, fait périr au milieu de tortures féroces ou condamné à mourir de faim près de trente millions d'hommes, pour assurer à une bande d'écrivains juifs et de bandits de la Bourse la domination sur un grand peuple. Mais le dénouement n'est pas seulement la mort de la liberté des peuples opprimés par les Juifs, elle est aussi la perte de ces parasites des peuples. La mort de sa victime entraîne tôt ou tard celle du vampire.

Si nous passons en revue les causes de l'effondrement allemand, la cause première et décisive fut la méconnaissance du problème de la race et surtout du danger juif.

Il aurait été extrêmement facile de supporter les défaites essuyées sur le champ de bataille en août 1918. Elles n'étaient rien en proportion des victoires remportées par notre peuple. Ce ne sont pas elles qui ont causé notre chute ; nous avons été abattus par cette puissance qui avait préparé ces défaites, en enlevant systématiquement à notre peuple, depuis des dizaines d'années, les forces et instincts politiques et moraux qui, seuls, rendent les peuples capables d'exister et légitiment ainsi leur existence.

En négligeant le problème que posait le maintien des fondements de la race à laquelle appartient notre peuple, l'ancien Reich méprisait le seul droit qu'un peuple a de vivre en ce monde. Les peuples qui se métissent ou se laissent métisser pèchent contre la volonté de l'éternelle Providence et leur chute, amenée par un plus fort qu'eux, n'est pas imméritée ; ce n'est pas une injustice qu'on leur fait, c'est au contraire le rétablissement du droit. Quand un peuple n'attache plus de prix aux caractères spécifiques de son être, qui lui ont été donnés par la nature et prennent leurs racines dans son sang, il n'a plus le droit de se plaindre de la perte de son existence terrestre.

Tout ici-bas peut devenir meilleur. Toute défaite peut être mère d'une victoire future. Toute guerre perdue peut être la cause d'un relèvement ultérieur ; toute détresse peut rendre féconde l'énergie humaine et toute oppression peut susciter les forces qui produisent une renaissance morale, tant que le sang a été conservé pur.

Mais la perte de la pureté du sang détruit pour toujours le bonheur intérieur, abaisse l'homme pour toujours et ses conséquences corporelles et morales sont ineffaçables.

Si l'on confronte cette unique question avec tous les autres problèmes de la vie, on s'aperçoit alors combien ces derniers ont peu d'importance mesurés à cet étalon. Ils sont tous bornés dans le temps ; la question du maintien ou de la perte de la pureté du sang existera tant qu'il y aura des hommes. Tous les cas de décadence de quelque importance, antérieurs à la guerre, se ramènent en dernière analyse à une question de race.

Qu'il s'agisse de questions de droit général ou de monstruosités de la vie économique, de phénomènes de décadence d'une civilisation ou de dégénérescence politique, de la faillite de l'instruction scolaire ou de la mauvaise influence qu'exerce la presse sur les adultes, le mal vient toujours et partout, si l'on va au fond des choses, de ce que l'on n'a pas tenu compte de la race à laquelle appartient le peuple en question ou pas aperçu le danger que faisait courir à la race un peuple étranger.

C'est pourquoi toutes les tentatives de réforme, toutes les œuvres d'assistance sociale, toutes les mesures politiques, tout progrès économique et tout accroissement apparent des connaissances de l'esprit n'ont eu aucune conséquence importante. La nation et l'organe qui la met à même de naître et d'exister sur la terre, c'est-à-dire l'État, n'ont pas été intérieurement mieux portants, au contraire ils s'étiolaient à vue d'œil. La floraison apparente du Reich ne pouvait pas dissimuler sa faiblesse et chaque tentative faite pour le revigorer réellement échoua toujours parce qu'on laissait de côté la question la plus importante.

Il serait faux de croire que les partisans des différentes tendances politiques, qui discutaient doctoralement au chevet du peuple allemand, que même leurs chefs fussent en partie des hommes foncièrement méchants ou mal intentionnés. Leur activité était condamnée à rester infructueuse, parce que, dans le cas le plus favorable ils constataient tout au plus la forme sous laquelle se manifestait notre maladie générale, mais ne savaient pas en discerner l'agent pathogène. Quand on étudie méthodiquement la ligne que suivait l'évolution politique de l'ancien Reich, on ne peut manquer de s'apercevoir, après un examen attentif, que même après la formation de l'unité et au moment des progrès faits par la nation allemande et qui en furent la conséquence, la décadence intérieure était déjà en plein cours et que, malgré tous les succès politiques apparents et malgré le développement de la richesse économique, la situation générale empirait d'année en année. Dans les élections au Reichstag, l'augmentation des voix marxistes indiquait l'approche continue de l'effondrement intérieur qui devait amener l'effondrement extérieur. Toutes les victoires de ce qu'on appelait les partis bourgeois étaient sans valeur, non seulement parce qu'ils ne pouvaient empêcher, malgré tous leurs triomphes électoraux, la croissance numérique de la marée marxiste, mais encore parce qu'ils portaient en eux-mêmes des germes de décomposition. Sans s'en douter, le monde bourgeois était déjà contaminé intérieurement par les ptomaïnes des conceptions marxistes et sa résistance résultait souvent plutôt de la concurrence que se faisaient des chefs ambitieux que d'une opposition de principe d'adversaires décidés à lutter jusqu'au bout. Un seul lutta pendant ces longues années avec une inébranlable constance et ce fut le Juif. Son étoile de David continua à monter toujours plus haut au firmament, à mesure que s'affaiblissait la volonté de conservation de notre peuple.

Aussi ce ne fut pas un peuple décidé à l'attaque qui se précipita sur le champ de bataille en août 1914 ; c'était seulement le dernier sursaut de l'instinct de conservation national contre les progrès de la paralysie dont les doctrines pacifistes marxistes menaçaient notre peuple. Comme, même dans ces jours où se décidait notre destin, on n'a pas su voir quel était l'ennemi intérieur, toute résistance à l'extérieur était vaine et la Providence n'a pas accordé son salaire au glaive vainqueur ; elle a obéi à la loi éternelle qui veut que toute faute s'expie.

Ces considérations devaient inspirer les principes directeurs et la tendance du nouveau mouvement ; ils sont, nous en sommes convaincu, seuls capables non seulement d'arrêter la décadence du peuple allemand, mais de créer la base de granit sur laquelle un État pourra s'élever un jour, un État qui soit, non pas un mécanisme étranger à notre peuple, au service de besoins et d'intérêts économiques, mais un organisme issu du peuple, un État germanique de Nation allemande.

CHAPITRE 12

LA PREMIÈRE PHASE DU DÉVELOPPEMENT DU PARTI OUVRIER ALLEMAND NATIONAL-SOCIALISTE

S i je décris à la fin de ce volume la première phase du développement de notre mouvement, et si je discute sommairement une série de questions qui s'y rattachent, ce n'est pas dans l'intention de disserter sur l'esprit de notre doctrine.

Notre programme a, en effet, une envergure telle qu'il peut remplir un volume entier. J'en discuterai donc à fond dans le tome Il de cet ouvrage et j'essaierai de trouver une image de l'État tel que nous nous le représentons. « Nous », ce sont les centaines de mille hommes qui, au fond, partagent notre idéal, sans que chacun trouve les mots nécessaires pour décrire ce qui flotte devant ses yeux.

Toutes les grandes réformes ont, en effet, ceci de remarquable qu'elles n'ont souvent, tout d'abord, qu'un seul champion, puis gagnent des millions et des millions d'adeptes. C'est qu'elles répondaient déjà au vœu profond de milliers d'hommes impatients, lorsqu'enfin l'un d'eux s'est dressé pour proclamer leur volonté commune, et pour lever l'étendard des vieilles espérances, et, dans leur expression nouvelle, les conduire à la victoire.

Le fait que des millions d'êtres ont au fond du cœur le désir d'un changement complet des conditions de vie actuelles, prouve leur profond et douloureux mécontentement. Ce mécontentement se manifeste de mille façons différentes, chez l'un par le découragement et le désespoir, chez l'autre pat le dégoût, la colère et l'indignation, chez tel autre par l'indifférence et chez tel autre encore par un furieux désir d'intervenir. Parmi les mécontents, les uns s'abstiennent aux élections, d'autres, nombreux, votent avec les fanatiques d'extrême gauche.

C'est vers ceux-là que notre jeune mouvement devait se tourner en premier lieu : car il était naturel qu'il ne tendît pas vers une organisation de gens satisfaits et repus, mais qu'il recrutât les êtres torturés de souffrances, tourmentés, malheureux et mécontents ; avant tout, il ne doit pas flotter à la surface du corps social, mais pousser des racines su fond de la masse populaire.

*

Au point de vue politique, voici quelle était la situation en 1918 : un peuple divisé en deux parties. La première partie, de beaucoup la moins nombreuse, embrasse les couches intellectuelles de la nation, à l'exclusion des professions manuelles. Elle est superficiellement « nationale », en entendant par là qu'elle représente assez vaguement des intérêts qualifiés intérêts d'État, mais qui paraissent plutôt s'identifier avec des intérêts dynastiques.

Elle essaie de réaliser son idéal et de parvenir à ses objectifs grâce à des armes spirituelles dont l'effet est aussi superficiel qu'incomplet et qui, déjà par elles-mêmes, ont, vu la brutalité de l'adversaire, une infériorité marquée.

D'un coup violent, d'un seul, cette classe qui était encore tout récemment la classe dirigeante, fut mise à terre : tremblante de lâcheté, elle subit les humiliations que son vainqueur impitoyable voulut lui imposer.

À cette classe, s'oppose celle de la grande masse de la population des travailleurs manuels. Celle-ci est groupée en mouvements de tendance plus ou moins marxistes-extrémistes, et elle est décidée à briser par la force toutes les résistances d'ordre intellectuel. Elle ne veut pas être nationale ; elle refuse sciemment de favoriser les intérêts nationaux : au contraire, elle favorise toutes les poussées dominatrices étrangères. Numériquement, elle représente la plus grande partie du peuple, mais surtout elle contient les éléments de la nation sans lesquels un relèvement national ne peut être ni envisagé, ni réalisé.

Car, dès 1918, on devait comprendre ceci : toute ascension nouvelle du peuple allemand conduit à une aggravation des pressions étrangères sur l'Allemagne. Les conditions n'en sont pas toutefois les armes matérielles comme nos « hommes d'État » bourgeois ont coutume de le rabâcher, mais les forces de la volonté. Des armes, les Allemands en avaient alors plus que de besoin ; s'ils n'ont pas su assurer leur liberté, c'est qu'ils manquaient de l'énergie que donnent l'instinct de la conservation et la volonté de vivre. La meilleure arme n'est que de la matière inerte et sans valeur tant que manque l'esprit qui est prêt, enclin et décidé, à la mettre en œuvre. Si l'Allemagne fut sans défense, ce n'est pas qu'elle manqua d'armes ; il ne lui manqua que la volonté de conserver ses armes pour la défense de son peuple.

Si, aujourd'hui surtout, nos politiciens de gauche s'efforcent d'imputer au manque d'armement leur politique sans conscience, toute de concessions et de trahisons, ils ne méritent qu'une réponse : « Vous ne dites pas la vérité ! Par votre politique criminelle d'abandon des intérêts nationaux, vous avez livré vos armes. Maintenant, vous essayez de présente le manque d'armes comme cause déterminante de votre lamentable misère : il n'y a là comme dans tout ce que vous faites, que mensonge et fausseté. »

J'en dirai d'ailleurs autant aux politiciens de droite : car, grâce à leur pitoyable lâcheté, la racaille juive, parvenue au pouvoir en 1918, a pu voler à la nation ses armes. Pas plus que les autres, ces Juifs n'ont droit ou raison de faire du désarmement actuel le pivot de leur politique clairvoyante et prudente (disons plutôt : lâche) ; c'est au contraire notre situation de peuple sans défense qui est le résultat de leur lâcheté. Pour résoudre la question d'un rétablissement de la puissance allemande, il ne s'agit pas de nous demander : comment fabriquerons-nous des armes ? mais : « Comment créerons-nous l'esprit qui rend un peuple capable de porter des armes ? » Quand un tel esprit souffle sur un peuple, sa volonté trouve mille chemins dont chacun conduit à une arme. Vous pouvez donner dix pistolets à un lâche, il ne tirera pas une cartouche à l'attaque ! Ils valent moins en ses mains qu'un gourdin dans celles d'un brave.

La question de la reconstitution de la force politique de notre peuple est déjà, de ce fait, une question d'assainissement de notre instinct de conservation nationale : en effet, toute politique extérieure préparatrice et toute remise en valeur de l'État lui-même est moins fonction des disponibilités en armement que de la capacité de résistance, reconnue ou supposée, d'une nation. La capacité de cohésion d'un peuple est beaucoup moins déterminée par une grande accumulation d'armes inanimées que par l'existence visible d'une ardente volonté de conservation nationale, et d'un courage héroïque jusqu'à la mort. Une association ne 'se consolide pas avec des armes, mais avec des hommes. C'est ainsi que le peuple anglais a été considéré si longtemps comme le plus précieux des alliés du monde entier, parce qu'on sait pouvoir compter sur l'opiniâtreté farouche de son gouvernement et de la grande masse de la nation, fermement décidés à se battre jusqu'à' la victoire ; on sait qu'ils ne mesureront ni le temps ni les sacrifices et qu'ils mettront en œuvre tous les moyens. C'est pourquoi l'armement militaire momentanément existant n'a aucunement besoin d'être proportionné à celui des autres États.

Si l'on conçoit que le rétablissement politique de la nation allemande est une question de restauration de notre volonté de vivre, il est clair aussi que, pour asseoir cette volonté, il ne suffit pas de recourir à ceux de ses éléments qui sont déjà nationaux ; ce qu'il faut, c'est nationaliser la masse, qui est antinationale comme on le voit.

En conséquence, un mouvement jeune qui se donne pour but de rétablir l'État allemand dans sa souveraineté propre devra entamer une lutte sans merci pour la conquête des grandes masses.

Mais notre bourgeoisie dite « nationale s'est, en général, si lamentable, sa mentalité nationale apparaît si insuffisamment développée, qu'il semble bien que nous n'ayons pas à nous attendre de ce côté à une résistance sérieuse contre une vigoureuse politique nationale extérieure et intérieure. Même si, en raison de sa myopie bien connue, la bourgeoisie allemande devait, comme jadis au temps de Bismarck, persister, à l'heure d'une délivrance prochaine, dans une attitude de résistance passive, il n'y aurait du moins pas à craindre de résistance active de sa part, en raison de sa lâcheté bien connue et même proverbiale.

Il en est autrement de la masse de nos concitoyens qui a donné dans l'internationalisme. Non seulement leur caractère fruste et quelque peu primitif les porte davantage vers la violence, mais leurs dirigeants juifs sont autrement brutaux et impitoyables. Ils briseront toute tentative de relèvement de l'Allemagne, comme jadis ils ont brisé l'échine à l'armée allemande. Et surtout, grâce à leur prépondérance numérique, non seulement ils empêcheront dans cet État parlementaire de pratiquer une politique extérieure nationale quelconque, mais encore ils rendront impossible que l'on estime à sa juste valeur la force allemande, et que l'on apprécie, en conséquence, l'intérêt que peut présenter son alliance. Car le point faible que constitue pour nous l'existence de nos quinze millions de marxistes, de démocrates, de pacifistes, de centristes, n'est pas seulement connu de nous, il saute aux yeux de l'étranger, qui, lorsqu'il estime la valeur d'une alliance possible ou non, tient compte du poids de ce boulet encombrant. On ne s'allie pas avec un État dont la partie active du peuple s'oppose, au moins passivement, à toute politique extérieure résolue.

Ajoutons à cela que les dirigeants de ces partis de trahison nationale ont intérêt souvent à s'opposer, par simple souci de leur propre conservation, à tout relèvement de l'État, et ils s'y opposeront.

Les leçons de l'histoire ne nous permettent pas de concevoir que le peuple allemand retrouve sa situation d'autrefois, sans régler leur compte à ceux qui ont causé et consommé l'écroulement inouï de notre État. Car, devant le tribunal de la postérité, novembre 1918 ne sera pas regardé comme une simple trahison, mais comme une trahison envers la patrie.

Dans ces conditions, le rétablissement de l'indépendance allemande à l'extérieur est lié au premier chef au rétablissement de l'esprit de décision et de volonté de notre peuple.

Mais rien qu'au point de vue technique, la pensée d'une libération allemande vis-à-vis de l'extérieur apparaît insensée, tant que la grande masse du peuple ne sera pas disposée à se mettre au service de cette pensée de liberté.

Au point de vue purement militaire, il est de lumineuse évidence, pour tout officier, que l'on ne peut pas faire une guerre avec des bataillons d'étudiants, mais qu'il faut, en plus des cerveaux d'un peuple, ses poings.

Il faut bien se représenter à cet égard que si on laisse à la classe dite intellectuelle le fardeau de la défense nationale, on dépouille la nation d'un bien qu'on ne peut plus remplacer. Les jeunes intellectuels allemands qui, dans les régiments de volontaires, ont trouvé la mort dans les Flandres en 1914, ont cruellement manqué dans la suite. Ils étaient l'élite de la nation, et leur perte ne pouvait plus être compensée au cours de la guerre. Et de même que le combat ne peut être alimenté que si les bataillons d'assaut sont grossis de la masse des travailleurs, de même il est impossible de la préparer techniquement s'il ne règne dans tout notre corps social une unité profonde entretenue par une ferme volonté.

Or, notre peuple, obligé de traîner sa vie, désarmé sous les mille regards des signataires du traité de Versailles, ne peut prendre aucune mesure de préparation technique tant que la horde des ennemis de l'intérieur ne sera pas décimée et réduite à cette juiverie à qui la bassesse innée de son caractère permet de trahir tout et tout le monde pour trente pièces de monnaie. Mais celle-là, elle est réglée maintenant ! Au contraire, les millions d'hommes qui, par conviction politique, s'opposent au relèvement national nous apparaissent invincibles, du moins tant qu'on n'aura pas combattu et arraché de leur cœur et de leur cerveau la cause de leur hostilité, c'est-à-dire la conception marxiste internationale. À quelque point de vue que l'on examine la possibilité de reconquérir notre indépendance comme État et comme peuple, préparation politique à l'extérieur, mise en état de nos forces ou préparation de la bataille elle-même, la condition de base reste toujours, et dans tous les cas, la conquête préalable de la grande masse de notre peuple à l'idée de notre indépendance nationale.

Si nous ne regagnons pas notre liberté à l'extérieur, toute réforme intérieure, même dans le cas le plus favorable, ne représentera qu'un accroissement de notre capacité à être pour les autres nations une espèce de colonie. Les bénéfices de notre relèvement économique — ou de ce que l'on désigne sous ce nom — iront à messieurs nos contrôleurs internationaux, et toute amélioration d'ordre social réalisée chez nous augmentera à leur avantage le produit de notre travail. Quant aux progrès culturels, ils ne peuvent pas échoir en partage à la nation allemande, car ils sont trop liés à l'indépendance politique et à la dignité d'un peuple.

Si donc il n'est d'avenir pour l'Allemagne que si la grande masse de notre peuple est gagnée à l'idée nationale, la conquête de cette masse constitue la tâche la plus élevée et la plus importante de notre mouvement ; et l'activité de celui-ci ne doit pas s'employer seulement à satisfaire les besoins du présent, elle doit considérer surtout dans ses réalisations les conséquences qu'elles peuvent avoir pour l'avenir du pays. C'est ainsi que, dès 1919, nous avions compris que le nouveau mouvement devait arriver avant tout à nationaliser les masses.

Il en résultait, pour la tactique à suivre, une série d'obligations.

1° Pour gagner la masse au relèvement national, aucun sacrifice n'est trop grand.

Quelles que soient les concessions d'ordre économique encore et toujours accordées aux ouvriers, celles-ci ne sont pas à comparer avec le bénéfice qu'en retire l'ensemble de la nation, si elles contribuent à faire entrer les grandes couches populaires dans le corps social dont elles font partie.

Seuls, des esprits myopes et bornés — comme il y en a malheureusement un si grand nombre dans nos milieux ouvriers — peuvent méconnaître qu'à la longue, aucun essor économique ne leur sera possible, et par suite profitable tant que n'aura pas été rétablie une profonde solidarité entre le peuple et la nation.

Si, pendant la guerre, les syndicats avaient protégé ardemment les intérêts des travailleurs, si, même pendant la guerre, ils avaient eux-mêmes arraché mille fois, par la grève, aux entrepreneurs, alors avides de dividendes, leur acquiescement aux revendications des ouvriers qu'ils opprimaient, s'ils avaient proclamé avec autant de fanatisme leur culte pour l'idée allemande, en poursuivant l'œuvre de défense nationale, et s'ils avaient donné à la patrie avec la même ardeur, poussée au paroxysme, tout ce qui est dû à la patrie, la guerre n'aurait pas été perdue. Combien toutes ces concessions économiques auraient été insignifiantes, même les plus grandes, vis-à-vis de l'importance inouïe de la victoire !

Ainsi, dans un mouvement qui cherche à rendre l'ouvrier allemand au peuple allemand, il importe de comprendre que des sacrifices économiques sont négligeables tant qu'ils ne compromettent pas la solidité et l'indépendance de l'économie nationale.

2° L'éducation nationale de la masse ne peut être réalisée que par le moyen indirect du relèvement social ; c'est en effet par ce moyen seul que peuvent être obtenues les conditions économiques de base qui permettraient à chacun de prendre sa part des biens culturels de la nation.

3° La nationalisation de la masse ne peut, en aucun cas, être obtenue par des demi-mesures ou par un apostolat timide, mais par une concentration d'efforts poussés à fond, avec fanatisme, jusqu'au but qu'il importe d'atteindre. Ceci veut dire qu'on ne peut pas rendre un peuple « national », au sens très mitigé que donne à ce mot notre bourgeoisie actuelle ; il faut agir nationalement, avec toute la fougue qu'exigent les solutions extrêmes.

Le poison n'est vaincu que par le contre-poison et seuls des bourgeois insipides peuvent s'imaginer que des procédés juste-milieu les conduiront au royaume des cieux.

La grande masse d'un peuple ne se compose ni de professeurs, ni de diplomates. Elle est peu accessible aux idées abstraites. Par contre, on l'empoignera plus facilement dans le domaine des sentiments et c'est là que se trouvent les ressorts secrets de ses réactions, soit positives, soit négatives. Elle ne réagit d'ailleurs bien qu'en faveur d'une manifestation de force orientée nettement dans une direction ou dans la direction opposée, mais jamais au profit d'une demi-mesure hésitante entre les deux. Fonder quelque chose sur les sentiments de la foule exige aussi qu'ils soient extraordinairement stables. La foi est plus difficile à ébranler que la science, l'amour est moins changeant que l'estime, la haine est plus durable que l'antipathie. Dans tous les temps, la force qui a mis en mouvement sur cette terre les révolutions les plus violentes, a résidé bien moins dans la proclamation d'une idée scientifique qui s'emparait des foules que dans un fanatisme animateur et dans une véritable hystérie qui les emballait follement.

Quiconque veut gagner la masse, doit connaître la clef qui ouvre la porte de son cœur. Ici l'objectivité est de la faiblesse, la volonté est de la force.

4° On ne peut gagner l'âme du peuple que si, en même temps que l'on lutte pour atteindre son propre but, on veille à détruire tout ennemi qui cherche à y faire obstacle.

Dans tous les temps, le peuple a considéré l'attaque sans merci de ses adversaires comme la preuve de son bon droit ; pour lui, renoncer à les détruire, c'est douter de ce bon droit ; c'est même nier qu'il existe.

La masse n'est qu'une partie de la nature : ses sentiments ne lui permettent pas de vivre en bonne harmonie avec des hommes qui ne se cachent pas de vouloir le contraire de ce qu'elle veut elle-même. Elle ne conçoit que la victoire du plus fort et l'anéantissement du plus faible ou tout au moins son assujettissement sans conditions.

La nationalisation de notre masse ne pourra réussir que si, outre le combat mené pour conquérir l'âme de notre peuple, on entreprend de détruire ses empoisonneurs Internationaux.

5° Toutes les grandes questions de notre temps sont des questions du moment et ne représentent que la suite de causes définies.

Une cause, entre toutes, présente pourtant seule une importance fondamentale : celle du maintien de la race dans l'organisme social. C'est dans le sang, seul, que réside la force ou la faiblesse de l'homme. Les peuples qui ne reconnaissent pas et n'apprécient pas l'importance de leurs fondements racistes ressemblent à des gens qui voudraient conférer aux caniches les qualités des lévriers, sans comprendre que la rapidité et la docilité du caniche ne sont pas des qualités acquises par le dressage, mais sont inhérentes à la race elle-même. Les peuples qui renoncent à maintenir la pureté de leur race renoncent, du même coup, à l'unité de leur âme dans toutes ses manifestations.

La dislocation de leur être est la conséquence naturelle et inéluctable de l'altération de leur sang, et la désagrégation de leurs forces spirituelles et créatrices n'est que l'effet de modifications apportées à leurs fondements racistes.

Celui qui veut délivrer le peuple allemand des imperfections manifestes qui ne sont pas inhérentes â ses origines, devra d'abord le délivrer de ceux qui l'ont poussé dans la voie de ces imperfections.

La nation allemande ne pourra plus s'élever de nouveau, si l'on n'envisage pas résolument le problème de la race, et par suite la question juive.

La question de race n'est pas seulement la clef de l'histoire du monde, c'est celle de la culture humaine.

6° L'incorporation dans une communauté nationale de la grande masse de notre peuple, qui est aujourd'hui dans le camp de l'internationalisme, ne comporte aucune renonciation à l'idée que chacun défende les intérêts légitimes des gens de sa condition. Tous ces intérêts particuliers aux différentes conditions ou professions ne doivent entraîner en rien une séparation entre les classes : ce ne sont que des phénomènes résultant normalement des modalités de notre vie économique. La constitution de groupements professionnels ne s'oppose en rien à la formation d'une véritable collectivité populaire, car celle-ci consiste dans l'unité du corps social dans toutes les questions qui concernent ce corps social.

L'incorporation d'une condition, devenue une classe, dans la communauté populaire, ou seulement dans l'État, ne se produit pas par abaissement des classes plus élevées, mais par relèvement des classes inférieures. La bourgeoisie d'aujourd'hui n'a pas été incorporée dans l'État par des mesures prises par la noblesse, mais par sa propre activité et sous sa propre direction.

Le travailleur allemand n'est pas entré dans le cadre de la communauté allemande â la suite de scènes de fraternisation larmoyante, mais parce qu'il a consciemment relevé sa situation sociale et culturelle jusqu'à atteindre sensiblement le niveau des autres classes.

Un mouvement qui s'assigne un but semblable devra chercher ses adhérents d'abord dans le camp des travailleurs. Il ne doit s'adresser à la classe des intellectuels que dans la mesure où celle-ci aura saisi pleinement le but à atteindre. La marche de ce phénomène de transformations et de rapprochements de classes n'est pas une affaire de dix ou vingt ans : l'expérience conduit à penser qu'elle embrassera de nombreuses générations.

Le plus gros obstacle au rapprochement du, travailleur d'aujourd'hui et de la collectivité nationale, ce n'est pas l'action des représentants de ses intérêts corporatifs, mais celle des meneurs qui le travaillent dans le sens de l'internationalisme dans un esprit hostile au peuple et à la patrie.

Ces mêmes associations syndicales — conduites au point de vue politique dans un sens national et franchement populaire — transformeront des millions de travailleurs en membres de haute valeur de la collectivité nationale, sans que cela influe sur les combats isolés qui pourront se livrer sur le terrain purement économique. Un mouvement qui veut rendre honorablement l'ouvrier allemand à son peuple et l'arracher à l'utopie internationaliste doit s'attaquer tout d'abord avec la dernière vigueur à certaines conceptions qui règnent dans les milieux patronaux : à savoir qu'une fois entré dans la communauté populaire, l'ouvrier perdrait, au point de vue économique, ses moyens de défense vis-à-vis de son employeur ; et encore que la moindre tentative de défense des intérêts économiques vitaux des ouvriers même les plus justifiés, est une attaque contre les intérêts de la collectivité.

Combattre une telle théorie, c'est combattre un mensonge connu ; la collectivité populaire n'impose pas ses obligations à certaines de ses parties, mais à toutes.

Sans doute, un ouvrier pèche contre l'esprit d'une collectivité populaire digne de ce nom quand, sans égards pour le bien public et pour le maintien de l'état économique national, et appuyé sur sa force, il profère des revendications exagérées. Mais un entrepreneur ne lèse pas moins cette communauté si, par des procédés d'exploitation inhumains et par de véritables extorsions, il fait mauvais usage de la force de travail de la nation et gagne, tel un usurier, des millions sur la sueur de ses ouvriers.

Il perd ainsi le droit de se dire « national », ni de parler d'une communauté populaire, car il n'est qu'une canaille égoïste qui sème le mécontentement et provoque les luttes qui s'ensuivent, luttes qui, de toutes façons, seront nuisibles au pays.

Le réservoir dans lequel notre mouvement devra puiser en premier lieu sera donc la masse de nos ouvriers. Cette masse, il s'agit de l'arracher à l'utopie internationaliste, â sa détresse sociale, de la sortir de son indigence culturelle et d'en faire un élément décidé, valeureux, animé de sentiments nationaux et d'une volonté nationale, de notre communauté populaire.

S'il se trouve dans les milieux nationaux éclairés des hommes ardemment attachés à leur peuple et à son avenir et conscients de l'importance du combat dont l'âme de cette masse est le prix, ces hommes seront les bienvenus dans les rangs de notre mouvement. Ils en constitueront utilement la charpente spirituelle. Ceci dit, nous ne cherchons pas à attirer à nous le bétail électoral bourgeois. Car nous nous chargerions ainsi d'une masse dont la mentalité aurait plutôt pour effet d'écarter de nous des couches sociales beaucoup plus étendues.

Certes, c'est théoriquement très beau de vouloir grouper dans un même mouvement les masses les plus étendues, venues d'en haut comme d'en bas. Mais il faut tenir compte de ceci : il est peut-être possible de prendre sur la classe bourgeoise une influence psychologique suffisante pour lui inculquer des opinions nouvelles ou même une saine compréhension des choses ; mais on ne peut songer à faire disparaître des qualités caractéristiques ou, disons mieux, des imperfections dont l'origine et le développement remontent à plusieurs siècles. Enfin, notre but n'est pas de modifier les esprits dans un camp qui est déjà national ; il s'agit d'amener â nous le camp des anti-nationaux.

Et c'est cette idée qui doit finalement commander toute la tactique du mouvement.

7° Cette prise de position unilatérale, et par cela même très claire, doit se retrouver aussi dans la propagande du mouvement et inversement, notre propagande s'appliquera à la développer à son tour.

Car, pour que la propagande en faveur du mouvement soit efficace, il faut qu'elle ne s'exerce que dans une direction unique ; sinon, en raison de la différence de formation intellectuelle des deux camps en présence, cette propagande serait incomprise de l'un d'eux, ou repoussée par l'autre comme portant sur des vérités évidentes et par suite sans intérêt.

Même la manière de s'exprimer et le ton que l'on prend ne peuvent porter également sur deux couches sociales si diamétralement différentes.

Si la propagande renonce à une certaine naïveté d'expression, elle ne parviendra pas à toucher la sensibilité de la masse. Si elle introduit au contraire dans ses paroles et dans ses gestes toute la rudesse de sentiments de la masse, elle n'atteindra pas les milieux dits « intellectuels ».

Parmi cent personnages qui se disent orateurs, il n'y en a pas dix qui sauraient parler avec une égale efficacité, et naturellement sur le même sujet, aujourd'hui à un auditoire de balayeurs de rues, de serruriers et de nettoyeurs de canaux et demain à des professeurs de l'enseignement supérieur et à des étudiants. J'entends leur parler sous une forme qui réponde aux possibilités d'assimilation des uns et des autres, et, de plus, qui exerce sur eux la même influence et qui déchaîne chez les uns comme chez les autres la même tempête d'applaudissements.

Il faut toujours avoir présent à l'esprit que la plus belle pensée d'une théorie élevée ne peut, le plus souvent, se répandre que par l'intermédiaire de petits et même de très petits esprits.

Il ne s'agit pas de ce que pourrait dire le créateur d'une idée géniale, mais de ce que devient cette idée dans la bouche de celui qui la transmet et du succès qu'elle obtient sous cette forme.

C'est ainsi que la force d'expansion de la social-démocratie, disons plus, du mouvement marxiste, repose surtout sur l'unité et, par suite, la manière uniforme du public auquel elle s'adressait.

Plus les idées exposées paraissaient limitées, voire même bornées, plus elles étaient facilement acceptées et mises en pratique par une masse dont la capacité correspondait bien à la pâture intellectuelle qui lui était servie.

Aussi le mouvement nouveau devait-il s'engager sur une voie à la fois simple et claire :

La propagande doit être maintenue tant pour le fond que pour la forme, au niveau de la masse, et l'on ne doit mesurer sa valeur qu'aux résultats obtenus.

Dans les réunions populaires, l'orateur qui parle le mieux n'est pas celui qui sent venir à lui l'intelligence des assistants, mais celui qui conquiert le cœur de la masse.

Un « intellectuel » qui, dans une assemblée populaire, critiquerait mesquinement le défaut d'élévation de pensée dans un discours qui aurait manifestement agi sur les basses couches qu'il s'agissait de conquérir, ne prouverait que la complète incapacité de son jugement et le néant de sa propre valeur, eu égard au mouvement nouveau.

Il ne faut, au service de notre mouvement, que des intellectuels susceptibles de comprendre assez bien notre mission et notre but pour juger l'activité de notre propagande uniquement sur ses succès et nullement sur l'impression qu'elle a pu leur faire. En effet, la propagande n'est pas faite pour entretenir la mentalité nationale des gens qui l'ont déjà, mais pour gagner des ennemis de notre conception du peuple allemand, s'ils sont toutefois de notre sang.

En générai, les méthodes que j'ai déjà exposées sommairement en traitant de la propagande en temps de guerre, me paraissent parfaitement convenir à notre mouvement en raison de leurs procédés particulièrement propres à éclairer les idées.

Le succès a prouvé l'excellence de ces méthodes.

8° Le moyen de réussir un mouvement de réforme politique ne sera jamais d'éclairer ou d'influencer les forces dirigeantes : ce qu'il faut, c'est conquérir la puissance politique. Une idée qui doit bouleverser le monde a non seulement le droit, mais le devoir de s'assurer les moyens qui rendent possible l'accomplissement de ses conceptions. Le succès est le seul juge ici-bas qui décide de la justice ou de l'injustice d'une telle entreprise, et, par le mot de succès, je n'entends pas, comme en 1918, la conquête de la puissance, mais l'action bienfaisante sur le peuple entier.

Il ne faut donc pas considérer un coup d'État comme réussi — comme certains magistrats sans conscience le proclament aujourd'hui en Allemagne — parce que les révolutionnaires auront réussi à prendre possession du pouvoir, mais seulement si la nation, grâce à la conquête des objectifs que s'était fixés le mouvement révolutionnaire, est plus florissante que sous le régime passé. Jugement que l'on ne peut pas appliquer à la révolution allemande, comme s'intitule le coup de force des bandits de l'automne 1918.

Mais si la conquête de la puissance politique est la première condition à remplir pour pouvoir faire aboutir des intentions de réformes, alors un mouvement qui a de telles intentions doit, dès le premier jour de son existence, avoir conscience de ce qu'il est un mouvement de masse et non pas celui d'un club littéraire de buveurs de thé, ou d'une société bourgeoise de joueurs de quilles.

9° Le mouvement nouveau est dans son essence et dans son organisation intime antiparlementaire, c'est-à-dire qu'il dénie en général le principe —

comme dans sa propre organisation intérieure — d'une souveraineté de la majorité en vertu de laquelle le chef du gouvernement est rabaissé au rang de simple exécutant de la volonté des autres. Le mouvement pose le principe que, sur les grandes comme sur les petites questions, le chef détient une autorité incontestée, comportant sa responsabilité la plus entière.

Les conséquences pratiques de ce principe sont pour notre mouvement : Le président d'un groupement subordonné est installé dans ses fonctions par le chef du groupement d'ordre immédiatement supérieur ; il est responsable de la conduite de son groupement : toutes les commissions sont à sa disposition ; inversement, il ne dépend d'aucune commission.

Aucune commission n'a droit de vote ; il n'existe que des commissions d'études, entre lesquelles le chef responsable répartit le travail. De ce principe découle l'organisation du Bezirk, du Kreis, ou de la Gau[13] ; partout le chef est institué par le chef immédiatement supérieur et il lui est en même temps dévolu une pleine autorité et des pouvoirs illimités. Seul, le chef de l'ensemble du parti est élu, selon les règles de l'association, par l'assemblée générale des membres. Mais il est le chef exclusif. Toutes les commissions sont sous sa dépendance ; il ne dépend d'aucunes. Il a la responsabilité, mais la porte tout entière sur ses épaules. Si le chef a violé les principes du mouvement ou s'il a mal servi ses intérêts, il appartient â ses partisans de le faire comparaître sur le forum en vue d'une nouvelle élection et de le dépouiller de sa charge. Il est alors remplacé par l'homme nouveau qui semble le plus capable et qui est, à son tour, revêtu de la même autorité et de la même responsabilité.

C'est un des devoirs les plus stricts de notre mouvement que de considérer ce principe comme impératif, non seulement dans ses propres rangs, mais dans le cadre de l'État tout entier.

Celui qui veut être le chef porte, avec l'autorité suprême, et sans limites, le lourd fardeau d'une responsabilité totale. Celui qui n'est pas capable de faire face aux conséquences de ses actes, ou qui ne s'en sent pas le courage, n'est bon à rien comme chef. Seul un héros peut assumer cette fonction.

Les progrès et la civilisation de l'humanité ne sont pas un produit de la majorité, mais reposent uniquement sur le génie et l'activité de la personnalité.

Pour rendre à notre peuple sa grandeur et sa puissance, il faut tout d'abord exalter la personnalité du chef et la rétablir dans tous ses droits.

De ce fait, le mouvement est antiparlementaire ; et même s'il s'occupe d'une institution parlementaire, que ce ne soit que pour s'y attaquer en vue d'éliminer un rouage politique dans lequel nous devons voir l'un des signes les plus nets de la décadence de l'humanité.

10° Le mouvement se refuse à prendre position dans des questions qui sortent du cadre de son travail politique ou qui ne paraissent pas d'une importance fondamentale.

Son but n'est pas une réforme religieuse, mais une réorganisation politique de notre peuple. Il voit dans les deux confessions religieuses des appuis également précieux pour la conservation de notre peuple ; il combat

---

[13] Arrondissement, cercle, région.

donc les partis qui contestent à la religion son rôle fondamental de soutien moral pour n'en faire qu'un instrument à l'usage des partis.

La mission du mouvement n'est pas de rétablir une forme d'État déterminée ni de lutter contre une autre forme d'État, mais d'établir les principes fondamentaux sans lesquels ni république ni monarchie ne peuvent durer.

Elle n'est ni de fonder une monarchie, ni de renforcer la république, mais de créer un État germanique.

La forme extérieure à donner à cet État pour couronner l'œuvre ne présente pas une importance fondamentale ; c'est une affaire à régler plus tard d'après l'opportunité pratique du moment.

Chez un peuple qui aura enfin compris les grands problèmes et les grands efforts inhérents à son existence, la question de la forme du gouvernement ne doit plus soulever de luttes intérieures.

La question de l'organisation intérieure du mouvement est une question, non de principe, mais d'adaptation opportune au but poursuivi.

La meilleure organisation n'est pas celle qui introduit entre le chef d'un mouvement et ses partisans un imposant système d'intermédiaires : c'est celui qui en crée le moins possible. Car organiser, c'est transmettre à un très grand nombre d'hommes une idée définie — qui toujours a pris naissance dans la tête d'un seul — et assurer ensuite la transformation de cette idée en réalités.

L'organisation n'est donc, en tout et pour tout, qu'un mal nécessaire. Elle est, tout au plus, un moyen d'atteindre un certain but ; elle n'est pas le but.

Puisque le monde produit plus de créatures machinales que de cerveaux pensants, il est toujours plus facile de mettre sur pied une organisation que de donner corps à des idées. Le stade d'une idée en voie de réalisation, en particulier lorsqu'elle présente un caractère de réforme, est, à grands traits, le suivant :

Une idée géniale sort toujours du cerveau d'un homme en qui s'éveille la vocation de transmettre sa foi au reste de l'humanité. Il prêche ce qu'il a conçu et se gagne peu à peu un certain nombre de partisans.

La transmission directe et personnelle des idées d'un homme à ses semblables est le procédé idéal ; c'est aussi le plus naturel. À mesure que s'accroît le nombre des adeptes, Il devient de plus en plus difficile, pour celui qui répand l'idée, de continuer à agir personnellement et directement sur ses innombrables partisans, de les commander et de les guider tous. Et, de même qu'au fur et à mesure de l'extension d'une commune, la circulation pure et simple d'un point à un autre doit faire l'objet d'une réglementation, de même il faut se résoudre ici à créer des rouages encombrants. C'en est fait de l'État idéal : il va connaître le mal nécessaire de l'organisation. Il faut envisager la formation de petits groupes subordonnés, comme, par exemple, dans le mouvement politique, où les groupes locaux sont les cellules élémentaires des organisations d'ordre plus élevé.

Toutefois, on risquerait d'altérer l'unité de l'enseignement, si !'on consentait à ces fractionnements avant que l'autorité du créateur de la doctrine et de l'école qu'Il a fondée soit incontestablement assise. On n'attachera jamais trop d'importance à l'existence d'un centre politique et géographique où soit la tête du mouvement.

Les voiles noirs de la Mecque ou le charme magique de Rome donnent à la longue aux mouvements dont elles sont les sièges, une force faite d'unité intérieure et de soumission à l'homme qui symbolise cette unité.

Aussi, lorsqu'on crée les cellules élémentaires de l'organisme, ne doit-on jamais négliger de maintenir toute l'importance du lieu d'origine de l'idée et d'en relever hautement le prestige.

Cette exaltation sans limite au triple point de vue symbolique, moral et matériel, du lieu d'où est sortie l'idée et où se tient la direction du mouvement, doit être poursuivie dans la mesure même où la multiplication infinie des cellules subordonnées du mouvement exigent de nouveaux groupements dans l'exemple de l'organisation.

Car si le nombre croissant des adeptes, et l'impossibilité de continuer à entretenir avec eux des rapports directs, conduit à constituer des groupes subordonnés, de même la multiplication infinie de ces groupes oblige à les réunir en groupements d'ordre plus élevé que l'on pourrait qualifier par exemple, au point de vue politique, d'association de région ou de district.

Il est relativement facile de maintenir les groupes locaux les plus bas de la hiérarchie sous l'autorité du centre du mouvement : par contre, il faut reconnaître toute la difficulté d'imposer cette autorité aux organisations d'ordre plus élevé qui se constituent par la suite. Et cependant cela est fondamental pour la sauvegarde de l'unité du mouvement et par suite de l'exécution de l'idée.

Si, de plus, ces organismes intermédiaires plus importants se groupent entre eux, on voit encore s'accroître la difficulté d'assurer partout l'obéissance absolue aux ordres venus des organes centraux.

Aussi les rouages complets d'une organisation ne doivent-ils être mis en route que dans la mesure où l'autorité spirituelle de l'organe central, et de l'idée qui l'anime, paraît garantie sans réserve. Dans les systèmes politiques, cette garantie ne semble être complète que si le pouvoir a été effectivement pris.

Il en résulte que les directives pour l'aménagement intérieur du mouvement sont les suivantes :

a) Concentration de tout le travail, d'abord dans une ville unique : Munich. Rassemblement en ce point d'un groupe de partisans complètement sûrs ; création d'une école pour l'extension ultérieure de l'idée. Il faut gagner l'autorité nécessaire pour l'avenir en réalisant, en ce même endroit, les succès les plus considérables et les plus frappants qui puissent être obtenus.

Pour faire connaître le mouvement et ses chefs, il fallait non seulement ébranler visiblement la conviction que l'école marxiste fonctionnant là était invincible, mais prouver la possibilité d'un mouvement opposé.

b) Ne créer autre part des groupes locaux qu'une fois l'autorité de l'organisme de commandement de Munich définitivement assurée.

c) Constituer ensuite des associations de districts de région ou de pays, non pas tant lorsque le besoin s'en sera fait sentir qu'après que l'on aura obtenu des garanties suffisantes de soumission complète à l'organe central.

De plus, la création d'organismes subordonnés dépend du nombre d'individus que l'on juge capables de leur être éventuellement envoyés comme chefs.

Sur ce point, il y a deux solutions :

a) Le mouvement dispose des moyens financiers nécessaires pour attirer et instruire les hommes intelligents capables de devenir plus tard des chefs. Il met alors à la besogne le personnel ainsi acquis à la cause et l'emploie méthodiquement, en l'adaptant étroitement au but à atteindre, notamment en ce qui concerne la tactique à pratiquer.

Cette solution est la plus facile et la plus rapide : elle suppose pourtant de grands moyens pécuniaires, car ce matériel de chefs n'est en situation de travailler pour le mouvement que s'il est rétribué.

b) Par suite de son manque de ressources financières, le mouvement n'est pas en mesure d'employer des chefs fonctionnaires ; il est réduit à faire appel à des hommes qui travaillent pour l'honneur.

Cette voie est la plus longue et la plus difficile. La direction du mouvement doit parfois laisser en friche de vastes régions, lorsqu'elle ne dispose, parmi ses partisans, d'aucun homme capable d'organiser et de diriger l'action dans la région en question.

Il peut arriver que de vastes territoires ne présentent aucune ressource à cet égard, tandis que d'autres localités posséderont deux ou trois hommes d'une capacité presque égale. Les difficultés qui peuvent se présenter de ce chef sont considérables et ne peuvent être résolues qu'au bout de plusieurs années.

Mais la condition première, pour constituer un élément de l'organisation, est et reste de mettre à sa tête l'homme qui convient.

Autant une troupe sans officier serait dépourvue de valeur, autant une organisation politique est inopérante si elle n'a pas le chef qu'il lui faut.

Si l'on ne dispose pas d'une personnalité à mettre à la tête d'un groupe local, il vaut mieux s'abstenir de le constituer que d'échouer dans son organisation. Pour être un chef, il ne suffit pas d'avoir de la volonté, il faut aussi des aptitudes : mais la force de volonté et l'énergie passent avant le génie tout seul. Le meilleur chef est celui : qui réunit la capacité, l'esprit de décision et l'opiniâtreté dans l'exécution.

L'avenir d'un mouvement est conditionné par le fanatisme et l'intolérance que ses adeptes apportent à le considérer comme le seul mouvement juste, très supérieur à toutes les combinaisons de même ordre.

C'est une très grande erreur de croire que la force d'un mouvement croît par son union avec un mouvement analogue. Il y aura peut-être un accroissement de développement extérieur qui, aux yeux d'un observateur superficiel, semblera un accroissement de force : en réalité, le mouvement aura recueilli les germes d'un affaiblissement intérieur qui ne tardera pas à se faire sentir.

Car, quoi que l'on puisse dire de la ressemblance de deux mouvements, il n'y a jamais similitude. Sinon il n'y aurait pas deux mouvements, il n'y en aurait qu'un seul. De plus, en quelque point que puissent être les différences — ne seraient-elles fondées que sur la valeur différente des deux chefs — elles sont là. La loi naturelle de tous les développements ne comporte pas l'accouplement de deux organismes différents, mais la victoire du plus fort et l'exploitation méthodique de la force du vainqueur, qui n'est rendue possible que par le combat qu'elle provoque.

L'union de deux partis politiques qui se ressemblent peut produire des avantages politiques passagers : mais, à la longue, un succès obtenu ainsi devient une cause de faiblesses qui se manifesteront plus tard.

Un mouvement ne peut devenir grand que s'il développe sans limite sa force intérieure et s'il s'accroît de façon durable en remportant une victoire définitive sur tous ses concurrents.

Sans aucun doute, on peut dire que sa force et, avec elle, son droit à la vie ne se développent qu'autant qu'il admet comme condition d'extension l'idée de se battre ; on peut dire aussi que le moment où un mouvement aura atteint sa force maxima est celui où la victoire complète se sera rangée â son côté.

Un mouvement ne demandera donc la victoire qu'à une tactique qui, loin de lui procurer des succès immédiats mais momentanés, lui imposera une longue période de croissance et de longs combats provoqués par son intolérance absolue vis-à-vis des autres.

Des mouvements qui ne doivent leur croissance qu'à une soi-disant association d'organismes semblables, c'est-à-dire qu'à des compromis, ressemblent à des plantes de forceries.

Elles prennent de la hauteur, mais il leur manque la force de braver les siècles et de résister à la violence des tempêtes.

La puissance de toutes les grandes organisations qui incarnaient une grande idée a reposé sur le fanatisme avec lequel elles se sont dressées, intolérantes, sûres de leur bon droit et confiantes dans la victoire contre tout ce qui n'était pas elles.

Quand une idée est juste par elle-même, et que, armés de cette conviction, ses adeptes entreprennent de combattre pour elle ici-bas, ils sont invincibles ; toute attaque contre eux ne fait qu'accroître leur force.

Le christianisme n'est pas devenu si grand en faisant des compromis avec les opinions philosophiques de l'antiquité à peu près semblables aux siennes, mais en proclamant en défendant avec un fanatisme inflexible son propre enseignement.

L'avance apparente que des mouvements politiques peuvent réaliser en s'alliant à d'autres est rapidement dépassée par les progrès d'un enseignement qui s'organise et qui combat lui-même dans la plus complète indépendance.

Le mouvement doit dresser ses membres à ne pas voir, dans la lutte, un élément secondaire et négligeable, mais le but lui-même. Dès lors, ils ne craindront plus l'hostilité de leurs adversaires ; au contraire, ils sentiront en celle-ci la condition première de leur propre raison d'être. Ils ne redouteront pas la haine des ennemis de notre peuple et de notre conception du monde ; ils la désireront au contraire, ardemment ; mais, parmi les manifestations de cette haine, figurent le mensonge et la calomnie.

Celui qui n'est pas combattu dans les journaux juifs, celui qu'ils ne dénigrent pas, n'est ni un bon Allemand, ni un véritable national-socialiste ; sa mentalité, la loyauté de sa conviction et la force de sa volonté ont pour exacte mesure l'hostilité que lui oppose l'ennemi mortel de notre peuple.

Il faut encore et toujours signaler aux partisans de notre mouvement, et plus généralement, au peuple entier, que les journaux juifs sont un tissu de mensonge. Même quand un Juif dit la vérité, c'est dans le but précis de couvrir une plus grande tromperie ; dans ce cas encore, il ment donc sciemment. Le Juif est un grand maître en mensonges : mensonge et tromperie sont ses armes de combat.

Toute calomnie, toute calomnie d'origine juive marque nos combattants d'une cicatrice glorieuse.

Celui qu'ils dénigrent le plus, est davantage des nôtres ; celui à qui ils vouent la haine la plus mortelle est notre meilleur ami.

Celui qui, le matin, lit un journal juif où il n'est pas calomnié, doit penser que la veille, il a perdu sa journée ; s'il l'avait bien employée, le Juif l'aurait poursuivi, dénigré, calomnié, injurié et sali. Et seul celui qui marche contre cet ennemi mortel de notre peuple et de toute humanité ou civilisation aryenne, a le droit de s'attendre â être en butte aux calomnies et à l'hostilité de cette race.

Quand ces principes seront bien passés dans le sang et dans la moelle de nos partisans, notre mouvement sera inébranlable et invincible.

Notre mouvement doit développer par tous les moyens le respect de la personnalité. On n'y doit jamais oublier que c'est dans la valeur personnelle que repose la valeur de tout ce qui est humain, et que toute idée et toute action sont le fruit de la force créatrice d'un homme. On n'y doit pas oublier non plus que l'admiration pour ce qui est grand n'est, ne représente pas seulement un tribut de reconnaissance à la grandeur, mais aussi un bien qui enlace et unit tous ceux qui éprouvent cette même reconnaissance.

La personnalité n'est pas remplaçable. Cela est surtout vrai quand, au lieu d'incarner une force mécanique, elle incarne l'élément culturel et créateur. Un maître illustre ne peut pas être remplacé : nul autre ne peut entreprendre de terminer son œuvre après sa mort ; il en est de même d'un grand poète, d'un grand penseur, d'un grand homme d'État et d'un grand général.

Car leur œuvre a germé sur le terrain de l'art ; elle n'a pas été fabriquée par une machine ; elle a été un don naturel de la grâce divine.

Les plus grandes révolutions et les plus grandes conquêtes des hommes sur cette terre, leurs plus grandes œuvres culturelles, les résultats immortels qu'ils ont obtenus comme chefs de gouvernements, etc., tout cela est pour l'éternité indissolublement lié à un nom, et restera symbolisé par ce nom. Renoncer à rendre hommage à un grand esprit, c'est se priver d'une force immense, celle qui émane des noms des hommes et des femmes qui ont été grands.

Les juifs le savent très bien. Eux précisément dont les grands hommes n'ont été grands que dans leurs efforts destructifs contre l'humanité et la civilisation, cultivent cette admiration idolâtre. Mais ils essaient de la présenter comme indigne et la stigmatisent du nom de « culte de l'individualité ».

Si un peuple est assez lâche pour se rallier â cette opinion impudente et présomptueuse des Juifs, il renonce â la plus grande des forces qu'il possède : car c'est une force que de respecter un homme de génie, ses conceptions, ses œuvres ; ce n'en est pas une de respecter la masse.

Quand des cœurs se brisent, quand des âmes désespèrent, alors des ombres du passé sortent ceux qui ont su faire reculer jadis la détresse et les inquiétudes humaines, l'outrage et la misère, la servitude intellectuelle et la contrainte corporelle : ils laissent tomber leurs regards sur les mortels désespérés et leur tendent leurs mains éternelles. Malheur au peuple qui a honte de les saisir.

*

Lorsque nous avons commencé à lancer notre mouvement, nous avons eu surtout à souffrir de ce que notre nom ne disait rien à personne ou n'éveillait pas une signification précise ; cette incertitude du public à notre égard compromettait notre succès.

Pensez donc : six ou sept hommes, des inconnus, des pauvres diables, se rassemblent avec l'intention de créer un mouvement dans le but de réussir là où, jusqu'à présent, de grands partis englobant des masses considérables ont échoué : reconstituer un Reich allemand possédant une force et une souveraineté plus étendues. Si l'on s'était moqué de nous ou si l'on nous avait attaqués, nous en aurions été enchantés, mais il était tout à fait déprimant de passer complètement inaperçus, comme f était le cas ; et c'est ce dont je souffrais le plus.

Quand j'entrai dans l'intimité de ces quelques hommes, il ne pouvait encore être question ni d'un parti, m d'un mouvement. J'ai déjà relaté mes impressions sur mon premier contact avec ce petit cercle. J'eus alors, au cours des semaines suivantes, le temps et l'occasion d'étudier comment ce soi-disant parti pourrait se manifester et cela ne semblait pas possible à bref délai. Vrai Dieu ! le tableau en était alors angoissant et décourageant ! Il n'y avait rien, mais absolument rien encore ! Le parti n'existait que de nom et en fait, la commission qui comprenait l'ensemble de tous les membres était précisément ce que nous voulions combattre : un parlement... en miniature ! Là aussi régnait le système du vote, et si au moins, dans les grands parlements, on s'égosille pendant des mois sur des problèmes plus importants, dans notre petit cénacle la réponse à faire à une lettre reçue provoquait déjà un interminable dialogue !

Bien entendu, le public ne savait rien de tout cela. Âme qui vive, à Munich, ne connaissait le parti, même de nom, en dehors de ses quelques adeptes et de leurs rares relations.

Tous les mercredis, nous avions, dans un café de Munich, ce que nous appelions une séance de la commission, et une fois par semaine une soirée de conversations. Comme tout le parti faisait partie de la commission, les assistants étaient naturellement toujours les mêmes. Aussi s'agissait-il désormais de faire éclater notre petit cercle hors de ses limites, de gagner de nouveaux adhérents et, avant tout, de faire connaître à tout prix le nom du mouvement.

Voilà comment nous nous y prîmes : chaque mois, et, plus tard, tous les quinze jours, nous essayions de tenir une assemblée. Les invitations à y assister étaient écrites à la machine ou à la main et nous portions nous-mêmes les premières qui furent distribuées. Chacun s'adressait à son cercle de connaissances pour attirer l'un ou l'autre à nos réunions. Le succès fut lamentable.

Je me souviens encore du soir où ayant porté moi-même quatre-vingts de ces billets, nous attendions les masses populaires qui devaient venir.

Avec une heure de retard, le « président » de « l'assemblée b dut enfin ouvrir la séance. Nous étions encore sept, toujours les mêmes.

Nous en vînmes à faire polycopier nos billets à la machine par une maison de matériel de bureau de Munich ; cela nous valut le succès qu'à l'assemblée suivante il y eut quelques auditeurs en plus. Puis leur nombre s'éleva lentement de 11 à 13, à 17, à 23 et enfin à 34 auditeurs.

Grâce à de très modestes quêtes faites dans notre cercle de pauvres diables, nous pûmes rassembler les fonds nécessaires pour faire enfin insérer l'annonce d'une assemblée dans le Münchener Beobachter, qui était alors indépendant. Cette fois, le succès fut vraiment étonnant.

Nous avions préparé la réunion à la « Hofbraühaus Keller » à Munich (qu'il ne faut pas confondre avec la salle des fêtes de la « Hofbraühaus » de Munich). C'était une petite salle pouvant contenir au plus 130 personnes. Elle me sembla une halle immense et nous tremblions tous de ne pas pouvoir, au soir fixé, remplir de public ce puissant édifice.

À 7 heures, il y avait 111 personnes et la séance fut ouverte.

Un professeur de Munich fit le rapport et je devais, comme deuxième orateur, prendre pour la première fois la parole en public.

Cela paraissait très audacieux au premier président du parti, alors M. Harrer ; c'était, par ailleurs, un homme très sincère et il était alors persuadé que, si j'avais d'autres aptitudes, je n'avais pas celle de la parole.

Même dans la suite il n'y eut pas moyen de le faire revenir sur cette opinion.

Mais il se trompait. Vingt minutes m'avaient été accordées dans cette première réunion, que l'on peut appeler publique, pour conserver la parole : je parlai pendant trente minutes. Et ce que j'avais simplement senti au fond de moi-même, sans en rien savoir, se trouva confirmé par la réalité : je savais parler !

Au bout de trente minutes, toute la petite salle était électrisée et l'enthousiasme se manifesta tout d'abord sous cette forme que mon appel à la générosité des assistants nous rapporta 300 marks, ce qui nous ôtait une grosse épine du pied. Car la précarité de nos moyens financiers était alors telle que nous ne pouvions même pas faire imprimer des instructions à l'usage du parti, ni faire paraître de simples feuilles volantes. Désormais, nous possédions un petit fonds, grâce auquel nous pourrions continuer à lutter énergiquement pour obtenir au moins ce qui nous manquait le plus. Mais le succès de cette première assemblée de quelque importance fut, à un autre point de vue, très fécond.

J'avais déjà commencé à amener à la commission un certain nombre de jeunes forces fraîches. Pendant la longue durée de mon service militaire, j'avais fait la connaissance d'un assez grand nombre de bons camarades, qui commençaient alors lentement, sur mes appels, à adhérer au mouvement.

Ce n'étaient que des jeunes gens, des exécutants habitués à la discipline et qui rapportaient du service militaire cet excellent principe que rien n'est impossible et qu'on peut toujours arriver à ce qu'on veut.

L'importance d'un tel afflux de sang nouveau m'apparut au bout de quelques semaines de collaboration.

Le premier président du parti à ce moment, M. Harrer, était journaliste, et, comme tel, doué d'une instruction étendue. Mais, pour un chef de parti, il avait une tare très grave : il ne savait pas parler aux foules. Il se donnait en toute conscience un mal énorme ; mais il lui manquait le grand élan, et cela précisément peut-être en raison de l'absence totale, dont il souffrait, de grands dons oratoires.

M. Drexler, alors président du groupe local de Munich, était un simple ouvrier ; lui non plus n'existait pas comme orateur ; par ailleurs, il n'avait été soldat ni en temps de paix, ni pendant la guerre, en sorte que, déjà faible et hésitant dans toute sa personne, il lui manquait d'avoir été formé à la seule école qui sache transformer en hommes les êtres de nature délicate, dépourvus de confiance en soi. Tous deux étaient taillés dans le même bois, incapables non seulement d'avoir au cœur la foi fanatique dans la victoire du mouvement, mais encore de briser, avec une volonté et une énergie inébranlable, les obstacles qui pouvaient s'opposer à la marche de l'idée nouvelle. Une telle tâche ne pouvait convenir qu'à des hommes dont le corps et l'âme, rompus aux vertus militaires, répondaient â ce signalement : agiles comme des lévriers, coriaces comme du cuir, durs comme de l'acier Krupp.

J'étais encore moi-même soldat : pendant près de six ans, j'avais été travaillé extérieurement et intérieurement, en sorte qu'au début, je me sentais tout à fait étranger dans un nouveau milieu. À moi aussi, on avait désappris de dire : « ça ne va pas » ou « ça ne peut pas marcher » ou « On ne peut pas risquer ça », « C'est encore trop dangereux », etc.

Certes, l'affaire était dangereuse, sans aucun doute. En 1920, c'était tout simplement impossible, dans beaucoup de régions de l'Allemagne, de réunir une assemblée qui osât faire appel aux grandes masses, et d'inviter ouvertement le public à y venir. Ceux qui auraient participé à une telle réunion auraient été dispersés, battus, chassés, la tête en sang.

Aussi très peu de gens étaient-ils tentés par une telle prouesse. Dans les plus grandes réunions dites bourgeoises, les assistants avaient coutume de se disperser et de se sauver comme des lièvres devant un chien à l'apparition d'une douzaine de communistes.

Mais si les rouges ne prêtaient guère attention à des clubs de bourgeois bavards, dont le caractère profondément candide et, par suite, l'innocuité leur étaient bien mieux connus qu'aux intéressés eux — mêmes, ils étaient, au contraire, décidés à liquider par tous les moyens un mouvement qui leur paraissait dangereux. Or ce qui, dans tous les temps, a agi le plus efficacement, c'est la terreur, la violence.

Les imposteurs marxistes devaient haïr au plus haut point un mouvement dont le but avoué était la conquête de cette masse qui, jusqu'à présent, était au service exclusif des partis juifs et financiers marxistes internationaux.

Déjà le titre : « Parti ouvrier allemand » les excitait fort. On pouvait en déduire aisément qu'à la première occasion, il se produirait une violente rupture avec les meneurs marxistes, encore ivres de leur victoire.

Dans le petit cercle du mouvement d'alors, on redoutait un peu un tel combat. On voulait se risquer le moins possible en public de peur d'être vaincus. On voyait déjà, par la pensée, les résultats de notre première grande assemblée réduits à néant et le mouvement peut-être détruit pour toujours. J'étais dans une situation délicate avec ma doctrine que l'on ne doit pas éluder le combat, mais le rechercher, et revêtir à cet effet l'équipement qui, seul, assure la protection contre la violence. La terreur ne se brise pas avec l'esprit, mais par la terreur. À ce point de vue, le succès de notre première assemblée confirmait mon sentiment : on en prit courage pour organiser une deuxième assemblée d'une certaine importance.

Elle eut lieu en octobre 1919 à la Eberlbraükeller — Thème, Brest-Litowsk et Versailles — quatre orateurs prirent la parole. Je parlai pendant près d'une heure, et mon succès fut plus grand que la première fois. Le nombre des auditeurs était monté à plus de 130. Une tentative de troubler la séance fut étouffée instantanément par mes camarades.

Les fauteurs de désordre prirent la fuite et descendirent l'escalier avec des bosses sur la tête.

Quinze jours après, une nouvelle assemblée eut lieu dans la même salle, en présence de plus de 170 assistants. La pièce était pleine. Je pris encore la parole, et mon succès fut encore plus grand.

Je cherchai une autre salle : nous en trouvâmes enfin une à l'autre bout de la ville au « Reich allemand », dans la rue de Dachau. La première assemblée dans ce nouveau local eut moins de visiteurs que la précédente : à peine 140 personnes.

L'espérance recommença à baisser dans la commission ; les pessimistes s'imaginèrent que la cause de cette diminution du nombre des assistants était la répétition trop fréquente de nos « manifestations ». Nous en discutâmes abondamment et je soutins qu'une ville de 700.000 habitants pouvait bien donner lieu non pas à une réunion tous les quinze jours, mais à dix par semaine ; qu'il ne fallait pas se laisser décourager par les insuccès ; que nous étions dans la bonne voie et que, tôt ou tard, notre opiniâtreté et notre constance nous assureraient la victoire. Du reste, toute cette période de l'hiver 1919-1920 ne fut qu'un seul et même combat livré pour inspirer toujours plus de confiance dans le mouvement naissant, et dans l'efficacité victorieuse de la violence, et pour que cette confiance devienne un fanatisme capable, comme la foi, de soulever des montagnes.

La prochaine assemblée qui se tint dans la même salle me donna encore raison. Le nombre des visiteurs dépassa 200 ; et le succès apparent fut aussi brillant que le succès financier.

Je me mis aussitôt en devoir de monter une nouvelle réunion. Elle eut lieu moins de quinze jours après, et la foule des auditeurs dépassa 270 personnes.

Quinze jours après nous convoquions pour la septième fois nos partisans et des amis du nouveau mouvement : le même local ne pouvait plus que difficilement suffire, nous avions plus de 400 personnes à recevoir.

C'est à ce moment que nous entreprîmes de donner au jeune mouvement sa constitution intérieure. Notre petit cercle entendit sur ce sujet des discussions souvent assez vives.

De divers côtés — déjà, alors, et cela dure toujours — on critiquait que notre nouveau mouvement fût appelé « un parti ». J'ai toujours vu dans cette préoccupation une preuve de l'incapacité et de l'étroitesse d'esprit des gens qui s'y livraient. C'étaient, et ce sont toujours les hommes qui ne savent pas distinguer le fond de la forme, qui cherchent à donner de la valeur à un mouvement, en l'affublant d'un nom aussi ampoulé et aussi sonore que possible, ce à quoi le trésor linguistique de nos ancêtres se prête au mieux pour notre malheur.

Il était alors difficile de faire comprendre aux gens que tout mouvement qui n'a pas encore fait triompher ses idées, et par là même atteint son but, est toujours un parti, même s'il s'attribue avec insistance un autre nom.

Si un homme quelconque veut assurer la réalisation pratique d'une idée hardie dont la mise en œuvre lui paraît devoir être utile à ses contemporains, il devra tout d'abord chercher des partisans prêts à entrer en action pour soutenir ses desseins. Et si ces desseins se limitent à détruire le parti au pouvoir et à mettre fin à l'émiettement des forces, tous les gens qui se rallieraient à cette conception et qui proclameraient les mêmes intentions seraient du même part~, tant que le but n'aurait pas été atteint. Ce n'est que le plaisir de chicaner sur les mots et de faire ses grimaces qui peut pousser quelqu'un de ces théoriciens en perruques — dont les succès pratiques sont en raison inverse avec leur sagesse — à vouloir changer une étiquette en s'imaginant modifier ainsi le caractère de parti, que possèdent tous les jeunes mouvements.

Au contraire :

S'il y a quelque chose qui puisse nuire au peuple, c'est ce renversement avec des pures expressions germaniques anciennes qui ne cadrent pas avec les temps présents, et qui ne représentent rien de précis, mais peuvent facilement conduire à juger l'importance d'un mouvement sur le nom qu'il porte.

C'est un vrai scandale, mais l'on peut l'obtenir de nos jours un nombre incalculable de fois.

D'ailleurs, j'avais déjà dû mettre en garde, comme je l'ai fait encore depuis, contre ces scoliastes « allemands populaires » ambulants dont l'œuvre positive est toujours égale à zéro et dont, par contre, la présomption dépasse toute mesure. Le jeune mouvement devait et doit encore se garder d'accueillir des hommes dont la simple référence consiste, le plus souvent, dans cette déclaration qu'ils ont combattu pendant trente ou quarante ans pour la même idée.

Si quelqu'un s'est dépensé pendant quarante ans pour ce qu'il appelle une idée, sans avoir assuré à cette idée le moindre succès et sans avoir empêché la victoire de son adversaire, il a donné la preuve de son incapacité, du fait même de ces quarante ans. Le plus dangereux est que de telles créatures ne veulent pas entrer dans le mouvement comme simples membres ; ils prétendent être accueillis parmi les chefs, seul poste, à leur avis, que mérite leur activité antique et où ils sont disposés à la continuer. Mais malheur si l'on livre un mouvement jeune à de tels hommes ! Il en est comme d'un homme d'affaires : celui qui, en quarante ans, a laissé tomber à plat une grosse maison, est incapable de fonder une nouvelle affaire : de même un Mathusalem « raciste », qui vient d'une grande idée et qui l'a brûlée, est incapable de conduire un jeune mouvement nouveau.

D'ailleurs, tous ces hommes ne viennent pas pour constituer une fraction du nouveau mouvement, pour le servir et pour travailler dans l'esprit du nouvel enseignement ; dans la plupart des cas, ils viennent assurer, une fois de plus, le malheur de l'humanité par application de leurs idées personnelles, cela sous la protection du jeune mouvement et grâce aux possibilités qu'il offre... Mais ce que peuvent bien être ces idées, c'est assez difficile à expliquer.

La caractéristique de ces créatures, c'est qu'elles rêvent des vieux héros germaniques, des ténèbres de la préhistoire, des haches de pierre de Ger et de boucliers ; ce sont, en réalité, les pires poltrons qu'on puisse imaginer.

Car ceux-là même qui brandissent dans tous les sens des sabres de bois, soigneusement copiés sur d'anciennes armes allemandes et qui recouvrent leur tête barbue d'une peau d'ours naturalisée, surmontée de cornes de taureau, ceux-là n'attaquent, quant au présent, qu'avec les armes de l'esprit, et s'enfuient en toute hâte dès qu'apparaît la moindre matraque communiste. La postérité ne s'avisera certainement pas de mettre en épopée leurs héroïques exploits.

J'ai trop bien appris à connaître ces gens-là pour que leur misérable comédie ne m'inspire pas le plus profond dégoût.

Leur façon d'agir sur les masses est grotesque, et le Juif a toute raison d'épargner ces comédiens « racistes u et même de les préférer aux champions du futur État allemand. Ajoutez à cela que ces hommes ont une présomption démesurée et qu'ils prétendent, malgré toutes les preuves de leur incapacité parfaite, comprendre tout mieux que personne ; ils sont une plaie pour ceux qui se battent honorablement droit devant soi et qui estiment qu'il ne suffit pas d'applaudir les actes héroïques du passé, mais qu'il convient aussi que leurs propres actions laissent à la postérité des souvenirs aussi glorieux.

Parmi tous ces gens-là, il est souvent bien difficile de distinguer ceux qui agissent par bêtise profonde ou par incapacité et ceux qui agissent pour des raisons déterminées.

C'est ainsi qu'en particulier, j'ai toujours eu le sentiment que les soi-disants réformateurs religieux — à la vieille mode allemande — n'étaient pas suscités par des puissances désirant le relèvement de notre peuple. En effet, toute leur activité s'emploie à détourner le peuple du combat commun contre l'ennemi commun qui est le Juif ; et, au lieu de le conduire à ce combat, elle l'engage dans de funestes luttes religieuses intestines. C'est justement pour cela qu'il était utile de doter le mouvement d'une force centrale pratiquant l'autorité absolue dans le commandement.

C'est par ce moyen seul qu'il était possible d'interdire toute activité à ces éléments nocifs.

Et c'est aussi pourquoi nos Assuérus racistes sont les ennemis les plus acharnés d'un mouvement caractérisé par son unité et par la rigoureuse discipline avec laquelle il est conduit.

Ce n'est pas en vain que le jeune mouvement, s'appuyant alors sur un programme défini, avait, à cet effet, employé le mot : « raciste ». Ce mot ne peut pas en effet, de par le caractère vague de la notion qu'il exprime, servir de programme à un mouvement et il ne saurait constituer un critérium sûr d'allégeance à un tel parti.

Plus cette notion est difficile à définir dans la pratique, plus elle admet d'interprétations ; plus celles-ci sont différentes, plus s'accroît aussi la possibilité de s'y rallier. L'introduction d'une conception si mal définie, si extensible dans un si grand nombre de directions sur le terrain politique, conduirait à supprimer toute solidarité étroite de combat.

Car il n'y a pas de solidarité, si chaque individu conserve le soin de déterminer sa croyance, et le sens de sa volonté. Il est également honteux de voir combien de gens promènent aujourd'hui le mot « raciste u sur leur casquette, et combien de gens ont une fausse conception personnelle de cette notion. Un professeur connu, en Bavière, militant célèbre, intellectuel distingué, ayant fait maintes campagnes — également intellectuelles — contre Berlin, rapproche la notion de « raciste u de la notion de « monarchie p. Cette savante cervelle n'a oublié qu'une chose, c'est d'expliquer de plus près en quoi nos monarchies allemandes du passé sont identiques à la conception moderne de « racisme ".

Je crains bien que ce monsieur n'y arrive pas. Car on ne peut rien se représenter de moins raciste que la plupart des constitutions monarchiques. S'il en était autrement, celles-ci n'auraient jamais disparu, ou bien leur disparition prouverait que la conception universelle du raciste est fausse.

C'est ainsi que chacun parle du racisme comme il le comprend ; mais une telle multiplicité d'interprétation ne peut pas être prise comme point de départ d'un mouvement politique militant.

Je n'insisterai pas sur cette ignorance absolue de certains Jean-Baptiste annonciateurs du vingtième siècle, qui méconnaissent aussi bien le racisme que l'âme du peuple.

Elle est suffisamment démontrée par le fait que la gauche les combat par le ridicule : elle les laisse bavarder et s'en moque.

Celui qui, ici-bas, ne parvient pas à se faire haïr de ses ennemis ne me paraît guère désirable comme ami. C'est pourquoi l'amitié de ces hommes n'était pas seulement sans valeur pour notre jeune mouvement, elle lui était nuisible. Ce fut aussi la raison essentielle pour laquelle nous choisîmes d'abord le nom de « parti ». Nous étions en droit d'espérer que ce mot seul effrayerait et éloignerait de nous tout l'essaim des rêveurs « racistes ». Ce fut enfin la raison pour laquelle nous nous arrêtâmes, en second lieu, à la désignation de parti ouvrier allemand national socialiste.

Notre première dénomination éloigna de nous les rêveurs de l'ancien temps, ces hommes aux mots creux, qui mettent en formules les « idées racistes » ; la deuxième nous délivra de toute la séquelle des chevaliers aux glaives « spirituels », de tous les gueux pitoyables qui tiennent leur « intellectualité » comme un bouclier devant leur corps tremblant.

Naturellement, ces derniers ne manquèrent pas de nous attaquer avec la plus grande violence, mais seulement avec la plume, comme il fallait s'y attendre, de la part de telles oies. À vrai dire, ils ne goûtaient pas du tout notre principe : « Nous défendre par la violence contre quiconque nous attaquerait par la violence. »

Ils ne nous reprochaient pas seulement très énergiquement d'avoir le culte brutal du gourdin, mais aussi de manquer de spiritualité. Que, dans une réunion populaire, un Démosthène puisse être réduit au silence par une cinquantaine d'idiots qui, hurlant et jouant des poings, ne veulent pas le laisser parler, cela ne touche nullement ces charlatans-là. Leur lâcheté congénitale ne les exposera jamais à un tel danger. Car ils ne travaillent pas dans la mêlée bruyante, mais dans le silence du cabinet.

Encore aujourd'hui, je ne saurais assez mettre en garde notre jeune mouvement contre les pièges que peuvent lui tendre ceux que nous appellerons les « travailleurs silencieux ». Ce sont non seulement des poltrons, mais des impuissants et des fainéants. Tout homme qui sait quelque chose, qui a perçu un danger, qui voit de ses yeux la possibilité de porter secours, a, que diable ! l'obligation stricte de ne pas s'y employer en silence, mais d'entrer publiquement en lice contre le mal pour le guérir. S'il ne le fait pas, il méconnaît son devoir, s'avère lamentablement faible et capitule par poltronnerie, paresse ou impuissance.

La plupart de ces « travailleurs silencieux » agissent comme s'ils savaient quelque chose... Dieu sait quoi ! Impuissants, ils cherchent à piper le monde entier avec leurs tours de passe-passe. Paresseux, ils voudraient donner l'impression de déployer, dans leur travail soi-disant silencieux, une activité énorme et assidue. En un mot, ce sont des magiciens, des meneurs politiques qui ne peuvent souffrir les efforts honorables des autres. Quand un de ces papillons de nuit « raciste e exalte la valeur du travailleur silencieux, on peut parier à mille contre un que son silence est complètement improductif, mais qu'il vole, oui, qu'il vole, le fruit du travail de quelques autres.

Ajoutez à cela l'arrogance et l'impudence présomptueuse avec laquelle cette racaille, carrément paresseuse et fuyant la lumière, s'empare du travail des autres et l'accable de critiques hautaines, vous apercevrez qu'en vérité, elle se fait complice de l'ennemi mortel de notre peuple.

N'importe quel agitateur qui a le courage, debout sur la table d'une auberge, entouré d'adversaires, de défendre virilement et ouvertement sa manière de voir, en fait plus que mille de ces individus sournois, menteurs et perfides. Il conquerra sincèrement l'un ou l'autre et l'amènera au mouvement. Son activité pourra être mesurée à l'épreuve du succès.

Tandis que ces charlatans et ces poltrons, qui vantent leur travail en sourdine, puis se cachent sous le voile d'un méprisable anonymat, ne sont absolument bons à rien à l'égard du relèvement de notre peuple, ce sont de véritables bourdons.

*

Au début de 1920, j'entrepris d'organiser une première assemblée véritablement grande. Ceci donna lieu à des discussions ; quelques dirigeants du parti jugeaient l'affaire par trop prématurée et son résultat douteux. La presse rouge avait commencé à s'occuper de nous et nous étions assez satisfaits d'être arrivés à exciter sa haine. Nous avions commencé à nous manifester dans d'autres réunions, comme contradicteurs. Naturellement, chacun de nous était aussitôt réduit au silence ! Et pourtant le succès était là : on apprenait à nous connaître, et à mesure qu'on nous connaissait davantage, se déchaînaient contre nous l'aversion et la fureur. Nous pouvions donc espérer recevoir, à notre première grande réunion, la visite — sur un grand pied de nos amis du camp rouge.

Je me rendais bien compte, moi aussi, que nous risquions fort d'être démolis. Mais il fallait bien en arriver au combat et si ce n'était tout de suite, ce serait quelques mois plus tard. Il ne dépendait que de nous d'assurer, dès le premier jour, la perpétuité de notre mouvement, en défendant notre position avec une confiance aveugle, par une lutte sans merci. Je connaissais assez bien — et ceci était capital la mentalité du parti rouge pour savoir qu'une résistance à outrance aurait pour premier effet, non seulement d'éveiller l'attention sur nous, mais encore, de nous gagner des partisans. Il fallait donc être décidés à cette résistance.

Le premier président du parti, alors, M. Harrer, ne crut pas pouvoir adhérer à mon opinion en ce qui concernait le choix de la date ; à la suite de quoi, agissant en homme honnête et loyal, il abandonna la direction du mouvement. À sa place surgit M. Antoine Drexler. Pour moi, j'avais conservé l'organisation de la propagande et je m'y employai désormais à fond.

La date de la réunion de la première grande assemblée populaire de notre mouvement, encore inconnu, fut fixée au 24 février 1920 :

J'en dirigeai personnellement les préparatifs. Ils furent très courts. D'ailleurs, tout fut monté de manière à pouvoir prendre des décisions avec la rapidité de l'éclair. Sur des questions dont la discussion aurait demandé des journées de travail, il fallait, si l'on préparait une réunion publique, prendre position en vingt-quatre heures. L'annonce de la réunion devait se faire au moyen d'affiches et de tracts rédigés dans le sens que j'ai déjà indiqué, à grands traits, en parlant de la propagande et dont voici l'essentiel : action sur la grande masse, limitation à quelques points peu nombreux constamment repris ; emploi d'un texte concis, concentré, su par cœur et procédant par formules affirmatives ; maximum d'opiniâtreté pour répandre l'idée, patience dans l'attente des résultats.

Nous choisîmes comme couleur le rouge ; c'est elle qui stimule le plus et qui devait le plus vivement indigner et exciter nos adversaires, nous faire connaître ainsi d'eux, et les obliger, bon gré mal gré, à ne plus nous oublier.

La suite montra clairement qu'il y avait collusion politique, en Bavière aussi, entre les marxistes et le parti du Centre ; ceci se manifesta par le soin que le parti populaire bavarois, qui gouvernait, mit à essayer d'affaiblir, puis de paralyser l'effet de nos affiches sur les m3sses ouvrières rouges. La police, ne trouvant plus d'autre moyen de s'opposer à notre propagande, s'en prit finalement à nos affiches. Elle en vint, pour plaire à ses associés rouges qui restaient silencieusement dans l'ombre et avec l'aide et à l'instigation du parti populiste soi-disant national allemand, à interdire complètement ces affiches qui avaient ramené au peuple allemand des centaines de milliers d'ouvriers égarés dans l'internationalisme.

Ces affiches qui ont été publiées en annexes dans les premières et deuxièmes éditions de ce livre, constituent le meilleur témoignage de la lutte vigoureuse que dut mener alors le jeune mouvement.

Elles montreront à la postérité le sens exact de notre volonté et la parfaite loyauté de nos intentions. Elles prouveront quel fut l'arbitraire des autorités dites nationales, lorsqu'elles se mirent en devoir d'étrangler un mouvement national qui les gênait, et par suite une récupération des grandes masses de notre peuple.

Elles contribueront également à détruire l'opinion qu'il y a en Bavière un gouvernement national ; elles établiront enfin, par leur texte même, que la Bavière nationale des années 1919 à 1923 ne fut nullement une création d'un gouvernement national, que ce fut, au contraire, le peuple qui se sentit de plus en plus conquis par l'esprit national et le gouvernement qui fut obligé de le suivre.

Les gouvernants eux-mêmes firent tout pour gêner et rendre impossibles les progrès de cet assainissement.

Il faut toutefois faire exception pour deux hommes : Le préfet de police d'alors Ernst Pöhner et son fidèle conseiller le Oberamtmann Frick étaient les seuls hauts fonctionnaires qui déjà, à cette époque, avaient le courage d'être Allemands avant d'être fonctionnaires. Parmi les autorités responsables, E. Pöhner était celui qui recherchait le moins la popularité, mais avait le plus vif sentiment de sa responsabilité vis-à-vis du peuple auquel il appartenait ; il était prêt à tout engager et à tout sacrifier, même sa propre vie, pour la résurrection du peuple allemand qu'il aimait par-dessus tout.

Il était l'empêcheur de danser en rond pour cette catégorie de fonctionnaires qui gagnent leurs appointements à obéir aux ordres du gouvernement qui les nourrit, sans nul souci de maintenir prospère le bien national qui leur a été confié, de prendre l'intérêt de leur peuple et de travailler à son indépendance. Avant tout, il était de ces natures qui, à la différence de la plupart des détenteurs de l'autorité dite d'État, ne craignent pas l'hostilité des traîtres au peuple et au pays, mais la recherchent, comme la plus belle parure d'un honnête homme. La haine des Juifs et des marxistes, leurs campagnes de calomnies et de mensonges, furent son unique bonheur au milieu de la misère de notre peuple.

C'était un homme d'une loyauté de granit, d'une pureté antique, d'une droiture allemande et pour qui la devise : « Plutôt la mort que l'esclavage » n'était pas qu'un mot, mais le cri de tout son être.

Lui et son collaborateur, le Dr. Frick, sont, à mes yeux, les seuls hommes ayant occupé une fonction d'État, qui puissent être considérés comme ayant participé à la création d'une nation bavaroise.

Avant l'ouverture de notre première grande assemblée, il me fallut non seulement apprêter le matériel de propagande nécessaire, mais aussi faire imprimer les directives du programme.

J'indiquerai avec plus de détails, dans la deuxième partie de ce livre, les directives que nous suivîmes plus particulièrement pour rédiger le programme. Je veux seulement préciser ici qu'il se proposa non seulement de donner au jeune mouvement sa structure et sa substance, mais aussi pour faire comprendre aux masses les buts qu'il poursuivait.

Les milieux que l'on qualifie d'éclairés ont essayé de faire de l'esprit et de railler, puis de critiquer. La justesse de notre conception d'alors a fait ressortir l'efficacité de notre programme.

J'ai vu naître depuis quelques années des douzaines de nouveaux mouvements : ils ont disparu sans laisser de trace, comme entraînés par le vent. Un seul a ténu : le parti ouvrier allemand national socialiste. Et aujourd'hui, j'ai plus que jamais la conviction, que ce parti, on peut le combattre, le paralyser, les petits ministres de parti peuvent nous interdire de parler, ils ne pourront plus empêcher la victoire de nos idées. Quand on n'arrivera même plus à se rappeler les noms des partis politiques au pouvoir aujourd'hui et de ceux qui les représentent, les bases du programme national socialiste constitueront encore les fondements d'un État naissant.

Les réunions que nous avions tenues pendant les quatre mois qui avaient précédé janvier 1920, nous avaient permis de réunir les petits moyens dont nous avions besoin pour faire imprimer notre première brochure, notre première affiche et notre programme.

Si je termine la première partie de ce livre sur notre première grande réunion, c'est parce que cette réunion rompit le cadre étroit "de notre petite association et agit pour la première fois et de façon décisive sur le levier le plus puissant de notre époque, l'opinion publique. Je n'avais alors qu'un souci : la salle sera-t-elle pleine, ou faudra-t-il parler devant les bancs vides ? Je pensais dur comme pierre qu'il viendrait beaucoup de monde et que cette journée serait un grand succès. Tel était mon état d'âme en attendant impatiemment cette soirée.

La séance devait être ouverte à 7 h. 30. À 7 h. 15, quand je pénétrais dans la salle des fêtes de la Hofbraühaus sur le Platzl à Munich, je crus que mon cœur allait éclater de joie. L'énorme local — car il me paraissait encore énorme était plein, plus que plein. Les têtes se touchaient, il y avait près de

2.000 personnes. Et surtout, ceux à qui nous voulions nous adresser étaient justement ceux qui étaient venus.

Plus de la moitié de la salle paraissait occupée par des communistes ou des indépendants. Notre première grande manifestation était, à leur avis, vouée à une fin qu'ils comptaient amener rapidement.

Mais il en fut rapidement autrement. Quand le premier orateur eut terminé je pris la parole.

Quelques minutes après, c'était une grêle d'interruptions. De violentes collisions éclatèrent dans la salle. Une poignée de mes plus fidèles camarades de la guerre et d'autres partisans tombèrent sur ceux qui troublaient l'ordre et arrivèrent peu à peu à ramener un peu de calme. Je pus continuer à parler. Au bout d'une demi-heure, les applaudissements commençaient à couvrir sensiblement les cris et les rugissements.

Je passai alors au programme et je l'expliquai pour la première fois.

De quart d'heure en quart d'heure, les interruptions étaient de plus en plus dominées par les approbations. Lorsque enfin j'exposai à la foule, point par point, les 25 propositions et que je la priai de prononcer elle-même son jugement, tous ces points furent acceptés au milieu d'un enthousiasme toujours croissant, à l'unanimité, et encore, et toujours à l'unanimité, et quand le dernier point eût ainsi atteint le cœur de la masse, j'avais devant moi une salle pleine d'hommes, unis par une conviction nouvelle, une nouvelle foi, une nouvelle volonté.

Au bout de quatre heures environ, la salle commença à se vider, la foule entassée reflua vers la porte comme une rivière aux eaux lentes et tous ces hommes se serraient et se bousculaient les uns contre les autres. Et je sentis alors qu'allaient se répandre au loin, parmi le peuple allemand, les principes d'un mouvement que l'on ne pourrait plus désormais condamner à l'oubli.

Un brasier était allumé : dans sa flamme ardente se forgerait un jour le glaive qui rendra au Siegfried germanique la liberté et à la nation allemande, la vie.

Sous mes yeux, le relèvement se mettait en marche. Et je voyais en même temps la déesse de la vengeance inexorable se dresser contre le parjure du 9 novembre 1918.

La salle se vida lentement.

Le mouvement suivit son cours.

TOME II

LE MOUVEMENT
NATIONAL-SOCIALISTE

CHAPITRE 1

OPINION PHILOSOPHIQUE ET PARTI

Le 24 février 1920 eut lieu le premier grand meeting de notre jeune mouvement. Dans la salle des fêtes du Hofbraühaus, à Munich, les vingt-cinq points de notre programme furent exposés à une foule de près de deux mille hommes, et chacun de ces points reçut une approbation enthousiaste. Ainsi furent livrés au public, pour la première fois, les principes et les directives du combat qui devait nous débarrasser d'un véritable fatras d'idées et d'opinions périmées de tendances obscures ou même nuisibles. Il fallait qu'une puissance nouvelle se manifestât dans le paresseux et lâche monde bourgeois, comme devant la triomphante vague marxiste, pour arrêter au dernier moment le char du destin.

Il était évident que le nouveau mouvement ne pouvait espérer acquérir l'importance et la force nécessaires à cette lutte gigantesque, que s'il réussissait dès le premier jour à éveiller dans le cœur de ses adhérents la conviction sacrée que la vie politique n'en recevrait pas simplement une formule électorale nouvelle, mais qu'elle se trouverait en présence d'une conception philosophique nouvelle d'une importance fondamentale.

Il faut se représenter le misérable ramassis d'idées qui sert normalement à bâcler ce qu'on appelle le « programme d'un parti », puis comment, de temps en temps, celui-ci est fignolé et léché. On doit surtout regarder à la loupe les mobiles des commissions de programme bourgeoises, pour pouvoir estimer à leur valeur ces accouchements programmatiques :

Un souci unique détermine immanquablement, soit l'établissement d'un programme nouveau, soit la modification du précédent : le souci du résultat des prochaines élections. Aussitôt que commence à poindre dans la cervelle de ces artistes de la politique parlementaire le soupçon que le bon peuple veut se révolter et s'échapper des harnais du vieux char des partis, voici qu'ils se mettent à en repeindre le timon. Alors surviennent les observateurs d'étoiles et astrologues des partis, les « gens expérimentés » et les « experts », le plus souvent de vieux parlementaires susceptibles de se remémorer des cas analogues du « temps riche en enseignements de leur apprentissage politique », des cas où la patience de la masse avait rompu les traits ; ils sentent à nouveau se rapprocher de son attelage une menace analogue. Alors ils ont recours aux vieilles recettes, ils constituent une « commission », écoutent partout dans le bon peuple, flairent les articles de presse et reniflent longtemps pour savoir ce qu'aimerait le cher grand public, ce qui lui déplaît et ce qu'u espère. On étudie avec le plus grand soin tout groupe professionnel, toute classe d'employés et on scrute leurs désirs les plus intimes. Alors aussi les « formules » de la dangereuse opposition deviennent d'un coup mûres pour un sérieux examen, et le plus souvent d'ailleurs cette parcelle du trésor de science des vieux partis se révèle tout à fait pitoyable, au grand étonnement de ceux qui l'ont découverte et propagée. Et les commissions se réunissent, procèdent à la révision de l'ancien programme (et ces messieurs changent de convictions tout à fait comme les soldats en campagne changent leurs chemises, quand la précédente est partie en morceaux).

Ils en créent un nouveau dans lequel on donne à chacun ce qui lui revient. Au paysan, on garantit la protection de son agriculture ; à l'industriel, la protection de ses produits ; au consommateur, la protection de ce qu'il achète ; les traitements des instituteurs sont augmentés, les pensions des fonctionnaires sont améliorées, l'État doit faire dans une large mesure des situations aux veuves et orphelins, le trafic doit être favorisé, les tarifs abaissés et même les impôts doivent être, sinon totalement, du moins en grande partie supprimés. Souvent il arrive que l'on a oublié une corporation ou que l'on n'a pas eu connaissance d'une exigence ayant cours dans le peuple. Alors, en toute hâte, on rajoute encore des pièces jusqu'à ce que l'on puisse à bon droit espérer que l'on a de nouveau calmé et pleinement contenté l'armée des petits bourgeois « moyens » et de leurs épouses. Ainsi réconforté, on peut commencer, confiant en Dieu et en l'inébranlable sottise du citoyen électeur, la lutte pour la « réforme » de l'État, comme on dit.

Quand le jour des élections est passé et que les parlementaires ont tenu la dernière de leurs réunions populaires pour cinq ans, de ce dressage de la plèbe ils passent à l'accomplissement de leurs devoirs plus élevés et plus agréables.

La commission du programme se dissout et la lutte pour la forme nouvelle des choses reprend la forme de la lutte pour le bon pain quotidien : c'est-à-dire, pour un député, l'indemnité parlementaire.

Tous les matins, M. le représentant du peuple se rend dans la grande maison et, sinon tout à fait dans l'intérieur, tout au moins dans l'antichambre où se trouvent les listes de présence. Au service du peuple, il y porte son nom, et il reçoit le juste salaire d'une petite indemnité pour ces continuels et harassants efforts.

Après quatre ans, ou bien au cours de semaines critiques, lorsque la dissolution des corporations parlementaires devient de plus en plus menaçante, une irrépressible et impétueuse tendance se manifeste chez ces messieurs. De même que le ver blanc ne peut que se changer en hanneton, de même ces chrysalides parlementaires abandonnent leur grand phalanstère et s'envolent sur leurs ailes neuves vers le bon peuple. Ils parlent de nouveau à leurs électeurs, leur racontent leurs énormes travaux et l'obstination mal intentionnée des autres ; souvent l'inintelligente masse, au lieu d'une reconnaissante approbation, leur lance à la figure des paroles hostiles.

Lorsque cette ingratitude du peuple arrive à un certain degré, un seul moyen peut y remédier : il faut raviver le brillant du parti, le programme a besoin d'être amélioré. La commission renaît et la duperie recommence comme précédemment. Vu la bêtise aussi dure que le granit de notre humanité, il n'y a pas à s'étonner du résultat. Sous la conduite de sa presse, ébloui par le nouveau et séduisant programme, le bétail à voter « bourgeois », aussi bien que prolétarien, revient à l'étable commune et élit à nouveau celui qui l'a déjà trompé.

Ainsi l'homme populaire et candidat des classes laborieuses redevient la chenille parlementaire. Il continue à manger sur la branche de la vie publique, y devient gros et gras, et, quatre ans après, se transforme de nouveau en un brillant papillon.

Il n'y a rien de plus déprimant que d'observer tous ces agissements dans la prosaïque vérité et d'être obligé d'assister à cette tromperie perpétuellement renouvelée. Avec un pareil fond de pourriture intellectuelle, on ne peut vraiment pas trouver, dans le camp bourgeois, la force nécessaire pour mener le combat contre la puissance organisée du marxisme.

D'ailleurs, ces messieurs n'y songent pas sérieusement. Si bornés et si imbéciles que l'on doive reconnaître ces médicastres parlementaires de la race blanche, on ne peut admettre qu'ils songent sérieusement à entrer en lutte, par le moyen d'une démocratie occidentale, contre les théories marxistes. Pour cette théorie en effet, tout le système démocratique n'est, en mettant les choses au mieux, qu'un moyen d'arriver à ses fins : elle l'utilise pour paralyser l'adversaire et se faire le champ libre. Et lorsqu'une partie du marxisme tente présentement, d'ailleurs fort adroitement, de donner l'illusion de son indissoluble attachement aux principes de la démocratie, il convient de ne pas oublier qu'à l'heure critique, ces messieurs ne se souciaient pas plus que d'un fifrelin d'une décision de la majorité selon la conception occidentale de la démocratie.

Aux jours où les parlementaires bourgeois voyaient la garantie de la sécurité du pays dans la monumentale inintelligence du nombre prépondérant, le marxisme, avec une troupe de rôdeurs de bas quartiers, de déserteurs, de bonzes de partis et de littérateurs juifs, s'empara en un tour de main du pouvoir, donnant un soufflet retentissant à cette même démocratie. C'est pourquoi il faut la crédulité d'un des chamanes parlementaires de notre démocratie bourgeoise pour s'imaginer que jamais la brutale résolution des profiteurs ou des suppôts de cette peste mondiale puisse être conjurée par les formules d'exorcisme du parlementarisme occidental.

Le marxisme marchera avec la démocratie aussi longtemps qu'il n'aura pas réussi à se gagner, poursuivant indirectement ses desseins destructeurs, la faveur de l'esprit national qu'il a voué à l'extermination. Mais si, Arrondissement, cercle, région. aujourd'hui, il arrivait à la conviction que, dans le chaudron de sorcières de notre démocratie parlementaire, peut se cuisiner soudainement, quand ce ne serait que dans le corps législatif, une majorité qui s'attaque sérieusement au marxisme, alors le jeu de prestidigitation parlementaire serait bientôt fini. Les porte-drapeaux de l'internationale rouge adresseraient alors, au lieu d'une invocation à la conscience démocratique, un appel enflammé aux masses prolétariennes, et le combat serait d'un seul coup transplanté, de l'atmosphère croupissante des salles de séances des parlements, dans les usines et dans la rue. Ainsi la démocratie serait immédiatement liquidée ; et ce que n'a pu réaliser dans les parlements la souplesse d'esprit de ces apôtres populaires, réussirait avec la rapidité de l'éclair aux pinces et marteaux de forge des masses prolétariennes surexcitées ; exactement comme en automne 1918, elles montreraient d'une façon frappante au monde bourgeois comme il est insensé de penser arrêter la conquête mondiale juive avec les moyens dont dispose la démocratie occidentale.

Comme nous l'avons dit, il faut un esprit crédule pour se lier, en présence d'un tel partenaire, à des règles qui, pour le dernier, ne sont que bluffs, ou ne servent qu'à lui, et qui seront jetées par-dessus bord aussitôt qu'elles ne lui assureront plus d'avantages.

Dans tous les partis bourgeois, la lutte politique se résume en fait à une dispute pour quelques sièges au Parlement, lutte où les principes sont, en cas de besoin, jetés par-dessus bord comme un sac de lest, et leurs programmes s'en ressentent, tout comme leur puissance propre. Il leur manque cette forte attraction magnétique qui ne peut s'exercer sur la masse que par l'emprise de grandes idées, cette force de conviction que donne, seule, la foi absolue en ses principes et la résolution fanatique de les faire triompher. Mais au moment où l'un des partis, muni de toutes les armes d'une conception philosophique, fût-elle mille fois criminelle, marche à l'assaut contre un ordre établi, l'autre en est réduit à la résistance, s'il ne prend la forme d'un nouveau dogme, dogme politique dans le cas présent, et ne remplace les faibles et lâches paroles de défense par le cri de guerre d'une attaque courageuse et brutale. Aussi quand d'aucuns, tout particulièrement les ministres soi-disant nationaux des postes bourgeois, ou le centre bavarois, adressent à notre mouvement l'astucieux reproche de travailler pour une révolution, nous ne pouvons faire qu'une réponse à cette conception politique de quatre sous : certainement, nous tâchons de regagner ce que vous avez, dans votre criminelle bêtise, laissé échapper. Vous avez contribué, par votre maquignonnage parlementaire, à entraîner la nation vers l'abîme ; mais nous allons, par l'établissement d'une nouvelle conception philosophique et l'inébranlable et fanatique défense de ses principes, construire pour notre peuple les degrés par lesquels il pourra un jour s'élever de nouveau vers le temple de la liberté.

Ainsi notre premier soin, au temps de la fondation de notre mouvement, devait être toujours de veiller qu'une troupe formée par les soldats d'une sublime conviction ne devienne une association pour favoriser les intérêts parlementaires.

La première des mesures préventives fut la création d'un programme qui, systématiquement, accusait des tendances de nature, par leur ampleur même, à tenir à distance les esprits débiles et mesquins de nos partis politiques d'aujourd'hui. Combien nous avions raison de juger nécessaires des buts aussi fortement marqués pour notre programme, on le comprend avec évidence au spectacle de la fatale faiblesse qui finit par amener l'écroulement de l'Allemagne.

La connaissance de ces faits devait conduire à une nouvelle conception de l'État, laquelle, à son tour, constitue une partie essentielle de notre nouvelle conception du monde.

*

Je me suis déjà, dans le premier volume, expliqué sur le mot *völkisch*, lorsque j'ai dû poser en fait que ce terme n'a pas une signification assez précise pour qu'on puisse en faire la base d'une communauté d'action et de lutte. Tout ce que l'on peut imaginer de plus essentiellement différent se groupe aujourd'hui sous le pavillon du mot *völkisch*. Avant donc que de passer aux problèmes et aux buts du Parti ouvrier allemand national-socialiste, je voudrais préciser le sens du mot *völkisch*, et les rapports qu'il a avec notre mouvement.

Le terme *völkisch* apparaît aussi peu clairement défini, il peut être interprété d'autant de façons, et servir dans la pratique à des usages presque aussi nombreux que le mot « religieux ». On ne peut guère non plus attacher à ce qualificatif une acception absolument précise, qu'il s'agisse de définition théorique ou d'acception usuelle. Le terme « religieux » ne peut être conçu qu'en rapport avec une forme bien déterminée des réalisations qui sont les siennes. C'est une très belle appréciation, le plus souvent aussi fondée, quand on qualifie la nature d'un homme de « profondément religieuse ». Sans aucun doute, d'aucuns seront-ils satisfaits d'une appréciation aussi universelle ; pour certains même, elle pourra évoquer l'image plus ou moins nette d'un certain état d'âme. Mais la grande masse ne se compose pas seulement des philosophes et des saints. Une pareille idée religieuse tout à fait générale ne fera le plus souvent que rendre à chacun sa liberté de pensée et d'action. Elle ne sera nullement mobile d'actions, comme le devient le sentiment religieux profond, au moment où un dogme précis prend forme dans le monde indéterminé de la métaphysique pure. Certes ce dogme n'est pas un but « en soi », mais un moyen ; mais moyen inévitablement nécessaire pour atteindre le but. Ce but cependant n'est pas purement idéal ; tout au contraire, au fond, il est éminemment pratique. Il faut, en effet, se rendre compte que les idéals les plus hauts correspondent toujours à de profondes nécessités vitales ; tout comme les canons de la beauté la plus parfaite découlent logiquement, en dernière analyse, de l'utilité.

En même temps que la foi aide à élever l'homme au-dessus du niveau d'une vie animale et paisible, elle contribue à raffermir et à assurer son existence. Que l'on enlève à l'humanité actuelle les principes religieux, confirmés par l'éducation, qui sont pratiquement des principes de moralité et de bonnes mœurs ; que l'on supprime cette éducation religieuse sans la remplacer par quelque chose d'équivalent, et on en verra le résultat sous la forme d'un profond ébranlement des bases de sa propre existence. On peut donc poser en axiome que non seulement l'homme vit pour servir l'idéal le plus élevé, mais aussi que cet idéal parfait constitue à son tour pour l'homme une condition de son existence. Ainsi se ferme le cercle.

Naturellement, dans la définition tout à fait générale du mot « religieux » sont incluses des notions ou des convictions fondamentales, par exemple celles de l'immortalité de l'âme, la vie éternelle, l'existence d'un être supérieur, etc. Mais toutes ces pensées, quelque persuasion qu'elles exercent sur l'individu, demeurent soumises à son examen critique et à des alternatives d'acceptations et de refus, jusqu'au jour où la foi apodictique prend force de loi sur le sentiment et sur la raison. La foi est l'instrument qui bat la brèche et fraie le chemin à la reconnaissance des conceptions religieuses fondamentales.

Sans un dogme précis, la religiosité, avec ses mille formes mal définies, non seulement serait sans valeur pour la vie humaine, mais, en outre, contribuerait sans doute au délabrement général.

Il en est de même du qualificatif *völkisch* que du terme « religieux ». Lui aussi contient diverses notions fondamentales. Mais bien que de la plus haute importance, elles sont sous une forme si mal définie qu'elles ne s'élèveront pas au-dessus de la valeur d'une simple opinion admise, tant qu'elles ne seront pas envisagées comme principes fondamentaux dans le cadre d'un parti politique. *Car la réalisation d'un idéal théorique et de ses conséquences logiques résulte aussi peu du simple sentiment ou du seul fait d'une volonté intérieure des hommes, que la conquête de la liberté ne provient de l'aspiration universelle vers cet état. Non, ce n'est que quand la poussée idéale vers l'indépendance reçoit l'organisation de combat et une paissance militaire que l'ardent désir d'un peuple peut se changer en une magnifique réalité.*

Une opinion philosophique a beau être mille fois juste et viser un plus grand bien de l'humanité, elle demeurera sans valeur pratique pour la vie d'un peuple, aussi longtemps que ses principes ne sont pas devenus la bannière d'un mouvement agissant. À son tour, ce mouvement restera simple parti, tant que son action n'aura pas abouti à la victoire de ses idées, et que ses dogmes de parti ne seront pas devenus pour un peuple les lois de base de sa communauté.

Mais lorsqu'une conception abstraite de caractère général doit servir de base à une évolution à venir, alors la condition première est de faire toute lumière sur la nature et sa portée. Ce n'est que sur une telle base que l'on peut créer un mouvement puisant la force nécessaire à la lutte dans l'unité de ses convictions. C'est à partir de concepts généraux que l'on doit bâtir un programme politique et c'est sur la base d'un système philosophique que l'on doit appuyer un dogme politique déterminé. Ce dernier ne doit pas viser un but inaccessible, et s'attacher exclusivement aux idées, mais aussi tenir compte des moyens de lutte qui existent et que l'on peut mettre en œuvre pour leur victoire. À une conception spirituelle théoriquement juste, et qu'il appartient à celui qui trace le programme de mettre en avant, doit donc se joindre la science pratique de l'homme politique.

Ainsi un idéal éternel doit malheureusement, pour servir d'étoile conductrice à l'humanité, accepter les faiblesses de cette même humanité pour ne pas faire naufrage dès le départ à cause de l'imperfection humaine. À celui qui a reçu la révélation, il faut adjoindre celui qui connaît l'âme du peuple, qui extraira du domaine de l'éternelle vérité et de l'idéal ce qui est accessible aux humbles mortels et qui lui fera prendre corps.

Cette transmutation d'un système philosophique idéalement vrai en une communauté politique de foi et de combat nettement définis, organisée rigidement, animée d'une seule croyance et d'une même volonté, voilà le problème essentiel ; toutes les chances de victoire d'une idée reposent entièrement sur l'heureuse solution de ce problème. C'est alors que, de cette armée de millions d'hommes, tous plus ou moins clairement pénétrés de ces vérités, certains même allant peut-être jusqu'à la comprendre en partie, un homme doit sortir qu'anime une puissance d'apôtre. Des idées nébuleuses de grand public, il extrait des principes fermes comme le granit, il mène la lutte pour la vérité unique qu'ils contiennent ; jusqu'à ce que, des vagues agitées du libre monde des idées, émerge le roc solide de l'union de ceux qui communient dans une même croyance et une même volonté.

D'un point de vue universel, la nécessité justifie le droit d'agir ainsi ; le succès justifie le droit de l'individu.

*

Si nous essayons de sortir du mot *völkisch* le sens le plus intime, nous arriverons à la constatation suivante :

La conception philosophique courante aujourd'hui consiste généralement, au point de vue politique, à attribuer à l'État lui-même une force créatrice et civilisatrice. Mais il n'y aurait que faire des conditions préalables de race ; l'État résulterait plutôt des nécessités économiques ou, dans le meilleur cas, du jeu des forces politiques. Cette conception fondamentale conduit logiquement à une méconnaissance des forces primitives liées à la race, et à sous-estimer la valeur de l'individu. Celui qui nie la différence entre les races, en ce qui concerne leur aptitude à engendrer des civilisations, est forcé de se tromper aussi quand il juge les individus. Accepter l'égalité des races entraîne à juger pareillement les peuples et les hommes. Le marxisme international n'est lui-même que la transformation, par le Juif Karl Marx, en une doctrine politique précise d'une conception philosophique générale déjà existante. Sans cet empoisonnement préalable, le succès politique extraordinaire de cette doctrine n'eût pas été possible. Karl Marx fut simplement le seul, dans le marécage d'un monde pourri, à reconnaître avec la sûreté de coup d'œil d'un prophète les matières les plus spécifiquement toxiques ; il s'en empara, et ; comme un adepte de la magie noire, les employa à dose massive pour anéantir l'existence indépendante des libres nations de ce monde. T'out ceci d'ailleurs au profit de sa race.

Ainsi la doctrine marxiste est, en résumé, l'essence même du système philosophique aujourd'hui généralement admis. Pour ce motif déjà, toute lutte contre lui de ce que l'on appelle le monde bourgeois est impossible, et même ridicule, car ce monde bourgeois est essentiellement imprégné de ces poisons et rend hommage à une conception philosophique qui, d'une façon générale, ne se distingue de la conception marxiste que par des nuances ou des questions de personnes. Le monde bourgeois est marxiste, mais croit possible la domination de groupes déterminés d'hommes (la bourgeoisie), cependant que le marxisme lui-même vise délibérément à remettre ce monde dans la main des Juifs.

Au contraire, la conception « raciste »[14] fait place à la valeur des diverses races primitives de l'humanité. En principe, elle ne voit dans l'État qu'un but qui est le maintien de l'existence des races humaines. Elle ne croit nullement *à leur égalité,* mais reconnaît au contraire et leur diversité, et leur valeur plus ou moins élevée. Cette connaissance lui confère l'obligation, suivant la volonté éternelle qui gouverne ce monde, de favoriser la victoire du meilleur et du plus fort, d'exiger la subordination des mauvais et des faibles. Elle rend ainsi hommage au principe aristocratique de la nature et croit en la valeur de cette loi jusqu'au dernier degré de l'échelle des êtres. Elle voit non seulement la différence de valeurs des races, mais aussi la diversité de valeurs des individus. De la masse se dévoile pour elle la valeur de la personne, et par cela elle agit comme une puissance organisatrice en présence du marxisme destructeur. Elle croit nécessaire de donner un idéal à l'humanité, car cela lui paraît constituer la condition première pour l'existence de cette humanité. Mais elle ne peut reconnaître le droit d'existence à une éthique quelconque, quand celle-ci présente un danger pour la survie de la race qui défend une éthique plus haute ; car, dans un monde métissé et envahi par la descendance de nègres, toutes les conceptions humaines de beauté et de noblesse, de même que toutes les espérances en un avenir idéal de notre humanité, seraient perdues à jamais.

La culture et la civilisation humaines sont sur ce continent indissolublement liées à l'existence de l'Aryen. Sa disparition ou son amoindrissement feraient descendre sur cette terre les voiles sombres d'une époque de barbarie.

Mais saper l'existence de la civilisation humaine en exterminant ceux qui la détiennent, apparaît comme le plus exécrable des crimes. Celui qui ose porter la main sur la propre image du Seigneur dans sa forme la plus haute, injurie le Créateur et aide à faire perdre le paradis.

La conception raciste répond à la volonté la plus profonde de la nature, quand elle rétablit ce libre jeu des forces qui doit amener le progrès par la sélection. Un jour, ainsi, une humanité meilleure, ayant conquis ce monde, verra s'ouvrir librement à elle tous les domaines de l'activité.

Nous sentons tous que, dans un avenir éloigné, les hommes rencontreront des problèmes que, seul, pourra être appelé à résoudre un maître-peuple de la plus haute race, disposant de tous les moyens et de toutes les ressources du monde entier. Bien évidemment, un examen aussi général du contenu abstrait d'une conception philosophique raciste peut mener à mille interprétations. En fait, il n'est pas une de nos jeunes créations politiques qui ne se réclame sur quelque point de cette théorie. Cependant, leur existence simultanée prouve justement la diversité de leurs conceptions. Ainsi, à la philosophie marxiste, dirigée par une organisation centralisée, s'oppose un ramassis de conceptions que l'on peut d'ores et déjà juger peu efficaces en présence du front serré ennemi. On ne remporte pas de victoires avec des armes aussi faibles. C'est

---

[14] Nous traduisons ici, et traduirons désormais, en principe, *völkisch* par *raciste.*

seulement quand s'opposera à la conception philosophique internationaliste — dirigée politiquement par le marxisme organisé — le front unique d'une conception philosophique raciste qu'une égale énergie au combat fera se ranger le succès du côté de l'éternelle vérité.

Mais, pour organiser la mise en application d'une conception philosophique, il est tout d'abord indispensable d'en poser une définition précise ; ce que les dogmes représentent pour la foi, les principes fondamentaux du parti le représentent pour un parti politique en formation.

Il faut donc assurer à la conception raciste un instrument de combat, de même que l'organisation de parti marxiste fait le champ libre pour l'internationalisme.

C'est ce but que poursuit le Parti national-socialiste allemand.

Fixer ainsi pour le parti la doctrine raciste est la condition préalable du succès des conceptions racistes. La meilleure preuve en est donnée indirectement par les propres adversaires de ce regroupement du parti. Ceux-là même qui ne se lassent pas d'affirmer que les conceptions racistes ne sont nullement l'apanage d'un seul, mais, au contraire, qu'elles sommeillent ou « vivent » au cœur de Dieu sait combien de millions d'hommes, que ceux-là vérifient donc que la présence effective de ces conceptions n'a jamais pu justement s'opposer en rien su triomphe des conceptions adverses, défendues par un parti politique classique. S'il en était autrement, le peuple allemand aurait déjà nécessairement remporté aujourd'hui une gigantesque victoire, et il ne serait pas sur le bord de l'abîme. Ce qui a assuré le succès des conceptions internationalistes, c'est leur défense par un parti organisé sous forme de sections d'assaut *(Sturmabteilung : S.A.)*. Si les conceptions opposées ont succombé, c'est faute d'un front unique de défense. Ce n'est pas en développant sans limites une théorie générale, mais dans la forme limitée et ramassée d'une organisation politique qu'une conception philosophique peut combattre et triompher.

J'ai donc considéré que ma propre tâche était de dégager de la riche et informe substance d'une conception philosophique générale les idées essentielles, de les mettre sous une forme plus ou moins dogmatique. Ainsi élaguées et clarifiées, elles pourront grouper ceux des hommes qui voudront s'y astreindre. Autrement dit : le Parti national-socialiste des travailleurs allemands tire les caractères essentiels d'une conception raciste de l'univers, il en fait, compte tenu des réalités pratiques de l'époque, du matériel humain et de ses faiblesses, un ensemble doctrinal politique, qui pose dès lors lui-même, en une organisation aussi rigide que possible des grandes masses humaines, les bases du triomphe final de cette conception philosophique.

CHAPITRE 2

L'ÉTAT

Dès 1920 et 1921 les milieux, survivance de ce monde bourgeois dont le règne est maintenant fini, reprochaient constamment à notre jeune parti d'avoir pris position contre la forme actuelle de l'État ; et les coupe-jarrets au service des partis politiques de toutes nuances en tiraient la conclusion qu'il était permis de mener par tous les moyens une lutte d'extermination contre ces jeunes importuns, protagonistes d'une nouvelle conception du monde. À vrai dire on se gardait bien de reconnaître que la bourgeoisie actuelle est incapable de concevoir une notion cohérente sous le mot État, mot dont il n'existe pas, dont il ne peut pas exister de définition cohérente. Et, le plus souvent, ceux qui détiennent les chaires de notre enseignement supérieur officiel parlent en professeurs de droit public, qui doivent surtout trouver des explications et des interprétations justifiant l'existence plus ou moins heureuse des gouvernements qui leur donnent leur pain. Plus un État est constitué de façon illogique, et plus obscures, artificielles et incompréhensibles sont les définitions que l'on donne de sa raison d'être. Que pouvait par exemple dire autrefois un professeur d'Université impériale et royale sur la signification et les buts de l'État, dans un pays dont la constitution politique était le monstre le plus informe du vingtième siècle ? Lourde tâche si l'on considère que, de nos jours, un professeur de droit public est moins tenu de dire la vérité qu'obligé de servir un but précis. Ce but, c'est de défendre à tous prix l'existence du monstrueux mécanisme humain dont il est question et qu'on nomme actuellement un État. Qu'on ne s'étonne donc pas si, en discutant ce problème, on évite le plus possible de considérer les faits pour se retrancher dans un fatras de principes « éthiques », « moraux », « moralisants » et de valeurs, tâches et buts imaginaires. Dans l'ensemble, on peut distinguer trois systèmes :

a) Il y a ceux qui voient simplement dans l'État un *groupement plus ou moins volontaire d'hommes soumis à l'autorité d'un gouvernement.*

Ce sont les plus nombreux. Parmi eux se trouvent les adorateurs contemporains du principe de légitimité, aux yeux desquels la volonté des hommes n'a aucun rôle à jouer dans l'affaire. Pour eux, le fait qu'un État existe suffit à le rendre inviolable et sacré. Pour protéger de toute atteinte cette conception de cerveaux déments, on prône l'adoration servile de ce qu'on appelle l'*autorité de l'État*. Dans la cervelle de ces gens-là, le moyen devient en un tournemain le but définitif. L'État n'est plus fait pour servir les hommes, mais ceux-ci sont là pour adorer une autorité de l'État, dont participe le plus modeste des fonctionnaires, quelles que soient ses fonctions. Pour que cette adoration silencieuse et extatique ne se transforme pas en désordre, l'autorité de l'État, de son côté, n'existe que pour maintenir le calme et le bon ordre. Elle n'est donc plus finalement ni un but ni un moyen. L'État doit veiller su maintien du calme et du bon ordre et, réciproquement, le calme et le bon ordre doivent permettre à l'État d'exister. C'est entre ces deux pôles que la vie de la communauté doit tourner en rond.

En Bavière, cette conception est surtout représentée par les artistes politiques au Centre bavarois, qu'on appelle le Parti populaire bavarois ; en Autriche, c'étaient les légitimistes noir-jaune. Dans le Reich lui — même, ce sont malheureusement les éléments dits conservateurs qui agissent d'après de pareilles conceptions de l'État.

b) D'autres théoriciens, moins nombreux, mettent au moins à l'existence de l'État certaines conditions. Ils veulent qu'il y ait non seulement une même administration, mais aussi une même langue, quand ce ne serait que pour des considérations techniques d'administration en général. L'autorité de l'État n'est plus la raison d'être unique et exclusive de l'État ; celui-ci doit, en outre, contribuer su bien-être des sujets. Des idées de « liberté », mais la plupart du temps mal comprises, se glissent dans la conception de cette école. La forme de gouvernement ne paraît plus inviolable du seul fait de son existence ; on examine aussi l'utilité qu'elle peut avoir. Le respect du passé ne la protège pas contre la critique du présent. En résumé, cette école attend avant tout de l'État qu'il donne à la vie économique une forme favorable à l'individu ; elle le juge du point de vue pratique et d'après des conceptions générales d'économie politique, sur sa rentabilité. On rencontre les principaux représentants de cette opinion dans les milieux de notre bourgeoisie allemande moyenne, particulièrement dans ceux de la démocratie libérale.

c) Le troisième groupe est le plus faible au point de vue numérique.

Il voit dans l'État un moyen de réaliser des tendances impérialistes exposées la plupart du temps de façon obscure ; il veut arriver à la fondation d'un État populaire fortement uni et auquel une langue commune donne un caractère nettement accusé. S'il veut une langue unique, ce n'est pas seulement dans l'espoir de donner ainsi à cet État une base solide qui lui permette d'accroître sa puissance à l'extérieur, mais aussi et surtout dans l'opinion — d'ailleurs radicalement fausse — que l'unification de la langue le mettrait à même de mener à bien une nationalisation orientée dans un certain sens.

Il est lamentable de voir comment, au cours du dernier siècle, et très souvent en toute bonne foi, on a fait un usage frivole du mot : « germaniser ». Je me rappelle encore combien, au temps de ma jeunesse, ce terme suggérait d'idées incroyablement fausses. On entendait alors exprimer jusque dans les milieux pangermanistes l'opinion que les Allemands d'Autriche pourraient très bien, avec le concours du gouvernement, germaniser les Slaves d'Autriche ; on ne se rendait pas compte que la germanisation ne s'applique qu'au sol, jamais aux hommes. Ce qu'on entendait en général par ce mot, c'était l'usage de la langue allemande, imposé de force et publiquement pratiqué. C'est commettre une inconcevable faute de raisonnement que d'imaginer qu'il serait possible de faire un Allemand, disons d'un nègre ou d'un Chinois, en lui enseignant l'allemand et en obtenant qu'il parle désormais notre langue, peut-être même qu'il vote pour un parti politique allemand. Nos bourgeois nationaux ne voyaient pas que ce genre de germanisation était, en réalité, une dégermanisation. Car, si les différences existant entre les peuples, et qui jusqu'à présent sont évidentes et sautent aux yeux, pouvaient être atténuées et finalement effacées, en imposant par le fait du prince l'emploi d'une langue commune, cette mesure amènerait le métissage et, dans notre cas, non pas une germanisation, mais bien l'anéantissement de l'élément germanique. Il arrive, et le cas n'est que trop fréquent dans l'histoire, qu'un peuple conquérant réussisse, par des moyens de contrainte extérieure, à imposer sa langue aux vaincus, mais, au bout de mille ans, cette langue est parlée par un peuple nouveau et les vainqueurs sont ainsi devenus à proprement parler les vaincus.

Comme la nationalité, ou, pour mieux dire, la race ne dépend pas de la langue, mais du sang, on n'aurait le droit de parler de germanisation que si, par tel procédé, on par venait à changer le sang du vaincu. Mais cela est impossible. Y arriverait-on, ce serait par un mélange des sangs, qui abaisserait le niveau de la race supérieure. Le résultat final d'un tel processus serait la disparition des qualités qui ont autrefois rendu le peuple conquérant capable de vaincre. Ce sont particulièrement les énergies civilisatrices que ferait disparaître le métissage avec une race inférieure, le peuple issu de ce mélange parlerait-il mille fois la langue de l'ancienne race supérieure. Il se produirait encore, pendant un certain temps, une sorte de lutte entre les esprits différents et le peuple, voué à une décadence irrémédiable, pourrait, dans un dernier sursaut, mettre au jour les chefs d'œuvre d'une surprenante civilisation. Leurs auteurs ne seraient que des représentants isolés de la race supérieure ou encore des métis issus d'un premier croisement, chez lesquels le meilleur sang continue à l'emporter et cherche à se frayer passage, ils ne seraient jamais les produits ultimes du métissage. Ce dernier s'accompagnera toujours d'un recul de la civilisation.

Nous devons nous estimer heureux aujourd'hui qu'une germanisation, telle que Joseph II l'avait conçue, n'ait pas réussi en Autriche. Son succès aurait eu vraisemblablement pour effet de maintenir en vie l'État autrichien, mais aussi d'amener, par la communauté de la langue, un abaissement du niveau ethnique de la nation allemande. Au cours des siècles, un certain instinct grégaire aurait pu prendre corps, mais le troupeau même aurait perdu de sa valeur. Il serait peut-être né un peuple résultant d'une communauté d'État, mais un peuple résultant d'une communauté de culture aurait disparu.

Il a mieux valu" pour la nation allemande, que ce métissage n'ait pas lieu, bien qu'on y ait renoncé non pour des raisons intelligentes et élevées, mais parce que les Habsbourg étaient des souverains bornés. S'il en avait été autrement, c'est à peine si l'on pourrait appeler encore aujourd'hui le peuple allemand un facteur de la civilisation.

Mais ce n'est pas seulement en Autriche, c'est aussi en Allemagne que les milieux dits nationaux furent et sont encore poussés par des raisonnements tout aussi faux. La politique polonaise réclamée par tant d'Allemands et qui tendait à la germanisation de l'Est ; reposait malheureusement presque toujours sur un pareil sophisme. Là aussi on croyait réussir à germaniser les éléments polonais, en leur imposant simplement la langue allemande. Là aussi le résultat aurait été funeste : un peuple de race étrangère exprimant en langue allemande ses idées étrangères et portant atteinte à la noblesse et à la dignité de notre nation par sa nature inférieure.

N'est-ce pas déjà une pensée assez effrayante que celle du tort fait à notre race germanique, lorsque l'ignorance des Américains met à son débit les sales Juifs qui débarquent chez eux, parce qu'ils jargonnent leur allemand de youpins. Il ne viendra pourtant à l'esprit de personne que le fait purement accidentel que ces immigrants pouilleux, venus de l'Est, parlent le plus souvent allemand, prouve qu'ils sont d'origine allemande et font vraiment partie de notre peuple.

Ce qui, au cours de l'histoire, a pu être germanisé avec profit, ce fut le sol conquis par nos aïeux d'épée à la main et colonise par les paysans allemands. Dans la mesure où ils ont, en même temps, introduit un sang étranger dans le corps de notre peuple, ils ont contribué à faire naître le funeste émiettement de notre caractère ethnique, qui se manifeste par cet individualisme hypertrophié propre aux Allemands et dont, malheureusement, on va souvent jusqu'à faire l'éloge.

Pour cette troisième école, l'État est aussi, dans un certain sens, une fin en soi et la conservation de l'État devient la principale tâche de la vie humaine.

En résumé, on peut établir que toutes ces théories ne plongent pas leurs racines dans l'intelligence de ce fait que les forces créatrices de civilisation et de valeurs ont pour base la race, et que l'État doit logiquement considérer comme sa tâche principale la conservation et l'amélioration de cette même race, condition fondamentale de tout progrès humain.

La conséquence extrême de ces conceptions et opinions erronées sur la nature et la raison d'être de l'État put être ensuite tirée par le Juif Marx : en séparant la notion de l'État des obligations envers la race, sans pouvoir formuler une autre définition admise su même degré, la bourgeoisie a frayé la voie à une doctrine qui nie l'État en soi.

C'est pourquoi la lutte que mène la bourgeoisie contre le marxisme international court, sur ce terrain, à un échec certain. La bourgeoisie a, depuis longtemps, fait bon marché des fondations dont son système politique ne pouvait se passer. Son adroit adversaire a découvert les points faibles de l'édifice qu'elle avait élevé et l'attaque avec les armes qu'elle lui a involontairement fournies.

Le premier devoir du nouveau parti qui se place sur le terrain des conceptions racistes, est donc de formuler clairement la conception qu'on doit avoir de la nature et de la raison d'être de l'État.

La notion fondamentale, c'est que *l'État n'est pas un but, mais un moyen. Il est bien la condition préalable mise à la formation d'une civilisation humaine de valeur supérieure, mais il n'en est pas la cause directe. Celle-ci réside exclusivement dans l'existence d'une race apte à la civilisation.* Même s'il se trouvait sur la terre des centaines d'États modèles, au cas où l'Aryen, qui est le pilier de la civilisation, viendrait à disparaître, il n'y aurait plus de civilisation correspondant, dans l'ordre spirituel, au degré qu'ont atteint les peuples de race supérieure. On peut aller encore plus loin et dire que l'existence d'États humains n'exclurait pas l'éventualité de l'anéantissement définitif de la race humaine, puisque la disparition du représentant de la race civilisatrice amènerait la perte des facultés intellectuelles supérieures de résistance et d'adaptation.

Si, par exemple, un séisme venait à bouleverser l'écorce terrestre et qu'un nouvel Himalaya surgisse des flots de l'océan, la civilisation humaine serait anéantie par cet épouvantable cataclysme. Il n'y aurait plus un seul État, tous les liens qui maintiennent l'ordre seraient rompus, les créations d'une civilisation millénaire seraient ruinées, la surface de la terre ne serait plus qu'un cimetière recouvert d'eau et de vase. Mais il suffirait que quelques hommes, appartenant à une race civilisatrice, aient survécu dans ce chaos d'épouvante pour que, fût-ce au bout de mille ans, la terre, revenue au calme, recommence à porter des témoignages de la force créatrice de l'homme. Seul, l'anéantissement des derniers représentants de la race supérieure ferait définitivement de la terre un désert. Inversement, des exemples tirés du temps présent prouvent que des États, dont les bases avaient été jetées par les représentants de races dénuées des capacités politiques indispensables, n'ont pu, en dépit de toutes les mesures prises par leurs gouvernements, échapper à la ruine. De même que les espèces de grands animaux des temps préhistoriques ont dû céder la place à d'autres et s'éteindre, de même devront céder le pas les races humaines privées d'une certaine force intellectuelle, qui, seule, peut leur faire trouver les armes nécessaires à leur conservation.

Ce n'est pas l'État qui fait naître un certain niveau de culture ; il ne peut que conserver la race, cause première de l'élévation de ce niveau. Dans le cas contraire, l'État peut continuer à exister pendant des siècles sans changement apparent, alors que, par suite du mélange des races qu'il n'a pas empêché, la capacité civilisatrice, et l'histoire même de ce peuple, qui en est le reflet, ont commencé depuis longtemps à subir de profondes altérations. Par exemple, notre État actuel, mécanisme fonctionnant à vide, peut, plus ou moins longtemps, faire encore illusion et sembler vivre, et pourtant l'empoisonnement de la race, dont souffre le corps de notre peuple, amène une déchéance de sa civilisation qui se manifeste déjà d'une façon effrayante.

La condition préalable mise à l'existence durable d'une humanité supérieure n'est donc pas l'État, mais la race qui possède les facultés requises.

Il faut savoir que ces facultés existent toujours, et qu'il leur suffit d'être mises en éveil par des circonstances extérieures pour se manifester. Les nations, ou plutôt les races civilisatrices, possèdent ces facultés bienfaisantes à l'état latent quand bien même les circonstances extérieures défavorables ne leur permettent pas d'agir. Aussi est-ce une incroyable injustice que de présenter les Germains des temps antérieurs au christianisme comme des hommes « sans civilisation », comme des barbares. Ils ne l'ont jamais été. C'était seulement la dureté du climat de leur habitat septentrional qui leur imposait un genre de vie qui s'opposait au développement de leurs forces créatrices. S'ils étaient, sans le monde antique, arrivés dans les régions plus clémentes du Sud et s'ils y avaient trouvé, dans le matériel humain fourni par des races inférieures, les premiers moyens techniques, la capacité à créer une civilisation qui sommeillait en eux, aurait produit une floraison aussi éclatante que celle des Hellènes. Mais qu'on n'attribue pas uniquement au fait qu'ils vivaient dans un climat septentrional cette force primitive qui engendre la civilisation. Un Lapon, transporté dans le Sud, contribuerait aussi peu au développement de la civilisation que pourrait le faire un Esquimau. Non, cette splendide faculté de créer et de modeler a été justement conférée à l'Aryen, qu'elle soit latente en lui ou qu'il en fasse don à la vie qui s'éveille, suivant que des circonstances favorables le lui permettent ou qu'une nature inhospitalière l'en empêche.

On peut en déduire la notion suivante :

L'État est un moyen de parvenir à un but. Son but est de maintenir et de favoriser le développement d'une communauté d'êtres qui, au physique et au moral, sont de la même espèce : Il doit maintenir, en premier lieu, les caractères essentiels de la race, condition du libre développement de toutes les facultés latentes de celle-ci. De ces facultés, une partie servira toujours à l'entretien de la vie physique et une autre partie à favoriser les progrès intellectuels. Mais, en fait, le premier est toujours la condition nécessaire du second.

Les États qui ne visent pas à ce but sont des organismes défectueux, des créations avortées. Le fait qu'ils existent n'y change rien, pas plus que les succès obtenus par une association de flibustiers ne justifient la piraterie.

Nous autres nationaux-socialistes, qui combattons pour une autre conception du monde, nous ne nous plaçons pas sur le célèbre « terrain des faits », d'ailleurs controuvés. Nous ne serions plus alors les champions d'une grande idée neuve, mais les coolies du mensonge qui règne de nos jours. Nous devons faire une distinction bien tranchée entre l'État qui n'est qu'un contenant et la race qui en est le contenu. Ce contenant n'a de raison d'être que lorsqu'il est capable de conserver et de protéger son contenu ; sinon il n'a aucune valeur.

Par suite, le but suprême de l'État raciste doit être de veiller à la conservation des représentants de la race primitive, dispensateurs de la civilisation, qui font la beauté et la valeur morale d'une humanité supérieure. Nous, en tant qu'Aryens, ne pouvons-nous représenter un État que comme l'organisme vivant que constitue un peuple, organisme qui non seulement assure l'existence de ce peuple, mais encore, développant ses facultés morales et intellectuelles, la fait parvenir au plus haut degré de liberté.

Ce qu'on cherche aujourd'hui à nous imposer comme État est le produit monstrueux de l'erreur humaine la plus profonde, suivie d'un cortège d'indicibles souffrances.

Nous autres nationaux-socialistes savons que le monde actuel considérera cette conception comme révolutionnaire et qu'elle nous flétrira de ce nom.

Mais nos opinions et nos actes ne doivent pas résulter de l'approbation ou de la désapprobation de notre époque, mais de l'obligation impérieuse de servir la vérité dont nous avons conscience. Nous pouvons être convaincus que l'intelligence plus ouverte de la postérité non seulement comprendra les raisons de notre entreprise, mais encore en reconnaîtra l'utilité et lui rendra hommage.

*

Ce qui précède nous donne, à nous nationaux-socialistes, la mesure de la valeur d'un État. Cette valeur n'est que relative, jugée du point de vue particulier de chaque nation ; elle sera absolue si l'on s'élève au point de vue de l'humanité en soi. Autrement dit :

On ne peut pas apprécier l'utilité d'un État en prenant pour critère le niveau de civilisation auquel il est parvenu, ou l'importance que lui donne sa puissance dans le monde ; on peut le faire exclusivement d'après l'utilité que peut avoir cet organisme pour chaque peuple considéré.

Un État peut être tenu pour idéal, si non seulement il répond aux conditions d'existence du peuple qu'il doit représenter, mais encore si son existence assure pratiquement celle de ce peuple, quelque importance culturelle que puisse du reste avoir dans le monde la forme de cet État. Car la tâche de l'État n'est pas de créer, mais de frayer la route aux forces en puissance. *Un État peut donc être qualifié de mauvais si, tout en ayant atteint le degré le plus élevé de civilisation, il voue à la haine l'homogénéité raciale des représentants de cette civilisation.*

Car il ne respecte pas alors pratiquement la condition préalable de l'existence d'une culture, qui n'est pas son fait, mais le produit d'un peuple civilisateur affermi par la vivante synthèse de l'État. L'État ne représente pas une substance, mais une forme. *Le degré de civilisation auquel est* parvenu *un peuple* donné *ne permet donc* pas de *doser l'utilité de l'État* dans lequel il vit. On conçoit facilement qu'un peuple, hautement doué pour la civilisation, offre un aspect préférable à celui d'une tribu nègre ; pourtant l'organisme *créé* par le premier sous la forme d'État peut être, par la façon dont il remplit son but, pire que celui du nègre. Bien que l'État le meilleur et la meilleure constitution politique soient incapables de tirer d'un peuple des facultés qui lui manquent actuellement et qu'il n'a jamais eues, une forme mauvaise d'État amènera fatalement, dans la suite des temps, en permettant ou même en occasionnant la disparition des représentants de la race civilisatrice, la perte des facultés que celle-ci possédait primitivement en puissance.

Par suite, le jugement qu'on portera sur la valeur d'un État sera tout d'abord déterminé par l'utilité qu'il peut avoir pour un peuple donné, et nullement par l'importance propre de son rôle dans l'histoire du monde.

À ce dernier point de vue, qui est tout relatif, on peut se faire rapidement une opinion exacte ; mais il est difficile de porter un jugement sur la valeur absolue d'un État, parce que ce jugement définitif ne dépend pas simplement de l'État lui-même, mais bien plutôt de la valeur et du niveau du peuple envisagé.

Quand on parle de la haute mission de l'État, on ne doit donc jamais oublier que cette haute mission incombe essentiellement au peuple, dont l'État n'a d'autre rôle que de rendre possible le libre développement, grâce à la puissance organique de son existence.

Si nous nous demandons alors comment doit être constitué l'État qui nous est nécessaire, à nous autres Allemands, nous devons d'abord préciser deux points : quelle sorte d'hommes cet État doit réunir, et quelles fins il doit poursuivre.

Notre peuple allemand n'a malheureusement plus pour base une race homogène. Et la fusion des éléments primitifs n'a pas fait de tels progrès qu'on puisse parler d'une race nouvelle sortie de cette fusion. En réalité, les contaminations successives qui, notamment depuis la guerre de Trente Ans, ont altéré le sang de notre peuple, ne l'ont pas décomposé seul, elles ont aussi agi sur notre âme. Les frontières ouvertes de notre patrie, le contact avec des corps politiques non-allemands le long des régions frontières, surtout le fort afflux de sang étranger dans l'intérieur du Reich ne laissait pas, par son renouvellement constant, le temps nécessaire pour arriver à une fusion complète. Il ne sortit pas de cette pot-bouille une race nouvelle ; les éléments ethniques restèrent juxtaposés et le résultat en fut que, dans les moments critiques, où un troupeau se rassemble d'ordinaire, le peuple allemand se dispersa dans toutes les directions. Non seulement la répartition territoriale des éléments constitutifs de la race intéresse des régions différentes, mais ils coexistent à l'intérieur d'une même région. Les hommes du Nord sont près de ceux de l'Est, près de ceux-ci, les Dalmates, près des deux, des hommes de l'Occident ; sans compter les mélanges. Cet état de choses a, par certains côtés, de grands inconvénients : il manque aux Allemands le puissant instinct grégaire, effet de l'identité du sang, qui, particulièrement impérieux aux heures du danger, prévient la ruine des nations, effaçant instantanément chez les peuples qui en sont doués toutes les différences secondaires et leur faisant opposer à l'ennemi commun le front uni d'un troupeau homogène. Ce qu'on désigne chez nous par hyperindividualisme provient de ce que les éléments fondamentaux de notre race, dont chacun a ses caractères parti culiers, ont pris l'habitude de vivre à côté les uns des autres, sans arriver à se mêler. En temps de paix, il peut avoir souvent ses avantages, mais, à tout prendre, il nous a coûté la domination du monde. Si le peuple allemand avait possédé ; au cours de son histoire, cette unité grégaire qui a été si utile à d'autres peuples, le Reich allemand serait aujourd'hui le maître du globe. L'histoire du monde aurait pris un autre cours et personne n'est à même de décider si l'humanité n'aurait pas, en suivant cette route, atteint le but auquel tant de pacifistes aveuglés espèrent aujourd'hui parvenir par leurs piailleries et leurs pleurnicheries : *Une paix non pas assurée par les rameaux d'olivier qu'agitent, la* larme *facile, des pleureuses pacifistes,* mais *garantie par l'épée victorieuse d'un peuple de maîtres qui met le monde entier au service d'une civilisation supérieure.*

Le fait que notre peuple manque de la cohésion que donne un sang commun et resté pur, nous a causé des maux indicibles. Il a donné des capitales à une foule de petits potentats allemands, mais il a privé le peuple allemand de ses droits seigneuriaux.

Aujourd'hui encore, le peuple allemand souffre des suites de ce défaut de cohésion intime ; mais ce qui fit notre malheur, dans le passé et dans le présent, peut-être, dans l'avenir, une source de bénédictions. Car, si funeste qu'aient été l'absence d'une fusion absolue des éléments qui composaient primitivement notre race, et l'impossibilité où nous nous sommes par suite trouvés de former un corps de peuple homogène, il est heureux, par contre, qu'une partie au moins de ce qu'il y a de meilleur dans notre sang soit restée pure, et ait échappé à la décadence qui a frappé le reste de notre race.

Il est certain qu'un amalgame complet des éléments primitifs de notre race aurait donné naissance à un peuple constituant un organisme achevé ; mais il aurait été, comme toute race hybride, doué d'une capacité de faire progresser la civilisation moindre que celle dont jouissait originairement le plus noble de ses éléments. C'est donc un bienfait que cette absence d'un mélange intégral : nous possédons encore aujourd'hui dans notre peuple allemand de grandes réserves d'hommes de la race germanique du Nord, dont le sang est resté sans mélange et que nous pouvons considérer comme le trésor le plus précieux pour notre avenir. Aux tristes époques où les lois de la race étaient inconnues, quand on voyait en tout homme, pris en soi, un être tout pareil à ses semblables, on n'apercevait pas les différences de valeur existant entre les divers éléments primitifs. Nous savons aujourd'hui qu'un amalgame complet des éléments constitutifs du corps de notre peuple et la cohésion qui en serait résultée nous auraient rendus peut-être extérieurement puissants, mais que le but suprême où doit tendre l'humanité nous serait demeuré inaccessible : la seule espèce d'hommes que le destin a visiblement choisie pour mener l'œuvre à bonne fin aurait été noyée dans la bouillie de races que forme un peuple unifié.

Mais ce qui a été empêché par le destin bienveillant, sans que nous y soyons pour quelque chose, il faut qu'aujourd'hui, forts d'une notion nouvellement acquise, nous l'examinions attentivement et en tirions parti.

Celui qui parle d'une mission donnée au peuple allemand sur cette terre doit savoir qu'elle consiste uniquement à former un État qui considère comme son but suprême de conserver et de défendre les plus nobles éléments de notre peuple, restés inaltérés, et qui sont aussi ceux de l'humanité entière.

Par là, l'État connaît, pour la première fois, un but intérieur élevé. En face du mot d'ordre ridicule qui lui donnait pour rôle de veiller au calme et su bon ordre, afin de permettre aux citoyens de se duper mutuellement tout à leur aise, la tâche qui consiste à conserver et à défendre une espèce humaine supérieure, dont la bonté du Tout Puissant a gratifié cette terre, apparaît une mission vraiment noble.

Le mécanisme sans âme, qui prétend avoir sa raison d'être en lui-même, doit être transformé en un organisme vivant dont le but exclusif est de servir une idée supérieure.

Le Reich, en tant qu'État, doit comprendre tous les Allemands, et se donner pour tâche non seulement de réunir et de conserver *les réserves précieuses que ce peuple possède en éléments primitifs de* sa race, *mais de les faire arriver lentement et sûrement à une situation prédominante.*

*

À une période, qui est, si l'on va au fond des choses, celle de l'engourdissement et de la stagnation, succédera une période de lutte. Mais, comme toujours, le dicton : « Qui se repose, se rouille », trouve ici son application, et aussi celui qui professe que, seule, l'attaque donne la victoire. Plus le but de notre combat est élevé et plus la masse est incapable actuellement de le comprendre, plus immenses seront le succès — l'histoire nous l'apprend — et l'importance de ce succès ; il nous suffit de voir nettement le but où nous devons tendre et de mener la lutte avec une cons tance inébranlable.

Beaucoup des fonctionnaires qui dirigent actuellement notre État peuvent trouver moins hasardeux de travailler au maintien de l'état de choses existant que de lutter pour ce qui sera demain. Il leur paraît plus commode de voir dans l'État un mécanisme, dont la seule raison d'être est de se maintenir en vie, de même que leur vie « appartient à l'État », ainsi qu'ils ont l'habitude de le dire. Comme si ce qui a ses racines dans le peuple pouvait logiquement servir un autre maître que le peuple ; comme si l'homme pouvait travailler pour autre chose que pour l'homme. Il est naturellement, comme je l'ai dit, commode de ne voir dans l'autorité de l'État que le mécanisme purement automatique d'une organisation, plutôt que de la considérer comme l'incarnation souveraine de l'instinct de conservation d'un peuple. En effet, dans le premier cas, l'État, et l'autorité de l'État, sont pour ces esprits faibles des buts en soi ; dans le second cas, ils sont des armes puissantes au service du grand et éternel combat mené pour l'existence, et non pas machine aveugle, mais l'expression de la volonté unanime d'une communauté qui veut vivre.

Aussi, pour le combat livré en faveur de notre nouvelle conception de l'État — conception qui répond entièrement au sens primitif des choses — trouverons-nous bien peu de compagnons de lutte au sein d'une société vieillie physiquement, trop souvent aussi dans son intelligence et son courage. Dans ces couches de la population, nous ne ferons que par exception des recrues, vieillards dont le cœur a gardé sa jeunesse et l'esprit sa fraîcheur ; mais nous ne verrons jamais venir à nous ceux qui considèrent comme la tâche essentielle de leur vie de maintenir un état de chose existant.

Nous avons en face de nous bien moins ceux qui sont volontairement méchants que l'armée innombrable des indifférents par paresse intellectuelle, et surtout des hommes intéressés au maintien de l'État actuel. Mais c'est précisé ment le fait que cette âpre lutte paraît sans espoir, qui donne à notre tâche sa grandeur et constitue notre meilleure chance de succès. Le cri de guerre qui dès l'abord effraie, ou bientôt décourage les âmes faibles sera le signal du rassemblement des natures réellement combatives. Et il faut qu'on s'en rende compte : *quand, au sein d'un peuple, s'unissent, pour poursuivre* *un seul but, un certain nombre d'hommes doués au plus haut degré d'énergie et de force active, et qu'ils sont ainsi définitivement dégagés de la paresse où s'engourdissent les masses, ces quelques* hommes *deviennent les maîtres de l'ensemble du peuple. L'histoire du monde est faite par les minorités, chaque fois* que les minorités de nombre incarnent la majorité de la volonté et de la décision.*

C'est pourquoi ce qui peut *paraître aujourd'hui à beaucoup une aggravation de notre tâche,* est, en *réalité, la condition nécessaire de notre victoire. C'est précisément parce que la tâche est grande et pénible que nous trouverons vraisemblablement les meilleurs champions pour mener notre combat. Cette élite nous garantit le succès.*

*

La nature corrige d'ordinaire par des dispositions appropriées l'effet des mélanges qui altèrent la pureté des races humaines. Elle se montre peu favorable aux métis. Les premiers produits de ces croisements ont durement à souffrir, parfois jusqu'à la troisième, quatrième et cinquième génération. Ce qui faisait la valeur de l'élément primitif supérieur participant au croisement, leur est refusé ; en outre, le défaut d'unité de sang implique la discordance des volontés et des énergies vitales. Dans tous les moments critiques où l'homme de race pure prend des décisions sages et cohérentes, le sang-mêlé perd la tête ou ne prend que des demi-mesures. Le résultat, c'est que ce dernier se laisse dominer par l'homme de sang pur et que, dans la pratique, il est exposé à une disparition plus rapide. *Dans des* circonstances *où la race* résiste *victorieusement, le métis succombe ; on pourrait citer de ce fait d'innombrables exemples.* C'est là que l'on peut voir la correction apportée par la nature. Mais il lui arrive souvent d'aller encore plus loin ; elle met des limites à la reproduction ; elle rend stériles les croisements multipliés et les fait ainsi disparaître.

Si, par exemple, un individu de race donnée s'unissait au représentant d'une race inférieure, le résultat du croisement serait un abaissement du niveau en soi et, en outre, une descendance plus faible que les individus de race demeurée pure au milieu desquels elle devrait vivre. Au cas où tout nouvel apport du sang de la race supérieure serait empêché, les continuels croisements donneraient naissance à des métis que leur force de résistance, sagement amoindrie par la nature, condamnerait à une prompte disparition ; ou bien il se formerait, au cours de millénaires, un nouvel amalgame dans lequel les éléments primitifs, radicalement mélangés par des croisements multiples, ne seraient plus reconnaissables ; il se constituerait ainsi un nouveau peuple doué d'une certaine capacité de résistance grégaire, mais dont la valeur intellectuelle et artistique serait très inférieure à celle de la race supérieure ayant participé au premier croisement. Mais même dans ce dernier cas, ce produit hybride succomberait dans la lutte pour la vie, contre une race supérieure dont le sang serait resté pur. La solidarité grégaire, développée au cours de milliers d'années, et qui assurerait la cohésion de ce nouveau peuple serait — si grande soit-elle, par suite de l'abaissement du niveau de la race et de l'amoindrissement de la faculté d'adaptation et des capacités créatrices — incapable de permettre une résistance victorieuse aux attaques d'une race pure, unie elle aussi, et supérieure en développement intellectuel et en civilisation.

On peut donc énoncer le principe suivant :

Tout croisement de race amène fatalement, tôt ou tard, la disparition des hybrides qui en résultent, tant qu'ils se trouvent en présence de l'élément supérieur ayant participé au croisement et qui a conservé l'unité que confère la pureté du sang. Le danger pour l'hybride ne cesse qu'avec le métissage du dernier élément individuel de la race supérieure.

Telle est la source de la régénération progressive, bien que lente, effectuée par la nature, qui élimine peu à peu les produits de l'altération des races, pourvu qu'il existe encore une souche de race pure et qu'il ne se produise plus de nouveaux métissages.

Ce phénomène peut se manifester de lui-même chez des êtres doués d'un puissant instinct de race, que des circonstances particulières ou quelque contrainte spéciale ont rejeté hors de la voie normale de multiplication maintenant la pureté de la race. Sitôt que cesse la contrainte, l'élément resté pur tend immédiatement à revenir à l'accouplement entre égaux, ce qui met un terme à tout croisement ultérieur. Les produits du métissage se retirent alors d'eux-mêmes à l'arrière-plan, à moins que leur nombre soit devenu si grand que les éléments de race pure ne puissent songer à leur résister.

L'homme, devenu sourd aux suggestions de l'instinct et méconnaissant les obligations que lui a imposées la nature, ne doit pas compter sur les corrections qu'elle apporte, tant qu'il n'aura pas remplacé par les clartés de l'intelligence les suggestions de l'instinct perdu ; c'est donc à l'intelligence d'accomplir le travail de régénération nécessaire. Mais il est fort à craindre que l'homme, une fois aveuglé, ne continue à abattre les barrières qui séparent les races, jusqu'à ce que soit définitivement perdu ce qu'il y avait de meilleur en lui. Il ne restera alors qu'une sorte de bouillie unitaire dont les fameux réformateurs que nous entendons aujourd'hui font leur idéal ; mais ce mélange informe signifierait la mort de tout idéal en ce monde. Je le reconnais : *on pourrait ainsi former un grand troupeau, on pourrait fabriquer par cette pot — bouille un animal grégaire, mais d'un semblable mélange ne sortira jamais un homme qui soit un pilier de la civilisation ou mieux encore un fondateur et un créateur de civilisation.* On pourrait estimer alors que l'humanité a définitivement failli à sa mission.

Si l'on ne veut pas que la Terre tombe dans cet état, on doit se rallier à l'idée que la mission des États germa niques est, avant tout, de veiller à ce que cesse absolument tout nouveau métissage.

La génération des pleutres qui se sont signalés à l'attention de nos contemporains, va naturellement pousser des cris à l'énoncé de cette thèse et se plaindre, en gémissant, de ce que je porte la main sur les sacro-saints droits de l'homme. *Non, l'homme n'a qu'un droit sacré et ce droit est en même temps le plus saint des devoirs, c'est de veiller à ce que son sang reste pur, pour que la conservation de ce qu'il y a de meilleur dans l'humanité rende possible un développement plus parfait de ces êtres privilégiés.*

Un État raciste doit donc, avant tout, faire sortir le mariage de l'abaissement où l'a plongé une continuelle adultération de la race et lui rendre la sainteté d'une institution, destinée à créer des êtres à l'image du Seigneur et non des monstres qui tiennent le milieu entre l'homme et le singe.

Les protestations que, pour des raisons dites d'humanité, on peut élever contre ma thèse, sont diablement peu justifiées à une époque qui, d'une part, offre à tous les dégénérés la possibilité de se multiplier — et impose ainsi à leurs descendants ainsi qu'aux contemporains des souffrances indicibles — pendant qu'on peut acheter dans toutes les drogueries, et même aux colporteurs, des prépa rations permettant, même aux parents les plus sains, de ne pas avoir d'enfants. Dans l'État qui, de nos jours, assure le calme et le bon ordre, à ce que croient ses défenseurs, les braves nationaux-bourgeois, ce serait un crime de retirer la faculté de procréer aux syphilitiques, tuberculeux, aux êtres atteints de tares héréditaires, ou contrefaits, aux crétins ; par contre, enlever à des millions d'êtres des plus sains la faculté de procréer n'est pas considéré comme une mauvaise action et ne choque pas les bonnes mœurs de cette société hypocrite, mais flatte même sa myopie et sa paresse intellectuelles. Car autrement on devrait se torturer le cerveau pour trouver le moyen de faire subsister et de conserver les individus qui sont la santé de notre peuple et de qui naîtra la génération future.

Comme tout ce système actuel manque d'idéal et de noblesse ! On ne s'inquiète plus d'élever les meilleurs dans l'intérêt de la postérité ; on laisse les choses suivre leur cours. Il est tout à fait conforme à la ligne de conduite actuelle de nos Églises qu'elles pèchent contre le respect dû à l'homme, image du Seigneur, ressemblance sur laquelle elles insistent tant ; elles parlent toujours de l'Esprit et laissent déchoir au rang de prolétaire dégénéré le réceptacle de l'Esprit. Puis on s'étonne avec un air stupide du peu d'influence qu'a la foi chrétienne dans son propre pays, de l'épouvantable « irréligion » de cette misérable canaille dégradée physiquement et dont le moral est naturellement tout aussi gâté ; et l'on se dédommage en prêchant avec succès la doctrine évangélique aux Hottentots et aux Cafres. Tandis que nos peuples d'Europe, à la plus grande louange et gloire de Dieu, sont rongés d'une lèpre morale et physique, le pieux missionnaire s'en va dans l'Afrique centrale et fonde des missions pour les nègres, jusqu'à ce que notre « civilisation supérieure » ait fait de ces hommes sains, bien que primitifs et arriérés, une engeance de mulâtres fainéants.

Nos deux confessions chrétiennes répondraient bien mieux aux plus nobles aspirations humaines si, au lieu d'importuner les nègres avec des missions dont ils ne souhaitent ni ne peuvent comprendre l'enseignement, elles voulaient bien faire comprendre très sérieusement aux habitants de l'Europe que les ménages de mauvaise santé feraient une œuvre bien plus agréable à Dieu, s'ils avaient pitié d'un pauvre petit orphelin sain et robuste et lui tenaient lieu de père et de mère, au lieu de donner la vie à un enfant maladif qui sera pour lui-même et pour les autres une cause de malheur et d'affliction.

L'État raciste aura à réparer les dommages causés par tout ce qu'on néglige de faire aujourd'hui dans ce domaine. *Il devra faire de la race le centre de la vie de la communauté ; veiller à ce qu'elle reste pure ; déclarer que l'enfant est le bien le plus précieux d'un peuple. Id devra prendre soin que, seul, l'individu sain procrée des enfants ; il dira qu'il n'y a qu'un acte honteux : mettre au monde des enfants quand on est maladif et qu'on a des tares, et que l'acte de plus honorable est alors d'y renoncer. Inversement, il professera que refuser à la nation des enfants robustes est un acte répréhensible. L'État doit intervenir comme ayant de dépôt d'un avenir de milliers d'années au prix duquel les désirs et l'égoïsme de l'individu sont tenus pour rien et devant lequel ils doivent s'incliner ; il doit utiliser des ressources de da médecine la plus moderne pour éclairer sa religion ; il doit déclarer que tout individu notoirement malade ou atteint de tares héréditaires, donc transmissibles à ses rejetons, n'a pas le droit de se reproduire et id doit lui en enlever matériellement la faculté. Inversement, il doit veiller à ce que la fécondité de la femme saine ne soit pas limitée par l'infecte politique financière d'un système de gouvernement qui fait, de ce don du ciel qu'est une nombreuse postérité, une malédiction pour les parents. Il doit mettre un ferme à cette indifférence paresseuse, et même criminelle, qu'on témoigne aujourd'hui pour des conditions sociales permettant la formation de familles prolifiques, et se sentir le protecteur suprême de ce bien inappréciable pour un peuple. Son attention doit se porter sur l'enfant plus que sur l'adulte.*

Celui qui n'est pas sain, physiquement et moralement, et par conséquent n'a pas de valeur au point de vue social, ne doit pas perpétuer ses maux dans de corps de ses enfants. L'État raciste a une tâche énorme à accomplir au point de vue de l'éducation. Mais cette tâche paraîtra plus tard quelque chose de plus grand que des guerres victorieuses de notre époque bourgeoise actuelle. L'État doit faire comprendre à l'individu, par l'éducation, que ce n'est pas une honte, mais un malheur digne de pitié, d'être maladif et faible, mais que c'est un crime par contre, et une honte, de déshonorer ce malheur par son égoïsme en le faisant retomber sur un être innocent : que, par ailleurs, c'est témoigner d'une disposition d'esprit vraiment noble et des sentiments humains les plus admirables, quand l'individu, souffrant d'une maladie dont il n'est pas responsable, renonce à avoir des enfants et reporte son affection et sa tendresse sur un jeune rejeton indigent de sa race, dont l'état de santé fait prévoir qu'il sera un jour un membre robuste d'une communauté vigoureuse. En accomplissant cette tâche éducatrice, l'État prolonge, au point de vue moral, son activité pratique. Il ne s'inquiétera pas de savoir s'il est compris ou non, approuvé ou blâmé, pour agir suivant ces principes.

Si, pendant six cents ans, les individus dégénérés physiquement ou souffrant de maladies mentales étaient mis hors d'état d'engendrer, l'humanité serait délivrée de maux d'une gravité incommensurable ; elle jouirait d'une santé dont on peut aujourd'hui se faire difficilement une idée. En favorisant consciemment et systématiquement la fécondité des éléments les plus robustes de notre peuple. On obtiendra une race dont le rôle sera, du moins tout d'abord, d'éliminer les germes de la décadence physique et, par suite, morale, dont nous souffrons aujourd'hui.

Car, lorsqu'un peuple et un État se seront engagés dans cette voie, on se préoccupera tout naturellement de développer la valeur de ce qui constitue la moelle la plus précieuse de la race et d'augmenter sa fécondité pour qu'enfin toute la nation participe à ce bien suprême : une race obtenue selon les règles de l'eugénisme.

Pour y parvenir, il faut avant tout qu'un État n'abandonne pas au hasard le soin de coloniser les régions nouvellement acquises, mais qu'il soumette cette colonisation à des règles déterminées. Des commissions de race, constituées spécialement, doivent délivrer aux individus un permis de colonisation ; une pureté de race définie, et dont il faudra donner des preuves, sera la condition posée à l'obtention de ce permis. C'est ainsi que pourront être fondées peu à peu des colonies marginales dont les colons seront exclusivement des représentants de la race la plus pure et doués. Par conséquent, des facultés les plus éminentes de cette race. Ces colonies seront, pour toute la nation, un précieux trésor national ; leur développement remplira de fierté et de joyeuse assurance tout membre de la communauté, puisqu'elles contiendront le germe d'un heureux développement futur du peuple lui-même et aussi de l'humanité.

Il appartiendra aux conceptions racistes mises en œuvre dans l'État raciste de faire naître cet âge meilleur : les hommes ne s'attacheront plus alors à améliorer par l'élevage les espèces canines, chevalines ou félines ; ils chercheront à améliorer la race humaine ; à cette époque de l'histoire de l'humanité, les uns, ayant reconnu la vérité, sauront faire abnégation en silence, les autres feront le don joyeux d'eux-mêmes.

Que cet état d'esprit soit possible, on ne peut le nier dans un monde où des centaines de milliers d'hommes s'imposent volontairement le célibat, sans y être contraints et obligés autrement que par une loi religieuse.

Pourquoi un semblable renoncement serait-il impossible si, à la place d'un commandement de l'Église, intervenait un avertissement solennel invitant les hommes à mettre enfin un terme au vrai péché originel, aux conséquences si durables, et à donner au Créateur tout-puissant des êtres tels que lui-même les a d'abord créés ?

Certes, le lamentable troupeau des petits bourgeois d'aujourd'hui ne pourra jamais comprendre cela. Ils riront ou lèveront leurs épaules mal faites, et ils répéteront en soupirant l'excuse qu'ils donnent toujours :

« Ce serait très beau en principe, mais c'est impossible ! » Avec eux c'est, en effet, impossible ; leur monde n'est pas fait pour cela. Ils n'ont qu'un souci : leur propre vie ; et qu'un Dieu : leur argent ! Seulement, ce n'est pas à eux que nous nous adressons, c'est à la grande armée de ceux qui sont trop pauvres pour que leur propre vie leur paraisse le plus grand bonheur qu'il y ait au monde, à ceux qui ne regardent pas l'or comme le maître qui règle leur existence, mais qui croient à d'autres dieux. Nous nous adressons avant tout à la puissante armée de notre jeunesse allemande. Elle grandit à une époque qui est un grand tournant de l'histoire, et la paresse et l'indifférence de leurs pères la forcent à combattre. Les jeunes Allemands seront un jour les architectes d'un nouvel État raciste ou bien ils seront les derniers témoins d'un complet effondrement, de la mort du monde bourgeois.

Car, lorsqu'une génération souffre de défauts qu'elle reconnaît et auxquels elle se résigne même, se bornant, comme le fait aujourd'hui notre monde bourgeois, de l'excuse facile qu'il n'y a rien à faire pour y remédier, un pareil monde est voué à la ruine. Ce qui caractérise notre société bourgeoise, c'est qu'elle ne peut plus nier ces défauts. Elle est forcée d'avouer qu'il y a beaucoup de choses pourries et mauvaises, mais elle n'est plus capable de se décider à réagir contre le mal ; elle n'a plus la force de mobiliser un peuple de soixante ou soixante-dix millions d'hommes et de lui inspirer l'énergie désespérée avec laquelle il devrait faire les derniers efforts pour parer au danger. Bien su contraire : quand une telle campagne est entreprise dans un autre pays, elle ne lui inspire que des commentaires imbéciles et on cherche à montrer que, théoriquement, la tentative ne saurait réussir, que son succès est proprement inconcevable. Il n'y a pas d'arguments, aussi idiots qu'ils puissent être, qui ne soient mis en avant pour justifier la passivité de ces nains et leur faiblesse intellectuelle et morale. Lorsque, par exemple, tout un continent déclare enfin la guerre à l'intoxication par l'alcool, pour arracher tout un peuple à ce vice dévastateur, le monde bourgeois en Europe n'a d'autre réflexe que d'ouvrir de grands yeux stupides, de secouer la tête d'un air de doute, ou de trouver d'un air supérieur que tout cela est ridicule — opinion qui va particulièrement bien à cette ridicule société. Mais quand toutes ces simagrées n'ont pas d'effet et que, quelque part dans le monde, on s'attaque à la noble et inviolable routine, et même avec succès, nos petits bourgeois s'efforcent, nous l'avons déjà dit, de mettre au moins en doute ce succès et d'en diminuer l'importance, sans craindre même d'invoquer les principes de la morale bourgeoise contre une campagne qui cherche à débarrasser le monde de la pire immoralité.

Non, nous devons tous ne nous faire aucune illusion sur ce point : notre bourgeoisie actuelle ne peut d'ores et déjà servir à rien pour aucune des nobles tâches qui incombent à l'humanité ; sans le moindre fond, elle est aussi par trop vile, moins — à mon avis — par méchanceté que par une incroyable indolence et par tout de ce qui en résulte. C'est pourquoi ces clubs politiques qui vivotent sous la dénomination de « partis bourgeois », ne sont plus, depuis longtemps, que des associations d'intérêts formées par certains groupements professionnels et certaines classes ; et leur but principal est de défendre le mieux possible les intérêts les plus égoïstes. Il est évident qu'une pareille corporation de « bourgeois » politiciens est rien moins que capable de mener un combat, surtout quand l'adversaire se recrute non pas parmi de prudents sacs d'écus, mais dans ces masses prolétariennes, poussées à la révolte par les excitations les plus violentes et décidées à tout.

*

Si nous nous rendons compte de ce fait : le premier devoir de l'État, qui est au service du peuple et n'a en vue que le bien de celui-ci, est de conserver les meilleurs éléments de la race, d'en avoir soin et de favoriser leur développement, alors nous conclurons logiquement que sa tâche ne se borne pas à faire naître des rejetons dignes du peuple et de la race, mais qu'il doit encore leur donner une éducation qui en fera plus tard des membres utiles de la communauté et capables de contribuer à son accroissement.

Comme, dans l'ensemble, le rendement intellectuel des individus est directement fonction des qualités de race du matériel humain donné, l'éducation de chacun doit avoir pour tout premier but l'entretien et le développement de la santé physique. Car, dans la majorité des cas, un esprit sain et énergique ne se trouve que dans un corps sain et vigoureux. Le fait que des hommes de génie sont parfois d'une constitution peu robuste, ou même maladive, n'infirme pas ce principe. Il s'agit alors d'exceptions qui, comme partout, confirment la règle. Mais quand un peuple se compose en majorité d'hommes physiquement dégénérés, il est extrêmement rare qu'un esprit vraiment grand surgisse de ce marécage. Son influence ne connaîtra, en tous cas, jamais un grand succès. Ou bien cette plèbe de dégénérés sera incapable de le comprendre, ou bien sa force de volonté sera trop affaiblie pour qu'elle puisse suivre cet aigle dans son essor.

L'État raciste, conscient de cette vérité, ne croira pas que sa tâche éducatrice se borne à faire entrer dans les cerveaux la science à coups de pompe ; il s'attachera à obtenir, par un élevage approprié, des corps foncièrement sains. La culture des facultés intellectuelles ne viendra qu'en seconde ligne. Mais ici même le 5ut principal sera la formation du caractère, notamment le développement de la force de volonté et de la capacité de décision ; on habituera en même temps les jeunes gens à prendre avec joie la responsabilité de leurs actes : l'instruction proprement dite ne viendra qu'en dernier lieu.

L'État raciste doit partir du principe *qu'un* homme *dont la culture scientifique est rudimentaire, mais de corps* sain, de *caractère honnête et ferme, aimant à prendre une décision, et doué de force de volonté, est un membre plus* utile à la *communauté nationale qu'un infirme, quels que soient ses* dons *intellectuels.* Un peuple de savants dégénérés physiquement, de volonté faible, et professant un lâche pacifisme, ne pourra jamais conquérir le ciel ; il ne sera même pas capable d'assurer son existence sur cette terre. Il est rare que, dans le dur combat que nous impose le destin, ce soit le moins savant qui succombe ; le vaincu est toujours celui qui tire de son savoir les décisions les moins viriles et qui les met en pratique de la façon la plus pitoyable. Enfin une certaine harmonie doit exister entre le physique et le moral. *Un corps gangrené* n'est *pas* le moins *du monde rendu plus beau par le rayonnement de l'esprit,* et même il serait injuste de donner la formation intellectuelle la plus complète à des hommes mal venus ou estropiés, dont le manque d'énergie et de caractère ferait des êtres indécis et lâches. Ce qui rend immortel l'idéal de beauté conçu par les Grecs, c'est la merveilleuse alliance de la plus splendide beauté physique avec l'éclat de l'esprit et la noblesse de l'âme.

Si le mot de Moltke est vrai : « La chance ne suit que le mérite », certainement aussi pour les rapports du corps et de l'esprit : un esprit sain n'habite en général à demeure qu'un corps sain.

Rendre les corps robustes n'est donc pas, dans un État raciste, l'affaire des individus ; ce n'est pas non plus une question qui regarde en premier lieu les parents, et en deuxième ou troisième lieu seulement l'ensemble des citoyens : c'est une nécessité de la conservation du peuple que représente et protège l'État. De même qu'en ce qui touche l'instruction, l'État empiète déjà sur le droit de libre détermination de l'individu, et lui oppose le droit de la collectivité, soumettant l'enfant à l'instruction obligatoire, sans tenir compte de la volonté des parents — l'État raciste doit, dans une plus grande mesure encore, faire triompher son autorité contre l'ignorance ou l'incompréhension des individus dans les questions qui intéressent la sauvegarde de la nation. Il lui faut organiser son action éducatrice de telle sorte que le corps des jeunes gens soit traité dès la plus tendre enfance en vue du but poursuivi et reçoive la trempe dont il aura besoin plus tard. Il doit particulièrement veiller à ne pas former une génération élevée en serre chaude.

C'est d'abord près des jeunes mères que doit s'exercer cette œuvre d'éducation et d'hygiène. Quelques dizaines d'années d'efforts ont bien obtenu ce résultat de rendre les accouchements complètement aseptiques et les cas de fièvre puerpérale extrêmement rares ; il doit être et sera possible, en faisant à fond l'éducation des gardes et des mères elles-mêmes, de parvenir à donner aux enfants, dès leurs premières années, des soins tels que leur croissance ultérieure se fasse dans les meilleures conditions.

Dans un État raciste, l'école consacrera infiniment plus de temps aux exercices physiques. Il ne convient pas de surcharger les jeunes cerveaux d'un bagage inutile ; l'expérience nous apprend qu'ils n'en conservent que des fragments et, en outre, qu'il leur en reste non pas l'essentiel, mais des détails secondaires et inutilisables ; un jeune enfant est, en effet, incapable de faire un tri raisonné des matières qu'on lui a comme entonnées. Consacrer, comme on le fait actuellement, deux courtes heures du programme hebdomadaire des écoles secondaires à la gymnastique et, par-dessus le marché, rendre la présence des élèves facultative, c'est commettre une lourde erreur, même au point de vue de la formation purement intellectuelle. Il ne devrait pas se passer de jour où le jeune homme ne se livre, au moins une heure matin et soir, à des exercices physiques, dans tous les genres de sport et de gymnastique. Il ne faut pas notamment négliger un sport, la boxe, qui, aux yeux de très nombreux soi-disant « racistes », est brutal et vulgaire. On ne saurait croire combien d'opinions fausses sont répandues à cet égard dans les milieux « cultivés ». Que le jeune homme apprenne l'escrime, puis passe son temps à se battre en duel, voilà qui passe pour tout naturel et respectable, mais la boxe, c'est forcément brutal ! Pourquoi ? Il n'y a pas de sport qui, autant que celui-là, développe l'esprit combatif, exige des décisions rapides comme l'éclair et donne su corps la souplesse et la trempe de l'acier. Il n'est pas plus brutal, pour deux jeunes gens, de vider à coups de poing une querelle née d'une divergence d'opinions que de le faire avec une lame bien aiguisée. Il n'est pas plus vil, pour un homme attaqué, de repousser son agresseur avec ses poings que de prendre la fuite en appelant la police à son secours. Mais, avant tout, le garçon jeune et sain de corps doit apprendre à supporter les coups. Ce principe paraîtra naturellement, à nos champions de l'esprit, digne d'un sauvage. Mais l'État raciste n'a pas précisément pour rôle de faire l'éducation d'une colonie d'esthètes pacifistes et d'hommes physiquement dégénérés. L'image idéale qu'il se fait de l'humanité n'a pas pour types l'honorable petit bourgeois et la vieille fille vertueuse, mais bien des hommes doués d'une énergie virile et hautaine, et des femmes capables de mettre au monde de vrais hommes.

Ainsi le sport n'est pas destiné seulement à rendre l'individu fort, adroit et hardi, mais il doit aussi l'endurcir et lui apprendre à supporter épreuves et revers.

Si toute la classe supérieure de nos intellectuels n'avait pas été exclusivement instruite de ce qui est convenable et distingué, si, en revanche, elle avait appris la boxe, une révolution allemande, faite par des souteneurs, des déserteurs et autres pareilles crapules, n'aurait pas été possible ; car cette révolution a dû son succès non pas à la hardiesse et au courage de ses auteurs, mais à la lâche et lamentable indécision de ceux qui gouvernaient l'État et qui en étaient les chefs responsables. C'est que tous ceux qui nous dirigeaient intellectuellement n'avaient reçu qu'une formation H intellectuelle » et se trouvèrent désarmés au moment où la partie adverse employa, au lieu d'armes intellectuelles, de solides barres de fer. Tout cela fut possible seulement parce que nos écoles supérieures avaient pour principe de former non pas des hommes, mais des fonctionnaires, des ingénieurs, des techniciens, des chimistes, des juristes, des littérateurs et, pour que cette intellectualité ne mourût pas, des professeurs.

Au point de vue intellectuel, nos dirigeants ont obtenu des résultats éblouissants, mais quand il a fallu faire preuve de volonté ils se sont révélés au-dessous de tout.

Il est sûr que l'éducation est incapable de faire un homme courageux d'un homme foncièrement lâche, mais il est également sûr qu'un homme, même doué par la nature de quelque courage, ne pourra développer ses facultés, si les défauts de son éducation l'ont mis en état d'infériorité en ce qui concerne sa force et son adresse corporelles. C'est à l'armée qu'on peut voir à quel point la conscience de ses ressources physiques peut développer chez un homme le courage et même l'esprit combatif. On n'y trouve pas que des héros : le type moyen y est largement représenté. Pourtant l'excellent entraînement du soldat allemand pendant le temps de paix inocula à tout ce gigantesque organisme une confiance en soi dont nos adversaires n'avaient pas soupçonné la force. Les preuves immortelles de bravoure et d'allant que les armées allemandes donnèrent pendant toute la fin de l'été et tout l'automne de 1914, au cours de leur marche en avant, quand elles balayaient tout devant elles, furent le résultat de cette éducation infatigablement poursuivie. Pendant les interminables années de paix, elle avait habitué des corps souvent peu robustes aux performances les plus incroyables et avait donné aux soldats cette confiance en soi que les épouvantes des plus terribles batailles ne pouvaient détruire.

Notre peuple allemand, aujourd'hui brisé et gisant, et livré sans défense aux coups de pied du reste du monde, a justement besoin de cette force, née de l'autosuggestion, que donne la confiance en soi. Mais cette confiance en soi doit être donnée aux enfants de notre peuple par l'éducation dès leurs premières années. Tout le système d'éducation et de culture doit viser à leur donner la conviction qu'ils sont absolument supérieurs aux autres peuples. La force et l'adresse corporelles doivent leur rendre la foi en l'invincibilité du peuple auquel ils appartiennent. Ce qui a conduit autrefois l'armée allemande à la victoire, c'était la somme de confiance que chaque soldat avait en lui-même et que tous avaient en ceux qui les commandaient. Ce qui remettra debout le peuple allemand, ce sera la conviction de pouvoir reconquérir sa liberté. Mais cette conviction ne sera que le résultat d'une conviction identique chez des millions d'individus.

Qu'on ne se fasse pas, ici non plus, d'illusions :

Énorme a été l'effondrement de notre peuple ; énormes aussi devront être nos efforts pour mettre terme un jour à sa détresse. Celui qui croit que l'actuel travail d'éducation bourgeois pratiqué sur notre peuple en vue du calme et du bon ordre, lui donnera la force de faire cesser un jour l'état de choses actuel, cause de notre ruine, et de lancer au visage de nos adversaires nos chaînes d'esclaves, celui-là se trompe amèrement. Ce n'est que par un excès d'énergie nationale, de soif de liberté et d'ardeur passionnée que nous compenserons tout ce qui nous manquait.

*

L'habillement des jeunes gens doit aussi être adapté au but poursuivi. Il est vraiment lamentable de voir notre jeunesse sacrifier à une mode stupide qui donne un sens péjoratif au vieux proverbe : « L'habit fait le moine »

Justement chez les jeunes gens, l'habillement doit être mis au service de l'éducation. Le jeune homme qui, en été, se promène en pantalons longs, dans un vêtement fermé jusqu'au cou, est de ce fait peu enclin à se livrer à un exercice physique. Car, disons-le ouvertement, il faut aussi faire appel, non seulement à l'ambition, mais aussi à la vanité ; non pas à la vanité d'avoir de beaux vêtements que tout le monde ne peut pas s'acheter, mais à l'orgueil d'un beau corps bien fait, ce à quoi chacun peut travailler.

Cette considération jouera aussi plus tard son rôle. La jeune fille doit connaître son cavalier. Si la beauté corporelle n'était pas de nos jours si complètement reléguée au second plan par la niaiserie de la mode, des centaines de milliers de jeunes filles ne se laisseraient pas séduire par de repoussants bâtards juifs aux jambes torses. Il est aussi de l'intérêt de la nation que se trouvent les plus beaux corps pour faire don à la race d'une nouvelle beauté.

C'est aujourd'hui une nécessité des plus urgentes, parce que l'instruction militaire fait défaut et qu'ainsi a été supprimée la seule institution qui, en temps de paix, réparait en partie les négligences de notre mode d'éducation. Ses avantages ne se bornaient pas à la formation de l'individu même, mais exerçaient aussi une heureuse influence sur les rapports des deux sexes. La jeune fille préférait le soldat à celui qui n'entrait pas dans l'armée.

L'État raciste n'a pas seulement à veiller au développement des forces corporelles pendant les années d'école, il doit aussi s'en occuper pendant la période postscolaire, tant que les jeunes gens n'ont pas achevé leur croissance, afin que celle-ci se fasse dans d'heureuses conditions. Il est absurde de croire que le droit de surveillance sur ses jeunes citoyens cesse pour l'État au moment où ils quittent l'école, pour ne rentrer en vigueur qu'au moment où ils font leur service militaire. Ce droit est, en réalité, un devoir permanent. L'État actuel, qui se soucie peu d'avoir des citoyens en bonne santé, a négligé ce devoir d'une façon criminelle.

Il laisse aujourd'hui la jeunesse se dépraver dans les rues et les lieux de débauche, au lieu de la tenir en main et de prendre soin de sa formation physique jusqu'au moment où il aura obtenu des adultes sains et robustes.

La question de savoir sous quelle forme précise l'État organisera l'éducation postscolaire est, pour le moment, sans importance ; l'essentiel est qu'il le fasse ; il en cherchera les voies et moyens. L'État raciste doit tenir le développement physique des jeunes gens, dans la période postscolaire, pour une de ses attributions, au même titre que leur développement intellectuel, et il doit l'assurer par des institutions d'État. L'éducation physique pourra être, dans ses grandes lignes, une préparation au service militaire. L'armée n'aura plus alors besoin, comme autrefois, d'apprendre su jeune homme les rudiments du règlement de manœuvre ; elle ne recevra plus des recrues dans le sens actuel du terme ; elle n'aura plus qu'à transformer en soldat un jeune homme ayant déjà reçu une préparation physique parfaite.

Dans l'État raciste, l'armée ne sera donc plus obligée d'apprendre à l'individu à marcher et à se tenir au port d'armes ; elle sera une école supérieure d'éducation patriotique. La jeune recrue recevra au régiment l'instruction militaire nécessaire, mais on continuera en même temps à la préparer au rôle qu'elle aura à remplir plus tard dans la vie. Le principal objectif de l'éducation militaire doit rester pourtant ce qu'il était déjà dans l'ancienne armée et ce qui faisait la plus grande valeur de cette dernière : cette école doit faire du jeune garçon un homme ; elle ne doit pas lui apprendre seulement à obéir, mais le rendre capable de commander un jour ; il apprendra à se taire, non seulement quand il reçoit un blâme *justifié,* mais aussi à supporter *l'injustice* en silence.

Il doit, en outre, confiant en sa propre force, conquis, comme chacun, par l'esprit de corps, se convaincre que son peuple est invincible.

Le soldat ayant accompli son temps de service recevra deux documents : un *diplôme de citoyen,* c'est-à-dire une pièce légale lui permettant d'exercer un emploi public, et un *certificat de* bonne santé, attestant qu'il est physiquement apte au mariage.

Comme il le fait pour les garçons, l'État raciste dirigera l'éducation des filles, et d'après les mêmes principes. Là aussi l'importance principale doit être attachée à la formation physique ; après seulement viendra l'éducation du caractère, enfin, en dernier lieu, le développement des dons intellectuels. Il ne faut jamais perdre de vue que le *but* de l'éducation féminine doit être de préparer à son rôle la mère future.

*

C'est en deuxième lieu seulement que l'État raciste devra favoriser, sous toutes ses formes, la formation du *caractère*.

Il est incontestable que les traits essentiels du caractère de chacun sont arrêtés d'avance : un égoïste l'est et le restera toujours, de même qu'un idéaliste sera toujours foncièrement idéaliste. Mais, entre ces types extrêmes de caractères frappés sans bavures, se trouvent des millions d'exemplaires dont l'empreinte est floue et difficile à déchiffrer. Le criminel né restera un criminel ; mais beaucoup d'hommes qui ne révèlent qu'une certaine propension à des actes criminels, peuvent, par une éducation appropriée, devenir des membres utiles de la communauté ; inversement des caractères indécis et chancelants peuvent devenir de mauvais éléments, si leur éducation a été défectueuse.

Combien de fois s'est-on plaint pendant la guerre du peu de discrétion de notre peuple ! Quelles difficultés n'a-t-on pas eues, par suite de ce défaut, pour soustraire à la connaissance de l'ennemi des secrets même importants ! Mais posons-nous la question : en quoi l'éducation donnée au peuple allemand, avant la guerre, pouvait-elle le rendre discret ? Est-ce que, dès l'école, le petit *rapporteur* n'était pas souvent préféré à ses camarades moins bavards ? Est-ce que la dénonciation n'était pas, et n'est pas encore, considérée comme de la « franchise », et la discrétion comme un honteux entêtement ? S'est-on donné la peine de présenter aux enfants la discrétion comme une vertu précieuse et virile ? Non, car aux yeux de nos pédagogues modernes tout cela n'est que bagatelles. Mais ces bagatelles coûtent à l'État d'innombrables millions en frais de justice, puisque 90 pour 100 des procès pour diffamation ou motifs analogues résultent de ce manque de discrétion. Des propos tenus sans qu'on en prenne la responsabilité sont répétés aussi légèrement ; les intérêts économiques de notre peuple sont continuellement lésés, parce qu'on révèle étourdiment d'importants procédés de fabrication, etc. ; même les préparatifs secrets pour la défense du pays sont rendus vains, parce que notre peuple n'a pas appris à se taire, et répète tout ce qu'il a entendu dire. En temps de guerre, cette manie du bavardage peut faire perdre des batailles et porter presque tout le poids de l'issue malheureuse de la lutte. On doit être persuadé, en cette matière, que l'on ne peut remédier, dans l'âge mûr, à l'absence d'une formation précoce. Un maître ne doit pas, par exemple, chercher par principe à connaître les mauvais tours de ses élèves, en encourageant les pires habitudes de dénonciation. La jeunesse forme un État à part, elle oppose à l'adulte une sorte de front solidaire, et cela est tout naturel. L'union que l'enfant de dix ans contracte avec les camarades de son âge est plus naturelle et plus forte que celle qui pourrait exister entre lui et l'adulte. L'enfant qui dénonce un cama rade commet une *trahison* et manifeste ainsi une disposition d'esprit qui, qualifiée brutalement et transportée sur un terrain plus vaste, correspond à celle de l'homme coupable de haute trahison. Un tel enfant ne peut être considéré comme un *brave et honnête* garçon, mais comme un caractère peu estimable. Il peut être commode pour le maître de se servir de semblables défauts pour affermir son autorité, mais, ce faisant, il dépose dans de jeunes cœurs le germe d'une disposition d'esprit qui peut avoir plus tard des conséquences funestes. Il est arrivé plus d'une fois qu'un petit rapporteur devint une grande canaille.

Cela doit servir d'exemple à bien des gens. Aujourd'hui le développement voulu de la noblesse de caractère joue à l'école un rôle quasi-nul. Il faudra qu'un jour on y attache une tout autre importance. *Loyauté, abnégation, discrétion* sont des vertus absolument *nécessaires* pour un grand peuple ; les développer et les porter à leur point de perfection par l'éducation donnée à l'école, a plus d'importance que bien des matières qui, de nos jours, remplissent nos plans d'études. Faire perdre aux enfants l'habitude des plaintes larmoyantes et des hurlements de douleur fait aussi partie de ce programme d'éducation. Quand les pédagogues oublient qu'ils doivent inculquer à l'enfant, et dès son plus jeune âge, l'habitude de supporter en silence souffrances et injustices, il ne faut pas s'étonner que plus tard, aux heures critiques — quand, par exemple, un homme est au front la poste soit uniquement occupée à transmettre des lamentations et des piailleries réciproques. Si les écoles primaires avaient entonné dans le cerveau de notre jeunesse un peu moins de savoir, mais, en revanche, plus de maîtrise de soi même, nous en aurions été largement récompensés de 1915 à 1918.

Ainsi l'État raciste doit, pour remplir sa tâche d'éducateur, attacher le plus grand prix à former les caractères en même temps que les corps. Beaucoup des défauts actuels de notre peuple peuvent être, sinon supprimés, du moins très atténués, par une telle méthode d'éducation.

*

Il est de la plus haute importance de développer la force de volonté et *la capacité de* décision, ainsi *que la propension à* assumer *avec plaisir une responsabilité.*

L'on admettait autrefois dans l'armée le principe qu'il vaut toujours mieux donner un ordre quelconque que de n'en pas donner du tout : il faut faire comprendre aux jeunes gens qu'une réponse quelconque vaut toujours mieux que pas de réponse du tout. La peur de donner une réponse fausse est plus infamante que l'erreur dans la réponse. On doit se fonder sur cet axiome pour habituer les jeunes gens à avoir le courage de leurs actions.

On s'est souvent plaint de ce qu'aux mois de novembre et décembre 1918 toutes les autorités aient perdu courage, que, du souverain au dernier divisionnaire, personne n'ait plus trouvé la force de prendre une décision de sa propre initiative. Ce terrible exemple doit être un solennel avertissement pour le nouveau système d'éducation, car cette catastrophe a seulement fait ressortir dans des proportions énormes ce qui existait partout à plus petite échelle. C'est le manque de volonté, et non le manque d'armes, qui nous rend aujourd'hui incapables d'une résistance sérieuse. Ce défaut d'énergie est ancré dans tout notre peuple, il le rend incapable de prendre toute décision comportant des risques ; comme si ce qui fait la grandeur d'un acte n'est pas précisément la part de risque qu'il renferme. Sans s'en douter, un général allemand a trouvé une formule classique pour, exprimer cette lamentable absence de volonté : « Je n'agis, disait-il, que lorsque j'ai calculé avoir cinquante et une chances sur cent de réussir. » Ce « cinquante et un pour cent » explique le cas tragique de l'effondrement allemand ; celui qui demande au destin de lui garantir le succès, renonce par là même à faire acte d'héroïsme. Car ce dernier consiste, alors qu'on est convaincu qu'une situation représente un péril mortel, à faire la tentative qui peut conduire au succès. Un cancéreux en danger de mort n'a pas besoin de cinquante et une chances sur cent pour risquer l'opération. Même si celle-ci ne promet qu'un demi pour cent de chances de guérison, un homme courageux en courra le risque, sinon il n'a pas le droit de gémir sur sa mort prochaine.

Tout compte fait, cette lâche incapacité de vouloir et de prendre une décision, qui est la peste de notre époque, est surtout la conséquence de l'éducation radicalement fausse donnée à la jeunesse ; son influence néfaste persiste jusque chez l'adulte et trouve son point culminant dans le défaut de courage civil observé chez les hommes d'État au pouvoir.

On peut en dire autant de la peur des responsabilités qui sévit actuellement. Ce vice, dont l'éducation de la jeunesse est encore responsable, se manifeste dans toute la vie publique et atteint son immortelle apogée dans le régime parlementaire.

À l'école, on attache plus de prix à un aveu « repentant » et à un « acte de contrition » qu'à un aveu libre et franc. Ce dernier, aux yeux de maint éducateur, est le signe manifeste d'une incurable dépravation et, si incroyable que cela paraisse, on prédit l'échafaud à plus d'un enfant, témoignant de dispositions qui seraient d'une inappréciable valeur, si elles étaient l'apanage de tout un peuple.

De même que l'État raciste devra un jour apporter toute son attention à l'éducation de la volonté et de l'esprit de décision, de même il lui faudra graver dans le cœur des jeunes gens, dès leur plus tendre enfance, le goût des responsabilités librement consenties, et le courage de leurs actions. Ce n'est que s'il conçoit l'importance et la nécessité de cette tâche que l'État raciste arrivera, après des siècles de cette éducation, à créer enfin un peuple affranchi des faiblesses qui ont contribué d'une manière aussi néfaste à notre décadence actuelle.

*

L'État raciste n'aura que quelques légères modifications à apporter à l'instruction donnée par l'école, instruction qui résume tout ce que l'État fait aujourd'hui pour l'éducation du peuple. Ces modifications seront de trois sortes.

Tout d'abord le cerveau des jeunes gens ne doit pas être surchargé de connaissances qui leur sont inutiles dans la proportion de quatre-vingt-quinze pour cent et qu'en conséquence ils oublieront bientôt. Les programmes des écoles primaires et secondaires, particulièrement, sont de nos jours un absurde fatras ; dans la plupart des cas, la pléthore des matières enseignées est telle que le cerveau des élèves n'en peut garder que des fragments et que, seul encore, un fragment de cette masse de connaissances peut trouver son emploi ; d'autre part, elles restent insuffisantes pour celui qui embrasse une profession déterminée et est obligé de gagner son pain. Adressez-vous, par exemple, à un fonctionnaire du type courant, qui a subi avec succès l'examen de sortie d'un lycée ou d'une école primaire supérieure et qui a maintenant trente-cinq à quarante ans ; voyez ce qu'il a gardé des connaissances que l'école lui a péniblement fourrées dans la tête. Qu'il reste donc peu de chose de tout ce qu'on lui a autrefois entonné ! On vous répondra, il est vrai : « Mais c'est que la masse des connaissances alors acquises n'avait pas seulement pour but de mettre l'élève en possession d'une érudition étendue et variée ; on voulait aussi exercer en lui la capacité d'assimilation, l'aptitude à penser et surtout l'esprit d'observation. » Réponse juste en partie ; mais on court alors le danger de submerger sous un afflux d'impressions un jeune cerveau qui ne parviendra que très rarement à s'en rendre maître, à les trier et à les classer selon leur plus ou moins grande importance ; et il arrivera, la plupart du temps, que l'essentiel sera sacrifié à l'accidentel et complètement oublié. Le but principal de cette instruction massive ne sera donc pas atteint, car il ne peut être de rendre le cerveau capable d'apprendre en le bourrant de notions ; ce but doit être, au contraire, de fournit à chacun le trésor de connaissances qui lui sera utile plus tard et dont il fera profiter la communauté. Mais cette tentative est vaine, lorsque la surabondance des notions qu'on a fait entrer de force dans un jeune cerveau les lui fait complètement oublier ou lui fait oublier ce qu'elles avaient d'essentiel. On ne comprend pas, par exemple, pour quelle raison des millions d'hommes doivent, pendant des années, apprendre deux ou trois langues étrangères. Un nombre infime d'entre eux pourra seul en tirer parti et, pour cette raison, la plupart les oublieront complètement ; ainsi, sur cent mille élèves, qui apprennent le français, deux mille à peine se serviront plus tard sérieusement de cette langue, tandis que les quatre-vingt-dix-huit millet autres n'auront jamais, de toute leur vie, l'occasion d'utiliser dans la pratique ce qu'ils auront appris dans leur jeunesse. Ils auront ainsi consacré des milliers d'heures à une étude sans valeur pour eux. L'argument en vertu duquel l'étude des langues concourt à la culture générale ne tient pas ; il n'aurait de force que si les hommes continuaient à disposer pendant toute leur vie de ce qu'ils ont appris à l'école. Ainsi, pour les deux mille auxquels la connaissance de cette langue peut être utile, il y en aura quatre-vingt-dix-huit mille qui se donneront du mal pour rien et sacrifieront un temps précieux.

Il s'agit, en outre, dans le cas présent, d'une langue dont on ne peut même pas dire qu'elle enseigne à penser d'une façon rigoureusement logique, comme il en est du latin. Il serait donc plus opportun de ne faire connaître au jeune élève que les grandes lignes d'une pareille langue, ou, plus exactement, de lui présenter un schéma de son mécanisme intérieur ; on signalerait ses caractères les plus saillants, on initierait l'élève aux éléments de sa grammaire, on exposerait, à l'aide d'exemples typiques, les règles de sa prononciation, de sa construction, etc. Cette méthode suffirait pour la masse des élèves et — fournissant une vue d'ensemble plus claire et plus facile à retenir — elle serait plus utile que la méthode usitée aujourd'hui : celle-ci prétend faire entrer de force toute la langue dans la mémoire, alors que l'élève n'arrive jamais à s'en rendre maître et l'oublie ensuite. En même temps, on ne courrait pas le risque que cette écrasante abondance de notions ne laisse dans la mémoire que des fragments incohérents, retenus au hasard ; en effet, le jeune homme n'aurait à apprendre que ce qui est le plus digne d'attention et on aurait fait pour lui le tri entre l'essentiel et le secondaire.

Un enseignement fondé sur ces principes généraux suffirait à la majorité des élèves pour le reste de leur vie. Ceux qui auraient plus tard à pratiquer réellement cette langue disposeraient d'une base suffisante qu'ils auraient le loisir d'élargir en vue d'une étude approfondie.

Les programmes feraient une économie de temps et pourraient, plus facilement, faire leur part aux exercices physiques et au développement du caractère dont il a été parlé plus haut.

Une réforme particulièrement importante est celle des méthodes actuelles d'enseignement de l'histoire. Peu de peuples, plus que les Allemands, ont besoin des leçons que donne l'histoire ; mais il y en a peu qui en aient tiré moins de profit. Si la politique est la matière de l'histoire future, l'enseignement qu'on nous donne de l'histoire est jugé, et condamné, par la façon dont nous menons notre politique. Et il ne s'agit pas ici de se lamenter sur les pitoyables résultats de notre politique, si l'on n'est pas résolu à mieux éduquer notre peuple dans cette matière. Le bilan de l'enseignement de l'histoire, tel qu'il est donné actuellement, est ridicule dans quatre-vingt-dix-neuf cas sur cent. On n'en conserve que quelques millésimes, quelques dates de naissance et quelques noms ; les grandes lignes font complètement défaut. Les idées fondamentales, qui sont pourtant l'essentiel, ne sont pas exposées ; on laisse à l'intelligence plus ou moins développée des élèves le soin d'extraire de l'océan des dates et de la simple suite des événements, l'intelligence des causes profondes. On peut se révolter contre cette amère constatation autant qu'on le voudra ; qu'on lise seulement avec quelque attention les discours que, pendant une seule session, messieurs nos parlementaires ont prononcés sur la politique, notamment sur la politique extérieure ; qu'on réfléchisse en même temps qu'il s'agit ici — on le dit du moins — de l'élite de la nation allemande et, en tous cas, qu'une grande partie de ces gens ont usé leurs culottes sur les bancs des écoles secondaires, voire des facultés : on se rendra compte de l'absolue insuffisance des connaissances de ces hommes en histoire. S'ils ne l'avaient pas étudiée du tout, et s'ils possédaient seulement un instinct juste, cela n'en vaudrait que mieux pour la nation.

C'est surtout dans l'enseignement de l'histoire qu'il faut alléger les programmes. La principale utilité de cette étude est de faire discerner les lois qui régissent le cours des événements. Si l'enseignement se limite à cette tâche, on est fondé à espérer que chaque élève tirera plus tard profit de ce qu'il a appris, et la somme de ces gains s'inscrira à l'actif de la communauté. Car on n'apprend pas l'histoire pour savoir ce que fut le passé ; on l'apprend pour qu'elle vous enseigne la conduite que l'on devra tenir dans l'avenir pour assurer l'existence de son propre peuple. Tel est le but ; et l'histoire n'est qu'un des moyens de l'atteindre. Mais, aujourd'hui, le moyen est ici encore devenu un but et le but s'éloigne complètement. Qu'on ne vienne pas dire qu'une étude approfondie de l'histoire exige qu'on s'occupe de fixer le plus possible de dates, puisque c'est par elles seules qu'on peut tracer les grandes lignes. Ceci est l'affaire des historiens de profession. L'individu courant n'est pas un professeur. L'histoire n'a d'autre raison d'être que de lui donner l'intelligence des faits historiques, qui lui permettra de se faire une opinion sur les questions politiques qui intéressent sa nation. Celui qui veut devenir professeur d'histoire pourra, plus tard, se consacrer de la façon la plus approfondie à cette étude. Il aura naturellement à s'occuper de tous les détails, même les plus insignifiants. L'enseignement de l'histoire, tel qu'il est donné actuellement, ne lui suffirait du reste pas, car s'il est trop vaste pour la moyenne des élèves, il est trop limité pour les spécialistes.

Au reste, la tâche de l'État raciste est de veiller à ce que soit écrite enfin une histoire universelle dans laquelle la question de race sera mise au premier rang.

*

Résumons-nous : l'État raciste devra donner à l'enseignement des connaissances générales une forme abrégée, ne contenant que l'essentiel. Cet enseignement doit fourni à l'élève la possibilité d'aller plus loin, d'acquérir une culture et des connaissances plus approfondies. Il suffit que l'individu acquière des notions générales, des grandes lignes, qui serviront de base à son activité intellectuelle ; il ne recevra un enseignement approfondi, spécialisé et détaillé que pour les connaissances qui lui seront plus tard nécessaires dans sa sphère. La culture générale sera obligatoire dans toutes les disciplines ; la culture particulière sera laissée au choix de chacun. L'allégement des programmes et la diminution des heures de classe que procurera cette réforme seront portés au crédit des exercices destinés à fortifier le corps, à former le caractère, à développer la volonté et l'esprit de décision.

Le peu d'utilité, au point de vue de la profession à venir, de l'enseignement donné actuellement dans nos écoles, notamment dans les écoles secondaires, est clairement prouvé par le fait que des hommes, sortant de trois écoles d'un genre absolument différent, peuvent aujourd'hui parvenir à la même situation.

Ce qui est réellement décisif, c'est la culture générale et non pas les connaissances spéciales dont on a bourré un cerveau. D'ailleurs si des connaissances spéciales sont nécessaires, les programmes de nos écoles secondaires sont — nous l'avons déjà dit incapables de les donner.

Il faudra que l'État raciste mette fin quelque jour à ces demi-mesures.

*

La seconde modification que l'État raciste devra apporter aux plans d'étude est la suivante :

C'est un trait caractéristique de notre époque matérialiste que notre enseignement se tourne toujours plus exclusivement vers les disciplines utilitaires : mathématiques, physique, chimie, etc. Certes, ces connaissances sont utiles à une époque où règnent la technique et la chimie, et où la vie quotidienne en fournit les preuves les plus évidentes. Il y aurait pourtant danger à ce que la culture générale d'une nation repose toujours exclusivement sur elles. Au contraire, cette culture doit toujours tenir compte d'un idéal. Elle doit avoir pour base les « humanités » et fournir seulement les points de départ nécessaires plus tard pour une culture professionnelle plus développée. Sinon l'on fait bon marché de forces qui auront toujours plus d'importance pour l'existence de la nation que toutes connaissances techniques et autres. En particulier, l'enseignement de l'histoire ne doit pas délaisser l'étude de l'antiquité. L'histoire romaine, si on en possède exactement les grandes lignes, sera toujours le meilleur guide pour le temps présent et pour tous les temps. Nous devons conserver aussi dans toute sa beauté l'idéal grec de civilisation. Les différences entre chaque peuple ne doivent pas nous empêcher de voir la communauté de race qui les unit, et dont l'importance est beaucoup plus grande. La lutte qui fait rage actuellement à de grands objectifs : une civilisation lutte pour son existence et cette civilisation a duré des milliers d'années, elle embrasse l'hellénisme et le germanisme.

Il faut faire une distinction très nette entre la culture générale et les connaissances professionnelles. Celles-ci menacent précisément de nos jours de plus en plus de tomber au service du seul Mammon, et la culture générale doit être conservée pour leur faire contre-poids, par son caractère plus idéaliste. Il faut ici encore s'imprégner profondément de ce principe qu'*industrie et technique, commerce et métiers ne sont florissants qu'aussi longtemps qu'une communauté nationale, soutenue par un idéal, leur assure les conditions préalables et nécessaires de développement. Ces conditions ne dépendent pas d'un égoïsme attaché à la matière, mais d'un esprit de sacrifice qui trouve satisfaction dans le renoncement.*

*

La formation donnée aujourd'hui à un jeune homme consiste en général d'abord à mettre à coups de pompe dans son esprit les connaissances dont il aura besoin plus tard pour réussir dans sa carrière. On dit : « Il faut que ce garçon soit un jour un membre utile de la société humaine. » On entend par là sa capacité à gagner plus tard son pain quotidien d'une manière honnête. L'éducation civique superficielle qui va de pair avec ce genre d'instruction, a des pieds d'argile. Comme l'État n'est en lui-même qu'une simple forme, il est très difficile d'éduquer des hommes qui soient utiles à cette forme, et surtout de leur imposer des devoirs envers elle. Une forme peut trop facilement se briser. La notion « d'État » n'a pas actuellement, nous l'avons vu, un sens clair.

Il ne reste donc rien que l'éducation « patriotique » courante. Dans l'ancienne Allemagne, elle consistait surtout à diviniser d'une façon inintelligente et très plate les moindres petits souverains, dont la foule nous empêchait d'apprécier à sa juste valeur l'importance de notre peuple. Le résultat de cette adoration était que la masse du peuple ne possédait qu'une idée très insuffisante de l'histoire allemande. Ici encore les grandes lignes faisaient défaut.

Il est évident que ce n'est pas ainsi qu'on pouvait faire naître un véritable enthousiasme national. Notre système d'éducation ignorait l'art de mettre en relief des noms choisis dans l'histoire de notre peuple, et d'en faire le bien commun de tous les Allemands. Pour toute la nation, ces connaissances communes et ce même enthousiasme auraient Pté un lien indestructible entre ses fils. On n'a pas su présenter aux yeux de la génération présente les vrais grands hommes comme des héros ; on n'a pas su concentrer sur eux l'attention de tous et faire naître ainsi un esprit national parfaitement homogène. On se montrait incapable, dans les différentes branches de l'enseignement, de faire connaître aux élèves ce qui est à la gloire de notre nation, de s'élever au-dessus du niveau d'un froid exposé des faits et d'enflammer la fierté nationale en citant ces exemples éclatants ; on aurait alors qualifié cette façon de faire de chauvinisme et elle eut été très impopulaire. Le patriotisme dynastique et petit-bourgeois paraissait plus acceptable et plus facile à supporter que l'ardente passion, fruit du plus haut orgueil national. Le premier était toujours prêt à obéir, l'autre pouvait un jour vouloir dominer. Le patriotisme monarchique trouvait son aboutissement dans les associations de vétérans ; il aurait été difficile d'aiguiller sur cette voie la passion nationale : c'est un pur-sang qui ne supporte pas n'importe quelle selle ; il n'était pas étonnant qu'on préférât éviter ce danger. Personne ne croyait possible qu'un jour éclatât une guerre où les bombardements à feu roulant et les vagues de gaz mettraient à une épreuve décisive la solidité foncière du patriotisme. Mais, lorsqu'elle se déchaîna, nous fûmes cruellement punis du manque de cette ardente passion patriotique. Les hommes n'avaient guère envie de mourir pour leurs souverains impériaux ou royaux ; et, par ailleurs, la plupart ignoraient ce que c'était que la « nation ».

Depuis que la révolution a fait son entrée en Allemagne et que, par suite, le patriotisme monarchique s'est éteint de lui-même, le but de l'enseignement de l'histoire n'est plus que l'acquisition de simples connaissances. Cet État n'a que faire d'un enthousiasme patriotique et, ce qu'il voudrait obtenir, il ne l'aura jamais : car, si le patriotisme dynastique ne pouvait donner au soldat, à une époque où domine le principe des nationalités, la force de tenir jusqu'au bout, l'enthousiasme républicain en est encore moins capable. Il est hors de doute que le mot d'ordre : « Pour la république », ne ferait pas rester pendant quatre ans et demi le peuple allemand sur le champ de bataille ; et ceux-là mêmes qui ont inventé ce merveilleux mirage y sont restés le moins longtemps.

En fait, on n'a laissé cette république tranquille que parce qu'elle a toujours été prête à acquitter volontairement tous les tributs qui lui seraient imposés et à signer toutes les renonciations de territoires qu'on exigerait d'elle. Elle a la sympathie du reste du monde, de même que tout être faible est préféré, par ceux qui se servent de lui, à un homme de caractère difficile. *Il est vrai que la sympathie témoignée par nos ennemis à cette forme de gouvernement est sa condamnation absolue.* On aime la République allemande et on lui permet de vivre, parce qu'on ne pourrait trouver un meilleur allié pour tenir notre peuple en esclavage. C'est à cette seule raison que cette splendide création doit d'exister encore. Aussi peut-elle renoncer à tout système d'éducation vraiment nationale et se contenter des hourras des héros de la Bannière du Reich qui d'ailleurs, s'il s'agissait de verser leur sang pour ce drapeau, se sauveraient comme des lièvres.

L'État raciste devra lutter pour son existence. Il ne pourra pas la sauver par la vertu du plan Dawes. Il aura précisément besoin, pour vivre et assurer sa sécurité, de ce qu'il croit pouvoir abandonner aujourd'hui. Plus la forme qu'il prendra, plus l'esprit dont il sera animé auront de valeur et prouveront leur incomparable supériorité, plus fortes seront la jalousie et l'opposition de ses adversaires. Il ne trouvera pas alors ses meilleurs moyens de défense dans ses armes, mais dans ses citoyens ; ce ne seront pas les fossés des forteresses qui le protégeront le mieux, mais le mur vivant que formeront des hommes et des femmes pleins du plus ardent patriotisme et d'un enthousiasme national fanatique.

Le troisième point à considérer en ce qui concerne l'instruction publique, est le suivant :

L'enseignement doit aussi fournir à l'État raciste le moyen de développer la fierté nationale. C'est de ce point de vue que doit partir l'enseignement de l'histoire universelle, et de l'histoire générale de la civilisation. Un inventeur ne devra pas paraître grand uniquement comme inventeur ; il devra paraître encore plus grand comme représentant de son peuple. L'admiration qu'on porte à toute grande action doit tourner en orgueil pour l'heureux enfant de la race qui l'a accomplie. Il faut choisir dans la foule des grands noms de l'histoire allemande ceux qui sont les plus grands, les mettre particulièrement en lumière et appeler sur eux l'attention de la jeunesse avec assez d'insistance pour qu'ils deviennent les piliers d'un inébranlable sentiment national.

L'enseignement doit être organisé systématiquement d'après ce point de vue, et de même l'éducation, de sorte que le jeune homme ne soit pas en quittant son école, un demi-pacifiste, un demi-démocrate ou quelque chose de ce genre, mais bien *un Allemand intégral.*

Afin que ce sentiment national soit, dès le début, sincère, et pas un faux-semblant, il faut enfoncer dans les jeunes cerveaux encore malléables ce principe d'airain : *Qui aime son peuple, ne prouve son amour que par les sacrifices qui il est prêt à s'imposer pour lui. Un sentiment national qui n'ait en vue que l'intérêt, cela n'existe pas. Un nationalisme qui embrasse seulement des classes sociales, cela n'existe pas davantage. Pousser des hourras ne prouve rien et ne donne pas le droit de se dire patriote ; il faut derrière le noble souci passionné de défendre l'existence et la pureté de la race tout entière. On n'a le droit d'être fier de son peuple que lorsqu'on n'a plus à avoir honte d'aucune de ses classes. Mais quand une moitié de ce peuple est misérable, minée par les soucis ou même dépravée, il offre un si fâcheux spectacle que personne ne doit être fier d'en faire partie. C'est seulement quand un peuple est, dans tous ses membres, sain de corps et d'esprit, que la joie de lui appartenir peut s'élever à bon droit chez tous les citoyens à ce degré supérieur qui a nom de fierté nationale. Mais cet orgueil suprême ne peut être éprouvé que par celui qui a conscience de la grandeur de son peuple.*

Il faut implanter dans les jeunes cœurs l'union intime du nationalisme et du sentiment de la justice sociale. Alors naîtra un jour un peuple de citoyens, uni et amalgamé par un commun amour et une commune fierté, inébranlable et invincible à jamais.

La crainte qu'inspire le chauvinisme à notre époque est la marque de son impuissance. Toute énergie débordante lui fait défaut, lui est même importune : le destin ne l'appellera plus à accomplir de grandes choses. Car les plus grands bouleversements qui se sont produits sur cette terre auraient été inconcevables si leurs ressorts *avaient été, au lieu de* passions *fanatiques et même hystériques, les vertus bourgeoises qui prisent le calme et le bon ordre.*

Il est sûr que notre monde s'achemine *vers une révolution radicale. Toute la question est de savoir si elle se fera pour le salut de l'humanité aryenne ou pour le profit de l'éternel Juif.*

L'État raciste devra, par une éducation appropriée de la jeunesse, veiller à la conservation de la race, qui devra être mûre pour supporter cette suprême et décisive épreuve.

Mais c'est au peuple qui s'engagera le premier sur cette voie que reviendra la victoire.

*

L'État raciste aura atteint son but suprême d'instructeur et d'éducateur quand il aura gravé dans le cœur de la jeunesse à lui confiée, l'esprit et le sentiment de la race. Il ne faut pas qu'un seul garçon ou une seule fille vienne à quitter l'école sans avoir été amené à la parfaite connaissance de ce que sont la pureté du sang et sa nécessité. On aura ainsi satisfait à la condition préalable : conservation de la race, fondement de notre peuple et assuré par là le développement ultérieur de la civilisation.

Car toute éducation physique et intellectuelle devrait, en dernière analyse, demeurer vaine, si elle ne profitait pas à une entité tout à fait capable de se conserver avec ses caractères originaux, et qui y soit par ailleurs bien résolue.

Sinon il se produirait ce dont nous autres Allemands nous plaignons déjà en général, bien que toute la portée de cette tragique calamité n'ait peut-être pas été jusqu'à présent bien comprise : *nous resterons encore dans l'avenir le fumier de la civilisation — non pas dans le sens étroit que donne à cette expression la façon de voir de notre bourgeoisie, qui dans la perte d'un frère de race ne voit que celle d'un concitoyen — mais dans le sens qu'on lui donne avec douleur quand on a su voir qu'en dépit de toute notre science et de toutes nos facultés, notre sang est condamné à s'avilir. En nous unissant continuellement à d'autres races, nous les élevons bien à un degré supérieur de civilisation, mais nous sommes à jamais déchus du faîte que nous avions atteint. D'ailleurs, l'éducation, en ce qui concerne la race, trouvera son achèvement définitif dans le service militaire. Ce temps de service doit être considéré comme le dernier stade de l'éducation normale donnée à l'Allemand moyen.*

*

Si important que soit dans l'État raciste le système d'éducation physique et intellectuelle, la formation d'une *élite n'en joue pas moins dans cet État un rôle capital.* Aujourd'hui, on en prend à son aise sur ce point. En général, ce sont les enfants de parents occupant un rang ou des situations élevés que l'on tient pour dignes de faire des études supérieures. La question des dispositions personnelles ne vient qu'après. Un petit paysan peut être beaucoup mieux doué que l'enfant né dans une famille jouissant, depuis plusieurs générations, d'une haute situation sociale, même si les connaissances générales du premier sont inférieures à celles du bourgeois. La supériorité de celui-ci, à ce point de vue, n'a rien à faire avec ses dispositions naturelles, elle provient de la somme plus considérable d'impressions qu'il reçoit d'une façon ininterrompue en raison d'une instruction plus développée et de la culture des personnes qui l'entourent. Si le petit paysan bien doué avait, dès ses premières années, grandi lui aussi dans un milieu semblable, ses facultés intellectuelles seraient tout autres. Il n'y a peut-être aujourd'hui qu'un seul domaine où l'origine décide vraiment moins que les dons innés : celui de l'art. Là, il ne s'agit pas seulement « d'apprendre » ; tout doit se trouver de naissance à l'état latent, et ne fait que se développer plus ou moins plus tard dans la mesure où les dispositions naturelles sont intelligemment cultivées : l'argent et la situation des parents ne jouent presque aucun rôle. Ce fait prouve manifestement que le génie est indépendant de la situation sociale et même de la fortune. Il n'est pas rare que les plus grands artistes sortent des plus pauvres familles. Et plus d'un petit villageois est devenu un maître illustre.

Que de pareils exemples n'aient pas eu d'influence bienfaisante sur l'ensemble de la vie intellectuelle, c'est là une constatation qui ne parle pas en faveur de la puissance de raisonnement de notre époque. On prétend que ce qui est indéniable pour l'art n'est plus vrai pour les sciences appliquées. On peut, certes, donner à un homme, par l'éducation, une certaine dextérité mécanique, de même qu'un habile dresseur peut faire exécuter les tours les plus incroyables par un caniche docile. Mais ce dressage n'amène pas l'animal à exécuter ses exercices en usant de son intelligence ; il en est de même chez l'homme. On peut, sans avoir égard aux dispositions particulières d'un homme, le rendre capable d'exécuter certains tours de force scientifiques, mais la façon dont il procède alors est, tout comme chez l'animal, purement machinale et indépendante de l'activité intellectuelle. On peut, au moyen d'un dressage intellectuel déterminé, faire entrer de force dans le cerveau d'un homme moyen des connaissances supérieures à la moyenne ; mais ce n'est qu'une science morte et, tout compte fait, stérile. Il en résulte un homme, qui peut être un dictionnaire vivant, et qui pourtant, dans les situations délicates et dans les moments décisifs, se conduit d'une façon lamentable ; il faut qu'on le dresse toujours d'avance à répondre à ce que chaque circonstance, même la plus insignifiante, exigera de lui, mais il est incapable de contribuer par ses propres forces aux progrès de l'humanité. Une telle science mécanique, enseignée par dressage, rend tout au plus capable de remplir les fonctions d'État telles qu'elles sont exercées de nos jours.

Il va de soi qu'on peut trouver parmi tous les individus qui composent un peuple des talents aptes à s'exercer dans tous les domaines imaginables de la vie quotidienne. Tout naturellement aussi la valeur du savoir sera d'autant plus grande que le talent de l'individu donnera plus de vie à ce qui n'est en soi que matière morte. *Les vraies créations sont filles du mariage de la capacité et du savoir.*

À quel point l'humanité fait en ce moment fausse route en cette matière, c'est ce que prouve l'exemple suivant. De temps en temps, les journaux illustrés mettent sous les yeux de nos bons bourgeois allemands le portrait d'un nègre qui, en tel ou tel endroit, est devenu avocat, professeur, ou pasteur, ou même ténor tenant les premiers rôles ou quelque chose de ce genre. Pendant que nos bourgeois imbéciles admirent les effets miraculeux de ce dressage et sont pénétrés de respect pour les résultats qu'obtient la pédagogie moderne, le Juif rusé y découvre un nouvel argument à l'appui de la théorie qu'il veut enfoncer dans l'esprit des peuples et qui proclame *l'égalité* des hommes. Cette bourgeoisie en décadence n'a pas le plus léger soupçon du péché qu'on commet ainsi contre la raison ; car c'est une folie criminelle que de dresser un être, qui est par son origine un demi-singe, jusqu'à ce qu'on le prenne pour un avocat, alors que des millions de représentants de la race la plus civilisée doivent végéter dans des situations indignes d'eux. On pèche contre la volonté du Créateur quand on laisse les hommes les mieux doués étouffer par centaines de milliers dans le marais du prolétariat actuel, tandis qu'on dresse des Hottentots et des Cafres à exercer des professions libérales. Car il ne s'agit là que d'un dressage, comme pour un caniche, et non d'une « culture » scientifique. Si l'on consacrait les mêmes efforts et les mêmes soins aux races douées d'intelligence, n'importe lequel de leurs représentants serait mille fois plus capable d'obtenir des résultats pareils.

Si intolérable qu'aurait été cet état de choses, s'il s'était agi là d'autre chose que de cas exceptionnels, la situation actuelle ne l'est pas moins, puisque ni le talent, ni les dons naturels ne désignent d'une façon décisive ceux qui doivent recevoir une culture supérieure. Certes, il est insupportable de penser que, chaque année, des centaines de milliers d'hommes, complètement dénués de dispositions, sont jugés dignes de recevoir une culture supérieure, tandis que des centaines de milliers d'autres, très bien doués, sont privés de leur côté de toute culture analogue. Ce que la nation perd ainsi est incalculable. Si, pendant les dernières dizaines d'années, le nombre des inventions de grande portée a considérablement augmenté, surtout dans l'Amérique du Nord, c'est en grande partie parce que les hommes de la plus humble extraction, pourvu qu'ils soient bien doués, y trouvent plus facilement, que ce n'est le cas en Europe l'occasion de recevoir une culture supérieure.

C'est que le don d'invention ne provient pas d'un savoir qui n'est qu'une compilation ; il faut que les dispositions naturelles donnent la vie à ce savoir. Mais chez nous on n'y a, jusqu'à présent attaché aucune valeur ; la bonne note est seule à décider.

Là encore, le système d'éducation adopté par l'État raciste devra intervenir. *L'État raciste n'est pas chargé de maintenir une classe sociale en* possession *de l'influence prédominante qu'elle a exercée jusqu'alors ; sa tâche est d'aller chercher, parmi tous les membres de la communauté, les meilleures têtes, et de leur conférer les emplois et les dignités.* Son rôle n'est pas seulement de donner, à l'école primaire, une certaine éducation à tous les enfants ; il a aussi le devoir d'aiguiller le talent sur la voie qui lui convient. Il doit surtout considérer cela comme sa tâche la plus haute, d'ouvrir les portes des établissements d'État d'instruction supérieure à tous les sujets bien doués, quelle que soit leur origine. C'est là du reste une nécessité impérieuse, car ainsi seulement sortiront d'une classe de représentants de la science morte les chefs de génie de la nation.

Il y a aussi une autre raison pour que l'État prenne des mesures dans ce sens : les milieux intellectuels sont chez nous si fermés et pétrifiés que toute liaison vivante avec les classes inférieures leur fait défaut. Cet exclusivisme est néfaste à deux points de vue : d'abord ces milieux restent étrangers aux idées et aux sentiments qui animent la masse populaire. Ils ont depuis trop longtemps perdu le contact avec elle pour pouvoir encore comprendre la psychologie du peuple. Ils lui sont devenus complètement étrangers. En second lieu ; ces classes supérieures n'ont pas la force de volonté requise. Car celle-ci est toujours, dans ces milieux auxquels la culture de l'intelligence a donné le caractère d'une caste fermée, plus faible que dans la masse du peuple restée inculte. La culture scientifique ne nous a, Dieu le sait, jamais manqué à nous autres Allemands ; nous n'en sommes que plus démunis de force de volonté et de capacité à prendre une décision. Par exemple, plus nos hommes d'État ont brillé par leurs dons intellectuels, plus leur action pratique a été insignifiante. La préparation politique aussi bien que l'équipement technique au temps de la guerre mondiale ont été insuffisants, non pas que le cerveau de ceux qui nous gouvernaient fût *trop peu cultivé,* mais, bien au contraire, parce que nos chefs étaient des hommes *hypercultivés,* bourrés jusqu'à la bonde de savoir et d'intelligence, mais dénués de sain instinct et privés de toute énergie et de toute audace. Ce fut une fatalité pour notre peuple d'être condamné à livrer un combat dont son existence était l'enjeu, au moment où le chancelier du Reich était un philosophe et une mazette. Si, au lieu d'un Bethmann-Hollweg, nous avions eu pour chef un homme du peuple plus énergique, le sang héroïque de l'humble grenadier n'aurait pas coulé en vain. De même l'instruction supérieure, exclusivement et exagérément intellectuelle, qu'avaient reçue nos chefs fut le meilleur allié des canailles qui ont fait la révolution de novembre. En gardant en réserve de la façon la plus honteuse le trésor national qui lui avait été confié, au lieu de le mettre tout entier en jeu, cette classe intellectuelle a réalisé les conditions nécessaires au triomphe des autres.

Sur ce point, l'Église catholique peut servir d'exemple et de modèle. Le célibat de ses prêtres la force, puisqu'elle ne peut pas recruter son clergé dans ses propres rangs, à puiser continuellement dans la masse du peuple. Beaucoup méconnaissent l'importance du célibat à cet égard. C'est à lui qu'il faut attribuer l'incroyable vigueur dont est douée cette institution si ancienne. Car, recrutant sans interruption l'immense armée de ses dignitaires ecclésiastiques dans les dernières couches du peuple, l'Église ne maintient pas seulement sa liaison d'instinct avec l'atmosphère des sentiments populaires ; elle s'assure aussi la somme de vigueur et d'énergie qui se trouvera éternellement à ce degré dans la masse populaire. De là seule l'étonnante jeunesse de ce gigantesque organisme, sa souplesse intellectuelle et sa volonté d'acier.

Le système d'enseignement adopté par l'État raciste devra veiller à ce que les classes cultivées soient continuellement renouvelées par un apport de sang frais provenant des classes inférieures. L'État a le devoir d'opérer une sélection faite avec le plus grand soin et la dernière minutie dans l'ensemble de la population, pour en tirer le matériel humain visiblement doué par la nature et le mettre au service de la communauté tout entière. La raison d'être de l'État et des offices d'État n'est pas de fournir des revenus à certaines classes, mais de remplir les tâches qui leur incombent. Mais cela ne leur est possible que si l'État forme systématiquement des personnalités capables et énergiques pour remplir ces charges. Ce principe ne vaut pas seulement pour tous les emplois publics ; il s'applique aussi à la direction morale qui doit être, dans tous les domaines, donnée à la nation. La grandeur d'un peuple est fonction de la réussite de ce plan : former les cerveaux les plus capables dans tous les domaines de l'activé humaine et les mettre au service de la communauté. *Quand deux peuples, dont les dons naturels sont de valeur égale, se trouvent en concurrence, celui-là emportera la victoire chez lequel les hommes les mieux doués exercent la direction générale et morale, et celui-là devra succomber dont le gouvernement n'est que le râtelier commun pour certaines classes, sans qu'il soit tenu compte des capacités innées de chacun de leurs membres.*

Il est vrai qu'une pareille réforme semble tout d'abord impossible dans notre société actuelle. On nous objectera immédiatement qu'on ne saurait exiger du fils chéri d'un haut fonctionnaire qu'il devienne, disons qu'ouvrier manuel, parce que quelque autre, dont les parents sont eux-mêmes des ouvriers, aura plus de dispositions que le premier. Cette objection peut être fondée en raison de l'opinion qu'on a actuellement sur la valeur du travail manuel. C'est pourquoi l'État raciste doit partir — d'un tout autre principe pour apprécier l'idée de travail. *Il lui faut, quand même id devrait consacrer des siècles à son œuvre d'éducation, mettre fin à l'injustice qui consiste à mépriser le travail corporel. Il devra avoir pour principe de juger l'individu non pas d'après son genre de travail, mais suivant la qualité de ce qu'il produit.* Ce principe pourra paraître monstrueux à une époque où le plus stupide écrivain à la ligne est plus prisé que le plus intelligent des ouvriers mécaniciens qualifiés, simplement parce que le premier travaille avec une plume. Cette fausse appréciation ne vient pas, nous l'avons dit, de la nature des choses ; c'est un produit artificiel de l'éducation, qui n'existait pas autrefois. L'état contre nature dans lequel nous nous trouvons actuellement fait partie de ces phénomènes morbides généraux qui caractérisent la décadence matérialiste de notre temps.

Par essence, la valeur de tout travail est double : purement matérielle et idéale. La valeur matérielle dépend de l'importance, et de l'importance pratique, que peut avoir un travail pour la vie sociale. Plus grand est le nombre des citoyens auxquels le produit d'un travail quelconque sera, directement ou indirectement, utile, plus on devra attacher de prix à sa valeur matérielle. Cette appréciation trouve son expression tangible dans le salaire matériel que l'individu reçoit pour son travail. À cette valeur purement matérielle s'oppose la valeur idéale. Celle-ci ne dépend pas de l'importance de produit du travail, estimée au point de vue matériel, mais de sa nécessité intrinsèque. Il est sûr que l'utilité matérielle d'une invention peut être supérieure à celle que présente la besogne quotidienne d'un manœuvre ; il n'est pas moins sûr que les humbles services rendus par le manœuvre à la communauté lui sont aussi indispensables que ceux beaucoup plus frappants que lui rend une invention. Au point de vue matériel, elle peut faire une différence entre la valeur que représente pour la communauté le travail d'un individu et exprimer cette différence par le taux du salaire ; mais elle doit, au point de vue idéal, mettre sur le même plan les travaux que chacun des travailleurs, quel que soit son métier, exécute de son mieux. C'est d'après ce principe qu'on doit apprécier la valeur d'un homme, et non d'après le salaire qu'il reçoit.

Dans un État où règne la raison, on doit avoir soin d'assigner à l'individu le genre d'activité qui convient à ses capacités, ou, en d'autres termes, de donner aux divers dons l'éducation correspondant aux tâches qui les attendent ; comme la capacité n'est pas un produit de l'éducation, mais existe chez l'individu à l'état inné, qu'elle est donc un don de la nature et ne constitue pas un mérite pour celui qui la possède, le jugement que porte en général la bourgeoisie sur la valeur du travail ne peut donc s'appuyer sur la nature de la tâche qui a été jusqu'à un certain point imposée à l'individu. Car cette tâche dépend de sa naissance et de l'éducation qu'il a reçue en conséquence et qui lui a été dispensée par la communauté. L'appréciation de la valeur d'un homme doit être fondée sur la façon dont il s'acquitte de la tâche que lui a confiée la communauté. Car l'activité que déploie l'individu n'est pas le but de son existence, mais le moyen de l'assurer. Il doit, en outre, continuer à développer et à ennoblir sa valeur comme homme, mais il ne peut le faire que dans le cadre de sa communauté de culture, qui doit forcément toujours s'appuyer sur la base d'un État. Il doit contribuer à maintenir cette base. La nature détermine la forme de cette contribution ; le devoir de l'individu est de restituer à la communauté nationale, par son zèle et son honnêteté, ce qu'il a reçu d'elle. Celui qui agit ainsi mérite la plus grande estime et la plus haute considération. *Le salaire matériel accordé à un individu peut correspondre à l'utilité que le produit de son travail présente pour la communauté ; mais le salaire idéal doit être l'estime à laquelle peut prétendre tout homme qui consacre au service de son peuple les capacités que lui a données la nature et que la communauté a complètement développées.* Il n'y a plus de honte alors à être un bon ouvrier, mais il est honteux d'être un fonctionnaire incapable qui vole le temps de Dieu et le pain quotidien du bon peuple. Alors on trouvera aussi tout naturel qu'on n'assigne pas une tâche à un homme qui est, en principe, incapable de la remplir.

D'ailleurs, une activité semblable à celle dont il vient d'être question fournit le seul critérium pour décider si un individu a le droit de prendre part, au même titre que les autres citoyens, à la vie de la communauté.

L'époque actuelle se démolit elle-même : elle introduit dans l'État le suffrage universel, émet forces niaiseries sur l'égalité des droits, mais sans rien trouver sur quoi les fonder. Elle voit dans le salaire matériel l'expression de la valeur d'un homme et détruit ainsi les bases de la plus noble égalité qui puisse exister. Car l'égalité n'a pas, et ne peut pas avoir pour base le produit du travail de l'individu, estimé d'après sa valeur intrinsèque ; elle n'est possible qu'en tenant compte de la façon dont chaque citoyen remplit ses devoirs particuliers. C'est seulement ainsi qu'on peut éliminer la part du hasard représentée par les dons naturels, quand on veut juger la valeur d'un homme, et que l'individu est lui-même l'artisan de son importance sociale.

À l'époque actuelle, où des groupes d'hommes ne savent réciproquement apprécier leur valeur que d'après les taux de salaire qui les répartissent en classes différentes, on ne comprend pas, comme il a déjà été dit, de pareils principes. Mais il n'y a pas de raison pour que cette inintelligence nous fasse renoncer à défendre nos idées. Tout au contraire : *celui qui veut guérir une époque intérieurement malade et pourrie doit avoir d'abord le courage de mettre en lumière les causes du mal. Le premier soin du mouvement national socialiste doit être, en passant par-dessus la tête de fous les petits bourgeois et en puisant dans la masse du peuple, de rassembler et de coordonner toutes les énergies capables de lutter pour une nouvelle conception du monde.*

*

On ne manquera pas certes d'objecter qu'il est en général difficile de dissocier valeur matérielle et valeur idéale et que si l'on prise peu les travaux matériels, cela provient de leurs moindres salaires. On prétendra que cette diminution des salaires amène à son tour une diminution de la part prise par chacun aux bienfaits de la civilisation. On dira encore que cet état de choses fait tort à la culture morale de l'homme, culture qui n'a rien à faire avec son activité elle-même ; que c'est là la raison de la crainte qu'inspirent les travaux matériels, parce que, plus mal rétribués, le degré de culture du travailleur manuel s'en trouve fatalement abaissé, ce qui justifie l'estime moindre qu'on lui accorde en général.

Il y a beaucoup de vrai dans ces objections. C'est précisément ce qui fait qu'on devra, à l'avenir, éviter des différences trop sensibles entre les taux des salaires. Qu'on ne vienne pas dire qu'on diminuera par là le rendement du travail. Ce serait, à la charge d'une époque, un des plus tristes signes de décadence si des salaires plus élevés étaient la seule considération qui puisse déterminer les hommes à développer leurs facultés intellectuelles. Si cette conception l'avait jusqu'à nos jours emporté dans ce monde, l'humanité n'aurait jamais bénéficié des biens inestimables qu'elle doit à la science et à la civilisation. Car les plus grandes inventions, les plus grandes découvertes, les travaux qui ont le plus profondément révolutionné la science, les monuments les plus splendides de la civilisation humaine ne sont pas des cadeaux qu'aurait faits au monde la poursuite de gains matériels. Tout au contraire, s'ils ont vu le jour, ce fut souvent parce que leurs auteurs avaient renoncé au bonheur matériel que procure la richesse.

Il se peut qu'aujourd'hui l'or soit le dominateur exclusif de la vie ; pourtant il viendra un jour où l'homme rendra hommage à des dieux plus nobles. Bien des choses peuvent devoir aujourd'hui leur existence à la soif de l'argent et de la fortune, mais il en est peu parmi elles dont l'absence rendrait l'humanité plus pauvre.

C'est aussi une des tâches de notre mouvement d'annoncer dès maintenant la venue de temps où l'individu recevra ce dont il a besoin pour vivre ; et nous devons, en même temps, maintenir le principe que l'homme ne vit pas uniquement pour des jouissances purement matérielles. Ce principe trouvera un jour son expression dans un sage échelonnement des salaires qui, dans tous les cas, permettra aux plus humbles des travailleurs honnêtes de mener la vie honoré e et décente qu'exige sa qualité de membre de la communauté populaire et sa qualité d'homme.

Qu'on ne dise pas que ce serait là un état de choses idéal que ce monde ne pourrait supporter dans la pratique et auquel il est incapable de parvenir.

Nous ne sommes pas assez simples pour croire qu'on pourra jamais arriver à faire naître une époque où tout serait parfait. Mais cela ne nous dispense pas de l'obligation *de combattre les défauts dont nous savons constater l'existence, de surmonter nos faiblesses et de tendre vers l'idéal. La dure réalité n'apportera que trop de bornes à nos conquêtes. Mais c'est précisément pourquoi l'homme doit tenter de progresser vers le but final et les échecs ne doivent pas le faire renoncer à son entreprise, pas plus qu'on ne fait supprimer les tribunaux, parce qu'il leur arrive de commettre des erreurs, ou condamner la médecine, parce qu'il y aura toujours des maladies.*

Il faut se garder de sous-estimer la puissance d'un idéal. À ceux qui manqueraient aujourd'hui de courage à cet égard, je voudrais rappeler, s'ils ont été autrefois soldats, un temps dont l'héroïsme a montré de la façon la plus convaincante quelle force possèdent des raisons d'agir inspirées par un idéal. Car, si des hommes se faisaient tuer, ce n'était pas par souci du pain quotidien, mais pour l'amour de la patrie, pour la foi en sa grandeur, pour le sentiment que l'honneur de la nation était en jeu. Et ce fut seulement quand le peuple allemand abandonna cet idéal, pour se laisser séduire par les promesses de bonheur matériel que lui faisait la révolution, quand il jeta ses armes pour prendre son havresac, qu'au lieu d'entrer dans le paradis terrestre, il fut plongé dans le purgatoire du mépris universel et aussi de la misère universelle.

C'est pourquoi il faut absolument opposer aux calculateurs de la *république réaliste* actuelle la foi en l'avènement d'un *Reich idéaliste*.

CHAPITRE 3

SUJETS DE L'ÉTAT ET CITOYENS

En général, la formation politique à laquelle on donne aujourd'hui abusivement le nom d'État, ne connaît que deux sortes d'hommes : les citoyens et les étrangers. Les citoyens sont ceux qui, en vertu de leur naissance ou d'un acte de naturalisation, possèdent les droits civils, les étrangers, tous ceux qui jouissent des mêmes droits au sein d'un autre État. Entre ces deux catégories fixes se trouvent, à l'état sporadique, ceux qu'on appelle *heimatlos*. Ce sont des gens qui n'ont pas l'honneur d'appartenir à l'un des États existant actuellement et qui, par conséquent, ne possèdent nulle part de droits civils. Pour posséder ceux-ci, il faut tout d'abord, comme il a été dit plus haut, être né *à l'intérieur* des frontières d'un État. La race ou la consanguinité ethnique ne joue aucun rôle dans l'affaire. Un nègre, qui vivait autrefois dans un protectorat allemand et qui réside maintenant en Allemagne, met ainsi au monde un enfant qui est « citoyen allemand ». Dans les mêmes conditions, l'enfant de tout Juif, Polonais, Africain ou Asiatique peut être, sans autre forme de procès, déclaré citoyen allemand.

Outre la naturalisation conférée par le lieu de naissance, il existe une naturalisation qui peut être obtenue par la suite. Elle est soumise à différentes conditions préalables ; par exemple, le candidat ne doit être, autant que possible, ni un cambrioleur ni un souteneur ; il ne doit pas être suspect au point de vue politique — c'est-à-dire qu'il doit être un crétin inoffensif à cet égard — il ne doit pas, enfin, tomber à la charge de l'État dont il devient citoyen. Ceci s'entend naturellement, à notre époque réaliste, des charges pécuniaires qu'il pourrait imposer à sa nouvelle patrie. Si même le candidat paraît devoir être un contribuable d'excellent rapport, c'est là une recommandation très utile et qui lui permet aujourd'hui d'obtenir plus rapidement la naturalisation.

Dans tout cela, la question de race n'a rien à voir.

La marche à suivre pour acquérir le droit de cité dans un État n'est pas très différente de celle qu'on doit observer pour être admis, par exemple, dans un club d'automobilistes. Le candidat présente sa requête, qui est examinée et sur laquelle on donne avis favorable ; puis il reçoit un jour un billet l'avisant qu'il est devenu citoyen. Cet avis lui est, par-dessus le marché, donné sous une forme vraiment humoristique : on dit, en effet, à ce candidat, qui peut avoir été jusque-là un Cafre : « En vertu de quoi vous êtes dorénavant un Allemand ! »

Ce coup de baguette magique est donné par le chef de l'État. Une transformation qu'un dieu serait incapable d'accomplir est opérée en un tournemain par ce Paracelse fonctionnaire. D'un coup de plumeau un misérable Slave, venu de Mongolie, est changé en « Allemand » authentique.

Non seulement on ne s'inquiète pas de savoir à quelle race appartient un tel nouveau citoyen ; on ne s'occupe même pas d'examiner son état de santé physique. Cet individu aura beau être rongé par la syphilis, il n'en sera pas moins le bienvenu comme citoyen dans un État moderne, à condition, ainsi que nous l'avons déjà dit, qu'il ne constitue pas une charge au point de vue financier ou un danger par ses opinions politiques.

C'est ainsi que les formations politiques, qui portent le nom d'États, s'assimilent des toxines dont elles ont ensuite peine à venir à bout.

Ce qui distingue encore le citoyen d'un étranger, c'est que le premier peut accéder librement à toutes les fonctions publiques, qu'il doit éventuellement satisfaire au service militaire et peut, en revanche, prendre part, activement et passivement, aux élections. Ce sont là, en tout et pour tout, ses privilèges. Car, en ce qui concerne les droits individuels et la liberté personnelle, l'étranger jouit de la même protection, et même souvent d'une protection plus efficace ; c'est, en tous cas, ce qui arrive dans la République allemande actuelle.

Je sais bien que l'on n'aime pas à entendre dire tout cela. Pourtant il est difficile de trouver quelque chose de plus illogique et même de plus complètement fou que notre droit civil contemporain. Il y a, à notre époque, un pays où l'on peut observer au moins de timides tentatives inspirées par une meilleure conception du rôle de l'État. Ce n'est pas, naturellement, notre République allemande modèle ; ce sont les États-Unis d'Amérique qui s'efforcent d'obéir, du moins en partie, aux conseils de la raison. En refusant l'accès de leur territoire aux immigrants dont la santé est mauvaise, en excluant du droit à la naturalisation les représentants de certaines races, ils se rapprochent un peu de la conception raciste du rôle de l'État.

L'État raciste distribue ses habitants en trois classes : citoyens, sujets de l'État (ou bien ressortissants) et étrangers.

En principe, la naissance ne confère que *la qualité de ressortissant.* Cette qualité ne donne pas le droit, à elle seule, d'accéder à une fonction publique, ni de prendre part à l'activité politique, par exemple aux élections. Pour tout ressortissant, il est essentiel d'établir exactement sa race et sa nationalité. Il lui est, en tout temps, loisible de renoncer à sa qualité de ressortissant et de devenir citoyen dans le pays dont les habitants sont de la même nationalité que lui. La seule distinction entre un *étranger* et un ressortissant vient de ce que le premier est le sujet d'un autre État.

Le jeune ressortissant de nationalité allemande est obligé de parcourir le cycle d'éducation et d'instruction scolaires imposé à tout Allemand. Il se soumet ainsi à l'éducation qui fera de lui un membre de la communauté conscient de sa race et pénétré de l'esprit national. Il devra ensuite satisfaire à toutes les autres prescriptions de l'État en ce qui concerne les exercices physiques et il sera finalement incorporé dans l'armée. L'éducation donnée par l'armée est une éducation générale ; elle doit être donnée à tous les Allemands et exercer chacun d'eux à occuper convenablement dans l'armée le poste pour lequel ses aptitudes physiques et intellectuelles pourront le désigner. *Le titre de citoyen, avec les droits qu'il confère,* sera accordé de la façon la plus solennelle au jeune homme de bonne santé et de bonne réputation, quand il aura accompli son service militaire. Le diplôme qui lui sera remis sera le document le plus important pour toute son existence. Il lui permettra d'exercer tous les droits du citoyen et de jouir de tous les privilèges attachés à ce titre. Car l'État doit faire une profonde différence entre les citoyens, soutiens et défenseurs de son existence et de sa grandeur, et ceux qui se sont fixés à l'intérieur des frontières d'un État pour y jouer seulement le rôle « d'utilités ».

La remise du *diplôme de citoyen* sera accompagnée de la prestation solennelle d'un serment par lequel le nouveau citoyen jurera fidélité à la communauté et à l'État. Ce diplôme constitue un lien unissant tous les membres de la communauté ; il comble le fossé séparant les différentes classes sociales. *Un balayeur des rues doit se* sentir *plus honoré d'être citoyen de* ce Reich que s'il *était roi d'un État étranger.*

Les droits du citoyen l'emportent sur ceux de l'étranger. Il est le maître et seigneur du Reich. Mais un rang plus élevé impose aussi des devoirs. L'homme sans honneur ou sans caractère, le criminel de droit commun, le traître à son pays, etc., peuvent en tout temps être dépouillés de cette dignité. Ils retombent alors au rang de ressortissants.

La jeune Allemande est « ressortissant » et ne devient citoyenne qu'en se mariant. Pourtant le droit de cité peut aussi lui être accordé si elle est Allemande et gagne sa vie par son travail.

CHAPITRE 4

LA PERSONNALITÉ ET LA CONCEPTION RACISTE DE L'ÉTAT

S i l'État raciste national-socialiste a pour but principal *l'éducation et le maintien de ceux qui sont les soutiens de l'État*, il ne doit pas se borner à favoriser les éléments de race comme tels, à les élever, à les former enfin pour la vie pratique : il est aussi indispensable qu'il mette son organisation en harmonie avec cette tâche.

Mais ce serait une absurdité de vouloir estimer la valeur des hommes d'après leur race et par suite de déclarer la guerre au point de vue marxiste : « *Un homme en vaut un autre* », sans être décidé à pousser jusqu'aux dernières conséquences. Reconnaître l'importance de la race, reconnaître le principe racial dans son universalité, amène logiquement à tenir compte de la valeur propre de l'individu. De même que je suis obligé d'apprécier diversement les hommes d'après la race à laquelle ils appartiennent, de même faut-il procéder à l'intérieur de la communauté à l'égard de l'individu.

Un peuple n'est pas identique à un autre peuple et, à l'intérieur d'une communauté, une tête ne peut pas non plus être identique à une autre tête ; les éléments constitutifs appartiennent au même sang, mais ils offrent dans le détail mille différences subtiles.

Admettre ce postulat incite d'abord, sans chercher de finesses, à favoriser dans la communauté les éléments reconnus supérieurs, et à s'occuper d'accroître particulièrement leur nombre.

C'est le problème le plus facile, car il peut être posé et résolu presque mécaniquement. Il est plus difficile de reconnaître dans la multitude les têtes qui ont réellement la plus grande valeur intellectuelle, et de leur faire la part qui revient de droit aux esprits supérieurs, et surtout celle qui sera la plus profitable à la nation. Ce choix de valeurs et de capacité ne relève plus de moyens mécaniques ; il ne peut être mené à bien sans un effort continuel de chaque jour.

Une doctrine qui, écartant l'idée démocratique de la masse, tend à donner cette terre au meilleur peuple, c'est-à-dire aux individus supérieurs, doit logiquement se conformer au même principe aristocratique à l'intérieur de ce peuple et conserver aux meilleures têtes le commandement et l'influence. Au lieu d'édifier sur l'idée de majorité, cette doctrine se fonde ainsi sur la personnalité.

Celui qui croit aujourd'hui qu'un État raciste national-socialiste ne doit guère présenter, avec les autres États, que la différence purement matérielle d'une meilleure organisation économique, soit par un plus juste équilibre entre richesse et pauvreté, ou bien par un droit de regard plus étendu des classes inférieures dans le processus économique, ou bien par des salaires plus équitables ou mieux répartis, celui-là est le dernier des retardataires et il n'a pas la moindre idée de notre doctrine. Tout ce que nous venons de mentionner ne présente aucun caractère de permanence ou de grandeur. Un peuple qui en demeurerait à des réformes d'un caractère aussi superficiel, n'aurait pas la moindre chance de triompher dans la mêlée universelle des peuples. Un mouvement qui ne verrait pas dans sa mission autre chose que ces réformes égalitaires, d'ailleurs équitables, ne possèderait plus puissance ni efficacité quand il s'agirait de réformer profondément un milieu. Toute son action demeurerait, en définitive, limitée à des objets superficiels ; il ne donnerait pas au peuple cette armature morale qui l'assure de triompher — je dirais presque malgré lui — des faiblesses dont nous souffrons aujourd'hui.

Pour le mieux comprendre, peut-être est-il utile de jeter encore un coup d'œil sur les origines et les causes réelles du développement de la culture humaine.

Le premier pas qui l'éloigna visiblement de l'animal fut celui que l'homme fit vers l'invention. Celle-ci consista, à l'origine, dans la découverte de ruses et détours, dont l'emploi devait rendre plus aisée, ou même simplement possible, la lutte pour la vie.

Ces inventions premières très primitives peuvent ne pas mettre nettement en évidence la part de l'individu, car, pour les générations suivantes, et à plus forte raison pour l'homme d'aujourd'hui, elles n'apparaissent que comme des manifestations de l'intelligence collective, de même certaines ruses et finesses, que l'homme peut observer chez l'animal, ne se présentent plus à ses yeux que comme un fait acquis ; incapable d'en établir les causes premières, il se contente de les qualifier de procédés « instinctifs ».

Dans notre cas, ce dernier mot ne veut rien dire. Quiconque croit à une évolution améliorant les êtres vivants, doit convenir que toutes les formes et manifestations de leur activité n'ont pas toujours existé sous leur forme actuelle ; il a bien fallu qu'un sujet donné fît le premier le geste, qui fut ensuite répété de plus en plus souvent par des individus de plus en plus nombreux, jusqu'à passer dans le subconscient de chacun des représentants de l'espèce et se manifester alors comme instinct.

On comprendra et on admettra ce mécanisme plus facilement chez l'homme. Les premières ruses dans la lutte contre les autres animaux ont été sans nul doute, à l'origine, le fait de sujets particulièrement doués. La personnalité fut ici encore, sans conteste, à la base des décisions et des réalisations qui, plus tard, furent adoptées comme évidentes par l'humanité entière. Tout comme quelque principe militaire évident, qui aujourd'hui constitue pour nous le fondement même de toute stratégie, a forcément dû, à l'origine, sa conception à une tête bien déterminée, et ce n'est qu'après des années, voire des millénaires, qu'il a fini par être admis par tous comme parfaitement évident.

L'homme ajoute une deuxième invention à la première : il apprend à mettre à son service d'autres objets et même d'autres êtres vivants et alors l'activité créatrice propre de l'homme commence à se manifester, telle que nous la voyons aujourd'hui ; l'emploi de la pierre taillée, la domestication des animaux, la découverte du feu, etc. ; chacune de ces inventions, jusques et y compris toutes celles qui nous émerveillent de nos jours, révèle nettement, à la base, le travail créateur de l'individu ; ceci nous apparaît d'autant mieux qu'elles sont plus récentes, plus importantes ou d'un caractère plus surprenant. Nous savons donc, en tout état de cause, que ce que nous voyons autour de nous d'inventions matérielles est entièrement le produit de la force créatrice et des aptitudes de l'individu isolé. Et toutes ces créations contribuent, en définitive, à élever de plus en plus l'homme au-dessus de l'animal jusqu'à l'en distinguer radicalement. Ainsi elles sont la base même des progrès constants de l'espèce humaine. Et cette même ruse primitive qui permit jadis au chasseur de la forêt préhistorique de défendre son existence, aide encore les hommes dans leur existence d'aujourd'hui, sous la forme des plus merveilleuses conquêtes scientifiques, et elle leur permet de forger des armures pour les luttes de l'avenir. Toute réflexion, toute invention humaine facilite, en définitive, les luttes de l'homme sur cette planète, même si l'on ne peut voir, sur l'instant, l'utilité pratique d'une invention, d'une découverte ou d'un profond aperçu scientifique. Et tout cela contribue à élever l'homme au-dessus des êtres vivants qui l'entourent, et renforce et consolide sa situation au point d'en faire sous tous les rapports la créature reine sur cette terre.

On voit que toutes les inventions sont le résultat de la puissance créatrice d'individus isolés. Ces derniers sont ainsi à quelque degré, qu'ils l'aient voulu ou non, des bienfaiteurs de l'humanité. Leur action met dans la main de millions et même de milliards d'êtres humains des moyens qui leur rendront plus aisée la lutte pour la vie.

À l'origine de la civilisation matérielle de nos jours, nous trouvons donc toujours la personnalité d'inventeurs qui se complètent et se prolongent mutuellement. Il en est exactement de même lors de la mise en œuvre et de l'application pratique des inventions ou des découvertes. Car l'ensemble des méthodes de production relève encore du travail d'invention et par suite de l'individu.

Enfin le travail intellectuel purement théorique, qui échappe à toute mesure, mais qui constitue la condition première de toute invention technique ultérieure, apparaît aussi comme le produit exclusif de la personnalité.

Ce n'est pas la masse qui crée ni la majorité qui organise ou réfléchit, mais toujours et partout l'individu isolé.

Une communauté d'hommes apparaît comme bien organisée alors seulement qu'elle facilite au maximum le travail de ces forces créatrices et qu'elle les utilise au mieux des intérêts de la communauté. Ce qui a le plus de prix pour l'invention, qu'elle se rapporte au monde matériel ou au monde de la pensée, c'est d'abord la personne de l'inventeur. Le premier et suprême devoir dans l'organisation d'une communauté est de l'utiliser au profit de tous.

En vérité, l'organisation elle-même ne doit pas perdre de vue un seul instant l'application de ce principe. Ainsi seulement elle sera libérée de la malédiction du mécanisme et deviendra un organisme vivant. *Elle doit elle-même personnifier la tendance à placer les têtes au-dessus de la masse et réciproquement à mettre celle-ci sous leurs ordres.*

Par suite, non seulement une organisation n'a pas le droit d'empêcher les têtes de « sortir » de la masse, mais, au contraire, la nature même de son action doit le permettre et le faciliter au plus haut point. En cela elle doit partir du principe que la providence de l'humanité n'a jamais été dans la masse, mais dans ses cerveaux créateurs, qui sont vraiment les bienfaiteurs de la race humaine. C'est l'intérêt de tous de leur assurer une influence déterminante et de faciliter leur action. Car ce n'est certes ni la domination des imbéciles ou des incapables, ni, en aucun cas, le culte de la masse qui servira cet intérêt de tous ; il faudra nécessairement que des individus supérieurement doués prennent la chose en mains.

La recherche des têtes se fait surtout, nous l'avons dit, par la dure sélection de la lutte pour la vie. Beaucoup sont brisés et périssent, montrant ainsi qu'ils ne sont pas désignés, et bien peu apparaissent finalement comme élus. Dans le domaine de la pensée, de la création artistique, voire de l'économie, ce processus de sélection se manifeste encore aujourd'hui, bien que grevé de lourdes charges dans ce dernier domaine. Le gouvernement de l'État et la puissance qu'incarne l'organisation militaire, sont également dominés par cette idée de la personnalité : on la retrouve partout sous la forme de l'autorité absolue sur les subordonnés, de la responsabilité complète à l'égard des chefs. Seule, la vie politique échappe aujourd'hui complètement à cette obligation naturelle. Toute la civilisation humaine résulte de l'activité créatrice de l'individu ; et pourtant le principe majoritaire l'emporte dans tout le gouvernement, surtout dans ses plus hautes sphères, et de là il empoisonne peu à peu toute la vie du pays, la décompose véritablement. Il faut aussi, au fond, imputer l'action destructrice du judaïsme à ses constants efforts pour miner, chez les peuples qui l'ont accueilli, l'influence de la personnalité et lui substituer celle de la masse. Le principe constructif des peuples aryens fait place au principe destructeur des Juifs. Ceux-ci deviennent les « ferments de décomposition » des peuples et des races, et, su sens le plus large, ils désagrègent la civilisation humaine. Quant au marxisme, il représente en somme comme l'effort du Juif dans le domaine de la civilisation pure pour exclure de toutes les formes de l'activité humaine la prépondérance de la personnalité et pour la remplacer par celle du nombre. À cette doctrine correspond, au point de vue politique, la forme parlementaire dont nous voyons les effets néfastes depuis l'infime cellule de la commune jusqu'au sommet de la nation ; dans le domaine économique, il provoque l'agitation syndicaliste qui, d'ailleurs, ne sert nullement les intérêts véritables des ouvriers, mais rien que les vues destructrices de la juiverie internationale. Exactement dans la mesure où l'économie est soustraite au principe de la personnalité et où elle se trouve livrée aux influences et à l'action de la masse, elle doit perdre sa précieuse puissance créatrice et marquer une inévitable régression. Toutes les organisations consultatives professionnelles qui, au lieu de prendre vraiment les intérêts des employés, s'efforcent d'acquérir une influence sur la production elle-même, servent le même but destructeur. Elles font du tort à la production générale, et par là même à l'individu.

Car ce n'est pas avec des phrases et des théories que l'on peut satisfaire les besoins des ressortissants d'un peuple ; c'est grâce à la portion des biens collectifs qui échoit chaque jour à chacun, et lui prouve que la communauté sert les intérêts de l'individu grâce au travail de tous.

La question n'est pas de savoir si le marxisme, en se basant sur sa théorie des masses, serait capable de prendre et de continuer la charge de l'économie actuelle. La discussion sur la justesse ou la fausseté de ce principe ne serait point tranchée par la preuve de son aptitude à gérer dans l'avenir l'état de chose existant ; elle ne pourrait l'être que par la preuve de sa capacité à créer une civilisation semblable. Le marxisme aurait beau reprendre mille fois l'économie actuelle et continuer d'en diriger le fonctionnement, quel que soit le succès de cette activité, ce succès n'aurait pas la moindre portée vis-à-vis du fait positif que le marxisme ne pourrait jamais, par l'application de ses propres principes, créer ce dont il aurait ainsi hérité.

Et, de fait, le marxisme en a fourni lui-même la preuve. Non seulement il n'a jamais créé la moindre civilisation, le moindre système économique, mais il n'a même pas été capable d'utiliser, avec ses principes, les organismes qui lui furent confiés ; après un très court laps de temps, il a dû céder, et faire des concessions au principe de la personnalité, preuve que son organisation elle-même ne peut échapper à cette loi.

Ce qui doit distinguer foncièrement nos conceptions racistes et celles des marxistes, c'est que les premières reconnaissent non seulement la valeur de la race, mais aussi l'importance de la personnalité et qu'elles en font la base de toute construction positive. Ce sont les facteurs essentiels de leur philosophie.

Si, par hasard, le mouvement national-socialiste n'avait pas compris l'importance fondamentale de cette notion essentielle, s'il se bornait à rapetasser tant bien que mal notre état actuel et admettait le règne des majorités, il ne serait, en réalité, qu'un parti concurrent du marxisme ; il n'aurait dès lors plus le droit de se considérer comme une doctrine philosophique.

Si le programme social du mouvement se bornait à éliminer la personnalité et à mettre à sa place la majorité, alors le national-socialisme apparaîtrait à son tour rongé par le poison du marxisme comme le sont actuellement les partis bourgeois :

L'État raciste doit veiller au bien-être de ses citoyens, en reconnaissant en toutes circonstances l'importance de la personnalité : il augmentera ainsi la capacité de production de tous et par là même le bien-être de chacun.

Ainsi l'État raciste doit libérer entièrement tous les milieux dirigeants et plus particulièrement les milieux politiques du principe parlementaire de la majorité, c'est-à-dire de la décision de la masse ; il doit leur substituer sans réserve le droit de la personnalité.

Il en résulte que :

La meilleure constitution et la meilleure forme de l'État est celle qui assurera naturellement aux meilleurs éléments de la communauté l'importance du guide et l'influence du maître.

Dans la vie économique les plus capables ne peuvent être désignés d'en haut, mais doivent se mettre en évidence par eux-mêmes : l'instruction se recueille à tous les échelons, de la plus humble boutique à la plus énorme entreprise, et l'existence seule continue à faire passer des examens ; de même il est évident que les chefs politiques ne peuvent se « trouver » en un jour. Les génies d'une trempe extraordinaire ne sont pas soumis aux mêmes règles que l'humanité courante.

Toute l'organisation de l'État doit découler du principe de la personnalité, depuis la plus petite cellule que constitue la commune jusqu'au gouvernement suprême de l'ensemble du pays.

Il n'y a pas de décisions de la majorité, mais seulement des chefs responsables et le mot « conseil » doit reprendre sa signification primitive. Chaque homme peut bien avoir à son côté des conseillers, mais la décision est le fait d'un seul.

Il faut transposer le principe qui fit autrefois de l'armée prussienne le plus admirable instrument du peuple allemand et l'établir à la base même de notre système politique : la pleine autorité de chaque chef sur ses subordonnés et sa responsabilité entière envers ses supérieurs.

Même à ce moment nous ne pourrons pas nous passer de ces corporations que l'on appelle parlements. Seulement, toutes leurs délibérations deviendront réellement des conseils et un seul homme pourra et devra être investi de la responsabilité, ensemble avec l'autorité et le droit de commandement.

Les parlements sont par eux-mêmes nécessaires, car, avant tout, ils constituent un milieu où pourra se faire petit à petit l'éducation des chefs à qui l'on pourra un jour confier des responsabilités.

Et nous pouvons tracer alors le tableau suivant :

L'État raciste, depuis la commune jusqu'au gouvernement du Reich, ne possédera aucun corps représentatif qui décide quoi que ce soit par voie de majorité, mais seulement des corps consultatifs qui se trouveront sans cesse aux côtés du chef et qui recevront leur tâche de lui ; parfois même ils pourront, au besoin, dans certains domaines, prendre des responsabilités entières comme ce fut toujours le cas pour tous les chefs ou présidents des corporations.

L'État raciste ne peut tolérer que l'on demande avis ou décision sur des problèmes particuliers — par exemple sur des questions économiques — à des gens qui, par leur formation et leur activité, sont complètement incompétents. En conséquence, il divisera ses corps représentatifs en *chambres politiques* et *chambres corporatives.*

Pour rendre leur coopération féconde, on placera toujours au-dessus d'elles un corps choisi : le sénat.

Ni dans les chambres ni dans le sénat, il n'y aura jamais un vote quelconque. Ce sont des organismes de travail et non des machines à voter. Chacun de leurs membres possède une voix consultative, mais aucun droit de décision. Celle-ci appartient exclusivement au président qui en garde la responsabilité.

Ce principe : associer sans restriction la responsabilité absolue avec l'autorité absolue déterminera peu à peu une élite de chefs (telle qu'on ne saurait se l'imaginer aujourd'hui) à notre époque d'irresponsabilité parlementaire.

Ainsi la constitution de l'État sera mise en harmonie avec le principe auquel il doit déjà sa grandeur dans le domaine économique et celui de la civilisation.

*

« En ce qui concerne la possibilité de réaliser ces conceptions, qu'on n'oublie pas que le principe parlementaire de décision par majorité n'a nullement régi le monde de toute éternité, mais, tout au contraire, qu'on n'en trouve trace dans l'histoire qu'en des périodes très courtes ; et ces périodes correspondent toujours à la ruine des peuples et des États ! »

Il ne faudrait pourtant pas croire que des mesures purement théoriques prises, d'en haut, puissent amener un tel changement qui, logiquement, ne doit pas se limiter à la constitution de l'État, mais intéresser la législation, pénétrer toute la vie publique de chacun. Une pareille révolution ne peut se produire et ne se produira que sous l'influence d'un parti nourri de ces idées et portant en lui le germe de l'État futur.

Aussi le parti national-socialiste doit-il, aujourd'hui, se pénétrer de ces pensées ; il doit orienter son organisation intérieure vers l'action pratique, pour pouvoir non seulement donner un jour à l'État des directives, mais pour pouvoir lui fournir le corps constitué de son propre État.

CHAPITRE 5

CONCEPTION PHILOSOPHIQUE ET ORGANISATION

L'État raciste, dont j'ai voulu donner un tableau d'ensemble, ne se trouve pas réalisé du seul fait que l'on connaît les conditions indispensables à son existence. Il ne suffit pas de savoir comment sera un État raciste ; il faut d'abord le créer. On ne peut pas s'attendre à ce que les partis actuels, qui avant tout tirent profit de l'État tel qu'il est, arrivent d'eux-mêmes à un changement radical et transforment spontanément leur attitude. D'autant que leurs dirigeants sont toujours des Juifs et encore des Juifs. L'évolution que nous sommes en train de subir, si elle n'était enrayée, nous mettrait un jour devant la prophétie panjuive :

« Le Juif dévorera effectivement les peuples de la terre et deviendra leur seigneur. » Ainsi, vis-à-vis de millions de « bourgeois » ou de « prolétaires allemands, qui, pour la plupart, courent à leur perte par paresse et sottise, doublées de lâcheté, le Juif, pleinement conscient du but qu'il poursuit, ne rencontre aucune résistance sur sa route. Un parti dirigé par lui ne peut lutter pour rien d'autre que pour les intérêts juifs, et ces intérêts n'ont rien de commun avec les aspirations essentielles des peuples aryens.

Veut-on donc transposer l'État raciste du domaine idéal dans la réalité, il faut tout d'abord chercher, en dehors de toutes les puissances actuelles de la vie publique, une force neuve qui ait la volonté et les moyens de mener le combat pour un tel idéal. Car il s'agit bien ici d'un combat : notre première tâche n'est pas de créer une forme d'État raciste, mais de détruire l'État juif actuel. Comme l'histoire le montre bien souvent, la principale difficulté n'est pas d'instituer un nouvel état de choses, mais bien de lui faire la place libre. Préjugés et intérêts s'entremêlent en une phalange serrée et tentent d'empêcher, par tous les moyens, la victoire d'une idée qui leur est désagréable ou leur paraît menaçante.

Aussi le soldat de notre nouvel idéal doit-il, malgré tout son enthousiasme positif, mener d'abord une lutte négative pour se défaire de l'état actuel.

Une jeune et noble doctrine, aux principes neufs et d'une importance essentielle, devra, si désagréable que cela puisse être à chacun, manier d'abord sans ménagement l'arme de la critique.

Nous entendons aujourd'hui les soi-disant Racistes répéter à tout propos — et ceci prouve bien le peu de profondeur de leurs vues en matière historique

— qu'ils refusent de se vouer à une *critique* négative, pour consacrer toute leur activité à un *travail constructif;* balbutiement puéril et stupide, authentiquement « raciste » en un mot ; preuve enfin que l'histoire de leur propre époque n'a pas laissé la moindre trace dans ces têtes-là. Le *marxisme* aussi avait un but, et lui aussi connaît un *travail constructif* (s'il ne s'agit ici que d'instaurer le despotisme de la juiverie internationale et de la finance cosmopolite !), mais il n'en a pas moins commencé par la *critique durant* soixante-dix ans ; critique destructive et dissolvante, et critique encore et toujours, jusqu'à ce que cet acide corrosif ait rongé le vieil État et l'ait fait tout mûr pour l'écroulement. Alors seulement a commencé la prétendue « construction ». C'était évident, juste et logique. Un état de choses existant ne peut s'effacer simplement devant les prophètes et les avocats d'un état futur. On ne peut admettre que les partisans du premier, ou même ceux qui lui portent simplement quelque intérêt, seront tout à fait convertis par la seule constatation d'une nécessité et gagnés ainsi à l'idée d'un régime nouveau. Trop souvent, au contraire, les deux régimes continueront à exister simultanément et la prétendue *doctrine philo*sophique s'enfermera à jamais dans le cadre étroit d'un *parti.* Car ure doctrine n'est pas tolérante ; elle ne peut être « un parti parmi les autres » ; elle exige impérieusement la reconnaissance exclusive et totale de ses conceptions, qui doivent transformer toute la vie publique. Elle ne peut tolérer près d'elle aucun vestige de l'ancien régime.

C'est la même chose pour les religions. Le christianisme non plus n'a pas pu se contenter d'élever ses propres autels, il lui fallait procéder à la destruction des autels païens. Seule, cette intolérance fanatique devait créer la foi apodictique ; elle en était une condition première absolue.

On peut objecter, à juste titre, que ces deux précédents historiques sont spécifiquement juifs — et même que ce genre d'intolérance et de fanatisme sont foncièrement juifs. Ceci peut être mille fois vrai et on peut aussi le déplorer profondément ; on peut constater, avec une inquiétude qui n'est que trop justifiée, que l'apparition de cette doctrine dans l'histoire de l'humanité y introduisait quelque chose que l'on ne connaissait pas encore ; mais cela ne sert de rien et il s'agit maintenant d'un état de fait. Les hommes qui veulent sortir notre peuple allemand de sa situation actuelle, n'ont pas à se casser la tête pour imaginer combien ce serait beau si telle ou telle chose n'existait pas ; ils doivent rechercher et déterminer comment on peut supprimer ce qui en fait est donné. Mais une doctrine pleine de la plus infernale intolérance ne sera brisée que par la doctrine qui lui opposera le même esprit, qui luttera avec la même âpre volonté et qui, par surcroît, portera en elle-même une pensée nouvelle pure et absolument conforme à la vérité.

Chacun peut aujourd'hui constater à regret que, dans le monde antique, beaucoup plus libre que le nôtre, le christianisme a introduit avec lui la première terreur spirituelle ; mais il ne peut rien au fait que, depuis cette époque, le monde vit sous le signe et sous la domination de cette contrainte. Et on ne brise la contrainte que par la contrainte, la terreur par la terreur. C'est alors seulement que l'on peut instituer un nouveau régime. *Les partis politiques sont enclins à des compromissions ; les doctrines philosophiques, jamais. Les partis politiques composent même avec leurs adversaires, les doctrines philosophiques* se *proclament infaillibles.* Les partis politiques, eux aussi, ont presque toujours, à l'origine, l'intention d'arriver à une domination despotique et exclusive ; ils marquent presque toujours une certaine inclination vers telle ou telle doctrine philosophique. Mais déjà l'étroitesse de leur programme leur enlève l'héroïsme qu'exige la défense d'une véritable doctrine philosophique. Leur conciliant vouloir groupe autour d'eux les esprits petits et faibles, avec qui l'on ne saurait mener une croisade. Et ils en demeurent ainsi le plus souvent confinés de bonne heure dans leur pitoyable petitesse. Abandonnant la lutte pour un système, ils s'efforcent alors de gagner le plus promptement possible, grâce à une soi-disant « collaboration positive », une petite place au râtelier des institutions existantes et d'y rester le plus longtemps possible. Ils bornent là leurs efforts. Et si jamais ils sont écartés de la mangeoire par un concurrent d'allures un peu brutales, alors ils n'ont plus qu'une seule idée : par force ou par ruse, se remettre au premier rang des « moi aussi j'ai faim », pour pouvoir de nouveau, même au prix de leurs plus sacrées convictions, participer à cette manne précieuse. Chacals de la politique !

Une doctrine philosophique ne *saurait être prête à composer avec une autre ;* elle ne saurait non plus accepter de collaborer à un état de fait qu'elle condamne ; au contraire, elle sent l'obligation de combattre ce régime et tout le monde moral adverse, en un mot de préparer leur ruine.

Ce combat purement destructif — dont tout le danger est aussitôt senti par les autres et qui se heurte à un front uni de résistance — tout comme le combat positif mené pour consacrer le succès de la nouvelle conception idéale du monde, exige des combattants résolus. Ainsi donc une doctrine ne fera triompher ses idées que si elle groupe sous sa bannière les éléments les plus courageux et actifs de son époque et de son peuple, en une organisation puissante de combat. Il faut en outre que, tenant compte de ces éléments, elle choisisse, dans l'ensemble de sa philosophie, un certain nombre d'idées, et qu'elle leur donne la forme précise et lapidaire, pouvant servir d'article de foi à un nouveau groupement d'hommes. Tandis que le programme d'un simple parti politique n'est qu'une recette pour l'issue favorable des prochaines élections, le programme d'une doctrine philosophique a la valeur d'une déclaration de guerre contre l'ordre établi, contre un état de choses existant, contre une conception pratique de l'existence.

Il n'est d'ailleurs pas nécessaire que chacun de ceux qui combattent pour la doctrine soit complètement mis au courant ni qu'il connaisse exactement chacune des pensées du chef du mouvement. L'essentiel est qu'il soit clairement instruit de quelques principes fondamentaux, peu nombreux, mais très importants. Dès lors, il sera à tout jamais pénétré de ces principes, convaincu aussi de la nécessité de la victoire de son parti et de sa doctrine. Le soldat non plus n'est pas immiscé dans les plans des grands chefs. De même qu'il vaut mieux le former à une discipline rigide, à la conviction que sa cause est juste et doit triompher et qu'il doit s'y vouer tout entier, de même doit-il en être de chaque partisan d'un mouvement de grande envergure, appelé au plus grand avenir, soutenu par la volonté la plus ferme.

Que pourrait-on faire d'une armée dont tous les soldats seraient des généraux, en eussent-ils les dons et les capacités ? De même, de quelle utilité serait, pour la défense d'une doctrine, un parti qui ne serait qu'un réceptacle de gens « éminents ». Non, il faut aussi le simple soldat, sans quoi on ne peut obtenir une discipline intérieure.

De par sa nature même, une *organisation* ne peut subsister qu'avec un haut commandement intelligent, servi par une masse que guide plutôt le sentiment. Une compagnie de deux cents hommes intelligents autant que capables deviendrait, à la longue, plus difficile à mener que si elle contenait cent quatre-vingt — dix hommes moins bien doués et dix autres ayant une formation supérieure.

La Social-Démocratie a tiré de ce fait le plus grand profit. Elle a étendu sa domination sur les innombrables représentants des couches populaires, à peine libérés de l'armée et qui y avaient été dressés à la discipline ; elle leur a imposé une discipline du parti aussi rigide que la première. Là aussi, l'organisation comporte des officiers et des soldats. En quittant le service militaire, *l'ouvrier allemand* devenait le *soldat*, *l'intellectuel juif* devenait *l'officier ;* les employés des syndicats formaient à peu près l'équivalent des sous-officiers. Ce qui faisait toujours hocher la tête à votre bourgeoisie c'est-à-dire le fait que seules les masses dites ignorantes adhèrent su marxisme — était, en réalité, la condition première du succès marxiste. Tandis que les partis bourgeois, dans leur uniforme intellectualité, constituaient une masse indisciplinée et incapable d'agir, le marxisme constituait, avec un matériel humain moins intelligent, une armée de militants qui obéissaient aussi aveuglément au dirigeant juif qu'ils avaient obéi autrefois à leur officier allemand. La bourgeoisie allemande, qui ne s'est jamais préoccupée sérieusement des problèmes de psychologie, se jugeant bien au-dessus de ces choses-là, ne trouva pas nécessaire, cette fois non plus, de réfléchir assez longtemps pour reconnaître le sens profond et le danger intime de cette situation de fait. On croyait, au contraire, qu'un mouvement politique qui se recrute uniquement dans les milieux « intellectuels », possède par là même plus de valeur et qu'il a des prétentions mieux fondées, et de meilleures chances que la masse inculte, de parvenir au pouvoir. *On n'avait jamais compris que la force d'un parti politique ne réside nullement dans l'intelligence et l'indépendance d'esprit de chacun de ses membres, mais bien plutôt dans l'obéissance et l'esprit de discipline avec lesquels ceux-ci suivent le commandement spirituel.* Ce qui est décisif, ce sont les chefs eux-mêmes. Quand deux troupes s'affrontent, la victoire n'appartient pas à celle dont chaque soldat a reçu l'instruction stratégique la plus poussée, mais à celle qui possède le meilleur commandement et la troupe la mieux disciplinée, la plus aveuglément obéissante et la mieux entraînée.

Ceci est une notion fondamentale que nous ne devons jamais perdre de vue, lorsque nous examinerons la possibilité de transposer dans la réalité un système philosophique.

Si donc, pour mener nos conceptions à la victoire, nous devons les transformer en un parti de combat, il faut logiquement que le programme de ce dernier tienne compte du matériel humain dont on dispose. Autant les objectifs et les idées conductrices doivent être inébranlables, autant le programme de propagande doit être ajusté avec intelligence et avec une juste psychologie aux âmes de ceux sans l'aide desquels la plus belle des idées ne demeurera éternellement qu'une idée.

Si l'idée raciste, aujourd'hui obscure velléité, veut obtenir un brillant succès, il faut qu'elle tire de tout son système idéal un certain nombre de principes directeurs, dont la forme et le fond puissent s'imposer à une grande masse d'hommes et à celle-là même qui est la seule garantie de succès pour le combat doctrinal de cette idée, j'ai nommé la classe ouvrière allemande.

C'est pourquoi le programme du nouveau parti fut condensé en quelques principes fondamentaux, *vingt — cinq points* en tout. Ils sont destinés à donner en premier lieu à l'homme du peuple une image grossière des aspirations du mouvement. Ils constituent, dans une certaine mesure, *une profession de foi politique* qui gagne des gens à la cause, et, qui, en outre, concrétant une obligation commune, unit et amalgame ensemble les nouveaux adhérents.

En tout cela, nous ne devons jamais perdre de vue que le programme du parti, d'une absolue justesse dans ses objectifs, a dû tenir compte, dans sa rédaction, de certaines considérations psychologiquement importantes ; et l'on peut très bien se persuader, avec le temps, qu'un certain nombre des principes directeurs pourraient être énoncés différemment, rédigés sous une forme plus heureuse. Mais toute tentative de ce genre serait d'un effet désastreux. L'on abandonne ainsi à la discussion une chose qui doit demeurer tout à fait inébranlable ; or, dès qu'un point isolé se trouve séparé du dogme, la discussion n'aboutit pas simplement à un énoncé nouveau meilleur et surtout à un énoncé renforçant l'homogénéité du dogme, mais elle mène bien plutôt à d'interminables débats et à une universelle confusion. En pareil cas, il faut toujours considérer avec soin ce qui est préférable : une rédaction nouvelle, qui occasionne une dissociation à l'intérieur du mouvement, ou une forme qui, pour le moment, n'est peut-être pas la meilleure de toutes, mais qui constitue un organisme autonome, solide et d'une parfaite unité intérieure. Et tout examen démontrera que cette dernière solution est la seule à retenir. Car les modifications ne portant jamais que sur la forme extérieure à donner, il apparaîtra toujours de pareilles modifications possibles ou désirables. *Mais le gros danger est que le caractère superficiel des hommes leur fasse voir la tâche essentielle du mouvement dans cette question de pure forme de la rédaction d'un programme.* Dans ces conditions, la volonté et la force de combattre pour une idée s'effacent et l'activité qui devait se tourner vers le dehors s'use dans des querelles intérieures de programme. Pour une doctrine dont la justesse des grandes lignes n'est pas en cause, il est moins nuisible de conserver un énoncé — ne correspondrait-il pas tout à fait à la réalité — que de vouloir l'améliorer et de livrer ainsi à la discussion générale le dogme du parti, jusque-là aussi ferme que du granit. Ceci est particulièrement impossible tant que le parti combat encore pour assurer son triomphe. Car, comment vouloir emplir des hommes d'une aveugle confiance dans la justesse d'une doctrine, quand on propage le doute et l'incertitude par de continuelles modifications de sa structure extérieure.

On ne doit donc jamais chercher l'essentiel dans la forme extérieure, mais seulement dans le sens profond. Celui-ci est immuable ; et dans son intérêt même, on ne peut que souhaiter que le mouvement conserve la puissance nécessaire pour le faire triompher, en écartant toutes les causes d'hésitation ou de division.

Ici encore, il nous faut prendre des leçons de l'Église catholique. Bien que son édifice doctrinal, sur plus d'un point — et souvent d'ailleurs d'une manière surtout apparente — heurte la science exacte et l'observation, elle se refuse pourtant à sacrifier la plus petite syllabe des termes de sa doctrine. Elle a reconnu très justement que sa force de résistance ne réside pas dans un accord plus ou moins parfait avec les résultats scientifiques du moment, résultats d'ailleurs jamais définitifs, mais dans son attachement inébranlable à des dogmes établis une fois pour toutes, et qui seuls confèrent à l'ensemble le caractère d'une foi. Aussi se maintient-elle aujourd'hui plus fermement que jamais. On peut même prophétiser que dans la mesure où les phénomènes insaisissables défient et continueront à défier la poursuite des lois scientifiques sans cesse modifiées, elle sera de plus en plus le pôle de tranquillité vers lequel ira aveuglément l'attachement d'innombrables humains.

Quiconque souhaite donc réellement et sérieusement la victoire des idées racistes, doit se pénétrer de l'idée que ce triomphe exige d'abord nécessairement l'intervention d'un parti de combat ; ensuite, qu'un tel parti ne saurait subsister sans recevoir la base inébranlable, condition de toute sûreté et de toute solidité, que constitue son programme. Le parti n'a pas le droit de faire des concessions à l'esprit de l'époque pour la rédaction de ce programme ; au contraire, une fois celle-ci arrêtée au mieux, il doit s'y tenir sinon à jamais, et en tous cas tant que la victoire n'a pas couronné ses efforts. Avant ce terme, *toute tentative* d'ouvrir des discussions sur l'opportunité de tel ou tel point du programme brisera l'unité du parti, et affaiblira l'esprit de lutte de tous ceux de ses partisans qui y auront été mêlés. Ceci ne veut point dire d'ailleurs qu'une telle « amélioration » une fois effectuée échapperait demain à un nouvel examen critique, et qu'elle ne devrait pas après-demain céder la place à une forme meilleure. Quiconque renverse ici les barrières édifiées ouvre une voie dont on voit bien le commencement, mais dont l'aboutissement se perd dans l'infini.

Le jeune parti national-socialiste ne devait pas perdre de vue la portée pratique de ces enseignements. *Le parti ouvrier allemand national-socialiste a reçu avec son programme de vingt-cinq points une base qui doit demeurer immuable.* Il n'appartient pas à ses membres actuels et futurs de les critiquer et de les changer ; ce sont eux qui leur tracent leur devoir. Sans quoi la prochaine génération aura le même droit de dissiper à nouveau ses forces dans un travail de pure forme à l'intérieur du parti, au lieu de lui amener la force nouvelle de nouveaux adhérents. Pour la majorité des partisans, l'essentiel du mouvement ne sera donc pas tant dans la lettre de nos principes directeurs que dans l'esprit dont nous pouvons les animer.

C'est à ces considérations que notre jeune mouvement dut autrefois son nom, et plus tard son programme ; c'est sur elles que se base encore notre mode de propagande. Pour aider les idées racistes à triompher, il a fallu créer un parti populaire, parti ne comprenant pas seulement un état-major d'intellectuels, mais aussi des travailleurs manuels.

Toute tentative de donner corps aux théories racistes sans une pareille organisation de combat demeurerait vaine aujourd'hui comme par le passé, et comme dans un avenir quelconque. C'est pourquoi le mouvement a non seulement le droit, mais le *devoir* de se considérer comme le champion et le représentant des idées racistes. Autant *les idées qui sont à la base* du mouvement national-*socialiste* sont *racistes,* autant, de leur côté, les idées *racistes appartiennent* au national-socialisme. Et si ce dernier veut l'emporter, il lui faut se rallier sans réserves et d'une manière exclusive à ce point de vue. Ici encore, il a non seulement le *droit,* mais le devoir de bien faire ressortir que toute tentative de représenter les idées racistes hors du national-socialisme doit avorter, et d'ailleurs, dans la plupart des cas, manque de sincérité.

Quand quelqu'un reproche aujourd'hui à notre mouvement d'avoir « pris à bail » l'idée raciste, il n'y a qu'une réponse à lui faire :

Pas seulement pris à bail, mais rendu utilisable.

Car ce que l'on entendait auparavant par ce vocable n'était pas le moins du monde capable d'avoir quelque influence sur le destin de notre peuple. Il manquait à ces idées une forme claire et cohérente. Le plus souvent, il ne s'agissait que de notions isolées sans rapport entre elles, plus ou moins exactes — qui n'étaient pas sans se contredire parfois - en tous cas, sans la moindre liaison intime. Et celle-ci eût-elle existé, elle eût été trop faible pour fonder et construire dessus un parti.

Seul, le parti national-socialiste a mené à bien cette tâche.

*

Si aujourd'hui toutes les associations, tous les groupes, grands et petits — et, à mon avis, même de « grands partis » — revendiquent le mot « raciste », c'est la conséquence de l'action du *parti national — socialiste. Sans son travail, il ne serait même pas* venu à *l'idée d'une de ces organisations de prononcer seulement le mot « raciste »* ; ce vocable n'aurait rien représenté pour eux, et leurs dirigeants surtout n'auraient jamais eu le moindre rapport d'aucune sorte avec lui. Seule, l'action du N.S.D.A.P. a donné à ce mot une signification substantielle, et l'a mis dans la bouche de tout le monde. Avant tout le parti a montré, par le succès de sa propre propagande, la force de l'idée raciste, et l'appât du gain a poussé les autres à en vouloir autant, tout au moins en paroles.

De même que, jusqu'alors, ils avaient tout mis au service de leurs mesquines spéculations électorales, de même ces partis ne voient aujourd'hui dans le mot « raciste » qu'une formule vaine et creuse, avec laquelle ils tentent de neutraliser la force d'attraction qu'exerce sur leurs propres membres le parti national-socialiste. Car, seul, le souci de leur propre existence et leur inquiétude devant les succès grandissants de la doctrine de notre parti — dont ils pressentent aussi bien l'importance universelle que la dangereuse intransigeance leur mettent ce mot à la bouche : ils l'ignoraient il y a huit ans ; ils s'en gaussaient il y a sept ans ; il y a six ans, ils le combattaient ; l'année suivante, ce fut de la haine, et il y a trois ans, la persécution ; enfin, il y a deux ans, ils se l'annexaient, pour s'en servir comme de cri de guerre dans la lutte, de pair avec le reste de leur vocabulaire.

Et il convient aujourd'hui encore de faire remarquer que tous ces partis n'ont pas la moindre idée de ce qui *fait* besoin *à notre peuple allemand*. Il suffit de voir avec quelle légèreté leurs gueules prononcent ce mot de « raciste ».

Non moins dangereux, tous ces semble-racistes qui ne cessent de tourner, échafaudant des plans fantastiques, qui ne s'appuient le plus souvent que sur une idée fixe, juste peut-être en elle-même, mais qui ne saurait, considérée toute seule, avoir la moindre valeur pour la formation d'une communauté de combat, et, en tous cas, pour en édifier une. Tous ces gens qui brassent un programme composé moitié de leurs propres pensées, moitié du fruit de leurs lectures, sont souvent plus dangereux que les ennemis déclarés de l'idée raciste. Ce sont, dans les conditions les plus favorables, des théoriciens stériles, mais souvent aussi de néfastes hâbleurs qui, avec leur barbe de fleuve, et en jouant les Teutons, s'imaginent masquer le vide de leur activité et de leur savoir.

Aussi est-il bon d'opposer à toutes ces tentatives impuissantes le souvenir de l'époque où le jeune mouvement national-socialiste entrait dans l'arène.

CHAPITRE 6

LUTTE DES PREMIERS TEMPS — L'IMPORTANCE DE LA PAROLE

La première grande réunion du 24 février 1920 dans la salle des fêtes du Hofbräuhaus[15] vibrait encore en nous quand il fallut se mettre à préparer la seconde. Tandis que jusqu'alors il nous avait paru douteux que l'on pût organiser tous les mois ou tous les quinze jours une petite réunion dans une ville comme Munich, il fallait maintenant que tous les huit jours, c'est-à-dire une fois par semaine, une grande réunion populaire eût lieu. Je n'ai pas besoin de souligner qu'un seul et même souci nous tourmentait : les gens viendraient-ils et nous écouteraient-ils ? À vrai dire, j'avais quant à moi cette conviction inébranlable : une fois que les gens seraient là, ils resteraient et ils écouteraient nos discours.

En ces temps-là la salle des fêtes du Hofbräuhaus de Munich prit une importance presque sacramentelle pour nous, les nationaux-socialistes. Chaque semaine, une réunion, presque toujours dans cette même salle, et chaque fois la salle mieux remplie et les auditeurs plus fervents ! On parla de presque tout ce qui avait quelque importance pour la propagande ou ce qui était nécessaire au point de vue idéologique, en commençant par la question des « responsabilités de guerre », ce dont personne ne se souciait à cette époque, et des traités de paix. Que de choses le jeune mouvement a prédites alors, sans relâche, aux grandes masses, et comme presque tout s'est réalisé jusqu'à présent ! Aujourd'hui, il est plus facile de parler ou d'écrire sur ces choses. Mais alors on considérait qu'une grande réunion publique, à l'adresse non pas des bourgeois cossus, mais des prolétaires égarés, sur « Le Traité de Versailles », était une attaque contre la république et le symptôme d'une mentalité réactionnaire, voire monarchiste. Dès la première phrase contenant une critique du traité de Versailles, on vous jetait à la tête la réplique stéréotypée : « Et Brest-Litowsk ? Brest-Litowsk ! » Les masses hurlaient cela à perte de souffle ou jusqu'à l'enrouement, ou bien jusqu'à ce que le conférencier renonçât finalement à sa tentative de les persuader. On aurait voulu se casser la tête contre le mur par désespoir devant un pareil peuple ! Il ne voulait ni entendre, ni comprendre, que Versailles était une honte et un opprobre, ni même que ce *Diktat* signifiait une spoliation inouïe de notre

---

[15] Maison de la Brasserie de la Cour, nom d'une grande brasserie de Munich.

peuple. Le travail destructeur des marxistes et le poison de la propagande ennemie avaient privé ces gens de toute raison. Et on n'avait même pas le droit de s'en plaindre. La bourgeoisie, qu'a-t-elle fait pour arrêter cette dissolution terrible, pour s'y opposer, pour ouvrir la voie à la vérité en éclairant mieux et plus nettement la situation ? Rien, trois fois rien ! Je ne les ai vus alors nulle part, ces grands apôtres racistes d'aujourd'hui. Peut-être ont-ils parlé dans de petits cercles, dans des salons de thé, ou dans des milieux professant les mêmes opinions ; mais ils ne se trouvèrent pas là où ils auraient dû être, au milieu des loups ; là, ils n'osaient paraître, sauf dans les occasions où ils pouvaient hurler avec eux.

Il m'était clair alors que pour les premiers militants dont se composait au début notre mouvement, il fallait vider à fond la question des responsabilités de guerre, et de la vider dans le sens de la vérité historique. La condition préalable du succès de notre mouvement était qu'il apportât aux grandes masses la connaissance du traité de paix. À cette époque, où tous voyaient encore dans cette paix une victoire de la démocratie, on devait faire front contre cette idée, et nous graver pour toujours dans la cervelle des hommes comme les ennemis de ce traité, afin que, par la suite, quand l'amère réalité aurait déchiré ces oripeaux mensongers et mis à nu leur essence de haine, le souvenir de notre attitude dans cette question nous amène la confiance des masses.

Dès cette époque, j'ai toujours insisté pour que, dans les grandes questions de principe, sur lesquelles toute l'opinion publique prenait une attitude erronée, nous nous élevions contre elle sans craindre l'impopularité ni la haine. Le parti ouvrier national-socialiste ne devait pas servir de gendarme à l'opinion publique, il devait la dominer Il ne doit pas être le valet, mais le maître des masses !

Il existe naturellement, surtout pour tout mouvement encore faible, une grande tentation dans les moments où un adversaire bien plus puissant a réussi, par son art séducteur, à suggérer au peuple une résolution insensée ou une fausse position : c'est la tentation de marcher et de crier avec les autres, surtout quand quelques arguments — encore qu'illusoires — amènent à conclure dans le même sens que le propre point de vue du jeune mouvement. La lâcheté humaine recherchera en ce cas de tels arguments avec d'autant plus de ferveur qu'elle trouve presque toujours quelque chose qui lui donne l'ombre d'un droit, à son « propre point de vue », à prendre part à un pareil crime. J'ai fait plusieurs expériences pareilles où le maximum d'énergie fut nécessaire pour empêcher le navire de notre mouvement de se lancer dans le courant général artificiellement provoqué, ou plutôt de se laisser entraîner par ce courant. La dernière fois que cela arriva, ce fut quand notre presse infernale, à laquelle l'existence du peuple allemand importe autant que Hécube[16] réussit à donner au problème du Tyrol du Sud une importance qui pouvait devenir fatale au peuple allemand. Sans se demander pour qui ils travaillaient de cette manière, nombre d'hommes, de partis, de ligues de la tendance qu'on appelle « nationale », se joignirent à la clameur générale, par lâcheté devant l'opinion

---

[16] Épouse de Priam *(Iliade)*.

publique façonnée par les Juifs, et contribuèrent stupidement à appuyer la lutte contre un système que nous, Allemands, nous devrions considérer, dans notre position actuelle, comme la seule éclaircie dans ce monde en décadence. Tandis que le Juif sans patrie et international nous serre à la gorge, lentement mais sûrement, nos soi-disant patriotes hurlent contre l'homme et le système qui ont osé, fût-ce sur un seul point du globe, se libérer de l'étreinte judéo-maçonnique, et opposer une résistance nationaliste à ce poison de l'idéologie internationale et universelle. Mais ce fut trop séduisant pour les caractères faibles d'amener simplement les voiles devant la tempête et de capituler devant les cris de l'opinion publique. Car il s'agit ici d'une capitulation. Les hommes, dans leur fausseté et leur vilenie intérieures, peuvent ne pas l'admettre, même dans leur for intérieur, mais il reste vrai que, seules, leur lâcheté et leur peur d'une excitation populaire, provoquée par les Juifs, les poussèrent à marcher avec les autres. Tous les autres motifs ne sont que subterfuges pitoyables de petits pécheurs conscients de leurs fautes.

Il fallut alors renverser la vapeur avec une poigne de fer pour que le mouvement ne perdît pas sa direction. Toute tentative dans ce sens au moment où l'opinion publique, attisée, s'élançait comme une flamme, ne pouvait être populaire ; elle pouvait même être un danger mortel pour l'audacieux qui l'entreprenait. Mais, dans l'histoire, les hommes sont nombreux qui ont été lapidés dans de pareils moments pour des actions qui leur valurent ensuite la reconnaissance émue de la postérité.

C'est là-dessus que doit compter un mouvement, et non sur l'approbation éphémère du présent. Il peut arriver à ces moments-là que l'un ou l'autre ait peur en son for intérieur ; mais qu'il n'oublie jamais qu'après une telle heure, viendra aussi la libération et qu'un mouvement qui veut régénérer un monde doit servir l'avenir et non le présent.

On peut établir ici que les succès les plus grands et les plus durables dans l'histoire sont généralement ceux qui restent à leur début les moins compris, parce qu'ils se trouvent en opposition violente avec l'opinion publique courante, avec ses vues et ses désirs.

Nous avons pu nous en rendre compte dès notre première réunion publique. Nous n'avons vraiment, jamais, « flatté les passions des masses », nous nous sommes partout opposés à la folie populaire. Presque toujours, pendant ces années-là, je m'adressais à des hommes qui croyaient le contraire de ce que j'allais leur dire et qui voulaient le contraire de ce que je croyais nécessaire. La tâche était donc celle — ci : en deux heures, détruire les convictions de deux à trois mille hommes, saper, coup après coup, les fondements de leurs opinions, et les conduire enfin sur le terrain de notre conviction et de notre conception des choses. Dans un bref espace de temps, j'appris quelque chose d'essentiel : qu'il fallait tout d'abord arracher des mains de l'ennemi l'arme de sa riposte. On remarqua bientôt que nos adversaires, surtout leurs orateurs qui portaient la contradiction dans nos réunions, discouraient toujours suivant le même « répertoire », en élevant contre nos assertions des objections qui revenaient toujours, de sorte que la régularité de ce phénomène nous fit conclure qu'il s'agissait d'une éducation uniforme et orientée vers le même but. En effet, tel était le cas. Nous pûmes mesurer, à cette occasion, à quel point la propagande de nos adversaires était remarquablement disciplinée, et c'est encore aujourd'hui un sujet d'orgueil pour moi d'avoir trouvé le moyen non seulement de neutraliser cette « propagande » mais de battre ses auteurs avec leurs propres armes. Deux ans plus tard, j'étais passé maître dans cet art.

Il était essentiel de prévoir avant chaque discours la nature probable et la forme des objections qui lui seraient opposées dans la discussion et de les éplucher complètement à l'avance dans ce même discours. Il faut exposer, dès le début, les objections possibles, et prouver qu'elles sont peu fondées ; l'auditeur, qui est venu bourré d'objections qu'on lui avait inculquées, mais qui reste de bonne foi, se laisse gagner plus facilement en entendant réfuter les arguments qu'on a imprimés dans sa mémoire. Ce qu'on lui avait appris s'élimine de soi-même, et son attention est de plus en plus attirée par la conférence.

Ce fut pour cette cause qu'après ma première conférence sur « le traité de Versailles », que j'avais tenue en qualité « d'instructeur », déjà devant la troupe, je changeai son contenu, et je parlai dorénavant des « traités de paix de Brest-Litowsk et de Versailles ». Car, dans l'espace de temps le plus bref, je pus constater, au cours de la discussion, que les gens ne savaient en réalité rien du traité de Brest-Litowsk, mais qu'une adroite propagande de parti était parvenue à le représenter comme un des actes de violence les plus condamnables de l'histoire. Cette insistance à présenter aux grandes masses toujours ce même mensonge explique pourquoi des millions d'Allemands voyaient, dans le traité de Versailles, une juste expiation du crime que nous avions commis à Brest-Litowsk ; ils considéraient en conséquence que toute lutte contre le traité de Versailles était injuste, et elle provoquait en eux une indignation tout à fait sincère. Ce fut aussi une des causes qui permirent au mot de « réparation », terme aussi monstrueux qu'insolent, de prendre droit de cité en Allemagne. Cette formule hypocrite et mensongère parut à des millions de nos compatriotes égarés l'arrêt d'une justice supérieure. C'est là une chose épouvantable, mais tel fut le cas. La meilleure preuve en est le succès de la propagande contre le traité de Versailles, que je faisais précéder par des éclaircissements sur le traité de Brest-Litowsk. Je mettais les deux traités vis-à-vis l'un de l'autre, je les comparais point par point, je démontrais que l'un de ces traités paraissait d'une humanité sans bornes en comparaison de la cruauté inhumaine de l'autre, et le résultat fut frappant. Je parlai sur ce thème dans des réunions de deux mille hommes où, parfois, les regards de trois mille six cents yeux hostiles se concentraient sur moi. Et trois heures plus tard, j'avais devant moi une masse palpitante, pleine de l'indignation la plus sacrée et animée d'une fureur sans bornes. Encore une fois, un grand mensonge avait été arraché du cœur et du cerveau d'une masse comptant des milliers d'hommes, et une vérité était plantée à sa place.

Je considérai alors que ces deux conférences : « Les vraies causes de la guerre mondiale » et « Les traités de paix de Brest-Litowsk et de Versailles », étaient les plus essentielles, et je les répétai encore et toujours des douzaines de fois sous une forme sans cesse renouvelée, jusqu'à ce qu'une conception claire et uniforme s'établît, au moins sur ce point, entre les hommes parmi lesquels notre mouvement recruta ses premiers membres.

Ces réunions eurent aussi cet avantage pour moi-même : je m'adaptais lentement au rôle d'orateur pour grandes réunions populaires, j'acquis l'élan pathétique et j'appris les gestes que réclame une grande salle contenant des milliers d'hommes.

Je n'ai pas constaté, à cette époque, de la part des partis qui se flattent aujourd'hui d'avoir provoqué le revirement de l'opinion publique, aucun effort pour ouvrir au peuple les yeux dans cette direction, abstraction faite des petits cénacles déjà mentionnés. Quand un politicien soi-disant national faisait une conférence dans ce sens, c'était toujours dans un milieu qui partageait déjà ses convictions, et que ces arguments pouvaient, tout au plus, confirmer dans ses opinions. Mais ce n'était pas ce qui importait ; l'essentiel, c'était uniquement de gagner, par l'instruction et la propagande, ceux qui appartenaient jusqu'à présent par leur éducation et leurs convictions au camp ennemi.

Pour ouvrir les yeux au peuple, nous nous sommes aussi servis de proclamations. Étant encore dans la troupe, j'avais composé une proclamation mettant en regard les traités de Brest-Litowsk et de Versailles ; elle eut un tirage considérable et connut une grande diffusion. Plus tard, je la fis réimprimer par le parti, et son action fut de nouveau très efficace. Les premières réunions furent caractérisées par le fait que toutes les tables étaient jonchées de proclamations, de journaux, de brochures, etc. Mais nous mettions l'essentiel de notre effort dans la parole.

En effet, cette dernière seule est capable de provoquer les révolutions véritablement grandes, et cela pour des causes psychologiques générales.

J'ai déjà exposé, dans le premier volume, que tous les grands événements qui retournent le monde entier, ont été provoqués par la parole et non par des écrits. Une discussion assez longue s'engagea à ce sujet dans une partie de la presse, et, naturellement, cette idée rencontra la plus forte opposition, surtout de la part de nos renards bourgeois. Mais la raison même de cette attitude confond les sceptiques. Les intellectuels bourgeois protestent contre cette opinion uniquement parce que la force, et le don d'influence sur les masses par la parole, leur font manifestement défaut, car ils se sont toujours adonnés à l'activité par la plume, en renonçant à l'action véritablement propagandiste de la parole. Une telle habitude entraîne inévitablement les qualités qui caractérisent aujourd'hui notre bourgeoisie, c'est-à-dire la perte de l'instinct psychologique nécessaire pour agir sur les masses et les influencer.

Tandis que l'orateur ne cesse de recevoir du sein de la masse même, au cours de sa conférence, les rectifications nécessaires, en mesurant par l'expression des auditeurs jusqu'à quel point ils peuvent suivre et comprendre son exposé, et si l'impression et l'action de ses paroles conduisent au but désiré, l'écrivain ne connaît point du tout ses lecteurs. En conséquence, il ne pourra pas s'orienter sur un auditoire vivant, sur une foule qui est précisément là, devant ses yeux ; il devra donner à son exposition un caractère plus général. Par là, il perd, jusqu'à un certain degré, en finesse psychologique et, par conséquent, en souplesse. Un orateur brillant pourra donc, en général, toujours mieux écrire qu'un écrivain brillant ne pourra parler, sauf le cas où il s'exerce longtemps dans cet art. Il faut y ajouter que l'homme en masse est généralement paresseux, qu'il reste enfoncé dans l'ornière de ses anciennes habitudes, et qu'il n'aime pas à prendre en mains les écrits qui ne correspondent pas à ce qu'il croit et qui ne lui apportent pas ce qu'il en attend. Un écrit d'une tendance quelconque a le plus de chances à être lu par ceux qui appartiennent déjà à cette même tendance. Une proclamation ou une affiche, seules, ont un peu plus de chances, parce qu'elles sont plus courtes, d'attirer l'attention momentanée d'un adversaire. L'image sous toutes ses formes, jusqu'au film, a encore plus de pouvoir sous ce rapport. Là, l'homme doit encore moins faire intervenir sa raison ; il lui suffit de regarder, et de lire, tout au plus, les textes les plus courts ; et bien nombreux sont ceux qui seront plutôt prêts à s'assimiler une démonstration par l'image qu'à lire un écrit plus ou moins long. L'image apporte à l'homme dans un temps beaucoup plus court, je voudrais presque dire d'un seul coup, la démonstration qu'il ne pourrait retirer d'un écrit que par une lecture fatigante.

Mais ce qui est l'essentiel, c'est qu'on ne sait jamais, à propos d'un écrit, dans quelles mains il va tomber ; et pourtant il doit garder toujours la même forme. Son action, en général, sera plus ou moins considérable dans la mesure où sa rédaction correspond au niveau intellectuel et aux particularités du milieu de ceux qui seront ses lecteurs. Un livre destiné aux grandes masses doit, dès l'abord, essayer d'agir par son style et son niveau, d'une autre façon qu'un ouvrage destiné à des couches intellectuelles supérieures.

Ce n'est que par une telle adaptation que l'écrit peut se rapprocher de la parole. L'orateur peut, autant qu'il veut, traiter le même sujet que le livre ; s'il est un grand orateur populaire, un orateur de génie, il ne traitera jamais le même plan et le même sujet deux fois de la même façon. Il se laissera toujours porter par la grande masse, de sorte qu'instinctivement il trouvera toujours les paroles nécessaires pour arriver droit au cœur de ses auditeurs actuels. S'il commet l'erreur la plus légère, il en trouvera la correction vivante devant lui. Comme je l'ai déjà dit, il peut lire sur les visages de ses auditeurs : *primo,* s'ils comprennent ce qu'il dit ; *secundo,* s'ils peuvent suivre son exposition générale ; *tertio,* jusqu'à quel point il les a convaincus qu'il a raison. S'il voit, *primo* qu'ils ne le comprennent pas, il s'expliquera d'une façon si primitive et si claire que le dernier de ses auditeurs le comprendra ; s'il sent — *secundo* — qu'ils ne peuvent pas le suivre, il va échelonner son exposition d'une façon si lente et progressive, que le plus faible d'entre eux ne restera pas en arrière ; et — *tertio* — s'il lui paraît qu'ils ne sont pas encore convaincus du bien-fondé de ses assertions, il les répétera encore et toujours, avec de nouveaux exemples à l'appui, il exposera lui-même les objections inexprimées qu'il pressent chez eux, et il les réfutera et les pourfendra jusqu'à ce que les derniers groupes d'opposants finissent par avouer, par leur attitude et l'expression de leurs visages, qu'ils ont capitulé devant son argumentation.

Il s'agit là, bien souvent, de vaincre chez les hommes des préventions qui ne sont pas fondées sur la raison, mais qui sont pour la plupart inconscientes, et ancrées seulement dans le sentiment. Surmonter cette barrière d'antipathie instinctive, de haine passionnée, de prévention hostile, est mille fois plus difficile que de corriger une opinion scientifique défectueuse ou erronée. On peut éliminer les fausses conceptions et l'insuffisance du savoir en instruisant, mais on ne vaincra pas ainsi la résistance du sentiment. Seul, un appel à ces forces mystérieuses peut avoir de l'effet ; et ce n'est presque jamais l'écrivain, c'est presque uniquement l'orateur qui en est capable.

La preuve la plus éclatante de cette assertion, la voici : bien que la presse bourgeoise, souvent très habilement « faite », fût répandue dans notre peuple à je ne sais combien de millions d'exemplaires, cette presse n'a pas empêché la grande masse du peuple de devenir un ennemi implacable de ce monde bourgeois. Tout ce déluge de journaux, et tous les livres produits, année par année, par les intellectuels, glissent sur les millions d'hommes qui forment les couches inférieures du peuple, comme l'eau sur un cuir huileux. Cela ne peut s'expliquer que de deux manières : ou bien le contenu de toute cette production littéraire de notre monde bourgeois ne vaut rien, ou bien il est impossible d'atteindre jusqu'au cœur des masses par l'écrit seul. Ceci est évidemment d'autant plus vrai que la littérature en question fera montre de moins de psychologie, ce qui était ici le cas.

Surtout qu'on ne vienne pas nous répondre (comme l'a fait un journal nationaliste de Berlin) que le marxisme lui-même, par sa littérature, et surtout par l'influence de l'œuvre fondamentale de Karl Marx, prouve le contraire de cette assertion. Jamais argument plus superficiel n'a été fourni à l'appui d'une thèse fausse. Ce qui a donné au marxisme son influence étonnante sur les masses populaires, ce n'est aucunement le produit formel, exprimé par écrit, des efforts de la pensée juive, mais c'est au contraire la prodigieuse vague de propagande orale qui s'est emparée, au cours des ans, des masses ouvrières. Sur cent mille ouvriers allemands, en moyenne, on n'en trouvera pas cent qui connaissent cette œuvre, qui est étudiée mille fois plus par les intellectuels et surtout par les Juifs que par les véritables adeptes de ce mouvement dans la foule des prolétaires.

En effet, cet ouvrage n'a jamais été écrit pour les grandes masses, mais exclusivement pour l'équipe dirigeante de la machine juive à conquérir le monde ; elle fut ensuite chauffée par un tout autre combustible : par la presse. Car voilà ce qui distingue la presse marxiste de notre presse bourgeoise : dans la presse marxiste écrivent des propagandistes, et la presse bourgeoise confie sa propagande à des écrivailleurs. L'obscur rédacteur socialiste, qui presque toujours n'entre à la rédaction qu'au sortir d'un meeting, connaît son monde comme nul autre. Mais le scribe bourgeois, qui sort de son cabinet de travail pour affronter la grande masse, se sent déjà malade à la seule odeur de cette masse, et n'est pas moins impuissant vis-à-vis d'elle quand il emploie le langage écrit.

Ce qui a gagné au marxisme des millions d'ouvriers, ce ne furent pas tant les écrits des Pères de l'Église marxiste, mais plutôt la propagande inlassable et vraiment prodigieuse des dizaines de milliers d'agitateurs infatigables, en commençant par le grand apôtre de la haine, jusqu'au petit fonctionnaire syndical, à l'homme de confiance et à l'orateur qui intervient dans les discussions, ce furent des centaines de milliers de réunions, où ces orateurs populaires, debout sur une table dans une salle de brasserie pleine de fumée, inculquaient comme à coups de marteaux leurs idées aux masses ; de cette façon, ils gagnèrent la connaissance parfaite de ce matériel humain, qui leur donna les moyens de choisir les armes appropriées pour prendre d'assaut la citadelle de l'opinion publique. Et puis ce furent ces démonstrations gigantesques, ces défilés de centaines de milliers d'hommes, qui inculquaient aux petites gens miséreux la fière conviction qu'étant de petits vers, ils étaient aussi les membres d'un grand dragon dont l'haleine brûlante devait incendier un jour ce monde bourgeois tant détesté, et que la dictature du prolétariat fêterait un beau jour sa victoire finale.

Cette propagande formait ensuite les hommes qui étaient prêts et préparés pour lire une presse socialiste ; mais c'est aussi une presse qui est plutôt parlée qu'écrite. Car, tandis que, dans le camp de la bourgeoisie, les professeurs, les littérateurs, les théoriciens et les écrivailleurs de toute sorte essaient parfois de parler, chez les marxistes ce sont les orateurs qui essaient parfois d'écrire. Et justement le Juif, dont il s'agit surtout en cette occasion, par son adresse dialectique mensongère et sa souplesse, restera, même comme écrivain, plutôt un orateur propagandiste qu'un narrateur qui écrit.

Et voilà pourquoi le monde de la presse bourgeoise (faisant abstraction du fait qu'elle-même est en grande partie enjuivée et qu'elle n'a donc aucun intérêt à éduquer les grandes masses) ne peut exercer aucune influence sur l'opinion des couches les plus nombreuses de notre peuple. Jusqu'à quel point il est difficile de vaincre les préjugés, les états d'âme, les sensations, etc., et de les remplacer par d'autres, de combien d'influences et de conditions à peine prévisibles dépend le succès, l'orateur qui a les nerfs assez sensibles peut le mesurer au fait que même l'heure à laquelle la conférence a lieu peut avoir une influence décisive sur son résultat. La même conférence, le même orateur, le même sujet produisent une impression différente à 10 heures du matin, à 3 heures de l'après-midi, et le soir. Quand j'étais encore un débutant, je fixais quelquefois mes réunions dans la matinée, et je me rappelle surtout une manifestation que nous avions organisée dans la brasserie Kindlkeller à Munich pour protester contre « l'oppression de territoires allemands ». C'était, à l'époque, la plus grande salle à Munich, et le risque paraissait grand. Pour donner aux adhérents, et à tous ceux qui voudraient venir, autant de facilités que possible, j'organisai la réunion un dimanche, à 10 heures du matin. Le résultat fut déprimant, mais hautement instructif : la salle était pleine, ce qui faisait un effet prodigieux, mais l'auditoire resta froid comme la glace ; personne ne s'échauffa, et moi-même, comme orateur, je me sentais profondément malheureux de ne pouvoir établir aucun lien, pas le moindre contact, avec mes auditeurs. Je crois n'avoir pas parlé plus mal que d'habitude ; mais l'effet parut égal à zéro. Je quittai la réunion fort mécontent, mais plus riche d'une expérience. Les essais du même genre que je fis plus tard, aboutirent tous au même résultat.

On ne doit pas s'en étonner. Allez à une représentation théâtrale, et regardez une pièce à 3 heures et la même pièce, avec les mêmes acteurs, à 8 heures du soir, vous serez surpris par la différence de l'effet et de l'impression. Un homme aux sensations fines, et capable de se rendre compte de ses états d'âme, pourra établir aussitôt que la représentation de l'après-midi produit moins d'impression que le spectacle du soir. C'est le même cas pour le cinéma, ce qui est bien plus probant, parce qu'au théâtre on aurait pu dire que l'acteur ne se donne peut-être pas tant de peine l'après-midi que le soir, mais le film n'est pas autre dans l'après-midi qu'à 9 heures du soir. Non, l'heure exerce une influence certaine, aussi bien que le lieu. Il y a des locaux qui laissent froids, pour des causes qu'on ne perçoit que difficilement, mais qui opposent une résistance acharnée à toute tentative de créer une atmosphère. Les souvenirs et les images traditionnelles qui existent dans l'homme peuvent aussi exercer une influence décisive. Une représentation du *Parsifal* à Bayreuth produira toujours un tout autre effet qu'à n'importe quel autre lieu du monde. Le charme mystérieux de la maison sur la colline du festival, dans la vieille ville des margraves, ne peut être remplacé, ni même atteint, nulle part ailleurs.

Dans tous ces cas, il s'agit de l'affaiblissement du libre arbitre de l'homme. C'est surtout le cas pour les réunions où viennent des hommes à préjugés contraires, et qu'il s'agit de convertir. Le matin et encore pendant la journée, les forces de la volonté des hommes s'opposent avec la plus grande énergie aux tentatives de leur suggérer une volonté étrangère, une opinion étrangère. Mais le soir, ils succombent plus facilement à la force dominatrice d'une volonté plus puissante. Car, en réalité, chaque réunion de ce genre est une lutte entre deux forces opposées. Le puissant talent oratoire d'une nature dominatrice d'apôtre réussira plus facilement à insuffler un nouveau vouloir à des hommes qui ont déjà subi, d'une façon naturelle, une diminution de leur pouvoir de résistance, plutôt que s'ils étaient encore en pleine possession de tous les ressorts de leur esprit et de leur volonté.

Le même but est atteint par la pénombre artificielle et pourtant mystérieuse des églises catholiques, par les cierges allumés, l'encens, les encensoirs, etc.

Dans cette lutte de l'orateur avec les adversaires qu'il veut convertir, il acquiert peu à peu une compréhension merveilleuse des conditions psychologiques de la propagande, ce qui fait presque complètement défaut à l'écrivain. Pour cette cause, les écrits, avec leur effet limité, ne serviront, en général, qu'à conserver, raffermir et approfondir les conceptions et les opinions déjà existantes. Aucune des grandes révolutions historiques n'a été causée par la parole écrite qui ne fit que les accompagner.

Qu'on ne pense pas que la Révolution française serait jamais sortie des théories philosophiques, si elle n'avait pas trouvé une armée d'agitateurs, dirigée par des démagogues de grand style, qui excitèrent les passions du peuple qui souffrait, jusqu'à ce qu'eût lieu la terrible éruption volcanique qui figea de terreur toute l'Europe. De même, la plus grande convulsion révolutionnaire des temps nouveaux, la révolution bolchéviste en Russie fut provoquée non pas par les écrits de Lénine, mais par l'activité oratoire haineuse d'innombrables apôtres — petits et grands — de la propagande parlée.

Ce peuple qui ne savait pas lire, vraiment, ne put pas se passionner pour la révolution communiste en lisant Karl Marx, mais il la fit, parce que des milliers d'agitateurs — tous, il est vrai, au service d'une même idée — lui promirent toutes les splendeurs du ciel. Cela fut toujours ainsi, et cela restera ainsi, toujours. Nos intellectuels allemands, avec leur manque complet de sens pratique, croient qu'un écrivain doit avoir nécessairement plus d'esprit qu'un orateur. Cette opinion est illustrée de façon exquise par un article du journal nationaliste déjà mentionné, qui déclarait qu'on était souvent déçu en lisant le discours d'un orateur de grand renom. Cela me rappelle une autre critique qui me tomba sous la main pendant la guerre ; elle examinait à la loupe les discours de Lloyd George (alors simple ministre des munitions) pour arriver à la conclusion spirituelle que ces discours étaient de deuxième ordre au point de vue moral et scientifique, et qu'il s'agissait de productions banales et triviales. Je tins plus tard dans mes mains quelques-uns de ces discours sous forme de brochure et je ne pus m'empêcher de rire aux éclats à voir comment notre chevalier de la plume allemand était resté incompréhensif devant ces chefs-d'œuvre de psychologie et cet art de manier l'âme des foules. Cet homme jugeait ces discours exclusivement au point de vue de l'impression qu'ils produisaient sur son propre esprit blasé, tandis que le grand démagogue anglais les avait composés dans le seul but d'exercer sur la masse de ses auditeurs et, dans un sens plus large, sur tout le bas peuple anglais, une influence maximum. De ce point de vue, les discours de cet Anglais étaient un chef-d'œuvre prodigieux, car ils portaient témoignage d'une connaissance étonnante de l'âme des couches profondes de la population. Aussi leur effet fut-il immense.

Qu'on leur compare le balbutiement impuissant d'un Bethmann-Hollweg ! En apparence, ses discours étaient, certes, plus spirituels, mais, en réalité, ils ne montraient que l'incapacité de cet homme à parler à son peuple qu'il ne connaissait point. Néanmoins, en sa cervelle de moineau, un écrivassier allemand — infiniment instruit, comme de juste — en vint à mesurer l'esprit du ministre anglais par l'effet que ses discours, calculés pour une action sur les masses, produisaient sur son âme desséchée par l'excès de savoir et à le comparer avec l'esprit d'un homme d'État allemand, dont le bavardage spirituel trouvait chez lui un terrain plus propice. Que Lloyd George fut par son génie, non seulement égal, mais mille fois supérieur à Bethmann-Hollweg, il le prouva en donnant à ses discours la forme et l'expression qui lui ouvrirent le cœur de son peuple et qui firent que ce peuple obéit sans réserve à sa volonté. Ce sont précisément la langue primitive et la forme élémentaire de ses expressions, l'emploi d'exemples simples et faciles à comprendre, qui prouvent le grand talent de cet Anglais. *Car il faut mesurer le discours d'an nomme d'État à son peuple* non *d'après l'impression qu'il produit sur un professeur d'université,* mais *par son action sur le peuple* lui-même. Et c'est cela seulement qui donne la mesure du génie d'un orateur.

*

Le développement étonnant de notre mouvement, qui surgit il y a peu d'années du néant, et qui est aujourd'hui jugé digne des persécutions de tous les ennemis intérieurs et extérieurs de notre peuple, tient à ce que nous avions compris cette idée et que nous l'avons mise en pratique.

Si essentielle que soit pour un mouvement la littérature de parti, son but sera toujours plutôt d'achever et d'uniformiser l'éducation des chefs supérieurs ou inférieurs que de permettre la conquête des masses de mentalité hostile. Un social-démocrate convaincu ou un communiste fanatique ne s'abaisseront que dans les cas les plus rares à acheter une brochure, et bien moins encore un livre national-socialiste, et à le lire pour jeter un coup d'œil sur notre philosophie ou pour étudier notre critique de la sienne. Ils ne liront même que bien rarement un journal qui ne porte pas d'avance l'estampille de leur parti. Ceci, du reste, ne serait que d'une utilité bien restreinte, car le sommaire d'un seul numéro de journal est trop fragmentaire et trop dispersé dans son action pour qu'on puisse attendre de lui une influence quelconque sur le lecteur occasionnel. Et l'on ne doit pas présumer, surtout quand il s'agit de pfennigs, que quelqu'un va s'abonner régulièrement à un journal ennemi par pur désir d'information objective. C'est à peine si un seul le fera sur dix mille. Seul, celui qui est déjà gagné au mouvement lira l'organe du parti, relatif à l'information courante sur son mouvement.

La proclamation « parlée » est, certes, tout autre chose ! Celle-ci, chacun sera prêt à l'accepter, surtout s'il la reçoit gratuitement ; et il le fera d'autant plus volontiers si son titre énonce de manière saisissante un sujet qui est à ce moment dans toutes les bouches. En la parcourant avec plus ou moins d'attention, il arrive qu'on se sente attiré par cette proclamation vers de nouveaux points de vue et vers de nouvelles opinions, ou même que l'on s'intéresse à ce nouveau mouvement. Mais, dans le cas le plus favorable, cela ne peut donner qu'une légère impulsion, jamais provoquer une décision définitive. Car la proclamation ne peut, elle non plus, que stimuler à quelque chose ou désigner quelque chose, et son action ne se fera sentir qu'en rapport avec une éducation et une instruction correspondantes chez le lecteur, dont l'opinion est déjà faite. Et le moyen d'agir reste encore et toujours la grande réunion populaire.

La grande réunion populaire est déjà nécessaire à cause de ceci : en elle ; l'homme qui se sentait isolé au début dans sa qualité de partisan futur d'un jeune mouvement, et qui cède facilement à la peur d'être seul, reçoit pour la première fois l'image d'une plus large communauté, ce qui produit sur la plupart des hommes l'effet d'un encouragement et d'un réconfort. Ce même homme aurait marché à l'attaque dans le cadre de sa compagnie ou de son bataillon, entouré de tous ses camarades, le cœur plus léger qu'il ne l'eût fait abandonné à ses propres forces. Entouré des autres, il se sent toujours un peu plus en sûreté, même si, en réalité, mille raisons démontrent le contraire.

La communauté d'une grande manifestation ne réconforte pas seulement l'isolé, elle provoque l'union, elle aide à créer un esprit de corps. L'homme qui, en qualité de premier représentant d'une doctrine nouvelle, éprouve de grandes difficultés dans son entreprise ou dans son atelier, ressent le besoin urgent d'un appui qu'il trouve dans la conviction d'être un membre, un militant d'une grande et vaste corporation. L'impression qu'il appartient à cette corporation, il la reçoit pour la première fois dans la grande réunion populaire commune. Quand, venant de son petit atelier, ou de la grande usine où il se sent si petit, il pénètre pour la première fois dans une grande réunion populaire, quand il se voit entouré par des milliers d'hommes qui ont la même foi ; ou quand, s'il s'agit de quelqu'un qui se cherche encore, il se sent entraîné par l'action puissante de la suggestion collective et de l'enthousiasme de trois à quatre mille hommes ; quand le succès visible et des milliers d'approbations lui confirment le bien-fondé de la nouvelle doctrine et, pour la première fois, éveillent en lui des doutes sur la vérité de ses anciennes conceptions, alors, il tombe sous cette influence miraculeuse que nous appelons la suggestion de la masse. La volonté, les aspirations, mais aussi la force de milliers d'hommes s'accumulent dans chacun d'eux. L'homme qui pénètre dans une telle réunion encore hésitant et indécis, la quitte tout réconforté : il est devenu le membre d'une communauté.

Le mouvement national-socialiste ne doit jamais oublier cela ; et surtout il ne doit pas tomber sous l'influence de ces bourgeois vaniteux qui croient tout savoir mais qui néanmoins ont perdu un grand État, et leur propre existence avec la domination de leur classe. Oui, ils sont vraiment intelligents, ils savent tout, ils comprennent tout ; seulement, ils n'ont pas su une chose : éviter que le peuple allemand tombe dans les bras du marxisme. Sur ce point, ils se sont montrés impuissants de la façon la plus misérable et la plus piteuse, et la haute opinion qu'ils ont encore d'eux-mêmes n'est que l'expression de leur vanité, or, celle-ci et la sottise sont, à en croire le proverbe, le fruit du même arbre. Si ces gens accordent aujourd'hui peu d'importance à la parole, ils ne le font que pour s'être rendu compte, Dieu merci ! à quel point leurs élucubrations personnelles sont demeurées impuissantes.

CHAPITRE 7

LA LUTTE CONTRE LE FRONT ROUGE

E n 1919-1920 et aussi en 1921, j'ai assisté moi-même à des réunions qu'on appelle bourgeoises. Elles produisirent toujours sur moi la même impression qu'une cuillerée d'huile de foie de morue dans ma jeunesse. On doit l'avaler, et cela est peut être très bon, mais le goût en est abominable ! Si on pouvait ligoter le peuple allemand avec des cordes, et le traîner de force à ces « manifestations » bourgeoises, tenir fermées toutes les portes jusqu'à la fin du spectacle et ne laisser sortir personne, alors, peut-être, en quelques siècles, arriverait-on au succès. Il est vrai que je dois avouer ouvertement que, dans ce cas, la vie n'aurait probablement aucun attrait pour moi, et que j'aurais alors préféré n'être plus un Allemand. Mais comme, Dieu merci ! il ne peut en être question, il ne faut pas s'étonner de ce que le peuple sain et non corrompu évite ces « réunions bourgeoises de masses » comme le diable l'eau bénite.

J'ai appris à les connaître, ces prophètes d'une conception bourgeoise de la vie, et je ne m'étonne vraiment pas, mais je comprends bien pourquoi ils n'attachent aucune importance à l'art oratoire. J'ai fréquenté alors les réunions des démocrates, des nationaux allemands, du parti populiste allemand et du parti populiste bavarois (centre bavarois). Ce qui sautait tout de suite aux yeux, c'était l'uniformité homogène des auditeurs. Ce n'étaient presque toujours que des membres du parti qui assistaient à la réunion. Le tout, sans discipline aucune, ressemblait plutôt à un club où on bâille en jouant aux cartes qu'à une réunion de gens venant de traverser la plus grande des révolutions. Le conférencier, de son côté, faisait tout son possible pour maintenir cette atmosphère languissante. Les orateurs parlaient, ou plutôt ils lisaient à haute voix leurs discours, dans le style d'un article spirituel de journal ou dans celui d'une dissertation scientifique, ils évitaient toutes les expressions fortes et, proféraient çà et là une plaisanterie professorale anodine, qui faisait rire obligeamment toute la table du vénérable bureau : non pas aux éclats, ce qui eût été provocant, mais en sourdine, avec réserve et distinction.

Oh ! ce bureau !

Je vis une fois une réunion dans la salle Wagner, à Munich ; c'était une manifestation à l'occasion de l'anniversaire de la bataille des nations à Leipzig. Le discours fut lu par un vieux monsieur vénérable, professeur d'une université quelconque. Sur la tribune se tenait le bureau. Un monocle à gauche, un monocle à droite, et au milieu un monsieur sans monocle. Tous les trois en redingote : on avait l'impression d'un tribunal qui venait annoncer une condamnation à mort, ou bien d'un baptême solennel, en tout cas d'une cérémonie plutôt religieuse. Le prétendu discours, qui, imprimé, aurait peut-être été assez joli, produisait un effet simplement effroyable. Après trois quarts d'heure à peine, toute la réunion était plongée dans une sorte de sommeil hypnotique, troublé seulement quand un homme ou une femme sortait, ou par le bruit que faisaient les serveuses et par les bâillements de plus en plus fréquents des auditeurs. Trois ouvriers présents à cette réunion, soit par curiosité, soit délégués par leur parti, se regardaient de temps en temps avec des sourires ironiques mal dissimulés ; ils se poussèrent enfin du coude et quittèrent tout doucement la salle. On pouvait voir qu'ils ne voulaient troubler la réunion à aucun prix. Il est vrai que cela ne valait pas la peine de discuter dans un tel milieu. Enfin la réunion parut toucher à sa fin. Quand le professeur, dont la voix était devenue de plus en plus faible, eut fini sa conférence, le président de la réunion, celui qui était assis entre les deux porteurs de monocle, se leva, et d'une voix claironnante s'adressa aux « sœurs allemandes » et aux « frères » qui étaient là, en proclamant son sentiment de la plus profonde reconnaissance pour la conférence unique et admirable que le professeur X... venait de leur faire d'une façon aussi agréable que consciencieuse et profonde, cette conférence ayant été un « événement intérieur » dans le sens le plus vrai de ce mot, et même « une action ». Ce serait une profanation de cette heure si sublime que de livrer à la discussion ces dissertations lumineuses ; c'est pourquoi, sûr d'être l'interprète de tous les auditeurs, il renonçait à ouvrir une discussion, et proposait à tous de lever la séance et de chanter en chœur : « Nous sommes tous un peuple uni de frères »,[17] etc. Enfin, en clôturant la réunion, il proposa de chanter l'hymne national allemand. Et ils le chantèrent ; il me parut qu'au deuxième couplet les voix devinrent moins nombreuses, pour ne s enfler qu'au refrain ; au troisième, cette impression se renforça encore, de sorte que j'eus l'impression que tous n'étaient pas tout à fait sûrs du texte.

Mais est-ce que cela importe, quand une pareille chanson s'élance vers le ciel pleine de ferveur, du fond d'une âme patriote allemande ?

Et la réunion se dispersa, c'est-à-dire chacun se pressa de sortir au plus vite, les uns pour prendre un bock, les autres un café, d'autres encore pour être à l'air libre.

Eh ! oui, sortir à l'air libre, être dehors ! Tel était aussi mon unique désir. Et c'est cela qui doit servir à glorifier la lutte héroïque de centaines de milliers de Prussiens et d'Allemands ? Au diable de pareilles manifestations !

Le gouvernement, certes, peut aimer ça. Certes, c'est une réunion « pacifique ». Ici, un ministre n'a vraiment pas à redouter, pour l'ordre et la sécurité, que les flots de l'enthousiasme dépassent la mesure administrative de correction bourgeoise, il n'a pas à redouter que des hommes, dans l'ivresse de l'enthousiasme, s'élancent de la salle non pas pour arriver au plus vite dans un café ou une brasserie, mais pour parcourir, en rangs par quatre, en marchant en

---

[17] *Wilhelm Tell,* serment du Rütli.

cadence, et en chantant : « Honneur à l'Allemagne ! » les rues de la ville, et causer par cela des désagréments à la police qui a bien besoin de repos.

Non, on peut être content de ces citoyens-là !

*

Les réunions national-socialiste, au contraire, n'étaient pas des réunions « paisibles ». Ici, les vagues de deux conceptions de vie s'entrechoquaient, et elles ne finissaient pas par de fades déclamations de chants patriotiques, mais par une éruption fanatique des passions raciste et nationale.

Il importait, dès le début, d'établir dans nos réunions une discipline rigoureuse et d'assurer au bureau une autorité absolue. Car nos discours n'étaient pas un bavardage impuissant de « conférenciers » bourgeois, ils étaient, par leur sujet et par leur forme, faits pour provoquer la riposte de l'adversaire. Et il y eut des adversaires dans nos réunions ! Bien souvent ils venaient en foules compactes, encadrant quelques démagogues, et leurs visages reflétaient cette conviction : « Aujourd'hui, nous allons en finir avec vous ! »

Oui, bien souvent, ils ont été amenés chez nous en véritables colonnes, nos amis du parti communiste, avec le mandat bien inculqué d'avance de casser ce soir-là toute la boutique et d'en finir avec toute cette histoire. Et combien, souvent, tout ne tint qu'à un fil, et seule l'énergie sans bornes de notre bureau et la combativité brutale de notre propre police de salle purent encore une fois contrecarrer les desseins de nos adversaires.

Et ils avaient toutes les raisons pour être excités contre nous.

Rien que la couleur rouge de nos affiches les attirait dans nos salles de réunions. La bourgeoisie ordinaire fut épouvantée quand nous recourûmes au rouge des bolcheviks, et elle vit là quelque chose de très louche. Les nationaux allemands faisaient courir le bruit que nous n'étions au fond qu'une variété du marxisme, que nous n'étions que des socialistes larvés. Car ces têtes dures n'ont pas compris jusqu'à ce jour la différence entre le vrai socialisme et le marxisme. Surtout quand on découvrit que nous nous adressions dans nos réunions non pas à des « Mesdames et Messieurs », mais seulement à des « compatriotes », et que nous nous traitions entre nous de camarades de parti ; alors beaucoup d'entre nos adversaires nous prirent pour des marxistes. Bien souvent, nous nous sommes tordus de rire au sujet de la panique de ces stupides bourgeois en peau de lapin, devant ce spirituel jeu de devinettes sur notre origine, nos intentions et notre but.

*

Nous avons choisi la couleur rouge pour nos affiches après mûre et solide réflexion, pour faire enrager la gauche, pour provoquer son indignation, et pour l'amener à venir à nos réunions, ne fût-ce que dans le but de les saboter, parce que c'était la seule façon de nous faire entendre de ces gens-là.

Ce fut réjouissant de suivre ces années-là les changements perpétuels de la tactique de nos ennemis, qui témoignaient qu'ils se sentaient désorientés et impuissants. D'abord, ils enjoignirent à leurs partisans de ne prêter aucune attention à nous et d'éviter nos réunions.

Cette consigne, en général, fut suivie.

Mais comme, peu à peu, quelques-uns des leurs vinrent quand même, et que leur nombre eut une tendance à grandir, quoique lentement, et que l'impression faite sur eux par notre doctrine était visible, les chefs devinrent peu à peu nerveux et inquiets, et s'arrêtèrent à la conviction qu'on ne pouvait se borner à rester toujours spectateurs de ce développement, mais qu'on devait en finir avec lui par la terreur.

Ce furent alors des appels aux « prolétaires conscients et organisés » qui devaient aller en masse à nos réunions, afin d'asséner les coups de poing du prolétariat à l'« agitation monarchiste et réactionnaire » dans la personne de ses représentants.

Alors, tout d'un coup, il arriva que nos salles de réunions furent remplies d'ouvriers trois quarts d'heure avant l'ouverture de la séance. Elles étaient pareilles à des barils de poudre, qui pouvaient à chaque moment voler en l'air, la mèche étant déjà allumée. Mais il en advint toujours autrement. Ces hommes vinrent en ennemis, et ils partirent, sinon déjà en partisans, du moins avec des doutes sur la valeur de leur propre doctrine. Peu à peu j'arrivai à fondre partisans et adversaires, après un discours de trois heures, en une seule masse enthousiasmée. Tout signal pour briser la réunion restait vain. Les chefs furent alors vraiment pris de peur, et enfin prévalut l'avis de ceux qui s'étaient déjà auparavant opposés à cette tactique de participation aux réunions, et qui pouvaient maintenant, avec un semblant de raison, déclarer que l'expérience avait prouvé qu'on devait défendre aux ouvriers, par principe, de venir à nos séances.

De nouveau, ils ne vinrent plus, ou plutôt il en vint moins. Mais bientôt le même jeu recommença.

L'interdiction ne fut pas observée, les camarades vinrent toujours plus nombreux, et, enfin, ce furent les partisans d'une tactique radicale qui prirent de nouveau le dessus. Il fallait rendre nos réunions impossibles.

Quand il s'avéra après deux, trois, souvent après huit ou dix réunions qu'il était plus facile de les rompre en théorie qu'en pratique, et que le résultat de chaque réunion était l'effritement de troupes rouges de combat, de nouveau on entendit l'autre mot d'ordre : « Camarades, ouvriers et ouvrières, évitez les réunions des agitateurs nationaux-socialistes ! »

Cette même hésitation dans la tactique se retrouva aussi dans la presse rouge. Tantôt on s'efforça de nous ensevelir dans le silence, puis, se rendant compte que c'était inopérant, on recourut de nouveau à la méthode contraire. On nous « mentionna » tous les jours de l'une ou de l'autre façon, et la plupart du temps, on démontrait à l'ouvrier à quel point toute notre activité était ridicule. Peu à peu, ces messieurs durent enfin sentir que cela ne nous nuisait nullement bien au contraire, parce que beaucoup de gens commencèrent à se demander pourquoi on consacrait tant de phrases à notre mouvement s'il était si ridicule que cela. La curiosité des gens s'éveilla. Alors on fit demi-tour et on commença, pendant quelque temps, à nous représenter comme d'épouvantables criminels devant l'humanité. Article sur article, commentant et démontrant toujours nos crimes, des histoires scandaleuses où tout, de A jusqu'à Z, était inventé de toutes pièces, devaient couronner ce travail. Mais on parut se rendre bientôt compte que ce genre d'attaque était également sans effet ; au fond, il n'a fait que contribuer à concentrer sur nous l'attention générale. J'adoptais alors l'attitude suivante : peu importe qu'ils se moquent de nous, ou qu'ils nous injurient ; qu'ils nous représentent comme des polichinelles ou des criminels ; l'essentiel, c'est qu'ils parlent de nous, qu'ils s'occupent de nous, que peu à peu nous apparaissions aux yeux des ouvriers comme la seule force avec laquelle il s'agit de lutter. Ce que nous étions en réalité, ce que nous voulions vraiment, nous saurions bien le montrer un beau jour à la meute juive de la presse.

Une des raisons pour lesquelles il n'y eut pas, à proprement parler, de sabotage de nos réunions, ce fut aussi la lâcheté presque inimaginable des chefs de nos adversaires. Dans tous les cas critiques, ils n'envoyèrent en ligne que des subalternes, et, tout au plus, attendirent l'issue de la bagarre en dehors de la salle.

Nous étions presque toujours très bien renseignés sur les intentions de ces messieurs. Non seulement parce que nous laissâmes, pour des raisons d'opportunité, un grand nombre des nôtres dans les formations rouges, mais parce que les indicateurs rouges furent atteints d'un penchant au bavardage qui nous fut très utile, mais qui, en général, se rencontre malheureusement trop souvent chez le peuple allemand. Ils ne pouvaient tenir la bouche close, quand ils avaient conçu quelque plan, et dans la plupart des cas, ils se mettaient à caqueter avant que l'œuf ne fût pondu. C'est ainsi que, bien souvent, nous avions fait les préparatifs les plus détaillés sans que les équipes de briseurs rouges se doutassent le moins du monde qu'ils allaient immédiatement être jetés dehors.

À cette époque, nous étions forcés de faire nous-mêmes la police de nos réunions ; on ne pouvait jamais compter sur la protection des autorités ; au contraire, elles ne protègent que les fauteurs de troubles, ainsi que l'expérience le prouve. Car le seul résultat réel d'une intervention des autorités, c'est-à-dire de la police, était la dispersion d'une réunion, c'est-à-dire sa clôture. Et c'était le but et l'unique intention des saboteurs ennemis.

D'ailleurs, un usage s'est établi dans la police à cet égard, qui est le plus monstrueux et le plus contraire à toute notion de droit qu'on puisse imaginer. Quand les autorités apprennent de quelque manière qu'an peut redouter une tentative de faire échouer une réunion, non seulement elles ne font rien pour arrêter les perturbateurs, mais elles défendent aux autres, aux innocents, de tenir leur réunion, et un esprit normal de policier considère encore que c'est la preuve d'une grande sagesse. Ils appellent cela « une mesure préventive pour empêcher une infraction aux lois ».

Le bandit résolu a donc toujours la possibilité de rendre impossible à l'homme honnête toute action et toute activité politique. Au nom de la sécurité et de l'ordre, l'autorité de l'État s'incline devant le bandit, et enjoint à l'innocent de bien vouloir ne pas le provoquer. Ainsi, quand les nationaux-socialistes voulaient tenir des réunions dans tel ou tel local, et que les syndicats déclaraient que cela amènerait leurs membres à s'y opposer par la violence, non seulement la police ne mettait point sous les verrous ces messieurs les maîtres-chanteurs, mais elle interdisait notre réunion. Oui, ces représentants de la loi eurent même l'impudence incroyable de nous faire savoir cela par écrit un nombre incalculable de fois.

Si on voulait se protéger contre de telles éventualités, il fallait prendre des mesures pour que toute tentative de désordre fût rendue impossible dès le début.

À cela s'ajoutait la considération suivante :

Toute réunion qui est protégée uniquement par la police, discrédite ses organisateurs aux yeux de la grande masse. Les réunions qui nécessitent la protection d'un fort barrage de police n'exercent aucune attraction, parce qu'un déploiement de force est la condition préalable du succès parmi les couches inférieures du peuple.

De même qu'un homme courageux peut conquérir plus aisément les cœurs féminin~ qu'un lâche, de même un mouvement héroïque conquiert le cœur d'un peuple mieux qu'un mouvement pusillanime, ne se maintenant que grâce à la protection de la police.

C'est surtout pour cette dernière raison que le jeune parti devait prendre des mesures pour défendre son existence lui-même et briser le terrorisme de l'adversaire par ses propres forces.

La protection des réunions fut obtenue :

1 ° *En les dirigeant avec énergie et avec* un sens *psychologique sûr.*

2° *Grâce à une troupe organisée de camarades chargés de* maintenir *l'ordre.*

Quand nous organisions une réunion, nous en étions les maîtres et nul autre. Et nous avons affirmé, inlassablement et en toute occasion, ce droit à rester les maîtres. Nos adversaires savaient parfaitement que celui qui nous provoquait était jeté dehors sans aucune indulgence, ne fussions-nous qu'une douzaine contre cinq cents. Dans les réunions d'alors, surtout en dehors de Munich, il arriva qu'il y avait quinze ou seize nationaux-socialistes devant cinq, six, sept ou huit cents adversaires. Mais nous n'aurions quand même pas toléré une provocation quelconque, et ceux qui assistaient à nos réunions savaient très bien que nous nous serions fait assommer sur place plutôt que de capituler. Il arriva plus d'une fois qu'une poignée de nos camarades s'affirma héroïquement contre une énorme masse de rouges qui hurlaient et cognaient. Il est vrai qu'on eût pu, finalement, venir à bout de ces quinze à vingt hommes. Mais les autres savaient qu'auparavant au moins une quantité double ou triple de leurs partisans aurait eu le crâne défoncé, et ils ne s'y risquaient pas volontiers.

Nous avons essayé donc de nous instruire en étudiant la tactique des réunions marxistes et bourgeoises, et ces observations ont porté fruit.

Les marxistes eurent toujours une discipline aveugle, à tel point que l'idée même de tenter de saboter une réunion marxiste ne pouvait se poser, du moins de la part des bourgeois. Par contre, les rouges nourrissaient d'autant plus ces intentions-là. Ils étaient non seulement parvenus sous ce rapport à une véritable virtuosité, mais ils étaient arrivés à faire régner dans de nombreuses provinces cette idée que le seul fait d'y organiser une réunion non-marxiste était une *provocation* envers *le prolétariat ;* surtout quand ceux qui tiraient les ficelles chez eux pressentaient que dans cette réunion, on pourrait peut-être dresser la liste de leurs crimes et dévoiler leur bassesse de menteurs acharnés à tromper le peuple. Quand une telle réunion était annoncée, toute la presse rouge poussait un *tollé* furieux, et bien souvent ces détracteurs systématiques des lois s'adressaient d'abord aux autorités, avec la prière aussi instante que menaçante, d'interdire aussitôt cette *provocation du prolétariat,* afin que « le pire fût évité ». Ils conformaient leur langage à la bêtise de l'administration, et obtenaient ainsi le succès voulu. Mais si, par hasard, ils se trouvaient en face non pas d'une piteuse créature indigne de ses fonctions, mais d'un vrai fonctionnaire allemand qui repoussait leur honteux chantage, alors on lançait l'appel bien connu de ne pas tolérer une telle « provocation du prolétariat » et de se trouver à telle date en masse à cette réunion, pour « rabattre le caquet des misérables bourgeois avec les poings noueux du prolétariat ».

Ah ! il faut avoir vu une de ces réunions bourgeoises, avoir assisté une fois à toute la détresse et à toute l'anxiété de son bureau ! Bien souvent, devant de pareilles menaces, ils renonçaient à leur réunion : ou bien, la peur restait si grande qu'ils ne la commençaient qu'à 8 heures trois quarts ou à 9 heures au lieu de 8 heures. Le président se donnait toutes les peines du monde pour expliquer aux « messieurs de l'opposition » ici présents, en leur faisant mille compliments, combien il lui était agréable (pur mensonge !) à lui et aux autres assistants, que des hommes qui ne partageaient pas encore leurs convictions fussent venus ; car, seule, une discussion contradictoire (qu'ainsi il promettait solennellement d'avance) pouvait confronter les opinions, faire naître la compréhension mutuelle et jeter un pont des uns aux autres. Il assurait encore, de plus, qu'il n'entrait aucunement dans les buts de cette réunion de rendre qui que ce soit infidèle à son ancienne opinion. En effet, chacun peut gagner le ciel à sa façon,[18] il faut donc laisser à autrui sa liberté d'opinion ; il prie donc qu'on permette au conférencier d'achever son discours, qui d'ailleurs ne sera pas long, et qu'on ne donne pas au monde, du moins dans cette réunion, le spectacle honteux de la discorde entre frères allemands... Pouah !

Les braves frères de gauche, pour la plupart, ne montrèrent aucune mansuétude ; le conférencier n'avait pas eu le temps d'entamer son discours qu'il devait déjà plier bagages sous une pluie d'injures des plus violentes ; et souvent on avait même l'impression qu'il devait encore remercier le sort qui abrégeait de la sorte son martyre. Sous une avalanche de huées, tous ces toréadors des réunions bourgeoises quittaient l'arène, si on ne les faisait pas

---

[18] Mot de Frédéric le Grand : « *Ein jeder mag nach seiner Fasson selig werden.* »

descendre précipitamment par l'escalier la tête pleine de bosses, ce qui arriva bien souvent.

Ce fut donc pour les marxistes quelque chose de nouveau, quand nous, les nationaux-socialistes, nous organisâmes nos réunions, et surtout la façon dont nous les organisâmes. Ils venaient chez nous, sûrs de pouvoir naturellement répéter ce petit jeu qu'ils avaient joué tant de fois. « Aujourd'hui, nous en finissons avec ces gens-là ! » Bien souvent, l'un d'eux criait fièrement cette phrase à un autre en entrant dans notre salle, mais se trouvait mis dehors instantanément avant d'avoir pu proférer une seconde interjection.

D'abord, nous avions une tout autre méthode pour diriger les réunions. Chez nous, on ne mendiait pas pour que le public ait la bonté d'écouter notre conférence, on ne promettait pas une discussion interminable, noua décrétions dès l'abord que nous étions les maîtres de la réunion, et que celui qui se permettrait, ne fût-ce qu'une seule fois, de nous interrompre, serait impitoyablement jeté dehors. Nous déclinions d'avance toute responsabilité pour son sort ; si nous en avions le temps et si cela nous convenait, nous pourrions peut-être admettre une discussion ; sinon, il n'y en aurait pas, voilà tout ; pour le moment M. le conférencier Untel a la parole.

Cela déjà les frappa de stupeur.

En second lieu, nous possédions une police de salle bien organisée. Chez les partis bourgeois, ce service d'ordre était effectué la plupart du temps par des personnages qui croyaient que leur âge leur donnait un certain droit à se faire obéir et respecter. Comme les masses embrigadées par le marxisme se souciaient peu de l'âge, de l'autorité et du respect, ce service d'ordre bourgeois était pour ainsi dire inexistant. Dès le début de notre campagne, j'ai jeté les fondements de l'organisation de notre service de protection sous la forme d'un *service d'ordre,* recruté exclusivement parmi des jeunes. Pour la plupart, c'étaient des camarades de régiment, d'autres étaient de jeunes camarades de parti récemment inscrits, auxquels on devait surtout apprendre ceci : que la terreur ne pouvait être brisée que par la terreur ; que sur cette terre, seul l'homme audacieux et résolu a toujours triomphé ; que nous luttions pour une idée si puissante, si noble et si élevée qu'elle méritait bien qu'on la défendît et la protégeât su prix de la dernière goutte de son sang. Ils étaient pénétrés de cette conviction, que quand la raison se tait, la dernière décision appartient à la violence, et que la meilleure arme défensive est l'attaque ; et que notre service d'ordre devait être partout précédé de la réputation qu'il n'était pas un club de rhéteurs, mais une association de combat extrêmement énergique. Et que cette jeunesse avait soif d'un tel mot d'ordre !

Que cette génération de combattants était déçue et indignée ! Qu'elle était pleine de mépris et de répulsion pour ces poules-mouillées de bourgeois !

On voyait clairement que la révolution n'avait pu avoir lieu que grâce à l'anéantissement des forces vives de notre peuple par le gouvernement bourgeois. Les poings pour protéger le peuple allemand étaient encore là, mais ce sont les têtes qui ont manqué pour les diriger. Quelles lueurs je vis poindre dans les yeux de mes gars quand je leur expliquais la nécessité de leur mission, quand je leur assurais que la plus grande sagesse du monde reste impuissante si aucune force ne la sert, ne la défend, ne la protège, que la douce déesse de la paix ne peut paraître qu'aux côtés du dieu de la guerre, et que toute grande œuvre de paix doit être soutenue et protégée par la force. Comme l'idée de la conscription militaire leur parut sous une forme nouvelle ! Non pas dans le sens où la conçoit l'esprit pétrifié de vieux fonctionnaires ankylosés, au service de l'autorité morte d'un État mort, mais dans la conscience vivante du devoir de s'engager à défendre, par le sacrifice de la vie individuelle, la vie du peuple entier, toujours et en tout temps, à toute place et en tout lieu.

Et comme ces *gars* entraient alors dans la mêlée ! Comme une nuée de guêpes, ils se ruaient sur les perturbateurs de nos réunions, sans se soucier de leur supériorité numérique, fût-elle écrasante, sans craindre d'être blessés et de verser leur sang, pleins de cette grande idée unique de frayer la voie à la mission sacrée de notre mouvement.

Dès la fin de l'été 1920, l'organisation de notre service d'ordre acquit des statuts précis et, au printemps 1921, il fut peu à peu divisé en centuries, qui se subdivisaient encore en groupes.

Et c'était urgent et nécessaire, car notre activité s'était toujours accrue. Nous nous assemblions encore assez souvent dans la salle des fêtes du Hofbräuhaus de Munich, mais encore plus souvent dans des salles plus grandes de cette ville. La salle des fêtes du Bürgerbräu[19] et le Kindlkeller[20] de Munich virent, au cours de l'automne et de l'hiver 1920-1921, des réunions toujours plus nombreuses et imposantes, et la même scène se répétait toujours : *l'accès aux manifestations du parti national-socialiste allemand ouvrier devait être fermé par la police avant même le début de la réunion, parce que la salle était comble.* L'organisation de notre service d'ordre nous amena à résoudre une question très essentielle. Le mouvement ne possédait jusqu'à ce moment aucun insigne du parti, ni aucun drapeau. L'absence de tels symboles n'avait pas seulement des inconvénients momentanés, mais était inadmissible pour l'avenir. Les inconvénients étaient surtout que les camarades du parti ne possédaient aucun signe extérieur de leur association, et, d'autre part, on ne pouvait admettre pour l'avenir l'absence d'un insigne, symbole du mouvement, à opposer à l'emblème international.

Dès ma jeunesse, j'ai eu bien souvent l'occasion de reconnaître et aussi de sentir toute l'importance psychologique d'un pareil symbole. Je vis après la guerre une manifestation de masses marxistes devant le palais royal et au Lustgarten. Une mer de drapeaux rouges, de brassards rouges, de fleurs rouges donnaient à cette manifestation, qui réunissait près de cent vingt mille personnes, un aspect extérieur vraiment impressionnant. Je pouvais sentir et comprendre moi-même combien il est aisé à un homme du peuple de se laisser séduire par la magie suggestive d'un spectacle aussi grandiose.

La bourgeoisie, qui ne possède ni ne représente, comme parti politique, aucune conception philosophique de la vie, n'avait en conséquence aucun

---

[19] Brasserie bourgeoise, nom d'une grande brasserie.
[20] Caveau de l'Enfant, encore une grande brasserie.

drapeau à elle. Composée de « patriotes », elle s'ornait des couleurs du Reich. Si ces couleurs avaient été le symbole d'une conception de la vie déterminée, on aurait pu croire que les dirigeants voyaient dans ce symbole la représentation de leur conception de la vie, devenu, par leur activité même, le drapeau de l'État et du Reich.

Mais tel n'était point le cas.

Le Reich avait été charpenté sans le secours de la bourgeoisie allemande et son drapeau était né du sein de la guerre. En conséquence, il n'était véritablement qu'un drapeau représentatif d'un État et n'avait aucun sens philosophique spécial.

Sur un seul point du territoire de langue allemande, dans l'Autriche allemande, existait quelque chose d'approchant d'un drapeau bourgeois de parti. En adoptant les couleurs de 1848, noir-rouge-or, comme le drapeau de son parti, une partie de la bourgeoisie nationale autrichienne créa un symbole qui, bien que sans signification idéologique, avait un caractère révolutionnaire su point de vue de l'État. *Les adversaires les plus acharnés de ce drapeau noir-rouge-or on ne devrait jamais l'oublier de nos jours — ont été les social-démocrates et les chrétiens-sociaux, c'est-à-dire les cléricaux.* Ce sont eux qui ont alors injurié, souillé et sali ces couleurs, tout comme ils jetèrent, en 1918, les couleurs noir-blanc-rouge dans la poubelle. Il est vrai que le noir-rouge-or des partis allemands de l'ancienne Autriche fut la couleur de 1848, c'est-à-dire celle d'une époque, peut-être pleine d'illusions, mais qui eut pour représentants les âmes allemandes les plus honnêtes, quoique le Juif qui tira les ficelles se tînt invisible dans la coulisse.

Donc, ce n'est que la trahison à la patrie et le maquignonnage impudent d'hommes allemands et de territoires allemands qui rendirent ces drapeaux tellement sympathiques au marxisme et au centre, au point qu'ils l'adoptent aujourd'hui comme ce qu'ils ont de plus sacré et qu'ils fondent des « ligues »[21] à eux pour la protection de ce drapeau sur lequel ils crachaient auparavant.

Jusqu'à l'année 1920, ne s'opposait donc en fait au marxisme aucun drapeau qui incarnât une conception de la vie diamétralement opposée à celui-ci. Quoique les partis les plus sains de la bourgeoisie allemande ne voulussent pas, après 1918, se prêter à l'adoption du drapeau noir-rouge-or du Reich qu'on avait découvert tout à coup, on n'avait aucun programme d'avenir à opposer aux tendances nouvelles, tout au plus l'idée d'une reconstitution de l'empire disparu.

C'est à cette idée que le drapeau noir-blanc-rouge de l'ancien Reich doit sa résurrection sous la forme du drapeau de nos partis bourgeois soi-disant nationaux.

Il est évident que le symbole d'une situation qui pouvait être détruite par le marxisme dans des circonstances et avec des conséquences très peu glorieuses, convient mal comme emblème au nom duquel ce même marxisme doit être anéanti. Si sacrées et si chères que doivent être ces anciennes couleurs

---

[21] Pendant l'hiver 1923-1924, les partis républicains fondèrent la ligue *Reichsbanner* (Bannière d'empire).

d'une beauté unique, dans leur jeune et frais assemblage, à tout Allemand honnête qui a combattu sous ce drapeau et qui a vu toutes les victimes tomber, elles ne peuvent être le symbole d'une lutte pour l'avenir. J'ai toujours, différant en ceci des politiciens bourgeois, défendu dans notre mouvement le point de vue que c'est un vrai bonheur pour la nation allemande d'avoir perdu son ancien drapeau. Ce que la république fait sous son propre drapeau, cela peut nous rester indifférent. Mais nous devons du fond de notre cœur remercier le sort de ce qu'il fut assez clément pour préserver le drapeau de guerre le plus glorieux de tous les temps de l'opprobre de servir de drap de lit pour la prostitution la plus honteuse. Le Reich actuel qui se vend et vend ses citoyens, n'aurait jamais dû arborer le drapeau noir-blanc-rouge de l'honneur et de l'héroïsme.

Aussi longtemps que dure la honte de novembre, le régime actuel doit en porter la marque extérieure et n'a pas le droit de voler l'emblème d'un passé plus honorable. Nos politiciens bourgeois devraient se rendre compte que quiconque revendique le drapeau noir-blanc-rouge pour cet État-ci, commet un vol à l'égard de notre passé. Le drapeau de jadis convenait seulement à l'empire de jadis, et la république — Dieu soit loué ! — a choisi pour elle celui qui lui convenait le mieux.[22]

C'est ainsi que nous, les nationaux-socialistes, nous ne considérons pas que le déploiement de l'ancien drapeau soit un symbole expressif de notre activité, car nous ne voulons pas ressusciter le vieil empire qui a péri par ses propres fautes, nous voulons fonder un État nouveau.

Le mouvement qui combat aujourd'hui dans ce sens contre le marxisme doit exprimer aussi par son drapeau le symbole d'un État nouveau.

La question du nouveau drapeau, c'est-à-dire celle de son aspect, nous préoccupa alors beaucoup. De tous côtés nous recevions des suggestions pavées de bonnes intentions, mais dénuées de valeur pratique. Le nouveau drapeau devait être en même temps un symbole de notre propre lutte, être décoratif et suggestif. Celui qui a souvent eu affaire aux masses sait que ces détails insignifiants en apparence sont, en réalité, très importants. Un insigne impressionnant peut, dans des centaines de milliers de cas, éveiller le premier intérêt à l'égard d'un mouvement.

Pour cette raison, nous devions rejeter toutes les propositions qu'on nous faisait de différents côtés de symboliser notre mouvement par un drapeau blanc, ce qui eût rappelé l'ancien État ou plutôt les partis débiles dont le but unique était la reconstitution d'un état de choses disparu. L'e plus, le blanc n'est pas une couleur entraînante. Elle convient à de chastes sociétés de jeunes filles, mais pas à des mouvements explosifs d'une époque de révolutions.

Le noir nous fut aussi proposé : quoiqu'il convînt bien à l'époque présente, on ne pouvait voir en lui aucune indication définie sur les aspirations de notre mouvement. Enfin, cette couleur non plus n'exerce pas une action entraînante.

---

[22] Noir-rouge-or.

Blanc-bleu devait être éliminé, malgré son merveilleux effet esthétique, parce que c'était la couleur d'un État allemand particulier[23] et d'une tendance politique suspecte à cause de son étroit particularisme. En outre, on y aurait aussi difficilement trouvé une indication quelconque sur notre mouvement. Les mêmes raisons firent écarter le noir-blanc.[24]

Pour noir-rouge-or, la question ne se posait même pas. Pour noir-blanc-rouge non plus, pour les raisons déjà indiquées, du moins dans leur composition actuelle. Mais cet ensemble de couleurs exerce quand même une action bien supérieure aux autres. C'est l'accord le plus rayonnant qui existe.

Je me prononçai toujours pour la conservation des anciennes couleurs, non seulement parce qu'elles sont pour moi, en tant qu'ancien soldat, Ce qu'il y a de plus sacré au monde, mais aussi parce qu'elles correspondent le plus à mon sens esthétique. Néanmoins je dus refuser sans exception les projets innombrables qui me parvenaient du sein de notre jeune mouvement, et qui, pour la plupart, traçaient la croix gammée sur le fond de l'ancien drapeau. Moi-même, étant le chef, je ne voulais pas imposer mon propre projet, parce que quelqu'un pouvait m'en suggérer un autre aussi bon ou même meilleur. En effet, un dentiste de Starnberg me soumit un projet qui n'était pas mauvais du tout, qui, d'ailleurs, se rapprochait du mien, et n'avait qu'un seul défaut : la croix gammée, aux branches caudées, se profilait sur un rond blanc. Moi-même, après d'innombrables essais, je m'arrêtai à une forme définitive : un rond blanc sur fond rouge, et une croix gammée noire au milieu. Après de longs essais, je trouvai aussi une relation définie entre la dimension du drapeau, la grandeur du rond blanc, la forme et l'épaisseur de la croix gammée.

Et c'est resté ainsi.

Dans le même esprit, nous commandâmes aussitôt des brassards pour les membres de notre service d'ordre, une bande rouge, sur laquelle se voyait un rond blanc avec une croix gammée noire.

L'insigne du parti fut tracé suivant les mêmes lignes : un rond blanc sur fond rouge, une croix gammée au milieu. Un orfèvre de Munich, Füss, livra le premier insigne valable, qui fut conservé par la suite.

À la fin de l'été 1920, notre nouveau drapeau fut présenté pour la première fois au public. Il convenait parfaitement à notre jeune mouvement. Il était jeune et nouveau comme celui-ci. Personne ne l'avait encore vu, il agit comme une torche enflammée. Nous éprouvâmes nous-mêmes une joie presque enfantine, quand une fidèle camarade de parti exécuta pour la première fois le croquis et nous livra le drapeau. Peu de mois plus tard, nous en avions déjà à Munich une demi-douzaine, et notre service d'ordre qui grandissait toujours en nombre contribua surtout à répandre ce nouveau symbole du mouvement.

Car, c'est' vraiment un symbole ! Non seulement parce que les couleurs uniques, ardemment aimées de nous tous, et qui avaient jadis acquis tant d'honneur au peuple allemand, témoignaient de notre respect pour le passé,

---

[23] Couleurs de la Bavière.
[24] Couleurs de la Prusse.

c'était aussi la meilleure incarnation des aspirations de notre mouvement. Nationaux — socialistes, nous voyions dans notre drapeau notre programme. Dans le *rouge,* nous voyions l'idée sociale du mouvement ; dans le *blanc,* l'idée nationaliste ; dans la croix gammée, la mission de la lutte pour le triomphe de l'aryen et aussi pour le triomphe de l'idée du travail productif, idée qui fut et restera éternellement antisémite.

Deux ans plus tard, quand notre service d'ordre fut devenu une troupe de combat, englobant des milliers d'hommes, il parut nécessaire de donner à cet organisme de combat un symbole spécial de victoire : *l'étendard.* C'est moi qui l'ai tracé, et j'ai confié son exécution à un vieux et fidèle camarade de parti, le maître-orfèvre Gahr. Depuis, l'étendard est l'emblème du combat national-socialiste.

Notre activité, qui s'intensifia sans cesse au cours de l'année 1920, nous amena enfin à tenir parfois deux réunions par semaine. Des foules s'assemblaient devant nos affiches, les plus grandes salles de la ville étaient combles, et des dizaines de milliers de marxistes égarés ont retrouvé le sentiment de leur communauté avec leur peuple pour devenir des pionniers du libre Reich de l'avenir.

Le public commença à nous connaître à Munich. On parla de nous, le mot « national-socialiste » devint courant, et c'était déjà un programme en soi. Le nombre de sympathisants, et même celui des membres du parti commença à croître sans interruption, de sorte que nous pûmes, déjà pendant l'hiver 1920-1921, paraître à Munich comme un parti puissant.

Les partis marxistes exceptés, aucun parti, surtout aucun parti *national,* ne put se prévaloir de manifestations aussi nombreuses, aussi imposantes que les nôtres. La salle du Kindlkeller de Munich, qui pouvait contenir cinq mille hommes, fut plus d'une fois pleine à craquer, et il n'y avait qu'une seule salle que nous n'avions pas encore osé affronter, c'était celle du cirque Krone.

Fin janvier 1921, de graves soucis assaillirent à nouveau l'Allemagne. L'accord de Paris, sur la base duquel l'Allemagne s'était engagée à payer la somme insensée de cent milliards de marks-or, devait se concréter sous la forme de l'ultimatum de Londres. L'union des associations dites racistes, qui existait à Munich depuis longtemps déjà, voulait organiser à cette occasion une grande protestation en commun. Le temps pressait beaucoup, et moi-même je devenais nerveux devant les éternelles hésitations et les atermoiements dans l'application des résolutions prises. On parla d'abord d'une manifestation sur la Königsplatz, mais on y renonça, parce qu'on avait peur d'être dispersés et roués de coups par les rouges, et on projeta une manifestation de protestation devant la Feldherrnhalle.[25] Mais on renonça aussi à cela, et on proposa une réunion en commun dans le Kindlkeller de Munich. Entre-temps, les jours fuyaient, les grands partis ne se souciaient aucunement de l'extrême gravité des événements et le comité central ne put se décider à fixer une date précise pour la manifestation projetée.

---

[25] C'est au même endroit que, le 9 novembre 1923, échoua le putsch hitlérien.

Le mardi 1er février 1921, je réclamai d'urgence une décision définitive. On me renvoya su mercredi. Le mercredi, j'exigeai une réponse absolument nette : la réunion aurait-elle lieu ? et quand ? La réponse fut de nouveau imprécise et évasive ; on déclara que le comité « avait l'intention » d'organiser la manifestation le mercredi suivant.

Je fus à bout de patience, et je décidai d'organiser seul la réunion de protestation. Mercredi à midi, je dictai le texte de l'affiche en dix minutes, à la machine, et je fis en même temps louer le cirque Krone pour le lendemain, jeudi 3 février.

C'était alors infiniment hasardeux. Non seulement il était douteux que nous pussions remplir l'immense salle, mais nous courions aussi le danger d'être mis en pièces. Notre service d'ordre était bien insuffisant pour cette salle immense. Je n'avais non plus aucune idée précise sur la tactique à suivre dans le cas d'une tentative de sabotage de la réunion. Je pensai que la réaction serait beaucoup plus difficile dans l'amphithéâtre d'un cirque que dans une salle ordinaire. En réalité, il s'avéra que c'était juste le contraire. Il était plus facile de maîtriser une bande de saboteurs dans l'espace immense d'un cirque que dans des salles bondées.

On était sûr d'une chose : tout échec pouvait nous rejeter dans l'ombre pour longtemps. Car un seul sabotage réussi d'une de nos réunions eût détruit d'un coup notre auréole et aurait encouragé nos adversaires à répéter ce qui leur aurait réussi une fois. Cela aurait pu conduire au sabotage de toute notre activité en fait de réunions, et nous n'aurions pu rétablir la situation que dans bien des mois et après les luttes les plus dures.

Nous n'avions qu'un seul jour pour afficher, ce même jeudi. Malheureusement, il plut dans la matinée, et l'on put redouter avec quelque raison que, dans de telles conditions, la plupart des gens ne préfèrent rester chez eux su lieu de courir, sous la pluie et la neige, à une réunion où on pouvait se faire assommer.

En somme, dans la matinée, j'eus peur tout d'un coup que la salle ne fût pas remplie (j'aurais été, dans ce cas, compromis aux yeux du comité central), de sorte que je dictai à la hâte plusieurs proclamations et les fis imprimer pour les distribuer dans l'après-midi. Elles contenaient naturellement l'invitation d'assister à la réunion.

Deux camions, que je fis louer, furent décorés d'autant de *rouge* que possible, on y planta quelques drapeaux, et on les fit occuper par quinze à vingt camarades du parti ; ils reçurent l'ordre de circuler inlassablement dans les rues de la ville, en jetant les proclamations, afin de faire de la propagande pour la manifestation populaire du soir. Ce fut la première fois que, dans les rues, circulèrent des camions avec drapeaux, qui ne fussent pas occupés par des marxistes. La bourgeoisie, bouche bée, suivait d'un regard fixe ces camions décorés de rouge et ornés de drapeaux à croix gammée, flottant au vent, tandis que dans les quartiers extérieurs s'élevaient d'innombrables poings serrés, dont les possesseurs paraissaient remplis de rage par cette nouvelle « provocation au prolétariat ». Car le marxisme seul avait le droit de tenir des réunions, ainsi que celui de circuler en camion.

À 7 heures du soir, le cirque était encore peu garni. On me renseignait par téléphone toutes les dix minutes, et je devenais quelque peu inquiet ; car à 7 heures ou à 7 heures et quart, les autres salles avaient toujours été à moitié pleines, sinon plus. Mais ce fait allait m'être expliqué peu après. Je n'avais pas songé aux dimensions gigantesques de ce nouveau local : mille personnes suffisaient à remplir la salle du Hofbräuhaus, tandis que le même nombre d'assistants était comme englouti dans le cirque Krone. On les voyait à peine. Peu de temps après arrivèrent des nouvelles plus favorables et, à 7 heures trois quarts, on annonça que la salle était pleine aux trois quarts, et que des masses compactes s'amassaient encore devant les guichets. Sur ce, je me mis en route.

J'arrivai devant le cirque à 8 heures deux minutes. Il y avait encore foule devant l'édifice ; c'étaient, en partie, des curieux, en partie des adversaires, qui voulaient voir venir les événements.

Quand je pénétrai dans la salle, la même joie s'empara de moi qu'un an auparavant à notre première réunion dans la salle des fêtes au Hofbräuhaus. Mais seulement après m'être frayé un chemin parmi les murailles d'hommes, et avoir atteint l'estrade élevée, je pus voir notre succès dans toute sa grandeur. La salle béait devant moi comme un coquillage gigantesque, remplie de milliers et de milliers d'hommes. Même la piste était noire de monde. On avait vendu plus de cinq mille six cents cartes d'entrée et, en comptant tous les chômeurs, les étudiants pauvres et les équipes de notre service d'ordre, on arrive à peu près au chiffre de six mille cinq cents personnes.

« Bâtir l'avenir ou disparaître », tel était le titre de ma conférence, et mon cœur se réjouit en voyant que l'avenir, il était là, sous mes yeux.

Je commençai mon discours et je parlai près de deux heures et demie ; après la première demi-heure, je sentis que cette réunion serait un grand succès. Le contact entre ces milliers d'hommes et moi s'était établi. Dès cette première demi-heure, des acclamations spontanées, éclatant de plus en plus nourries, commencèrent à m'interrompre ; au bout de deux heures, elles firent place à ce silence religieux qui, bien des fois, depuis, dans cette même salle, me pénétra et qui restera inoubliable pour tous ceux qui l'ont vécu. On eût presque entendu un souffle dans cette foule immense, et quand j'eus prononcé mes dernières paroles, un flot d'acclamations déferla, puis la foule entonna avec ferveur le chant rédempteur : *Deutschland über alles.*

Je suivis encore des yeux le lent reflux de cette mer d'hommes qui s'écoulait par le vaste passage central pendant presque vingt minutes, tandis que la salle géante se vidait lentement. Alors seulement, transporté de joie, je quittai ma place pour rentrer chez moi.

De cette première réunion dans le cirque Krone furent prises des photographies. Elles montrent mieux que tous les mots le caractère grandiose de cette manifestation. Les feuilles bourgeoises en publièrent quelques reproductions, avec des notes, mais n'indiquèrent pas que c'était une manifestation « nationale » et passèrent consciencieusement sous silence ses organisateurs.

Par cette manifestation, nous sortîmes pour la première fois de la catégorie des partis sans importance. On ne pouvait plus nous ignorer. Et, pour ne pas laisser s'établir dans le public l'impression que le succès de cette réunion n'était qu'éphémère, j'annonçai aussitôt, pour la semaine suivante, une seconde manifestation dans le même cirque, et le résultat fut le même. De nouveau l'espace immense fut plein à craquer de masses humaines ; de sorte que je décidai de tenir la semaine suivante encore une réunion dans le même genre. Pour la troisième fois, le cirque géant, de haut en bas, fut comble.

Dans le courant de l'année 1921, j'intensifiai encore plus notre activité à Munich en fait de réunions. J'arrivai à tenir non seulement une réunion tous les huit jours, mais quelquefois deux réunions dans la même semaine, et même, en plein été et à la fin de l'automne, il y en eut parfois trois. Nous nous assemblions toujours dans le cirque, et nous pouvions constater, à notre satisfaction, que toutes nos soirées remportaient le même succès.

Il en résulta un nombre toujours croissant de sympathisants et une grande augmentation du nombre des membres du parti.

Devant de tels succès, nos adversaires ne restèrent naturellement pas inactifs. Ayant hésité dans leur tactique entre la terreur et le silence, ils ne purent, comme ils durent le reconnaître eux-mêmes, entraver le développement de notre mouvement. Ils se décidèrent donc à un dernier effort, à un acte de terreur qui devait définitivement exclure toute possibilité de poursuivre nos réunions.

Comme prétexte apparent, on utilisa un attentat très mystérieux contre un député de la diète, nommé Erhard Auer.[26] Quelqu'un aurait fait feu, un soir, sur lui. On n'aurait pas tiré effectivement sur lui, mais on aurait tenté de le faire. Une présence d'esprit inouïe et le courage proverbial de ce chef social-démocrate auraient non seulement déjoué cet attentat criminel, mais auraient mis en fuite les scélérats. Ils avaient fui si vite et si bien que la police ne put jamais en trouver la moindre trace. Cet événement mystérieux fut utilisé par l'organe socialiste de Munich pour commencer contre nous une campagne d'excitation frénétique, en laissant pressentir, avec sa verbosité accoutumée, ce qui allait maintenant avoir lieu. De toutes façons, des mesures allaient être prises pour que nos arbres ne s'élèvent pas jusqu'au ciel ; il fallait que les bras prolétariens les abattent à temps.

Quelques jours plus tard, ce fut le grand coup.

Une réunion dans la salle des fêtes du Hofbäuhaus, dans laquelle je devais parler, fut choisie pour ce règlement de comptes définitif.

Le 4 novembre 1921, entre 6 et 7 heures de l'après-midi, nous reçûmes les premières communications annonçant que notre réunion serait impitoyablement sabotée et qu'on avait l'intention d'y envoyer dans ce but de grandes masses d'ouvriers des usines les plus rouges.

Il faut attribuer à une malchance que cette communication ne nous soit pas parvenue plus tôt. Le même jour, nous avions quitté notre vieux et vénérable bureau de la Sterneckgasse à Munich, et nous avions transféré notre siège dans un local nouveau ; ou plus exactement nous avions déjà évacué l'ancien local, mais n'avions pu nous installer dans le nouveau, parce qu'on y

---

[26] Socialiste bavarois.

travaillait encore. Comme le téléphone avait été enlevé dans l'ancien bureau et n'avait pas encore été installé dans le nouveau, un grand nombre de tentatives de nous apprendre par téléphone ces projets de sabotage restèrent vaines.

En conséquence, cette réunion ne fut protégée que par un service d'ordre numériquement très faible, soixante hommes environ, l'appareil pour donner l'alarme n'était pas encore suffisamment perfectionné pour pouvoir amener en une heure ries renforts suffisants. Signalons en outre que, souvent, des bruits alarmants de ce genre étaient parvenus à nos oreilles et qu'il n'était jamais rien arrivé d'anormal. Le vieux dicton que les révolutions annoncées d'avance meurent dans l'œuf, s'était jusqu'à présent montré vrai en ce qui nous concernait.

Pour cette raison aussi, donc, on ne fit peut-être pas tout ce qui pouvait être fait pour empêcher par la force le sabotage de notre réunion. Enfin, nous avons toujours estimé que la salle des fêtes du Hofbräuhaus de Munich était la moins appropriée pour une tentative de sabotage. Nous en avions plutôt redouté dans des salles plus grandes, surtout dans le cirque. Sous ce rapport, cette journée nous a donné une leçon précieuse. Plus tard, nous avons étudié toutes ces questions — je puis le dire — avec des méthodes scientifiques et nous sommes arrivés à des conclusions aussi imprévues qu'intéressantes ; par la suite, elles furent d'une importance décisive pour l'organisation et la tactique de nos sections d'assaut.

Quand je pénétrai, à 8 heures moins un quart dans le vestibule du Hofbräuhaus, l'intention de sabotage ne pouvait plus faire de doutes. La salle était archi-pleine et la police, en conséquence, en avait fermé l'accès. Les adversaires qui étaient venus très tôt, se trouvaient dans la salle et nos propres partisans étaient encore dehors pour la plupart. La petite section d'assaut m'attendait dans le vestibule. Je fis fermer les portes de la grande salle et je dis à nos quarante-cinq ou quarante-six hommes de se mettre au garde à vous. Je déclarai alors à mes gars que c'était probablement la première fois qu'ils devaient prouver leur fidélité au mouvement, quoi qu'u arrive, aucun de nous ne devait quitter la salle, qu'à l'état de cadavre, personnellement je resterais dans la salle et je ne pouvais croire que nul d'entre eux pût m'abandonner ; si j'en voyais un se conduire en lâche, je lui arracherais moi-même son brassard et lui enlèverais son insigne. Ensuite, je leur enjoignis de réagir immédiatement contre toute tentative de sabotage, et de se rappeler toujours que la meilleure forme de la défense, c'est l'attaque.

Un *Heil* proféré trois fois, d'un son plus âpre et plus rauque que d'habitude, répondit à mes paroles.

Alors j'entrai dans la salle et je pus me rendre compte de la situation par mes propres yeux. C'était plein et une foule innombrable me foudroyait d'un regard de haine. Tandis que certains proféraient des interjections très explicites avec des grimaces ironiques : « On en finirait avec nous... Nous devions veiller à nos tripes... On nous fermerait la gueule une fois pour toutes » et bien d'autres expressions aussi élégantes. Ils étaient sûrs d'être les plus forts, et se comportaient en conséquence.

Néanmoins, la séance put être ouverte, et je commençai à parler. Dans le Hofbräuhaus, je me tenais toujours à un des fronts latéraux de la salle, et mon estrade était une table de brasserie. Je me trouvais donc au beau milieu des assistants. Peut-être cette circonstance contribua-t-elle à créer dans cette salle un état d'esprit tel que je n'ai retrouvé depuis rien de pareil nulle part. Devant moi, surtout à ma gauche, se tenaient assis et debout, exclusivement, des adversaires. C'étaient tous des hommes ou des gars robustes pour la plupart venant de la fabrique Maffei ou de chez Kustermann, au de l'usine de compteurs Isaria, etc. Le long du mur de la salle, à gauche, ils s'étaient massés jusqu'à ma table même, et ils commandaient sans cesse de la bière, alignant les cruches vides sur la table devant eux. Des batteries entières s'amoncelaient et je compris qu'il était impossible que la soirée se passât sans accrochage.

Après une heure et demie environ — je pus parler tout ce temps en dépit des interruptions — on put croire que je m'étais rendu maître de la situation. Les meneurs de la troupe des saboteurs paraissaient le sentir aussi, ils devenaient de plus en plus inquiets, sortaient souvent, revenaient et parlaient à leurs hommes avec un énervement manifeste.

Une petite erreur psychologique que je commis en ripostant à une interruption, et dont je me rendis compte sur-le-champ, donna le signal de la tempête.

Quelques interruptions furieuses se firent entendre et tout d'un coup un homme sauta sur une chaise et hurla dans la salle : *Liberté !* À ce signal, les champions de la liberté commencèrent leur tâche. En peu de secondes, la salle fut remplie d'une masse humaine hurlante, au-dessus de laquelle, pareilles aux décharges des obusiers, volaient d'innombrables cruches ; tout autour, le craquement des pieds de chaises, l'écrasement des cruches, des hurlements, des beuglements, des cris stridents, c'était un vacarme infernal.

Je restai debout à ma place et je pus observer comment mes gars remplissaient sans réserve leur devoir. J'aurais bien voulu voir une réunion bourgeoise en pareil cas.

La danse n'avait pas encore commencé que mes hommes de la section d'assaut — qui s'appelèrent ainsi depuis ce jour-là — se lancèrent à l'attaque. Comme des loups, ils se jetèrent sur leurs adversaires par meutes de huit à dix, et commencèrent en effet à les chasser de la salle en les rouant de coups. Cinq minutes après, tous étaient couverts de sang. C'étaient des hommes i J'appris à les connaître en cette occasion : à leur tête, mon brave Maurice ; mon secrétaire particulier actuel, Hess, bien d'autres qui, même grièvement atteints, attaquaient toujours tant qu'ils pouvaient se tenir debout. Le vacarme dura vingt minutes ; à ce moment, les adversaires qui étaient peut-être sept à huit cents, avaient été pour la plupart jetés hors de la salle et chassés au bas de l'escalier par mes hommes qui n'étaient même pas cinquante.

Mais dans le coin à gauche, au fond de la salle, se maintenait encore un bloc considérable d'adversaires qui nous opposaient une résistance acharnée. Tout à coup, près de l'entrée de la salle, éclatèrent deux coups de revolver dans la direction de l'estrade, et il s'ensuivit une terrible fusillade. Cela faisait tressaillir le cœur d'une sorte de jubilation, en évoquant des souvenirs de la guerre.

De mon poste, on ne pouvait distinguer qui tirait ; on ne pouvait établir qu'une chose : à partir de ce moment, la fureur de mes gars ensanglantés atteignit son paroxysme et les derniers saboteurs, vaincus, furent enfin expulsés de la salle. Vingt-cinq minutes à peu près s'étaient écoulées ; il semblait qu'une grenade eût éclaté dans la salle. On pansait beaucoup de mes partisans ; d'autres durent être emmenés en voiture, mais nous étions les maîtres de la situation. Hermann Esser, qui avait assumé ce soir la présidence de la réunion, déclara : « La séance continue. La parole est au conférencier », et je continuai mon discours. Nous avions déjà clos notre réunion, qu'arriva en courant un lieutenant de police, très excité, qui cria dans la salle, en agitant les bras comme un forcené : « La réunion est dissoute ! »

Je ne pus m'empêcher de rire à la vue de ce retardataire, arrivant après la bataille ; voilà bien la manière de faire l'important, si propre à la police ! Plus ils sont petits, plus ils cherchent à paraître grands.

Ce soir-là, nous avons vraiment appris beaucoup de choses et nos adversaires aussi n'ont plus oublié les leçons qu'ils reçurent alors.

Jusqu'à l'automne de 1923, la *Münchener Post*[27] ne nous menaça plus des « poings du prolétariat ».

---

[27] Organe socialiste de Munich.

CHAPITRE 8

LE FORT EST PLUS FORT
QUAND IL RESTE SEUL

D ans le chapitre précédent, j'ai parlé d'une communauté de travail des associations racistes allemandes : je voudrais maintenant m'expliquer très brièvement à ce sujet. En général on comprend sous ce terme un groupement d'associations qui entrent en rapports dans le but de s'alléger mutuellement leur tâche ; qui élisent un comité directeur commun, et poursuivent alors une action commune. Il va de soi qu'il ne peut s'agir que d'associations, de ligues ou de partis dont les buts et les méthodes ne diffèrent pas trop. On croit généralement que c'est toujours le cas. Il est agréable et rassurant, pour l'Allemand moyen, d'apprendre que telles et telles associations, entrant ainsi dans une communauté de travail, ont découvert ce qui les unit et supprimé ce qui les séparait. On s'imagine alors qu'un tel groupement verra sa force d'action considérablement accrue, et que les faibles petits groupes qui le composent acquièrent ainsi brusquement de la puissance. Mais la plupart du temps cela est faux !

À mon avis, pour mieux comprendre la question, il est intéressant et important d'élucider ce qu'il peut advenir de la formation d'associations prétendant vouloir poursuivre le même but. De prime abord et logiquement, un seul but ne devrait être poursuivi que par une seule association, et il semble peu raisonnable que plusieurs y concourent.

Il est hors de doute que cet objectif est choisi tout d'abord par un groupe unique. Un homme proclame quelque part une vérité, préconise la solution d'une question déterminée, impose un but, crée un mouvement qui doit aboutir à réaliser son intention.

Ainsi se fonde une association ou un parti, que son programme soit de provoquer la suppression d'abus existants ou de préparer certaines innovations dans l'avenir.

Mais une fois qu'il a vu le jour, un tel mouvement se trouve, de ce fait, posséder pratiquement un certain *droit de priorité*. Il serait naturel et compréhensible que tous ceux qui poursuivent le même but que ce mouvement, premier en date, se rangent derrière lui et le renforcent, su plus grand bénéfice de leurs intentions communes. Les esprits éclairés, en particulier, ne devraient voir, dans leur adhésion au nouveau parti, que le meilleur moyen de faire véritablement triompher une cause commune.

Par suite, il serait raisonnable et, dans un certain sens, loyal (et la loyauté, je le démontrerai plus loin, a, elle aussi, une grande importance) de ne constituer qu'un seul mouvement poursuivant un but unique.

Lorsqu'il n'en est pas ainsi, c'est généralement pour deux causes. La première, je suis presque tenté de la qualifier de tragique ; la seconde, il faut misérablement la chercher dans la faiblesse de la nature humaine.

Mais, en allant au fond des choses, je ne vois dans ces deux causes qu'une raison de plus pour tendre sa volonté, pour lui donner toute son intensité, pour parvenir enfin, grâce à la mise en valeur et à l'exaltation des forces réalisatrices de tout son être, à la solution du problème posé.

Voici la raison tragique pour laquelle, le plus souvent, des gens poursuivant une mission commune ne se mettent pas à l'ouvrage dans un groupement unique :

Presque toujours toute action de grand style, en ce monde, n'est que l'accomplissement d'un vœu inclus depuis longtemps déjà dans le cœur des hommes, d'un désir ardent qui y couvait en silence. Oui, il arrive que, des siècles durant, les hommes réclament la solution d'une question déterminée, souffrant d'une situation intolérable, mais persistante, sans que semble se rapprocher l'accomplissement du vœu qui leur est cher. On ne peut que qualifier d'impotents des peuples qui, à une semblable détresse, n'ont pas le courage de trouver une solution. Rien n'établira mieux, au contraire, la force vitale d'un peuple et son droit à la vie, garanti par cette force, que s'il engendre un jour, par un bienfait du sort, l'homme doué des grâces nécessaires pour combler enfin ses vœux, qu'il s'agisse de le délivrer d'une lourde servitude, ou d'écarter de lui une détresse amère, ou de calmer les âmes tourmentées par un sentiment d'insécurité.

Il est inhérent à certaines de ces questions de grande envergure que des milliers d'hommes s'attachent à les résoudre et que beaucoup se croient voués à cette tâche. Il arrive même que le sort en présente plusieurs en même temps au choix de leurs contemporains, et donne enfin, dans un libre jeu des forces, la victoire au plus fort, au plus apte, lui confiant ainsi la mission de résoudre le problème.

Il peut ainsi arriver que, pendant des siècles, les hommes, mécontents de leur vie religieuse, désirent en renouveler la forme et que, comme conséquence de cette agitation spirituelle, il surgisse de la masse quelques douzaines d'hommes qui, se croyant voués, par leur pénétration et leur savoir, à guérir cette détresse religieuse, se donnent comme les prophètes d'un enseignement nouveau, ou tout au moins comme les adversaires déclarés de l'enseignement jusque-là professé.

Là aussi, la loi naturelle veut que le plus fort soit désigné pour remplir la plus haute mission. Mais les autres hommes ne reconnaîtront le plus souvent que très tard que cet homme, et lui seul, était l'homme prédestiné. Au contraire, tous s'imaginent avoir autant de droits que lui et être également désignés pour résoudre le problème. Quant aux contemporains, ils sont, en général, incapables de distinguer celui d'entre eux qui, seul apte à accomplir de grandes choses, mérite, seul, d'être soutenu par eux tous.

C'est ainsi qu'entrent en scène, dans le cours des siècles, et souvent à la même époque, différents hommes qui fondent des mouvements pour atteindre des buts semblables ou supposés ou estimés tels. Le peuple lui-même est loin d'exprimer des vœux précis ; il a des idées d'ensemble, sans pouvoir se rendre compte avec précision et avec clarté de l'essence même de son idéal et de ses vœux, sans être même fixé sur la possibilité de les satisfaire.

Ce qu'il y a de tragique là-dedans, c'est le fait que deux hommes fassent effort, par des voies complètement différentes, vers le même but, et cela sans se connaître ; c'est qu'animés de la foi la plus pure en leur mission personnelle, ils se croient tenus de s'avancer sur leur propre route sans tenir aucun compte des autres.

Le fait qui, à première vue, paraît tout au moins tragique, c'est que tels mouvements politiques ou tels groupements religieux se forment dans une totale indépendance les uns des autres, bien que, étant issus des tendances générales d'une époque ; ils exercent leur activité dans le même sens. Il n'est que trop évident que si ces forces dispersées sur des voies différentes se ramassaient en une force unique, elles obtiendraient plus vite et plus sûrement le succès. Mais cela n'est pas. Car, dans sa rigoureuse logique, la nature tranche ; elle laisse les divers groupements se faire concurrence et se disputer les palmes de la victoire, tandis qu'elle conduit au but le mouvement qui a choisi le chemin le plus franc, le plus court, le plus sûr.

Comment pourra-t-on donc décider, du dehors, quel est le bon chemin, si les forces en présence ne peuvent pas entrer librement en jeu, si la décision suprême n'est pas soustraite au jugement doctrinaire des hommes infatués de leur savoir pour être remise à la démonstration irréfutable que fournit un succès manifeste, car c'est ce succès qui, en dernière analyse, confirme la convenance et l'utilité d'une action !

Si donc des groupes différents marchent vers le même but par des voies différentes, ils ne manqueront pas, après avoir pris connaissance des efforts semblables réalisés autour d'eux, d'examiner de plus près ce que vaut leur chemin, de l'abréger le plus possible, et, en tendant leur énergie au maximum, d'atteindre le plus tôt possible leur but.

Cette rivalité a pour effet d'élever le niveau de chaque combattant, en sorte que l'humanité doit souvent ses progrès aux enseignements qui ressortent de plusieurs tentatives manquées. Il faut en conclure que la connaissance de la meilleure route à suivre résulte finalement d'un état de choses qui nous paraissait tout d'abord tragique, et qui est la dispersion initiale d'éléments isolés, inconscients et irresponsables.

Ayant étudié tous les moyens possibles de résoudre la question allemande, l'histoire n'en retient que deux qui auraient dû être employés simultanément. Les tenants principaux, les champions des deux solutions étaient l'Autriche et la Prusse : les Habsbourg et les Hohenzollern.

Des deux côtés, on estimait devoir suivre toutes forces réunies, soit l'une, soit l'autre de ces routes, et en ce temps-là, on aurait plutôt pris la route sur laquelle s'engageait l'Autriche qui était alors du plus grand poids ; pourtant, les fins qu'elle poursuivait alors n'étaient pas la création d'un Reich allemand.

Somme toute, les événements qui permirent la constitution d'une unité allemande très forte furent ceux que des millions d'Allemands déplorèrent, le cœur en sang, comme la plus récente et la plus terrible manifestation de nos discordes fraternelles. Car la couronne impériale allemande fut, en vérité, forgée sur le champ de bataille de Königgrätz et non autour de Paris, comme ou le pensa plus tard.

C'est ainsi que la fondation du Reich allemand ne fut pas le fruit d'une volonté commune appliquée à des voies communes, mais bien plutôt celui d'une lutte consciente et parfois inconsciente pour l'hégémonie, lutte dans laquelle la Prusse fut finalement victorieuse. Et quiconque recherche la vérité sans se laisser éblouir par la politique des partis, devra reconnaître que ce que l'on appelle la sagesse humaine n'aurait jamais conduit à prendre une décision aussi sage que celle que la sagesse de la vie, c'est-à-dire le libre jeu des forces, a laissé se transformer en une réalité. Qui donc, en effet, dans les pays allemands, aurait bien pu croire, sérieusement, il y a deux cents ans, que la Prusse des Hohenzollern deviendrait un jour la cellule de base, la fondatrice et l'éducatrice du nouveau Reich... et non pas les Habsbourg ? Qui donc voudrait encore nier, par contre, que le sort a beaucoup mieux fait d'en décider ainsi ? Ou qui pourrait se représenter aujourd'hui, en aucune façon, un Reich allemand reposant sur la base d'une dynastie pourrie et dépravée ?

Non, force est de reconnaître que le développement naturel des choses a mis — après des combats séculaires celui qui convenait le mieux à la place qui lui revenait.

Il en sera toujours ainsi, de même que cela a toujours été. Aussi ne faut-il pas regretter que des hommes différents puissent se mettre en route vers un même but : le plus vigoureux et le plus alerte s'affirmera dans la course et en sera le vainqueur.

Il y a une deuxième cause pour laquelle souvent, dans la vie des peuples, des mouvements, analogues en apparence, cherchent cependant à atteindre par des voies différentes un but qui semble le même. Cette cause-là n'a plus rien de tragique. Elle n'est que pitoyable.

Elle réside dans le lamentable mélange d'envie, de jalousie et de malhonnêteté que l'on trouve malheureusement souvent réunies dans certains spécimens de l'espèce humaine.

Qu'un homme se lève, renseigné à fond sur la détresse de son peuple, et que, sachant parfaitement de quoi il souffre, il essaie sérieusement de le soulager : dès qu'il aura fixé le but à atteindre et choisi la voie qui peut y conduire, aussitôt des esprits étroits et même très étroits surveilleront attentivement et passionnément les agissements de cet homme, qui aura attiré sur lui les regards du public. Je comparerai ces gens-là aux moineaux qui ont l'air de se désintéresser de tout, mais observent, au contraire, longuement et avec la plus grande attention le compagnon plus heureux qui a trouvé un petit morceau de pain : et ils l'en dépouillent tout à coup, au moment où il s'y attend le moins.

Voici un homme qui s'engage dans un chemin nouveau : aussitôt apparaissent des flâneurs et des fainéants à la recherche de quelque bouchée, aubaine qu'ils espèrent bien trouver au bout de ce chemin.

Et dès qu'ils ont supputé où pourrait bien se trouver un autre chemin, ils se mettent ardemment en marche pour chercher celui qui les conduira, si possible, plus rapidement au but.

Si le nouveau mouvement est fondé et s'il a arrêté un programme bien défini, alors surviennent les hommes de cette espèce qui prétendent combattre pour le même but : mais qu'à Dieu ne plaise, ils se gardent d'entrer loyalement dans les rangs du mouvement en question et de reconnaître ainsi sa priorité : ils lui volent, au contraire, son programme et fondent sur lui, et pour leur propre compte, un nouveau parti.

Ils sont, en outre, assez impudents pour affirmer à leurs contemporains mal renseignés qu'ils avaient voulu exactement la même chose que l'autre parti, et depuis bien plus longtemps que lui : et il n'est pas rare qu'ils parviennent ainsi à paraître sous un jour favorable, au lieu de succomber, comme il serait juste, sous le mépris général.

N'est-ce pas une grande impudence que de prétendre inscrire sur son propre drapeau la mission qu'un autre a déjà inscrite sur le sien, d'emprunter les directives de son programme, puis, comme si l'on était le créateur de tout cela, de faire bande à part ?

L'impudence apparaît surtout en ceci : ces mêmes éléments qui, en fondant un parti nouveau, ont commencé par être cause d'une dislocation, parlent, eux surtout (nous en avons l'expérience) de la nécessité de l'union et de l'unité ; et cela dès qu'ils croient remarquer que l'avance de l'adversaire ne peut plus vraiment être rattrapée.

Voilà comment on arrive à l'émiettement raciste. Dans tous les cas, la création de toute une série de groupes, partis, etc., qualifiés de « racistes », avait eu lieu, en 1918 et 1919, sans que les fondateurs en aient la responsabilité et par le simple développement des événements. L'un d'entre eux s'était lentement cristallisé et avait remporté de beaux succès dès 1920 ; c'était le Parti national, socialiste, démocratique et travailliste (le N.S.D.A.P.).[28] La loyauté foncière de ses fondateurs ne saurait être démontrée de façon plus éclatante que par le fait suivant : la majorité de ses dirigeants prit cette décision, vraiment admirable, de sacrifier leur propre mouvement, qui paraissait avoir moins de chances de succès, au mouvement qui était le plus fort, en dissolvant le leur et en l'incorporant sans conditions dans l'autre.

Ceci s'applique particulièrement à Julius Streicher, le principal militant du parti, qui, à Nuremberg, s'appelait, alors, le Parti allemand socialiste (D.S.P.). Le N.S.D.A.P. et le D.S.P. s'étaient formés d'une façon complètement indépendante l'un de l'autre, mais avec les mêmes buts. Le champion principal du D.S.P. était, comme je viens de le dire, à Nuremberg,

---

[28] Initiales des cinq mots qui constituent le titre du parti *(National Socialist Deutsche Arbeiter Partei)*.

Julius Streicher, professeur dans cette ville. Au début, lui aussi, était persuadé du caractère sacré de sa mission et de l'avenir de son mouvement.

Dès qu'il put se rendre compte de la supériorité en force et en puissance d'expansion du N.S.D.A.P., il cessa toute activité su profit du D.S.P. et de la Werkgemeinschaft (Association ouvrière), et obligea ses partisans à entrer dans les rangs du N.S.D.A.P., qui, dans sa lutte contre lui, l'avait emporté, et à continuer à lutter dans le sens de ce nouveau parti, pour le but commun. Cette décision, grave en soi, était aussi profondément opportune.

Dès les débuts de notre activité comme parti, nous n'avons plus eu à constater chez nous de traces d'émiettement : grâce à la volonté loyale des hommes d'alors, tout a abouti de façon non moins loyale, droite et heureuse.

Ce que nous entendons aujourd'hui par l'expression « émiettement raciste » ne doit son existence, comme je l'ai déjà dit, qu'exceptionnellement à la deuxième des causes que j'ai indiquées : des hommes ambitieux, qui n'avaient jamais eu auparavant d'idées propres ni encore bien moins de buts propres, se sentant tout à coup une « vocation » su moment précis où ils s'apercevaient que le succès du N.S.D.A.P. était indéniable.

Soudain, surgirent des programmes qui étaient intégralement copiés sur les nôtres ; on défendait des idées qui nous étaient empruntées, on indiquait des buts pour lesquels nous avions déjà lutté depuis des années, on s'engageait sur des voies que le N.S.D.A.P. suivait depuis longtemps. On cherchait à expliquer, par tous les moyens possibles, pourquoi on avait été obligé de fonder ces nouveaux partis, malgré l'existence déjà ancienne du N.S.D.A.P. ; mais plus les motifs invoqués étaient nobles, plus ces déclarations étaient fausses.

En vérité, il n'y avait au fond de tout cela qu'un seul mobile : l'ambition personnelle des fondateurs voulant jouer un rôle à tout prix, alors que l'entrée en scène de leur parti, parfaitement insignifiante, ne prouvait absolument que leur audace à s'approprier les idées d'autrui, audace que d'ordinaire, dans la vie courante, on a coutume d'appeler « vol ».

Il n'était alors aucune conception ni aucune idée qu'un de ces kleptomanes de la politique ne ramassât sans retard au bénéfice de son affaire. Ce furent d'ailleurs les mêmes qui, plus tard, déploraient profondément et les larmes aux yeux « l'émiettement raciste » ; qui parlaient constamment de la nécessité de l'union, dans la douce espérance de pouvoir couvrir suffisamment la voix des autres pour que ceux-ci, fatigués de leurs cris et de leurs plaintes éternelles, jettent en pâture aux voleurs, non seulement les idées déjà volées par ceux-ci, mais aussi les mouvements créés pour les soutenir.

Comme ils ne réussirent pas et comme ces nouvelles entreprises (en raison de la maigre valeur intellectuelle de leurs promoteurs) ne rendirent pas ce qu'ils en attendaient, on les vit, communément, réduire leurs prétentions et se contenter de pouvoir prendre pied dans quelqu'une des « associations ouvrières ».

Tout ce qui ne pouvait pas, alors, tenir debout par soi-même, se ralliait à ces « associations ouvrières » ; on partait de cette croyance que huit paralytiques, pendus les uns aux autres, forment sûrement un gladiateur.

Il pouvait se trouver, parmi les paralytiques, un homme vraiment sain : mais alors il n'avait pas trop de toutes ses forces pour maintenir debout tous les autres et il se trouvait ainsi paralysé lui-même. Nous avons toujours considéré cette fusion avec les associations ouvrières comme une manœuvre, mais, à ce sujet, nous ne devons jamais oublier les importantes considérations suivantes :

La constitution en association ouvrière ne permet jamais de transformer des groupements faibles en groupements forts ; par contre, un groupement fort s'affaiblira bien souvent, par une telle collusion. L'opinion d'après laquelle, en assemblant des groupes faibles, on peut former un faisceau fort, est fausse : en effet, la majorité, sous toutes ses formes et quelles que soient les conditions premières dans lesquelles elle a été constituée, ne représente l'expérience le prouve — que bêtise et lâcheté et, par suite, toute réunion de groupes multiples, dirigée elle-même par un commandement élu et à plusieurs têtes, est livrée à la lâcheté et à la faiblesse. En outre, une telle concentration contrarie le libre jeu des farces, le combat pour la sélection du meilleur chef est supprimé et, par suite, la victoire définitive des idées les plus saines et les plus fortes est pour toujours compromise. De telles associations sont ainsi les ennemies du développement naturel des choses, car, le plus souvent, elles empêchent plutôt qu'elles ne hâtent la solution du problème pour lequel on combat.

Il peut arriver cependant que des considérations de pure tactique et certaines prévisions de l'avenir amènent la direction suprême d'un mouvement à consentir à une union avec des groupes semblables et peut-être à s'engager dans des démarches communes : ce ne doit être que pour un très court délai et pour traiter certaines questions bien déterminées.

Mais jamais cette situation ne doit se perpétuer : ce serait, pour le mouvement, renoncer à sa mission rédemptrice. Car, dès qu'il se serait empêtré définitivement dans une telle union, le mouvement perdrait la possibilité (et aussi le droit) de laisser sa propre force se développer intégralement dans son sens naturel ; par suite, de dominer les mouvements rivaux et d'atteindre en vainqueur le but fixé.

Il ne faut jamais oublier que tout ce qui est, en ce monde, véritablement grand, n'a pas été obtenu de haute lutte par des coalitions, mais a toujours été conquis par un vainqueur unique.

Par suite de leur origine, les succès des coalitions portent en eux-mêmes le germe de l'émiettement futur, et même de la perte totale des résultats atteints. Les mouvements révolutionnaires d'ordre spirituel, vraiment grands et susceptibles de bouleverser le monde, ne peuvent être conçus et menés à bien que par des combats titanesques livrés par un groupement indépendant, jamais par des coalitions de groupements.

Ainsi, et avant tout, l'État raciste ne peut pas être créé par la volonté — faite de compromis — d'une assemblée ouvrière populaire, mais par la volonté agissante d'un mouvement unique qui s'est frayé la route à travers les autres.

CHAPITRE 9

CONSÉQUENCES SUR LE SENS ET L'ORGANISATION DES SECTIONS D'ASSAUT

La force de l'ancien État reposait principalement sur trois colonnes : sa forme monarchique, son corps de fonctionnaires administratifs et son armée. La révolution de 1918 a aboli la forme de l'État, a dissous l'armée et a livré le corps des fonctionnaires à la corruption des partis ; les appuis essentiels de ce qu'on appelle l'autorité d'État étaient ainsi abattus.

Le premier fondement sur lequel repose l'autorité, c'est toujours la popularité. Pourtant, une autorité qui ne repose que sur elle est encore extrêmement faible ; sa sécurité et sa stabilité sont incertaines. Aussi tous ceux qui ne tiennent leur autorité que de la popularité, doivent-ils s'efforcer d'en élargir la base et pour cela de constituer fortement le pouvoir.

C'est donc dans le pouvoir, dans la puissance, que nous voyons le deuxième fondement de toute autorité.

Celui-ci est déjà notablement plus stable et plus sûr que le premier, mais il n'est nullement plus robuste.

Si la popularité et la force s'unissent, et si elles peuvent se maintenir unies, pendant un certain temps, alors peut se former, sur des bases encore plus solides, une nouvelle autorité, celle de la tradition. Si enfin popularité, force et tradition s'unissent, l'autorité qui en dérive peut être considérée comme inébranlable.

La révolution a rendu impossible ce triple concours ; elle a retiré toute autorité à. la tradition. Avec l'écroulement de l'ancien Empire, la mise au rancart de l'ancienne forme de gouvernement, l'anéantissement des anciens signes de la souveraineté et des symboles impériaux, la tradition a été soudainement déchirée. Il en est résulté un très grand ébranlement de l'autorité de l'État.

Même la deuxième colonne de l'autorité de l'État n'existait plus : d'ailleurs, pour pouvoir faire la révolution, on avait été obligé de dissoudre ce qui était l'incarnation de la force et de la puissance organisées de l'État, je veux dire l'armée. Oui, il a fallu utiliser même les débris rongés de l'armée, comme éléments des combats révolutionnaires.

Les armées du front n'étaient peut-être pas tombées dans une égale déliquescence : mais elles furent de plus en plus rongées par l'acide de la désorganisation du pays natal, à mesure qu'elles s'éloignèrent davantage des lieux glorieux où elles avaient héroïquement combattu pendant quatre ans et demi ; elles finirent, en arrivant dans les centres de démobilisation, par cette méconnaissance de l'obéissance que fut la soi-disant obéissance volontaire aux conseils de soldats,

On ne pouvait plus, en tous cas, n'appuyer aucune autorité sur ces mutins qui considéraient le service militaire comme du travail à huit heures par jour. Dès lors, le deuxième élément, celui qui garantit avant tout la solidité de l'autorité était également éliminé, et la révolution ne possédait plus, à proprement parler, que l'élément originel, la popularité, sur lequel elle put asseoir son autorité. Or ce fondement présentait justement une extraordinaire insécurité. Sans doute, la révolution réussit, d'un seul coup de bélier, à abattre le vieil édifice de l'État, mais si l'on regarde au fond des choses, on doit reconnaître que ce résultat ne fut atteint que parce que l'équilibre normal de notre peuple et sa structure intime avaient déjà été détruits par la guerre.

Tout peuple considéré dans son ensemble s'articule en trois grandes classes :

D'une part, un groupe extrême, composé de l'élite des citoyens est bon, doué de toutes les vertus, et par — dessus tout, est remarquable par son courage et par son esprit de sacrifice ; à l'opposé, un autre groupe extrême, composé du pire rebut des hommes, est rendu exécrable par la présence en son sein de tous les instincts égoïstes et de tous les vices. Entre ces deux groupes extrêmes est la troisième classe, la grande et large classe moyenne, qui ne participe ni à l'héroïsme éclatant de la première ni à la mentalité vulgaire et criminelle de la seconde.

Les périodes d'ascension d'un corps social se produisent, il faut le dire, exclusivement sous l'impulsion de la classe extrême des meilleurs citoyens.

Les périodes de développement normal et régulier ou d'état stable, se produisent et durent visiblement lorsque dominent les éléments moyens, tandis que les classes extrêmes ne bougent pas ou s'élèvent.

Les époques d'effondrement d'un corps social sont déterminées par l'arrivée au pouvoir des pires éléments.

Il est remarquable, à cet égard, que la grande masse, ou classe moyenne — je la désignerai ainsi — ne peut se manifester de façon sensible que lorsque les deux classes extrêmes sont aux prises dans une lutte mutuelle ; il est remarquable aussi que cette grande masse se soumet toujours complaisamment au vainqueur, après la victoire d'un des partis extrêmes. Si les meilleurs ont eu le dessus, la grande masse les suivra ; si ce sont les pires, elle ne s'opposera pas, tout au moins, à leur action : car la masse du centre ne combattra jamais.

Or la guerre a troublé, en ses quatre ans et demi de durée sanglante, l'équilibre intérieur de ces trois classes, à un point tel que — tout en reconnaissant le nombre des victimes de la guerre dans les rangs de la classe moyenne il faut bien constater que cette guerre a conduit à faire couler presque jusqu'à la dernière goutte le sang de l'élite de la nation. Car c'est effrayant le torrent de sang héroïque que l'Allemand a versé pendant ces quatre ans et demi.

Que l'on additionne, en effet, les milliers et les milliers de cas dans lesquels on faisait appel à des volontaires : volontaires pour le front, patrouilleurs volontaires, porteurs d'ordres volontaires, téléphonistes volontaires, volontaires pour l'aviation, volontaires pour les passages de rivière, volontaires pour les sous-marins, volontaires pour les bataillons d'assaut, etc., toujours et toujours et encore, pendant quatre ans et demi, en mille occasions, il fallait des volontaires et encore des volontaires, et l'on voyait toujours le même geste ; le jeune homme imberbe ou l'homme mûr, tous deux brûlants de patriotisme ou remplis d'un grand courage personnel ou de la plus haute conscience du devoir, se présentaient.

Dix mille, cent mille cas semblables se présentaient et peu à peu, cette réserve d'hommes se tarissait, s'épuisait. Ce qui ne tombait pas était mutilé par les projectiles ou s'égrenait peu à peu dans le nombre infime des survivants. Que l'on pense donc, avant tout, que l'année 1914 a mis sur pied des armées entières de soi-disant volontaires, qui, par suite du criminel manque de conscience de nos propres-à-rien de parlementaires, n'avaient reçu, en temps de paix, aucune instruction de quelque valeur : ils furent donc livrés à l'ennemi comme une chair à canon sans défense.

Les quatre cent mille hommes qui tombèrent alors, tués ou mutilés dans les Flandres, ne purent plus être remplacés. Leur perte n'était plus seulement numérique. Leur mort fit rapidement pencher la balance et pas du bon côté : plus lourds qu'auparavant pesaient les éléments de grossièreté, d'infamie et de lâcheté, bref, la masse extrême, la mauvaise. Car il y avait quelque chose de plus :

C'est que, non seulement pendant quatre ans et demi, le meilleur des groupes extrêmes avait été atrocement décimé sur les champs de bataille, mais encore le groupe des mauvais s'était, pendant le même temps, merveilleusement conservé.

Alors, chacun des héros qui s'était offert comme volontaire et qui, après le sacrifice de sa vie, était monté au Walhalla, était remplacé par un embusqué qui avait jusque-là très prudemment tourné le dos à la mort, pour s'occuper plus ou moins utilement à l'intérieur de son pays.

La fin de la guerre offrait donc le tableau suivant : la nombreuse classe moyenne de la nation a payé régulièrement son impôt du sang. La classe extrême des meilleurs s'est presque intégralement sacrifiée avec un héroïsme exemplaire.

La classe extrême des mauvais, favorisée par les lois les plus insensées d'une part, par un insuffisant usage du code militaire d'autre part, est malheureusement là, intégralement.

Cette crasse bien conservée de notre corps social a alors fait la révolution ; et elle n'a pu la faire que grâce à ce fait que la fraction extrême des meilleurs éléments du pays ne pouvait plus s'y opposer : elle était morte.

On ne saurait donc qualifier qu'avec beaucoup de réserves la Révolution allemande de « populaire » : ce n'est pas le peuple allemand lui-même qui a commis ce crime de Caïn, c'est la canaille ténébreuse de ses déserteurs, de ses souteneurs, etc.

L'homme du front saluait la fin de la lutte sanglante ; il était heureux de pouvoir de nouveau fouler le sol de son pays natal, de revoir sa femme et ses enfants, mais il n'avait par lui-même rien de commun avec la révolution. Il ne l'aimait pas, il aimait encore moins ses instigateurs et ses organisateurs. Au cours de ces quatre années et demie des plus durs combats, il avait oublié les hyènes des partis ; tous les gredins qui les composent lui étaient devenus étrangers. La révolution n'avait été vraiment populaire que chez une petite partie du peuple allemand : notamment dans la classe de ceux qui l'avaient favorisée et qui avaient choisi le sac tyrolien, comme signe de reconnaissance de tous les citoyens d'honneur du nouvel État. Ils n'aimaient pas la révolution pour elle-même, comme tant de gens commettent encore l'erreur de le croire, ils l'aimaient pour ses possibilités. Mais la popularité ne semblait pas devoir suffire bien longtemps à étayer l'autorité chez ces brigands marxistes. Et, pourtant, la jeune République avait à tout prix besoin d'autorité, si elle ne voulait pas, après une courte période de chaos, se voir de nouveau enlacée subitement par une puissance pratiquant la loi du talion et composée des derniers éléments du parti des bons.

Ce que craignaient alors le plus les hommes qui avaient fait la révolution, c'était de perdre complètement pied eux-mêmes dans le tourbillon de leur propre confusion et de se sentir soudain saisis et transportés sur un autre terrain par une poigne d'airain, comme il en surgit plus d'une fois dans l'histoire d'un peuple, en de telles conjonctures. Il fallait à tout prix que la République se consolidât.

Elle fut donc presque aussitôt forcée, par la fragilité de sa faible popularité, de créer de nouveau une force organisée, pour pouvoir fonder sur elle une autorité plus solide.

Quand, aux jours de décembre, janvier et février 1918-1919, les matamores de la révolution sentirent fléchir le sol sous leurs pieds, ils cherchèrent à la ronde des hommes prêts à consolider, par la force des armes, la faible garantie qu'était pour eux l'amour de leur peuple.

La république « antimilitariste » avait besoin de soldats, mais le premier et le seul appui de son autorité d'État — j'entends, sa popularité — n'avait de racines que dans une société de souteneurs, de voleurs, de cambrioleurs, de déserteurs, d'embusqués, etc., donc dans cette partie du peuple que nous avons appelée la classe extrême des mauvais : dans ces conditions, il eût été vain d'espérer recruter dans ces milieux aucun homme qui fût prêt à mettre sa vie au service d'un nouvel idéal.

La couche sociale, où brillait la pensée révolutionnaire et par laquelle la révolution avait été faite, n'était ni capable de fournir des soldats pour la défense de cette révolution, ni disposée à le faire. Car cette couche sociale ne désirait, en aucune manière, l'organisation d'un État républicain, mais seulement la désorganisation de l'État précédent, afin de mieux satisfaire ses instincts. Son mot d'ordre n'était pas « Ordre et construction de la République allemande », mais plutôt : « Pillage de la République ».

Le cri d'alarme que poussèrent alors avec la pire angoisse les représentants du peuple, ne trouva pas d'écho dans cette couche sociale : il n'y déchaîna, au contraire, que résistance et amertume.

On éprouvait en effet, en ces premiers jours, une impression d'absence de confiance et de foi ; on devinait, en voyant se constituer une autorité qui ne reposait plus seulement sur la popularité, mais sur la puissance, qu'allait commencer la lutte contre les pratiques, qui étaient pour ces éléments le but essentiel de la révolution : contre le droit au vol, contre la tyrannie déchaînée d'une horde de voleurs et de pillards, de toute la canaille évadée des prisons.

Les représentants du peuple pouvaient bien multiplier leurs appels ! Nul ne sortait des rangs, seul le cri hostile de « traîtres » leur marquait les sentiments de ceux sur lesquels reposait leur popularité.

Il se trouva alors, pour la première fois, de jeunes Allemands prêts à endosser, une fois de plus, leur vareuse de soldats, à saisir mousqueton ou fusil, pour se mettre, du moins ils le pensaient, au service du « calme et de l'ordre », prêts à marcher, le casque d'acier sur la tête, contre les destructeurs de leur pays natal.

Ils se groupèrent comme volontaires en corps francs, et tout en haïssant furieusement la révolution, entreprirent de la protéger, donc, en fait, de la renforcer. Ils agissaient ainsi de la meilleure foi du monde.

Le véritable organisateur de la révolution, celui qui en tirait effectivement les ficelles, le Juif international, avait alors bien apprécié la situation. Le peuple allemand n'était pas encore mûr pour pouvoir être, comme il advint en Russie, traîné dans la boue sanglante du marécage bolcheviste.

Cela tenait en grande partie à l'unité de race qui rapprochait toujours davantage les intellectuels allemands et les travailleurs allemands. Cela tenait aussi à la grande interpénétration des couches populaires et des éléments cultivés, phénomène social commun aux pays de l'ouest de l'Europe, mais totalement inconnu en Russie. Dans ce pays, en effet, les éléments intellectuels n'étaient pas, pour la plupart, de nationalité russe, ou, tout au moins, n'avaient rien de slave.

La même couche intellectuelle supérieure de la Russie d'avant-guerre pouvait être à tout moment détruite, par suite de l'absence totale d'un élément intermédiaire qui l'eût reliée à la masse du peuple. Tandis que le niveau intellectuel et moral de cette masse était incroyablement bas.

Dès que l'on réussit, en Russie, à exciter la multitude des ignorants et des illettrés de la grande masse contre le petit nombre des intellectuels, le sort de ce pays fut réglé, et la révolution réussie. L'analphabète russe était devenu l'esclave sans défense de ses dictateurs juifs qui, de leur côté, avaient été assez habiles pour parer cette dictature de la rubrique : « Dictature populaire ».

Voici ce qui se passa en Allemagne :

Autant il est vrai que la révolution n'a pu réussir en Allemagne qu'en raison de la décomposition progressive de l'armée, autant il est certain que le véritable agent de la révolution et de la dissociation de l'armée n'a pas été le soldat du front : ce fut cette canaille plus ou moins ténébreuse qui traînait ses guêtres dans sa garnison natale ou qui servait quelque part, au titre économique, comme « indispensable ». Cette armée-là fut renforcée par des dizaines de milliers de déserteurs qui avaient pu, sans grand risque, tourner le dos au front.

En tout temps, le véritable lâche ne redoute, bien entendu, rien plus que la mort. La mort, elle, se présentait à lui tous les jours, au front, sous des milliers de formes différentes.

Si l'on veut maintenir quand même dans leur devoir des garçons faibles, chancelants ou même poltrons, il n'y a et il n'y a eu de tout temps qu'un seul moyen : il faut que le déserteur sache que sa désertion lui procurera, à coup sûr, ce qu'il veuf éviter. Au front, on peut mourir ; comme déserteur, on doit mourir.

Seule, cette menace draconienne, visant rigoureusement tout acte de désertion, peut permettre d'obtenir un effet de terreur à l'égard de l'individu, comme de la collectivité.

C'étaient là tout le sens et tout le but de la loi martiale. Il était très beau de croire à la possibilité de mener jusqu'au bout le grand combat pour l'existence d'un peuple, en s'appuyant uniquement sur des dévouements innés, accrus encore du sentiment de la nécessité. L'accomplissement volontaire du devoir a toujours déterminé la conduite des meilleurs citoyens ; mais cela n'est plus vrai pour les hommes moyens.

C'est pourquoi il est nécessaire d'avoir de telles lois : les lois contre le vol, par exemple, n'ont pas été instituées contre les gens foncièrement honnêtes, mais contre les éléments chancelants et faibles. Sans ces lois qui imposent aux mauvaises gens une crainte salutaire, on verrait fleurir l'opinion que l'homme d'honneur n'est qu'un imbécile et qu'il est beaucoup plus opportun de participer à un vol que de rester les mains vides ou même d'être volé.

De même, il était absurde de penser que dans une guerre qui, selon toutes les prévisions, devait faire rage pendant plusieurs années, on pourrait se passer des moyens qu'une expérience, vieille de plusieurs dizaines de siècles, a enseignés comme seuls capables de contraindre à l'exécution de leur devoir des hommes faibles ou peu sûrs d'eux-mêmes dans les moments critiques, et dans les instants où les nerfs sont le plus durement mis à l'épreuve.

À l'égard des héros volontaires, la loi martiale est naturellement inutile : elle ne vaut que pour le lâche et l'égoïste qui, à l'heure où son peuple est dans la détresse, estime sa propre existence plus précieuse que celle de la collectivité.

Ce n'est que par la crainte du plus rigoureux châtiment que l'on peut empêcher ces hommes faibles, sans caractère, de céder à leur lâcheté. Lorsque des hommes doivent sans répit lutter avec la mort, tenir pendant des semaines, souvent mal nourris, l'appelé du contingent, qui commence à flancher, ne sera pas maintenu dans la bonne voie par la crainte de la prison ou même des travaux forcés, mais uniquement par celle de la peine de mort, appliquée sans merci, car l'expérience lui montre qu'à de tels moments, la prison est un séjour encore mille fois plus agréable que le champ de bataille, puisque, au moins en prison, sa vie — d'une valeur inappréciable — n'est pas menacée.

Les circonstances se sont cruellement vengées de ce que l'on ait, au front, supprimé la peine de mort, et rendu inopérante la loi martiale. Une armée de déserteurs se répandit, surtout en 1918, dans la zone de l'arrière ; elle aida à constituer cette grande organisation criminelle que nous vîmes soudain apparaître devant nous après le 7 novembre 1918 et qui fit la révolution.

Quant au front lui-même, il n'avait, à vrai dire, rien de commun avec elle. Ceux du front étaient naturellement tous animés d'un fervent désir de paix. Mais c'était justement ce fait, et ce fait seul, qui constituait pour la révolution un danger des plus sérieux.

Car lorsque, après l'armistice, les armées allemandes commencèrent à se rapprocher du pays natal, les révolutionnaires d'alors, pleins d'effroi, étaient obsédés par cette unique question : « Que vont faire les troupes du front ? Est-ce que les poilus[29] vont tolérer cela ? »

Pendant ces semaines-là, il fallait qu'extérieurement tout au moins, la révolution parût très modérée, sinon elle risquait d'être soudain taillée en pièces avec la vitesse de la foudre par quelques divisions allemandes.

Car si, alors, un seul général avait décidé de faire descendre à coups de fusil, par sa division fidèlement dévouée, toutes les loques rouges, de faire aligner au mur les « conseils de soldats », de briser les résistances possibles à coups de minenwerfer ou de grenades, en moins de quatre semaines cette division se serait grossie d'assez d'hommes pour pouvoir donner naissance à soixante divisions.

C'était cette pensée qui faisait le plus trembler les Juifs, qui tiraient les ficelles. Et cette crainte les détermina à maintenir à la révolution une allure assez modérée : la révolution ne devait pas dégénérer en bolchevisme, mais devait au contraire, étant donné les circonstances, jouer hypocritement le régime du calme et de l'ordre.

De là, ses nombreuses et importantes concessions, son appel au vieux corps des fonctionnaires, aux vieux chefs de l'armée. On avait besoin d'eux, au moins pour un certain temps, et ce n'était qu'après que ces hommes, véritables têtes de Turc, auraient fait l'office qu'on attendait d'eux, que l'on pouvait oser leur décocher les coups de pied qui leur étaient dus et arracher la République des mains des anciens serviteurs de l'État pour la livrer aux griffes des vautours de la révolution.

C'était par ce moyen seul que l'on pouvait espérer duper de vieux généraux et de vieux fonctionnaires de l'État, afin de désarmer d'avance une résistance éventuelle de leur part, en présentant ce nouvel état de choses sous des apparences d'innocence et de douceur.

Cette manœuvre a très bien réussi, l'expérience l'a démontré.

Seulement, la révolution n'avait pas été faite par des éléments d'ordre et de calme, mais bien plutôt par des éléments d'émeute, de vol et de pillage. Et si, pour ces derniers, le développement de la révolution n'était pas celui qu'ils avaient voulu, il n'était pas davantage possible, pour des raisons de tactique politique, qu'elle prît le cours qui aurait le plus favorisé leurs goûts.

---

[29] Feldgraue est l'équivalent de Poilu.

Par son accroissement progressif, la Social-Démocratie avait de plus en plus perdu son caractère de parti révolutionnaire brutal. Ce n'était pas qu'elle eût mentalement adopté un but autre que celui de la révolution ou que ses chefs aient jamais eu d'autres intentions que les siennes : pas du tout !

Mais il ne restait, en fin de compte, que ces intentions et un corps de partisans qui n'était plus apte à passer aux actes. Avec un parti de dix millions de membres, on ne peut plus faire une révolution.

Dans un mouvement de cette importance, on n'a plus devant soi un parti extrême, mais la grande masse centrale, donc une multitude paresseuse. À ce propos, il faut encore mentionner la scission provoquée par les Juifs dans la Social-Démocratie ; je m'explique : pendant que le parti social-démocrate, en raison de l'inertie paresseuse de sa masse, s'agrippait comme un bloc de plomb à la défense nationale, on sut extraire de ce parti ses éléments radicaux-activistes et on les constitua en colonnes d'assaut qui constituaient des troupes de choc particulièrement redoutables.

Le parti indépendant et l'association spartakiste constituèrent les bataillons d'assaut du marxisme révolutionnaire. Leur mission était de parfaire l'œuvre que la masse du parti social-démocrate, préparée à ce rôle depuis plusieurs dizaines d'années, pouvait dès lors exploiter.

La bourgeoisie couarde fut, à cet égard, appréciée à sa juste valeur par le marxisme et traitée tout simplement « en canaille ».[30] On ne s'en occupa d'ailleurs pas du tout, sachant que l'obséquiosité rampante de cette formation politique, composée d'une génération vieille et usée, ne serait jamais capable d'opposer une résistance sérieuse.

Puisque la révolution avait réussi et que les appuis principaux de l'ancien État pouvaient être considérés comme réduits à néant, que l'armée du front commençait à surgir comme un sphinx inquiétant, il fallait freiner le développement naturel de la révolution.

Le gros de l'armée social-démocratique occupait la position conquise et les bataillons d'assaut indépendants et spartakistes furent mis de côté.

Cela ne se passa pourtant pas sans combat.

Ce n'est pas seulement parce que les formations d'attaque les plus fébrilement actives se sentaient trompées dans leurs espérances et voulaient continuer à piller autour d'elles, que leur vacarme effréné était redouté par ceux qui tiraient les ficelles de la révolution.

Car à peine le bouleversement était-il accompli qu'il donnait lieu lui-même aussitôt, semble-t-il, à la formation de deux camps, à savoir : le parti du calme et de l'ordre et le groupe de la terreur sanglante. Alors quoi de plus naturel que de voir notre bourgeoisie se rendre avec armes et bagages dans le camp du calme et de l'ordre ? Pour une fois, ces misérables organisations politiques trouvaient une occasion de passer aux actes. Sans éprouver le besoin de le dire et au contraire en silence, il leur était permis de mettre leurs pieds sur un sol résistant et de se solidariser, dans une certaine mesure, avec la puissance qu'ils haïssaient le plus, mais qu'ils redoutaient encore davantage,

---

[30] En français dans le texte.

au fond d'eux-mêmes. La bourgeoisie allemande acquerrait ainsi le grand honneur de s'asseoir à la même table que les chefs marxistes trois fois maudits, pour combattre les bolcheviks !

En décembre 1918 et janvier 1919, la situation se présentait donc déjà comme il suit :

C'est une minorité composée des pires éléments qui a fait la révolution et derrière elle marchaient immédiatement tous les partis marxistes. La révolution elle-même conserve une physionomie modérée, ce qui lui attire l'hostilité des extrémistes fanatiques. Ceux-ci commencent à lancer des grenades à main et à faire crépiter des mitrailleuses, à occuper des monuments publics, bref à menacer la révolution modérée. Pour bannir la crainte que ces menaces font concevoir, un armistice est conclu entre les adeptes du nouvel état de choses et les partisans de l'ancien, afin d'être en mesure de mener désormais en commun le combat contre les extrémistes. Le résultat est le suivant : les ennemis de la république s'organisent pour combattre la République en elle-même, et ils aident à vaincre ceux-là mêmes qui, pour des raisons toutes différentes, sont également des ennemis de cette république.

Un autre résultat, c'est que cette combinaison semble écarter tout danger d'un combat entre les partisans de l'ancien État et ceux du nouveau.

On ne pourra jamais considérer assez souvent, ni avec assez d'attention, ce dernier fait : seul, celui qui l'a saisi, peut comprendre comment il a été possible qu'un peuple, dont les neuf dixièmes n'ont pas fait la révolution, dont les sept dixièmes n'en veulent pas, dont les six dixièmes en ont horreur, ait été, en fin de compte, contraint à la révolution par un dixième de sa population.

Peu à peu les combattants des barricades, spartakistes, d'un côté et, de l'autre, les fanatiques et les idéalistes nationalistes, perdirent tout leur sang ; et, dans la mesure même où ces deux partis extrêmes s'usaient l'un contre l'autre, la masse du centre, comme toujours, restait victorieuse. La bourgeoisie et le marxisme se rencontrèrent sur le terrain des faits acquis et la République commença dès lors à se consolider. Ce qui n'empêcha pas d'ailleurs les partis bourgeois, surtout avant les élections, de revenir pendant quelque temps encore à des idées monarchiques, associant, dans une même conjuration, les esprits de ceux d'autrefois et les faibles lumières de leurs adeptes.

Cela n'était pas honnête, car la bourgeoisie avait au fond d'elle-même rompu depuis longtemps avec la monarchie, et la malpropreté du nouvel état de choses avait déjà commencé à déteindre sur elle et à la rendre sensible à sa corruption. Dans l'ensemble, le politicien bourgeois se sent aujourd'hui plus à son aise dans la boue fétide du parti républicain que sur le roc demeuré propre de la forme d'État passée dont il garde encore le souvenir.

*

Comme je l'ai déjà dit, les révolutionnaires furent forcés, après la destruction de l'ancienne armée, de se créer un nouvel instrument de puissance pour consolider leur autorité dans l'État. Vu la situation, ils ne pouvaient le trouver que parmi les partisans d'une conception de vie qui leur était diamétralement opposée. Dans ce milieu seulement pouvait se former, quoique lentement, le corps d'une armée nouvelle qui, limitée extérieurement par les traités de paix, pouvait être au cours du temps transformée moralement pour devenir un instrument de la nouvelle conception de l'État.

Si on pose la question de savoir pourquoi, indépendamment de toutes les erreurs de l'ancien État qui en furent la cause, la révolution put réussir en tant qu'action, on arrive aux réponses suivantes :

1° Parce que nos conceptions du devoir et de l'obéissance s'étaient ankylosées.

2° À cause de la lâche passivité de nos partis soi-disant conservateurs.

Il faut ajouter encore ce qui suit :

L'ankylose de nos notions de devoir et d'obéissance avait sa cause la plus profonde dans notre éducation qui, orientée tout entière dans le sens de l'État, manquait de sens national. Il en résulte une confusion entre les moyens et les buts. La conscience du devoir, l'observation du devoir et l'obéissance ne sont pas des buts en soi, de même que l'État n'est pas un but en soi : ils doivent être seulement des moyens de rendre possible et d'assurer l'existence sur cette terre d'une communauté d'êtres vivants, unis par des affinités morales et physiques. À une heure où un peuple succombe visiblement et est livré, de toute évidence, à l'oppression la plus dure, grâce aux actes de quelques vauriens, l'obéissance et "observance du devoir envers ces derniers sont preuves d'un formalisme doctrinaire, et même de la folie pure, si, d'autre part, le refus d'obéir et de faire son devoir eussent pu préserver le peuple de la ruine. D'après notre conception bourgeoise actuelle de l'État, le commandant de la division, qui reçut l'ordre d'en haut de ne pas tirer, a agi selon son devoir et, par conséquent, a eu raison de ne point tirer, parce que l'obéissance formelle et aveugle est plus précieuse aux yeux des bourgeois que la vie de leur propre peuple. Mais, selon la conception national-socialiste, ce n'est pas l'obéissance à de faibles supérieurs, c'est l'obéissance envers la communauté qui doit entrer en ligne de compte. À une heure pareille, c'est la responsabilité personnelle devant la nation entière qui devient le devoir.

Si la révolution a réussi, c'est qu'une telle conception vivante de ces notions avait été perdue par notre peuple ou plutôt par nos gouvernements.

En ce qui concerne le second point, on peut faire la remarque suivante :

La cause profonde de la lâcheté des partis « conservateurs » fut, en premier lieu, la disparition des éléments, les meilleurs et les plus actifs de notre peuple, qui tombèrent au front. À part cela, nos partis bourgeois, que nous pouvons désigner comme les seuls qui acceptaient pour base l'ancien État, étaient convaincus qu'ils ne pouvaient défendre leurs opinions que sur le plan de l'esprit et par les armes de l'esprit, parce que l'État, seul, avait le droit d'appliquer la force. Non seulement cette conviction porte le stigmate d'une croissante dégénérescence, mais, en outre, elle est inadmissible à une époque où l'un des adversaires politiques a depuis longtemps abandonné ce point de vue et déclare ouvertement qu'il luttera, autant que possible, pour ces buts politiques, même par la violence. Au moment où le marxisme surgit dans le monde de la démocratie bourgeoise dont il fut la conséquence, ses appels à mener la lutte « seulement par les armes spirituelles » étaient un non-sens qui devait être cruellement expié un jour. Car le marxisme lui-même défendit toujours le point de vue que l'emploi d'une arme était déterminé seulement par des considérations d'opportunité, et que le droit d'y recourir se justifiait par le succès.

Les journées du 7 au 11 novembre prouvèrent à quel point cette conception était juste. À ce moment, le marxisme n'eut aucun souci du parlementarisme, ni de la démocratie ; il leur asséna à tous les deux le coup mortel par des bandes de criminels qui hurlaient et tiraient. Si les organisations de bourgeois bavards restèrent à ce moment impuissantes, cela se conçoit. Après la révolution, quand les partis bourgeois, quoique sous de nouveaux pavillons, surgirent de nouveau, et quand leurs braves chefs sortirent en rampant de la protection des caves obscures et des greniers bien aérés, ils n'avaient rien oublié et rien appris, comme c'est toujours le cas avec les représentants de vieux organismes. Leur programme politique, c'était le passé, dans la mesure où ils ne s'étaient pas ralliés intérieurement aux nouvelles circonstances, et leur but fut de pouvoir participer autant que possible au nouvel état de choses, et leurs seules armes étaient leur parole.

Les partis bourgeois ont capitulé dans la rue de la façon la plus pitoyable, même après la révolution.

Quand il fut question de la loi sur la défense de la République, elle ne trouva d'abord pas de majorité.[31] Mais, à l'aspect de deux cent mille marxistes qui manifestaient, une telle peur s'empara de nos « hommes d'État » bourgeois, qu'ils acceptèrent cette loi contre leur conviction, pris de peur à l'idée que, dans le cas contraire, la masse furieuse pourrait leur casser les reins à la sortie du Reichstag. Ce qui n'eut pas lieu, malheureusement, parce que la loi fut adoptée.

Le nouvel État se développa donc comme s'il n'y avait aucune opposition nationale. Les seules organisations qui eurent à cette époque le courage et la force de s'opposer au marxisme et aux masses soulevées par lui, c'étaient d'abord les corps francs, ensuite les organisations d'auto-protection, les gardes civiques, et enfin les ligues pour les traditions,[32] formées en majorité d'anciens combattants. Mais leur existence ne provoqua non plus aucun revirement tant soit peu perceptible dans le développement de l'histoire allemande, et pour les causes suivantes :

De même que les partis dénommés nationaux ne pouvaient exercer aucune influence, parce qu'ils ne possédaient aucune puissance effective dans la rue, les prétendues ligues de protection ne purent exercer aucune influence,

[31] L'adoption de cette loi (juillet 1922) nécessitait la majorité de deux tiers. Les populistes ne la votèrent que sous la pression d'une grande manifestation socialiste (les nationalistes votant contre).
[32] Freicorps : groupements recrutés dans l'ancienne armée, surtout parmi les officiers et les Étudiants. Selbstschutz, Einwohnerwehr : organisations se rapprochant des gardes nationaux de lti4tt. Traditions verbande : unions de membres d'anciens régiments dissous, etc.

parce que toute idée politique leur faisait défaut et surtout tout véritable but politique.

Ce qui avait donné naguère la victoire au marxisme, ce fut la parfaite cohésion entre leur volonté politique et leur brutalité dans l'action. Ce qui priva entièrement l'Allemagne nationale de toute influence sur le développement du sort de l'Allemagne, ce fut l'absence d'une collaboration de la force brutale avec une volonté nationale.

Quelle que fût la volonté des partis « nationaux », ils n'avaient pas la moindre force pour la faire triompher, du moins dans la rue.

Les ligues de défense avaient la force, elles dominaient la rue et l'État, mais elles ne possédaient aucune idée politique ni aucun but politique, pour lesquels leur force aurait pu être engagée, dans l'intérêt de l'Allemagne nationale. Dans les deux cas, c'est l'astuce du Juif qui arriva par une persuasion habile (en renforçant une tendance déjà existante), à faire en sorte que la situation se perpétuât et que le mal s'approfondît.

Ce fut le Juif qui sut lancer par sa presse, avec une habileté infinie, l'idée d'un caractère « non-politique » des ligues de défense, de même qu'il louait dans la lutte politique « les armes pures de l'esprit ». Des millions d'imbéciles allemands discouraient ensuite en adoptant cette ânerie, sans pressentir le moins du monde que, de cette façon, ils se désarmaient en pratique et se livraient sans défense au Juif.

Mais il y a une explication encore plus simple. Le manque de toute grande idée réformatrice a toujours impliqué une limitation de la force combative. La conviction d'avoir le droit d'employer les armes les plus brutales est toujours liée à l'existence d'une foi fanatique en la nécessité de la victoire d'un nouvel ordre de choses révolutionnaire.

Un mouvement qui ne combat pas pour ces buts et ces idéals suprêmes, ne recourra donc jamais aux moyens les plus extrêmes.

La proclamation d'une grande idée est le secret du succès de la Révolution française ; c'est à l'idée que la révolution russe doit sa victoire ; et le fascisme ne reçut sa force que de l'idée de soumettre un peuple, d'une manière bienfaisante, à une réforme des plus vastes.

Les partis bourgeois ne possèdent pas les capacités pour cela.

Mais non seulement les partis bourgeois voyaient leur but politique dans une restauration du passé : les ligues de défense, dans la mesure où elles se préoccupaient de buts politiques, le faisaient aussi. De vieilles tendances d'unions militaires et kyffhauseriennes[33] prirent vie dans leur milieu et contribuèrent à émousser, au point de vue politique, l'arme la plus tranchante que l'Allemagne possédait à ce moment, et à la laisser dépérir en servant de lansquenet à la république. Qu'elles le fissent avec les meilleures intentions, et surtout en parfaite bonne foi, cela ne change rien à l'incohérence fatale de leur évolution.

---

[33] Montagne où, selon la légende, Frédéric Barberousse dormait sous le charme d'un enchantement, pour ne se réveiller que pour faire triompher l'idéal pangermaniste.

Le marxisme obtint peu à peu dans la Reichswehr consolidée l'appui nécessaire pour son autorité, et il commença alors, avec logique et esprit de suite, à licencier les ligues nationales de défense qui lui paraissaient dangereuses et qui étaient devenues inutiles. Quelques-uns des chefs les plus audacieux, dont on se méfiait, furent cités devant les tribunaux et mis sous les verrous. Tous furent frappés du sort qu'ils avaient mérité par leur erreur.

*

Quand le parti national-socialiste fut fondé, ce fut la première fois que fit son apparition un mouvement dont le but n'était pas, comme chez les partis bourgeois, la restauration mécanique du passé, mais d'ériger à la place du mécanisme absurde de l'État actuel un État organique raciste.

Dans le Kyffhauserbund étaient réunies, déjà avant la guerre, toutes les associations patriotiques d'anciens militaires, d'étudiants, etc.

Le jeune mouvement, dès son premier jour, adopta le point de vue qu'il fallait propager ses idées par les moyens spirituels, mais que cette propagande devait être étayée, le cas échéant, sur la force brutale.

Fidèle à sa foi en l'énorme importance de la nouvelle doctrine, il considérait comme évident qu'aucun sacrifice ne peut être trop grand en vue du but à atteindre.

J'ai déjà indiqué qu'il y a des moments où un mouvement qui veut conquérir le cœur d'un peuple est obligé de trouver, dans ses propres rangs, la défense contre les tentatives de terreur ennemies. C'est aussi une des leçons éternelles de l'histoire qu'une idée philosophique appuyée par la terreur ne peut jamais être vaincue par des méthodes administratives abstraites, mais seulement par une nouvelle idée philosophique, se traduisant en actions aussi audacieuses que décidées. Ce fait sera toujours désagréable aux protecteurs officiels de l'État, mais c'est un fait indéniable. Les dirigeants peuvent garantir la tranquillité et l'ordre seulement dans le cas où l'État correspond à l'idée philosophique répandue dans le pays, de façon que les éléments de violence puissent être taxés de criminels isolés, au lieu d'être considérés comme les représentants d'une idée diamétralement opposée aux opinions officielles. Si tel est le cas, l'État peut employer pendant des siècles les mesures de répression les plus violentes contre la terreur qui le menace, à la fin il sera impuissant contre elle, et il succombera.

L'État allemand est assailli bien rudement par le marxisme. Dans une lutte qui dure depuis soixante-dix ans, non seulement il n'a pu empêcher le triomphe de cette idéologie, mais il a été forcé de capituler presque sous tous les rapports, en dépit de milliers d'années de bagne et de prison, et des répressions les plus sanglantes dont il frappait les militants de cette idéologie marxiste qui le menaçait. (Les dirigeants d'un État bourgeois essayeront de nier tout cela, mais en vain.)

L'État qui, le 9 novembre 1918, capitula sans conditions devant le marxisme, ne pouvait, du jour au lendemain, s'en rendre maître ; au contraire : les bourgeois idiots, assis dans les fauteuils ministériels, radotent déjà aujourd'hui de la nécessité de ne pas gouverner contre les ouvriers, ce qui signifie pour eux « contre les marxistes ». En identifiant l'ouvrier allemand avec le marxisme, ils commettent non seulement une falsification, aussi lâche que mensongère, de l'histoire, mais ils s'efforcent de dissimuler ainsi leur propre effondrement devant l'idée et l'organisation marxistes.

En présence de la subordination complète de l'État actuel au marxisme, le mouvement national-socialiste a d'autant plus le devoir, non seulement de préparer par les armes de l'esprit le triomphe de son idée, mais aussi celui d'organiser, sous sa propre responsabilité, la défense contre la terreur de l'Internationale ivre de sa victoire.

J'ai déjà décrit comment, dans la pratique, un service d'ordre fut créé pour nos réunions, et comment il revêtit peu à peu le caractère d'un service de police générale ayant des cadres organisés.

Quoique sa structure qui s'édifiait peu à peu ressemblât beaucoup à ce qu'on nommait les « ligues de défense » nationales, il n'y avait, en réalité, aucune comparaison entre celles-ci et celle-là.

Comme je l'ai dit, les organisations allemandes de défense n'avaient aucune idée politique précise. Elles n'étaient réellement que des ligues de protection particulières, avec une préparation et une organisation appropriées, de sorte qu'elles ne constituaient qu'un complément illégal aux moyens légaux de l'État. Leur caractère de corps francs ne se motivait que par leur constitution et par la situation de l'État à cette époque ; mais leur titre ne leur convenait aucunement, parce qu'elles n'étaient que des organisations privées, ne luttant que pour des convictions particulières. Elles ne remplissaient nullement leur but, en dépit de l'attitude hostile de quelques chefs et même de ligues entières envers la république. Car il ne suffit pas d'être convaincu de l'infériorité d'un état de choses existant pour établir une conviction dans le sens supérieur de ce mot ; celle-ci ne prend racine que dans, la prescience intime d'un nouvel état de choses et dans le pressentiment qu'il est nécessaire ; elle ne prend racine que dans la lutte pour l'instauration de ce nouvel état de choses, lutte considérée comme la tâche suprême de la vie.

Ce qui distingue essentiellement le service d'ordre du mouvement national-socialiste de cette période de toutes les ligues de défense, c'est qu'il ne fut ni ne voulut être, même dans la plus faible mesure, le serviteur des conditions créées par la révolution, mais qu'il combattit exclusivement pour une Allemagne nouvelle.

Ce service d'ordre avait, il est vrai, au début le caractère d'un service de protection des salles. Sa première tâche était limitée : il devait assurer la possibilité de tenir des réunions sans que l'adversaire pût les saboter. Il avait d'ores et déjà été créé pour attaquer à fond, non par adoration exclusive de la matraque — comme on le prétendait dans les stupides cénacles des racistes allemands[34] — mais parce que l'idée la plus élevée peut être étouffée si son protagoniste est assommé d'un coup de matraque. C'est un fait que bien

---

[34] Les deutsch-*völkische* furent une organisation qui faisait concurrence aux hitlériens pour la propagande des idées racistes ; elle disparut peu à peu.

souvent, dans l'histoire, les têtes les plus nobles tombèrent sous les coups des derniers des ilotes. Notre organisation ne considérait pas la violence comme but en soi, mais voulait protéger contre la violence ceux qui poursuivaient des buts idéaux. Et elle comprit en même temps qu'elle n'avait pas à assumer la protection d'un État qui n'accordait aucune protection à la nation, mais qu'elle devait, au contraire, se charger de la défense de la nation contre ceux qui voulaient détruire le peuple et l'État.

Après la bataille de la réunion dans le Hofbrauhaus de Munich, notre service d'ordre reçut, une fois pour toutes, en commémoration constante des attaques héroïques de la petite troupe de naguère, le nom de section d'assaut. Comme ce nom l'indique, il ne désigne qu'une section du mouvement. C'en est un membre, tout comme la propagande, la presse, les institutions scientifiques et les autres membres du même parti.

Nous avons pu voir, non seulement au cours de cette réunion mémorable, mais aussi dans nos tentatives de faire rayonner notre mouvement dans le reste de l'Allemagne, combien cette organisation était nécessaire. Quand le marxisme commença à voir en nous un danger, il ne laissa passer aucune occasion pour étouffer dans l'œuf toute tentative de tenir une réunion national-socialiste, ou, le cas échéant, il chercha à l'empêcher par le sabotage. Il va de soi que, dans toutes ces occasions, les organisations officielles des partis marxistes de toutes nuances couvraient aveuglément toutes ces intentions de sabotage, cela jusque parmi les assemblées élues. Mais que doit-on dire des partis bourgeois, qui, assommés eux-mêmes par le marxisme, n'osaient pas, dans beaucoup de localités, laisser parler en public leurs orateurs, et qui, suivant des yeux cependant tous nos combats contre les m3rxistes, assistaient à nos quelques échecs avec une satisfaction béate tout à fait incompréhensible. Ils étaient heureux de voir que celui qu'ils n'avaient pu vaincre, celui qui les avait vaincus eux-mêmes, ne pût être brisé par nous non plus. Que penser de ces fonctionnaires, de ces préfets de police, de ces ministres même, qui, avec un manque de caractère tout à fait scandaleux, prenaient extérieurement des attitudes d'hommes « patriotes », mais qui, dans tous les conflits des nationaux-socialistes avec le marxisme, rendaient les services les plus vils à ce dernier ? Que penser d'hommes qui, pour de misérables louanges dans les journaux juifs, tombèrent si bas qu'ils poursuivirent sans crier gare ces mêmes hommes à l'héroïsme desquels ils étaient en partie redevables de ne pas avoir été pendus, quelques années plus tôt, par la meute rouge, et de ne pas avoir été des cadavres déchiquetés, accrochés à une lanterne.

Ce sont là des faits si tristes, qu'ils inspirèrent une fois à feu le préfet Pilhner — cet homme inoubliable, qui, dans sa stricte droiture, détestait ces reptiles avec toute la force d'un homme de cœur — cette dure parole : « Toute ma vie, je n'ai voulu être qu'un Allemand, et ensuite un fonctionnaire ; et je ne veux pas qu'on me confonde jamais avec ces créatures, qui, fonctionnaires catins, se prostituent à tout venant, susceptible de passer pour le maître de l'heure. »

Ce qui est surtout triste, c'est que cette engeance soumit non seulement peu à peu des dizaines de milliers de serviteurs les plus honnêtes et les plus loyaux de l'État allemand, m3is leur inocula aussi peu à peu son propre minque de principes ; elle poursuivit ensuite les plus honnêtes avec une haine féroce, elle les délogea enfin de leurs postes et fonctions, tout en continuant à se présenter, avec une hypocrisie mensongère, sous l'étiquette de « nationaux ».

Nous n'avions jamais à espérer aucun secours de tels hommes, et nous ne l'avons obtenu en effet que très rarement. Seul, le développement de nos propres services de protection pouvait garantir la sécurité de notre mouvement, et lui attirer en même temps l'attention et l'estime générales qu'on octroie à celui qui se défend lui-même quand on l'attaque.

Notre idée directrice pour l'organisation intérieure de cette section d'assaut, fut toujours d'en faire, outre une, troupe de choc parfaite, une force morale inébranlablement pénétrée de l'idéal national-socialiste, et d'y faire régner la discipline la plus stricte. Elle ne devait avoir rien de commun avec une organisation bourgeoise de défense, ou avec une société secrète.

Les raisons pour lesquelles je m'opposai à cette époque ; de la façon la plus ferme aux tentatives de donner aux sections d'assaut la forme de ligues de défense, sont fondées sur les considérations suivantes :

Au point de vue purement pratique, l'éducation militaire d'un peuple ne peut être faite par des ligues privées, si ce n'est avec d'énormes secours financiers de la part de l'État. Penser autrement eût été surestimer grandement ses propres possibilités. Il est impossible, en appliquant ce qu'on nomme « la discipline volontaire », de dépasser certaines limites dans la formation d'organisations qui possèdent une valeur militaire. L'instrument le plus essentiel du commandement — la faculté de punir — fait ici défaut. Au printemps 1919, il était encore possible de constituer ce qu'on appelle des « corps francs », mais cela pouvait se faire parce qu'ils étaient composés d'anciens combattants, qui, pour la plupart, étaient déjà passés par l'école de l'ancienne armée, mais aussi parce que le genre d'obligations imposées aux hommes impliquait une obéissance militaire inconditionnelle.

Ces prémisses font complètement défaut pour les « ligues de défense » volontaires. Plus la ligue est vaste, plus la discipline est relâchée ; moins on peut exiger de chaque membre, plus l'ensemble prend l'aspect des anciennes associations de militaires et de vétérans. Une préparation volontaire au service militaire, sans pouvoir de commandement inconditionnel, ne pourra jamais être appliquée aux grandes masses. Ceux qui, de leur propre gré, se soumettront à la contrainte de l'obéissance, toute naturelle dans l'armée, seront toujours une minorité. Ensuite, un véritable entraînement ne peut être appliqué à cause de l'insuffisance ridicule des moyens à la disposition des ligues de défense. Le plus solide entraînement aurait dû être la tâche essentielle de telles institutions. Huit ans ont passé depuis la guerre, et, pendant ce temps, pas une classe de notre jeunesse allemande n'a reçu un entraînement régulier. La tâche d'une ligue de défense ne peut être seulement celle d'englober les hommes ayant déjà reçu l'entraînement dans le passé, parce que, dans ce cas, on pourrait mathématiquement établir à quel moment son dernier membre quitterait la ligue. Même le plus jeune soldat de 1918 sera, dans vingt ans, sans valeur militaire, et nous nous approchons de cet état de choses avec une rapidité inquiétante. Tout ce qu'on nomme les ligues de défense acquerra alors inévitablement le caractère des anciennes associations de vétérans. Or, tel ne doit pas être une institution qui se nomme non pas association d'anciens combattants, mais Ligue de défense, et qui s'efforce d'exprimer, par son nom même, qu'elle voit sa mission non seulement dans le maintien des traditions et des liens entre les anciens soldats, mais aussi dans la propagation des idées de défense nationale et dans l'application pratique de ces idées, c'est-à-dire dans la formation d'un corps apte à cette défense.

Mais cette tâche implique alors inévitablement l'entraînement des éléments qui n'ont pas encore reçu de préparation militaire, et cela, dans la pratique, est réellement impossible. On ne peut vraiment créer un soldat avec un entraînement d'une ou de deux heures par semaine. Avec les exigences croissantes, vraiment énormes, que le service militaire impose actuellement au soldat, un service militaire de deux ans est tout juste suffisant pour transformer un jeune homme en un soldat.

Nous avons tous vu au front les conséquences terribles que le manque de préparation au métier militaire avait pour les jeunes recrues. Des formations volontaires, qui avalent été soumises à un entraînement de fer pendant quinze à vingt semaines, et animées de l'esprit de sacrifice le plus élevé, ne représentaient néanmoins au front que de la chair à canon. Seules, les jeunes recrues ayant subi un entraînement de quatre à six mois et encadrées dans les rangs de vieux soldats expérimentés, pouvaient devenir des éléments utiles dans leur régiment ; ils étaient, en cela, guidés par les « anciens » et s'adaptaient peu à peu à leur tâche.

En face de ces faits, combien paraît désespérée la tentative de créer une troupe sans pouvoir de commandement défini, sans moyens suffisants, par un soi-disant entraînement d'une à deux heures par semaine i On peut, de cette façon, maintenir en forme peut-être d'anciens soldats, mais on ne transformera jamais de la sorte des jeunes gens en soldats.

On peut encore prouver l'inefficacité de ce prétendu entraînement par le fait suivant : lorsqu'une telle ligue de défense volontaire, au prix des plus grands efforts, et avec mille difficultés, essayait d'entraîner militairement quelques milliers d'hommes dévoués (pour les autres, elle n'existe même pas !), l'État brisait par ses directives pacifistes et démocratiques l'élan de millions et de millions de jeunes gens, empoisonnait leur âme patriotique et les transformait peu à peu en un troupeau de moutons supportant patiemment tout arbitraire.

À côté de cela, combien faibles et ridicules paraissent tous les efforts des ligues de défense pour transmettre leurs idées à la jeunesse allemande !

Mais presque plus essentiel encore est le point de vue suivant, qui me fit toujours prendre position contre toute tentative d'une soi-disant préparation militaire sur la base des organisations volontaires :

Même en admettant que, malgré toutes les difficultés indiquées plus haut, une ligue réussisse quand même, au cours des années, à transformer une certaine quantité d'Allemands en hommes entraînés militairement, aussi bien moralement que physiquement et techniquement, le résultat serait encore nul dans un État qui, par toute sa politique, ne désire nullement une telle préparation militaire, qui la déteste même, parce qu'elle est en pleine contradiction avec les buts intimes de ses dirigeants, les destructeurs de la nation.

Dans tous les cas, un tel résultat serait sans valeur avec des gouvernements qui non seulement ont prouvé que la force militaire de la nation n'a aucune valeur à leurs yeux, et qui, surtout, n'ont pas le moindre désir de se servir de cette force, si ce n'est pour la défense de leur propre existence, si funeste. Actuellement, il en est encore ainsi. N'est-il pas ridicule, vraiment, d'entraîner militairement quelques dizaines de milliers d'hommes au crépuscule, alors que l'État, il y a quelques années, abandonna honteusement huit millions et demi de soldats les mieux entraînés ? Alors que non seulement il ne voulut pas s'en servir, mais les livra, en reconnaissance de leurs sacrifices, aux insultes de la populace. On voudrait donc former des soldats pour défendre un régime qui a sali les plus glorieux soldats de jadis, qui a craché sur eux, qui leur a laissé arracher leurs croix et leurs insignes, qui leur a enlevé leurs cocardes, a piétiné leurs drapeaux et dénigré leurs exploits ? Est-ce que le régime actuel a fait un seul pas pour restaurer l'honneur de l'ancienne armée, pour traduire en justice ses destructeurs et ses détracteurs ? Pas le moindre ! Au contraire : nous les voyons trôner dans les plus hautes charges de l'État. N'a-t-on pas dit à Leipzig : « Le droit suit la force à la remorque. » Mais comme la force, aujourd'hui, dans notre république, est entre les mains des mêmes hommes qui ont attisé la révolution, comme cette révolution est la trahison la plus lâche, l'ignominie la plus basse dans toute l'histoire de l'Allemagne, on ne peut, vraiment, trouver aucune raison d'augmenter précisément la puissance de ces individus-là en créant une jeune armée nouvelle. Tous les arguments de la raison s'y opposent.

Le cas que faisait cet État, après la révolution de 1918, d'un renforcement de sa position au point de vue militaire, est clairement et ostensiblement démontré par son attitude envers les grandes organisations d'auto-protection existantes à cette époque. Aussi longtemps qu'elles avaient à assumer la protection des créatures révolutionnaires si lâches, elles n'étaient pas indésirables. Mais dans la mesure où, grâce à l'avachissement croissant de notre peuple, le danger pour ces créatures paraissait s'évanouir, et l'existence des ligues signifiait alors un renforcement au point de vue national, on les considéra comme superflues, on fit tout pour les désarmer, et même, autant que c'était possible, pour les dissoudre.

L'histoire ne connaît que de rares exemples de la gratitude des souverains. Mais, seul, un patriote néo- bourgeois pouvait espérer compter sur la gratitude d'incendiaires et d'assassins révolutionnaires, de ces hommes qui se sont enrichis en spoliant le peuple, de ces traîtres à la nation. En étudiant la question de savoir s'il fallait créer des ligues de défense volontaires, je me demandais : pour qui vais-je entraîner ces jeunes gens ? À quels buts seront-ils employés et quand seront-ils appelés ? La réponse à ces questions donnait en même temps les meilleures directives pour notre propre conduite.

Si l'État actuel doit jamais faire appel à ces formations entraînées, il ne le fera pas pour défendre les intérêts nationaux à l'extérieur, mais seulement pour la défense des oppresseurs de la nation, malgré la fureur générale du peuple trompé, trahi et vendu, qui éclatera peut-être un jour.

Nos sections d'assaut ne devaient donc, pour cette seule raison, avoir rien de commun avec une organisation militaire. C'était un instrument de protection et de propagande du mouvement national — socialiste, et ses tâches étaient d'un tout autre ordre que celui des organisations nommées ligues de défense.

Mais ce ne devait pas être non plus une association secrète. Le but d'organisations secrètes ne peut être qu'illégal. Cela limite le cadre d'une telle organisation. Il n'est pas possible, surtout quand on connaît le penchant au bavardage du peuple allemand, de créer une organisation tant soit peu considérable et en même temps de garder le secret ou même de voiler ses buts. De telles intentions ont déjà été déjouées mille fois. Non seulement nos institutions policières ont aujourd'hui à leur disposition tout un état-major de souteneurs et d'autres canailles, qui trahissent pour les trente deniers de Judas et qui inventeraient plutôt des trahisons imaginaires. Jamais on ne peut obtenir de ces propres partisans le silence nécessaire en pareil cas. Seuls, de tout petits groupements, après des années de filtrage, pourraient acquérir le caractère de véritables organisations secrètes. Mais l'exiguïté même de pareilles formations leur enlèverait toute valeur pour le mouvement national-socialiste. Ce dont nous avions besoin, ce n'étaient pas de cent ou deux cents conspirateurs audacieux, mais de centaines de milliers de militants fanatiques épris de notre idéal. Il fallait travailler non pas dans des conciliabules secrets, mais par de puissantes démonstrations de masses, et ce n'était point par le poignard ou le poison ou le revolver que le mouvement pouvait vaincre, c'était seulement par la conquête de la rue. Nous devions faire comprendre au marxisme que le national-socialisme était le maître futur de la rue, et qu'il serait un jour le maître de l'État.

Le danger des organisations secrètes est encore actuellement dans le fait que leurs membres perdent souvent toute notion de la grandeur de leur tâche, et qu'ils croient que le sort d'un peuple peut être décidé par un meurtre. Une telle opinion peut avoir sa raison d'être historique, dans le cas où le peuple pâtit sous la tyrannie de quelque oppresseur de génie, dont on sait que, seule, la personnalité extraordinaire garantit la solidité intérieure et le caractère terrifiant de cette oppression. Dans un tel cas, un homme prêt au sacrifice peut surgir des rangs du peuple pour plonger le fer dans le sein de l'homme détesté. Et seulement l'esprit républicain de petits lâches peut voir dans cet acte un motif de réprobation. N'oublions pas que Schiller, le plus grand pionnier de la liberté de notre peuple, a osé, dans son Guillaume Tell, glorifier un tel meurtre.

Dans les années 1919 et 1920 existait le danger que les associations secrètes, entraînées par les grands exemples de l'histoire et heurtées par les calamités sans bornes de la patrie, essayassent de se venger sur les fauteurs des malheurs de la patrie, pensant mettre fin de cette façon à la détresse du peuple. Toute tentative pareille eût été un non-sens, parce que le marxisme avait triomphé non pas grâce au génie supérieur d'un chef quelconque, mais à cause de la faiblesse pitoyable et sans bornes, à cause du lâche renoncement du monde bourgeois. Le reproche le plus cruel qu'on puisse faire à notre bourgeoisie, c'est de constater que la révolution n'a pas mis en vedette le moindre cerveau, mais qu'elle l'a soumise quand même. On peut encore comprendre qu'on puisse capituler devant un Robespierre, un Danton, un Marat, mais il est scandaleux de s'être mis à quatre pattes devant le grêle Scheidemann ou le gros Erzberger, ou un Friedrich Ebert, et tous les autres innombrables nains politiques. Il n'y eut vraiment pas une tête dans laquelle on aurait pu voir l'homme de génie de la révolution. Dans le malheur de la patrie, il n'y avait que des punaises révolutionnaires, des spartakistes de pacotille en gros et en détail. Cela n'aurait eu aucune importance si on en avait supprimé un ; le seul résultat aurait été qu'une poignée d'autres sangsues, aussi nulles et aussi avides, auraient pris sa place.

La protestation la plus énergique n'était pas de trop pour combattre cette conception, qui avait eu sa raison d'être dans de grands événements historiques, mais qui ne convenait nullement à notre époque actuelle de nains.

Les mêmes considérations sont valables pour le cas de suppression de ceux qu'on appelle les traîtres au pays. C'est un illogisme ridicule de fusiller un individu qui a dénoncé à l'ennemi la présence d'un canon, tandis que, dans les postes les plus élevés du gouvernement, se trouvent des canailles qui ont vendu tout un empire, qui ont sur leur conscience le vain sacrifice de deux millions de morts, qui portent la responsabilité de millions d'invalides, et qui font en pleine tranquillité d'âme leurs « affaires » républicaines. C'est un non-sens que de punir les petits traîtres dans un État où le gouvernement innocente les grands traîtres. Car il pourrait arriver un jour qu'un idéaliste honnête, ayant, pour servir son peuple, supprimé un vaurien qui a trahi aux armées, soit traîné en justice devant un jury de grands traîtres. Alors, doit-on faire supprimer un traître par un autre traître ? Ou par un idéaliste ? Dans le premier cas, le succès est douteux, et la trahison, pour l'avenir, est assurée ; dans l'autre cas, un petit vaurien est éliminé, et la vie d'un idéaliste, peut-être irremplaçable, est menacée.

Du reste, mon attitude dans cette question est la suivante : on ne doit pas pendre les petits voleurs quand les grands restent libres et impunis ; un jour, un tribunal national allemand aura à juger et à faire exécuter quelques dizaines de milliers d'organisateurs responsables de la trahison de novembre et de tout ce qui s'y rapporte. Un pareil exemple servira aussi au petit traître d'armes[35] une fois pour toutes, de leçon salutaire.

Toutes ces considérations m'ont amené à interdire, à plusieurs reprises, toute participation aux associations secrètes, et à empêcher les sections d'assaut de prendre le caractère de ces associations. J'ai tenu, dans ces années, le mouvement national-socialiste à l'écart d'expériences dont les exécuteurs ont été pour la plupart d'admirables jeunes Allemands idéalistes ; mais leurs

---

[35] Ceux qui dénonçaient les dépôts d'armes clandestins aux autorités interalliées après la guerre. — N. d. T.

actes n'ont abouti qu'à leur propre sacrifice, sans qu'ils aient pu améliorer dans la moindre mesure le sort de la patrie.

*

Si la S.A. ne devait être ni une organisation de défense militaire, ni une association secrète, il fallait tirer de cela les conséquences suivantes.

1° Leur entraînement devait avoir lieu non pas sous l'angle de leur utilité militaire, mais sous celui de leur conformité aux intérêts du parti.

Dans la mesure où leurs membres devaient se perfectionner au point de vue physique, le centre de gravité ne devait pas être dans les exercices militaires, mais plutôt dans la pratique des sports. La boxe et le jiu-jitsu m'ont toujours paru plus essentiels qu'un entraînement au tir, qui ne pouvait qu'être m3uvais, parce qu'incomplet. Qu'on donne à la nation allemande six millions de corps parfaitement entraînés au point de vue sportif, brûlant d'un amour fanatique pour la patrie et élevés dans un esprit offensif le plus intense ; un État national en saura faire, en cas de besoin, une armée en moins de deux ans, si toutefois il y a des cadres. Ceux-ci sont constitués dans les circonstances actuelles par la Reichswehr, et non par une ligue de défense empêtrée dans des demi-mesures. Le perfectionnement physique doit inoculer à chacun la conviction de sa supériorité et lui donner cette assurance qui réside toujours dans la conscience de sa propre force ; elle doit aussi leur donner les qualités sportives qui peuvent servir d'armes pour la défense du mouvement.

2° Pour empêcher dès l'abord que la S.A. revête un caractère secret, il faut que, indépendamment de son uniforme auquel tous peuvent immédiatement la reconnaître, ses effectifs, par leur nombre même, soient utiles pour le mouvement et connus de tous. Elle ne doit pas siéger en secret ; elle doit marcher à ciel découvert et se consacrer à une activité qui dissipe définitivement toutes les légendes sur son « organisation secrète ». Pour préserver aussi son esprit de toutes les tentations de nourrir son activité par de petites conspirations, on devait, dès le début, l'initier complètement à la grande idée du mouvement et l'entraîner si entièrement à la tâche de la défense de cette idée, que son horizon s'élargirait aussitôt et que chacun de ses membres ne verrait plus sa mission dans l'élimination de tel filou plus ou moins grand, mais le don total de soi en vue de l'édification d'un nouvel État national-socialiste et raciste. De cette façon, la lutte contre l'État actuel était élevée au-dessus de l'atmosphère de petits actes de vengeance et d'activités de conspirateurs ; elle parvenait au niveau d'une guerre de destruction pour une conception de vie idéale contre le marxisme et ses formations.

3° Les formes de l'organisation de la S.A., ainsi que son uniforme et son équipement, ne devaient pas suivre les modèles de l'ancienne armée ; elles devaient se conformer aux besoins de la tâche qui lui incombait.

Ces idées qui me servaient de directives déjà dans les années 1920 et 1921, et que je m'efforçai d'inoculer peu à peu à la jeune organisation, eurent pour résultat le fait que, dès la fin de l'été 1922, nous possédions un nombre appréciable de centuries, qui reçurent, en automne 1922, l'habillement qui les distinguait. Trois événements eurent une importance infinie pour le développement ultérieur de la S.A.

1° La grande démonstration de toutes les associations patriotiques contre la loi de défense de la république sur le Königsplatz à Munich.

Les associations patriotiques de Munich avaient alors lancé l'appel de se réunir pour une manifestation gigantesque, à Munich, pour protester contre l'introduction de la loi de défense de la république. Le mouvement national-socialiste devait y participer aussi. Le défilé du parti, en rangs serrés, s'ouvrit par les six centuries de Munich, suivies par les sections politiques du parti. Deux orchestres prirent part au défilé, et on portait près de quinze drapeaux. L'arrivée des nationaux-socialistes sur la vaste place, déjà remplie à moitié, déchaîna un enthousiasme sans bornes. Moi-même, j'eus l'honneur de prendre la parole devant une foule comptant soixante mille hommes.

Le succès de cette manifestation fut foudroyant, surtout parce qu'il fut prouvé pour la première fois, en dépit de toutes les menaces des rouges, que le Munich national pouvait aussi marcher dans la rue. Les membres des associations de protection rouge républicaine, qui essayèrent d'agir par la terreur contre les colonnes en marche, furent dispersés, la tête ensanglantée, en quelques minutes par les centuries des S.A. Le mouvement national-socialiste a montré alors, pour la première fois, qu'il était décidé à l'avenir à prétendre défiler dans la rue et à arracher ainsi ce monopole des mains des traîtres internationaux et des ennemis de la patrie.

Le résultat de cette journée fut une preuve incontestable de ce que nos conceptions sur la structure de la S.A. étaient bonnes, tant au point de vue psychologique qu'au point de vue de l'organisation.

Elle fut donc élargie énergiquement sur les bases qui lui avaient apporté le succès, et, peu de semaines plus tard, nous avions mis sur pied une quantité double de centuries.

2° L'expédition à Cobourg en octobre 1922.

Les ligues « racistes » avaient l'intention d'organiser, à Cobourg, ce qu'elles nommaient un « Congrès allemand ». Je reçus aussi une invitation à ce Congrès, avec la prière d'amener quelques hommes. Cette invitation, que je reçus à 11 heures, m'arrivait juste à point. Une heure après, les dispositions pour la participation à ce Congrès allemand étaient déjà prises. Pour m'accompagner, je désignai huit cents hommes de la S.A., qui, divisés en quatorze centuries, devaient être transportés de Munich, par un train spécial, à Cobourg, devenue bavaroise.[36] Des ordres correspondants furent donnés aux autres groupements de S.A. national-socialistes, qui s'étaient formés entre temps dans d'autres localités. C'était la première fois qu'un tel train spécial traversait l'Allem3gne. Dans toutes les localités où de nouveaux membres de la S.A. montèrent, notre voyage produisait une sensation énorme. Beaucoup de gens n'avaient encore jamais vu nos drapeaux ; l'impression qu'ils produisirent fut grande.

---

[36] Cobourg, avec son canton, qui faisait partie de l'ex-duché de Saxe-Cobourg-Gotha, venait de décider, par voie de plébiscite, son rattachement avec la Bavière.

Quand nous arrivâmes en gare de Cobourg, nous fûmes reçus par une délégation du comité des fêtes du Congrès, qui nous transmit un ordre, intitulé « compromis », des syndicats locaux, ainsi que du parti socialiste indépendant et du parti communiste, qui stipulait que nous ne devions pas entrer dans la ville ni drapeaux déployés, ni musique en tête (nous avions amené avec nous notre orchestre de quarante-deux hommes), ni en colonne serrée.

Je rejetai séance tenante ces humiliantes conditions, et je ne manquai pas de faire entendre à messieurs les dirigeants de cette manifestation que le fait d'avoir engagé des pourparlers et d'avoir conclu des compromis avec la municipalité socialiste me paraissait surprenant ; et je déclarai que les centuries de la S.A. allaient aussitôt se mettre en rangs et marcher dans la ville, avec leur fanfare et drapeaux déployés.

Et c'est ce qu'on fit.

Sur la place de la gare une foule hurlante et ricanante de milliers d'hommes nous reçut. « Assassins ! », « Bandits ! », « Criminels ! », tels furent les jolis petits noms que nous jetaient aimablement à la tête ces fondateurs exemplaires de la République allemande. La jeune S.A. garda une tenue exemplaire, les centuries se formèrent sur la place de la gare, ne prêtant d'abord aucune attention aux injures de la populace. Des organes policiers apeurés pilotèrent d'abord notre marche par cette ville, inconnue de nous tous, non pas, comme il était convenu, vers nos quartiers mais vers la salle du Hofbrauhaus, située près du centre de la ville. À gauche et à droite de notre procession, le tumulte des masses populaires qui nous suivaient augmentait toujours. À peine la dernière centurie était-elle entrée dans la cour de la salle qu'une foule compacte, avec des cris assourdissants, essaya d'y pénétrer à notre suite. Pour les en empêcher, la police fit fermer la salle. Comme cette situation était intenable, je mis la S.A. de nouveau au garde-à-vous, je lui fis une courte allocution et j'exigeai de la police l'ouverture immédiate des portes. Après une longue hésitation, ils consentirent à le faire.

Nous marchâmes donc de nouveau par le même chemin, mais en sens contraire, pour arriver à nos quartiers, et cette fois il fallut réellement faire front. Comme les cris et les exclamations insultantes ne pouvaient faire perdre leur sang-froid à nos centuries, ces représentants du vrai socialisme, de l'égalité et de la fraternité, eurent recours aux pierres. Alors notre patience fut à bout et des coups tombèrent comme grêle à droite et à gauche ; un quart d'heure plus tard, plus rien de rouge n'osait montrer le bout du nez dans les rues.

La nuit, il y eut encore de dures rencontres. Des patrouilles de la S.A. avaient trouvé des nationaux — socialistes, assaillis isolément, dans un état atroce. Alors, on régla leur compte aux adversaires. Dès le lendemain matin, la terreur rouge dont Cobourg avait souffert pendant des années était brisée.

Avec l'hypocrisie typique des marxistes-juifs, on essaya encore, par des proclamations, de lancer une fois de plus les « camarades du prolétariat international » dans la rue, en affirmant, en falsifiant les faits, que nos « bandes d'assassins » avaient commencé à Cobourg « une guerre exterminatrice contre les ouvriers pacifiques ». À une heure et demie, une grande « démonstration populaire » devait avoir lieu, et on y avait convié des dizaines de milliers d'ouvriers de la région. Fermement décidé à liquider définitivement la terreur rouge, j'ordonnai, à midi, à la S.A., qui comptait quinze cents hommes, de former une colonne, et je me mis avec elle en marche vers la citadelle de Cobourg, en passant par la grande place où la démonstration hostile devait avoir lieu. Je voulais voir s'ils oseraient encore nous molester. Quand nous pénétrâmes sur la place, il n'y avait, au lieu des dix mille hommes annoncés, que quelques centaines de pauvres bougres qui se tinrent cois à notre approche ou prirent la fuite.

En quelques endroits seulement, des détachements rouges qui étaient venus du dehors et qui ne nous connaissaient pas encore, essayèrent de nouveau de s'en prendre à nous ; mais, en un tournemain, on leur fit radicalement passer toute envie de le faire. Et alors on put voir comme la population, intimidée jusqu'à ce moment, se réveilla peu à peu, prit courage, osa nous acclamer et, dans la soirée, à notre départ, éclata en beaucoup d'endroits en acclamations joyeuses.

Tout à coup, le personnel du chemin de fer nous déclara à la gare qu'il ne conduirait pas notre train. Je fis alors savoir à plusieurs des meneurs rouges que, dans ce cas, je comptais mettre la main sur autant de bonzes rouges que j'en pourrais attraper, et que nous conduirions notre train nous-mêmes, en prenant avec nous sur la locomotive, le tender et dans chaque voiture, quelques représentants de la solidarité internationale. Je ne manquai pas d'attirer l'attention de ces messieurs sur le fait qu'un voyage entrepris avec nos propres moyens serait, certes, une aventure infiniment risquée et que nous nous casserions tous peut-être le cou. Mais nous pourrions alors, en tout cas, nous réjouir de ce que nous n'irions pas faire ce plongeon dans l'au-delà tout seuls, mais en pleine égalité et fraternité avec les messieurs rouges.

Sur ce, le train partit exactement à l'heure, et nous arrivâmes de nouveau sains et saufs à Munich le lendemain matin.

À Cobourg, la première fois depuis l'année 1914, fut ainsi rétablie l'égalité des citoyens devant la loi. Car si, aujourd'hui, quelque fat de fonctionnaire supérieur prétend affirmer que c'est l'État qui protège la vie de ses citoyens, ce n'était alors vraiment pas le cas ; car les citoyens devaient être protégés contre les représentants mêmes de l'État.

L'importance de cette journée ne put être tout de suite appréciée dans toutes ses conséquences. Mais les hommes de la S.A. victorieuse sentirent croître leur foi en eux-mêmes et en la sagacité de leurs chefs.

Le monde environnant commença à s'occuper de nous, et nombreux furent ceux qui reconnurent, pour la première fois, dans le mouvement national-socialiste, l'institution qui devait, selon toute probabilité, préparer au marxisme une fin digne de lui.

Seule, la démocratie gémit qu'on pût oser ne pas se laisser paisiblement bourrer le crâne, et que nous ayons assumé, dans une République démocratique, le droit de repousser une attaque brutale par nos poings et nos cannes, au lieu d'y répondre par des incantations pacifistes.

La presse bourgeoise, en général, fut piteuse, ou lâche comme toujours, et seuls quelques journaux sincères se réjouirent qu'au moins à Cobourg, on eût su donner enfin sur les doigts aux bandits marxistes.

À Cobourg même, du moins une partie des ouvriers marxistes, celle que nous considérions comme égarée, avait appris, par l'enseignement des poings des ouvriers nationaux-socialistes, que ces ouvriers aussi luttaient pour des idéaux, car on sait par l'expérience qu'on ne se bat que pour ce qu'on croit et ce qu'on aime.

La S.A., elle-même, en retira le plus grand profit. Elle crût si rapidement qu'au congrès du parti, le 27 janvier 1923, déjà près de 6.000 hommes purent participer à la consécration du drapeau ; à cette occasion, les premières centuries parurent entièrement habillées de leur uniforme nouveau.

L'expérience de Cobourg avait démontré à quel point il était essentiel d'introduire une tenue uniforme pour la S.A., non seulement pour fortifier l'esprit de corps, mais aussi pour éviter des confusions et comme signe de reconnaissance. Jusqu'à présent, ils ne portaient que des brassards ; maintenant s'y ajoutèrent la vareuse et la casquette bien connues.

L'expérience de Cobourg eut encore cette importante conséquence : nous commençâmes à briser méthodiquement la terreur rouge dans toutes les localités où celle-ci avait, depuis des années, empêché toute réunion d'autres partis, et à rétablir la liberté de réunions. À partir de ce moment, nous avons concentré nos bataillons nationaux-socialistes dans de telles localités, et peu à peu les citadelles rouges de la Bavière tombèrent l'une après l'autre devant la propagande nationale-socialiste. La S.A. s'est toujours de plus en plus adaptée à sa tâche, elle s'est éloignée de plus en plus du type d'un mouvement de défense sans but et sans importance vitale, et elle se haussa jusqu'au rôle d'une organisation vivante de combat pour la création d'un nouvel État allemand.

Le développement logique se poursuivit jusqu'au mois de mars 1923. À ce moment se produisit un événement qui me força de faire dévier le mouvement de la voie établie, et de l'amener à une transformation.

3° L'occupation du territoire de la Ruhr par les Français, dans les premiers mois de l'année 1923, eut une grande importance pour le développement de la S.A.

Il n'est pas encore possible aujourd'hui, et cela ne correspond surtout pas à l'intérêt national, de parler ou d'écrire là-dessus en pleine liberté. Je ne puis en parler que dans la mesure où ce sujet a déjà été abordé dans des discussions publiques, et où il a été ainsi porté à la connaissance de tous.

L'occupation de la Ruhr, qui ne fut point une surprise pour nous, fit naître l'espoir bien fondé que, maintenant, on allait rompre avec la politique lâche des reculades et qu'on devait assigner aux lignes de défense une tâche parfaitement définie. La S.A. aussi, qui comptait alors dans ses rangs plusieurs milliers d'hommes jeunes et pleins de force, ne pouvait se refuser à prendre part à ce service national. Au printemps et au cours de l'été de l'année 1923, s'accomplit sa transformation en une organisation militaire de combat. C'est à cette réorganisation qu'il faut attribuer, en grande partie, le développement ultérieur des événements de l'année 1923 en ce qui concerne notre mouvement.

Comme je traite autre part, dans leurs grandes lignes, les événements de l'année 1923, je veux seulement établir que la transformation de la S.A. de cette époque devait être nuisible pour le mouvement, si les conditions qui motivaient cette réorganisation, c'est-à-dire la reprise d'une résistance active contre la France, ne se trouvaient pas remplies.

La conclusion de l'année 1923, si terrible que cela puisse paraître à première vue, fut presque nécessaire en se plaçant à un point de vue supérieur, parce qu'elle a empêché la transformation définitive de la S.A., rendue inutile par l'attitude du gouvernement allemand et nuisible pour le mouvement lui-même ; aussi reprit-on la marche dans la même voie dont on s'était écarté.

Le parti, réorganisé en 1925, doit reconstruire sa S.A. suivant les principes indiqués au début. Il doit retourner aux saintes conceptions initiales et il doit considérer de nouveau, comme sa tâche la plus essentielle, de créer dans sa S.A. un instrument pour la représentation et le renforcement de la lutte pour l'idéal du mouvement.

Il ne doit pas tolérer que la S.A. se rabaisse au rôle d'une ligue de défense ou d'une association secrète ; il doit, au contraire, s'efforcer de créer en elle une garde de cent mille hommes pour l'idéal national — socialiste et raciste.

CHAPITRE 10

LE FÉDÉRALISME N'EST QU'UN MASQUE

Pendant l'hiver de 1919, et plus encore au printemps et pendant l'été de 1920, le jeune parti fut forcé de prendre position sur une question qui avait déjà eu, pendant la guerre, une extraordinaire importance. Dans la première partie de ce livre, lorsque je décrivais brièvement les symptômes que j'avais personnellement constatés et qui annonçaient l'effondrement dont l'Allemagne était menacée, j'ai fait allusion au genre de propagande usitée par les Anglais, et aussi par les Français, pour agrandir l'ancien fossé qui séparait le Nord du Sud de l'Allemagne. Au printemps de 1915 avaient paru les premiers pamphlets dirigés systématiquement contre la Prusse qu'ils rendaient seule responsable de la guerre. En 1916, cette campagne avait reçu sa forme définitive, aussi adroite que méprisable. Faisant appel aux plus bas instincts, elle tendait à ameuter les Allemands du sud contre ceux du nord et elle avait commencé à porter des fruits. On a le droit de reprocher aux autorités supérieures d'alors, aussi bien dans le gouvernement que dans la direction de l'armée — ou, pour mieux dire, aux chefs de l'armée bavaroise — et c'est une inculpation dont ils ne pourront jamais se laver, de n'être pas intervenus avec la résolution nécessaire pour faire cesser cette campagne ; mais Dieu les aveuglait et leur faisait oublier leur devoir. On ne fit rien ! Au contraire, il semblait qu'en différents endroits, on la voyait d'un assez bon œil ; on était peut-être assez borné pour se figurer que non seulement une pareille propagande barrerait la route à l'évolution qui conduisait le peuple allemand à l'unité, mais aussi qu'elle renforcerait automatiquement les tendances fédératives. Mais rarement, dans l'histoire, une négligence aussi perfide a été plus cruellement punie. L'insulte qu'on voulait faire à la Prusse a atteint toute l'Allemagne. Elle eut pour conséquence de hâter l'effondrement qui ne mit pas seulement l'Allemagne en pièces, mais tout d'abord les États allemands eux-mêmes.

Ce fut dans la ville de Munich où la haine artificiellement attisée contre la Prusse s'était déchaînée avec le plus de rage qu'éclata d'abord un soulèvement contre la maison royale héréditaire.

Il serait d'ailleurs faux de croire que la propagande ennemie pendant la guerre ait seule pu fabriquer de toutes pièces ce mouvement d'opinion hostile à la Prusse et qu'il n'y ait pas des excuses à la décharge du peuple qui tomba dans son piège. La façon incroyable dont fut organisée l'économie publique pendant la guerre, la centralisation vraiment insensée qui mettait en tutelle toute l'étendue du Reich et l'exploitait comme un escroc fait de ses dupes, telles sont les principales causes qui ont contribué à la naissance de cette tournure d'esprit antiprussienne.

Car, pour l'homme du peuple du type courant, les offices de guerre, qui avaient, notez-le bien, leur direction à Berlin, étaient Berlin même ; et Berlin, c'était la Prusse.

Que cette entreprise de rapines, connue sous le nom d'offices de guerre, eût été organisée par des gens qui n'étaient ni des Berlinois, ni des Prussiens, ni parfois même des Allemands, l'homme du peuple s'en doutait à peine alors. Il ne voyait que les fautes grossières et les empiétements continuels de cette odieuse organisation fonctionnant dans la capitale du Reich et faisait naturellement retomber toute sa haine en même temps sur la capitale et sur la Prusse ; cela d'autant plus que d'un certain côté (le gouvernement bavarois), non seulement on ne faisait rien pour réfuter cette interprétation des faits, mais qu'on l'accueillait in petto avec un sourire complaisant.

Le Juif était trop malin pour ne pas comprendre dès alors que l'infâme campagne de pillages que, sous le couvert des offices de guerre, il avait organisée aux dépens du peuple allemand, finirait, et devait fatalement finir, par provoquer des résistances. Tant qu'elles ne lui sauteraient pas à la gorge, il n'avait pas à les craindre. Mais, pour empêcher que l'explosion du désespoir et de l'indignation des masses ne vienne à l'atteindre, il n'y avait pas de meilleure recette que de diriger vers un autre côté les éclats de leur fureur et de l'épuiser ainsi.

Que la Bavière se contente de se quereller avec la Prusse et la Prusse avec la Bavière, à merveille ! Et plus la querelle serait violente, mieux cela vaudrait pour lui ! Si les deux pays se combattaient avec acharnement, la paix du Juif n'en serait que mieux assurée. L'attention générale fut ainsi complètement détournée de ce maquignonnage international ; on sembla l'avoir absolument oublié. Lorsque le danger que présentaient ces querelles commença à devenir évident et quand les hommes réfléchis, qui étaient nombreux en Bavière même, conseillèrent d'ouvrir les yeux, de rentrer en soi-même et de montrer plus de modération, de sorte que cette lutte acharnée menaçait de s'apaiser, le Juif n'eut qu'à mettre en jeu une autre provocation et à en attendre le succès. Immédiatement, tous ceux qui tiraient profit de la lutte mettant aux prises le Nord et le Sud se jetaient sur l'incident et soufflaient sur le feu jusqu'à ce que l'indignation qui couvait encore eût recommencé à jeter des flammes.

Ce fut une manœuvre habile et raffinée qu'employa le Juif à ce moment pour occuper les différents peuples allemands et détourner leur attention, afin de pouvoir entre temps les dépouiller plus complètement.

Puis vint la révolution.

Si l'homme de la foule, et particulièrement le petit bourgeois et l'ouvrier peu cultivés, avaient pu, jusqu'en 1918, ou plutôt jusqu'au mois de novembre de cette année-là, ne pas se rendre exactement compte de ce qui se passait réellement et des conséquences que devaient fatalement avoir les querelles qui divisaient les éléments ethniques allemands, surtout en Bavière, la partie du peuple allemand qui se disait « nationale » aurait au moins dû le comprendre le jour où éclata la révolution. Car, à peine le mouvement eut-il réussi, que le chef et l'organisateur de la révolution en Bavière se fit le représentant des intérêts bavarois ! *Le Juif internationaliste Kurt Eisner commença à jouer contre la Prusse l'atout de la Bavière.* Il était pourtant évident que, tout compte fait, cet Oriental, dont toute l'existence s'était passée à vagabonder comme barbouilleur de journaux à travers le reste de l'Allemagne, était le dernier qui fût qualifié pour défendre les intérêts de la Bavière, et qu'il lui était des plus indifférent que précisément une Bavière continuât à exister dans le vaste monde créé par Dieu.

*En donnant au soulève*ment révolutionnaire en Bavière le caractère d'une offensive contre le reste du Reich, Kurt Eisner ne se plaçait pas le moins du monde au point de vue des intérêts ou des désirs de la Bavière ; il agissait en mandataire de la juiverie. Il tirait parti des tendances instinctives et des antipathies du peuple bavarois pour mettre plus facilement l'Allemagne en pièces avec leur aide. Le Reich démantelé serait devenu tout uniment la proie du bolchévisme.

Après sa mort, on continua d'abord à employer la tactique dont il avait usé. Le marxisme, qui avait couvert des insultes les plus sanglantes les États allemands et leurs souverains, fit subitement, sous le nom de « Parti indépendant »,[37] appel précisément aux sentiments et aux instincts qui avaient leurs racines dans l'existence des dynasties et des États allemands.

Le combat mené par la république des conseils (des ouvriers et soldats) contre les troupes qui venaient d'en délivrer la Bavière, fut représenté par la propagande comme le « combat des ouvriers bavarois » contre le « militarisme prussien ». C'est ce qui explique pourquoi l'écrasement de la république des conseils n'eut pas à Munich l'effet qu'il produisit dans les autres pays allemands : au lieu de rappeler les masses à la raison, il aigrit et irrita encore davantage les Bavarois contre la Prusse.

L'art avec lequel les agitateurs bolchévistes firent de la suppression de la république des conseils une victoire du « militarisme prussien » sur le peuple bavarois « antimilitariste p et « antiprussien », porta abondamment ses fruits. Alors que Kurt Eisner avait, à l'occasion des élections au Landtag constituant de Bavière, récolté à Munich moins de dix mille partisans et que le parti communiste était même resté au — dessous de trois mille voix, les voix données aux deux partis après la chute de la république s'élevèrent à près de cent mille.

Je crois que, de toute ma vie, je n'ai pas entrepris de campagne plus impopulaire que celle par laquelle je protestais contre l'hostilité témoignée aux Prussiens. Déjà, pendant le règne des conseils, de grandes réunions populaires s'étaient tenues à Munich où la haine du reste de l'Allemagne, mais

---

[37] Die Unabhangige Sozialistische Partei était cette fraction du parti social-démocrate qui s'était séparée de la majorité des députés socialistes, dans les derniers mois des hostilités, en refusant de continuer à voter les crédits pour la guerre. Depuis, les brebis égarées étaient rentrées au bercail. C'est dès cette époque que j'engageai personnellement le combat contre ces excitations insensées qui dressaient les éléments ethniques allemands les uns contre les autres.

particulièrement de la Prusse, était prêchée avec tant de succès que non seulement un Allemand du nord risquait sa vie à y assister, mais que la clôture de ces manifestations était accompagnée, la plupart du temps, de cris insensés comme : « Séparons-nous de la Prusse ! », « À bas la Prusse ! », « Guerre à la Prusse ! », disposition d'esprit qu'un représentant particulièrement brillant des droits de souveraineté de la Bavière résuma dans le cri de guerre poussé en plein Reichstag : « Plutôt mourir Bavarois que pourrir Prussien ».

Il faut avoir assisté aux réunions de cette époque pour comprendre ce que cela signifiait pour moi quand, pour la première fois, entouré d'une poignée d'amis, je m'élevai contre cette folie dans une réunion tenue au Löwenbräukeller à Munich. C'étaient des camarades de guerre qui m'assistaient alors et l'on peut peut-être se figurer ce que nous ressentions quand une foule délirante braillait contre nous et menaçait de nous assommer ; cette foule était composée pour la plus grande partie de déserteurs et d'embusqués, qui avaient passé leur temps dans les services de l'arrière ou au pays, tandis que nous défendions la patrie. Ces scènes avaient, il est vrai, un avantage pour moi : la petite troupe de mes partisans se sentait plus étroitement unie à moi et bientôt elle me prêta serment de fidélité à la vie et à la mort.

Ces luttes, qui se répétèrent constamment pendant toute l'année 1919, semblèrent devenir encore plus âpres dès le début de 1920. Il y eut des réunions — je me souviens particulièrement de celle qui eut lieu salle Wagner dans la Sonnenstrasse à Munich — au cours desquelles mon groupe, qui entre-temps avait grossi, eut à soutenir les plus violents assauts ; il arriva plus d'une fois que mes partisans furent, par douzaines, maltraités, jetés à terre, foulés aux pieds, pour être finalement, plus morts que vifs, jetés à la porte de la salle. La lutte que j'avais engagée en isolé, soutenu seulement par mes compagnons du front, fut alors poursuivie par le jeune mouvement qui la considérait, je dirais presque, comme un devoir sacré.

C'est encore aujourd'hui ma fierté de pouvoir dire que nous avons, alors que nous ne pouvions compter presque exclusivement que sur nos partisans bavarois, travaillé à mettre fin, lentement, mais sûrement, à cet amalgame de sottise et de trahison. Je dis sottise et trahison, parce que, si je suis convaincu que la masse de ceux qui suivaient était composée de braves gens sans intelligence, je ne puis trouver de telles excuses à la décharge des organisateurs et des meneurs. Je les tenais et les tiens encore aujourd'hui pour des traîtres à la solde de la France. Dans un cas, le cas Dorten, l'histoire a déjà rendu sa sentence.[38]

Ce qui rendait alors notre campagne particulièrement difficile, c'était l'habileté avec laquelle on savait dissimuler le but réellement poursuivi, en mettant au premier plan la tendance fédéraliste représentée comme l'unique cause de ces intrigues. Il est d'ailleurs évident que le fait d'attiser la haine contre la Prusse n'a rien à voir avec le fédéralisme. On s'étonne aussi de constater qu'un « mouvement fédéraliste » tente de dissoudre ou de découper en plusieurs morceaux un État faisant partie de la confédération. Car un

---

[38] Dorten fut un des chefs du séparatisme rhénan.

fédéraliste sincère, pour lequel la formule employée par Bismarck pour définir le Reich n'est pas un mot d'ordre déclamatoire et hypocrite, ne devrait pas, au moment même où il s'en réclame, souhaiter qu'on arrache quelques-uns de ses territoires à cet État prussien créé ou du moins définitivement constitué par Bismarck, ou même soutenir ouvertement des tendances séparatistes. Quels cris n'aurait-on pas poussés à Munich si un parti conservateur prussien avait favorisé, ou même réclamé et hâté publiquement, la séparation de la Franconie d'avec la Bavière. Néanmoins, on ne pouvait que plaindre ceux que séduisait sincèrement le fédéralisme et qui n'avaient pas vu de quels infâmes saltimbanques ils étaient les dupes ; c'étaient surtout des gens trompés. En chargeant l'idée fédéraliste d'une telle tare, ses propres partisans creusaient sa tombe. On ne peut pas faire de la propagande pour une organisation fédéraliste du Reich en dénigrant, insultant et couvrant de boue l'élément le plus essentiel d'une telle constitution politique, c'est-à-dire la Prusse, bref en rendant, autant que faire se peut, impossible l'existence de cet État confédéré. Ce résultat était d'autant plus invraisemblable que les prétendus fédéralistes s'attaquaient précisément à cette Prusse que l'on pouvait le moins identifier avec le régime démocratique instauré par la révolution de novembre. Car les injures et les critiques de ces prétendus « fédéralistes » ne s'adressaient pas aux auteurs de la constitution de Weimar, qui d'ailleurs étaient eux-mêmes en majorité des Allemands du sud ou des Juifs, mais aux représentants de la vieille Prusse conservatrice, qui était aux antipodes de la constitution de Weimar. Le fait que cette campagne se gardait soigneusement de toucher aux Juifs, ne doit pas étonner et donne peut-être la clef de toute l'énigme.

De même qu'avant la révolution, le Juif avait su détourner l'attention du public de ses offices de guerre, ou plutôt de lui-même, et soulever les masses, et spécialement le peuple de Bavière, contre la Prusse, de même il lui fallait, après la révolution, voiler d'une façon quelconque sa nouvelle entreprise de pillage dix fois plus active. Et il réussit encore à exciter les uns contre les autres les « éléments nationaux » de l'Allemagne : les conservateurs bavarois contre les conservateurs prussiens. Il s'y prit à nouveau de la façon la plus perfide, en provoquant, lui qui tenait seul tous les fils et dont dépendait le sort du Reich, des abus de pouvoir si brutaux et si maladroits qu'ils devaient mettre en ébullition le sang de tous ceux qui en étaient continuellement les victimes. Celles-ci n'étaient jamais des Juifs, mais des compatriotes allemands. Ce n'était pas le Berlin de quatre millions de travailleurs et de producteurs, appliqués à leur tâche, que voyait le Bavarois, mais le Berlin fainéant et corrompu des pires quartiers de l'Ouest ! Mais sa haine ne se tournait pas contre ces quartiers-là ; elle ne visait que la ville « prussienne ».

Il y avait souvent de quoi perdre courage.

Cette habileté qu'apporte le Juif à détourner de lui l'attention du public en l'occupant ailleurs, on peut encore l'observer aujourd'hui.

En 1918, il ne pouvait être question d'un antisémitisme systématique. Je me rappelle encore combien il était difficile de prononcer alors seulement le nom de Juif. Ou bien l'on vous regardait avec des yeux stupides ou bien l'on se heurtait à l'opposition la plus vive. Nos premières tentatives pour montrer à l'opinion publique quel était notre véritable ennemi, ne paraissaient avoir à cette époque presque aucune chance de succès et ce ne fut que lentement que les choses prirent une meilleure tournure. Si défectueuse qu'ait été *l'organisation* de la *Ligue défensive et offensive,* elle n'en eut pas moins le grand mérite de poser de nouveau la question juive et de la traiter en soi. En tout cas, c'est grâce à la ligue que l'antisémitisme commença, pendant l'hiver de 1918-1919, à prendre lentement racine. Il est vrai que le mouvement national-socialiste lui fit faire plus tard bien d'autres progrès. Il est parvenu surtout à élever ce problème au-dessus de la sphère étroite des milieux de la grande et de la petite bourgeoisie et à en faire le ressort et le mot d'ordre d'un grand mouvement populaire. Mais, à peine avions-nous réussi à doter ainsi le peuple allemand d'une grande idée qui devait faire en lui l'union et le conduire au combat, que le Juif avait déjà organisé sa défense. Il eut recours à son ancienne tactique. Avec une fabuleuse rapidité, il jeta au milieu des troupes racistes la torche de la discorde et sema la désunion. *Soulever la question des menées ultramontaines et provoquer ainsi une lutte mettant aux prises le catholicisme et le protestantisme,* c'était, étant données les circonstances, le seul procédé possible pour détourner l'attention du public vers d'autres problèmes, de façon à empêcher que la juiverie ne fût attaquée par des forces coalisées. Le tort que les hommes, qui ont posé cette question devant le public, ont fait au peuple ne pourra jamais être réparé par eux. En tout cas, le Juif a atteint son but : catholiques et protestants se combattent à cœur joie et l'ennemi mortel de l'humanité aryenne et de toute la chrétienté rit sous cape.

On avait su autrefois occuper, pendant des années, l'opinion publique avec le combat que se livraient le fédéralisme et la centralisation et les user l'un par l'autre, tandis que le Juif faisait métier et marchandise de la liberté de la nation et trahissait notre patrie au profit de la grande finance internationale ; aujourd'hui, il réussit à lancer l'une contre l'autre les deux confessions allemandes, pendant que les bases sur lesquelles elles reposent toutes deux sont rongées et minées par le poison que sécrète le Juif cosmopolite et internationaliste.

Qu'on se représente les ravages que la contamination par le sang juif cause quotidiennement dans notre race et que l'on réfléchisse que cet empoisonnement du sang ne pourra être guéri que dans des siècles, ou jamais, de façon à ce que notre peuple en soit indemne ; qu'on réfléchisse, en outre, que cette décomposition de la race diminue, souvent même anéantit les qualités aryennes de notre peuple allemand, si bien que l'on voit décroître de plus en plus la puissance dont nous étions doués comme nation dépositaire de la civilisation et que nous courons le danger de tomber, au moins dans nos grandes villes, au niveau où se trouve aujourd'hui l'Italie du sud. Cette contamination pestilentielle de notre sang, que ne savent pas voir des centaines de milliers de nos concitoyens, est pratiquée aujourd'hui systématiquement par les Juifs. Systématiquement, ces parasites aux cheveux noirs, qui vivent aux dépens de notre peuple, souillent nos jeunes filles inexpérimentées et causent ainsi des ravages que rien en ce monde ne pourra plus compenser. Les deux, mais oui ! les deux confessions chrétiennes voient d'un œil indifférent cette profanation, cette destruction de l'être noble et d'une espèce particulière dont la grâce divine avait fait don à la terre. Ce qui est important pour l'avenir de la terre, ce n'est pas de savoir si les protestants l'emporteront sur les catholiques ou les catholiques sur les protestants, mais si l'homme de race aryenne survivra ou mourra. Pourtant les deux confessions ne luttent pas aujourd'hui contre celui qui veut anéantir l'aryen : elles cherchent réciproquement à s'anéantir. Celui qui se tient sur le plan raciste a le devoir sacré, quelle que soit sa propre confession, *de veiller à ce qu'on ne parle pas sans cesse à la légère de la volon*té divine, mais qu'on agisse conformément à cette volonté et qu'on ne laisse pas souiller l'œuvre de Dieu. Car c'est la volonté de Dieu qui a jadis donné aux hommes leur forme, leur nature et leurs facultés. Détruire son œuvre, c'est déclarer la guerre à la création du Seigneur, à la volonté divine. Aussi chacun doit agir — bien entendu, su sein de son Église — et chacun doit considérer comme le premier et le plus sacré de ses devoirs de prendre position contre tout homme qui, par sa conduite, ses paroles ou ses actes, quitte le terrain de sa propre confession pour aller chercher querelle à l'autre confession. Car critiquer les particularités d'une des confessions, c'est aggraver le schisme religieux existant déjà chez nous et provoquer une guerre d'extermination entre les deux confessions qui se partagent l'Allemagne. Notre situation au point de vue de la religion n'offre aucun point de comparaison avec celle de la France, de l'Espagne et surtout de l'Italie. On peut, par exemple, dans ces trois pays, prêcher la lutte contre le cléricalisme ou l'ultramontanisme sans courir le danger que cette tentative divise le peuple français, espagnol ou italien en tant que peuple. Mais on ne le peut pas en Allemagne, parce que les protestants prendraient certainement part à cette campagne. Ainsi les mesures de défense, qui seraient prises dans les autres pays par les seuls catholiques contre les abus de pouvoir que commettrait leur pasteur suprême au point de vue politique, auraient immédiatement chez nous le caractère d'une attaque dirigée par le protestantisme contre le catholicisme. Ce qui est supporté par les fidèles d'une confession, même quand cela leur semble injuste, est rejeté *a priori* et avec la plus grande violence par tout tenant d'une autre confession. Cela va si loin que ceux-là mêmes qui seraient tout prêts à réformer les abus qu'ils constatent au sein de leur propre Église, y renonceront immédiatement et tourneront tous leurs efforts vers l'extérieur sitôt qu'une pareille réforme sera conseillée ou surtout exigée par une autorité appartenant à une autre confession. Ils considèrent cette prétention comme une tentative aussi injustifiée qu'inadmissible, et même inconvenante, de se mêler de choses qui ne regardent pas l'autorité en cause. De semblables tentatives ne paraissent pas excusables même quand elles se fondent sur le droit supérieur que possède la communauté nationale de défendre ses intérêts, parce qu'aujourd'hui les sentiments religieux ont toujours une influence beaucoup plus profonde que les considérations nationales et politiques. Et l'on ne changera rien à cet état de choses en poussant les deux confessions à se faire réciproquement une guerre acharnée ; il ne deviendrait autre que si une tolérance réciproque assurait à la nation le bienfait d'un avenir dont la grandeur agirait aussi sur ce terrain dans le sens de la réconciliation.

Je n'hésite pas à déclarer que je vois, dans les hommes qui cherchent aujourd'hui à mêler le mouvement raciste aux querelles religieuses, de pires ennemis de mon peuple que ne le peut être n'importe quel communiste internationaliste. Car, convertir ce communiste-là, c'est à quoi est appelé le mouvement national-socialiste. Mais celui qui veut faire sortir du rang les racistes et les rendre infidèles à leur mission commet l'acte le plus condamnable. Il est, que ce soit consciemment ou inconsciemment ne fait rien à l'affaire, le champion des intérêts juifs. Car l'intérêt des Juifs est aujourd'hui de faire couler, jusqu'à épuisement, le sang du mouvement raciste dans une lutte religieuse au moment où il devient un danger pour les Juifs. Et j'insiste sur l'expression : faire couler le sang jusqu'à épuisement ; car seul un homme n'ayant aucune connaissance de l'histoire peut s'imaginer que ce mouvement est capable de résoudre actuellement une question sur laquelle ont échoué des siècles et de grands hommes d'État.

D'ailleurs, les faits parlent d'eux-mêmes. Les messieurs qui découvrirent subitement, en 1924, que la plus haute mission du mouvement raciste était de combattre « l'ultramontanisme » n'ont pas anéanti ce dernier, mais ils ont brisé le mouvement raciste. Je proteste contre la supposition qu'il ait pu se trouver dans les rangs des racistes un cerveau assez peu mûr pour s'imaginer capable de faire ce qui avait été impossible pour un Bismarck. Ce sera toujours le premier devoir des chefs du mouvement national — socialiste de s'opposer, de la façon la plus décidée, à toute tentative faite pour engager le mouvement national-socialiste dans de pareilles querelles, et d'exclure immédiatement des rangs du parti ceux qui font de la propagande pour de tels projets. En fait, ils y sont définitivement parvenus à l'automne de 1923. Le protestant le plus croyant pouvait marcher dans nos rangs à côté du catholique le plus croyant, sans que sa conscience dût le moins du monde entrer en conflit avec ses convictions religieuses. L'âpre combat que tous deux menaient en commun contre le destructeur de l'humanité aryenne leur avait appris au contraire à s'estimer et à s'apprécier mutuellement. Et, en même temps, c'est pendant ces années-là que le parti a combattu avec le plus d'acharnement le parti du Centre, non pas, il est vrai, pour des raisons religieuses, mais exclusivement au point de vue national, raciste et économique. Le succès se déclara alors aussi clairement en notre faveur qu'il prouve aujourd'hui l'erreur de ceux qui se prétendaient mieux informés.

Les querelles confessionnelles ont parfois atteint pendant ces dernières années une telle acuité que des milieux racistes, en proie à un aveuglement qui frappe ceux que Dieu abandonne, ne voyaient pas à quel point leur conduite était insensée, tandis que des journaux marxistes et athées se faisaient au besoin les avocats de confessions religieuses et, en colportant d'un camp à l'autre des déclarations dont la sottise dépassait parfois toute mesure, et qui étaient mises à la charge de l'une ou l'autre partie, s'efforçaient de jeter de l'huile sur le feu.

Mais c'est précisément pour un peuple qui, comme le peuple allemand, est capable, ainsi que son histoire l'a si souvent prouvé, de faire la guerre jusqu'à la dernière goutte de son sang pour des fantômes, que tout appel aux armes de ce genre comporte un danger mortel. Il a toujours détourné notre peuple de s'attacher à résoudre les questions dont dépendait pratiquement son existence. Pendant que nous nous consumions dans nos querelles religieuses, les autres peuples se partageaient le reste du monde. Et pendant que le mouvement raciste se demande si le danger ultramontain est plus à craindre que le péril juif, et inversement, le Juif détruit ce qui constitue les bases de notre existence en tant que race et, par là, détruit notre peuple pour toujours. Je peux, en ce qui concerne ces champions racistes-là, faire, en faveur du mouvement national-socialiste et par suite du peuple allemand, d'un cœur sincère, cette prière :

« Seigneur, protège-le de pareils amis ; quant à ses ennemis, il en viendra bien à bout tout seul. »

*

La lutte entre le fédéralisme et l'unitarisme, que les Juifs surent si astucieusement susciter en 1919, 1920, 1921 et au-delà, força le mouvement national-socialiste, bien qu'il se refusât à y participer, à prendre position sur les questions essentielles qu'elle soulevait. L'Allemagne doit-elle être un État fédératif ou centralisé et que signifient pratiquement ces deux définitions ? À mon avis, la seconde question est la plus importante, non seulement parce qu'on ne peut comprendre toute la portée du problème sans y avoir d'abord répondu, mais aussi parce qu'elle est de nature à éclairer et à réconcilier les adversaires.

Qu'est-ce qu'un État fédératif ?

Par État fédératif, nous entendons une association d'États souverains, qui s'unissent de leur propre volonté et en vertu de leur souveraineté, et qui se dessaisissent, en faveur de la fédération, de ceux de leurs droits souverains dont l'exercice lui est nécessaire pour exister et subsister.

Cette formule théorique ne trouve, dans la pratique, son application sans réserve chez aucune des confédérations, existant actuellement sur la terre. C'est à la constitution des États-Unis d'Amérique qu'elle convient le moins, car on ne pourrait dire que le plus grand nombre, et de beaucoup, des États particuliers qui composent cette confédération aient jamais joui primitivement d'une souveraineté quelconque, attendu que beaucoup d'entre eux ont été, pour ainsi dire, dessinés au cours des temps sur l'ensemble du territoire que dominait la confédération. C'est pourquoi, lorsqu'il est question des États particuliers composant les États-Unis d'Amérique, il s'agit, dans la plupart des cas, de territoires plus ou moins grands, délimités pour des raisons techniques et administratives, dont souvent les frontières ont été tracées avec une règle sur la carte, mais qui ne possédaient et ne pouvaient posséder auparavant aucun des droits de souveraineté propres à un État. Car ce ne furent pas ces États qui fondèrent la confédération, mais ce fut la confédération qui forma d'abord une grande partie de ces soi-disant États. Les droits indépendants, très étendus, qui furent laissés, ou, pour mieux dire, reconnus, aux différents territoires n'ont rien à voir avec le caractère spécifique de cette association d'États ; ils correspondent à l'étendue de son domaine, à ses dimensions dans l'espace qui sont presque celles d'un continent. On ne peut donc parler de la souveraineté politique des États composant l'Union américaine, mais des droits qui leur ont été constitutionnellement définis et garantis, ou, pour mieux dire, de leurs privilèges.

La formule donnée ci-dessus ne s'applique pas non plus exactement à l'Allemagne, bien que les États particuliers aient, sans aucun doute, d'abord existé en Allemagne en qualité d'États, et que le Reich soit sorti d'eux. Seulement, le Reich n'a pas été formé par la libre volonté et l'égale collaboration des États particuliers, mais par les effets de l'hégémonie d'un d'entre eux, la Prusse. Déjà la grande inégalité qui règne entre les États allemands en ce qui concerne l'étendue de leurs territoires ne permet pas de comparer le mode, de formation du Reich avec celui des États-Unis. Il y avait un tel disparate, au point de vue de la puissance, entre les plus petits des anciens États confédérés allemands et les plus grands, surtout le plus grand de tous, que les services qu'ils pouvaient rendre à la confédération étaient de très inégale importance et qu'ils n'ont pu prendre la même part à la fondation du Reich, à la formation de la confédération. En fait, on ne pouvait parler, au sujet de la plupart de ces États, d'une véritable souveraineté et l'expression : souveraineté de l'État, n'était pas autre chose qu'une formule administrative et vide de sens. En réalité, le passé, et aussi le présent, avaient mis au rancart beaucoup de ces prétendus « États souverains » et avaient ainsi prouvé de la façon la plus claire la fragilité de ces formations politiques « souveraines ».

Ce n'est pas ici le lieu d'exposer dans le détail comment ces États se sont constitués au cours de l'histoire ; il suffit de signaler que, presque en aucun cas, leurs frontières ne coïncident avec l'habitat d'une race allemande déterminée. Ce sont des créations purement politiques et dont la plupart remontent à la plus triste époque du Reich : à celle de son impuissance et du morcellement de notre patrie qui était à la fois la conséquence et la cause de cette impuissance.

La constitution de l'ancien Reich tenait compte, du moins en partie, de cet état de choses, en ne permettant pas aux États particuliers d'être également représentés au Bundesrat, mais en leur accordant une représentation proportionnelle à l'étendue de leur territoire et au chiffre de leur population, à leur importance effective, ainsi qu'au rôle qu'ils avaient joué dans la formation du Reich.

L'abandon que les États particuliers avaient fait de leurs droits de souveraineté en faveur du Reich, pour lui permettre de naître, n'avait été spontané que pour une très petite part ; en pratique, ces droits n'avaient, pour la plupart, jamais existé ou bien la Prusse s'en empara simplement en usant de sa puissance prépondérante. Il est vrai que Bismarck ne prit pas pour principe de donner au Reich tout ce qu'il lui était possible d'enlever par n'importe quel procédé aux États particuliers ; il ne réclama d'eux que ce dont le Reich avait absolument besoin. C'était un principe aussi modéré que sage : d'une part il tenait le plus grand compte des coutumes et de la tradition ; de l'autre, il assurait d'avance au nouveau Reich, dans L ne grande mesure, l'affection et la collaboration cordiale des États allemands. Mais il serait absolument faux d'attribuer cette décision de Bismarck à la conviction où il aurait été que le Reich posséderait ainsi, pour tous les temps, une somme suffisante de droits de souveraineté. Cette conviction, Bismarck ne l'avait pas du tout ; au contraire, il voulait laisser à l'avenir le soin d'accomplir ce qu'il aurait été trop difficile d'exécuter au moment présent et ce que les États n'auraient supporté qu'avec peine. Il comptait sur l'effet niveleur du temps et sur la pression qu'exercerait l'évolution dont l'action continue lui paraissait plus efficace qu'une tentative faite pour briser incontinent la résistance qu'auraient alors opposée à ses projets les États particuliers. En agissant ainsi, il a montré et prouvé de la façon la plus évidente à quel point il était un homme d'État. Car, en fait, la souveraineté du Reich n'a cessé de croître aux dépens des États particuliers. Le temps a fait ce que Bismarck attendait de lui. L'effondrement de l'Allemagne et la disparition des régimes monarchiques ont donné à cette évolution une impulsion décisive. Car, les États allemands devant leur existence moins à des causes ethniques qu'à des causes purement politiques, leur importance tombait à zéro sitôt que la forme qu'avait prise le développement de ces États, c'est-à-dire la forme monarchique et leurs dynasties, était supprimée. Un grand nombre de ces « États fantômes » furent alors si bien privés de toute base qu'ils renoncèrent d'eux-mêmes à survivre et, pour des raisons de pure utilité, fusionnèrent avec des États voisins ou s'agrégèrent spontanément à d'autres plus puissants ; c'est là la preuve la plus frappante de l'extraordinaire faiblesse de la souveraineté effective dont jouissaient ces petits États et de la piètre opinion qu'avaient d'eux leurs propres citoyens.

Si l'élimination du régime monarchique et de ses représentants avait déjà porté un coup très dur au caractère fédératif du Reich, il fut encore plus touché par les obligations que nous avions contractées en acceptant le traité de « paix ».

Il allait de soi que les droits souverains en matière de finance, dont avaient joui jusqu'alors les « États », passaient au Reich, du moment que la perte de la guerre lui imposait des obligations pécuniaires auxquelles n'auraient jamais pu satisfaire les contributions personnelles des Pays. Les autres mesures, comme la prise en charge des postes et des chemins de fer par le Reich, étaient aussi la conséquence inéluctable de l'asservissement de notre peuple auquel conduisaient peu à peu les traités de paix. Le Reich était contraint de s'assurer la possession exclusive de ressources de plus en plus nombreuses pour pouvoir satisfaire aux obligations qu'on ne cessait de lui extorquer.

Les formes que prit souvent cette extension des pouvoirs du Reich purent être insensées ; le processus n'en était pas moins naturel et logique. La responsabilité en revient aux partis et aux hommes qui n'ont pas fait autrefois tout ce qu'il fallait pour finir victorieusement la guerre. Les principaux responsables étaient, particulièrement en Bavière, les partis auxquels la poursuite de buts égoïstement intéressés avait fait oublier pendant la guerre de rendre au Reich ce qu'ils devaient au Reich, omissions qu'ils durent compenser au décuple après la défaite. Histoire vengeresse ! On peut dire seulement que le ciel a rarement puni aussi promptement le péché. Ces mêmes partis qui, peu d'années auparavant, avaient mis les intérêts de leurs États particuliers — et surtout en Bavière — au-dessus de ceux du Reich, durent voir alors, sous la pression des événements, l'intérêt supérieur du Reich étrangler les États particuliers. Et ils étaient victimes de leurs propres fautes.

C'est une hypocrisie sans pareille que de se lamenter, quand on s'adresse aux électeurs (car c'est seulement à ceux-ci que s'adresse la campagne d'agitation menée par les partis actuels), sur la perte que les Pays ont faite de leurs droits souverains, tandis que tous ces p3rtis sans exception ont à l'envi pratiqué une politique d'exécution dont les dernières conséquences devaient naturellement amener les modifications les plus profondes dans la vie intérieure de l'Allemagne. Le Reich de Bismarck était, vis-à-vis de l'extérieur, libre et sans entraves. Ce Reich n'avait pas contracté les obligations financières si lourdes et en même temps absolument improductives que l'Allemagne doit supporter aujourd'hui sous le régime du plan Dawes. Sa compétence était limitée à l'intérieur à quelques droits absolument nécessaires. Il pouvait donc très bien se passer, en ce qui touchait ses revenus, de droits régaliens qui lui fussent propres et vivre des contributions que lui fournissaient les Pays ; et, comme ceux-ci s'étaient vu garantir la possession de leurs droits de souveraineté et que, d'autre part, le montant des contributions qu'ils payaient au Reich étaient relativement peu élevé, ils étaient très bien disposés en sa faveur. Mais c'est se livrer à une propagande injustifiée et même mensongère que d'expliquer le peu de popularité dont jouit aujourd'hui le Reich auprès des Pays par la dépendance financière dans laquelle ils se trouvent vis-à-vis de lui. Non, ce n'est pas là la véritable raison. La défaveur dont souffre la conception politique que représente le Reich ne doit pas être attribuée à la perte de droits souverains imposés aux Pays ; elle est bien plutôt l'effet de la façon lamentable dont le peuple allemand se voit aujourd'hui représenté par son État. Malgré toutes les fêtes de la Bannière du Reich et de la Constitution, le Reich actuel est resté étranger au cœur de toutes les classes de notre peuple et les lois de défense de la république peuvent bien, par la terreur qu'elles cherchent à inspirer, empêcher qu'on touche aux institutions républicaines : elles ne parviendront pas à les rendre chères à un seul Allemand. Le souci poussé à l'extrême de protéger, par des articles de loi et par la menace des travaux forcés, la république contre ses propres citoyens constitue la critique la plus écrasante et la plus avilissante de tout le régime.

Mais c'est encore pour une autre raison que certains partis mentent en prétendant que le Reich a cessé d'être populaire, parce qu'il a empiété sur les droits de souveraineté des pays. Supposons que le Reich n'ait pas donné une aussi grande extension à son hégémonie, il ne faudrait pas croire qu'il serait pour cela plus en faveur auprès des pays particuliers, du moment que les charges générales resteraient aussi lourdes qu'elles le sont actuellement. Au contraire, si les pays devaient acquitter des impôts aussi élevés que ceux dont le Reich a besoin pour satisfaire au Diktat qui nous a réduits en esclavage, l'hostilité qu'il rencontre serait encore beaucoup plus vive. Il ne serait pas seulement très difficile d'encaisser les contributions que les Pays devraient au Reich ; on ne pourrait les obtenir que par la voie de la contrainte. Car, puisque la république s'est placée sur le terrain des traités de paix et n'a ni le courage ni l'envie de les dénoncer, elle doit tenir compte de ses obligations. La faute en est encore aux partis qui parlent continuellement aux patientes masses électorales de la nécessité de maintenir l'indépendance des Pays, et qui, en même temps, réclament du Reich et soutiennent une politique qui a fatalement pour conséquence la suppression des derniers de ce qu'on appelle « droits de souveraineté ».

Je dis « fatalement », parce que le Reich actuel n'a pas d'autre moyen de pourvoir aux charges que lui a imposées une politique intérieure et extérieure absolument insensée. Ici encore un clou chasse l'autre ; et toute nouvelle dette que le Reich contracte par la façon criminelle dont il représente les intérêts de l'Allemagne vis-à-vis des pays étrangers, nécessite un tour de vis donné à l'intérieur : opération qui entraîne la suppression progressive de tous les droits de souveraineté des États particuliers, pour empêcher de naître ou de se développer chez eux des germes de résistance.

Voici quelle est, en général, la différence caractéristique entre la politique du Reich actuel et celle d'autrefois : l'ancien Reich faisait régner la paix à l'intérieur et montrait sa force au dehors, tandis que la République montre sa faiblesse vis-à-vis de l'étranger et opprime les citoyens à l'intérieur. Dans les deux cas, l'une des attitudes conditionne l'autre : un État national plein de vigueur n'a pas besoin de beaucoup de lois à l'intérieur, parce que les citoyens ont pour lui de l'affection et de l'attachement ; un État d'esprit international qui règne sur des esclaves, ne peut imposer que par la contrainte la corvée à ses sujets. Car le régime actuel commet un mensonge aussi éhonté qu'impudent quand il parle de « libres citoyens ». Il n'y en avait de tels que dans l'ancienne Allemagne. La république étant une colonie d'esclaves au service de l'étranger n'a pas de citoyens, mais tout au plus des sujets. Aussi n'a-t-elle pas de drapeau national ; elle n'a qu'une marque de fabrique, introduite par un décret des autorités et protégée par des dispositions législatives. Ce symbole qui, pour la démocratie allemande, doit jouer le rôle du chapeau de Gessler, est par suite toujours resté étranger au cœur de notre peuple. La république, qui, étant au pouvoir, a traîné dans la boue le symbole d'une tradition à laquelle elle restait insensible et d'un passé dont la grandeur ne lui inspirait pas le moindre respect, sera stupéfaite un jour quand elle verra combien superficiel est l'attachement que ses sujets éprouvent pour son symbole. Elle a pris d'elle-même le caractère d'un intermède dans l'histoire de l'Allemagne.

C'est ainsi que cet État est aujourd'hui forcé, pour continuer à vivre, de rogner de plus en plus les droits de souveraineté des Pays, non pas seulement pour des raisons matérielles, mais aussi pour des raisons psychologiques. Car, tout en saignant ses citoyens jusqu'à la dernière goutte par sa politique d'exaction au point de vue financier, il doit fatalement leur enlever aussi leurs derniers droits, s'il ne veut pas que le mécontentement général explose un jour sous la forme d'une rébellion ouverte.

En renversant les termes de la formule citée plus haut, nous trouverons, nous autres nationaux — socialistes, la règle fondamentale suivante : Un Reich national et vigoureux, qui sait reconnaître et protéger dans toute leur étendue les intérêts de ses citoyens au-delà des frontières, peut leur offrir la liberté à l'intérieur, sans avoir à craindre pour la solidité de l'État. Mais, d'autre part, un gouvernement national énergique peut se permettre d'empiéter largement sur la liberté des particuliers aussi bien que sur celle des Pays, du moment que chaque citoyen se rend compte que de pareilles mesures sont nécessaires à la grandeur de la nation.

Il est sûr que tous les États du monde s'acheminent, par l'évolution de leur organisation intérieure, vers une certaine centralisation. L'Allemagne ne fera pas non plus exception à cet égard. C'est déjà aujourd'hui une sottise de parler de la « souveraineté d'État » des pays, car elle ne convient pas, en réalité, à la taille ridicule de ces formations politiques. L'importance des États particuliers n'a fait que décroître au point de vue des communications et de la technique administrative. Le trafic moderne, la technique moderne diminuent continuellement les distances et rétrécissent l'espace. Un État d'autrefois ne représente plus aujourd'hui qu'une province, et les États du temps présent auraient passé autrefois pour des continents. La difficulté, évaluée sous son aspect purement technique, d'administrer un État comme l'Allemagne, n'est pas plus grande qu'était il y a cent vingt ans celle de gouverner une province comme le Brandebourg. Il est plus facile aujourd'hui de franchir la distance qui sépare Munich de Berlin qu'il ne l'était il y a cent ans d'aller de Munich su Starnberg. Et tout le territoire du Reich d'aujourd'hui est, en proportion des moyens de transport actuels, moins étendu que celui de n'importe lequel des États de taille moyenne qui formaient la Confédération Germanique au temps des guerres napoléoniennes. Celui dont l'esprit reste fermé aux conséquences découlant de faits constatés est en retard sur son temps. Il y a eu à toutes les époques de pareils aveugles et il y en aura toujours. Mais ils peuvent tout au plus ralentir le mouvement de la roue de l'histoire ; ils ne l'arrêteront jamais.

Nous autres nationaux-socialistes ne devons pas rester aveugles aux conséquences qu'il faut tirer de ces axiomes. Ici non plus nous ne devons pas nous laisser séduire par les grandes phrases des partis bourgeois qui se disent nationaux. J'emploie l'expression de grandes phrases, parce que ces partis ne croient pas sincèrement eux-mêmes que la réalisation de leurs intentions soit possible et parce que, secondement, ils sont les principaux responsables du tour qu'ont pris les événements. Surtout en Bavière, les cris que l'on pousse pour demander qu'on diminue la centralisation ne sont qu'une farce de parti politique et ne révèlent aucune intention sincère. À tous les moments où ces partis auraient dû faire de ces déclamations quelque chose de réel et de sérieux, ils ont, sans exception, lamentablement flanché. Chaque fois que le Reich a commis ce qu'ils appelaient un « brigandage des droits de souveraineté » de l'État bavarois, il ne lui a été opposé pratiquement aucune résistance, à part quelques clabauderies répugnantes. Oui ! quand quelqu'un osait faire vraiment front contre ce régime insensé, il était, sous prétexte « qu'il ne se plaçait pas sur le terrain de l'État actuel », mis hors la loi et banni par ces mêmes partis et on le persécutait jusqu'à ce qu'on l'eût réduit au silence soit en le jetant en prison, soit en lui interdisant illégalement de parler en public. Nos partisans peuvent voir par là combien ces milieux soi-disant fédéralistes sont foncièrement menteurs. La théorie d'un État confédéré n'est pour eux, de même que la religion, qu'un moyen de défendre leurs intérêts de parti, souvent assez malpropres.

*

Autant une certaine centralisation, spécialement au point de vue des voies de communication, paraît naturelle, autant nous avons nous autres nationaux-socialistes le devoir de prendre position de la façon la plus ferme contre une pareille évolution de l'État actuel, parce que ces mesures n'ont d'autre but que de dissimuler et de rendre possible une politique extérieure catastrophique. C'est précisément parce que le Reich actuel n'a pas entrepris ce qu'on appelle l'étatisation des chemins de fer, des Postes, des finances, etc., pour des raisons supérieures de politique nationale, mais simplement pour disposer de ressources et de gages, afin de pouvoir pratiquer une politique d'exécution sans frein, que nous devons, nous les nationaux-socialistes, faire tout ce qui nous paraît propre à gêner et, si c'est possible, à arrêter une pareille politique. Pour cela il faut lutter contre la centralisation imposée actuellement aux institutions d'une importance vitale pour notre peuple, puisqu'elle n'est pratiquée que pour monnayer les milliards de tributs et les gages qu'exige, au profit de l'étranger, la politique suivie par notre gouvernement depuis la guerre.

C'est pour cette raison que le mouvement national-socialiste doit prendre position contre de pareilles tentatives.

Le second motif qui nous détermine à nous opposer à cette centralisation, c'est qu'elle pourrait fortifier à l'intérieur la situation d'un régime qui, par tous ses actes, a été une calamité pour la nation allemande. Le Reich démocratique et enjuivé que nous avons actuellement et qui est pour la nation allemande une véritable malédiction, cherche à rendre vaines les critiques que lui adressent des États particuliers, qui ne sont pas encore fous remplis de l'esprit de notre époque, en les réduisant à une complète insignifiance. En présence de cette situation nous avons, nous autres nationaux-socialistes, toute raison de chercher non seulement à fournir à cette opposition des États particuliers la base d'une puissance politique, qui promette le succès, mais aussi de faire de leur lutte contre la centralisation l'expression d'un intérêt général supérieur, national et allemand. Aussi tant que le Parti populaire bavarois défendra les « droits spéciaux » de l'État bavarois pour des raisons bassement intéressées et particularistes, nous aurons à tirer parti de cette situation spéciale pour abattre le régime démocratique actuel, issu de la révolution de novembre, et cela pour servir l'intérêt supérieur de la nation.

Le troisième motif qui nous porte à lutter contre la centralisation actuelle est la conviction où nous sommes que ce qu'on appelle l'étatisation au profit du Reich n'est réellement pas, pour une grande part, une unification ; elle n'est pas, en tous cas, une simplification ; il s'agit uniquement, le plus souvent, de soustraire aux droits de souveraineté des Pays des institutions dont les portes seront ainsi largement ouvertes aux convoitises des partis révolutionnaires.

Jamais encore, au cours de l'histoire d'Allemagne, le favoritisme n'a été pratiqué d'une façon plus éhontée que par la République démocratique. La rage avec laquelle se poursuit la centralisation est, pour une bonne part, imputable aux partis qui promettaient autrefois de frayer la voie aux fonctionnaires capables et qui, pourtant, quand il s'agit aujourd'hui de pourvoir les différents emplois et fonctions, s'inquiètent exclusivement de savoir si les candidats appartiennent à leur parti. Ce sont particulièrement les Juifs qui, depuis que la république existe, se déversent en flots d'une incroyable abondance dans tous les offices économiques et organes administratifs, de sorte qu'ils sont devenus aujourd'hui un domaine juif.

C'est surtout cette troisième considération qui nous impose, pour des raisons de tactique, le devoir d'examiner scrupuleusement toute nouvelle mesure tendant à accentuer la centralisation et de prendre, au besoin, position contre elle. Le point de vue où nous nous placerons pour procéder à cet examen doit toujours être celui d'une politique nationale et d'inspiration élevée, et jamais celui d'un étroit particularisme.

Cette dernière remarque est nécessaire pour que les membres de notre parti ne croient pas que, nous autres nationaux-socialistes, nous refusions par principe au Reich d'incarner une souveraineté supérieure à celle des États particuliers. Il ne doit pas y avoir parmi nous le moindre doute sur ce droit. Comme, pour nous, l'État n'est en soi qu'une forme, tandis que sa substance, c'est-à-dire le contenu de cette forme, est la nation, le peuple, il est clair que fous les intérêts doivent être subordonnés aux intérêts souverains du peuple. Notamment, nous ne pouvons reconnaître à aucun État particulier, existant au sein de la nation et du Reich qui la représente, une puissance politique indépendante et les droits d'un État souverain. Il faut mettre un terme, et ce sera fait un jour, aux abus que commettent des États confédérés en entretenant des légations qui soi-disant les représentent à l'étranger ou les uns chez les autres. Tant que subsistera ce désordre, il ne faudra pas nous étonner si l'étranger continue à mettre en doute la solidité de l'armature du Reich et s'il agit en conséquence. Ces abus sont d'autant plus criants qu'on ne peut leur reconnaître aucune utilité qui compense leurs inconvénients. Si les intérêts d'un Allemand habitant l'étranger ne peuvent être protégés par l'ambassadeur du Reich, ils le seront encore moins par le ministre d'un petit État que son peu d'importance rend ridicule dans le cadre du monde moderne. On ne peut voir dans ces États confédérés que des défauts de notre armure facilitant les tentatives faites au dedans et au dehors du Reich pour amener sa dissolution, tentatives qu'un État continue à voir d'un bon œil. Nous ne pouvons pas non plus comprendre, nous autres nationaux-socialistes, que quelque famille noble atteinte de sénilité cherche, dans un poste de ministre plénipotentiaire, un nouveau sol nourricier pour un de ses rameaux déjà desséché. Notre représentation diplomatique à l'étranger était déjà si lamentable au temps de l'ancien Reich qu'il est tout à fait superflu de compléter les expériences faites alors.

Il faut absolument que, à l'avenir, l'importance attribuée aux Pays se mesure aux efforts tentés par leurs gouvernements pour faire progresser la civilisation. Le monarque qui a le plus fait pour l'importance de la Bavière n'était pas quelque particulariste entêté et hostile au germanisme, mais bien plutôt Louis Ier qui unissait à son goût pour les arts, l'amour sincère de la grande Allemagne. En consacrant les ressources de l'État à faire parvenir la Bavière à un rang élevé parmi les peuples civilisés, plutôt qu'à augmenter sa puissance politique, il a obtenu des résultats meilleurs et plus durables qu'il ne lui aurait été possible de le faire par d'autres moyens. Munich était une ville princière provinciale sans grande importance, il en fit une grande métropole artistique allemande et créa un centre intellectuel dont l'attrait est assez puissant pour que les Franconiens, dont le caractère national est si différent de celui des Bavarois, restent encore aujourd'hui attachés à la Bavière. Si Munich était resté ce qu'il était autrefois, ce qui s'est passé en Saxe se serait répété en Bavière, mais avec cette différence que le Leipzig bavarois, c'est-à-dire Nuremberg, ne serait pas devenu une ville bavaroise, mais franconienne. Ce ne sont pas ceux qui crient : « À bas la Prusse ! » qui ont fait la grandeur de Munich ; celui qui donna de l'importance à cette ville fut le roi qui voulait faire cadeau à la nation allemande d'un joyau d'art qu'on se sentirait obligé de visiter et d'admirer, et qui le fut en effet. Et de ceci nous devons tirer un enseignement pour l'avenir. L'importance attribuée aux États particuliers ne saurait plus se mesurer désormais à leur puissance politique ; je la vois plutôt se manifester dans le rôle qu'ils joueront comme rameaux de la race ou en encourageant les progrès de la civilisation. Mais, même à cet égard, le temps fera son œuvre de nivellement. La commodité des communications modernes brasse tellement les hommes que les frontières qui séparent les rameaux d'une même race s'effacent lentement, mais continuellement, de sorte que les formes revêtues par la civilisation d'un peuple présentent peu à peu le même aspect sur toute l'étendue de son domaine.

L'armée doit être tout particulièrement et avec le plus grand soin préservée des influences particularistes. Le futur État national-socialiste ne doit plus retomber dans les fautes du passé ni la charger de besognes qui ne sont pas les siennes et auxquelles elle n'a pas le droit de se livrer. L'armée n'a pas pour rôle d'être une école où l'on maintient les particularités distinguant les uns des autres les différents rameaux d'une race ; bien au contraire, c'est une école où tous les Allemands doivent apprendre à se comprendre réciproquement et à s'accommoder les uns aux autres. Tout ce qui peut, dans la vie d'une nation, tendre à diviser, l'armée doit s'en servir pour unir. Elle doit élever la jeune recrue au-dessus de l'horizon de son petit pays et lui faire découvrir celui de la nation allemande. Le soldat doit être exercé à apercevoir, non pas les frontières de son pays natal, mais celles de sa patrie, car il aura un jour à les défendre. Aussi est-il absurde de laisser le jeune Allemand dans son pays natal ; il faut lui faire connaître l'Allemagne pendant qu'il fait son service militaire. Cela est d'autant plus nécessaire qu'aujourd'hui le jeune compagnon allemand ne fait plus, comme autrefois, le tour d'Allemagne qui élargissait son horizon. N'est-il pas absurde, si l'on se rend compte de cette nécessité, de laisser encore le jeune Bavarois servir à Munich, le Franconien à Nuremberg, le Badois à Karlsruhe, le Wurtembergeois à Stuttgart, etc., et ne serait-il pas plus raisonnable de montrer au jeune Bavarois tantôt le Rhin, tantôt la mer du Nord, au Hambourgeois les Alpes, au Prussien de l'Est le Massif Central allemand et ainsi de suite ? Le caractère propre à chaque région doit rester dans la troupe, mais non dans la garnison. Toute tentative de centralisation peut encourir notre désapprobation, mais jamais celle qui a l'armée pour objet. Au contraire, quand même nous serions opposés à tous les autres modes de centralisation, celui-ci ne pourrait que nous réjouir. Abstraction faite de cette considération que, étant donné l'effectif actuel de l'armée du Reich, il serait absurde de conserver des corps de troupe se recrutant dans des États particuliers, nous voyons dans la centralisation opérée au sein de l'armée du Reich un progrès auquel nous ne devrons pas renoncer dans l'avenir lorsqu'on rétablira l'armée nationale.

Du reste, une conception neuve et victorieuse doit rejeter tous les liens qui pourraient paralyser l'essor intellectuel qui la pousse en avant. Le national-socialisme doit revendiquer le droit d'imposer ses principes à toute la nation allemande sans tenir compte des frontières qui séparaient jusqu'à présent les États confédérés, et de faire l'éducation de la nation conformément à ses conceptions et à ses plans. Pas plus que les Églises ne se sentent liées et limitées par les frontières politiques, l'idée nationale-socialiste ne l'est par les divisions territoriales des États particuliers.

La doctrine nationale-socialiste n'est pas la servante des intérêts politiques des États confédérés ; elle doit être un jour reine et maîtresse de la nation allemande. Elle a à diriger et à réorganiser la vie d'un peuple ; elle doit donc réclamer, d'un ton impératif, de droit de passer par-dessus des frontières tracées par une évolution que nous n'acceptons plus.

Plus le triomphe de ses idées sera complet, plus la liberté individuelle dont elle gratifiera tout le pays sera grande.

CHAPITRE 11

PROPAGANDE ET ORGANISATION

L'année 1921 eut, pour moi et pour le mouvement, à plusieurs points de vue, une signification particulière. Après mon entrée dans le parti ouvrier allemand, j'entrepris aussitôt la direction de la propagande. Je tenais alors cette branche pour de beaucoup la plus importante. Il s'agissait d'abord beaucoup moins de se casser la tête au sujet de questions d'organisation que de propager l'idée même chez un plus grand nombre d'hommes. La propagande devait précéder de beaucoup l'organisation et gagner d'abord à celle-ci le matériel humain à malaxer. Aussi suis-je l'ennemi d'une organisation trop rapide et trop pédante. De cela, il ne sort souvent qu'un mécanisme mort et rarement une organisation vivante. Car une organisation est redevable de son existence à une vie organique, à un développement organique. Des idées qui ont atteint un nombre déterminé d'hommes tendront toujours à un certain ordre, et, de cet aspect intérieur, il résulte une très grande valeur. Mais ici aussi il faut compter avec la faiblesse des hommes, qui incite l'individu isolé à se cabrer instinctivement au moins au début, contre une autorité. De même, quand une organisation se développe mécaniquement de haut en bas, le grand danger consiste en ceci : une personnalité qui s'est un jour fait connaître, pas encore exactement adaptée ni même suffisamment capable, essaiera, à l'intérieur du mouvement, d'empêcher par jalousie l'ascension d'éléments plus capables. Le dommage qui résultera d'une pareille éventualité peut, principalement dans le cas d'un mouvement jeune, devenir désastreux.

C'est pour cette raison qu'il est préférable de répandre par la propagande, pendant un certain temps, une idée d'abord d'un point central, et ensuite de rechercher soigneusement parmi le matériel humain qui a grossi peu à peu des « têtes de Führer » et de les éprouver. Il peut arriver, quelquefois, que des hommes, insignifiants en eux-mêmes, soient néanmoins considérés comme des Führer nés. Il serait d'ailleurs tout à fait faux de vouloir voir dans la richesse des connaissances théoriques des preuves caractéristiques d'aptitudes à être un Führer.

Le contraire se produit très fréquemment.

Les grands théoriciens sont très rarement aussi de grands organisateurs, vu que la grandeur du théoricien et du fabricant de programme réside en première ligne dans la connaissance et l'établissement de lois justes au point de vue abstrait, alors que l'organisateur doit être en première ligne un psychologue, doit prendre l'homme comme il est, et, pour cela, le connaître. Il doit le surestimer aussi peu que le sous-estimer. Il doit, au contraire, essayer de tenir compte de la faiblesse et de la bestialité pour créer un organisme vivant, d'une vigueur inébranlable, parfaitement approprié à propager une idée et à lui ouvrir le chemin du succès.

Mais c'est encore plus rare qu'un grand théoricien soit un grand Führer. Tel sera beaucoup plus souvent l'agitateur, ce dont beaucoup de gens d'esprit scientifique ne veulent pas volontiers convenir et, cependant, c'est compréhensible. Un agitateur qui prouve la capacité de répandre une idée dans les masses, doit toujours être un psychologue, même s'il n'est qu'un démagogue. Il sera toujours un meilleur Führer que le théoricien méditant loin des hommes et loin du monde. Car conduire signifie pouvoir remuer les masses. Le don de former des idées n'a rien à voir avec la capacité d'un Führer. Il est tout à fait inutile de discuter pour savoir ce qui a une plus grande signification : de concevoir des idéals et des buts d'humanité, ou de les réaliser. Il en est de cela comme si souvent dans la vie : l'un serait complètement stupide sans l'autre. La plus belle conception théorique reste sans but et sans valeur si le Führer ne peut mettre les masses en mouvement vers elle. Et, inversement, que serait toute « génialité » et tout élan de Führer, si un théoricien intelligent ne déterminait ses buts pour la lutte humaine ? Mais la réunion du théoricien, de l'organisateur et du Führer en une seule personne est la plus rare qu'on puisse trouver sur cette terre : cette réunion produit le grand homme.

Comme je l'ai déjà fait remarquer, je me suis consacré à la propagande durant les premiers temps de mon activité dans le parti. Il lui fallait réussir à imprégner peu à peu un petit noyau d'hommes de la nouvelle doctrine, pour former le matériel qui, plus tard, pourrait former les premiers éléments d'une organisation. C'est ainsi que le but de la propagande dépassa généralement celui de l'organisation.

Si un mouvement a l'intention de bouleverser un monde et d'en construire un nouveau à sa place, une clarté intégrale doit régner au sein même de la direction d'après les principes suivants : chaque mouvement qui aura gagné du matériel humain devra d'abord le partager en deux groupes : les partisans et les membres.

Le devoir de la propagande est de recruter des partisans ; celui de l'organisation est de gagner des membres.

Le partisan d'un mouvement est celui qui se déclare d'accord sur ses buts ; le membre, celui qui combat pour lui. Le partisan sera amené au mouvement par la propagande.

Le membre sera contraint par l'organisation d'agir lui-même pour le recrutement de nouveaux partisans, du nombre desquels de nouveaux membres pourront ensuite se former. « Être partisan » exige seulement la reconnaissance passive d'une idée ; « être membre » exige qu'on la représente activement et qu'on la défende ; sur dix partisans, on aura à peine deux membres. Être partisan implique un simple effort de connaissance ; pour être membre, il faut avoir le courage de représenter l'idée reconnue vraie et de la répandre largement.

En raison de sa forme passive, le simple effort de connaissance convient à la majorité des hommes, qui sont paresseux et lâches. Être membre exige une activité de pensée qui ne convient qu'à une minorité.

La propagande doit, à cause de cela, porter ses soins sans cesse sur cette vérité qu'une idée gagne des partisans, et qu'ensuite l'organisation doit être très soigneusement attentive à chercher des membres parmi les plus capables d'entre les partisans. À cause de cela, la propagande n'a pas besoin de se casser la tête au sujet de l'importance, en particulier, de chacun de ceux qu'elle a convertis, au sujet de leur capacité, de leur savoir, de leur intelligence ou de leur caractère, tandis que l'organisation doit extraire très soigneusement de ces éléments ceux qui rendront réellement possible la victoire du mouvement.

*

La propagande essaie de faire pénétrer une doctrine dans le peuple entier, l'organisation n'englobe dans son cadre que ceux qui, pour des raisons psychologiques, ne pourront nuire à l'expansion de l'idée.

*

La propagande inculque une idée à la masse, pour l'y préparer à l'heure de la victoire, tandis que l'organisation combat pour la victoire grâce à un faisceau permanent, organique et prêt au combat, de ceux de ses partisans qui paraissent capables et décidés à mener la bataille pour la victoire.

*

La victoire d'une idée sera d'autant plus facile que la propagande aura travaillé l'ensemble des hommes sur la plus grande échelle, et que l'organisation — qui doit pratiquement conduire le combat — sera plus exclusive, plus forte et plus solide.

Il s'ensuit que le nombre des partisans n'est jamais assez grand, tandis que le nombre des membres est plus facilement trop grand que trop petit.

*

Quand la propagande a rempli un peuple entier d'une idée, l'organisation peut en tirer les conséquences avec une simple poignée d'hommes. Propagande et organisation, donc partisans et membres, se trouvent d'après cela dans une position mutuelle définie. Mieux la propagande aura travaillé, plus les membres effectifs pourront être restreints ; plus le nombre des partisans sera grand, plus le nombre des membres pourra être petit, et, inversement : plus la propagande sera défectueuse, plus doit être importante l'organisation ; plus la troupe de partisans d'un mouvement reste faible, plus le nombre des membres doit être grand, s'il veut encore compter sur le succès. Le premier devoir de la propagande est de gagner des hommes pour l'organisation ultérieure : le premier devoir de l'organisation est de gagner des hommes pour la continuation de la propagande. Le second devoir de la propagande est de désagréger l'état de choses actuel et de le faire pénétrer par la nouvelle doctrine, tandis que le devoir de l'organisation doit être le combat pour la puissance, pour faire définitivement triompher la doctrine.

*

Un succès décisif, dans une révolution, sera toujours atteint, si une nouvelle conception du monde est enseignée à tout le peuple, voire même imposée en cas de nécessité, et que, d'autre part, l'organisation centrale — donc le mouvement — englobe seulement le minimum d'hommes absolument indispensables pour occuper le centre nerveux de l'État.

Autrement dit :

Dans tout mouvement réellement grandiose, è allure de bouleversement mondial, la propagande doit d'abord répandre l'idée de ce mouvement. Infatigablement, elle devra chercher à rendre claires les nouvelles idées, à les inculquer à la foule, ou tout au moins à ébranler ses anciennes convictions. Vu qu'une telle propagande doit posséder une « colonne vertébrale », la doctrine devra être étayée sur une solide organisation. L'organisation choisit ses membres parmi ceux de ses partisans qui ont été gagnés par la propagande. Cette organisation croîtra d'autant plus vite que la propagande sera poussée plus intensément, et cette propagande pourra d'autant mieux travailler que l'organisation qui est derrière elle sera plus forte et plus puissante.

Le suprême devoir de l'organisation consiste à prendre soin que les désunions, en quelque sorte intérieures, parmi les membres du mouvement, ne conduisent pas à des ruptures, et, par suite, à l'affaiblissement du travail dans le mouvement ; ensuite que l'esprit d'attaque ne meure pas, mais se renouvelle et se fortifie de plus en plus. Le nombre des membres n'a pas besoin, d'après cela, de croître sana fin, au contraire : seule une élite restreinte peut être énergique et audacieuse ; un mouvement dont l'organisation s'accroîtrait sans fin, s'affaiblirait un jour, forcément, à cause de cela. Des organisations trop pléthoriques perdent peu à peu leur combativité et ne sont plus capables de soutenir avec résolution et esprit d'offensive la propagation de l'idée.

Plus une idée est riche et fertile en ferments révolutionnaires, plus ses propagateurs doivent être actifs, vu que la force subversive d'une telle doctrine risque d'en éloigner les petits bourgeois lâches. Ils pourront, dans leur for intérieur, se sentir des partisans, mais refuseront de le reconnaître ouvertement.

C'est pourquoi l'organisation d'une idée réellement révolutionnaire ne prend comme membres que les plus actifs partisans. C'est dans cette activité, cautionnée par un choix naturel, que réside la condition d'une propagande ultérieure du mouvement, aussi bien qu'un combat victorieux pour la réalisation de l'idée.

Le plus grand danger qui puisse menacer un mouvement est la croissance anormale du nombre de membres par suite d'un trop rapide succès. Un mouvement, tant qu'il a à combattre rudement, est évité par tous les êtres lâches et foncièrement égoïstes, mais ceux-ci cherchent vite à acquérir la qualité de membres, si le parti, par son développement, affirme son succès.

C'est à cela qu'il faut attribuer que beaucoup de mouvements victorieux restent soudain en arrière, avant le succès définitif, avant l'ultime achèvement de ses buts, et, pris d'une faiblesse interne, cessent le combat et s'étiolent. À la suite de sa première victoire, il s'est introduit dans son organisation tellement d'éléments mauvais, indignes et particulièrement lâches, que ces lâches-là ont finalement la majorité et étouffent les combatifs. Ils détournent le mouvement au service de leurs propres intérêts, l'abaissent au niveau de leur propre héroïsme mesquin et ne font rien pour achever la victoire de l'idée originelle. Le fanatisme s'amollit alors, la force combative est paralysée, ou, comme le monde bourgeois a coutume de dire très justement en pareil cas : « Ce parti a mis de l'eau dans son vin ». Et tout est pour le mieux dans le meilleur des mondes.

Aussi est-il indispensable qu'un mouvement, de par la nécessité de sa propre conservation, se ferme à la foule dès que le succès s'est rangé de son côté, et qu'à l'avenir il procède à l'accroissement de son organisation avec une précaution infinie et un examen approfondi. C'est seulement ainsi que le mouvement pourra conserver son noyau intact, frais et sain. Il faut prendre soin que ce soit exclusivement ce noyau qui conduise le mouvement, c'est-à-dire entreprenne, en tant que détenteur de la puissance, les actes indispensables pour la réalisation pratique de l'idée. Se basant sur les idées fondamentales et originelles du mouvement, l'organisation a le devoir, non seulement de consolider toutes les positions importantes, conquises dans le plan doctrinal, mais aussi de constituer un organisme central de direction. Et ceci jusqu'à ce que les principes actuels et les enseignements du parti soient devenus le fondement et l'essence même du nouvel État. C'est alors seulement que la constitution propre de cet État, issue de l'esprit du parti, pourra s'élaborer librement, au prix d'une lutte intestine. En effet il s'agit moins de points de vue purement humains que du libre jeu et de l'action de forces, sans doute prévisibles, mais d'un effet difficilement contrôlable pour l'avenir.

Tous les grands mouvements, qu'ils soient de nature religieux ou politique, ne doivent leurs puissants succès qu'à la connaissance et à l'emploi de ces principes. Tout succès durable n'est pas concevable sans l'observance de ces lois.

*

En tant que directeur de la propagande du parti, je me suis efforcé, non seulement de préparer le terrain pour le mouvement ultérieur, mais encore, avec une rigueur absolue, j'ai agi pour que l'organisation ne prenne que des éléments de valeur. Plus j'ai été dur et plus j'ai manié le fouet, plus ma propagande effrayait, écartait les faibles et les natures hésitantes, empêchait leur entrée dans le premier noyau de notre organisation. Ils sont peut-être restés des partisans et, dans ce cas, n'élèvent pas la voix, restant, au contraire, dans un silence anxieux. Combien de milliers ne m'ont-ils pas assuré autrefois qu'ils étaient complètement d'accord en tout, mais que, néanmoins, dans aucune circonstance, ils ne pouvaient être membres. Le mouvement était si violent, disaient-ils, qu'une coopération comme membres les exposerait à des conflits particuliers très aigus, même à des dangers, mais qu'on ne pouvait faire grief à un bourgeois honnête et paisible de se tenir pour le moment à l'écart, puisqu'il appartenait complètement de cœur à la cause.

Et cela était bien ainsi.

Si ces hommes qui, intérieurement, n'étaient pas partisans de moyens révolutionnaires extrêmes, étaient venus alors dans notre parti, comme membres, nous aurions pu noua considérer comme une pieuse congrégation, mais certainement pas comme un mouvement jeune et joyeux de combattre.

La forme vivante et combative que je donnai alors à notre propagande a fortifié et garanti la tendance extrémiste de notre mouvement, vu que, seuls, les hommes réellement extrémistes — à quelques exceptions près — étaient prêts à coopérer avec moi comme membres.

Ainsi conçue, ma propagande a eu un effet tel qu'en un court laps de temps, des centaines de milliers d'hommes nous donnaient raison intérieurement et souhaitaient notre victoire, s'ils étaient personnellement trop lâches pour faire des sacrifices à la cause et y participer.

Jusqu'au milieu de 1921, notre action, purement dirigée vers le recrutement, pouvait encore suffire et être utile au mouvement. Des événements particuliers à la fin de l'été de cette année-là firent apparaître opportun d'adapter l'organisation au succès patient de la propagande.

La tentative d'un groupe de racistes visionnaires, sous l'égide éminemment agissante du président du parti, alors en exercice, de s'emparer de la direction du mouvement, conduisit à l'effondrement de cette petite intrigue et me donna, à l'unanimité, dans une assemblée générale des membres, la direction d'ensemble du mouvement.

En même temps, fut décidée l'acceptation d'un nouveau statut qui délégua au premier président du mouvement la pleine responsabilité, qui abrogea les décisions du bureau et, à la place de celles-ci, introduisit un système de division du travail qui s'est montré, depuis, tout à fait efficace.

Depuis le 1er août 1921, j'ai entrepris cette réorganisation intérieure du mouvement et j'ai trouvé le concours d'une pléiade d'âmes d'élite ; j'estime nécessaire de les mentionner dans un chapitre spécial.

Pour donner, au point de vue de l'organisation, quelque valeur aux résultats de la propagande et les établir solidement, je dus faire table rase d'une série d'habitudes prises jusque-là et apporter, dès le début, des principes que ne possédait aucun des partis existants ou qu'aucun n'avait adoptés.

Dans les années 1919 et 1920, le mouvement avait eu pour direction un Comité choisi par les assemblées des membres. Le Comité comprenait un premier et un second trésorier, un premier et un second secrétaire et, comme têtes, un premier et un second président. À cela s'ajoutèrent encore un comité de membres, le chef de la propagande et différents assesseurs.

Ce Comité personnifiait proprement — si comique que cela pût être — ce que le mouvement même voulait combattre de la façon la plus âpre, à savoir le parlementarisme. Car il s'agissait là-dedans d'un principe qui personnifiait tout à fait le système depuis le plus petit hameau jusqu'aux futurs arrondissements, provinces, États, jusqu'au gouvernement, système sous lequel nous souffrions tous.

Il était absolument indispensable de procéder à un changement, si on ne voulait pas que le mouvement, par suite des mauvaises bases d'organisation intérieure, se corrompît pour toujours et fût incapable d'accomplir un jour sa haute mission.

Les séances du Comité, qui étaient régies par un protocole, et dans lesquelles on votait à la majorité et prenait des décisions, représentaient en réalité un petit Parlement. La valeur personnelle et la responsabilité y manquaient. Il y régnait le même contresens et la même déraison que dans nos grands corps représentatifs de l'État. On nommait pour ce Comité des secrétaires, des hommes pour tenir la caisse, des hommes pour former les membres de l'organisation, des hommes pour la propagande et Dieu sait encore pour quoi, et ensuite tous devaient prendre position en commun pour chaque question particulière et décider par vote. Ainsi l'homme qui était chargé de la propagande votait sur un sujet concernant les finances ; le trésorier votait sur l'organisation ; l'organisateur votait sur un sujet ne concernant que les secrétaires, etc.

Pourquoi désignait-on un homme pour la propagande, puisque les caissiers, les scribes, les commissaires, etc., avaient à juger les questions la concernant ? Cela paraît à un cerveau sain aussi incompréhensible que si, dans une grande entreprise industrielle, les gérants avaient à décider sur la technique de la production, ou si, inversement, les ingénieurs avaient à juger des questions administratives.

Je ne me suis pas soumis à cette insanité, mais, après fort peu de temps, je me suis éloigné des séances. Je faisais ma propagande et cela suffisait. J'interdisais, en général, que le premier incapable venu essaie d'intervenir sur le terrain qui m'était propre. De même que moi, réciproquement, je me gardais d'intervenir dans les affaires des autres.

Lorsque l'acceptation des nouveaux statuts et mon appel au poste de premier président m'eurent, entre temps, donné l'autorité nécessaire et le droit correspondant, cette insanité cessa immédiatement. À la place des décisions du Comité, fut admis le principe de ma responsabilité absolue.

Le premier président est responsable pour la conduite d'ensemble du mouvement. Il répartit les forces du Comité qui sont sous sa direction, aussi bien que les collaborateurs indispensables pour le travail à fournir. Chacun de ces messieurs est responsable, irrévocablement, des tâchas dont il a été chargé. Il n'est subordonné qu'au premier président, qui doit prendre soin de l'action commune de tous, relativement au choix des personnes et à l'élaboration des directives communes que le travail en commun nécessite.

Cette nécessité d'une responsabilité absolue est peu à peu devenue l'évidence même au sein du mouvement, du moins pour la conduite du parti. Dans les petits hameaux et peut-être aussi encore dans les cantons et les districts, il s'écoulera encore longtemps jusqu'à ce que ces principes s'imposent, vu que, naturellement, les « cœurs en peau de lapin » et les incapables s'en détendront toujours : pour eux, la responsabilité unique pour une entreprise sera toujours désagréable ; ils se sentent toujours plus libres et plus à leur aise si, pour chaque décision importante, ils sont couverts par la majorité d'un soi-disant comité. Mais il me parut indispensable de prendre position avec une violence extraordinaire contre une telle habitude, de ne faire aucune concession à la crainte des responsabilités, et de viser à une conception du devoir et du savoir d'un Führer, devant amener au poste de Führer exclusivement l'homme digne de l'occuper.

Mais un mouvement qui veut combattre la stupidité parlementaire doit d'abord être libéré de celle-ci. C'est seulement sur une telle base qu'il peut devenir fort pour lutter.

Un mouvement qui, à une époque de domination de la majorité, repose fondamentalement sur le principe de la pensée du Führer et de sa responsabilité, culbutera un jour avec une certitude mathématique la situation jusqu'alors existante et sera victorieux.

Cette idée amena à l'intérieur du mouvement une complète réorganisation. Et dans son achèvement logique, elle conduisit aussi à une séparation très nette de l'action économique du mouvement et de la conduite politique générale. La pensée de la responsabilité fut, par principe, également étendue à l'ensemble des actions du parti et les rendit efficaces en libérant de toute influence politique les questions économiques et inversement.

Lorsque, à l'automne 1919, j'entrai au parti alors composé de six hommes, celui-ci ne possédait ni permanence ni employé, ni formulaire, ni sceau, ni papier imprimé. Le siège du Comité n'était alors qu'une auberge dans la Herrengasse et, plus tard, un café Am Gasteig. C'était une situation impossible. Je me mis alors peu de temps après en campagne et explorai un nombre important de restaurants et d'auberges dans Munich, dans l'intention de louer une salle spéciale ou un local quelconque pour le parti.

Dans l'ancienne brasserie Sternecker im Tal,[39] se trouvait une petite salle voûtée qui jadis avait servi de taverne aux conseillers du Saint-Empire en Bavière. Elle était sombre et obscure et, de ce fait, était aussi parfaitement adaptée à son ancienne destination qu'elle l'était peu au nouvel emploi qui lui était réservé. La petite ruelle, sur laquelle ouvrait son unique fenêtre, était si étroite que, même pendant les jours les plus lumineux de l'été, la chambre restait sombre et lugubre. Cela devint notre première permanence. Comme la location mensuelle ne s'élevait qu'à cinquante marks (c'était alors pour nous une somme fabuleuse), nous ne pouvions avoir de grandes exigences, nous ne pouvions même pas nous plaindre de ce qu'avant notre arrivée on eût enlevé

[39] Rue de Munich.

rapidement les boiseries murales datant des conseillers, de sorte que le local finissait par donner plutôt l'impression d'un tombeau que d'un bureau.

Et cela était déjà cependant un immense progrès. Peu à peu nous acquîmes la lumière électrique, plus tard un téléphone : vint ensuite une table, avec quelques chaises empruntées, enfin une étagère, un peu plus tard encore, une armoire ; deux buffets, qui appartenaient à notre hôtelier, devaient servir pour conserver des tracts, des affiches, etc.

Le système pratiqué jusqu'alors, consistant à diriger le mouvement par une seule séance du Comité par semaine, ne pouvait durer. Il fallut un employé, payé par le parti, pour assurer l'exécution des affaires courantes.

Ce fut alors très difficile. Le mouvement avait encore si peu de membres que ce fut tout un art de découvrir parmi eux un homme approprié qui pût, avec des exigences personnelles minimes, satisfaire les exigences variées du mouvement.

Ce fut en un soldat, un de mes anciens camarades, Schüssler, qu'on trouva, après de longues recherches, le premier secrétaire du parti. Il vint d'abord chaque jour de 6 à 8 heures dans notre nouveau bureau, plus tard de 5 à 8, enfin chaque après-midi ; et, peu de temps après, il fut occupé à plein et accomplit alors son service depuis le matin jusque tard dans la nuit. Il était aussi appliqué que loyal et foncièrement honnête : il se donnait toute la peine possible et était fidèlement attaché au mouvement. Schüssler apportait avec lui une petite machine à écrire Adler qui était sa propriété. Ce fut le premier de ces instruments au service de notre mouvement. Elle fut plus tard acquise par le parti grâce aux cotisations. Un petit coffre-fort parut être indispensable pour mettre à l'abri des voleurs les dossiers et les livrets individuels des membres. Cette acquisition n'avait pas pour but d'y déposer les grosses sommes d'argent que nous aurions pu posséder. Au contraire, nous étions infiniment pauvres et j'ai souvent ajouté mes petites économies.

Un an et demi plus tard, la permanence devint trop petite et il en résulta un déménagement dans un nouveau local, Corneliusstrasse. C'était encore une auberge ; ici, nous ne possédions plus seulement une pièce, mais déjà trois, et une grande salle avec guichet. Cela nous paraissait déjà bien beau. Nous y restâmes jusqu'à novembre 1923.

En décembre 1920 se produisit l'acquisition du *Völkischer BearBachter*. Ce journal, qui, comme l'annonce déjà son nom, soutenait en général les desiderata racistes, fut transformé en organe du nouveau parti national-socialiste. Il parut d'abord deux fois par semaine, devint quotidien au commencement de 1923 et reçut, fin août 1923, son grand format.

Je dus alors, complètement novice dans le domaine journalistique, payer maintes fois pour mon apprentissage, ce qui me parut abominable.

En soi, un fait devait donner à réfléchir, c'est qu'il n'y avait qu'un seul journal raciste réellement important en face de l'immense presse juive. La cause en est, comme j'ai pu le constater moi-même un nombre incalculable de fois dans la pratique, que, pour une très grande part, il n'y a que peu de débouchés commerciaux pour les entreprises racistes. Elles étaient conduites beaucoup trop d'après ce point de vue que le sentiment devait avoir le pas sur l'action. Point de vue tout à fait faux, en ce sens que le sentiment ne doit rien avoir d'extérieur, mais, au contraire, doit trouver sa meilleure expression dans l'action. Celui qui peut accomplir des actions de valeur pour son peuple, montre par là un sentiment réellement plein de valeur, tandis que tel autre, qui se borne à simuler le sentiment, sans rendre en réalité des services utiles à son peuple, est un homme néfaste qui pervertit la communauté par ses sentiments néfastes.

Ainsi le *Völkische Beobachter*, comme déjà l'indique son nom, était un organe raciste, avec tous les avantages, et encore plus avec les défauts et les faiblesses inhérents aux institutions racistes. Autant son contenu était honnête, autant l'administration de l'entreprise était impossible commercialement. Sa rédaction croyait dur comme fer que des journaux racistes ne devaient recevoir que des oboles racistes, alors que le journal aurait dû, au contraire, se frayer un chemin par la concurrence avec les autres. C'est une inconvenance de vouloir couvrir les négligences ou les fautes de la conduite commerciale de l'entreprise par les oboles des patriotes bien pensants. Je me suis efforcé, en tous cas, de modifier cette situation dont j'avais reconnu tout de suite la gravité, et la chance m'aida en ce sens que je fis la connaissance de l'homme qui a rendu infiniment de services au mouvement depuis ce temps-là, non seulement comme directeur commercial du journal, mais aussi comme chef commercial du parti.

C'est en 1914, donc en campagne, que je connus — il était alors mon supérieur — le chef commercial actuel du parti, Max Amann. Dans les quatre années de guerre, j'eus l'occasion, presque constamment, d'observer les capacités extraordinaires, l'application et la conscience scrupuleuse de mon futur collaborateur.

Dans l'arrière-saison de l'été 1921, alors que le mouvement traversait une crise difficile et qu'un certain nombre d'employés ne me donnaient plus satisfaction, et que je faisais même avec l'un, en particulier, l'expérience la plus amère, je me tournai vers mon ancien camarade de régiment, que le hasard conduisit un jour à moi, en le priant de devenir le chef commercial du mouvement. Après de longues hésitations — Amann se trouvait alors dans une situation pleine d'avenir — il y consentit enfin, mais d'ailleurs sous la condition formelle qu'il ne ferait jamais le métier de gendarme vis-à-vis de comités quelconques et impuissants, mais, au contraire, reconnaîtrait exclusivement un maître unique. C'est le mérite ineffaçable de ce premier chef commercial du mouvement, homme de haute culture, d'avoir apporté dans les affaires du parti l'ordre et la netteté. Elles sont restées en exemple et leur qualité ne put jamais être égalée par aucune des ramifications du mouvement. Comme toujours dans la vie, une valeur supérieure éveille très fréquemment la jalousie et la haine. On devait aussi naturellement s'y attendre dans ce cas, et le subir patiemment.

Dès 1922, de rigides directives étaient en vigueur, aussi bien pour la constitution commerciale du mouvement que pour son organisation pure. Il existait déjà un répertoire central complet des dossiers englobant l'ensemble de tous les membres appartenant au mouvement. De même, on était parvenu à faire financer le mouvement. Les dépenses courantes devaient être couvertes par les recettes courantes, les recettes extraordinaires devaient être consacrées seulement aux dépenses extraordinaires. Malgré la difficulté des temps et à l'exception des petits comptes courants, le mouvement resta presque libre de dettes et même il réussit à réaliser un accroissement durable de son pécule. On travaillait comme dans une exploitation privée : le personnel employé avait à se signaler par ses actes et ne pouvait, en aucune façon, se targuer du titre de partisan. La réputation de chaque national-socialiste se prouvait d'abord par son empressement, par son application et son savoir-faire dans l'accomplissement de la tâche indiquée. Celui qui ne remplit pas son devoir, ne doit pas se vanter d'une réputation surfaite. Le nouveau chef commercial du parti affirma, malgré toutes les influences possibles, avec la dernière énergie, que les affaires du parti ne devaient pas être une sinécure pour des partisans ou des membres peu zélés. Un mouvement qui, sous une forme aussi aiguë, combat la corruption propre aux partis dans notre système administratif, doit être exempt de vices. Il se produisit encore le cas que, dans l'administration du journal, des employés qui appartenaient au « parti populaire bavarois » et avaient été engagés pour leur valeur professionnelle, se montrèrent exceptionnellement qualifiés. Le résultat de cet essai fut en général excellent. C'est précisément à cause de notre façon de reconnaître honnêtement et franchement le travail réel de chacun que le mouvement put gagner les cœurs de ces employés vite et profondément. Ils devinrent plus tard de bons nationaux-socialistes et le restèrent, non seulement de façade, mais ils le prouvèrent par le travail consciencieux, ordonné et loyal, qu'ils accomplirent dans le service du nouveau mouvement. Naturellement, un membre du parti bien qualifié était préféré à un autre aussi bien noté, mais n'appartenant pas au parti. Mais personne ne recevait un emploi par le seul motif qu'il appartenait au parti. Le vigoureux esprit de décision avec lequel le nouveau chef commercial appliqua ces principes et les fit triompher peu à peu, malgré toutes les résistances, fut plus tard pour le mouvement de la plus grande utilité. C'est seulement à cause de cela qu'il fut possible, dans les temps difficiles de l'inflation, alors que des dizaines de milliers d'entreprises s'effondraient et que des milliers de journaux devaient cesser de paraître, que la conduite commerciale du mouvement non seulement resta debout et put satisfaire à ses obligations, mais encore que le *Völkische Beobachter* se développa toujours davantage. Il était alors au nombre des grands journaux.

L'année 1921 fut encore importante par le fait que, grâce à ma situation de président du parti, je réussis à empêcher des critiques de détail et des interventions de tels ou tels membres du Comité au sujet de l'activité du parti. Et cela était important, parce que l'on ~e pouvait pas garder pour faire du bon travail une tête réellement capable, si les incapables intervenaient constamment par leurs bavardages, prétendant tout mieux comprendre, alors qu'en réalité ils laissaient derrière eux un trouble immense. D'ailleurs, ces incapables se retirèrent, la plupart tout à fait modestement, pour porter sur un autre champ d'action leur agitation, leur contrôle et leurs idées. Il y avait des hommes, possédés d'une sorte de maladie de la critique et qui se trouvaient dans une sorte d'état d'enfantement de plans, de pensées, de projets et de méthodes prétendus supérieurs. Leur but le plus idéal et le plus élevé était surtout la formation d'un comité, qui aurait eu à flairer, sous prétexte de contrôle, le travail ordonné des autres. Combien il est blessant et peu national-socialiste de voir des hommes incompétents se mêler constamment aux gens du métier, beaucoup de ces « comitards » n'en avaient pas conscience. J'ai, en tous cas, considéré comme mon devoir de protéger contre de tels éléments toutes les forces du mouvement ordonnées et responsables, de leur procurer un soutien indispensable et toute latitude pour le travail et la marche en avant.

Le meilleur moyen pour rendre inoffensifs ces comités qui ne faisaient rien ou qui cuisinaient des projets pratiquement irréalisables, était d'ailleurs de leur procurer un travail réel quelconque. Ce fut risible de voir comment l'assemblée s'évanouit alors sans bruit et devint subitement introuvable. Cela me faisait penser à notre plus grande institution analogue, le Reichstag. Comme ils disparaîtraient sans bruit et vite, s'ils étaient chargés d'un travail réel au lieu de fabriquer des discours, d'un travail que chacun de ces hâbleurs aurait à exécuter sous sa responsabilité personnelle !

J'ai toujours posé en axiome que — aussi bien dans la vie privée que dans notre mouvement — on devait chercher aussi longtemps qu'il le fallait jusqu'à ce que l'on trouve des fonctionnaires, des gérants ou des directeurs visiblement capables et honnêtes. Alors on devait leur donner une liberté d'action totale et une autorité sans condition sur les subordonnés, en leur attribuant une responsabilité sans limite vis-à-vis de leurs supérieurs ; ainsi, personne ne peut recevoir une autorité sur les subordonnés sans être d'une compétence indiscutable. En deux ans, j'ai percé, mon opinion a triomphé et, aujourd'hui, elle paraît évidente à tous dans le mouvement, du moins en ce qui concerne la direction suprême.

Le succès de cette attitude s'avéra le 9 novembre 1923. Lorsque j'étais entré dans le mouvement quatre années auparavant, il n'existait même pas de sceau. Le 9 novembre 1923, eut lieu la dissolution du parti et la confiscation de ses biens. Cela se chiffrait déjà à plus de 170.000 R. M. or y compris tous les objets de valeur et le journal.

CHAPITRE 12

LA QUESTION CORPORATIVE

L a rapide croissance du mouvement nous obligea, dans le courant de l'année 1922, à prendre position sur une question qui n'est pas encore résolue définitivement aujourd'hui. Dans notre tentative d'étudier les méthodes qui pourraient vite et facilement ouvrir au mouvement le chemin du cœur des masses, nous nous heurtions toujours à l'objection que le travailleur ne pourrait jamais nous appartenir complètement, tant que la représentation de ses intérêts, dans le domaine purement professionnel et économique, serait entre les mains d'hommes ayant d'autres idées politiques que nous.

Cette objection était sérieuse. L'ouvrier qui exerçait une profession, ne pouvait pas vivre sans être membre d'un syndicat. Non seulement sa valeur professionnelle était protégée dans ce cadre, mais son métier même n'avait une garantie de durée que par le syndicat. La majorité des ouvriers se trouvait dans des sociétés coopératives. Celles-ci avaient, en général, combattu pour les salaires et arrêté les barèmes de tarifs qui assuraient à l'ouvrier un certain revenu. Sans doute les résultats de ces combats profitèrent à tous les ouvriers de la profession, et des conflits de conscience durent se livrer particulièrement chez un homme honnête, quand il empochait le salaire acquis de haute lutte par les syndicats, quoiqu'il se fût tenu hors du combat.

Avec les entreprises bourgeoises normales, on pouvait difficilement traiter ce problème. Elles n'avaient aucune compréhension (ou ne voulaient en avoir aucune) pour le côté soit moral soit matériel de la question. Enfin, leurs intérêts économiques propres s'opposent, de prime abord, à toute organisation d'ensemble des forces ouvrières qui en dépendent, de telle sorte que, déjà pour cette raison, la plupart des bourgeois peuvent difficilement se former un jugement indépendant. Ici, il est nécessaire de s'adresser à des tiers, désintéressés dans la question et qui ne succomberont pas à la tentation de ne pas voir la forêt sous prétexte qu'ils ne voient que les arbres. Grâce à leur bonne volonté, ils saisiront beaucoup plus facilement une affaire qui concerne notre vie présente ou future.

Je me suis déjà expliqué dans le premier volume sur l'essence, le but et la nécessité des syndicats. Aussi longtemps que, soit par des mesures de protection d'État (qui cependant généralement sont infructueuses), soit par une nouvelle éducation commune, il ne se sera pas produit un changement dans la situation de l'ouvrier vis-à-vis de l'entrepreneur, il ne restera rien d'autre à l'ouvrier que de défendre ses intérêts en invoquant son droit égal de membre de la communauté économique. Cela cadre tout à fait avec l'esprit de solidarité et peut redresser des injustices sociales susceptibles de mettre en péril l'existence commune des citoyens. J'allais même plus loin dans mes déclarations, à savoir que ce droit de l'ouvrier doit être considéré comme naturel, aussi longtemps qu'il y aura des êtres humains assujettis à des patrons ne possédant aucun sentiment de leurs devoirs sociaux, ni même simplement d'humanité, et je conclus que, si une telle autoprotection est nécessaire, sa forme doit être celle d'un groupement des ouvriers sur la base corporative.

De cette conception générale, rien n'était changé en moi en 1922. Mais une formule claire et précise était encore à trouver. Il ne convenait pas de se déclarer satisfait simplement sur les connaissances acquises, mais il était nécessaire d'en extraire des conclusions pratiques.

Il s'agissait de répondre aux questions suivantes : 1° Les syndicats sont-ils nécessaires ?

2° Le parti nazi doit-il se déclarer corporatif ou faire entrer ses membres dans un cadre syndical quelconque ?

3° Quel serait le caractère d'un syndicat purement nazi ? Quels en seraient les devoirs et les buts ? 4° Comment le réaliserait-on ?

Je crois avoir répondu suffisamment à la première question. Telles que les choses se présentent aujourd'hui, on ne peut pas, selon ma conviction, se passer des syndicats. Au contraire, ils comptent parmi les institutions les plus importantes de la vie économique de la nation. Leur importance n'est pas seulement d'ordre social, mais national. Car un peuple dont les masses reçoivent satisfaction de leurs besoins vitaux, et en même temps aussi une sorte d'éducation grâce à une organisation syndicale correcte, acquerra à cause de cela, dans la lutte pour l'existence, un accroissement extraordinaire de sa force générale de résistance.

Les syndicats sont avant tout nécessaires comme pierres angulaires du futur parlement économique des chambres de commerce.

La seconde question est également facile à résoudre. Si le mouvement corporatif est important, il est clair que le nazisme doit prendre position à ce sujet d'une façon non seulement théorique, mais encore pratique. Mais « comment » ? Cela est plus difficile.

Le mouvement nazi, qui a pour but la création de l'État raciste nazi, doit se pénétrer de cette idée que toutes les institutions futures de cet État doivent croître des racines du mouvement lui-même. Ce serait une grande faute de croire que l'on peut entreprendre tout d'un coup, en partant de rien, ou seulement du simple pouvoir politique, une réorganisation définie ; il faut posséder une certaine réserve d'hommes déjà formés. Plus important que la forme extérieure mécaniquement très rapide à créer, l'esprit doit toujours animer cette forme. Par la force, on peut inculquer à un organisme social les principes d'un Führer, d'un dictateur. Mais ces principes ne seront réellement vivants que s'ils se forment peu à peu dans leurs plus petits détails ; ils doivent être étayés sur un matériel humain, sélectionné pendant plusieurs années, trempé par les dures réalités de la vie, et ainsi capable de réaliser la pensée du Führer.

On ne doit pas donc s'imaginer pouvoir tirer tout d'un coup à la lumière du jour, d'une serviette de notaire, des projets pour une nouvelle constitution de l'État, et les introduire par une parole impérative venue d'en haut. L'essayer, on le peut, seulement le résultat ne sera sûrement pas viable, ce sera la plupart du temps un enfant mort-né. Cela me rappelle la Constitution de Weimar et la tentative de faire cadeau au peuple allemand, en même temps que d'une nouvelle constitution, d'un nouveau drapeau, qui n'avait aucun rapport intime avec ce qu'avait vécu notre peuple dans le dernier demi-siècle.

Aussi l'État nazi doit-il se garder de telles expériences. Il peut croître par sa seule organisation interne depuis longtemps existante. Cette organisation doit, dans son essence même, être animée du vivant esprit dc. National-Socialisme, pour créer enfin un État National-Socialiste vivant.

Comme je l'ai déjà souligné, les cellules embryonnaires doivent reposer dans les Chambres administratives des différentes représentations professionnelles et donc, avant tout, dans la corporation. Si cette représentation professionnelle ultérieure et le parlement central économique doivent nous être offerts par une institution nazie, il y a aussi obligation que ces importantes cellules embryonnaires soient les véhicules d'un sentiment et d'une conception nazie. Les institutions du mouvement sont à transporter dans l'État, mais l'État ne peut pas tout d'un coup faire surgir de rien, comme par enchantement, les organisations correspondantes, si l'on ne veut pas que celles-ci restent des créations sans vie.

Déjà, à ce très haut point de vue, le mouvement nazi doit admettre la nécessité d'une manifestation propre corporative. Il le doit encore, parce qu'une éducation réellement nazie, aussi bien des patrons que des ouvriers, dans le sens d'une coopération réciproque dans le cadre commun d'une communauté populaire, ne résulte pas d'enseignements théoriques, d'appels ou d'exhortations, mais du combat de la vie quotidienne. C'est dans son sens et par lui que le mouvement doit éduquer les grands groupements économiques particuliers et à les rapprocher les uns des autres. Sans un tel travail préliminaire, l'espérance en la résurrection d'une future et véritable communauté populaire reste une pure illusion. Seul, le grand idéal, pour lequel combat le mouvement peut lentement former ce style général qui fera apparaître plus tard le nouvel état de choses comme reposant sur des bases solides et non pas tout en façade.

Ainsi le mouvement ne doit pas seulement se présenter h la pensée corporative en s'affirmant tel, mais encore il doit, en vue du futur État nazi, donner à un petit nombre de membres et de partisans l'éducation exigible dans ses manifestations pratiques.

La réponse à la troisième question s'impose maintenant.

La corporation nazie n'est pas un organe de lutte de classe, mais un organe de représentation professionnelle. L'État nazi ne connaît aucune « classe », mais, au point de vue politique seulement, des bourgeois avec des droits complètement égaux et, en conséquence, avec les mêmes devoirs généraux, et, à côté de cela, des ressortissants de l'État qui, au point de vue politique, ne possèdent absolument aucun droit.

La corporation au sens nazi n'a pas la mission, grâce au groupement de certains hommes, de les transformer peu à peu en une classe, pour accepter ensuite le combat contre d'autres formations, semblablement organisées à l'intérieur de la communauté populaire. Cette mission, nous ne pouvons pas l'attribuer principalement à la corporation, mais on la lui a accordée au moment où elle devint l'instrument de combat du marxisme. La corporation n'est pas en elle-même synonyme de « lutte des classes », mais c'est le marxisme qui a fait d'elle un instrument pour sa lutte de classes. Il créa l'arme économique que le monde juif international emploie pour la destruction des bases économiques des États nationaux libres et indépendants, pour l'anéantissement de leur industrie nationale et de leur commerce national, et grâce à cela, pour l'esclavage des peuples libres au service de la finance juive mondiale au-dessus des États.

La corporation *nazi* doit, à cause de cela, grâce à la concentration organisée de groupes déterminés de participants à la vie économique nationale, élever la sécurité de l'économie nationale même, renforcer sa force en écartant tout obstacle qui influerait d'une façon destructive sur le corps populaire national, renforcer aussi la force vive de la communauté populaire, afin que des obstacles ne portent pas préjudice à l'État et ne deviennent pas à la fin un malheur et une corruption pour l'économie elle-même.

Pour la corporation nazie, la grève n'est pas un moyen de destruction et d'ébranlement de la production nationale, mais un moyen de l'accroître et de l'écouler grâce à la lutte contre tous les obstacles qui, par suite de son caractère antisocial, interdisait l'essor économique des masses. Car le champ d'activité de chaque individu se tient toujours, dans un rapport de cause à effet, avec la situation générale sociale et juridique qu'il prend dans le processus économique. De l'examen de cette situation résulte son attitude en face de ce processus.

L'ouvrier nazi doit savoir que la prospérité de l'économie nationale signifie son propre bonheur matériel.

Le patron nazi doit savoir que le bonheur et la satisfaction de ses ouvriers sont la condition primordiale de l'existence et du développement de sa propre prospérité économique.

Les ouvriers et les patrons nazis sont tous deux des délégués et des mandataires de l'ensemble de la communauté populaire. La grande proportion de liberté personnelle qui leur est accordée dans leur action, doit être expliquée par ce fait que la capacité d'action d'un seul est beaucoup plus augmentée par une extension de liberté que par la contrainte d'en haut ; la sélection naturelle, qui doit pousser en avant le plus habile, le plus capable et le plus laborieux, ne doit pas être entravée.

Pour la corporation nazie, la grève est à cause de cela un moyen que l'on a la permission et l'obligation d'employer seulement lorsqu'il n'existe pas d'État raciste nazi. Celui-ci, à la vérité, à la place du combat colossal des deux grands groupements — patronat et prolétariat — qui, dans ses conséquences d'un amoindrissement de la production cause toujours des dommages à la communauté populaire, doit se charger de faire respecter le droit de tous. Aux chambres de commerce mêmes, il incombe le devoir de maintenir l'activité économique nationale et d'en écarter les défectuosités et les défauts.

Ce qui aujourd'hui pousse su combat des millions d'hommes doit, un jour, trouver sa solution dans les chambres professionnelles et dans le Parlement économique central. Avec eux, entrepreneurs et ouvriers ne doivent plus lutter les uns contre les autres dans la lutte des salaires et des tarifs — ce qui est très dommageable à l'existence économique de tous deux — mais ils doivent résoudre ce problème en commun pour le bien de la communauté populaire et de l'État, dont l'idée doit briller en lettres étincelantes au-dessus de tout.

Là encore, comme partout, doit régner le principe d'airain que la patrie vient d'abord, avant le parti. Le devoir de la corporation nazi est l'éducation et la préparation en vue de ce but, qui se définit ainsi : travail en commun de tous en vue du maintien de la sécurité de notre peuple et de l'État, conformément, pour chaque individu, aux capacités et aux forces acquises à la naissance et perfectionnées par la communauté populaire.

À la quatrième question : Comment arriverons-nous à de telles corporations ? Il paraissait jadis excessivement difficile de répondre.

Il est, en général, plus Facile d'entreprendre des fondations dans un terrain neuf que sur un vieux terrain qui possède déjà des fondations. Dans un endroit où il n'existe aucun magasin d'une certaine spécialité, on peut facilement en édifier un. Cela est plus difficile s'il se trouve déjà une entreprise similaire et c'est même très difficile si, à côté de cela, les conditions sont telles qu'une seule entreprise peut prospérer. Car ici les fondateurs se trouvent devant le problème, non seulement d'introduire leur propre magasin nouveau, mais encore, pour pouvoir se maintenir, de devoir anéantir ce qui existe jusqu'ici à cet endroit.

Une corporation nazie n'a pas de sens à côté d'autres corporations. Car elles doivent aussi être intimement pénétrées de leur devoir mondial et aussi du devoir inné, issu du précédent, d'intolérance vis — à-vis des autres formations semblables ou pas du tout ennemies ; elles doivent affirmer leur personnalité. Il n'existe aucun arrangement ni aucun compromis pour de telles tendances, mais seulement le maintien du droit strict et exclusif.

Il y avait donc deux moyens d'aboutir :

1° On pouvait fonder une propre corporation et ensuite, peu à peu, entreprendre le combat contre les corporations marxistes internationales ; ou bien on pouvait :

2° Pénétrer dans les corporations marxistes et s'efforcer de les remplir du nouvel esprit, en vue de les transformer en instruments de notre nouvel idéal.

Le premier moyen était mauvais, car nos difficultés financières étaient en ce temps-là toujours encore très graves et nos ressources limitées. L'inflation, qui peu à peu se répandait toujours davantage, aggravait encore plus la situation : dans ces années-là, on pouvait à peine parler d'une utilité matérielle palpable de la corporation pour ses membres ; l'ouvrier n'avait aucune raison

MEIN KAMPF — MON COMBAT

pour payer des cotisations dans une corporation. Même ceux qui étaient déjà d'opinion marxiste en étaient presque réduits à l'effondrement jusqu'à ce que, grâce à la géniale action de M. Cuno dans la Ruhr, les millions tout à coup tombassent dans leurs poches. Ce chancelier du Reich « national » doit être considéré comme le sauveur des corporations marxistes.

Nous ne devions pas compter alors sur de telles facilités financières ; et il ne pouvait être séduisant pour personne d'entrer dans une nouvelle corporation qui, par suite de sa faiblesse financière, ne pouvait pas lui offrir le moindre avantage. D'un autre côté, je dois me défendre absolument de n'avoir même pas créé, dans une telle nouvelle organisation, le plus petit fromage pour des embusqués plus ou moins intellectuels.

Surtout la question de personnes jouait là-dedans un rôle de toute première importance. Je n'avais pas alors un seul personnage à qui je puisse confier la solution de cette puissante entreprise. Celui qui aurait réellement détruit dans ce temps-là les corporations marxistes pour aider au triomphe de l'idée corporative nazi, à la place de cette institution de la lutte de classes, celui-là appartiendrait aux tout premiers grands hommes de notre peuple et son buste devrait être érigé à l'avenir pour les générations futures dans le Walhalla de Ratisbonne.

Mais je n'ai connu aucun cerveau qui eût été digne d'un tel piédestal.

Il serait tout à fait faux de nous rétorquer que les corporations internationales ne disposent seulement que de cerveaux moyens. Cela, en vérité, ne veut rien dire ; car lorsque celles-ci furent fondées, ce n'était pas difficile. Aujourd'hui, le mouvement nazi doit combattre contre une organisation monstre, déjà existante depuis longtemps, sur une base gigantesque et achevée dans ses plus petits détails. L'assaillant doit toujours être plus génial que le défenseur, s'il veut le vaincre. La forteresse marxiste corporative peut aujourd'hui être gérée par de simples bonzes ; elle ne sera emportée d'assaut que par l'énergie farouche et la capacité géniale d'un homme supérieur. Si un tel homme ne se trouve pas, il est vain de lutter avec le destin et encore plus insensé de vouloir bouleverser un état de choses sans être capable d'en reconstruire un meilleur. Ici, il est intéressant de mettre en valeur cette idée que, dans la vie, il est souvent préférable de laisser de côté un projet plutôt que de l'entreprendre seulement à demi ou mal, faute de forces appropriées.

Une autre considération, qui n'est point démagogique, vient encore s'ajouter à cela. J'avais alors et je possède encore aujourd'hui la conviction bien arrêtée qu'il est dangereux d'entremêler à des choses économiques un grand combat politique. Cela s'applique particulièrement à notre peuple allemand. Car, dans ce cas, la lutte économique retirera immédiatement de l'énergie au combat politique. Aussitôt que les gens auront acquis la conviction que, grâce à l'épargne, ils pourront acquérir une toute petite maison, ils ne se consacreront plus qu'à ce but et il ne leur restera aucun loisir pour la lutte politique contre ceux qui, d'une façon ou de l'autre, songent à leur reprendre un jour les « sous » épargnés. Au lieu de lutter dans le combat politique pour leurs convictions et leurs idées, ils s'enfonceront complètement dans leur idée de « colonisation intérieure » et, la plupart du temps, s'assiéront entre deux chaises.

Le mouvement nazi est aujourd'hui au début de sa lutte. En grande partie, il doit d'abord former et achever l'élaboration de son idéal. Il doit lutter avec toute son énergie, pour la pénétration de son grand idéal. Le succès n'est imaginable que si sa force totale est mise sans hésitation au service de ce combat.

S'occuper de problèmes économiques, cela peut paralyser la force combative active ; nous l'avons précisément aujourd'hui sous les yeux dans un exemple classique :

La révolution de novembre 1918 ne fut pas faite par les corporations, et s'opéra malgré elles. Et la bourgeoise allemande ne mène aucun combat politique pour l'avenir de l'Allemagne, parce qu'elle estime cet avenir suffisamment assuré dans le travail constructif économique.

Nous devrions être instruits par de telles expériences, car aussi chez nous cela ne se passerait pas autrement. Plus nous concentrerons la force totale de notre mouvement au combat politique, plus nous pourrons espérer le succès ; plus nous nous chargerons prématurément de problèmes corporatifs, de colonisation et autres similaires, moins le résultat utile pour notre cause sera appréciable. Car, si importants que soient ces problèmes, ils ne pourront être résolus qu'après notre conquête du pouvoir politique.

Jusque-là ces problèmes paralyseraient le mouvement et s'il s'en était occupé plus tôt, son idéal politique aurait rencontré encore plus d'obstacles. Il pourrait arriver facilement que les mouvements corporatifs déterminent le mouvement politique au lieu du contraire.

Un réel profit pour le mouvement, aussi bien que pour notre peuple, peut seulement se développer principalement d'un mouvement corporatif nazi, si celui-ci est déjà si fortement rempli de nos idées nazies, qu'il ne court plus le danger de tomber dans le sentier marxiste. Car une corporation nazie qui voit seulement sa mission en une concurrence de la corporation marxiste, serait plus nuisible que s'il n'y en avait pas. Elle doit proclamer la lutte contre la corporation marxiste, non seulement comme organisation, mais avant tout comme idée. Elle doit dénoncer en elle l'annonciatrice de la lutte des classes et de l'idée de classes et doit, à sa place, devenir la protectrice des intérêts professionnels de la bourgeoisie allemande.

Que tous ces points de vue aient parlé autrefois et parlent encore aujourd'hui contre la fondation de corporations propres du parti, cela me semble évident, à moins qu'une tête apparaisse soudain, qui soit appelée visiblement par le destin pour résoudre précisément cette question.

Il ne restait donc plus que deux autres moyens, ou bien recommander aux propres compagnons du parti de sortir des corporations, ou bien de rester dans celles existant jusqu'à présent, pour y agir d'une façon autant que possible destructive.

J'ai, en général, recommandé ce dernier moyen. Particulièrement dans l'année 1922-1923, on pouvait le faire sans inconvénient, car le bénéfice financier que, su temps de l'inflation, la corporation pouvait empocher dans ses propres rangs, était nul par suite du nombre restreint de nos membres. J'ai déjà refusé autrefois de faire des expériences qui promettaient l'insuccès. J'aurais considéré comme un crime de prendre à un ouvrier une partie de son salaire réduit en faveur d'une institution que je ne jugeais pas utile à ses membres.

Si un nouveau parti politique disparaît de nouveau un jour, c'est à peine dommage, c'est presque toujours un profit et personne n'a le droit de s'en plaindre. Car ce que l'individu donne à un mouvement politique, il le donne à fonds perdu. Mais qui paye une cotisation dans une corporation a droit, en retour, à un salaire qu'on lui a garanti. Si on ne lui en tient pas compte, les fondateurs d'une telle corporation sont des menteurs, ou du moins des hommes écervelés qu'on devrait rendre responsables.

C'est d'après ce point de vue que nous avons agi aussi en l'année 1922. D'autres le comprenaient apparemment mieux et ils fondèrent des syndicats.

Ils nous faisaient grief de l'absence de ceux-ci, et voulaient y voir le signe le plus évident que nos vues étaient erronées autant qu'étroites. Mais ces créations ne tardèrent pas à disparaître elles aussi, et le résultat fut en dernière analyse le même que chez nous. Avec la seule différence que nous n'avions trompé ni les autres ni nous-mêmes.

CHAPITRE 13

LA POLITIQUE ALLEMANDE
DES ALLIANCES APRÈS LA GUERRE

Un manque absolu de méthode avait caractérisé la direction des affaires étrangères du Reich, parce qu'on n'avait pas su dégager les principes directeurs sur lesquels devait s'appuyer une politique d'alliances répondant aux intérêts du pays ; la révolution, loin de corriger cette erreur, la porta à son comble. Car, si la confusion des idées en ce qui concernait la politique générale avait été avant la guerre la principale cause des fautes commises par le gouvernement dans la conduite de sa politique étrangère, celle-ci souffrit, après la guerre, de la duplicité de nos dirigeants. Il était naturel que les milieux qui voyaient réalisés, grâce à la révolution, leurs plans subversifs, n'eussent aucun intérêt à pratiquer une politique d'alliances dont le résultat eût été de remettre sur pied un État allemand indépendant. Une semblable évolution aurait été en contradiction avec les intentions secrètes des criminels de novembre ; elle aurait mis fin passagèrement, ou même définitivement, à l'internationalisation de l'économie et des forces productrices de l'Allemagne ; mais ce qui était surtout à craindre, c'était qu'un combat victorieusement mené pour rendre le Reich indépendant de l'étranger n'eût, sur la politique intérieure, une influence qui pouvait devenir un jour fatale à l'autorité des détenteurs actuels du pouvoir. Il n'est pas concevable, en effet, qu'une nation puisse se soulever contre l'oppression sans qu'on lui ait donné auparavant conscience d'elle-même et, inversement, tout grand succès remporté dans la politique étrangère influe fatalement sur le réveil du sentiment national. L'expérience prouve que tout combat mené pour la libération d'un peuple développe en lui le patriotisme et, par suite, le met mieux en garde contre les menées des éléments antinationaux qu'il renferme. Des situations et des personnages qu'on supporte en temps de paix, auxquels souvent on n'accorde même pas d'attention, se heurtent, dans les périodes où l'enthousiasme national remue une nation jusque dans ses profondeurs, à une opposition qui va jusqu'à la résistance ouverte et qui leur est souvent fatale. Qu'on se rappelle, par exemple, la peur qu'on a partout des espions lorsqu'éclate une guerre, peur qui se manifeste subitement à ce moment où les passions humaines sont portées à leur plus haut degré et qui provoque les persécutions les plus brutales, quoique souvent injustifiées ; et pourtant chacun devrait se dire que l'on court beaucoup plus le risque d'être espionné pendant les longues années du temps de paix, bien que, pour des raisons très naturelles, l'opinion publique n'y attache pas alors autant d'attention.

L'instinct subtil des parasites de l'État que le remous des événements de novembre avait fait monter à la surface, sentit immédiatement qu'une adroite politique d'alliances, qui soutiendrait un soulèvement populaire contre l'oppression et rallumerait ainsi les passions nationales, pourrait mettre un terme à leur criminelle existence.

On comprend maintenant pourquoi ceux qui, depuis 1918, occupaient les postes les plus importants dans le gouvernement, firent preuve d'une telle incapacité dans la politique étrangère et pourquoi les affaires de l'État furent presque toujours gérées d'une façon systématiquement contraire aux intérêts de la nation allemande. Car, ce qui pourrait paraître, au premier regard, l'effet du hasard, se découvre, quand on l'examine de plus près, n'être qu'une nouvelle et logique avance sur la voie dans laquelle la révolution de novembre 1918 s'était déjà ouvertement engagée.

Il est vrai qu'ici on doit faire une distinction entre les administrateurs responsables (ou, pour mieux dire, « qui devraient l'être ») des affaires de notre État, entre la majeure partie de nos politicailleurs parlementaires, et, enfin, la grande foule moutonnière et stupide de notre peuple dont la patience égale la sottise.

Les premiers savent ce qu'ils veulent. Les autres marchent avec les premiers, soit qu'ils soient initiés, soit qu'ils soient trop lâches pour s'opposer résolument à la réalisation du plan qu'ils ont deviné et dont ils sentent le danger. Les derniers se soumettent par incompréhension et bêtise. Tant que le Parti national — socialiste des travailleurs allemands n'a été qu'une petite association mal connue, les problèmes de politique étrangère ne pouvaient avoir, aux yeux de beaucoup de ses membres, qu'une importance secondaire. Notamment, parce que notre mouvement a toujours eu, et aura toujours, pour principe fondamental de proclamer que la liberté dont jouit un pays dans ses relations avec l'étranger n'est pas un don gratuit du ciel ou de puissances de la terre, mais ne peut jamais être que le fruit du développement de ses forces propres. *Supprimer les causes de notre effondrement, anéantir ceux qui en tirent avantage, voilà ce qui, seul, nous mettra à même d'engager contre l'étranger la lutte pour notre indépendance.*

On comprend maintenant pour quelles raisons notre jeune mouvement a, dans les premiers temps, accordé à son plan de réforme intérieure plus d'importance qu'aux questions de politique étrangère.

Mais lorsque cette petite société insignifiante eut agrandi et, finalement, fait éclater son premier cadre, et que la jeune organisation prit l'importance d'une grande association, elle se vit obligée de prendre position à l'égard des problèmes que posait le développement de la politique étrangère. Il lui fallait tracer les lignes directrices qui, non seulement ne seraient pas en contradiction avec les conceptions sur lesquelles reposait notre système philosophique, mais, au contraire, seraient comme une émanation de ces conceptions mêmes.

Précisément, parce que notre peuple manque d'éducation politique en ce qui touche nos relations avec l'étranger, notre jeune mouvement avait le devoir de fournir à tous les dirigeants, ainsi qu'aux masses populaires, un plan, tracé dans ses grandes lignes, qui leur servirait de guide pour étudier les questions de politique étrangère ; c'était là une des premières tâches à remplir pour rendre possible un jour la mise en pratique des mesures préparatoires en politique étrangère, qui permettraient à notre peuple de reconquérir son indépendance et au Reich de recouvrer une souveraineté effective.

Le principe fondamental et directeur que nous devons toujours avoir devant les yeux quand nous étudions cette question est celui-ci : la politique étrangère elle-même n'est que le moyen de parvenir à un but et ce but consiste exclusivement à travailler en faveur de notre peuple. Toute question de politique étrangère ne peut être considérée d'aucun autre point de vue que de celui-ci : *Telle solution sera-t-elle avantageuse pour notre peuple, actuellement ou dans l'avenir, ou lai causera-t-elle quelque dommage ?*

Voilà la seule opinion préconçue qui puisse entrer en ligne de compte lorsqu'on étudie une de ces questions. On doit éliminer impitoyablement toutes considérations de politique de partis, de religion, d'humanité, bref toutes les autres considérations quelles qu'elles soient.

*

Avant la guerre, la politique étrangère de l'Allemagne avait pour tâche d'assurer l'alimentation de notre peuple et de ses enfants en ce monde, en préparant les voies qui permettraient d'atteindre ce but et aussi de nous ménager des alliances apportant le complément de puissance nécessaire ; la tâche est restée la même, mais avec cette différence : *avant la guerre il s'agissait de veiller à la conservation du peuple allemand en tenant compte de la puissance dont disposait alors un État fort et indépendant ; aujourd'hui, il s'agit d'abord de rendre à notre peuple la puissance que possède un État fort et libre ; la renaissance d'un tel État est la condition préalable et nécessaire qu'il faut remplir pour pouvoir pratiquer plus tard une politique étrangère efficace et capable de conserver, développer et nourrir notre peuple.*

En d'autres termes : *Le bat que doit poursuivre actuellement la politique étrangère de l'Allemagne, sera de préparer les voies on s'engagera le peuple allemand pour reconquérir an jour son indépendance.*

Pour ce faire, il ne faut jamais perdre de vue un principe fondamental : *Il n'est pas absolument nécessaire, pour qu'on peuple puisse reconquérir son indépendance, que le territoire de son État forme an tout ; il suffit qu'il subsiste une dernière parcelle, si petite soit-elle, de ce peuple et de cet État qui, jouissant de la liberté nécessaire, puisse non seulement conserver le dépôt de la communauté spirituelle du peuple tout entier, mais encore préparer la lutte qui sera menée par les armes pour reconquérir la liberté.*

Quand un peuple de cent millions d'hommes supporte en commun, pour conserver l'intégrité de son État, le joug de l'esclavage, cela est pire que si ce peuple et cet État avaient été démembrés, une de leurs parties restant encore en pleine liberté. En supposant naturellement que cette partie restât pénétrée de la sainte mission qui lui incomberait : non seulement proclamer, sans se lasser, que son peuple est indissolublement uni par son esprit et sa culture, mais aussi prendre les mesures nécessaires pour le préparer à l'emploi des armes dont il aura à se servir pour affranchir définitivement et réunir à nouveau les malheureuses parties de la nation et de l'État encore opprimées.

Il faut réfléchir en outre que, lorsqu'il est question de reconquérir des territoires perdus par un peuple et un État, il s'agit d'abord pour la mère-patrie de reconquérir sa puissance politique et son indépendance ; qu'en pareil cas, les intérêts des territoires perdus doivent être impitoyablement sacrifiés à la seule chose importante : reconquérir la liberté du territoire principal. Car ce ne sont pas les vœux des opprimés ou les protestations des nationaux qui délivreront les fragments d'un peuple ou les provinces d'un Reich, mais bien l'emploi de la force par les restes, demeurés plus ou moins indépendants, de ce qui fut autrefois la patrie commune.

Aussi, pour reconquérir les territoires perdus, la condition préalable à remplir est de donner, *par* un travail acharné, plus de force et de vigueur à ce qui reste de l'État, ainsi qu'à l'inébranlable résolution, sommeillant dans les cœurs, de consacrer, quand l'heure viendra, au service de la délivrance et de l'union de tout le peuple, la puissance récupérée par l'État. Donc, *sacrifice provisoire* des intérêts des territoires séparés de la patrie à ce qui a seul de l'importance : conquérir, au profit de ce qui reste de l'État, une puissance politique et une force telles qu'elles permettent de forcer la volonté des ennemis vainqueurs à venir à composition. *Car les territoires opprimés ne sont pas réincorporés à la patrie commune par des protestations enflammées, mais par les coups victorieux qu'assène le glaive.*

Forger ce glaive, telle est la tâche de la politique intérieure du gouvernement ; permettre au forgeron de travailler en toute sécurité et de recruter des compagnons d'armes, telle est celle de la politique étrangère.

*

*Je me suis, dans la première partie de cet ouvrage, expliqué sur les insuffisances de la politique d'alliances pratiquée avant la guerre. Il y avait quatre moyens d'assurer pour l'avenir la conservation et l'alimentation de notre peuple ; on avait choisi le quatrième et le moins efficace. Au lieu de pratiquer une intelligente politique territoriale en Europe, on eut recours à une politique coloniale et commerciale. Cette politique était d'autant plus maladroite qu'on se figurait à tort pouvoir éviter ainsi l'obligation de s'expliquer les armes à la main. Le résultat de cette tenta*tive pour s'asseoir sur toutes les chaises était facile à prévoir : on s'assit à côté et la guerre mondiale fut la note des frais qu'eut à acquitter finalement le Reich pour solder les dettes contractées par sa maladroite politique étrangère.

Le meilleur moyen aurait été dès alors le troisième : renforcer la puissance du Reich sur le continent en s'annexant de nouveaux territoires en Europe ; par là même, son extension par l'acquisition ultérieure de territoires coloniaux entrait tout naturellement dans le domaine des possibilités. Il est vrai que, pour pratiquer une telle politique, il lui fallait contracter une alliance avec l'Angleterre ou bien consacrer au développement de sa puissance militaire des ressources tellement démesurées qu'il aurait dû, pendant quarante ou cinquante ans, complètement rejeter au second plan toutes les dépenses de caractère culturel. Il aurait parfaitement pu prendre cette responsabilité. L'importance culturelle d'une nation est presque toujours fonction de son indépendance politique, celle-ci est donc la condition nécessaire pour que celle-là puisse exister ou même pour qu'elle puisse naître. Aussi n'y a-t-il pas de sacrifice qui soit trop lourd quand il s'agit d'assurer la liberté politique d'une nation. Ce que l'on déduit du budget des dépenses de caractère culturel, au profit d'un développement excessif des forces militaires de l'État, pourra être plus tard récupéré avec usure. On peut même dire que, après qu'un État a concentré tous ses efforts sur un seul point : maintenir son indépendance, il se produit d'ordinaire une certaine détente, une sorte de nouvel équilibre en vertu duquel les dons culturels du peuple jusque-là négligés s'épanouissent d'une façon surprenante. La floraison du siècle de Périclès succéda aux misères causées par les guerres contre les Perses, et la République romaine se consacra à la culture d'une civilisation supérieure quand elle fut libérée des inquiétudes que lui avaient inspirées les guerres puniques. Il est vrai qu'on ne peut attendre d'une majorité de crétins et de propres-à-rien parlementaires l'esprit de décision nécessaire pour subordonner impitoyablement tous les autres intérêts d'un peuple à une seule tâche : préparer une future passe d'armes devant assurer plus tard l'existence de l'État. Tout sacrifier à la préparation de cette passe d'armes, le père d'un Frédéric le Grand en était capable, mais les pères de notre absurde parlementarisme démocratique de fabrication juive ne le peuvent pas.

C'est déjà pourquoi la préparation militaire, permettant la conquête en Europe de nouveaux territoires, ne fut, dans la période précédant la guerre, que très médiocre, de sorte qu'on ne pouvait que difficilement se passer du concours d'alliés judicieusement choisis.

Comme on ne voulait pas se donner la peine de préparer systématiquement la guerre, on renonça à acquérir des territoires en Europe et l'on sacrifia, en pratiquant, en échange, une politique coloniale et commerciale, l'alliance qu'on aurait, sans cela, pu conclure avec l'Angleterre, mais sans s'appuyer, comme il aurait été logique, sur la Russie ; de faux-pas en faux-pas, on aboutit à la guerre mondiale où l'Allemagne entra abandonnée de tous sauf des Habsbourg, ce fléau héréditaire.

*

Il faut dire, pour caractériser notre politique étrangère actuelle, qu'elle n'a pas de ligne de conduite visible ou même compréhensible. Si on s'était, avant la guerre, engagé à faux sur la quatrième voie, où l'on n'avait d'ailleurs fait que peu de progrès, il est impossible à l'œil le plus exercé de découvrir celle qu'on suit depuis la révolution. Plus encore qu'avant la guerre, tout système raisonné fait défaut, à moins qu'on ne donne ce nom aux tentatives faites pour enlever à notre peuple la dernière possibilité de relèvement.

Si l'on examine froidement la situation dans laquelle se trouvent aujourd'hui les peuples de l'Europe en ce qui concerne leur puissance respective, on arrive au résultat suivant :

Depuis trois cents ans, l'histoire de notre continent a été dominée par les visées politiques de l'Angleterre ; par l'équilibre des forces qu'elle obtenait, en opposant les unes aux autres les différentes puissances européennes, elle assurait indirectement ses derrières et pouvait, en toute sûreté, atteindre les buts poursuivis par la politique mondiale de la diplomatie britannique.

La tendance traditionnelle de cette diplomatie, qui n'a en Allemagne d'autre équivalent que les traditions de l'armée prussienne, était, depuis le règne de la reine Élisabeth, vouée à la poursuite systématique d'un seul but : empêcher par tous les moyens une grande puissance du continent de s'élever au-dessus du niveau moyen des grandes puissances et, si elle y parvenait, la briser par les armes. Les moyens de force que l'Angleterre avait coutume d'employer en pareil cas variaient suivant la situation donnée ou la tâche à accomplir ; mais la résolution et la force de volonté mises en œuvre étaient toujours les mêmes. Oui ! plus la position de l'Angleterre devint difficile au cours des temps, plus le gouvernement de l'Empire britannique jugea nécessaire de maintenir un état de choses où les différents États européens, en rivalisant entre eux de puissance, se paralysaient réciproquement. Quand les colonies anglaises de l'Amérique du Nord se séparèrent de la mère-patrie, celle-ci dut redoubler d'efforts pour couvrir complètement ses derrières du côté de l'Europe. C'est ainsi que, lorsque l'Espagne et la Hollande eurent été anéanties comme grandes puissances maritimes, l'État anglais concentra toutes ses forces contre les visées dominatrices de la France, jusqu'à ce qu'enfin la chute de Napoléon 1er eut fait disparaître le danger que présentait pour l'Angleterre l'hégémonie d'une puissance militaire qu'elle redoutait particulièrement.

L'évolution qu'accomplit la politique britannique à l'égard de l'Allemagne fut très lente, non seulement parce que cette dernière, par suite du défaut d'unité nationale des peuples allemands, ne présentait pas de danger pour l'Angleterre, mais encore parce que l'opinion publique anglaise, tournée par une longue propagande vers le but défini qu'avait jusqu'alors poursuivi son État, ne pouvait être que peu à peu orientée dans un autre sens. Le froid calcul de l'homme d'État doit parfois, pour se réaliser, faire appel au sentiment, moteur qui est plus puissant quand il faut agir et qui résiste mieux à l'usure du temps. L'homme d'État peut, après avoir réalisé un de ses plans, tourner son activité d'esprit vers d'autres projets, mais il faut un lent travail de propagande pour rendre la sensibilité des masses accessible aux nouvelles vues du chef. L'Angleterre avait arrêté sa nouvelle position dès 1870-1871. Malheureusement, l'Allemagne ne sut pas tirer parti des oscillations qu'éprouva parfois la politique anglaise, par suite de l'importance que prit l'Amérique au point de vue économique et de l'activité que déploya la Russie pour augmenter sa puissance, si bien que les tendances qui prévalaient déjà dans la politique de l'Angleterre s'en trouvèrent renforcées.

L'Angleterre voyait dans l'Allemagne une puissance dont l'importance au point de vue commercial et, par suite, dans la politique mondiale, fondée surtout sur sa gigantesque industrialisation, prenait des proportions si menaçantes que les forces des deux États se balançaient déjà dans les mêmes domaines. La conquête « économique et pacifique » du monde, qui était, aux yeux de ceux qui nous dirigeaient alors, le summum de la suprême sagesse, fut ce qui détermina la politique anglaise à organiser la résistance. Cette résistance se manifesta sous la forme d'une attaque de grande envergure et minutieusement préparée, méthode répondant parfaitement à l'esprit d'une politique qui ne visait pas à maintenir une paix mondiale douteuse, mais à consolider l'hégémonie britannique dans le monde. L'Angleterre prit comme alliés tous les États qui présentaient des garanties au point de vue militaire, parce que sa prudence traditionnelle appréciait à leur juste valeur les forces de son adversaire et qu'elle se rendait compte de l'état de faiblesse où elle se trouvait alors. On ne peut lui reprocher d'avoir agi « sans scrupules », car une aussi vaste préparation d'une guerre ne doit pas être jugée du point de vue héroïque, mais du point de vue de l'utilité. *La diplomatie doit être pratiquée de telle sorte qu'un peuple ne soit pas conduit par son héroïsme à sa perte ; elle doit veiller efficacement à sa conservation. Pour parvenir à ce résultat, tout moyen est légitime et ne pas y avoir recours doit être considéré comme un criminel oubli du devoir.*

La révolution allemande délivra la politique anglaise des inquiétudes que lui avait causées la menace d'une hégémonie germanique s'étendant sur le monde entier.

L'Angleterre n'avait donc plus d'intérêt à voir l'Allemagne complètement effacée de la carte d'Europe. Au contraire, l'épouvantable effondrement qui se produisit pendant les journées de novembre 1918, plaça la diplomatie anglaise en face d'une situation nouvelle qu'elle n'avait pas d'abord cru possible.

L'Empire britannique avait lutté pendant quatre ans et demi les armes à la main pour anéantir la prétendue prépondérance d'une puissance continentale. Un écroulement subit semblait faire disparaître cette puissance de la surface du globe. L'Allemagne manifestait une telle absence de l'instinct de conservation le plus élémentaire que des évènements qui s'étaient déroulés en moins de vingt-quatre heures, semblaient avoir bouleversé tout l'équilibre européen : *l'Allemagne était anéantie et la France devenait la première puissance continentale de l'Europe.*

La propagande intense qui avait, pendant la guerre, donné au peuple anglais la force de tenir, qui lui avait inspiré une haine démesurée à l'égard des Allemands, qui avait soulevé tous ses instincts primitifs et toutes ses passions, allait maintenant peser comme une masse de plomb sur les décisions des hommes d'État britanniques. Le but que l'Angleterre avait poursuivi en faisant la guerre était atteint, puisque l'Allemagne ne pouvait plus pratiquer de politique coloniale, économique et commerciale ; tout ce qui dépassait ce but lésait les intérêts anglais. La disparition de l'Allemagne comme grande puissance de l'Europe continentale ne pouvait que profiter aux ennemis de l'Angleterre. Pourtant la diplomatie anglaise ne put pas exécuter son changement de front pendant les journées de novembre 1918 et jusqu'à la fin de l'été de 1919, parce qu'elle avait, pendant cette longue guerre, fait appel aux sentiments des masses avec une insistance dont elle n'avait jamais encore donné d'exemple. Elle ne le pouvait pas, étant données les dispositions de son propre peuple, elle ne le pouvait pas non plus par suite de la disproportion des forces militaires en présence. La France s'était attribué la conduite des négociations et pouvait imposer sa loi à ses alliés. La seule puissance qui aurait pu, pendant ces mois de négociations et de marchandages, modifier cet état de choses, l'Allemagne elle-même, était en proie aux convulsions de la guerre civile et ne cessait de proclamer, par la bouche de ses prétendus hommes d'État, qu'elle était prête à accepter tout ce qu'on lui imposerait.

Quand, dans les relations internationales, un peuple cesse, par suite de son manque absolu d'instinct de conservation, de pouvoir être un allié « actif », il tombe au rang de peuple esclave et son pays éprouve le sort réservé à une colonie.

Pour éviter que la puissance de la France ne devienne trop prépondérante, l'Angleterre n'avait plus à sa disposition qu'une seule façon d'agir : s'associer à ses brigandages.

En fait, l'Angleterre n'a pas atteint le but qu'elle avait en vue en faisant la guerre. Celle-ci n'a pas écarté le danger que présentait pour l'équilibre des forces sur le continent la prédominance acquise par un État européen, elle ne l'a rendu que plus menaçant.

L'Allemagne, au point de vue militaire, était, en 1914, coincée entre deux pays dont l'un disposait de forces équivalentes et l'autre de forces très supérieures. À cela s'ajoutait la supériorité maritime de l'Angleterre. La France et la Russie, seules, étaient des obstacles suffisants pour empêcher tout accroissement excessif de la grandeur allemande. La situation géographique du Reich, extrêmement défavorable au point de vue militaire, pouvait être, en outre, considérée comme un coefficient de sécurité garantissant contre toute augmentation importante de la puissance de ce pays. La configuration des côtes était, au point de vue militaire, défavorable en cas de lutte contre l'Angleterre ; si la région maritime était peu étendue et resserrée, les frontières terrestres étaient, par contre, beaucoup trop vastes et ouvertes.

La situation de la France est aujourd'hui toute différente : comme puissance militaire, elle est la première et n'a pas sur le continent un seul rival sérieux ; elle est en sûreté au sud derrière les frontières qui la protègent contre l'Espagne et l'Italie ; l'impuissance de notre patrie lui assure la sécurité du côté de l'Allemagne ; sur une longue étendue de ses côtes, elle est campée en face des centres vitaux de l'Empire britannique. Non seulement ceux-ci présentent des buts faciles aux avions et aux canons à longue portée, mais les voies de communication du commerce anglais seraient exposées sans défense aux attaques des sous-marins. Une guerre sous-marine, s'appuyant sur la longue côte de l'Atlantique et sur les rivages étendus que la France possède le long de la Méditerranée en Europe et dans l'Afrique du Nord, aurait des conséquences désastreuses pour l'Angleterre.

Ainsi le fruit qu'elle a tiré politiquement de la lutte menée contre l'accroissement de puissance de l'Allemagne a été d'établir l'hégémonie de la France sur le continent ; les résultats, au point de vue militaire, ont été les suivants : l'Angleterre a fortement établi la France comme première puissance sur terre et a dû reconnaître l'Union américaine pour son égale sur mer. Au point de vue économique, elle a cédé à ses anciens alliés des territoires où elle avait des intérêts de première importance.

De même que la politique traditionnelle de l'Angleterre vise à balkaniser l'Europe dans *une certaine mesure, celle de la France en veut faire autant à l'égard de l'Allemagne.*

Ce que souhaitera toujours l'Angleterre, c'est d'empêcher qu'une puissance continentale quelconque accroisse ses forces au point de pouvoir jouer un rôle important dans la politique mondiale ; elle veut donc maintenir un certain équilibre entre les forces dont disposent les États européens ; car c'est là une des conditions primordiales mises à l'hégémonie de l'Angleterre dans le monde entier.

Ce que souhaitera toujours la France, c'est d'empêcher que l'Allemagne ne forme une puissance homogène ; c'est le maintien d'une fédération de petits États allemands dont les forces s'équilibrent et qui ne soient pas soumis à une autorité centrale ; c'est enfin d'occuper la rive gauche du Rhin : toutes conditions nécessaires pour qu'elle puisse établir et assurer son hégémonie en Europe.

Le but dernier de la diplomatie française sera éternellement en opposition avec les tendances fondamentales de la diplomatie anglaise.

*

Quand on examine, en tenant compte des considérations que nous venons d'exposer, les possibilités d'alliances que l'époque actuelle offre à l'Allemagne, on est vite convaincu que tout ce que nous pouvons faire pratiquement, en fait d'alliance, est de nous rapprocher de l'Angleterre. Bien que les conséquences de la politique de guerre suivie par elle aient été, et soient restées, néfastes pour l'Allemagne, on ne doit pas se refuser à constater que l'Angleterre n'a plus aujourd'hui aucun intérêt pressant à ce que l'Allemagne soit anéantie et que, au contraire, l'objectif de la diplomatie anglaise doit être de plus en plus, à mesure que les années s'écoulent, de mettre un frein à l'instinct d'impérialisme démesuré dont est animée la France. Seulement, on ne fait pas une politique d'alliance en s'attardant aux froissements passés ; elle n'est féconde que si l'on profite des leçons données par l'histoire. L'expérience devrait nous avoir appris que les alliances nouées pour la poursuite de buts négatifs souffrent de faiblesse congénitale. Les destinées de deux peuples ne sont solidement soudées que lorsqu'ils ont en vue un succès commun, sous la forme d'acquisitions, de conquêtes communes, bref, d'un accroissement de puissance dont profitera chacun d'eux.

L'inexpérience de notre peuple en fait de politique étrangère transparaît de la façon la plus claire dans les nouvelles de presse quotidiennes, qui parlent de la *sympathie* plus ou moins grande que tel ou tel homme d'État étranger a manifesté *pour l'Allemagne,* et qui voient, dans les dispositions que l'on suppose à ces personnages à l'égard de notre peuple, la garantie particulière d'une politique favorable à nos intérêts. Raisonner ainsi, c'est commettre une incroyable absurdité, c'est spéculer sur la sottise sans pareille dont fait preuve le petit bourgeois allemand du type courant quand il parle politique. Il n'y a pas d'homme d'État anglais, américain ou italien, qui ait jamais pris position comme « germanophile ». Tout homme d'État anglais est naturellement en premier lieu *Anglais,* tout Américain est d'abord *Américain* et l'on ne trouvera pas d'Italien qui soit prêt à faire une autre politique qu'une politique *italianophile.* Celui donc qui prétend édifier des alliances sur les dispositions *germanophilies* des hommes d'État influents de telle ou telle nation étrangère, est un âne ou un menteur. La condition nécessaire pour que les destinées de deux peuples s'enchaînent l'une à l'autre n'est pas une estime ou une sympathie réciproque, mais bien la perspective des avantages que tirera de l'association chacun des contractants. C'est-à-dire qu'un homme d'État anglais, par exemple, pourra pratiquer une politique constamment anglophile et jamais germanophile, mais que des intérêts déterminés de cette politique *anglophile* pourront, pour les motifs les plus divers, concorder avec les intérêts germa*nophiles.* Ce ne pourra naturellement être le cas que dans une certaine mesure et la situation pourra un jour se trouver complètement renversée ; *mais l'art d'un homme d'État dirigeant consiste précisément à trouver, quand il s'agit, à une certaine époque, de réaliser une opération nécessaire, les partenaires qui doivent user des mêmes moyens pour défendre leurs propres intérêts.*

L'application pratique de ce principe doit être déduite, pour le temps présent, de la réponse qu'on devra faire aux questions suivantes. *Quels États n'ont actuellement aucun intérêt vital à ce qu'une Europe centrale allemande soit complètement mise hors de cause pour permettre à la France d'exercer, économiquement et militairement, une hégémonie incontestée ? Et quels sont les États qui, étant données leurs propres conditions d'existence et l'orientation traditionnelle de leur politique, verraient, dans le développement d'une telle situation, une menace pour leur propre avenir ?*

Car il faut qu'on se rende enfin clairement compte de ce fait : l'ennemi mortel, l'ennemi impitoyable du peuple Allemand est et reste la France. Peu importe qui a gouverné ou gouvernera la France ; que ce soient les Bourbons ou les Jacobins, les Napoléons ou les démocrates bourgeois, les républicains cléricaux ou les bolchévistes rouges : le but final de leur politique étrangère sera toujours de s'emparer de la frontière du Rhin et de consolider la position de la France sur ce fleuve, en faisant tous leurs efforts pour que l'Allemagne reste désunie et morcelée.

L'Angleterre désire que l'Allemagne ne soit pas une puissance mondiale ; la France ne veut pas qu'il existe une puissance qui s'appelle l'Allemagne ; la différence est considérable ! Mais, aujourd'hui, nous ne luttons pas pour reconquérir la situation de puissance mondiale ; nous avons à combattre pour l'existence de notre patrie, pour l'unité de notre nation et pour le pain quotidien de nos enfants. Si, tirant la conclusion de ces prémisses, nous passons en revue les alliés que peut nous offrir l'Europe, il ne reste que deux États : *l'Angleterre* et *l'Italie.*

L'Angleterre ne désire pas avoir en face d'elle une France, dont le poing armé, que le reste de l'Europe n'est pas capable de repousser, pourrait défendre une politique de nature à contrarier un jour ou l'autre les intérêts anglais. L'Angleterre ne peut jamais désirer avoir affaire à une France que la possession des riches mines de fer et de charbon de l'Europe occidentale mettrait à même de jouer dans l'économie mondiale un rôle dangereux pour elle. Et l'Angleterre ne peut pas non plus souhaiter que la France jouisse dans la politique du continent, grâce au morcellement du reste de l'Europe, d'une situation si sûre qu'il lui soit possible, ou même qu'elle se voie contrainte, de reprendre avec plus d'activité et d'ambition la politique mondiale qui est une des traditions de la diplomatie française. Les bombes de Zeppelin d'autrefois pourraient se multiplier chaque nuit ; la suprématie militaire de la France pèse lourdement sur ce qui forme le cœur de l'empire mondial gouverné par la Grande-Bretagne.

L'Italie non plus ne peut pas désirer que la situation prépondérante, occupée par la France en Europe, soit encore renforcée. L'avenir de l'Italie dépend d'un développement territorial dont les éléments sont groupés autour du bassin méditerranéen. Ce qui a poussé l'Italie à la guerre, ce n'était certainement pas l'envie de travailler à la grandeur de la France, mais l'intention de porter le coup mortel au rival exécré qu'elle avait dans l'Adriatique. Toute augmentation nouvelle de la puissance française sur le continent est, pour l'avenir, un obstacle contre lequel l'Italie pourra se heurter ; aussi ne faut-il jamais se figurer que la parenté de race peut supprimer toute rivalité entre deux peuples.

L'examen le plus réaliste et le plus froid de la situation européenne montre que ces deux États : *l'Angleterre* et *l'Italie,* sont, en première ligne, ceux dont les intérêts particuliers les plus naturels ne sont pas, ou sont en dernière analyse le moins lésés, par les conditions nécessaires à l'existence d'une nation allemande, et que ces intérêts concordent même jusqu'à un certain point avec cette existence.

*

Nous devons, il est vrai, quand nous jugeons des possibilités de ces alliances, ne pas perdre de vue trois facteurs. Le premier nous concerne, les deux autres concernent les États en question.

Peut-on, en principe, contracter alliance avec l'Allemagne actuelle ? Une puissance qui cherche dans une alliance une aide pour exécuter un plan *offensif,* peut-elle s'allier à un État dont les gouvernements ont, depuis des années, donné l'image de la plus lamentable incapacité, de la lâcheté pacifiste et chez lequel la grande majorité de la nation, aveuglée par les doctrines démocratiques et marxistes, trahit son propre peuple et son propre pays de la façon la plus révoltante ? Est-ce qu'une puissance quelconque peut espérer actuellement établir des rapports avantageux pour elle avec un État, dans la conviction qu'elle pourra un jour combattre en commun avec lui pour défendre des intérêts communs, lorsque cet État n'a visiblement ni le courage ni l'envie de lever même un doigt pour défendre sa propre vie, sa simple existence ? Est-ce qu'une puissance quelconque, pour laquelle un traité d'alliance est, et doit être, quelque chose de plus qu'un contrat de garantie visant au maintien d'un état de lent dépérissement, comme le fut l'ancienne et désastreuse Triplice, contractera une alliance, valable pour la bonne et la mauvaise fortune, avec un État dont les manifestations les plus caractéristiques sont une servilité rampante à l'égard de l'étranger et, à l'intérieur, l'étouffement ignominieux des vertus nationales ; avec un État qui n'a plus, par la faute de toute sa conduite, rien de grand ; avec des gouvernements qui ne peuvent se vanter de jouir de la moindre estime auprès de leurs concitoyens, de sorte qu'il est impossible aux étrangers d'avoir une grande admiration pour eux ?

Non ! une puissance qui tient à sa réputation et qui cherche dans une alliance quelque chose de plus que des subsides pour des parlementaires affamés de butin, ne s'alliera pas avec Allemagne d'aujourd'hui, et même elle ne le peut pas. *Notre incapacité actuelle à conclure des alliances est la raison profonde et dernière de la solidarité existant entre les brigands nos ennemis.* Comme l'Allemagne ne se défend jamais que par quelques « protestations enflammées de nos parlementaires d'élite, comme le reste du monde n'a pas de raison pour combattre pour notre défense, comme le bon Dieu a pour principe de ne pas affranchir les peuples sans courage, même les peuples qui n'ont aucun intérêt *direct* à notre complet anéantissement n'ont rien d'autre à faire que de prendre part aux raids de brigandage des Français, quand ce ne serait que pour empêcher, en s'associant et en participant au pillage, que la France ne continue seule à accroître ses forces.

En second lieu, il ne faut pas méconnaître les difficultés qu'on éprouverait dans les pays qui ont été jusqu'à présent nos ennemis, si l'on entreprenait de changer les dispositions dans lesquelles se trouvent à notre égard les couches profondes de peuples, qui ont subi l'influence d'une propagande atteignant les masses. On ne peut pas présenter pendant des années un peuple comme un ramassis de « Huns », de « brigands », de « Vandales », etc., et puis, du jour su lendemain, découvrir qu'il est tout le contraire et recommander comme allié de demain l'ancien ennemi.

Il faut encore faire plus attention à un troisième fait dont l'importance est encore plus grande pour la tournure que prendront les futures alliances en Europe.

Si le maintien de l'Allemagne, dans son état actuel d'impuissance, n'a que très peu d'intérêt pour la politique anglaise, il en a un très grand pour la finance juive internationale. La politique anglaise officielle ou, pour mieux dire, traditionnelle et les puissances boursières soumises complètement à l'influence juive poursuivent des buts opposés ; c'est ce que prouvent, avec une particulière évidence, les positions différentes que prennent l'une et les autres sur les questions qui touchent à la politique étrangère de l'Angleterre. *La finance juive désire, contrairement aux intérêts réels de l'État anglais, non seulement que l'Allemagne soit radicalement ruinée économiquement*, mais *encore qu'elle soit, politiquement, réduite complètement en esclavage*. En effet, l'internationalisation de notre économie allemande, c'est-à-dire la prise de possession par la finance mondiale juive des forces productrices de l'Allemagne, ne peut être effectuée complètement que dans un État politiquement bolchévisé. Mais pour que les troupes marxistes qui mènent le combat au profit du capital juif international, puissent définitivement casser les reins à l'État national allemand, elles ont besoin d'un concours amical venu du dehors. Aussi les armées de la France doivent donner des coups de boutoir à l'État allemand jusqu'à ce que le Reich, ébranlé dans ses fondations, succombe aux attaques des troupes bolchévistes au service de la finance juive internationale.

C'est ainsi que le juif est celui qui pousse le plus ardemment aujourd'hui à la destruction radicale de l'Allemagne. Tout ce qui, dans le monde entier, s'imprime contre l'Allemagne est écrit par des Juifs, de même que, en temps de paix et pendant la guerre, la presse des boursiers juifs et des marxistes a attisé systématiquement la haine contre l'Allemagne jusqu'à ce que les États aient, les uns après les autres, renoncé à la neutralité et, sacrifiant les vrais intérêts des peuples, soient entrés dans la coalition mondiale qui nous faisait la guerre.

Le raisonnement que tiennent les Juifs est évident. La bolchévisation de l'Allemagne, c'est-à-dire la destruction radicale de la conscience nationale populaire allemande, rendant possible l'exploitation de la force productrice allemande soumise au joug de la finance juive internationale, n'est que le prélude de l'extension toujours plus grande que prendra la conquête du monde entier rêvée par les Juifs. Ainsi que le cas s'est si souvent produit dans l'histoire, l'Allemagne doit être le pivot sur lequel portera cette lutte gigantesque. Si notre peuple et notre État sont les victimes de ces tyrans des peuples que sont les Juifs altérés de sang et avides d'argent, toute la terre sera prise dans les tentacules de ces hydres ; mais si l'Allemagne échappe à leur enlacement, on pourra considérer que le plus grand danger qu'aient jamais couru tous les peuples ne menace plus le monde entier.

S'il est sûr que la juiverie a mis en œuvre toutes ses menées souterraines non seulement pour entretenir l'hostilité que les nations témoignent à l'Allemagne, mais aussi pour l'exacerber autant que possible, il est non moins sûr que cette activité ne concorde que très partiellement avec les vrais intérêts des peuples qu'elle empoisonne. *En général, la juiverie n'emploie auprès de chacun des peuples visés par sa propagande que les arguments propres à avoir le plus d'effet sur l'esprit de la nation travaillée par ses émissaires et dont elle connaît parfaitement les façons de voir, ceux dont elle peut se promettre le plus de succès.* Auprès de notre peuple dont le sang est extraordinairement adultéré, la juiverie se sert, pour mener le combat dont elle attend la puissance, des idées plus ou moins « cosmopolites », inspirées par l'idéologie pacifiste et qui sont nées dans son cerveau, bref elle se réclame des tendances internationales ; en France, elle tire parti du chauvinisme dont elle a reconnu l'existence et dont elle sait apprécier très exactement la puissance ; en Angleterre, elle met en jeu les intérêts économiques et les considérations de politique mondiale ; bref, elle tire toujours profit de ce qui caractérise essentiellement la tournure d'esprit d'un peuple donné. C'est seulement lorsqu'elle a, par ces divers moyens, conquis une influence décisive sur l'économie et sur la politique qu'elle se libère des liens qu'imposaient à sa propagande ces arguments fictifs et qu'elle dévoile en partie ses buts cachés, ce qu'elle veut et ce pour quoi elle combat. Elle n'en procède qu'avec plus de rapidité à son œuvre de destruction, jusqu'à ce qu'elle ait transformé successivement tous les États en un champ de ruines sur lequel doit régner l'autorité souveraine de l'empire juif éternel.

En Angleterre comme en Italie, le désaccord existant entre les conceptions d'une politique excellente enracinée dans le sol et les projets des financiers juifs internationaux est évident, et saute parfois brutalement aux yeux. C'est uniquement en France que l'on remarque aujourd'hui un *accord secret,* plus parfait qu'il n'a jamais été, entre les *intentions des boursiers,* intentions *dont les Juifs sont les représentants,* et les vœux d'une *politique nationale* inspirée par le chauvinisme. Et c'est précisément cette *identité* de vues qui constitue un immense danger pour l'Allemagne. C'est pour cette raison que la France est, et reste, l'ennemi que nous avons le plus à craindre. *Ce peuple, qui tombe de plus en plus au niveau des nègres, met sourdement en danger, par l'appui qu'il prête aux Juifs pour atteindre leur but de domination universelle, l'existence de la race blanche en Europe.* Car la contamination provoquée par l'afflux de sang nègre sur le Rhin, au cœur de l'Europe, répond aussi bien à la soif de vengeance sadique et perverse de cet ennemi héréditaire de notre peuple qu'au froid calcul du Juif, qui y voit le moyen de commencer le métissage du continent européen en son centre et, en infectant la race blanche avec le sang d'une basse humanité, de poser les fondations de sa propre domination.

Le rôle que la France, aiguillonner par sa soif de vengeance et systématiquement guidée par les Juifs, joue aujourd'hui en Europe, est un péché contre l'existence de l'humanité blanche et déchaînera un jour contre ce peuple tous les esprits vengeurs d'une génération qui aura reconnu dans la pollution des races le péché héréditaire de l'humanité.

En ce qui concerne l'Allemagne, le danger que la France constitue pour elle lui impose le devoir de rejeter au second plan toutes les raisons de sentiment et de tendre la main à celui qui, étant aussi menacé que nous, ne veuf ni souffrir ni supporter les visées dominatrices de la France.

En Europe, il n'y a, pour tout l'avenir que nous pouvons embrasser du regard, que deux alliés possibles pour l'Allemagne : l'Angleterre et l'Italie.

*

Si l'on prend la peine de jeter aujourd'hui un regard en arrière sur la façon dont a été conduite la politique de l'Allemagne depuis la révolution, on ne peut faire autrement, en présence de la maladresse continuelle et incompréhensible de nos gouvernements, que de se prendre la tête entre les mains et de

s'abandonner simplement au désespoir, ou bien, soulevé par une ardente'
indignation, de partir en guerre contre un pareil régime. Ses actes n'ont jamais
rien eu d'inconscient, car, ce qui pourrait paraître inimaginable à tout cerveau
capable de penser, nos borgnes intellectuels de novembre sont arrivés à le
faire : *ils ont recherché humblement la faveur de la France.* Oui a pendant
toutes ces dernières années, on a, avec l'attendrissante niaiserie d'incorrigibles
rêveurs, continuellement tenté de devenir bons amis avec la France, on faisait
sans cesse des courbettes devant la « grande nation » et, dans chaque truc
perfide du bourreau français, on croyait tout de suite voir les premiers
symptômes d'un changement de dispositions. *Ceux qui dirigeaient notre
politique dans la coulisse n'ont naturellement jamais partagé cette opinion
erronée et insane. Pour eux, la bonne entente avec la France était de moyen
naturel de saboter toute politique d'alliances efficace.* Ils n'avaient jamais eu
de doute sur les buts poursuivis par la France et par ceux qui étaient derrière
elle. Ce qui les forçait à agir comme s'ils avaient cru sincèrement que le destin
de l'Allemagne pouvait éprouver un changement, c'est qu'ils se rendaient
compte   froidement   qu'au   cas   contraire,   notre   peuple   se   serait
vraisemblablement engagé sur une autre voie.

Il nous sera naturellement très difficile de faire entrer l'Angleterre comme
alliée future dans les rangs de nos partisans. Notre presse juive a toujours su
concentrer la haine de notre peuple sur l'Angleterre et plus d'un serin
d'Allemand s'est pris, avec la meilleure volonté, aux gluaux tendus par le Juif :
on a parlé à tort et à travers de la « renaissance » de la puissance maritime
allemande, protesté contre le vol de nos colonies, demandé qu'elles soient
reconquises ; tous ces propos fournissaient les matériaux que la canaille juive
faisait parvenir à ses congénères anglais et dont s'alimentait une propagande
efficace. Nos bourgeois niais qui se mêlent de politique commencent à
comprendre vaguement que nous n'avons pas aujourd'hui à lutter pour que
l'Allemagne devienne « forte sur mer », etc. Diriger les forces de la nation
allemande vers cet objectif, avant d'avoir solidement assuré notre situation en
Europe, était déjà une folie avant la guerre. Aujourd'hui, un pareil projet doit
être mis au nombre de ces sottises qui, en politique, s'appellent des crimes.

Il y avait vraiment parfois de quoi désespérer quand on voyait avec quel
art les Juifs qui tiraient les ficelles savaient amuser notre peuple de questions
tout à fait secondaires, provoquaient des manifestations et des protestations,
pendant qu'au même moment la France prélevait de nouveaux morceaux de
chair sur le corps de notre peuple et minait systématiquement les bases de notre
indépendance.

Je dois, à ce propos, parler particulièrement d'un dada que le Juif sut,
perdant ces années-là, chevaucher avec une extraordinaire maîtrise : le Tyrol
du Sud.

Parfaitement, le Tyrol du Sud. Si je m'occupe ici de cette question, je me
réserve le droit d'y revenir encore, car il faudra régler le compte de cette bande
de menteurs qui, spéculant sur le manque de mémoire et la sottise des masses
de chez nous, se permet de feindre une indignation patriotique plus étrangère

à ces imposteurs parlementaires que ne l'est à une pie la notion du respect dû à la propriété d'autrui.

J'insiste sur ce point que j'ai personnellement fait partie des gens qui, lorsque le sort du Tyrol du Sud se décidait — c'est-à-dire depuis août 1914 jusqu'à novembre 1918 se sont placés là où cette contrée pouvait, elle aussi, être efficacement défendue : dans les rangs de l'armée. J'ai, pendant ces années-là, combattu dans la mesure de mes forces, non pas pour empêcher que le Tyrol du Sud ne fût perdu, mais afin que la patrie le conservât au même titre que n'importe quel autre pays allemand.

Ceux qui n'ont pas pris alors part au combat, ce furent les escarpes parlementaires, toute cette canaille faisant une politique de parti. Au contraire, pendant que nous combattions avec la conviction que, seule, une issue victorieuse de la guerre permettrait au peuple allemand de conserver aussi le Tyrol du Sud, ces traîtres compromettaient la victoire par leurs clabauderies et leurs appels à la révolte, si bien qu'enfin Siegfried succomba, poignardé dans le dos pendant qu'il combattait. *Car ce n'étaient naturellement pas les discours incendiaires et hypocrites prononcés par d'élégants parlementaires sur la place de l'Hôtel-de-Ville à Vienne ou devant la Feldherrnhalle à Munich, qui pouvaient assurer à l'Allemagne la possession du Tyrol du Sud, mais seulement les bataillons combattant au front. Ceux qui ont provoqué sa rupture ont trahi le Tyrol, aussi bien que tous les autres territoires allemands.*

Ceux qui se figurent que la question du Tyrol du Sud pourra être résolue par des protestations, des déclarations, des défilés pacifiques d'associations, etc., sont ou de parfaites canailles ou des petits bourgeois allemands.

Il faut pourtant arriver à se rendre compte que nous ne pourrons rentrer en possession des territoires perdus ni par des invocations solennelles adressées au Tout-Puissant, ni par les espoirs pieux qu'on fonde sur une Société des Nations, mais seulement par la force des armes.

Toute la question est donc de savoir quels sont ceux qui sont prêts à récupérer les armes à la main les territoires perdus.

En ce qui me concerne, je puis assurer en toute sincérité que je me sentirais encore assez de courage pour prendre part à la reprise du Tyrol du Sud, en me mettant à la tête d'un bataillon de choc, composé de bavards du Parlement et d'autres chefs de partis, ainsi que de quelques conseillers auliques. Le diable sait si je serais heureux de voir quelques shrapnells éclater subitement au-dessus d'une manifestation protestataire d'un genre aussi « enflammé ». Je crois qu'un renard s'introduisant dans un poulailler ne provoquerait pas de caquètements plus éperdus et que la fuite des volailles pour se mettre en sûreté ne serait pas plus rapide que la déroute d'une aussi superbe « réunion de protestation ».

Mais ce qu'il y a de plus méprisable dans cette affaire, c'est que ces messieurs ne croient pas eux-mêmes que les moyens qu'ils emploient puissent donner de résultat. Ils savent très bien, personnellement, combien leurs parades de foire sont inefficaces et inoffensives. Mais ils agissent ainsi parce qu'il est naturellement plus facile aujourd'hui de *bavarder* au sujet de la récupération du Tyrol du Sud qu'il ne l'était autrefois de *combattre* pour le conserver.

Chacun fait ce qu'il peut ; alors nous avons versé notre sang, aujourd'hui ces messieurs aiguisent leurs becs.

Le plus délicieux, c'est de voir comme les milieux légitimistes viennois se dressent sur leurs ergots en réclamant aujourd'hui le Tyrol du Sud. Il y a sept ans, leur auguste et illustre dynastie a, par un parjure et une trahison dignes des pires coquins, aidé la coalition mondiale à s'emparer du Tyrol du Sud comme prix de sa victoire. À cette époque ces milieux ont soutenu la politique de leur dynastie traîtresse et ils se souciaient comme un poisson d'une pomme du Tyrol du Sud ou de toute autre chose. Naturellement, il est plus simple aujourd'hui de recommencer à combattre pour ce territoire, puisque ce combat n'est livré qu'avec des armes « spirituelles », et il est, en tous cas, plus facile de s'enrouer à discourir dans une « réunion de protestation », en manifestant la noble indignation qui remplit votre cœur, et d'attraper la crampe des écrivains en barbouillant un article de journal que d'avoir, pendant l'occupation de la Ruhr, fait, par exemple, sauter des ponts.

La raison pour laquelle certains milieux ont fait, ces dernières années, de la question du Tyrol du Sud, le pivot des rapports germano-italiens, est évidente. *Juifs et partisans des Habsbourg ont le plus grand intérêt à contrarier la politique d'alliances de l'Allemagne, car elle pourrait amener un jour la résurrection d'une patrie allemande indépendante. Ce n'est pas par amour du Tyrol qu'on joue* cette *comédie, qui ne lui est d'aucun secours et lui porte* même *préjudice, mais par crainte de l'entente qui pourrait s'établir entre l'Allemagne et l'Italie.*

C'est simplement par un effet du goût pour le mensonge et la calomnie qui règne dans ces milieux, qu'ils ont l'impudence de présenter les choses de telle façon qu'ils *nous* accusent d'avoir « trahi » le Tyrol.

Il faut le dire à ces messieurs avec toute la clarté nécessaire : *le Tyrol a été* trahi, *premièrement par tout Allemand qui, ayant tous ses membres, n'a pas, pendant les années 1914-1918, servi quelque part au front et ne s'est pas rendu utile à sa patrie ;*

Secondement, par tout homme *qui, pendant ces années-là, n'a pas contribué à fortifier dans notre peuple une capacité de résistance lui permettant de continuer la guerre* et *de soutenir la lutte jusqu'au bout ;*

Troisièmement, par tout homme qui a pris *part à la révolution de novembre,* soit *directement par* ses actes, *soit indirectement par sa lâche complaisance, et qui a ainsi* brisé *l'arme qui,* seule, *pouvait* sauver *le Tyrol du Sud ;*

Et quatrièmement, par tous les partis et les membres de ces partis qui ont apposé leur signature au bas des honteux traités de Versailles et de Saint-Germain.

Mais oui ! voilà comment sont les choses, courageux seigneurs, qui ne protestez que par vos discours !

Aujourd'hui, je ne me laisse *guider que par une simple considération : on ne récupère pas des territoires perdus avec la langue bien affilée de parlementaires braillards, mais on* doit *les reconquérir avec une épée bien affilée, c'est-à-dire au* prix *de combats sanglants.*

Or, je n'hésite pas à déclarer que, le sort ayant prononcé, non seulement je ne crois pas possible de reconquérir le Tyrol du Sud par une guerre, mais encore déconseillerais personnellement de le tenter, dans la conviction que cette question ne peut éveiller chez tous les Allemands l'enthousiasme patriotique enflammé qui est la condition de la victoire. Je crois, au contraire, que, si notre sang doit un jour couler, ce serait un crime de le répandre pour libérer deux cent mille Allemands, tandis que, près de nous, plus de sept millions d'autres Allemands languissent sous la domination étrangère (occupation de la Rhénanie) et qu'une artère vitale du peuple allemand (le Rhin) traverse un pays où des hordes nègres prennent leurs ébats.

Si la nation allemande veut mettre fin à un état de choses qui menace de la faire disparaître du sol de l'Europe, elle ne doit pas retomber dans l'erreur commise avant la guerre et se faire un ennemi du monde entier ; elle doit distinguer quel est son plus dangereux ennemi pour lui porter des coups en concentrant toutes ses forces sur lui. Et si cette victoire a pour condition des sacrifices faits sur d'autres points, les futures générations de notre peuple nous les pardonneront. Elles sauront d'autant mieux apprécier notre affreuse détresse, nos profonds soucis et la pénible décision prise alors. que le résultat de nos efforts sera plus éclatant.

Nous devons aujourd'hui nous laisser guider par cette idée maîtresse qu'un État ne peut récupérer les territoires qu'il a perdus que lorsqu'il a d'abord reconquis son indépendance politique et la puissance de la mère-patrie.

Rendre possibles et assurer cette indépendance et cette puissance par une sage politique d'alliances, telle est la première tâche que doit remplir, en ce qui concerne la politique étrangère, un gouvernement énergique.

Mais nous autres nationaux-socialistes devons particulièrement nous garder de nous mettre à la remorque de nos patriotes en paroles, qui sont conduits par les Juifs. *Quel malheur ce serait, si notre mouvement, lui aussi, au lieu de préparer la latte avec l'épée, s'exerçait à faire des protestations.*

L'idée fantasque d'une alliance chevaleresque avec le cadavre qu'on appelait l'État des Habsbourg a entraîné la ruine de l'Allemagne. Écouter l'imagination et le sentiment, quand on étudie les possibilités qui s'offrent actuellement à notre politique étrangère, c'est là le meilleur moyen d'empêcher à jamais notre relèvement.

*

Il est nécessaire de réfuter maintenant les objections que pourraient soulever les trois questions déjà posées, c'est-à-dire de savoir :

Primo, si l'on pourra s'allier à l'Allemagne actuelle dont la faiblesse est visible à tous les yeux ; Secondo, si les nations ennemies semblent capables d'opérer une telle conversion ;

Tertio, si l'influence de la juiverie étant donnée, cette influence ne serait pas plus forte que l'intérêt bien entendu et la bonne volonté des autres peuples et ne viendrait pas contrarier et rendre vains tous des projets d'alliances.

Je crois avoir déjà traité suffisamment l'un des deux aspects du premier point. Il va de soi que personne ne voudra s'ailier avec l'Allemagne actuelle. Il n'y a pas une puissance au monde qui ose enchaîner son sort à celui d'un État dont les gouvernements ne peuvent inspirer la moindre confiance. Quant à la tentative faite par beaucoup de nos concitoyens qui prétendent trouver, dans le lamentable état moral dont souffre actuellement notre peuple, l'explication de la conduite du gouvernement, ou même son excuse, elle doit être repoussée de la façon la plus décisive.

Il est sûr que le manque de caractère dont témoigne notre peuple depuis six ans est profondément triste ; son indifférence à l'égard des plus graves intérêts de la nation est vraiment désespérante et sa lâcheté crie parfois vengeance au ciel. Seulement, nous ne devons jamais oublier que le peuple en question a, il y a quelques années, donné au monde le plus admirable exemple des plus hautes vertus humaines. Depuis les journées d'août 1914 jusqu'à la fin de cette gigantesque lutte des nations, pas un peuple de la terre n'a témoigné plus de viril courage, de constance opiniâtre et d'abnégation que notre peuple allemand devenu aujourd'hui si pitoyable. Personne ne voudra prétendre que le rôle honteux, joué actuellement par notre peuple, est l'expression des caractères spécifiques de son être intime. Ce que nous voyons autour de nous, ce que nous éprouvons en nous, ce sont les épouvantables conséquences du parjure commis le 9 novembre 1918 ; elles ont porté un trouble profond dans notre intelligence et notre raison. Il est plus vrai que jamais le mot du poète suivant lequel le mal ne peut engendrer à son tour que le mal. Pourtant, même en ce moment, les bonnes qualités fondamentales de notre peuple n'ont pas complètement disparu ; elles sommeillent encore dans les profondeurs de la conscience et l'on a pu voir parfois, comme des éclairs silencieux sillonnant un ciel drapé de noir, rayonner des vertus dont la future Allemagne se souviendra un jour comme des premiers symptômes d'une convalescence à son début. Plus d'une fois se sont trouvés des milliers et des milliers de jeunes Allemands, qui étaient résolus à sacrifier volontairement et joyeusement, comme en 1914, leurs tendres années sur l'autel de leur chère patrie. Des millions d'hommes ont recommencé à travailler avec la même application et le même zèle que s'il n'y avait jamais eu de ruines causées par la révolution. Le forgeron se retrouve devant son enclume, le paysan marche derrière sa charrue et le savant est assis dans son cabinet : tous font leur devoir avec les mêmes efforts et le même dévouement.

L'oppression dont nous font souffrir nos ennemis, on ne la prend plus, comme autrefois, avec des éclats de rire, mais on en ressent amertume et colère. Il n'est pas douteux que les dispositions ont beaucoup changé.

Si cette évolution des esprits ne se manifeste pas encore sous la forme d'une résurrection de l'idée de puissance politique et d'instinct de conservation, la faute en est à ceux qui, depuis 1918, gouvernent notre peuple pour sa perte, moins par un décret du ciel que de leur propre autorité.

Certes, quand an plaint aujourd'hui notre nation, on devrait pourtant se demander : Qu'a-t-on fait pour la corriger ? Est-ce que le peu d'appui que le peuple a donné aux décisions de nos gouvernements — qui d'ailleurs existaient à peine — est un signe de la faible vitalité de notre nation, ou n'est-ce pas plutôt la preuve que la méthode employée pour conserver ce bien précieux a complètement échoué ? *Qu'ont fait nos gouvernements pour que renaisse dans ce peuple un esprit de fierté nationale, de virilité hautaine et de haine, fille de la colère ?*

Lorsqu'en 1919, le traité de paix fut imposé au peuple allemand, on aurait eu le droit d'espérer que cet instrument d'une oppression sans limites aurait éveillé chez notre peuple allemand un violent désir de liberté. *Les traités de paix dont les exigences frappent les peuples comme des coups de fouet agissent souvent comme les premiers roulements de tambour annonçant le prochain soulèvement.*

Quel parti n'aurait-on pas pu tirer du traité de paix de Versailles !

Cet instrument d'exactions sans mesure et d'un honteux avilissement aurait pu, dans les mains d'un gouvernement voulant s'en servir, être le moyen de porter les passions nationales à leur plus haut degré. Si une propagande de grand style avait su se servir des cruautés commises avec un plaisir sadique, elle aurait transformé l'indifférence de tout un peuple en indignation révoltée et cette indignation se serait élevée jusqu'à la fureur !

Comme il était facile de graver ces faits en traits de feu dans le cerveau et dans le cœur de notre peuple pour qu'enfin la honte éprouvée en commun et la haine commune deviennent, chez soixante millions d'hommes et de femmes, un torrent de flammes, une fournaise où se serait trempée une volonté d'acier et d'où serait sorti le cri :

Nous voulons retrouver des armes !

Certes, voilà à quoi peut servir un pareil traité de paix. L'oppression sans mesure qu'il faisait peser sur nous, l'impudence de ses exigences fournissaient les armes les plus efficaces à une propagande visant à faire sortir de leur engourdissement les esprits vitaux de notre nation.

Mais alors il faut que tout imprimé, depuis l'alphabet dans lequel l'enfant apprend à lire jusqu'au dernier journal, que tout théâtre et tout cinéma, toute colonne d'affiches et toute palissade libre soient mis au service de cette unique et grande mission, jusqu'à ce que l'invocation pusillanime que nos associations de patriotes adressent aujourd'hui au ciel :

« Seigneur, rends-nous libres », se transforme dans le cerveau du plus petit enfant en cette ardente prière : *« Dieu Tout-Puissant, bénis un jour nos armes ; sois aussi juste que tu le fus ; toujours ; décide maintenant si nous méritons da liberté ! Seigneur, bénis notre combat ! »*

On a laissé passer toutes les occasions favorables et l'on n'a rien fait.

Qui s'étonnera donc si notre peuple n'est pas ce qu'il I devrait et pourrait être ? Si le reste du monde ne voit en j nous que le bas valet, le chien soumis qui lèche avec reconnaissance la main qui vient de le battre ?

Il est sûr que notre capacité à conclure des alliances est compromise actuellement par la faute de notre peuple, mais elle l'est encore plus par celle de nos gouvernements. Si, après huit ans de l'oppression la plus effrénée, notre peuple manifeste si peu sa volonté d'être libre, la faute en est à la perversité de nos gouvernements.

Pour que notre peuple puisse pratiquer une active politique d'alliances, il est nécessaire qu'il remonte dans l'estime des autres peuples et cette réhabilitation dépend de l'existence, en Allemagne, d'une autorité gouvernementale qui ne soit pas la — servante très humble des États étrangers, le chef de corvée mettant à leur service nos propres forces ; il faut un gouvernement qui soit le héraut de la conscience nationale.

Quand notre peuple aura un gouvernement qui verra là sa mission, il ne se passera pas six ans avant qu'une direction hardie donnée à la politique étrangère du Reich ne trouve à s'appuyer sur la volonté aussi hardie d'un peuple altéré de liberté.

*

La seconde objection, celle qui fait remarquer combien il est difficile de transformer des peuples ennemis en alliés cordiaux, peut être ainsi réfutée :

La psychose germanophobe générale que la propagande de guerre a développée artificiellement dans les autres pays existera fatalement tant que le Reich n'aura pas, par la renaissance chez le peuple allemand de la conscience nationale, recouvré les traits caractéristiques d'un État qui joue sa partie sur l'échiquier européen et avec lequel il est possible de jouer.

C'est seulement lorsque notre gouvernement et notre peuple auront donné l'impression qu'on peut, en toute sécurité, conclure une alliance avec eux, que l'une ou l'autre puissance sera, si ses intérêts sont parallèles aux nôtres, amenée à modifier son opinion publique par l'effet d'une propagande contraire. Mais un pareil résultat exige naturellement des années d'un travail persévérant et habile. C'est précisément parce qu'un long temps est nécessaire pour changer l'orientation de l'opinion chez un autre peuple, qu'il ne faut tenter l'entreprise qu'après mûre réflexion, c'est-à-dire quand on sera absolument convaincu que ce travail vaut la peine de le poursuivre et qu'il portera des fruits dans l'avenir. On ne devra pas, en se fiant aux vaines hâbleries d'un Ministre des affaires étrangères, plus ou moins intelligent, entreprendre de changer les dispositions morales d'une nation, sans avoir la garantie tangible que les dispositions nouvelles auront une réelle valeur. Sinon on porterait la plus complète confusion dans l'opinion publique. Ce qui garantit de la façon la plus sûre qu'il sera possible plus tard de conclure une alliance avec un autre État, ce ne sont pas les propos ampoulés de quelques ministres isolés, mais la stabilité manifeste de tendances gouvernementales bien définies et qui semblent favorables, et aussi une opinion publique orientée dans le même sens. La confiance qu'on pourra avoir dans la réalisation de ces deux postulats sera d'autant plus fondée que l'autorité gouvernementale s'emploiera avec plus d'activité à préparer et à développer par sa propagande le revirement de l'opinion publique et que, inversement, les tendances de cette dernière se refléteront plus manifestement dans celles du gouvernement.

Un peuple — qui est dans notre situation — ne sera tenu pour capable de conclure des alliances que lorsque le gouvernement et l'opinion publique proclameront et manifesteront par leurs actes la volonté fanatique de combattre pour reconquérir leur liberté. Telle est la condition préalable à remplir avant d'entreprendre de modifier l'opinion publique dans d'autres États qui seraient disposés, pour défendre leurs intérêts les plus personnels, à suivre la même route que le partenaire dont le concours leur semblerait utile, bref à conclure une alliance.

Mais il y a encore un point à considérer : *Changer les dispositions morales bien arrêtées d'un peuple étant une pénible tâche dont beaucoup ne comprendront pas d'abord le but, c'est à la fois un crime et une sottise que de fournir, par les fautes qu'on peut commettre, des armes dont se serviront les adversaires pour contre-attaquer.*

Il faut qu'on comprenne qu'il se passera nécessairement un temps assez long avant qu'un peuple ait complètement compris les intentions secrètes de son gouvernement, parce que celui-ci ne peut donner d'éclaircissements sur les buts finaux du travail de préparation politique auquel il se livre et doit compter ou bien sur la confiance aveugle des masses ou bien sur l'intuition des classes dirigeantes intellectuellement plus développées. Mais, comme cette clairvoyance, ce tact politique et la faculté de divination n'existent pas chez beaucoup de gens et que des raisons politiques ne permettent pas de donner des explications, une partie des guides intellectuels de la nation se tournera toujours contre les nouvelles tendances dans lesquelles on verra simplement des expériences, faute d'en pénétrer le sens. C'est ainsi qu'elles soulèveront l'opposition des éléments conservateurs de l'État auxquels elles sembleront inquiétantes.

Aussi est-ce un devoir pressant d'enlever, aux mains des gens qui gêneraient les travaux d'approche devant amener deux peuples à se comprendre réciproquement, le plus grand nombre possible des armes qui pourraient leur servir, particulièrement quand il s'agit, comme dans notre cas, des bavardages prétentieux et fantaisistes des associations patriotiques et des petits bourgeois qui font de la politique à une table de café. Car il suffit de réfléchir un peu pour reconnaître que les cris qu'on pousse pour réclamer une nouvelle flotte de guerre, la récupération de nos colonies, etc., ne sont en réalité que de sots bavardages, qui ne contiennent aucune idée pratiquement réalisable. On ne peut pas considérer comme avantageuse pour l'Allemagne la façon dont la politique anglaise tire parti des épanchements absurdes de ces champions de la protestation dont les uns sont inoffensifs, les autres détraqués, mais qui tous travaillent sourdement pour nos ennemis mortels. On s'épuise en démonstrations des plus nuisibles contre Dieu et le monde entier, et on oublie le principe fondamental, qui est la condition de tout succès : *« Ce que tu fais, fais-le complètement. En hurlant contre cinq ou dix États, on néglige de concentrer toutes nos forces morales et physiques pour frapper au cœur notre plus infâme ennemi et l'on sacrifie la possibilité de nous renforcer par des alliances avant d'entreprendre ce règlement de compte.*

Ici encore, le mouvement national-socialiste a une mission à remplir. Il doit enseigner à notre peuple à ne pas arrêter son regard sur les petites choses et à ne considérer que les plus importantes, à ne pas disperser ses efforts sur des objets secondaires, et à ne pas oublier que ce pour quoi nous avons aujourd'hui à lutter, c'est l'existence même de notre peuple et que le seul ennemi que doivent viser nos coups est et reste la puissance qui nous ravit cette existence.

Il se peut que nous ayons à nous imposer de durs sacrifices. Mais ce n'est pas une raison pour refuser d'écouter la raison et pour nous disputer avec le monde entier, en poussant des cris insensés, au lieu de concentrer nos forces contre notre plus dangereux ennemi.

D'ailleurs le peuple allemand n'a pas moralement le droit d'accuser l'attitude qu'observe le reste du monde à son égard, tant qu'il n'aura pas demandé des comptes aux criminels qui ont vendu et trahi leur propre pays. Ce n'est pas faire preuve d'une conviction respectable que de lancer de loin des injures et des protestations contre l'Angleterre, l'Italie, etc., et de laisser se promener librement parmi nous les canailles qui, en se mettant à la solde de la propagande de guerre de nos ennemis, nous ont arraché nos armes, brisé moralement les reins et ont vendu pour trente deniers le Reich réduit à l'impuissance.

L'ennemi ne fait que ce qui était à prévoir. .Son attitude et ses actes devraient nous servir de leçon.

Si l'on n'est pas capable de s'élever à la hauteur de ce point de vue on doit se rendre compte qu'il n'y a plus qu'à désespérer, du moment qu'il faut renoncer à pratiquer à l'avenir toute politique d'alliances. Car, si nous ne voulons pas nous allier à l'Angleterre, parce qu'elle nous a volé nos colonies, ni avec l'Italie, parce qu'elle occupe le Tyrol du Sud, ni avec la Pologne et la Tchécoslovaquie, parce qu'elles sont la Pologne et la Tchécoslovaquie, il ne nous restera plus d'autre allié possible en Europe que la France, qui, soit dit en passant, nous a volé l'Alsace et la Lorraine.

Il est douteux que cette façon d'agir soit très favorable aux intérêts du peuple allemand. En tous cas, on peut toujours se demander si une pareille opinion est défendue par un imbécile ou par un habile charlatan.

Quand il s'agit des chefs, je penche toujours pour la seconde hypothèse.

Un changement des dispositions morales de quelques peuples, qui ont été jusqu'à présent nos ennemis et dont les vrais intérêts concorderont dans l'avenir avec les nôtres, peut, autant que le jugement humain est capable de décider, très bien se produire, si la force intérieure de notre État et notre volonté manifeste de défendre notre existence font de nous des alliés dont le concours a quelque valeur et si, en outre, nos propres maladresses ou même des actes criminels ne fournissent plus des aliments à la propagande des adversaires de ces projets d'alliances avec d'anciens ennemis.

*

C'est à la troisième objection qu'il est le plus difficile de répondre.

Peut-on penser que les représentants des véritables intérêts des nations avec lesquelles une alliance est possible, pourront en venir à leurs fins contre la volonté du Juif, cet ennemi mortel des États populaires et nationaux indépendants ?

Par exemple, la politique anglaise traditionnelle est-elle ou non de force à vaincre l'influence funeste de la juiverie ?

Il est, nous venons de le dire, très difficile de répondre à cette question. Elle dépend de trop de facteurs pour qu'on puisse porter sur elle un jugement définitif. En tous cas, une chose est sûre : *dans un seul État, le pouvoir exécutif peut être considéré comme si solidement établi et si absolument mis au service des intérêts du pays, qu'on ne peut plus dire que les forces de la juiverie internationale soient capables de contrarier efficacement la politique jugée nécessaire par le gouvernement.*

Le combat que l'Italie fasciste mène, peut-être au fond sans en avoir conscience (mais, pour ma part, je ne le crois pas), contre les trois principales armes des Juifs est la meilleure preuve qu'on peut, même par des procédés indirects, briser les crochets venimeux de cette puissance qui s'élève au-dessus des États. L'interdiction des sociétés secrètes maçonniques, les poursuites dirigées contre la presse internationale, ainsi que la suppression définitive du marxisme international et, inversement, la consolidation progressive de la conception fasciste de l'État mettront, à mesure que les années s'écouleront, le gouvernement italien de plus en plus à même de défendre les intérêts du peuple italien, sans s'inquiéter des sifflements de l'hydre juive qui menace *le monde entier.*

Les choses se présentent moins bien en Angleterre. Dans ce pays de la « plus libre démocratie », le Juif exerce une dictature presque absolue par le détour de l'opinion publique. Et, pourtant, il se livre aussi dans ce pays un combat ininterrompu entre les représentants des intérêts de l'État anglais et les champions de la dictature mondiale exercée par les Juifs.

La violence avec laquelle se heurtant souvent ces deux courants contraires s'est manifestée pour la première fois de la façon la plus claire après la guerre, dans les positions différentes qu'ont prises le gouvernement anglais, d'une part, et la presse, de l'autre, en face du problème japonais.

Sitôt la guerre finie, l'ancienne hostilité réciproque qui sépare l'Amérique et le Japon a recommencé à se manifester. Naturellement, les grandes puissances européennes ne pouvaient pas se cantonner dans l'indifférence en présence de ce nouveau danger de guerre. Toute la parenté de race n'empêche pas l'Angleterre d'éprouver un certain sentiment d'envie et d'inquiétude au spectacle des progrès que font les États-Unis dans toutes les branches de l'économie et de la politique internationales. Cette ancienne colonie, cet enfant de la métropole semble donner naissance à un nouveau maître du monde. On comprend qu'aujourd'hui l'Angleterre, inquiète et soucieuse, passe en revue ses anciennes alliances et que la politique anglaise voie arriver avec angoisse le moment où l'on ne dira plus :

« L'Angleterre règne sur les mers », mais : *« Les mers des États-Unis ».*

Le gigantesque État de l'Amérique du Nord, avec les énormes richesses qu'il tire d'une terre vierge, est moins vulnérable que le Reich encerclé d'ennemis. Si les dés devaient être jetés pour la partie décisive, l'Angleterre serait perdue au cas où elle serait réduite à ses seules forces. C'est pourquoi elle saisit avidement le poing jaune et se cramponne à une alliance qui est peut-être impardonnable au point de vue de la race, mais qui, au point de vue politique, est le seul moyen que l'Angleterre ait à sa disposition pour renforcer sa situation dans le monde en face des ambitions du continent américain.

Tandis que le gouvernement anglais ne se décidait pas à relâcher le lien qui l'unissait à son partenaire asiatique, malgré la lutte qu'il menait en commun avec le continent américain sur les champs de bataille de l'Europe, toute la presse juive attaqua par derrière cette alliance.

Comment est-Il possible que les organes juifs aient été jusqu'en 1918, les fidèles valets d'armes de l'Angleterre en lutte contre le Reich allemand et que, tout d'un coup, ils commettent la félonie de suivre leur propre chemin ?

L'anéantissement de l'Allemagne était conforme aux intérêts, non pas de l'Angleterre, mais surtout des Juifs, de même qu'aujourd'hui l'anéantissement du Japon servirait moins les intérêts de l'État anglais que les vastes projets des chefs qui espèrent faire régner la domination juive sur le monde entier. Pendant que l'Angleterre fait tous ses efforts pour conserver sa position dans ce monde, le Juif prépare l'attaque qui lui permettra de conquérir ce même monde.

Il constate que les États européens sont déjà dans sa main des instruments passifs, qu'il les domine par le détour de ce qu'on appelle la démocratie occidentale ou bien directement par le bolchévisme russe. Mais il ne lui suffit pas de tenir l'Ancien Monde dans ses rets ; le même sort menace le Nouveau Monde. Les Juifs sont les maîtres des puissances financières des États-Unis. Chaque année, les forces productrices d'un peuple de cent vingt millions d'âmes passent un peu plus sous leur contrôle ; ils sont très peu nombreux ceux qui, à la grande colère des Juifs, restent encore absolument indépendants.

Avec une perfide habileté, ils pétrissent l'opinion publique et en font l'instrument de leur grandeur future.

Les meilleurs cerveaux de la juiverie croient déjà voir approcher le moment où sera réalisé le mot d'ordre donné par l'Ancien Testament et suivant lequel Israël dévorera les autres peuples.

S'il restait encore, au milieu du grand troupeau des pays dénationalisés et devenus colonies juives, un seul État indépendant, toute l'entreprise pourrait échouer à la dernière heure. Car un monde bolchévisé ne peut subsister que s'il embrasse tout le globe.

S'il reste un seul État possédant encore son énergie et sa grandeur nationales, l'empire mondial que veulent édifier les satrapes juifs sera vaincu, comme toute tyrannie ici-bas, par la force de l'idée nationale. Or, le Juif sait trop bien que, s'il a pu, en s'adaptant pendant mille ans aux circonstances extérieures, saper par la base les peuples d'Europe et en faire des métis qui n'appartiennent plu~ à aucune espèce définie, il n'est pas à même de faire subir le même sort à un État national asiatique tel que le Japon. Il peut aujourd'hui singer l'Anglais, l'Américain et le Français, mais il ne peut combler le gouffre qui le sépare d'un jaune d'Asie. C'est pourquoi il tente de briser l'État national japonais avec l'aide d'autres États de même sorte, pour se débarrasser d'un adversaire dangereux, afin que ce qui subsistera d'autorité gouvernementale devienne, dans ses mains, un pouvoir régnant despotiquement sur des êtres sans défense.

Il redoute la présence d'un État national japonais dans son royaume juif de mille ans et désire que la ruine de cet État précède l'établissement de sa propre dictature.

Voilà pourquoi il ameute aujourd'hui les peuples contre le Japon, comme il le faisait précédemment contre l'Allemagne. Et il pourra arriver qu'au moment où la diplomatie anglaise continuera à se reposer sur l'alliance avec le Japon, la presse juive de langue anglaise prêchera la lutte contre cet allié et préparera contre lui une guerre d'extermination, au nom des principes démocratiques et en poussant le cri de ralliement : « À bas le militarisme et l'impérialisme japonais ! »

Voilà d'où vient l'insubordination du Juif en Angleterre. C'est donc dans ce pays que commencera la lutte contre le danger que les Juifs font courir au monde entier.

Ici encore, le mouvement national-socialiste aura à remplir une de ses tâches les plus importantes :

Il doit ouvrir les yeux de notre peuple sur ce que sont les nations étrangères et de cesser de lui rappeler quel est le véritable ennemi du monde actuel. Au lieu de prêcher la haine des peuples aryens, dont presque tout peut nous séparer, mais auxquels nous unissent la communauté du sang et les grandes lignes d'une civilisation identique, il dénoncera à la colère de tous l'ennemi malfaisant de l'humanité, dans lequel il montrera le véritable auteur de tous nos maux.

Mais il doit veiller à ce qu'au moins notre pays sache quel est son plus mortel ennemi et faire en sorte que le combat, mené par nous contre lui, soit comme une étoile annonciatrice des temps nouveaux qui montrera aux autres peuples la voie où ils doivent s'engager pour le salut d'une humanité aryenne militante.

Pour le reste, que la raison soit notre guide et la volonté notre force ! Que le devoir sacré qui dicte nos actes nous donne la persévérance et que notre foi reste pour nous la protectrice et la maîtresse suprême !

CHAPITRE 14

Orientation vers l'Est ou politique de l'Est

Deux raisons m'incitent à examiner d'une façon particulièrement attentive les relations entre l'Allemagne et la Russie :
1° Il s'agit d'abord là des circonstances les plus décisives peut-être de la politique étrangère allemande en général.

2° Cette question est aussi la pierre de touche de la clairvoyance et de la justesse de l'action du jeune parti national-socialiste.

Je dois avouer que le deuxième point surtout m'emplit souvent d'un amer souci notre jeune mouvement tire moins ses effectifs du camp des indifférents que de celui des doctrines souvent extrémistes ; il n'est que trop naturel que pèsent sur ces hommes, pour la compréhension de la politique étrangère, les partis pris et le faible entendement des cercles politiques ou doctrinaux auxquels ils appartenaient précédemment. Et ceci ne s'applique pas seulement aux hommes qui nous viennent de la *gauche*. Au contraire. Quelque nuisible que puisse être l'enseignement qu'ils ont reçu sur de tels problèmes, il n'est pas rare qu'il ait été, tout au moins en partie, contrebalancé par un reste de sain instinct naturel. Il suffit alors de substituer une influence meilleure à celle qui s'exerçait précédemment et l'on reconnaît souvent comme les plus utiles alliés les tendances saines et le vigoureux instinct de conservation qu'ils ont su garder.

Il est beaucoup plus difficile, par contre, d'amener à des conceptions politiques nettes un homme dont l'éducation correspondante n'a pas été moins folle et moins illogique, mais qui, par-dessus le marché, a sacrifié sur l'autel de l'objectivité le dernier vestige de son instinct naturel. Ce sont précisément ceux qui appartiennent à nos milieux dits éclairés qu'il est le plus difficile d'amener à prendre fait et cause d'une façon claire et logique pour leurs intérêts et les intérêts de leur peuple, à l'extérieur. Non seulement pèse sur eux le fardeau accablant des conceptions et des préventions les plus extravagantes, mais ils ont, au-delà de toute limite, perdu toute propension à suivre l'instinct de conservation. Le mouvement national — socialiste doit aussi soutenir de pénibles luttes avec ces hommes, luttes pénibles parce que, malgré leur impuissance malheureusement complète, ces gens sont souvent possédés d'une extraordinaire présomption qui les incite à regarder les autres de haut, contre toute justice, et même s'ils ont affaire à meilleurs qu'eux.

Ces arrogants personnages, qui connaissent tout mieux que les autres, sont absolument incapables de rien examiner ou peser de sang-froid, condition essentielle cependant en politique extérieure pour tenter ou réaliser quoi que ce soit.

Comme ces milieux commencent justement à faire dévier notre politique extérieure de la façon la plus désastreuse, en la détournant de toute défense effective des intérêts racistes de notre peuple pour la mettre au service de leur fantasque idéologie, je me sens obligé de traiter d'une façon toute particulière, devant mes partisans, la question la plus importante de notre politique extérieure, à savoir notre attitude à l'égard de la Russie ; je le ferai aussi complètement que l'exige la compréhension universelle, pour autant que le cadre de cet ouvrage le permet. À ce propos, je ferai encore l'observation générale préalable suivante :

Si nous devons entendre par politique extérieure la réglementation des rapports d'un peuple avec le reste du monde, cette réglementation sera conditionnée par des faits tout à fait précis. Nationaux-socialistes, nous pouvons encore énoncer, au sujet de la politique extérieure d'un État raciste, le principe suivant :

La politique extérieure de l'État raciste doit assurer les moyens d'existence sur cette planète de la race que groupe l'État, en établissons ! un rapport sain, viable et conforme aux lois naturelles entre le nombre et l'accroissement de la population d'une part. L'étendue et la valeur du territoire d'autre part.

De plus, on ne doit considérer comme rapport *sain* que la situation dans laquelle l'alimentation d'un peuple est assurée par les seules ressources de son propre territoire. Tout autre régime, durerait-il des siècles et des millénaires, n'en est pas moins malsain et, tôt ou tard, arrive à causer un préjudice, sinon la ruine, du peuple considéré.

Seul, un espace suffisant sur *cette terre assure à un peuple la liberté de l'existence.*

De plus, on ne peut juger de l'étendue nécessaire d'un territoire de peuplement d'après les seules exigences du temps présent, ni même d'après l'importance de la production agricole, rapportée au chiffre de la population. Car, ainsi que je l'ai déjà exposé dans le premier volume, dans le chapitre : « La politique allemande d'alliances avant la guerre », *à l'importance de l'étendue territoriale d'un État* comme *source directe de son alimentation s'ajoute l'importance au point de vue militaire et politique.* Quand un peuple voit sa subsistance garantie par l'étendue de son territoire actuel, il est néanmoins nécessaire encore de penser assurer la sécurité de celui-ci. Celle-ci résulte de la puissance politique d'ensemble de l'État, puissance qui est directement fonction de la valeur militaire de sa situation géographique.

Le peuple allemand ne saurait envisager son avenir qu'en tant que puissance mondiale. Durant près de deux mille ans, la gestion des intérêts de notre peuple, comme nous devons appeler notre plus ou moins heureuse activité politique extérieure, faisait partie intégrante de *l'histoire mondiale.* Nous-mêmes en avons été témoins : car la gigantesque lutte des peuples de

1914 à 1918 n'était autre chose que la lutte du peuple allemand pour son existence sur le globe terrestre ; nous qualifions nous-mêmes cet événement de guerre mondiale.

Le peuple allemand s'engagea dans ce combat comme une soi-disant puissance mondiale. Je dis « soi-disant », car, en réalité, il n'en était pas une. Si, en 1914, il y avait eu un rapport différent entre la superficie de son territoire et le chiffre de sa population, l'Allemagne aurait réellement été une puissance mondiale et la guerre, abstraction faite des autres facteurs, aurait pu avoir une issue favorable.

Ce n'est point ma tâche, ni même mon intention, d'indiquer ce qui se serait produit si sans le mais qui intervint. Toutefois, je considère comme absolument nécessaire d'exposer la situation sans fard et en toute simplicité et d'insister sur les inquiétants points faibles pour répandre, tout au moins dans le parti national-socialiste, une vue plus claire des nécessités.

Aujourd'hui, l'Allemagne n'est pas une puissance *mondiale.* Même si notre impuissance militaire momentanée venait à cesser, nous ne pourrions plus prétendre à ce titre. Quelle peut être sur notre planète l'importance d'une création aussi lamentable, en ce qui touche le rapport du chiffre de sa population à la surface de son territoire, que l'actuel Reich allemand ? À une époque où peu à peu chaque fraction de cette terre est attribuée à quelque État — et quelques-uns embrassent presque des continents — on ne saurait parler de puissance mondiale, quand il s'agit d'une formation politique dont la métropole est limitée à une ridicule surface d'à peine cinq cent mille kilomètres carrés.

Si nous ne considérons que le point de vue purement territorial, la superficie du territoire allemand disparaît entièrement en regard de ce que l'on appelle les puissances mondiales. Et l'on ne doit pas présenter l'Angleterre comme preuve du contraire, car la métropole anglaise n'est, à vrai dire, que la grande capitale de l'empire mondial anglais, qui s'étend presque sur le quart de la surface du globe.

Nous devons encore considérer en première ligne comme États géants les États-Unis, puis la Russie et la Chine. Il s'agit là de formations territoriales qui, pour partie, ont une surface plus de dix fois supérieure à celle de l'empire allemand actuel. La France même doit être comptée au nombre de ces États. Non seulement du fait qu'elle complète son armée, dans une proportion toujours croissante, grâce aux ressources des populations de couleur de son gigantesque empire, mais aussi du fait que son envahissement par les nègres fait des progrès si rapides que l'on peut vraiment parler de la naissance d'un État africain sur le sol de l'Europe. La politique coloniale de la France d'aujourd'hui n'est pas à comparer avec celle de l'Allemagne de jadis. Si l'évolution de la France se prolongeait encore trois cents ans dans son style actuel, les derniers restes du sang franc disparaîtraient dans l'État mulâtre africano-européen qui est en train de se constituer : un immense territoire de peuplement autonome s'étendant du Rhin au Congo, rempli de la race inférieure qui se forme lentement sous l'influence d'un métissage prolongé.

C'est là ce qui distingue la politique coloniale française de l'ancienne politique coloniale allemande.

Cette dernière était toute en demi-mesures, comme tout ce que nous faisions. Elle n'a ni agrandi les territoires de peuplement de la race allemande, ni entrepris la tentative — encore que criminelle — de renforcer la puissance du Reich par un recours au sang noir. Les Ascaris de l'Afrique orientale allemande furent un timide essai dans cette voie. En réalité, ils servirent seulement à la défense de la colonie même. L'idée de transporter des troupes noires sur un théâtre européen d'opérations, abstraction faite de son impossibilité manifeste durant la guerre mondiale, n'a jamais existé, même comme un projet appelé à se réaliser en cas de circonstances favorables ; au contraire, chez les Français, elle a de tous temps été considérée comme une des raisons profondes de leur activité coloniale.

Ainsi nous voyons aujourd'hui sur la terre un certain nombre de puissances qui non seulement, pour certaines, l'emportent de loin par le chiffre de leur population sur notre peuple allemand, mais qui trouvent surtout dans leur étendue territoriale la principale raison de leur prépondérance.

Jamais encore la comparaison entre l'empire allemand et les autres puissances mondiales, au point de vue de la surface du territoire et du chiffre de la population, ne nous a été aussi défavorable qu'aujourd'hui, à moins de revenir de deux mille ans en arrière, au commencement de notre histoire. Alors, tout jeune peuple, nous faisions notre entrée impétueuse dans un monde de grands États qui menaçaient ruine, et nous contribuâmes à abattre le dernier de ces géants : Rome. Aujourd'hui, nous nous trouvons dans un monde de grands et puissants États en cours de formation, et, au milieu d'eux, notre propre empire déchoit chaque jour jusqu'à perdre toute importance.

Il faut que nous gardions devant les yeux, avec calme et sang-froid, cette amère vérité. Il est nécessaire que nous suivions et que nous comparions, sous le rapport du chiffre de la population et de l'étendue territoriale, l'empire allemand et les autres États à travers les siècles. Je sais qu'alors chacun en arrivera avec consternation au résultat que j'ai déjà exprimé au début des présentes considérations : *l'Allemagne n'est plus une* puissance *mondiale, peu importe à* cela *que sa situation militaire soit forte ou faible.*

Nous ne pouvons plus être comparés à aucun autre grand État du globe ; et ceci n'est dû qu'à une conduite franchement néfaste de notre politique extérieure, grâce à son manque complet d'un attachement — je pourrais presque dire testamentaire — à un but déterminé ; grâce, enfin, à la perte de tout instinct sain et de tout sentiment de la conservation.

Si le mouvement national-socialiste veut réellement obtenir devant l'histoire la consécration d'une grande mission en faveur de notre peuple, il doit, pleinement et douloureusement conscient de la véritable situation du peuple allemand sur cette terre, entreprendre avec courage et clairvoyance la lutte contre l'inconscience et l'incapacité qui ont guidé jusqu'à présent la politique extérieure du peuple allemand. Il doit alors, sans égards pour « traditions » et « préjugés », trouver le courage de rassembler notre peuple et sa puissance, pour le lancer sur la voie qui le sortira de son étroit habitat

actuel et le mènera vers de nouveaux territoires, le libérant ainsi à jamais du
danger de disparaître de cette terre ou de devenir l'esclave des autres.

Le mouvement national-socialiste doit s'efforcer de faire disparaître le
désaccord entre le chiffre de notre population et la superficie de notre
territoire — celle-ci étant considérée tant comme source de la subsistance que
comme point d'appui de la puissance politique — de supprimer aussi le
désaccord existant entre notre passé historique et notre impuissance actuelle
à laquelle il n'est point d'issue. Il doit avoir conscience de ce que, gardiens de
la plus haute humanité sur cette terre, nous avons aussi les plus hautes
obligations ; et il pourra d'autant mieux y satisfaire qu'il aura davantage le
souci de faire prendre conscience de sa race au peuple allemand, et que, outre
l'élevage des chiens, des chevaux et des chats, il prendra aussi pitié de son
propre sang.

Quand je qualifie d'incapable et d'aveugle la politique extérieure
allemande suivie jusqu'ici, la preuve en est fournie par la carence effective de
cette politique. Si notre peuple s'était amoindri intellectuellement ou était
devenu lâche, les résultats de sa lutte sur la terre n'auraient pas été pires que
ceux que nous avons aujourd'hui sous les yeux. Même l'évolution des
dernières dix années avant la guerre ne doit pas nous abuser là-dessus ; car on
ne peut pas mesurer la force d'un empire en elle-même, mais seulement par
voie de comparaison avec d'autres États. Or, une pareille comparaison fournit
précisément la preuve que l'accroissement de puissance des autres États était
plus régulier et aboutissait aussi à des résultats plus considérables ; dans ces
conditions, l'Allemagne, malgré son ascension apparente, s'éloignait en réalité
de plus en plus des autres puissances et restait loin en arrière ; bref, la
différence s'augmentait à notre désavantage. Et même en ce qui concerne le
chiffre de la population, nous perdions de plus en plus. Notre peuple n'est
assurément surpassé en héroïsme par aucun autre ici-bas, et tout compte fait,
pour maintenir son existence, il a, plus qu'aucun peuple de cette terre, payé de
son sang : si ces sacrifices ont été vains, c'est qu'ils furent mal utilisés.
Lorsque, dans le même ordre d'idées, nous examinons à fond l'histoire de
l'Allemagne depuis plus de mille ans, quand nous faisons défiler sous nos yeux
toutes ses guerres et ses combats sans nombre et lorsque nous analysons les
résultats définitifs tels qu'ils apparaissent maintenant, nous devons reconnaître
que, de cette mer de sang, trois faits seuls surgissent, que nous pouvons
considérer comme fruits durables d'une action clairvoyante en politique
extérieure et politique tout court :

1° La colonisation de la marche de l'Est effectuée principalement par les
Baïouvares.

2° La conquête et la pénétration du territoire à l'est de l'Elbe, et

3° L'organisation réalisée par les Hohenzollern de l'État brandebourgeois
prussien, modèle et noyau de cristallisation d'un nouvel empire.

Ces faits sont pleins de féconds enseignements pour l'avenir !

Les deux premiers grands succès de notre politique extérieure sont restés
les plus durables. Sans eux, notre peuple ne jouerait plus aucun rôle. Ils furent
la première tentative, mais malheureusement la seule réussie, de mettre en

harmonie le nombre croissant de la population et le territoire. Et l'on doit considérer comme véritablement désastreux que nos historiographes allemands n'aient jamais su apprécier à leur juste valeur ces deux puissantes réalisations, d'une importance sans égale pour la postérité, alors qu'elles glorifient tout ce qu'il est possible, et portent aux nues un héroïsme fantasque, et d'innombrables guerres et combats aventureux, demeurés pour la plupart sans importance pour l'avenir de la Nation.

Le troisième grand succès de notre activité politique réside dans la formation de l'État prussien et dans la genèse subséquente d'une conception particulière de l'État, ainsi que du sentiment de conservation et d'autodéfense de l'armée allemande sous une forme organisée et adaptée aux circonstances actuelles.

De cette forme et de cette conception de l'État provient la transformation du sentiment de la défense individuelle en celui de l'obligation de défendre la nation. L'importance de ce fait ne saurait être surestimée. Le peuple allemand, déchiré par l'excès d'individualisme, fruit de la diversité des races qu'il enferme, recouvra, grâce à la discipline de l'armée prussienne, une partie au moins des facultés d'organisation qui, depuis longtemps, lui étaient devenues étrangères. Ce qui existe originellement chez les autres peuples dans leur instinct de solidarité grégaire, fut rendu, en partie au moins, à notre communauté nationale par la voie artificielle de l'instruction militaire. Aussi la suppression du service militaire obligatoire — qui, pour des douzaines d'autres peuples, n'aurait absolument aucune importance est-elle pour nous lourde de conséquences. Encore dix générations d'Allemands sans le correctif d'une instruction militaire, abandonnées à l'influence défavorable de la diversité des races et, par suite, des conceptions philosophiques, et notre peuple aurait réellement perdu le dernier reste d'une existence indépendante sur cette planète. L'esprit allemand ne pourrait plus apporter son tribut à la civilisation que par des individus isolés au sein de nations étrangères, sans qu'on en reconnaisse seulement la provenance. Il ne serait plus qu'un engrais de civilisation, jusqu'à ce qu'enfin le dernier reste de sang aryen nordique dépérisse et s'éteigne en nous.

Il est remarquable que l'importance de ces succès politiques réels, que notre peuple remporta au cours de plus de mille ans de combats, est beaucoup mieux comprise et appréciée par nos adversaires que par nous-mêmes. Nous bourdonnons aujourd'hui encore de cet héroïsme qui a ravi à notre peuple des millions de ses plus nobles fils et qui, en dernière analyse, demeura cependant complètement stérile.

Il est de la plus haute importance pour notre conduite présente et future de distinguer entre les succès politiques véritables qu'a remportés notre peuple et les circonstances où le sang national fut risqué sans profit.

Nous autres nationaux-socialistes ne devons, en aucun cas, nous associer au patriotisme déplacé et bruyant de notre monde bourgeois d'aujourd'hui. Il y a, en particulier, un danger mortel à considérer que la dernière évolution avant la guerre ait tant soit peu engagé notre propre avenir.

De toute l'histoire du dix-neuvième siècle, il ne peut découler pour nous une seule obligation véritable. Nous devons, contrairement à l'attitude des représentants de l'époque actuelle, nous faire à nouveau les champions de cette conception supérieure de la politique extérieure, c'est-à-dire *mettre en accord le territoire et le* nombre *de la population.* Oui ! tout ce que nous pouvons apprendre dans le passé, c'est à fixer à notre action politique un double objectif : *le territoire, but de notre politique extérieure, et une nouvelle doctrine philosophique, but de notre politique intérieure.*

*

Je prendrai encore brièvement position sur la question de savoir dans quelle mesure la revendication de territoires est légitimée moralement. Ceci est indispensable ; malheureusement, en effet, même dans les milieux soi-disant racistes, il apparaît toutes sortes de bavards onctueux qui s'efforcent de désigner au peuple allemand, comme but de son action politique extérieure, la réparation de l'injustice de 1918, et cependant, par là-dessus, ils se croient obligés d'assurer le monde entier de la fraternité et de la sympathie racistes.

Je dirais plutôt ceci : *la prétention de rétablir les frontières de 1914 est une insanité politique par ses proportions et ses conséquences, qui la révèlent comme un véritable crime. Soit dit sans compter que les frontières du Reich, en 1914, étaient rien moins que logiques. En réalité, elles ne groupaient pas tous les hommes de nationalité allemande et elles n'étaient pas non plus rationnelles au point de vue stratégique. Elles n'étaient pas le résultat d'une action politique réfléchie, mais bien des frontières provisoires, au cours d'une lutte nullement close ; elles étaient* même, *en partie, le résultat des jeux du hasard !* On aurait pu à aussi bon droit, et bien souvent à meilleur droit, choisir une autre année marquante de l'histoire allemande, pour donner comme but à une action politique extérieure le rétablissement de la situation existant alors. Les revendications ci-dessus répondent d'ailleurs entièrement à l'esprit de notre monde bourgeois qui, ici encore, ne possède pas la moindre idée politique portant sur l'avenir, mais qui se confine au contraire dans le passé et le plus récent : les regards qu'il jette en arrière ne s'étendent pas au-delà de son propre temps. Son inertie le lie à une situation donnée et le fait résister à toute modification de celle-ci, sans toutefois que cette activité défensive s'élève jamais au-dessus de la simple ténacité. Il est donc parfaitement compréhensible que l'horizon politique de ces gens ne s'étende pas plus loin que 1914. Mais, en proclamant que le rétablissement des frontières d'alors est le but de leur activité politique, ils resserrent à nouveau l'alliance prête à se rompre de nos adversaires. C'est ainsi seulement qu'on peut s'expliquer que, huit ans après une guerre mondiale à laquelle participaient des États aux buts très souvent hétérogènes, la coalition des vainqueurs du moment garde encore quelque unité.

Tous ces États ont, en leur temps, profité de l'effondrement de l'Allemagne. La crainte de notre puissance fit reculer ensemble l'avidité et l'envie de chacune de ces grandes puissances. Elles voyaient dans le partage, aussi étendu que possible de notre Reich, la meilleure protection contre un relèvement futur. Leur conscience inquiète et la crainte qu'elles ont de la force de notre peuple sont le ciment le plus durable qui, aujourd'hui encore, tient unis les membres de cette ligue.

Et nous ne leur donnons pas le change. Quand notre monde bourgeois donne à l'Allemagne comme programme politique le rétablissement des frontières de 1914, il fait reculer par crainte chacun des partenaires qui voulait s'échapper de la ligue de nos ennemis ; tous doivent, en effet, redouter d'être attaqués isolément et de perdre la protection des autres alliés. Chaque État se sent visé et menacé par ce mot d'ordre. Ce dernier est donc doublement déraisonnable :

1° Parce que les moyens font défaut pour le faire passer des fumées des soirées de réunion dans la réalité, et

2° Parce que, même si on l'obtenait vraiment, ce résultat serait encore tellement misérable que, vrai Dieu ! il ne vaudrait pas la peine de mettre de nouveau en jeu le sana de notre peuple.

Car il ne saurait faire question pour personne que même le rétablissement des frontières de 1914 ne puisse être atteint sans verser de sang. Seuls, des esprits puérils et naïfs peuvent se bercer de l'idée d'amener une révision du traité de Versailles par l'humilité et par les supplications ; abstraction faite de ce qu'une pareille tentative exigerait un tempérament à la Talleyrand, qui n'existe pas chez nous. Une moitié de nos hommes politiques se compose d'éléments très roués, mais qui, par ailleurs, manquent entièrement de caractère et sont, en somme, hostiles à. notre peuple ; en ce qui concerne l'autre moitié, elle est faite de débonnaires imbéciles, inoffensifs et serviables. Et les temps sont changés depuis le congrès de Vienne : ce ne *sont plus les* princes et *les maîtresses des princes qui marchandent les frontières des États,* mais *c'est maintenant l'inexorable Juif cosmopolite qui combat pour la domination des autres peuples.* Aucun d'eux ne peut écarter cette main de sa gorge autrement que par le glaive. Seule, la force rassemblée et concentrée d'une passion nationale, peut, d'un sursaut, braver les menées internationales qui tendent à réduire les peuples en esclavage. Mais un tel geste ne saurait aller sans effusion de sang.

Si, toutefois, l'on professe la conviction que, d'une façon ou d'une autre, l'avenir de l'Allemagne exige l'enjeu suprême en dehors de toute considération de finasserie politique, l'enjeu même exige que l'on mène le combat pour un but digne de lui.

Les frontières de l'année 1914 sont sans aucune valeur pour l'avenir de la nation allemande. Elles ne constituaient ni la sauvegarde du passé, ni une force pour l'avenir. Par elles, le peuple allemand ne pourra ni garder son unité intérieure, ni assurer sa subsistance ; considérées du point de vue militaire, ces frontières n'apparaissent ni bien choisies ni même seulement rassurantes ; et enfin elles ne peuvent améliorer la situation dans laquelle nous nous trouvons actuellement par rapport aux autres puissances mondiales, ou pour mieux dire par rapport aux vraies puissances mondiales. La distance à l'Angleterre ne sera pas diminuée ; on n'arrivera pas à la grandeur des États-Unis ; la France même n'éprouverait pas une diminution substantielle de son importance dans la politique mondiale.

Une seule chose serait sûre : même avec une issue favorable à une pareille tentative de rétablir les frontières de 1914, on aboutirait à une nouvelle saignée du corps de notre peuple, telle que l'on ne pourrait plus consentir aucun nouveau sacrifice de sang pour assurer d'une façon effective la vie et l'avenir de notre nation. Au contraire, dans l'ivresse d'un pareil succès, si dénué de portée qu'il soit, on renoncerait d'autant plus volontiers à s'imposer de nouveaux buts que « l'honneur national » aurait reçu réparation et que quelques nouvelles portes se seraient ouvertes, au moins pour un certain temps, au développement commercial.

Par contre, nous autres nationaux-socialistes nous devons nous en tenir d'une façon inébranlable au but de notre politique extérieure : *assurer au peuple allemand le territoire qui lui revient en ce monde*. Et cette action est la seule qui devant Dieu et notre postérité allemande, justifie de faire couler le sang : devant Dieu, pour autant que nous avons été mis sur cette terre pour y gagner notre pain quotidien au prix d'un perpétuel combat, en créatures à qui rien n'a été donné sans contrepartie, et qui ne devront leur situation de maîtres de la terre qu'à l'intelligence et au courage avec lesquels ils sauront la conquérir et la conserver ; devant notre postérité allemande, pour autant que l'on ne versera pas le sang d'un seul citoyen allemand sans donner à l'Allemagne future des milliers de nouveaux citoyens. Le territoire sur lequel les vigoureux enfants des générations de paysans allemands pourront un jour se multiplier, justifiera le sacrifice de nos propres enfants et absoudra les hommes d'État responsables, même persécutés par leur génération, du sang versé et du sacrifice imposé à notre peuple.

À ce propos, je dois m'élever avec la plus grande énergie contre ceux des mauvais écrivains racistes qui prétendent voir, dans une pareille conquête de territoire, « une atteinte aux droits sacrés de l'humanité » et s'en autorisent pour diriger contre elle leurs griffonnages. On ne sait jamais qui peut se cacher derrière de pareils individus. Mais il n'est que trop certain que le trouble qu'ils peuvent susciter fait le jeu des ennemis de notre peuple. Par une pareille attitude, ces criminels contribuent à saper et à faire disparaître chez lui la volonté de défendre ses exigences vitales par la seule méthode qui réponde à ce but. Car aucun peuple ne possède ici-bas un seul mètre carré de territoire en vertu d'une volonté ou d'un droit supérieurs. Les frontières de l'Allemagne sont des limites fortuites et momentanées au cours de l'éternelle lutte politique ; il en est de même des frontières délimitent l'habitat des autres peuples. Et tout comme la configuration de notre surface terrestre ne peut apparaître immuable comme le granit qu'à un étourdi imbécile — alors qu'en réalité chaque instant ne nous montre de sa constante évolution qu'une apparente immobilité, fruit du travail incessant des forces de la nature, détruite ou changée demain par des forces plus puissantes — il en est de même dans la vie des peuples, des frontières qui les séparent.

Les limites des États sont le fait des hommes et sont changées par eux.

Le fait qu'un peuple a réussi à acquérir un territoire excessif ne confère nullement l'obligation supérieure de l'admettre pour toujours. Il démontre tout au plus la force du conquérant et la faiblesse du patient. Et c'est dans cette seule force que réside le droit. Si aujourd'hui le peuple allemand, parqué sur un territoire impossible, marche vers un avenir déplorable, ceci n'est pas un arrêt du destin et le fait de s'insurger ne constitue pas davantage une violation de ce destin. Pas plus que quelque puissance supérieure n'aurait promis à un autre peuple plus de territoire qu'au peuple allemand, ou pas plus qu'elle se trouverait au contraire offensée par cette injuste répartition du sol ; pas plus que nos ancêtres n'ont reçu en don du ciel le sol où nous vivons aujourd'hui : ils ont dû le conquérir en combattant au péril de leur vie. De même, dans l'avenir, ce n'est pas la grâce « raciste » qui donnera à notre peuple le sol, et avec lui les moyens d'existence, mais seule la puissance du glaive victorieux pourra l'obtenir.

Autant nous sommes tous aujourd'hui convaincus de la nécessité d'un règlement de comptes avec la France, autant demeurerait-il inefficace pour nous dans son ensemble, si nos buts de politique extérieure se bornaient à cela. On ne saurait l'interpréter que comme une couverture de nos arrières pour l'extension en Europe de notre habitat. Car nous ne saurions résoudre cette question par l'acquisition de colonies, mais exclusivement par l'acquisition d'un territoire de peuplement qui accroisse la superficie même de notre mère-patrie. En outre, non seulement on assurera par là l'intime solidarité des nouveaux colons avec la métropole, mais on procurera à l'ensemble du territoire total les avantages qui résident dans sa grandeur unifiée.

Le mouvement raciste n'a pas à se faire l'avocat des autres peuples, mais à combattre pour le sien. Sinon il serait superflu, et au surplus on n'y aurait aucun droit, de dauber sur le passé. Car on agirait alors comme lui. L'ancienne politique allemande a été, du point de vue dynastique, tenue pour une injustice : la politique future ne doit pas s'inspirer davantage d'une niaise sentimentalité « raciste » cosmopolite. En particulier, nous ne sommes pas les gendarmes des « pauvres petits peuples » bien connus, mais les soldats de notre propre peuple.

Cependant nous autres nationaux-socialistes nous ne devons pas nous arrêter là : *le droit au sol et à la terre peut devenir un devoir, lorsqu'un grand peuple paraît voué à la ruine, à défaut d'extension.* Et tout particulièrement quand il ne s'agit pas d'un quelconque petit peuple nègre, mais de l'Allemagne, mère de toute vie, mère de toute la civilisation actuelle. *L'Allemagne sera* une *puissance mondiale,* ou bien *elle ne sera pas.* Mais, pour devenir une puissance mondiale, elle a besoin de cette grandeur territoriale qui lui donnera, dans le présent, l'importance nécessaire et qui donnera à ses citoyens les moyens d'exister.

*

Aussi, nous autres nationaux-socialistes, biffons-nous délibérément l'orientation de la politique extérieure d'avant-guerre. Nous commençons là où l'on avait fini il y a six cents ans. Nous arrêtons l'éternelle marche des

Germains vers le sud et vers l'ouest de l'Europe, et nous jetons nos regards sur l'Est.

Nous mettons terme à la politique coloniale et commerciale d'avant-guerre et nous inaugurons la politique territoriale de l'avenir.

Mais si nous parlons aujourd'hui de nouvelles terres en Europe, nous ne saurions penser d'abord qu'à la Russie et aux pays limitrophes qui en dépendent.

Le destin même semble vouloir nous le montrer du doigt : en livrant la Russie au bolchévisme, il a ravi au peuple russe cette couche d'intellectuels, qui fonda et assuma jusqu'à ce jour son existence comme État. Car l'organisation de l'État russe ne fut point le résultat des aptitudes politiques du slavisme en Russie, mais bien plutôt un exemple remarquable de l'action, créatrice d'États, de l'élément germanique au milieu d'une race de moindre valeur. Bien des États puissants de cette terre ont été ainsi créés. Des peuples inférieurs, ayant à leur tête des organisateurs et des maîtres de race germanique, se sont souvent enflés jusqu'à devenir, à un moment donné, des États puissants, et ils le sont restés aussi longtemps que se conserva inaltéré le noyau — de la race créatrice d'État. Ainsi, depuis des siècles, la Russie vivait aux dépens du noyau germanique de ses couches supérieures dirigeantes qu'on peut considérer actuellement comme extirpé et anéanti. Le Juif a pris sa place. Et tout comme le Russe est incapable de secouer le joug des Juifs par ses propres moyens, de même le Juif ne saurait, à la longue, maintenir le puissant État. Lui-même n'est pas un élément organisateur, il n'est qu'un ferment de décomposition. L'État gigantesque de l'Est est mûr pour l'effondrement. Et la fin de la domination juive en Russie sera aussi la fin de la Russie en tant qu'État. Nous avons été élus par le destin pour assister à une catastrophe, qui sera la preuve la plus solide de la justesse des théories racistes au sujet des races humaines.

Et notre tâche, la mission du mouvement national-socialiste, consiste à amener notre propre peuple à ces conceptions politiques, qui lui feront voir son avenir non dans les enivrantes impressions d'une nouvelle campagne d'Alexandre, mais dans le travail laborieux de la charrue allemande à laquelle le glaive n'a qu'à donner la terre.

*

Que les Juifs annoncent la résistance la plus active à cette politique, cela va de soi. Ils sentent mieux que quiconque la signification d'une telle conduite pour leur propre avenir. Et ce fait même aurait dû démontrer à tous les hommes de convictions vraiment nationales le bien-fondé de cette nouvelle orientation. Hélas i ce qui arrive est juste le contraire. Non seulement dans les milieux nationaux — allemands, mais aussi même dans ceux des « racistes », on professe une hostilité acharnée contre l'idée d'une telle politique de l'Est ; on se réfère, comme presque toujours en pareil cas, à quelque autorité établie. On évoque l'esprit de Bismarck, pour couvrir une politique aussi insensée que suprêmement nuisible au peuple allemand. Bismarck même aurait jadis toujours attaché une grande importance, à de bonnes relations avec la Russie. Dans une certaine mesure, c'est juste. Mais, en même temps, on oublie i complètement qu'il attachait une aussi grande importance aux bonnes relations avec l'Italie, et que ce même M. de Bismarck s'allia jadis avec l'Italie pour pouvoir d'autant mieux mater l'Autriche. Pourquoi ne continue-t-on pas *cette* politique-là, elle aussi ? « Parce que l'Italie d'aujourd'hui n'est pas l'Italie d'alors », dira-t-on. Bien. Mais alors, Messeigneurs, permettez-moi d'objecter que la Russie d'aujourd'hui n'est pas non plus la Russie d'alors. Il n'est jamais venu l'idée à Bismarck de fixer une politique une fois pour toutes et par principe. Il était bien trop le maître de l'heure, pour s'embarrasser d'une entrave pareille. *La question donc ne doit pas être : que fit alors Bismarck ? Mais plutôt : qu'aurait-il fait aujourd'hui ? Et il est plus facile de répondre à cette question. Jamais, dans sa sagesse politique, il ne se serait allié à un État voué à la ruine.*

Au reste, Bismarck n'envisagea de son temps qu'avec des sentiments très mélangés la politique coloniale et commerciale allemande, et encore parce qu'il lui importait d'abord d'assurer les meilleures chances à la consolidation et au ' raffermissement intérieurs de l'État qu'il avait créé. Ce fut aussi la seule raison pour laquelle il fut satisfait d'avoir le dos couvert par la Russie, ce qui lui laissait les mains libres à l'Ouest. Mais ce qui fut alors utile à l'Allemagne, lui serait nuisible aujourd'hui.

Dès 1920-1921, quand le jeune mouvement national-socialiste commença lentement à se profiler sur l'horizon politique, et quand on commença à le considérer, çà et là, comme le mouvement de libération de la nation allemande, on approcha de différents côtés notre parti pour essayer d'établir un certain lien entre lui et *les mouvements de libération d'autres pays*. C'était sous les auspices de la « ligue des nations opprimées » aux innombrables protagonistes. Il s'agissait là, en majeure partie, de représentants de quelques États balkaniques, et de ceux de l'Égypte et de l'Inde, qui me firent toujours l'impression de bavards prétentieux, mais sans aucun fond véritables. Il se trouva cependant beaucoup d'Allemands, surtout dans le camp national, qui se laissèrent éblouir par ces orientaux soufflés et qui crurent voir sans plus, dans un quelconque étudiant hindou ou égyptien venu on ne sait d'où, le « représentant » de l'Inde ou de l'Égypte. Les gens ne se rendaient point compte qu'il s'agissait ici, pour la plupart, d'hommes qui n'avaient rien derrière eux et que surtout nul n'avait autorisés à conclure un traité quelconque avec qui que ce soit, et que le résultat pratique de toutes les relations avec ces éléments était nul, s'il ne fallait pas encore porter au compte « pertes et profits » le temps perdu ! Je me suis toujours défendu contre ces tentatives, non seulement parce que j'avais mieux à faire qu'à gaspiller des semaines en des « pourparlers » aussi stériles, mais je considérais aussi que, même s'il s'était agi de représentants autorisés de ces nations, le tout eût été inutile et même nuisible.

Il était déjà assez fâcheux, dès le temps de paix, que la politique allemande, faute d'envisager une activité offensive personnelle, aboutît à l'alliance défensive avec de vieux États pensionnés par l'histoire mondiale.

L'alliance avec l'Autriche, aussi bien que l'alliance avec la Turquie, n'avait rien de réjouissant. Tandis que les plus grandes puissances militaires et industrielles de la terre s'unissaient en une active alliance offensive, on assemblait quelques vieux organismes d'États impuissants et on s'efforçait, avec ce bric-à-brac voué à la ruine, de faire front contre une agissante coalition mondiale. L'Allemagne expia amèrement l'erreur de cette politique extérieure. Mais cette expiation ne paraît pas avoir été encore assez amère pour préserver nos éternels rêveurs d'une prompte rechute. Car la tentative de désarmer les vainqueurs tout-puissants par une « Ligue des nations opprimées » n'est pas seulement ridicule, elle est funeste. Tentative funeste, parce que, de nouveau et toujours, elle détourne notre peuple des possibilités réelles et le fait s'abandonner à des espérances et à des illusions aussi chimériques que stériles. L'Allemand de nos jours ressemble vraiment à l'homme en train de se noyer qui s'accroche à tout brin de paille. Et il peut s'agir là de gens par ailleurs très cultivés. Aussitôt que se laisse entrevoir le feu follet de l'espérance la plus invraisemblable, ces gens de trotter et de poursuivre ce fantôme. Que ce soit une Ligue des nations opprimées ou une Société des Nations, ou toute autre imagination chimérique, elle trouvera néanmoins des milliers de dévots.

Je me souviens encore des espérances puériles et incompréhensibles qui prirent corps subitement dans les milieux racistes, en 1920-1921, touchant une catastrophe imminente pour l'Angleterre dans l'Inde. De quelconques prestidigitateurs asiatiques — ou, peut-être, je veux bien l'admettre, de véritables « champions de la liberté » indiens — qui circulaient alors à travers l'Europe, avaient réussi à suggérer à des gens tout à fait raisonnables sous d'autres rapports, l'idée fixe que le grand Empire britannique menaçait ruine justement dans l'Inde qui en constitue la pierre angulaire. ' Que, seul, leur propre désir, dans ce cas aussi,[40] fut le père de toutes ces idées, naturellement ils n'en avaient pas conscience, pas plus que de l'absurdité de leurs espoirs. Car, escomptant que l'effondrement de la domination anglaise dans l'Inde serait la fin de l'Empire britannique et de la puissance anglaise, ils admettaient par là-même que l'Inde avait pour l'Angleterre une importance capitale. "~ Mais ce problème vital n'était probablement pas un profond secret connu des seuls prophètes « racistes » allemands ; on pouvait le croire connu aussi des guides de l'histoire anglaise. Il est déjà vraiment par trop puéril d'admettre que l'Angleterre ne sait pas apprécier à sa juste valeur l'importance de l'Inde pour l'union mondiale britannique. Et c'est un signe fâcheux qu'on n'a rien appris de la guerre mondiale, et aussi qu'on méconnaît et ignore complètement la résolution anglo-saxonne, quand on s'imagine que l'Angleterre pourrait laisser partir l'Inde sans recourir aux moyens ultimes. C'est aussi une preuve d'un manque complet de connaissance chez l'Allemand touchant la manière britannique de pénétrer et gérer cet empire. *L'Angleterre ne perdra l'Inde que si elle est elle-même dévolue dans son mécanisme administratif à la décomposition raciale* (éventualité complètement exclue de nos jours dans

---

[40] Proverbe allemand : *Der Wunsch ist Vater des Gedankens,* le désir est père de l'idée.

l'Inde) *ou bien si elle y est forcée par le glaive d'un* ennemi *puissant.* Des rebelles indiens n'y réussiront jamais. À quel point il est difficile de dompter l'Angleterre, nous autres Allemands, nous l'avons suffisamment appris i Sans compter que moi, Germain, je préfère encore, malgré tout, voir l'Inde sous la domination anglaise que sous n'importe quelle autre.

Les espérances suscitées par le mythe d'une insurrection en Égypte sont aussi piteuses. La « guerre sainte » peut donner un agréable frisson à ceux qui, chez nous, jouent à l'idiot, se figurant que d'autres sont prêts à verser leur sang pour nous — car cette lâche spéculation, à parler franchement, fut toujours la source inavouée de pareils espoirs en réalité, cette guerre trouverait une fin infernale sous le tir fauchant des compagnies de mitrailleurs anglais, et la grêle des bombes brisantes.

C'est qu'il est impossible de lancer une coalition d'invalides à l'assaut d'un puissant État, résolu à verser au besoin la dernière goutte de son sang pour défendre son existence. En raciste qui se base sur la race pour estimer la valeur du matériel humain, je n'ai pas le droit de lier le sort de mon peuple à celui des soi-disant « nations opprimées », connaissant déjà leur infériorité raciale.

Nous devons aujourd'hui adopter exactement la même attitude vis-à-vis de la Russie. La Russie actuelle, dépouillée de sa classe dirigeante germanique — indépendamment des intentions secrètes de ses nouveaux maîtres — ne peut être un allié dans la lutte pour la libération de la nation allemande. *Au point de vue purement militaire, les conditions seraient directement catastrophiques au cas d'une guerre Allemagne-Russie contre l'Europe occidentale et probablement contre tout le reste du monde. La lutte se déroulerait non pas sur le territoire russe, mais sur le territoire allemand,* sans que l'Allemagne puisse recevoir de la Russie un secours tant soit peu efficace. Les moyens militaires du Reich allemand actuel sont si piteux et si insuffisants pour une guerre, que toute protection des frontières contre l'Europe occidentale ; y compris l'Angleterre, serait impossible, et que la région industrielle allemande serait justement livrée sans défense aux attaques concentrées de nos ennemis. En outre, entre l'Allemagne et la Russie, se trouve l'État polonais qui est complètement aux mains de la France. Dans le cas d'une guerre Allemagne-Russie contre l'Ouest de l'Europe, la Russie devrait abattre la Pologne avant de pouvoir faire parvenir son premier soldat sur un front allemand. Et il s'agirait alors moins de soldats que de moyens techniques. À ce point de vue, on verrait se répéter, sous une forme plus affreuse encore, la situation de la guerre mondiale. Notre industrie fut alors saignée au profit de nos glorieux alliés, et l'Allemagne dut mener presque seule la guerre technique ; de même la Russie serait un facteur technique presque négligeable dans la guerre que nous envisageons. Nous ne pourrions opposer presque rien à la motorisation générale du monde, qui doit se manifester d'une manière écrasante et décisive dans la prochaine guerre. Car l'Allemagne même n'est pas seulement demeurée honteusement en retard dans ce domaine essentiel, elle devrait encore, avec ses moyens minimes, soutenir la Russie qui ne possède même pas actuellement une seule fabrique capable de construire une automobile qui marche. Dans ces conditions, une telle lutte prendrait de nouveau le caractère d'une tuerie. La jeunesse allemande verserait son sang plus encore que naguère, parce que, comme toujours, tout le poids de la guerre pèserait sur nous et le résultat en serait l'inévitable défaite.

Mais, en admettant même le cas où un miracle aurait lieu et où une telle lutte ne finirait pas par la destruction totale de l'Allemagne : en dernière analyse, le peuple allemand, vidé de son sang, resterait entouré comme auparavant de grandes puissances militaires, et sa véritable situation ne serait améliorée en aucune façon.

Que l'on n'objecte pas maintenant qu'il n'y a pas lieu de penser tout de suite à une guerre, dans le cas d'une alliance avec la Russie, ou que, le cas échéant, l'on pourrait se préparer à fond pour cette éventualité. Non. *Une alliance dont les* buts *n'englobent pas* aussi *la perspective d'une guerre, est dénuée de sens et de valeur.* On ne s'allie qu'en vue d'un combat. Et même si le règlement de comptes se trouve encore dans le lointain au moment où l'on conclut l'alliance, l'on n'en agit pas moins au fond prévoyant que l'on sera entraîné à une guerre.

Qu'on ne s'imagine pas d'ailleurs qu'une autre puissance quelconque puisse se tromper sur une pareille alliance. Ou bien une coalition germano-russe demeurera sur le papier et alors elle n'a pour nous ni but ni valeur, ou bien elle ne restera pas lettre morte, et, dans ce cas, le reste du monde sera averti. Quelle naïveté de penser qu'en pareilles circonstances, l'Angleterre et la France attendraient quelque dix ans jusqu'à ce que l'alliance germano-russe ait achevé sa préparation technique à la guerre. Non, l'orage éclaterait au-dessus de l'Allemagne avec une rapidité foudroyante.

Le fait même *de conclure une alliance avec la* Russie indique *donc déjà l'imminence de la guerre.* Et le résultat en serait la fin de l'Allemagne.

Mais il faut ajouter encore ceci :

1° Ceux *qui, actuellement, détiennent le pouvoir en* Russie, *ne pensent pas du tout à conclure une alliance honnête, ni surtout à l'observer.*

Il ne faut jamais oublier que les gouvernants de la Russie actuelle ne sont que de vulgaires criminels tout souillés de sang ; il s'agit là d'une lie de l'humanité, qui, à la faveur d'une heure ~ tragique, assaillit un grand État, abattit et extermina par millions, avec une sauvagerie sanguinaire, les intellectuels de ses classes dirigeantes et qui exerce depuis bientôt dix ans la plus cruelle tyrannie de tous les temps. Il ne faut pas oublier non plus que ces gouvernants appartiennent à un peuple qui unit, à un rare degré, une cruauté bestiale avec un art incroyable du mensonge et qui, maintenant plus que jamais, se croit prédestiné pour imposer son oppression sanglante au monde entier. Il ne faut pas oublier que le Juif international, qui exerce actuellement une domination absolue sur la Russie, voit dans l'Allemagne non pas un allié, mais un État voué au même sort. *On ne traite pas avec un partenaire dont le seul intérêt est la destruction de l'autre partie.* On ne traite surtout pas avec des individus pour qui aucun accord ne serait sacré, car, dans ce monde, ils sont non pas les représentants de l'honneur et de la vérité, mais bien ceux du mensonge, de la duperie, du vol, du brigandage, du pillage. L'homme qui croit pouvoir se lier par traités à des parasites ressemble à l'arbre qui essaierait de conclure à son profit un compromis avec le gui.

2 ° *Le danger auquel la Russie a succombé menacera toujours l'Allemagne.* Seul, un bourgeois naïf peut s'imaginer que le bolchévisme est conjuré. Dans son esprit superficiel, il ne soupçonne nullement qu'il s'agit ici d'une manifestation instinctive : l'aspiration du peuple juif à la domination universelle, tendance aussi naturelle que celle qui pousse l'Anglo-Saxon à s'assurer le pouvoir sur cette terre. Et le Juif agit tout comme l'Anglo-Saxon, qui avance dans cette voie à sa manière et mène la lutte avec les armes qui lui sont propres. Le Juif aussi suit sa voie, cette voie qui le conduit à se glisser dans les peuples et à les vider de leur substance ; et il combat avec ses armes, qui sont le mensonge et la calomnie, l'empoisonnement et la décomposition, accentuant la lutte jusqu'à l'extermination sanglante de l'adversaire détesté. *Nous devons voir dans le bolchévisme russe la tentative des Juifs au vingtième siècle, pour conquérir la domination mondiale ;* à d'autres époques, ils ont pareillement essayé d'atteindre le même but avec des moyens, autres que les moyens actuels, qui leur étaient cependant intérieurement apparentés. Cette tendance est trop profondément ancrée dans tout leur être. Les autres peuples ne renoncent pas d'eux-mêmes à suivre l'instinct qui les fait développer leur genre et leur puissance : ils y sont forcés par des circonstances extérieures ou bien cela constitue chez eux un signe de sénilité ; le Juif non plus n'interrompt pas sa marche vers la dictature mondiale par un renoncement volontaire ou bien en refoulant en lui-même son éternelle aspiration. Lui aussi ne saurait être forcé à rebrousser chemin que par des forces extérieures à lui-même, car son instinct de domination mondiale ne s'éteindra qu'avec lui. Mais l'impuissance des peuples, leur mort de vieillesse ne surviennent que lorsqu'ils ont renoncé à la pureté de leur sang. Et le Juif sait le préserver mieux que tout autre peuple au monde. Il poursuivra donc toujours son chemin fatal, jusqu'à ce que s'oppose à lui une autre force qui, en une lutte titanesque, renvoie à Lucifer celui qui monte à l'assaut du ciel.

L'Allemagne est aujourd'hui le prochain objectif important du bolchévisme. Il faut toute la force d'une grande idée, toute la conscience d'une mission à remplir, pour arracher ~encore une fois notre peuple à l'étreinte de cette hydre, pour arrêter les progrès de la contamination de notre sang, pour que les forces libérées de la nation puissent entrer en jeu pour assurer la sécurité de notre peuple et rendre impossible, jusque dans le plus lointain avenir, le retour des récentes catastrophes. Mais si on poursuit ce but, c'est folie que de s'allier avec une puissance soumise à l'ennemi mortel de notre race. Comment veut-on libérer le peuple allemand de cette étreinte empoisonnée, si on s'y engage aussi ? Comment expliquer à l'ouvrier allemand que le bolchévisme est un crime damnable contre l'humanité, quand on s'allie soi — même avec les organisations de cette engeance infernale, et, somme toute, qu'on les reconnaît ? De quel droit condamner alors dans la masse un individu pour ses sympathies à l'égard de certaines conceptions, quand les propres chefs de l'État prennent comme alliés les champions de ces mêmes idées.

La lutte contre la bolchévisation mondiale juive exige une attitude nette vis-à-vis *de la* Russie *soviétique. On ne peut pas chasser le diable par Belzébuth.*

Les milieux racistes aujourd'hui, pleins d'engouement pour une alliance avec la Russie, n'ont qu'à jeter un coup d'œil en Allemagne et se rendre compte de l'appui qu'ils ont trouvé à leurs débuts. Les racistes pensent-ils maintenant qu'une action, qui est prônée et appelée par la presse internationale marxiste, peut être salutaire pour le peuple allemand ? Depuis quand est-ce un écuyer juif qui tend son armure au raciste ?

On pouvait faire à l'ancien Reich allemand un reproche capital au sujet de sa politique d'alliances : c'est qu'il compromettait ses rapports avec tous, par sa perpétuelle politique de balance, ayant la faiblesse maladive de vouloir sauvegarder à tout prix la paix mondiale. La seule chose qu'on ne peut lui reprocher, c'est de n'avoir pas su conserver de bonnes relations avec la Russie.

J'accorde que, dès l'avant-guerre, j'aurais considéré comme plus rationnel que l'Allemagne, renonçant à sa politique coloniale insensée, ainsi qu'à sa marine marchande et à sa flotte, se fût alliée avec l'Angleterre contre la Russie ; elle eût remplacé une politique mondiale vacillante par une politique européenne résolue d'acquisitions territoriales sur le continent.

Je n'oublie pas les constantes et impudentes menaces que la Russie panslaviste d'alors osait proférer contre l'Allemagne ; je n'oublie pas les constantes manœuvres de mobilisation dont le seul but était de brusquer l'Allemagne ; je ne puis oublier l'état de l'opinion publique en Russie, qui déjà, avant la guerre, se surpassait en attaques haineuses contre notre peuple et notre empire ; je ne puis oublier l'engouement de la grande presse russe à l'égard de la France, et son attitude si différente envers nous. Néanmoins, malgré tout cela, avant-guerre il a existé encore une seconde voie : on aurait pu s'appuyer sur la Russie et se tourner contre l'Angleterre.

Aujourd'hui, les circonstances sont tout autres. Si, avant-guerre, refoulant toutes sortes de sentiments, on pouvait faire route avec la Russie, aujourd'hui cela n'est plus possible. L'aiguille a avancé à l'horloge de l'histoire et l'heure va sonner où notre destin doit se décider. La consolidation, dont s'occupent actuellement tous les grands États mondiaux, est pour nous un dernier avertissement d'avoir à rentrer en nous-mêmes, de ramener notre peuple du monde des rêves dans la dure réalité, et de lui montrer la voie vers l'avenir qui peut seule conduire le vieux Reich à une floraison nouvelle.

Si le mouvement national-socialiste, devant cette grande tâche capitale, se débarrasse de toute illusion et ne se guide plus que sur la raison, la catastrophe de 1918 peut encore devenir un bienfait immense pour l'avenir de notre peuple. Cet effondrement peut l'amener, en effet, à une orientation toute nouvelle de sa politique étrangère ; plus encore, raffermi à l'intérieur par des théories morales nouvelles, il peut arriver aussi, à l'extérieur, à fixer définitivement sa politique. Il peut acquérir finalement ce que possède l'Angleterre, ce que posséda la Russie elle-même, ce qui enfin fait toujours prendre à la France les mêmes décisions conformes, en dernière analyse, à ses intérêts, à savoir : *un testament politique.*

Le testament politique de la nation allemande pour son attitude à l'extérieur doit être à jamais le suivant : *Ne permettez jamais que se forment en Europe deux puissances continentales. Dans toute tentative d'organiser aux frontières de l'Allemagne une deuxième puissance militaire — ne fût-ce que sous la forme d'un État susceptible d'acquérir une tel(e puissance — voyez une attaque contre l'Allemagne. Considérez que c'est non seulement votre droit, mais votre devoir d'empêcher, par tous les moyens et au besoin par les armes, la constitution d'un tel État. S'il existe déjà, détruisez-le. Veillez que la source de la puissance de notre pays ne soit pas dans des colonies, mais en Europe, dans le sol de la patrie. Ne tenez jamais le Reich comme garanti tant qu'il n'aura pu donner, pour des siècles, à chaque rejeton de notre peuple, sa parcelle du sol. N'oubliez jamais que le droit le plus sacré en ce monde est le droit à la terre que l'on veut cultiver soi-même, et que le plus saint des sacrifices est celui du sang versé pour elle.*

*

Je ne voudrais pas en finir avec ces considérations, sans indiquer encore une fois l'unique possibilité d'alliance qui, en ce moment, existe pour nous en Europe. Dans le chapitre précédent sur les alliances allemandes, j'ai déjà désigné l'Angleterre et l'Italie comme les deux seuls États dont nous aurions tout intérêt à nous rapprocher étroitement, même au prix de grands efforts. Je veux maintenant marquer encore ici l'importance *militaire* d'une telle alliance.

La conclusion de cette alliance entraînerait au point de vue militaire, dans l'ensemble et dans le détail, les conséquences exactement opposées de celles qu'aurait l'alliance avec la Russie. *C'est d'abord le fait capital que d'aucune façon un rapprochement de l'Angleterre et de l'Italie ne comporte fatalement un danger de guerre.* La seule puissance dont il faut considérer qu'elle prendrait position contre l'alliance, à savoir la France, ne serait pas, dans le cas considéré, en mesure de le faire. *L'alliance donnerait par contre à l'Allemagne la possibilité de prendre en toute tranquillité les mesures préparatoires requises, dans le cadre d'une telle coalition,* en vue d'un règlement de comptes avec la France. Car l'essentiel, dans une semblable alliance, c'est que non seulement l'Allemagne ne sera pas exposée subitement, dès sa conclusion, à une invasion ennemie, mais encore que s'écroulera d'elle-même la ligue de nos ennemis, cette « Entente » qui nous fut si démesurément funeste ; ainsi *l'ennemi mortel de notre* pays, *la France, tombera dans l'isolement.* Et quand il ne s'agirait là tout d'abord que d'un succès moral, cela suffirait à donner à l'Allemagne une liberté d'allures dont nous n'avons aujourd'hui aucune idée. *Car c'est la nouvelle alliance européenne anglo-germano-italienne qui aurait en mains l'initiative politique, et non plus la France.*

La portée de ce succès serait d'ailleurs plus grande encore, l'Allemagne étant affranchie d'un seul coup de sa situation stratégique défavorable. D'une part, le plus puissant des flanquements, de l'autre l'assurance complète de notre ravitaillement en vivres et en matières premières : telle serait la bienfaisante action du nouvel arrangement des puissances.

Mais plus important encore peut-être serait le fait que la nouvelle ligue engloberait des États qui se compléteraient mutuellement au point de vue technique. Pour la première fois, les alliés de l'Allemagne ne seraient pas des sangsues vivant sur notre propre économie ; ils seraient, au contraire, capables d'apporter leur part pour enrichir et compléter notre équipement technique, et ils ne manqueraient pas non plus de le faire.

Qu'on n'oublie pas que, dans l'un et l'autre cas, il s'agirait d'alliés sans aucune comparaison avec la Turquie ou la Russie actuelle. *La plus grande puissance mondiale et un jeune État national florissant offriraient d'autres ressources, pour une guerre européenne, que les cadavres d'État pourris avec lesquels l'Allemagne s'était alliée dans la dernière guerre.*

Certes — j'insistais là-dessus dans le chapitre précédent de grosses difficultés s'opposent à une pareille alliance. Mais la constitution de l'Entente fut-elle œuvre moins ardue ? *Ce que put faire le roi Édouard VII — et presque pour partie contre ses intérêts naturels — nous devons y réussir et nous y réussirons, si la conviction de la nécessité de cette évolution nous inspire au point de déterminer notre conduite, après nous avoir fait habilement triompher de nous-mêmes.* Et ceci sera possible dès le moment où, avertis par la misère, au lieu de la politique sans but du siècle passé, nous poursuivrons consciemment un objectif unique, auquel nous nous attacherons. *Ce n'est pas dans une orientation à l'Ouest ou une orientation à l'Est, que se trouve l'avenir de notre politique extérieure, mais bien dans une politique de l'Est, au sens d'acquisition de la glèbe nécessaire à notre peuple allemand. Mais comme il faut en avoir la force, et que l'ennemi mortel de notre peuple, la France, nous étrangle impitoyablement, et nous épuise, il faut prendre sur nous de faire tous les sacrifices susceptibles de contribuer à annihiler les tendances de la France à l'hégémonie. Toute puissance est aujourd'hui notre allié naturel, qui considère avec nous, comme insupportable, la passion d'hégémonie de la France sur le confinent. Aucune démarche vis-à-vis d'une de ces puissances ne doit nous paraître trop dure, aucun renoncement ne doit nous paraître impossible, si nous avons finalement la possibilité d'abattre l'ennemi qui nous hait si rageusement.* Et nous pourrons laisser le temps guérir tranquillement nos blessures légères, quand les plus graves seront cautérisées et fermées.

Naturellement, nous sommes aujourd'hui en butte, à l'intérieur, aux aboiements haineux des ennemis de notre peuple. Nous autres, nationaux-socialistes, ne nous laissons pas égarer ! Ne cessons pas de proclamer ce qui, d'après notre plus intime conviction, est absolument nécessaire ! Il nous faut, aujourd'hui, nous raidir contre le courant de l'opinion publique, fourvoyée par la malignité juive qui s'est servi de l'esprit chimérique de nos compatriotes ; les flots briseront plus d'une fois avec rage et fureur autour de nous, mais on remarque moins celui qui se laisse emporter que celui qui veut nager contre le courant. Aujourd'hui, nous sommes un simple épi, dans quelques années le destin peut faire de nous une digue sur laquelle se brisera tout le flot, qui devra refluer dans un nouveau lit.

Il faut donc que soit établi et reconnu, aux yeux du reste du monde, que le parti national-socialiste est précisément le champion d'une conception politique bien déterminée. *Nous devons porter sur notre visière le signe distinctif de ce que le ciel même attend de nous.*

Nous savons nous-mêmes la nécessité inéluctable qui détermine notre politique extérieure ; dans cette connaissance, nous devons puiser la capacité de résistance dont nous aurons plus d'une fois besoin, lorsque, sous les lance-flammes de nos adversaires acharnés, l'angoisse gagnera l'un ou l'autre et lorsqu'une voix insinuante lui soufflera, pour ne pas avoir tout et tous contre lui, de faire une concession dans quelque domaine et de hurler avec les loups.

CHAPITRE 15

LE DROIT DE LÉGITIME DÉFENSE

Autant que la sagesse humaine est capable de prévoir l'avenir, la politique qui fut pratiquée après l'armistice, en novembre 1918, devait nous réduire peu à peu à un complet asservissement. L'histoire prouve par maint exemple que les peuples qui ont mis bas les armes, sans y être absolument contraints, aiment mieux, par la suite, accepter les pires humiliations et les pires exactions que tenter de changer leur sort par un nouvel appel à la force. Ce choix est très humain. Autant que possible, un vainqueur avise n'imposera ses exigences aux vaincus que par étapes successives. Et il a le droit d'escompter, avec un peuple ayant perdu toute force de caractère — comme c'est toujours le cas de celui qui se soumet volontairement — que le vaincu ne trouve plus dans aucun des actes d'oppression, pris à part, une raison suffisante de reprendre les armes. Plus nombreuses sont les exactions ainsi acceptées passivement, et moins la résistance paraît justifiée aux yeux des autres hommes, quand le peuple vaincu finit par se révolter contre le dernier acte d'oppression d'une longue série, surtout quand ce peuple a déjà supporté patiemment et en silence tant de maux beaucoup plus pénibles.

La ruine de Carthage est un effrayant exemple de cette lente agonie d'un peuple consommée par sa propre faute. Clausewitz, dans ses *Trois actes de foi*, a mis cette idée en évidence d'une façon incomparable, et il lui a donné sa forme définitive en disant « que la tache faite à l'honneur par une lâche soumission ne peut jamais plus s'effacer ; que cette goutte de poison, entrée dans le sang d'un peuple, se transmet à ses descendants pour paralyser et miner les forces des générations futures » ; que, par contre, « même la perte de la liberté à la suite d'un sanglant et glorieux combat garantit la résurrection du peuple un moment asservi, et qu'elle est le vivant noyau dont, un jour, un nouvel arbre poussera de solides racines ».

Naturellement, une nation qui a perdu tout sentiment de l'honneur et toute force de caractère ne se souciera pas de cette doctrine. Quiconque la prend à cœur ne tombera jamais très bas ; mais, si on l'oublie ou n'y veut plus penser, on perd toute force et tout courage. Aussi n'y a-t-il pas lieu de s'attendre à ce que les responsables d'une soumission pusillanime rentrent subitement en eux-mêmes et, se laissant guider par la raison et toute l'expérience humaine, modifient dès lors leur conduite. Ce sont ceux — là, tout su contraire, qui rejetteront bien loin une telle théorie et alors le peuple finira par s'habituer à son joug d'esclave, si les meilleurs éléments de la masse ne se font jour pour arracher le pouvoir des mains d'un gouvernement infâme et corrupteur. Dans le premier des cas, les gouvernants n'ont guère l'habitude de se sentir si mauvais que cela, parce que les vainqueurs sont souvent assez rusés pour leur confier la surveillance des esclaves ; et ces êtres sans caractère exercent la plupart du temps cet office aux dépens de leur propre peuple, avec une rigueur plus impitoyable que ne le ferait n'importe quelle brute étrangère placée par l'ennemi lui-même dans le pays vaincu.

Le cours qu'ont pris les événements depuis 1918 prouve que l'espoir d'obtenir, par une soumission volontaire, la grâce des vainqueurs a exercé en Allemagne la plus funeste influence sur les jugements politiques et sur l'attitude des masses. J'insiste sur l'importance de l'expression *les masses,* parce que je ne puis me convaincre que toute la conduite des chefs de notre peuple doive être attribuée à la même erreur funeste. Comme la direction de nos affaires a été prise par les Juifs depuis la fin de la guerre, et de la façon la plus ostensible, on ne peut vraiment pas admettre que notre malheur soit dû simplement à un défaut d'intelligence de notre situation ; on doit être convaincu, au contraire, que l'on mène sciemment notre peuple à sa perte. Considérée de ce point de vue, la conduite de notre politique étrangère n'est pas aussi insensée qu'elle le paraît ; elle est dictée par une logique subtile et d'une froideur glacée, mise au service du plan juif de conquête du monde et du combat livré pour réaliser cet idéal.

On comprend ainsi pourquoi, alors que, de 1806 à 1813, sept ans avaient suffi à la Prusse terrassée pour recouvrer sa force vitale et la résolution de se battre, le même laps de temps s'est écoulé de nos jours sans qu'on en tire profit, et a même affaibli encore notre État.

Le traité de Locarno a été signé sept ans après le mois de novembre 1918.

Le début de ce chapitre explique ce qui s'est passé : du moment qu'on avait signé le honteux armistice, on ne pouvait plus trouver l'énergie et le courage d'opposer subitement une résistance aux mesures que notre adversaire prit ensuite pour accentuer notre oppression. Il avait été trop avisé pour trop exiger d'un seul coup. Il limita ses exactions de telle sorte qu'elles fussent toujours à sa propre estime — et à celle du gouvernement allemand — assez tolérables pour qu'on n'eût pas à craindre une révolte du sentiment populaire. Plus nous souscrivions à ces décisions arbitraires qui achevaient de nous étrangler, et moins nous paraissions fondés à faire à l'improviste, en présence *d'une* nouvelle exaction ou *d'une* nouvelle humiliation, le geste à quoi tant d'autres n'avaient pu nous décider, c'est-à-dire résister. C'était là la « goutte de poison » dont parle Clausewitz : le manque de caractère qui s'est manifesté une fois s'aggravera fatalement toujours et pèsera peu à peu, comme un funeste héritage, sur toutes les décisions ultérieures. C'est un poids de plomb qu'à la longue un peuple n'est presque plus capable de secouer de ses épaules et qui finit par l'abaisser au niveau d'une race d'esclaves.

C'est ainsi qu'alternaient en Allemagne les édits qui achevaient de nous désarmer et de nous asservir, qui nous rendaient politiquement sans défense et nous exploitaient économiquement, jusqu'à créer cet état d'esprit qui nous fit considérer le plan Dawes comme un bonheur et le traité de Locarno comme un succès. On peut dire, il est vrai, qu'à un point de vue plus élevé nous eûmes, au milieu de ces afflictions, un bonheur : c'est qu'on peut bien égarer les hommes, mais le ciel ne se laisse pas suborner. Il nous refusa ses faveurs : la détresse et l'inquiétude n'ont cessé depuis d'accompagner notre peuple et la misère a été son unique et fidèle alliée. Le sort n'a pas, même en cette occurrence, fait d'exception en notre faveur ; il ne nous a donné que ce que nous méritions. Nous ne savons plus le prix ù l'honneur, il nous fait apprécier la liberté de pouvoir gagner son pain. Les hommes ont déjà appris à réclamer leur pain ; un jour viendra où ils prieront le ciel de leur rendre la liberté.

Si pénible et manifeste que fût l'effondrement de notre peuple pendant les années qui ont suivi 1918, on n'en a pas moins persécuté résolument et avec la plus grande violence, à cette même époque, quiconque se permettait de prédire ce qui est arrivé par la suite. Le gouvernement que subissait notre peuple était aussi infatué que lamentablement incapable ; il l'était surtout quand il s'agissait pour lui de se débarrasser de conseillers que leurs avertissements lui rendaient odieux. Il pouvait arriver alors (et cela arrive du reste encore aujourd'hui) que les plus épais cerveaux du Parlement, de vulgaires selliers et gantiers — la profession elle-même n'ayant du reste aucune importance ici — se trouvaient subitement élevés au rang d'hommes d'État et, du haut de ce piédestal, faisaient la leçon aux humbles mortels. Il importait et il importe encore peu qu'un pareil « homme d'État » se révèle le plus souvent, après avoir exercé six mois ses talents, comme un charlatan sans cervelle, que le monde entier assaille de railleries et de sarcasmes, qui ne sait jamais ce qu'il doit faire et donne les preuves les plus évidentes de sa complète incapacité ! Non cela n'a aucune importance, au contraire : moins la politique pratiquée par les hommes d'État de la république parlementaire a des résultats effectifs, plus furieusement ils persécutent, en revanche, ceux qui attendent d'eux de tels résultats, qui ont l'audace d'établir que la politique suivie jusqu'à présent n'a connu que des échecs, et de prédire qu'il en sera de même à l'avenir. Si l'on arrive enfin à mettre au pied du mur un de ces honorables parlementaires, et si cet artiste en politique ne peut plus nier l'échec subi et la nullité des résultats obtenus, il trouve à cette faillite des milliers d'excuses, sans reconnaître, en aucune façon, qu'il est lui-même la cause de tout le mal.

*

Tout le monde aurait dû comprendre, au moins à partir de l'hiver de 1922-1923, que la France poursuivait, avec une inflexible logique, même après la conclusion de la paix, les objectifs qu'elle avait au début de la guerre. Car personne ne croira que la France, dans la lutte la plus décisive de son histoire, ait mis en jeu pendant quatre ans et demi le sang de son peuple dont elle n'était point riche, simplement pour recevoir des réparations, contrepartie des dommages subis. L'Alsace-Lorraine même ne suffirait pas à expliquer l'énergie avec laquelle la France conduisit la guerre, s'il ne s'était agi d'une partie d'un vaste programme d'avenir de la politique étrangère française : démembrer l'Allemagne en une macédoine de petits États. C'est pour atteindre ce but que la France chauvine a combattu, tout en faisant, il est vrai, de son peuple un mercenaire au service du Juif international.

Ce but de guerre français aurait été atteint par la guerre même, si, comme on l'espérait d'abord à Paris, la lutte avait eu le sol allemand pour théâtre. On se figurait que les sanglantes batailles de la guerre mondiale seraient livrées non pas sur la Somme, en Flandre, en Artois, ou devant Varsovie, Nijni — Novgorod, Kowno, Riga et partout ailleurs, mais en Allemagne, sur la Ruhr et sur le Rhin, sur l'Elbe, devant Hanovre, Leipzig, Nuremberg, etc. ; et l'on accordera que, dans ce cas, il eût été possible de démembrer l'Allemagne. Il est très douteux que notre jeune État fédératif ait pu supporter quatre ans et demi durant une telle épreuve d'endurance, aussi bien que le fit une France fortement centralisée depuis des siècles, et où tous les yeux étaient tournés vers Paris, centre incontesté. Tout le mérite que cette gigantesque lutte des peuples se soit déroulée hors des frontières de notre patrie revient à notre ancienne armée, et à elle seule ; mais c'est aussi là un grand bonheur pour l'avenir de l'Allemagne. J'ai la conviction inébranlable, et cela me serre souvent le cœur, que dans le cas contraire il n'y aurait plus aujourd'hui depuis longtemps de Reich allemand, mais seulement des « États allemands ». C'est aussi la seule raison qui permette de dire que le sang de nos amis et de nos frères, tombés sur le champ de bataille, n'a pas coulé complètement en vain.

Ainsi les choses prirent une tout autre tournure que celle escomptée par la France. L'Allemagne s'effondra bien en novembre 1918 avec la rapidité de l'éclair. Mais, lorsque la catastrophe frappa notre pays, les armées du généralissime occupaient encore une grande partie des pays ennemis. Le premier souci des Français ne fut pas alors de dissocier l'Allemagne, mais de faire sortir nos armées le plus vite possible de France et de Belgique. Le gouvernement de Paris, pour mettre fin à la guerre mondiale, dut d'abord désarmer les armées allemandes et les repousser, autant que faire se pouvait, en Allemagne ; c'est seulement après qu'on put s'occuper d'atteindre le but primitif, le but essentiel de la guerre. Mais, à cet égard, la France se trouvait déjà paralysée. Une fois l'Allemagne anéantie en tant que puissance coloniale et commerciale, et réduite au rang d'État de seconde classe, la guerre était véritablement finie et gagnée pour l'Angleterre. Non seulement elle n'avait aucun intérêt à ce que l'État allemand fût radicalement éliminé du concert européen, mais elle avait même beaucoup de raisons pour désirer que la France trouvât pour l'avenir un rival en Europe. Aussi la politique française fut-elle contrainte de ne plus poursuivre que par une action pacifique résolue ce que la guerre avait commencé, et le mot de Clemenceau disant que, pour lui, la paix n'était que la continuation de la guerre, en vit sa portée accrue.

Constamment, chaque fois que l'occasion s'en présenta, on s'efforça de disloquer l'armature du Reich. À Paris, on comptait avoir raison de sa cohésion en formulant toujours de nouvelles exigences dans les notes réclamant le désarmement de l'Allemagne, et par les spoliations économiques que ce désarmement rendait possibles. Plus les Allemands perdaient le sentiment de l'honneur national, et plus l'oppression économique et la détresse continuelle produisaient en politique des effets meurtriers. Dix ou vingt ans d'un tel système d'asservissement politique et d'exploitation économique ne peuvent manquer de ruiner à la longue l'État le plus solidement organisé et, si les circonstances s'y prêtent, ils peuvent amener sa complète dissolution. Et le but de guerre de la France eût été alors définitivement atteint.

Quand arriva l'hiver 1922-1923, on devait s'être rendu compte depuis longtemps des intentions de la France. Il n'y avait donc que deux alternatives : ou bien la volonté française s'émousserait peu à peu contre la force de résistance du peuple allemand, ou bien l'Allemagne finirait par faire ce qui arrivera inévitablement un jour : un acte d'oppression particulièrement brutal l'amènerait à donner un violent coup de barre et à faire tête. Il est vrai qu'une telle décision impliquait un combat où son existence même serait en jeu ; et elle ne pouvait espérer en sortir vivante que si elle parvenait auparavant à isoler si bien la France que cette seconde guerre ne fût plus une lutte de l'Allemagne contre le monde entier, mais une guerre défensive, menée contre une France qui ne cessait de troubler la paix mondiale.

J'insiste sur ce point et j'ai la conviction profonde que cette seconde partie de l'alternative doit se réaliser et se réalisera un jour. Je ne croirai jamais à une modification des projets que la France nourrit à notre égard ; car ils ne sont, au fond, que l'expression de l'instinct de conservation de la nation française. Si j'étais Français et si, par conséquent, la grandeur de la France m'était aussi chère que m'est sacrée celle de l'Allemagne, je ne pourrais et ne voudrais agir autrement que ne le fait, en fin de compte, un Clemenceau. La nation française, qui meurt lentement, non pas tant par la dépopulation que par la disparition progressive des meilleurs éléments de la race, ne peut continuer à jouer un rôle important dans le monde qu'en démolissant l'Allemagne. Quelques détours que prenne la politique française, elle finit toujours par tendre à ce dernier but qui satisferait ses désirs les plus profonds et les plus ardents. Mais il est faux de croire qu'une volonté purement *passive* de se maintenir pourra, à la longue, opposer une résistance victorieuse à une autre volonté, non moins résolue et passant *activement à l'attaque. Tant que l'éternel conflit mettant aux prises l'Allemagne et la France consistera dans une défensive allemande contre l'agression française, il n'interviendra jamais de décision, mais l'Allemagne perdra de siècle en siècle de nouvelles positions.* On n'a qu'à étudier les fluctuations de la frontière linguistique allemande depuis le douzième siècle jusqu'à nos jours, et l'on pourra difficilement compter ensuite sur l'heureuse issue d'un processus qui nous a été jusqu'à présent aussi funeste.

C'est seulement lorsque ceci sera bien compris en Allemagne, quand on ne laissera plus la volonté de vivre de la nation s'égarer dans' une défense purement passive, mais qu'on rassemblera toute notre énergie pour une ~explication définitive avec la France, et pour cette lutte décisive, qu'on jettera dans la balance les objectifs essentiels de la nation allemande, c'est alors seulement qu'on pourra mettre un terme à la lutte interminable et essentiellement stérile qui nous oppose à la France ; mais à condition que l'Allemagne ne voie dans l'anéantissement de la France qu'un moyen de donner enfin à notre peuple, sur un autre théâtre, toute l'extension dont il est capable. Nous comptons aujourd'hui quatre-vingt millions d'Allemands en Europe ! On ne pourra considérer notre politique étrangère comme bien conduite que si, en moins de cent ans, deux cent cinquante millions d'Allemands peuvent vivre sur ce continent, non pas entassés comme les serfs qui travaillent dans les fabriques du Nouveau-Monde, mais en paysans e ouvriers qui assurent réciproquement leur existence par leur labeur.

En décembre 1922, la tension des rapports entre l'Allemagne et la France parut atteindre un degré menaçant. La France méditait de nouvelles et monstrueuses mesures d'extorsion, et elle avait besoin de gages lui garantissant le succès. L'exploitation économique devait être précédée d'une pression politique et un coup violent porté sur un des centres nerveux de tout l'organisme allemand pouvait seul, à l'avis des Français, imposer à notre peuple « rétif ~ un joug plus lourd. En *occupant le bassin de la Ruhr*, la France espérait non seulement parvenir enfin à nous briser moralement les reins, mais encore nous réduire à un tel asservissement économique que nous serions obligés de souscrire, bon gré mal gré, à toutes les obligations et jusqu'aux plus lourdes.

Il s'agissait de plier ou de rompre. L'Allemagne commença tout de suite par plier et finit par se trouver complètement rompue.

Par l'occupation de la Ruhr, le destin tendait encore une fois la main au peuple allemand pour l'aider à se relever. Car, ce qui, au premier aspect, semblait être un malheur accablant, contenait, à y regarder de plus *près,* un moyen de mettre un terme aux souffrances de l'Allemagne. Au point de vue politique, en occupant la Ruhr, pour la première fois la France s'aliénait réellement et profondément l'Angleterre ; et il ne s'agissait pas seulement des milieux diplomatiques anglais — qui n'avaient conclu, apprécié et maintenu l'alliance avec la France que du point de vue pratique de froids calculateurs — mais aussi des couches les plus profondes du peuple anglais. Ce nouvel incroyable renforcement de la puissance française sur le continent provoquait, en particulier dans les milieux économiques d'outre-Manche, un malaise mal dissimulé. Car, la France occupait maintenant en Europe, en tant que puissance militaire et politique, une situation que l'Allemagne elle-même n'avait jamais connue auparavant, et en outre elle acquérait des ressources économiques lui assurant une position privilégiée unique pour concurrencer politiquement l'Angleterre. Les plus importantes mines de fer et de charbon de l'Europe se trouvaient réunies dans les mains d'une nation qui, à la différence de l'Allemagne, avait jusqu'alors défendu ses intérêts vitaux avec autant de décision que d'activité, et qui venait de rappeler au monde entier dans la Grande guerre la confiance qu'elle pouvait avoir dans ses armes. En occupant la Ruhr, la France enlevait aux mains de l'Angleterre tout le profit de la guerre et la victoire ne revenait plus à l'active et souple diplomatie britannique, mais au maréchal Foch et à la France qu'il représentait.

En Italie également, les sentiments qu'inspirait la France et qui, depuis la fin de la guerre, étaient déjà rien moins qu'affectueux, prirent le caractère d'une haine formelle. C'était le grand moment historique où les alliés d'hier pouvaient devenir les ennemis de demain. S'il en fut autrement et si les alliés n'en vinrent pas subitement aux mains, comme il était arrivé pendant la seconde guerre balkanique, ce fut simplement parce que l'Allemagne n'avait pas d'Enver Pacha, mais un chancelier du Reich qui s'appelait Cuno.

Cependant, l'invasion de la Ruhr par les Français n'ouvrait pas seulement à l'Allemagne de grandes perspectives d'avenir en politique étrangère, mais aussi en politique intérieure. Un grand nombre de nos concitoyens auxquels la France avait persuadé, grâce à l'influence mensongère continuelle de sa presse, qu'elle était le champion du progrès et du libéralisme, furent d'un seul coup guéris de cette illusion. L'année 1914 avait dissipé les rêves de solidarité internationale des peuples, qui hantaient le cerveau de nos ouvriers allemands et les avait ramenés dans un monde où règne la lutte incessante et où l'existence du plus fort nécessite la mort du plus faible ; le printemps 1923 joua le même rôle.

Lorsque le Français mit ses menaces à exécution et finit par avancer, d'abord avec beaucoup de prudence et de timidité, dans la région minière de la Basse-Allemagne, l'heure qui venait de sonner à l'horloge du destin était décisive pour l'Allemagne. Si, à ce moment, notre peuple avait adopté une attitude autre que celle qu'il avait observée jusqu'alors, la région allemande de la Ruhr aurait pu devenir pour la France ce que Moscou avait été pour Napoléon. *On ne pouvait agir que de deux façons ; ou bien on supportait encore sans mot dire cette humiliation et l'on restait les bras croisés, ou bien l'on éveillait chez le peuple allemand, en attirant ses regards sur cette contrée où rougeoient des forges et fument les hauts fourneaux, l'ardente volonté de mettre un terme à ces affronts incessants, et de s'exposer à toutes les épouvantes de l'heure plutôt que de continuer à subir une éternelle terreur.*

La gloire immortelle de Cuno, alors chancelier du Reich, fut de découvrir une troisième issue et nos partis bourgeois allemands se sont acquis de nouveaux titres de célébrité, en admirant et en suivant le chancelier.

Je voudrais maintenant examiner, aussi brièvement que possible, le second des partis qui s'offraient à nous :

En occupant la Ruhr, la France avait, de la façon la plus éclatante, violé le traité de Versailles. Elle s'était ainsi aliéné toute une série de puissances garantes du traité, notamment l'Angleterre et l'Italie. La France ne pouvait plus espérer que ces États lui donneraient un appui quelconque pour exécuter son raid de pillage, qui ne servait que ses propres intérêts et son égoïsme. Il ne lui fallait donc compter que sur ses seules forces pour mener à bien cette aventure, car ce ne fut d'abord pas autre chose. Un gouvernement allemand national ne pouvait prendre que le parti que prescrivait l'honneur. Il était sûr qu'on ne pouvait pas tout de suite opposer à la France une résistance armée ; mais il était aussi indispensable de se rendre compte que toute négociation, sans une force pour l'appuyer, serait ridicule et stérile. S'il était insensé, toute résistance effective étant impossible, de prendre position en déclarant : « Nous refusons de négocier », il était encore plus stupide d'engager finalement des négociations sans avoir entre temps créé cette force.

Ce n'est pas à dire qu'on eût pu empêcher l'occupation de la Ruhr *par des mesures militaires*. Il aurait fallu être fou pour prôner une pareille décision.

Mais on pouvait et on devait mettre à profit et l'impression causée par l'entreprise de la France, et le temps qu'elle mettait à l'exécuter ; et, faisant bon marché du traité de Versailles que la France venait de déchirer, il fallait songer à s'assurer les ressources militaires sur lesquelles les négociateurs représentant l'Allemagne auraient pu ensuite s'appuyer. On devait se rendre compte également que les meilleurs négociateurs ne peuvent guère remporter de succès, lorsque le sol sur lequel ils se tiennent et la chaise sur laquelle ils sont assis ne sont pas sous la protection de leur peuple. Un pauvre petit avorton de tailleur ne peut pas lutter contre des athlètes, et un négociateur sans défense n'a qu'à se résigner quand Brennus jette son glaive dans un des plateaux de la balance, s'il ne peut pas jeter le sien dans l'autre plateau pour rétablir l'équilibre. N'était-il pas désespérant d'assister aux comédies de négociations qui précédaient régulièrement, depuis 1918, les décisions unilatérales et arbitraires de l'ennemi ? C'est pourtant ce spectacle humiliant pour nous que l'on donnait au monde entier en nous invitant d'abord comme par dérision à une table de conférences, pour nous présenter des décisions et des programmes arrêtés depuis longtemps, et sur lesquels nous pouvions bien discourir, mais que nous devions *a priori* considérer comme immuables. À vrai dire, nos négociateurs n'ont que très rarement dépassé la moyenne la plus modeste, et la plupart d'entre eux ne justifiaient que trop l'insolent propos de Lloyd George qui, en présence de l'ancien chancelier du Reich Simon, remarquait d'un ton sarcastique « que les Allemands ne savaient pas se donner pour chefs ou représentants des hommes intelligents ». Au reste, même des hommes de génie n'auraient pu obtenir que de maigres résultats, en raison de la volonté d'un ennemi décidé à user de sa force, et de l'impuissance lamentable où se trouvait le peuple sans défense qu'ils auraient représenté.

Cependant, celui qui aurait voulu, au printemps de 1923, profiter de l'occupation de la Ruhr par la France pour reconstituer nos forces armées, aurait dû d'abord rendre à la nation les armes morales, développer sa force de volonté, et anéantir ceux qui avaient détruit en lui cet élément primordial de la puissance d'une nation.

En 1918, nous avions payé de notre sang la faute, commise en 1914 et 1915, quand on avait négligé d'écraser, une fois pour toutes, la tête du serpent marxiste ; nous devions être cruellement punis de la faute commise au printemps de 1923, quand on ne saisit pas l'occasion qui s'offrait de mettre définitivement hors d'état de nuire les marxistes traîtres à leur pays et assassins de leur peuple.

Toute idée d'opposer une résistance effective à l'agression française était une pure folie, si l'on ne déclarait pas la guerre aux influences qui, cinq ans auparavant, avaient, de l'intérieur, brisé la résistance allemande sur les champs de bataille. Seuls, des esprits bourgeois pouvaient concevoir l'idée incroyable que le marxisme avait peut-être évolué et que les immondes créatures qu'étaient les chefs de 1918 ceux qui à ce moment-là avaient froidement foulé aux pieds deux millions de morts pour se hisser plus commodément aux postes de gouvernement — se trouveraient subitement prêts à payer leur tribut à la conscience nationale. C'était une idée aussi inconcevable que vraiment absurde d'espérer que ceux qui avaient autrefois trahi leur patrie deviendraient en un tournemain les champions de la liberté allemande. Ils étaient bien loin d'y penser ! *Pas plus qu'une hyène ne lâche une charogne, un marxiste ne renonce à trahir sa patrie.* Qu'on veuille bien ne pas me faire la plus sotte des objections, à savoir que de nombreux ouvriers ont aussi autrefois versé leur sang pour l'Allemagne. Des ouvriers allemands, d'accord, mais c'est qu'alors ils n'étaient plus des internationalistes marxistes. Si la classe ouvrière allemande n'avait été composée, en 1914, que de partisans des doctrines marxistes, la guerre aurait été finie en trois semaines. L'Allemagne se serait effondrée avant même que le premier soldat eût franchi la frontière. Non, pour qu'alors le peuple allemand ait continué à combattre, il fallait que la folie marxiste ne l'eût pas corrodé à cœur. Mais qu'un ouvrier allemand et un soldat allemand fussent, au cours de la guerre, repris en main par les chefs marxistes, cet ouvrier et ce soldat étaient perdus pour la patrie. Si l'on avait, au début et au cours de la guerre, tenu une seule fois douze ou quinze mille de ces Hébreux corrupteurs du peuple sous les gaz empoisonnés que des centaines de milliers de nos meilleurs travailleurs allemands de toute origine et de toutes professions ont dû endurer sur le front, le sacrifice de millions d'hommes n'eût pas été vain. Au contraire, si l'on s'était débarrassé à temps de ces quelques douze mille coquins, on aurait peut-être sauvé l'existence d'un million de bons et braves Allemands pleins d'avenir. Mais la « science politique » de la bourgeoisie consistait justement à envoyer, sans sourciller, des millions d'hommes se faire tuer sur le champ de bataille, tandis qu'elle proclamait hautement que dix ou douze mille traîtres à leur peuple — mercantis, usuriers et escrocs — étaient le trésor le plus précieux et le plus sacré de la nation et que l'on ne devait pas y toucher. On ne sait vraiment pas ce qui l'emporte dans ce monde bourgeois, du crétinisme, de la faiblesse et de la lâcheté ou bien d'un moral complètement délabré. Il représente une classe condamnée à disparaître et qui, malheureusement, entraîne avec elle tout un peuple à l'abîme.

Or, en 1923, on se trouvait devant la même situation qu'en 1918. Quelque mode de résistance qu'on dût adopter, la première mesure à prendre était de débarrasser notre peuple du venin marxiste. Je suis convaincu que le premier devoir d'un gouvernement vraiment national était alors de chercher et de trouver les hommes résolus à déclarer au marxisme une guerre d'extermination, et de leur laisser ensuite le champ libre ; il ne devait pas être le servile adorateur de la formule inepte ; « La paix sociale et le bon ordre », alors que l'ennemi extérieur portait à la patrie le coup fatal, et qu'à l'intérieur la trahison était aux aguets à tous les coins de rue. Non ! un gouvernement vraiment national devait voir d'un bon œil, à ce moment-là, se manifester troubles et désordre, pourvu que cette agitation permît effectivement un règlement de compte complet avec les marxistes, ennemis mortels de notre peuple. Si l'on négligeait cette précaution, c'était pure folie que de penser à résister, de quelque façon que ce fût.

Pour un règlement de compte d'une telle portée historique, on ne pouvait pas se contenter de suivre le plan tracé par quelque conseiller intime, quelque vieux ministre à l'âme desséchée ; il fallait obéir aux lois éternelles de la vie sur terre, qui font de l'existence un combat, un incessant combat. Il ne fallait pas perdre de vue que souvent les guerres civiles les plus sanglantes ont donné naissance à un corps de peuple trempé comme l'acier et foncièrement sain, tandis que plus d'une fois une décomposition, dont la puanteur s'élevait jusqu'au ciel, a été le fruit d'un état de paix artificiellement entretenu. On devait donc, en 1923, saisir d'une poigne brutale les vipères qui rongeaient le corps de notre peuple. Que l'opération réussît, alors la préparation d'une résistance active aurait eu un sens !

Combien de fois me suis-je alors enroué à essayer de faire comprendre clairement, tout au moins aux milieux soi-disant nationaux, quel était cette fois l'enjeu de la partie et notamment que, si l'on commettait les mêmes fautes qu'en 1914 et pendant les années suivantes, l'issue serait fatalement la même qu'en 1918. Je demandais, sans me lasser, qu'on laisse le destin suivre librement son cours, et qu'on donne à notre mouvement la possibilité de s'expliquer avec le marxisme ; mais je prêchais des sourds. Tous, y compris le chef de la force armée, prétendaient savoir mieux que moi ce qu'ils avaient à faire, jusqu'au jour où ils se trouvèrent acculés à la plus lamentable capitulation qu'ait connue l'histoire.

J'acquis alors la conviction profonde que la bourgeoisie allemande est arrivée au terme de sa mission et qu'elle n'est plus appelée à rendre aucun service. Je vis que tous ces partis bourgeois ne se querellent plus avec le marxisme qu'en raison de la jalousie que leur inspire sa concurrence et qu'ils ne veulent pas sérieusement l'anéantir ; ils se sont tous depuis longtemps résignés à voir leur patrie détruite et n'ont plus qu'un seul souci prendre part eux-mêmes au festin des funérailles. C'est seulement pour cela qu'ils « combattent » encore.

À cette époque — je l'avoue franchement — je fus saisi de la plus profonde admiration pour le grand homme qui, au sud des Alpes, inspiré par l'ardent amour de son peuple, loin de pactiser avec les ennemis intérieurs de l'Italie, s'efforçait de les anéantir par tous les moyens. Ce qui placera Mussolini au rang des grands hommes d'ici-bas, c'est sa résolution de ne pas partager l'Italie avec le marxisme, mais au contraire, le vouant à la destruction, de préserver sa patrie de l'internationalisme.

Comme nos hommes d'État de pacotille font, en comparaison, figure de pitoyables nains, et quel dégoût vous saisit à la gorge quand ces zéros se permettent l'inconvenance de critiquer un homme qui leur est mille fois supérieur ! Et comme il est plaisant de penser qu'on entend de tels propos dans un pays qui, il y a à peine un demi-siècle, avait un Bismarck comme chef !

La position ainsi prise par la bourgeoisie en 1923, et ses ménagements pour le marxisme, avaient fixé d'avance le sort qui attendait toute résistance active dans la Ruhr. Vouloir combattre la France, quand un ennemi mortel se trouvait dans nos propres rangs, c'était une évidente stupidité. Tout ce qu'on ajouta n'était qu'un simulacre de combat, une mise en scène, pour donner quelque satisfaction aux éléments nationaux de l'Allemagne, pour calmer « les bouillonnements de l'âme populaire », en fait, pour la duper. Eût-on agi avec conviction, on aurait dû reconnaître que la force d'un peuple ne réside pas en premier lieu dans ses armes, mais dans sa puissance de volonté, et qu'avant de vaincre les ennemis du dehors, il faut avoir exterminé l'ennemi du dedans ; sinon, malheur au peuple dont la victoire ne récompense pas, dès le premier jour, les efforts. Il suffit que l'ombre d'une défaite passe sur le peuple qui a gardé dans son sein des éléments ennemis, pour que sa force de résistance se trouve brisée, et que l'adversaire du dehors l'emporte définitivement.

C'est ce qu'on pouvait prédire dès le printemps de 1923. Qu'on ne vienne surtout pas parler de l'improbabilité d'un succès militaire contre la France. Car même si la réaction provoquée par l'entrée des Français dans la Ruhr n'avait eu pour effet que l'anéantissement du marxisme en Allemagne, le succès aurait été pour nous. Une Allemagne, délivrée de ces ennemis mortels de sa vie et de son avenir, posséderait des forces dont personne au monde ne serait plus capable de triompher. *Le jour où le marxisme sera brisé en Allemagne, elle verra aussi en vérité ses chaînes brisées pour toujours.* Car jamais, au cours de notre histoire, nous n'avons été vaincus par la force de nos adversaires ; nous l'avons toujours été par nos propres défauts et par les ennemis que nous avions dans notre camp.

Comme le gouvernement allemand n'était pas capable, à cette époque, d'un acte aussi héroïque, il aurait dû avoir la sagesse d'opter pour le premier terme de l'alternative (indiquée plus haut), c'est-à-dire de ne rien faire pour le moment, de laisser les choses suivre leur cours.

Mais, à cette heure grave de notre histoire, le ciel gratifia le peuple allemand d'un grand homme, M. Cuno. Ce n'était pas, à proprement parler, un homme d'État ou un politicien de profession et, naturellement, encore moins un homme d'État né ; il jouait le rôle d'une sorte de manœuvre que l'on employait simplement pour effectuer des tâches déterminées ; à part cela, il avait surtout l'expérience des affaires. Et ce fut une malédiction pour l'Allemagne, car ce commerçant qui se mêlait de politique y vit une entreprise commerciale et agit en conséquence.

« La France occupe le bassin de la Ruhr ; qu'y a-t-il dans le bassin de la Ruhr ? Du charbon. Ainsi la France occupe le bassin de la Ruhr pour son charbon. » Et tout naturellement, M. Cuno eut l'idée de décréter la grève pour que les Français n'aient pas le charbon, ce qui, dans l'opinion de M. Cuno, les amènerait certainement un jour à évacuer le bassin de la Ruhr, puisque l'opération ne leur rapporterait pas de bénéfices. Tel fut en gros le raisonnement que tint cet « homme d'État important » et « d'esprit national », auquel on fit prononcer à Stuttgart et ailleurs des discours dans lesquels il s'adressait « à son peuple », tandis que son peuple le regardait avec une admiration béate.

Mais, pour déclencher la grève, on avait naturellement besoin des marxistes, puisque c'étaient surtout les ouvriers qui devaient faire grève. Il était donc nécessaire de faire entrer également les ouvriers dans le front unique formé par tous les autres Allemands (pour un homme d'État de la bourgeoisie, ouvrier et marxiste sont des termes équivalents). Il faut avoir vu briller alors les yeux des représentants de ces partis politiques, sortis de la moisissure bourgeoise, quand ils entendirent donner ce mot d'ordre de génie ! C'était à la fois national et génial. Enfin ! ils avaient trouvé ce qu'ils cherchaient *in petto* depuis si longtemps i M. Cuno avait jeté un pont sur le fossé qui nous séparait du marxisme, et le charlatan national put alors, en se donnant pour un enfant de « la vieille Allemagne », et en prononçant de grandes phrases patriotiques, tendre sa main loyale aux internationalistes, traîtres à leur pays. Et ceux-ci s'empressèrent de toper là. Car, si Cuno avait besoin des chefs marxistes pour constituer son « front unique », ceux-ci avaient besoin de l'argent de Cuno. Les deux parties trouvaient donc leur avantage à cette alliance. Cuno eut son front unique formé de bavards nationaux et d'escrocs antinationaux, et les imposteurs internationaux purent, subventionnés par l'État, se consacrer à leur noble mission, c'est-à-dire désorganiser l'économie nationale, et, cette fois, aux frais de l'État. C'était une idée digne de l'immortalité que de sauver une nation en subventionnant une grève générale ; c'était, en tous cas, un de ces mots d'ordre auxquels le vaurien le plus indifférent répond avec le plus grand enthousiasme !

On sait bien, en général, qu'on ne rend pas un peuple libre uniquement par des prières. Mais qu'il fût également impossible de le rendre libre en l'encourageant à la paresse, c'est ce qu'une expérience historique devait encore prouver. Si, à ce moment, M. Cuno, au lieu de provoquer une grève générale subventionnée, et de fonder sur cette grève le « front unique », avait seulement exigé de tout Allemand deux heures de travail supplémentaire, la fumisterie de ce « front unique » aurait pris fin d'elle-même dès le troisième jour. On ne délivre pas les peuples par la fainéantise, mais par le sacrifice.

D'ailleurs, cette prétendue résistance passive ne dura pas longtemps. Il fallait n'avoir aucune idée de la guerre pour se figurer qu'avec des moyens aussi ridicules, on pourrait intimider et faire reculer des armées d'occupation. Il aurait fallu, pour obtenir ce résultat, engager une action dont les frais se seraient élevés à des milliards, et qui aurait ébranlé jusque dans ses fondements la monnaie nationale.

Naturellement, les Français purent s'installer comme chez eux dans le bassin de la Ruhr, dès qu'ils virent de quels moyens on se servait pour organiser la résistance. Ils avaient appris à notre école quels étaient les procédés les plus efficaces pour mettre à la raison une population civile récalcitrante, quand son attitude constitue un danger sérieux pour les autorités procédant à l'occupation. N'avions-nous pas, neuf ans auparavant, dissipé en un tournemain les bandes de francs-tireurs belges, et fait clairement comprendre à la population civile le sérieux de la situation, lorsque leur activité avait fait courir aux armées allemandes des dangers réels. Si la résistance passive dans la Ruhr avait véritablement présenté quelque danger pour les Français, en moins de huit jours, et avec une facilité dérisoire, les troupes d'occupation auraient mis fin d'une façon sanglante à ces troubles puérils. Car il faut toujours en revenir là : que fera-t-on si la résistance passive finit par donner vraiment sur les nerfs de l'adversaire et s'il entreprend alors de la combattre par la force et en versant le sang ? Est-on décidé à poursuivre, en ce cas, la résistance ? Si oui, on doit s'attendre à supporter, bon gré mal gré, les persécutions les plus pénibles et les plus sanglantes. Mais alors on en est au même point qu'au cas d'une résistance active : il faut combattre. Par suite, la résistance dite passive n'a de sens qu'avec la résolution latente de la continuer, en cas de besoin, par une lutte à ciel ouvert ou par une guerre de guérillas. D'une façon générale, une pareille lutte appelle la conviction que le succès est possible. Sitôt qu'une place forte, assiégée et pressée par l'ennemi, doit renoncer à tout espoir d'être dégagée, elle se rend d'elle-même, surtout lorsque les défenseurs sont séduits par la perspective d'avoir la vie sauve au lieu de la mort quasi certaine. Qu'on enlève à la garnison d'une forteresse complètement encerclée la confiance qu'elle nourrit d'être délivrée, et, du coup, toutes ses capacités de résistance s'évanouiront.

C'est pourquoi une résistance passive dans la Ruhr, quand on considérait les dernières conséquences qu'elle pouvait et devait comporter pour aboutir vraiment, n'avait de sens que si l'on organisait derrière elle une défense active. Et on aurait alors pu tirer de notre peuple des ressources infinies. Si chacun des habitants de la Westphalie avait su que l'Allemagne non-occupée avait mis sur pied une armée forte de quatre-vingts ou cent divisions, les Français se seraient trouvés sur des épines. Les hommes courageux sont plus enclins au sacrifice avec la perspective du succès que lorsque l'entreprise est manifestement inutile.

Ce furent ces considérations qui nous conduisirent, nous autres nationaux-socialistes, à prendre résolument position contre un mot d'ordre qui se prétendait patriotique. Et c'est ce que nous fîmes. Pendant les mois qui suivirent, les attaques ne me manquèrent pas de la part d'hommes dont tout le patriotisme n'était que sottise et de fausses apparences, et qui hurlaient avec les loups, parce que leur vanité était agréablement chatouillée de pouvoir tout à coup jouer sans danger les patriotes. J'ai tenu ce pitoyable front unique pour la plus grotesque des manifestations et les événements m'ont donné raison.

Dès que les syndicats eurent à peu près empli leurs caisses avec les subsides versés par Cuno et que la résistance passive en arriva au moment où il fallait passer d'une défensive de paresse à une véritable offensive, les hyènes rouges quittèrent brusquement le troupeau des brebis patriotes et redevinrent ce qu'elles avaient toujours été. M. Cuno retourna à ses vaisseaux sans tambour ni trompette ; l'Allemagne s'était enrichie d'une nouvelle expérience et appauvrie d'une grande espérance.

Jusqu'à la fin de l'été, beaucoup d'officiers, et ce n'étaient sûrement pas les moins bons, n'avaient pu croire que les événements prendraient un tour aussi humiliant. Ils avaient tous espéré qu'on prendrait, sinon ouvertement, du moins en secret, les mesures nécessaires pour que l'insolente incursion des troupes françaises marque un tournant dans l'histoire de l'Allemagne. Nous comptions aussi dans nos rangs beaucoup d'Allemands qui faisaient au moins confiance à l'armée du Reich. Et cette conviction était si profonde qu'elle eut une influence déterminante sur les actes et particulièrement sur l'éducation qu'on donna à d'innombrables jeunes gens.

Mais lorsque le front unique s'effondra honteusement, quand, après avoir sacrifié des milliards en argent, et tant de milliers de jeunes Allemands — qui avaient eu la simplicité de prendre au sérieux les promesses des chefs du Reich on signa une capitulation honteuse et écrasante, alors l'indignation provoquée par cette trahison de notre pauvre peuple jaillit comme une flamme. Dans des millions de cerveaux se forma subitement la conviction nette et claire que, seule, une transformation radicale, faisant table nette du système politique actuel, pourrait sauver l'Allemagne.

Jamais le moment n'avait été plus propice pour une telle solution, jamais même il ne l'avait plus impérieusement réclamée qu'à cette heure : d'une part, la trahison commise aux dépens de la patrie se montrait à nu avec une franchise éhontée ; de l'autre, les conditions économiques imposées à un peuple le condamnaient à mourir lentement de faim, Puisque l'État foulait lui-même aux pieds tous les préceptes de loyauté et de foi, puisqu'il tournait en dérision les droits des citoyens, escroquait à des millions de ses meilleurs enfants le prix de leurs sacrifices et volait à des millions d'autres leur dernier sou, il n'avait plus le droit d'attendre de ses sujets autre chose que de la haine. Et cette haine envers les mauvais génies du peuple et de la patrie, voulait, de quelque façon que ce fût, trouver un exutoire. J'ai le droit de rappeler ici la conclusion de la dernière déclaration que je fis pendant le grand procès du printemps de 1924 :

« Les juges de cet État peuvent en toute tranquillité nous condamner pour ce que nous avons fait ; l'Histoire, cette déesse qui personnifie une vérité supérieure et un droit plus haut, n'en déchirera pas moins un jour leur sentence en souriant, et nous absoudra tous des fautes qu'on prétend nous faire expier. »

Mais elle citera aussi devant son tribunal ceux qui, possédant aujourd'hui le pouvoir, foulent aux pieds le droit et la loi, condamnent notre peuple à une fin misérable et qui, au milieu des malheurs de la patrie, ont mis leurs intérêts égoïstes au-dessus de l'existence de la communauté.

Je ne vais pas ici décrire les événements qui précédèrent et déterminèrent le 8 novembre 1923. Je ne le ferai pas, parce que je ne m'en promettrais rien d'utile pour l'avenir et surtout parce qu'il n'y aurait aucun intérêt à rouvrir des blessures qui semblent aujourd'hui à peine cicatrisées ; il est, en outre, inutile d'accuser des hommes qui ont peut-être au fond de leur cœur autant d'amour pour leur peuple que j'en ai moi-même, et dont la faute a été de ne pas suivre la même voie que moi ou de ne pas savoir la suivre.

En présence des grands malheurs qui frappent notre patrie et que nous supportons tous en commun, je ne voudrais pas non plus blesser aujourd'hui et diviser ceux qui auront un jour à former le grand front unique des Allemands foncièrement fidèles à leur pays, contre le front commun des ennemis de notre peuple. Car je sais que le temps viendra où même ceux qui, autrefois, nous étaient hostiles se souviendront avec respect des hommes qui, par amour pour leur peuple allemand, se sont engagés sur la route amère qui conduit à la mort.

Les dix-huit héros, auxquels j'ai dédié le premier volume de cet ouvrage, je veux, en terminant le second, les donner en exemple aux partisans et aux champions de notre doctrine, comme des héros qui, en pleine conscience, se sont sacrifiés pour nous tous. Il faut qu'ils ne cessent de rappeler 'aux faibles et à ceux dont le courage chancelle qu'ils doivent remplir leur devoir, ce devoir dont ils se sont acquittés eux — mêmes avec une foi entière et jusque dans ses dernières conséquences. Et je veux ranger parmi eux, comme un des meilleurs, l'homme qui a consacré sa vie à réveiller son peuple, notre peuple, par la poésie et par la pensée, et finalement par l'action : *Dietrich Eckart*.

CONCLUSION

Le 9 novembre 1923, dans sa quatrième année d'existence, le Parti ouvrier allemand national-socialiste fut dissous et frappé d'interdit dans tout le pays. Aujourd'hui, en novembre 1926, nous le retrouvons jouissant d'une pleine liberté dans le Reich entier, plus puissant et plus solidement organisé que jamais.

Toutes les persécutions du parti et de ses chefs, toutes les imputations calomnieuses dont il fut l'objet n'ont rien pu contre lui. Grâce à la justesse de ses idées, à la pureté de ses intentions, à l'esprit de sacrifice de ses partisans, il est sorti plus fort que jamais de toutes les épreuves.

Si, au milieu de la corruption du parlementarisme actuel, ce parti se rend de mieux en mieux compte des raisons profondes du combat qu'il mène, s'il sent qu'il constitue la pure personnification de la valeur de la race et de l'individu, et s'organise en conséquence, il doit, avec une rigueur quasi mathématique, remporter un jour la victoire. De même, l'Allemagne doit nécessairement recouvrer la situation qui lui revient sur cette terre, si elle est gouvernée et organisée d'après les mêmes principes.

Un État qui, à une époque de contamination des races, veille jalousement à la conservation des meilleurs éléments de la sienne, doit devenir un jour le maître de la terre.

Que nos partisans ne l'oublient jamais, si, en un jour d'inquiétude, ils en viennent à mettre en regard les chances de succès et la grandeur des sacrifices que le parti exige d'eux.

DÉJÀ PARUS

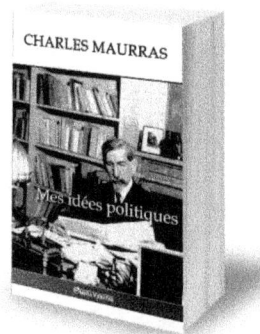

www.ingramcontent.com/pod-product-compliance
Lightning Source LLC
Chambersburg PA
CBHW060321100426
42812CB00003B/841